SAP® Business Technology Platform – Administration

SAP PRESS

SAP PRESS ist eine gemeinschaftliche Initiative von SAP SE und der Rheinwerk Verlag GmbH. Unser Ziel ist es, Ihnen als Anwendern qualifiziertes SAP-Wissen zur Verfügung zu stellen. SAP PRESS vereint das Know-how der SAP und die verlegerische Kompetenz von Rheinwerk. Die Bücher bieten Ihnen Expertenwissen zu technischen wie auch zu betriebswirtschaftlichen SAP-Themen.

Damit Sie nach weiteren Titeln Ihres Interessengebiets nicht lange suchen müssen, haben wir eine kleine Auswahl zusammengestellt.

Martin Koch, Siegfried Zeilinger
SAP Business Technology Platform – Sicherheit und Berechtigungen
394 Seiten, 2021, gebunden
ISBN 978-3-8362-8098-3
www.sap-press.de/5262

Holger Seubert
SAP Business Technology Platform
400 Seiten, 3., aktualisierte und erweiterte Auflage 2024, gebunden
ISBN 978-3-367-10055-2
www.sap-press.de/5860

Martin Koch, Siegfried Zeilinger
Cloud Connector
380 Seiten, 5., 2023, gebunden
ISBN 978-3-8362-9707-3
www.sap-press.de/5761

Maria Spöri, Jamsheed Bahser
Berechtigungen in SAP S/4HANA und SAP Fiori
584 Seiten, 2023, gebunden
ISBN 978-3-8362-9334-1
www.sap-press.de/5643

Martin Koch, Siegfried Zeilinger

SAP® Business Technology Platform – Administration

Rheinwerk Publishing

Liebe Leserin, lieber Leser,

SAP-Landschaften sind komplex, und wir alle wissen, wie schnell sich Technologien und Anforderungen in der IT-Welt ändern. Genau da setzt SAP PRESS an: mit Büchern, die nicht nur Theorie vermitteln, sondern konkret im Alltag helfen.

In diesem Buch finden Sie direkt umsetzbare Ratschläge, praktische Beispiele und Lösungen für drängende Herausforderungen. Unsere Autor*innen sind Profis, die wissen, wo der Schuh drückt – und wie man Probleme effizient löst. Mit ihrer Erfahrung an Ihrer Seite können Sie Ihre SAP-Projekte gezielter angehen, fundiertere Entscheidungen treffen und die vielen Facetten von SAP besser meistern.

Ob Sie gerade erst beginnen oder schon lange im SAP-Umfeld tätig sind: Wir sind davon überzeugt, dass dieses Buch Ihnen hilfreiche Anleitungen und Tipps an die Hand gibt, um Ihre täglichen Aufgaben und Projekte erfolgreich zu meistern.

Wir freuen uns stets über Lob, aber auch über kritische Anmerkungen, die uns helfen, unsere Bücher zu verbessern. Zögern Sie also nicht, sich bei mir zu melden; Ihr Feedback ist jederzeit willkommen.

Wir wünschen Ihnen viele Aha-Momente und eine erfolgreiche Umsetzung mit diesem Buch!

Ihre Eva Wigger
Lektorat SAP PRESS

eva.wigger@rheinwerk-verlag.de
www.rheinwerk-verlag.de
Rheinwerk Verlag · Rheinwerkallee 4 · 53227 Bonn

Auf einen Blick

Wir hoffen, dass Sie Freude an diesem Buch haben und sich Ihre Erwartungen erfüllen. Ihre Anregungen und Kommentare sind uns jederzeit willkommen. Bitte bewerten Sie doch das Buch auf unserer Website unter **www.rheinwerk-verlag.de/feedback**.

An diesem Buch haben viele mitgewirkt, insbesondere:

Lektorat Eva Wigger, Nicole Hohmann
Korrektorat Monika Klarl, Köln
Herstellung Stefanie Häb
Typografie und Layout Vera Brauner
Einbandgestaltung Noah Neuhaus, Silke Braun
Coverbild Adobe Stock: 63417782 © zhu difeng
Satz Typographie & Computer, Krefeld
Druck Beltz Grafische Betriebe, Bad Langensalza

Dieses Buch wurde gesetzt aus der TheAntiquaB (9,35/13,7 pt) in FrameMaker.

Gedruckt wurde es mit mineralölfreien Farben auf chlorfrei gebleichtem, FSC®-zertifiziertem Offsetpapier (90 g/m²).

Hergestellt in Deutschland.

Bibliografische Information der Deutschen Nationalbibliothek:
Die Deutsche Nationalbibliothek verzeichnet diese Publikation in der Deutschen Nationalbibliografie; detaillierte bibliografische Daten sind im Internet über *http://dnb.dnb.de* abrufbar.

ISBN 978-3-367-10020-0

1. Auflage 2024

Informationen zu unserem Verlag und Kontaktmöglichkeiten finden Sie auf unserer Verlagswebsite **www.rheinwerk-verlag.de**. Dort können Sie sich auch umfassend über unser aktuelles Programm informieren und unsere Bücher und E-Books bestellen.

Inhalt

Einleitung

Willkommen in einer Welt, in der die Cloud nicht mehr nur ein Versprechen für die Zukunft ist, sondern zu einem bestimmenden Teil unserer Gegenwart in Unternehmen geworden ist. Die SAP Business Technology Platform (SAP BTP) ist ein prominenter Vertreter der Cloud-Anwendungen und auf Ihr SAP-Ökosystem abgestimmt. Damit trifft die Leistungsfähigkeit der Cloud auf die solide Grundlage traditioneller IT-Systeme. Dieses Buch bietet Ihnen einen Wegweiser durch das vielschichtige Terrain der Cloud-Administration, ein Leitfaden, der Klarheit in die oft komplexen Strukturen und hybriden Konfigurationen bringt, die heute die Unternehmenswelt prägen.

Dieses Buch nimmt Sie mit auf eine Entdeckungsreise durch die SAP BTP, beginnend mit den Wurzeln und der Entwicklung der Plattform und führt Sie durch die vielfältigen Möglichkeiten und Dienste, die sie bereithält. Wir wollen nicht nur die technischen Aspekte beleuchten, sondern auch die Philosophie hinter der SAP BTP, deren Ziel es ist, Prozesse zu vereinfachen und Unternehmen zu befähigen, ihre Effizienz und Innovation zu steigern.

Unser Ziel ist es, Ihnen das Rüstzeug an die Hand zu geben, die SAP BTP nicht nur zu verstehen, sondern sie auch bestmöglich zu administrieren. Wir möchten, dass Sie sich sicher fühlen im Umgang mit dieser Plattform, die inzwischen entscheidend für das Geschäftswachstum und den technologischen Fortschritt vieler Unternehmen ist. Mit jedem Kapitel bauen wir auf diesem Fundament auf, sodass Sie am Ende des Buches nicht nur alles Facetten der Administration der SAP-BTP beherrschen, sondern auch die Zukunft der Cloud mitgestalten können.

Zielgruppe

Wir richten uns an Systemadministratorinnen und -administratoren, Entwicklerinnen und Entwickler, Systemarchitektinnen und -architekten und Sicherheitsexpertinnen und -experten sowie an jede Person, der sich für die Integration von Cloud- und On-Premise-Welten interessiert. Mit einer strukturierten Herangehensweise und einer klaren Gliederung ist das Buch so konzipiert, dass es Ihnen einen schrittweisen Einblick in jede Facette der SAP BTP bietet – von der Grundinstallation bis hin zu fortgeschrittenen Konfigurationen und der Administration. Darüber hinaus richten wir dieses Buch an alle Personen, die sich für die Verbindung von Cloud- und On-Premise-Welten mit dem SAP-Ökosystem interessieren.

Hinweise zum Lesen des Buches

Jedes Kapitel ist so konzipiert, dass es auf dem Wissen des vorangehenden Kapitels aufbaut, wobei auch genügend Flexibilität besteht, um einzelne Abschnitte unabhängig voneinander zu lesen und zu verstehen. Mit diesem Buch in Ihren Händen sind Sie bestens ausgerüstet, um die Herausforderungen und Chancen der SAP-BTP-Administration zu meistern und Ihre Cloud-Strategie erfolgreich umzusetzen. Zur Veranschaulichung der Anleitungen werden durchgehend Screenshots verwendet.

Aufbau des Buches

Dieses Buch bietet einen umfassenden Leitfaden für die Administration der SAP BTP und ist in die folgenden Kapitel gegliedert.

Kapitel 1, »Einführung in die SAP BTP«, bietet einen ganzheitlichen Blick auf die SAP BTP und versetzt die Lesenden in die Lage, ihre Geschichte, die verschiedenen Lizenzmodelle und die Struktur der Plattform zu verstehen. Es behandelt ferner das SAP Discovery Center, beleuchtet Entitlements und Servicepläne und schließt mit Best Practices sowie Troubleshooting-Ressourcen ab.

Kapitel 2, »Benutzerverwaltung«, konzentriert sich auf Sicherheit und Berechtigungen. Hier lernen Lesende die SAP Cloud Identity Services kennen und erhalten tiefe Einblicke in Identity Authentication und das Identity Provisioning.

Kapitel 3, »Fortgeschrittene Identity-Authentication-Service-Themen«, vertieft das Wissen rund um die Authentifizierung mit Protokollen wie SAML und OpenID Connect und bietet praktische Anwendungsbeispiele zur Implementierung fortgeschrittener Authentifizierungsmechanismen.

Kapitel 4, »Global Accounts administrieren«, führt in die Administration von Global Accounts ein und deckt das Benutzermanagement, Rollen und Sammelrollen sowie praktische Beispiele zur Authentifizierung sowie das Monitoring dieser Accounts ab.

Kapitel 5, »Subaccounts administrieren«, stellt das Management von Subaccounts in den Mittelpunkt, ergänzt durch praktische Anleitungen zur Authentifizierung mit Identity Authentication und zur Verbindung mit Azure Active Directory.

Kapitel 6, »Cloud Connector«, widmet sich der Installation und Konfiguration des Cloud Connectors, der als Brücke zwischen On-Premise-Systemen und der SAP BTP fungiert, und beleuchtet die Konnektivitätsoptionen sowie das Monitoring des Cloud Connectors.

Kapitel 7, »SAP Business Application Studio aktivieren und einrichten«, zeigt Ihnen, wie Sie die Entwicklungsumgebung für Cloud-Anwendungen einrichten und konfigurieren. Wir gehen außerdem auf Spaces und Organisationen ein und geben Tipps zum Einrichten von SAP Business Application Studio.

Kapitel 8, »Die SAP Integration Suite aktivieren und einrichten«, zeigt das Einrichten der SAP Integration Suite, mit der Sie Daten über die Cloud integrieren können.

Kapitel 9, »SAP Cloud Transport Management für die SAP Integration Suite aktivieren und einrichten«, beleuchtet das Lifecycle Management in der SAP Integration Suite und wie Sie dieses einrichten können.

Kapitel 10, »SAP Build aktivieren und einrichten«, behandelt das Einrichten und Administrieren von SAP Build, mit dem Sie Cloud-Anwendungen ohne Code erstellen und betreiben können.

In diesem Buch finden Sie Infokästen, die Ihnen Tipps, Hinweise und Beispiele mit auf den Weg geben. Dazu gehören:

- **Beispiel:** Die durch dieses Symbol kenntlich gemachten Beispiele weisen auf Szenarien aus der Praxis hin und veranschaulichen die dargestellten Funktionen. [zB]
- **Tipp:** Mit diesem Symbol sind Tipps und Hinweise aus der Berufspraxis markiert, die praktische Empfehlungen geben, die Ihnen die Arbeit erleichtern können. [+]
- **Hinweis:** In Kästen, die mit diesem Symbol gekennzeichnet sind, finden Sie Informationen zu Definitionen, weiterführenden Themen oder wichtigen Inhalten, die Sie sich merken sollten. [«]
- **Achtung:** Dieses Symbol weist Sie auf Besonderheiten hin, die Sie beachten sollten. Es warnt Sie außerdem vor häufigen Fehlern und Problemen. [!]

Zusammenfassung

Dieses Buch ist mehr als nur eine technische Anleitung – es ist ein Ratgeber, der Sie dazu befähigt, Ihre Systeme effizient und sicher zu betreiben. Sie lernen, wie Sie Abonnements und Kontingente verwalten, Best Practices implementieren und das Monitoring Ihrer Subaccounts meistern, um eine Hochverfügbarkeit und Sicherheit Ihrer Verbindungen zu gewährleisten.

Jedes Kapitel ist sorgfältig darauf abgestimmt, Ihnen nicht nur die Theorie, sondern auch die praktische Anwendung zu vermitteln. Mit detaillierten Anleitungen, Best Practices und Warnungen vor häufigen Fallstricken, ist dieses Buch Ihr umfassender Leitfaden für die effektive Administration der SAP BTP.

Begleiten Sie uns auf dieser spannenden Reise in die Welt der Cloud-Administration, um Ihre Cloud-Implementierungsprojekte nicht nur zu realisieren, sondern sie auch sicher zu betreiben.

Martin Koch und **Siegfried Zeilinger**

Kapitel 1
Einführung in die SAP BTP

Die SAP BTP ist die zentrale Komponente in hybriden und Cloud-SAP-Systemlandschaften. Sie ist der wichtigste Bestandteil für die Entwicklung und Erweiterung von Applikationen, die Integration von SAP und SAP-fremden Lösungen sowie die Analyse von Daten.

Die *SAP Business Technology Platform* (SAP BTP) stellt ein breites Spektrum an Funktionen für die Entwicklung von Low-Code-Anwendungen, künstliche Intelligenz, Integration sowie Datenanalyse zur Verfügung. Diese Funktionen sind nahtlos in die SAP-Anwendungen integriert und ermöglichen die Verbindung zu anderen Anwendungen und Datenquellen. Die SAP BTP ist das Fundament, um innovative Lösungen zu entwickeln, die eine einheitliche User Experience für Geschäftsprozesse bieten. Dieser Satz hört sich vielleicht etwas hochgestochen und provokativ an, spiegelt im Wesentlichen aber den Funktionsumfang der SAP BTP wider. Der Weg von SAP geht klar in Richtung Cloud. Die Aussage, dass On-Premise-Kunden zukünftig von Innovationen ausgeschlossen würden, hat die Kundschaft von SAP wie ein Erdbeben erschüttert. Doch an der Cloud wird für Kunden mittelfristig kein Weg vorbeiführen, und andere Anbieter wie beispielsweise Microsoft mit Office 365, haben diesen Weg schon länger eingeschlagen.

Cloud-Software bietet große Vorteile. Den Kunden werden beispielsweise unverzüglich alle neuen Funktionen ausgeliefert. Dies ist in einer Welt, in der sich Geschäftsmodelle laufend ändern oder neu erfunden werden, ein unglaublicher Vorteil. Viele SAP-Kunden können ein Lied davon singen, dass Berater*innen, die auf dem neuesten Stand der Technik sind, jede zweite Frage mit dem Satz »Das aktuellste Release kann das doch.« beantworten, und sie danach beichten müssen, dass ihr Release fünf Jahre alt ist. Da SAP-Software-as-a-Service-Lösungen (SaaS-Lösungen) vorantreibt, werden hybride Systemlandschaften, die sowohl Cloud- als auch On-Premise-Lösungen beinhalten, die Architektur ihrer Kunden prägen. Für diese Systemlandschaften stellt die SAP BTP umfangreiche Funktionen bereit, um diese zu integrieren und um Endanwender*innen einen zentralen Zugang zu bieten.

[»]

Was ist ein On-Premise-System?

Ein *On-Premise-System* ist ein System, das in Ihren Premises, also in Ihren Rechenzentren steht. Dazu zählen auch jene Systeme, die bei Ihrem Hosting-Anbieter stehen.

In Abschnitt 1.1, »Historie und Positionierung«, werfen wir einen Blick auf die umfangreiche Vergangenheit der SAP BTP, die durch eine Reihe von Namensänderungen und Rebranding-Maßnahmen geprägt ist. Wir besprechen diese Entwicklung detailliert. Für die SAP BTP stehen verschiedene Lizenzierungsoptionen zur Verfügung, die wir in Abschnitt 1.2, »SAP-BTP-Lizenzmodelle, Service Level Agreements und wichtige Dokumente«, eingehend erläutern. Darüber hinaus stellen wir Ihnen die Service Level Agreements (SLAs) der SAP BTP vor und zeigen Ihnen, wo Sie relevante Dokumente wie Audit-Berichte finden können. In Abschnitt 1.3, »Global Accounts und Subaccounts«, erhalten Sie einen umfassenden Überblick über die Konzepte und den Aufbau der SAP BTP auf der Basis von Global Accounts und Subaccounts. Eine Schlüsselressource für die SAP BTP ist das SAP Discovery Center, das in Abschnitt 1.4, »SAP Discovery Center«, vorgestellt wird. Dort finden Sie detaillierte Beschreibungen, Preisinformationen und Angaben zur geografischen Verfügbarkeit sämtlicher Services, die auf der SAP BTP angeboten werden. In Abschnitt 1.5, »Entitlements und Servicepläne«, erhalten Sie eine Einführung in die Themen Entitlements und Servicepläne. Diese beiden Mechanismen ermöglichen es Ihnen, die Bereitstellung und den Umfang der Services in Ihren Subaccounts nach Ihren Anforderungen zu steuern und anzupassen. Damit haben Sie die Kontrolle darüber, welche Services in welchem Umfang in Ihren Subaccounts zur Verfügung stehen. In Abschnitt 1.6, »Best Practices«, stellen wir Ihnen eine Auswahl bewährter Verfahren (Best Practices) vor, die sich im Zusammenhang mit der SAP BTP inzwischen herauskristallisiert haben. Diese bewährten Praktiken sind wertvolle Leitlinien und Empfehlungen, die Ihnen bei der effektiven Nutzung der SAP BTP helfen können. Zum Abschluss präsentieren wir Ihnen in Abschnitt 1.7, »Troubleshooting«, essenzielle Ressourcen für die SAP BTP sowie Anleitungen zur Durchführung von Troubleshooting, falls dies erforderlich sein sollte. Damit möchten wir sicherstellen, dass Sie über die erforderlichen Hilfsmittel und Informationen verfügen, um eventuelle Probleme erfolgreich zu bewältigen. Weitere Ressourcen, die Ihnen Informationen für Ihre Arbeit als Administrator*in bieten, finden Sie in Abschnitt 1.8, »Ressourcen«.

1.1 Historie und Positionierung

Die SAP BTP ist ein Plattformdienst von SAP, der erstmals im Jahr 2012 unter dem Namen *SAP NetWeaver Cloud* eingeführt wurde. Im Jahr 2013 erfolgte die Umbenennung in *SAP HANA Cloud Platform*, und im Laufe der Zeit wurde die Plattform kontinuierlich um zusätzliche Services erweitert. Im Jahr 2017 wurde der Teil des Namens, der auf HANA hinwies, von SAP entfernt, und bis Januar 2021 lautete der offizielle Produktname *SAP Cloud Platform*.

Die SAP BTP wurde im Laufe der Zeit für verschiedene Anwendungsfälle positioniert. Es handelt sich dabei um eine umfassende Sammlung von Services, die die Kunden in den folgenden Bereichen unterstützt:

- **Innovate**
  Die SAP BTP unterstützt die Kunden bei der Entwicklung und Bereitstellung neuer, hochmoderner Anwendungen.
- **Extend**
  Die SAP BTP ermöglicht es, bestehende SAP-SaaS-Produkte in sogenannten Side-by-Side-Szenarien zu erweitern.
- **Integrate**
  Die SAP BTP erleichterte die Integration von Cloud-zu-Cloud- oder Cloud-zu-On-Premises-Produkten.

Im Jahr 2019 wurden die Begriffe *Extension Suite* und *Integration Suite* eingeführt, um diese drei Use Cases besser zu strukturieren und zu vereinen. Die Suiten enthalten nicht nur die Kernservices, sondern auch alle unterstützenden Services, die für die Entwicklung und den Betrieb moderner Anwendungen erforderlich sind. Auf der SAP BTP stehen Lösungen in verschiedenen Schlüsselbereichen zur Verfügung. Diese umfassen die folgenden Funktionen:

- **Künstliche Intelligenz (KI)**
  Die SAP BTP bietet fortschrittliche KI-Funktionen und Tools, mit denen Unternehmen intelligente Anwendungen und Automatisierungslösungen entwickeln können. Diese ermöglichen es, datengesteuerte Entscheidungen zu treffen und Geschäftsprozesse zu optimieren.
- **Anwendungsentwicklung und Automatisierung**
  In diesem Bereich können Entwickler*innen Anwendungen erstellen, anpassen und automatisieren, um die spezifischen Anforderungen ihres Unternehmens zu erfüllen. Die Plattform bietet eine Vielzahl von Entwicklungsressourcen und Tools.
- **Data und Analytics**
  Die SAP BTP unterstützt Unternehmen bei der Verwaltung und Analyse ihrer Daten. Sie bietet leistungsstarke Analysewerkzeuge und Datenbanken, um Erkenntnisse zu gewinnen und datengesteuerte Entscheidungen zu treffen.
- **Erweiterte Planung und Analyse**
  Dieser Bereich ermöglicht es Unternehmen, ihre Planungs- und Analyseprozesse zu optimieren. Die Plattform bietet Tools für Budgetierung, Forecasting und Performancemanagement.

- **Foundation und Cross Services**
  Hier finden sich grundlegende Dienste und Querschnittsfunktionen, die die Grundlage für alle anderen Bereiche der SAP BTP bilden. Dazu gehören Sicherheit, Identity Management und weitere wichtige Ressourcen.
- **Integration**
  SAP BTP ermöglicht die nahtlose Integration von Anwendungen und Systemen. Unternehmen können ihre bestehenden Lösungen problemlos in die Plattform integrieren und so eine durchgängige Datenkommunikation sicherstellen.

Anfänglich wurde die SAP BTP ausschließlich in den SAP-eigenen Rechenzentren und in der proprietären Neo-Umgebung betrieben. Parallel zu SAP haben sich weitere Cloud-Anbieter mit eigenen Angeboten am Markt etabliert, wie Amazon mit *Amazon Web Services* (AWS), Microsoft mit *Azure*, Google mit *Google Cloud* und Alibaba mit *Alibaba Cloud*. Um den Betrieb und die Bereitstellung von Services in der Cloud anbieterübergreifend zu standardisieren, haben sich namhafte Cloud-Anbieter unter dem Dach der Cloud Foundry Foundation zusammengeschlossen, um einen einheitlichen Standard zu definieren (siehe *www.s-prs.de/v100200001*).

SAP setzt nicht nur für die SAP BTP, sondern auch in anderen Produkten auf diese Cloud-Foundry-Architektur. Dazu gehören z. B. *SAP HANA Extended Application Services* (SAP HANA XSA) und *SAP HANA Extended Application Services, Advanced Model*, die in SAP HANA integrierte Laufzeit- und Entwicklungsumgebung.

Die SAP BTP bietet eine Reihe von Funktionen, die verschiedene technische Komponenten wie Dienste, Werkzeuge, APIs und Anwendungen umfassen. Innerhalb der SAP BTP lässt SAP den Kunden die Wahl, ob sie diese Services in der Neo- oder in der Cloud-Foundry-Umgebung nutzen möchten. Die Services ermöglichen, erleichtern oder beschleunigen die Entwicklung von Geschäftsanwendungen und anderen Plattformdiensten auf der SAP BTP. SAP unterteilt die Services in zwei verschiedene Typen: Bei den *Business Services* handelt es sich um Services, die die Entwicklung von Geschäftsprozesskomponenten ermöglichen, erleichtern oder beschleunigen oder branchenspezifische Funktionen oder Inhalte innerhalb einer Geschäftsanwendung bereitstellen. Die *technischen Services* ermöglichen, erleichtern oder beschleunigen (unabhängig vom Geschäftsprozess oder der Aufgabe der Anwendung) die Entwicklung von generischen oder domänenunabhängigen Inhalten innerhalb einer Geschäftsanwendung.

Aus kommerzieller Sicht macht es für Sie keinen Unterschied, ob Sie einen Service in der Neo-Umgebung, in der Cloud-Foundry-Umgebung oder in beiden Umgebungen in Anspruch nehmen. In allen Fällen schließen Sie einen Vertrag mit SAP und nicht mit dem Infrastructure-as-a-Service-Anbieter (IaaS-Anbieter). Die Abrechnung erfolgt daher immer über SAP. Wir behandeln in diesem Buch nur noch die Cloud-Foundry-Umgebung, da SAP angekündigt hat, dass das *Neo Environment* am 31. Dezember 2028 auslaufen wird. Neue Services werden mittlerweile ausschließlich auf der Cloud-Foundry-Umgebung bereitgestellt. Diese ist Bestandteil der *Multi-Cloud-Umgebung*. In der Multi-Cloud-Umgebung werden die Dienste über die folgenden IaaS-Partner von SAP bereitgestellt:

- Amazon
- Microsoft
- Google
- Alibaba

Die IaaS-Partner betreiben die Infrastrukturebene der jeweiligen Region, während SAP die Plattformebene und die Laufzeitumgebungen betreibt. Als Kunde haben Sie nur Zugriff auf die Plattformschicht und nicht auf die Infrastrukturschicht. In der Multi-Cloud-Umgebung werden Laufzeiten für Cloud Foundry, Kyma und ABAP angeboten.

Die *Cloud Foundry Foundation* ist ein gemeinnütziges Open-Source-Projekt. Die Vision der Stiftung ist es, Cloud Foundry zur weltweit führenden Anwendungsplattform für Cloud Computing zu machen. Sie will das Bewusstsein und die Akzeptanz des Projekts fördern und eine lebendige Gemeinschaft von Unternehmen schaffen, die dazu beitragen. Sie hat sich insbesondere die folgenden Ziele gesetzt:

- Etablierung und Erhaltung von Cloud Foundry als globale, branchenübliche PaaS-Open-Source-Technologie (PaaS = Platform-as-a-Service) mit einem florierenden Ökosystem
- Aufrechterhaltung und Sicherstellung von Qualität, Wert und Innovation für Anwenderunternehmen, Betreiber und Anbieter von Cloud-Foundry-Technologie
- Sicherstellung einer dynamischen, agilen Erfahrung für die Mitwirkenden der Community, die weltweit mit hoher Geschwindigkeit native Cloud-Anwendungen von höchster Qualität bereitstellen

Die SAP BTP ist eine zertifizierte Cloud-Foundry-Distribution. Die Cloud-Foundry-Umgebung der SAP BTP ermöglicht die Entwicklung und den Betrieb von Cloud-Anwendungen in verschiedenen Programmiersprachen. Cloud-Foundry-Anwendungen können auf der SAP BTP in verschiedenen Regionen bereitgestellt werden. Jede Region bildet den Standort eines eigenen Rechenzentrums. SAP entwickelt die SAP BTP stetig weiter. Die geplanten Funktionen können der Roadmap entnommen werden. Diese können Sie unter *www.s-prs.de/v100200002* abrufen. Dort finden Sie beispielsweise Informationen darüber, welche neuen Rechenzentren geplant sind.

1.2 SAP-BTP-Lizenzmodelle, Service Level Agreements und wichtige Dokumente

SAP stellt Unternehmenskunden für die SAP BTP zwei unterschiedliche Lizenzierungsmodelle zur Verfügung: das Consumption-based Model und das Subscription-based Model. Diese vielseitigen Optionen ermöglichen es Unternehmen, die für ihre individuellen Anforderungen am besten geeignete Lizenzierungsform auszuwählen.

Im *Consumption-based Model* erhalten Unternehmen Zugang zu sämtlichen gegenwärtigen und zukünftigen Diensten, die für dieses Modell verfügbar sind. Hierbei genießen sie uneingeschränkte Flexibilität, um Dienste nach Bedarf zu aktivieren oder zu deaktivieren und während der Laufzeit des Vertrags zwischen verschiedenen Diensten zu wechseln. Dieses kommerzielle Modell bietet zwei unterschiedliche Optionen zur Auswahl: Das *Cloud Platform Enterprise Agreement* (CPEA) und das *Pay-As-You-Go*-Modell (PAYG) für die SAP BTP. Jede Option ist für unterschiedliche Geschäftssituationen und finanzielle Verpflichtungen geeignet. An dieser Stelle sei auch erwähnt, dass SAP im April 2024 mit dem *SAP BTP Enterprise Agreement* (BTPEA) ein neues Lizenzmodell eingeführt hat, das das SAP CPEA für Neukunden ablöst.

Das CPEA zeichnet sich durch folgende Eigenschaften aus:

- Ihr Unternehmen investiert im Voraus in Cloud Credits für die Vertragslaufzeit und verpflichtet sich, jährlich SAP BTP Services zu nutzen.
- Dieses Modell eignet sich für Kunden, die gut etablierte und geplante Anwendungsfälle haben und die Flexibilität wünschen, Services ein- und auszuschalten und zwischen Services zu wechseln, ohne während der gesamten Vertragslaufzeit an einen einzigen Service gebunden zu sein.
- Sie erhalten eine monatliche Abrechnung, die Informationen über die Nutzung der einzelnen Services und die entsprechenden Kosten enthält. Die monatlichen Gesamtkosten werden von Ihrem Cloud-Guthaben abgezogen.
- Bei diesem Modell ist eine Mindestinvestition erforderlich, und es sind volumenabhängige Rabatte möglich. Die Abrechnung erfolgt jährlich im Voraus. Überschreitungen werden nachträglich zum Listenpreis abgerechnet.
- Sie können Ihr Cloud-Guthaben jederzeit aufladen, um Überschreitungen zu vermeiden.

Das PAYG-Modell zeichnet sich durch die folgenden Eigenschaften aus:

- Sie haben den gleichen Zugang zu allen Diensten, die in CPEA verfügbar sind, aber mit einem hochflexiblen Null-Bindungsmodell.
- Sie zahlen nichts im Voraus, und es gibt keine Mindestnutzungsanforderungen oder jährlichen Verpflichtungen. Sie zahlen nur für die SAP-BTP-Dienste, wenn Sie sie nutzen.

- Sie werden monatlich nachträglich in Rechnung gestellt.
- Die Servicegebühren sind nicht von Rabatten ausgeschlossen.
- Dieses risikoarme Modell eignet sich für Kunden, deren Anwendungsfälle noch nicht genau definiert sind und die ein Proof-of-Concept (PoC) in einer produktiven Umgebung durchführen möchten.
- Dieses Modell bietet die Flexibilität, Dienste ein- und auszuschalten und während der Vertragslaufzeit je nach Bedarf zwischen den Diensten zu wechseln.
- Ein nahtloser Übergang zum CPEA-Modell ist möglich, sofern Sie keine anderen CPEA-basierten Global Accounts haben.

Im *Subscription-based Model* wählt Ihr Unternehmen nur die Dienste aus, die Sie tatsächlich nutzen möchten. Diese Dienste können dann zu einem festen Preis abonniert werden, unabhängig von der tatsächlichen Nutzung. Dieses Modell wird durch folgende Eigenschaften charakterisiert:

- Sie sind berechtigt, nur die abonnierten Dienste zu nutzen.
- Für den Zugang zu zusätzlichen Diensten, die mit zusätzlichen Kosten verbunden sind, können Sie Ihren Vertrag über Ihre Vertriebsmitarbeitenden oder Ihre Kundenbetreuung ändern.
- Sie zahlen einen festen Betrag, unabhängig von der Nutzung der abonnierten Dienste. Sie zahlen im Voraus, wenn die Vertragslaufzeit beginnt.
- Ihr Unternehmen kann das Abonnement am Ende der Vertragslaufzeit verlängern.

Es ist wichtig zu beachten, dass einige Dienste auf der Grundlage von Benutzermetriken oder Ressourcenmetriken abonniert werden können. Beispielsweise kann ein Portaldienst auf der Anzahl der Website-Besuche oder den Benutzerzahlen basieren. Ressourcenbasierte Metriken sind üblich, wenn eine große Anzahl von Benutzern wie z. B. Lieferanten auf ein Portal zugreift, um mit Ihrer Organisation zu interagieren. Da es oft schwierig ist, im Voraus genau vorherzusagen, wie viele Ressourcen über einen Zeitraum von drei Jahren benötigt werden, haben Sie die Möglichkeit, Ihre ursprüngliche Bestellung zu erhöhen, wenn die Ressourcennutzung Ihr abonniertes Kontingent überschreitet. Das SAP BTP Cockpit ermöglicht es Ihnen, den Ressourcenverbrauch innerhalb Ihres Global Account auf monatlicher Basis zu überwachen. Sie erhalten außerdem Zugang zu Bundles oder Paketen, die mehrere zusammenhängende Dienste und Anwendungen umfassen. In den meisten Fällen ist dies kosteneffizienter als das separate Abonnieren einzelner SAP-BTP-Dienste. Dies ermöglicht es Ihrem Unternehmen, Ressourcen optimal zu nutzen und die Kosten im Griff zu behalten.

Selbstverständlich bietet SAP für die auf der SAP BTP bereitgestellten Services auch entsprechende Service-Level-Vereinbarungen an. Diese sind unter der folgenden URL zu finden: *www.s-prs.de/v100200003* (siehe Abbildung 1.1).

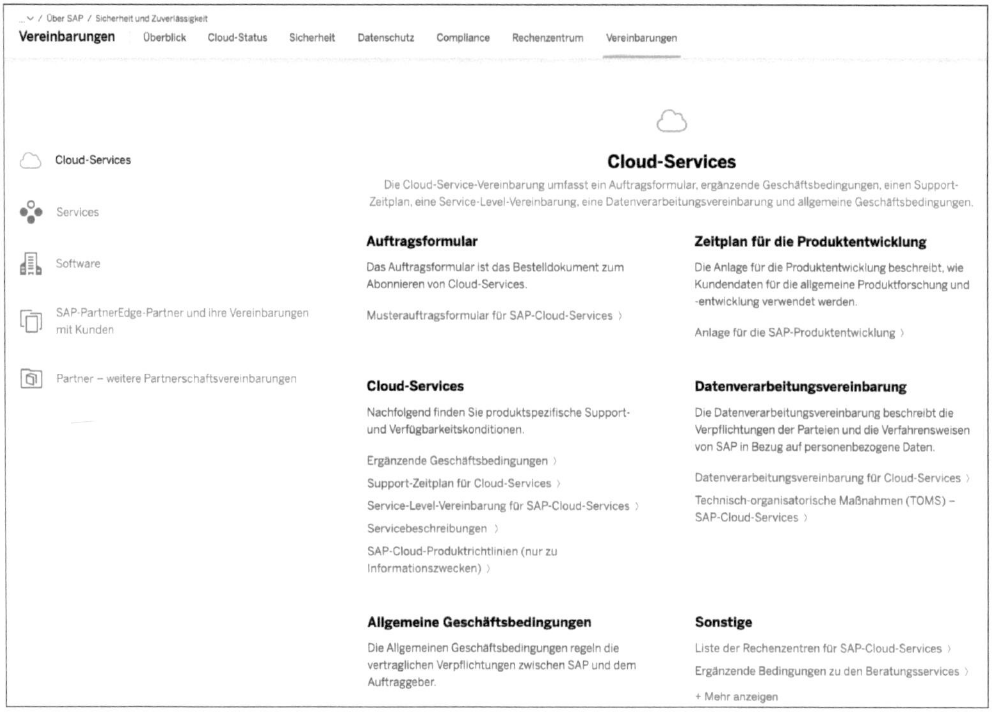

Abbildung 1.1 Cloud-Service-Vereinbarungen

Es ist wichtig zu beachten, dass die *Service Level Agreements* (SLA) für die SAP-BTP-Dienste einige einzigartige Merkmale aufweisen. Wir möchten hier eine faire Bewertung vornehmen, ohne unnötige Kritik zu üben. Dennoch müssen wir erwähnen, dass die in den SLAs festgelegten Systemverfügbarkeiten im Vergleich zu anderen Cloud-Anbietern grundlegend anders berechnet werden. Dies liegt daran, dass bestimmte Ausfallzeiten aus der Berechnung ausgeschlossen sind. Das bedeutet, dass es möglich sein könnte, dass ein gewünschter Dienst für beispielsweise zwei Stunden pro Woche nicht verfügbar ist, jedoch gemäß SLA dennoch eine 100-prozentige Systemverfügbarkeit aufweist. Es ist ratsam, diese Feinheiten zu berücksichtigen, um realistische Erwartungen an die Dienstverfügbarkeit zu haben.

Die Ausfallzeiten, berechnet anhand von Maintenance Windows und Major Upgrade Windows, können servicespezifisch unter der URL *www.s-prs.de/v100200004* eingesehen werden. In Abbildung 1.2 sehen Sie beispielhaft die Wartungsfenster für die SAP Integration Suite. Es gibt zwar keine geplanten Wartungsfenster, dennoch haben Sie bis zu viermal pro Jahr eine Ausfallzeit von bis zu vier Stunden für Major Upgrades.

Wie bereits betont, ist es nicht unser Anliegen, SAP in einem negativen Licht darzustellen. Dennoch empfehlen wir Ihnen, diese besondere Berechnungsmethode der Systemverfügbarkeiten im Hinterkopf zu behalten, insbesondere wenn Sie Ihren

Endkunden gegenüber bestimmte Systemverfügbarkeiten in Ihren SLAs zusichern müssen. Dies ermöglicht es Ihnen, transparente und realistische Verpflichtungen einzugehen, die den tatsächlichen Betriebszustand der SAP-BTP-Dienste berücksichtigen.

Search: integration s

	MAINTENANCE WINDOWS				MAJOR UPGRADE WINDOWS				
Cloud Service	**MENA**	**APJ**	**Europe**	**Americas**	**Frequency**	**MENA**	**APJ**	**Europe**	**Americas**
SAP Cloud Integration	FRI 7 pm (2 hrs)	SAT 3 pm (2 hrs)	SAT 10 pm (2 hrs)	SUN 4 am (2 hrs)	Up to 4 times per year	FRI 5 pm (12 hrs)	SAT 1 pm (12 hrs)	SAT 8 pm (12 hrs)	SUN 6 am (12 hrs)
SAP Continuous Integration and Delivery		SAT 3 pm (3 hrs)	SAT 10 pm (3 hrs)	SUN 4 am (3 hrs)	Up to 4 times per year		FRI 2 pm (4 hrs)	FRI 10 pm (4 hrs)	SAT 4 am (4 hrs)
SAP Data Privacy Integration	Zero down-time	Zero down-time	Zero down-time	Zero down-time	Up to 4 times per year	SAT 3 pm (3 hrs)	SAT 3 pm (3 hrs)	SAT 3 pm (3 hrs)	SAT 3 pm (3 hrs)
SAP Emarsys Customer Engagement, advanced integration capabilities	Zero down-time	Zero down-time	Zero down-time	Zero down-time	Up to 4 times per year			SAT 4 am (12 hrs)	SAT 4 am (12 hrs)
SAP Integration Suite	Zero down-time	Zero down-time	Zero down-time	Zero down-time	Up to 4 times per year	FRI 5 pm (4hrs)	SAT 1 pm (4 hrs)	SAT 8 pm (4 hrs)	SUN 6 am (4 hrs)

Abbildung 1.2 Wartungsfenster der SAP Integration Suite

SAP verfolgt ein *Shared Responsibility Model* für die SAP BTP, d. h. ein Modell der geteilten Verantwortung: SAP verwaltet die Plattform, während Sie Anwendungen entwickeln und verwalten. SAP ist verantwortlich für den Betrieb der gesamten Infrastruktur der SAP BTP, einschließlich Monitoring, Patching, Software-Updates und Wartung der Infrastruktur und der zugrundeliegenden Betriebssysteme. Darüber hinaus ist SAP für den technischen Betrieb verantwortlich, z. B. für das Monitoring der SAP BTP Services, die Bereitstellung von Health Check Services, das Kapazitätsmanagement, die Fehlerbehebung sowie das Housekeeping, die Implementierung regelmäßiger Updates und das Incident Management. SAP erstellt Ihren Global Account und stellt Ihnen die von Ihnen erworbenen Ressourcen und Services zur Verfügung.

Als SAP-BTP-Kunde müssen Sie Ihren Global Account und eventuelle Subaccounts verwalten, d. h., dass Sie für die Erstellung eines Account-Konzepts, für das Anlegen und Konfigurieren Ihrer Subaccounts auf der Grundlage der Anforderungen Ihrer Entwicklungsprojekte und für die entsprechende Verteilung von Ressourcen und Services verantwortlich sind. Darüber hinaus sind Sie für die Entwicklung und den Betrieb von Anwendungen zuständig. Außerdem sind Sie für die Erstellung und das

Deployment von Anwendungen, für die Verwaltung anwendungsspezifischer Rollenzuweisungen, für die Integration mit bestehenden Systemen und Anwendungen, für das Monitoring und die Implementierung von Health Checks sowie für die Durchführung von Housekeeping, Troubleshooting und regelmäßigen Updates für Ihre Anwendungen verantwortlich, die auf der SAP BTP laufen.

1.3 Global Accounts und Subaccounts

Ein *Global Account* ist die Umsetzung eines Vertrags, den Sie oder Ihr Unternehmen mit SAP abgeschlossen haben. Ein Global Account dient dazu, Subaccounts, Mitglieder, Berechtigungen und Kontingente – sogenannte *Entitlements* – zu verwalten. Eine ausführliche Einführung zu den Global Accounts und Subaccounts erhalten Sie in Kapitel 4, »Global Accounts administrieren«, und Kapitel 5, »Subaccounts administrieren«.

Als SAP-BTP-Kunde erhalten Sie Berechtigungen und Kontingente zur Nutzung von Plattformressourcen pro Global Account und verteilen dann die Berechtigungen und Kontingente an die Subaccounts für die tatsächliche Nutzung. Es gibt, wie bereits erwähnt, zwei Arten von kommerziellen Modellen für Global Accounts: das verbrauchsorientierte Modell und das abonnementbasierte Modell.

Global Accounts sind regions- und umgebungsunabhängig. Innerhalb eines Global Account verwalten Sie alle Ihre Subaccounts, die wiederum spezifisch für eine Region oder Umgebung sind. Diese Struktur ermöglicht es Ihnen, Ihre Ressourcen und Dienste effektiv zu organisieren und gleichzeitig eine globale Übersicht über Ihr SAP-BTP-Portfolio zu behalten. Sie können Subaccounts für verschiedene geografische Standorte oder geschäftliche Zwecke einrichten und steuern, wodurch Sie die Flexibilität haben, Ihre Plattformressourcen genau dort zu nutzen, wo sie benötigt werden (siehe Abbildung 1.3). Dies erleichtert die Skalierung und Anpassung Ihrer Lösungen an die Anforderungen Ihres Unternehmens in verschiedenen Kontexten.

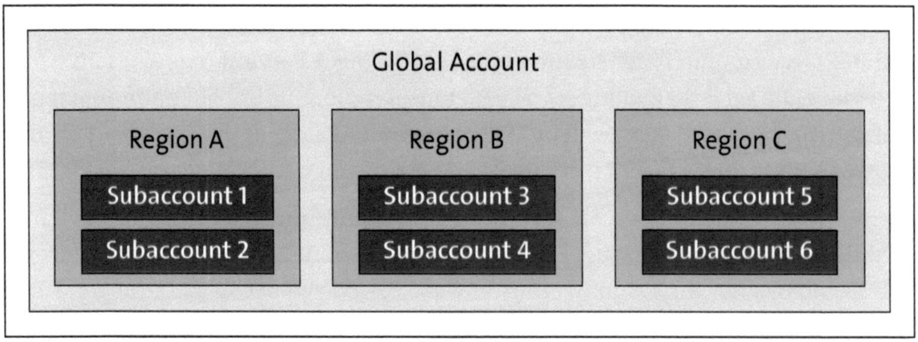

Abbildung 1.3 Global Account mit mehreren Subaccounts in verschiedenen Regionen

Subaccounts ermöglichen es Ihnen, einen Global Account gemäß den Anforderungen Ihrer Organisation und Ihrer Projekte in Bezug auf Mitglieder, Services und Berechtigungen zu strukturieren. Ein Global Account kann einen oder mehrere Subaccounts enthalten, in denen Sie Anwendungen bereitstellen, Services nutzen und Subscriptions verwalten (siehe Abbildung 1.4). Verschiedene Subaccounts in einem Global Account sind voneinander unabhängig. Dies ist bei der Planung Ihrer Systemlandschaft und Gesamtarchitektur in Bezug auf Sicherheit, Benutzerverwaltung, Datenmanagement, Integration usw. zu berücksichtigen.

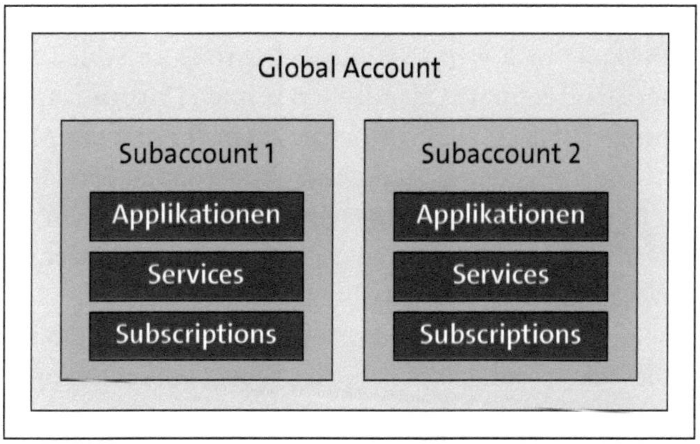

Abbildung 1.4 Voneinander unabhängige Subaccounts

EU Access

Einige Kundenverträge enthalten die EU-Access-Option, die die Verarbeitung von personenbezogenen Daten auf den Europäischen Wirtschaftsraum (EWR) und die Schweiz beschränkt. Wenn der Global Account mit EU-Zugang gekennzeichnet ist, wird der tatsächliche Status der EU-Access-Konformität der Subaccounts während der Erstellung der Subaccounts angezeigt.

Wenn Sie einen Subaccount mit EU Access benötigen, stellen Sie sicher, dass Sie einen Anbieter und eine Region auswählen, in denen EU Access verfügbar ist. Regionen, die EU Access ermöglichen, sind in der Kartenansicht des SAP Discovery Center entsprechend gekennzeichnet. Beachten Sie, dass es für einige Dienste generell keine EU-Access-Option gibt, selbst dann nicht, wenn der Anbieter und die Region grundsätzlich EU Access unterstützen. Es ist daher ratsam, die Verfügbarkeit von EU Access in der spezifischen Region und für den gewünschten Dienst zu überprüfen, um sicherzustellen, dass die Anforderungen an die Datenverarbeitung gemäß den Vertragsvereinbarungen erfüllt werden können.

Jeder Subaccount ist mit einer Region verbunden, die den physischen Standort darstellt, an dem Anwendungen, Daten oder Services gehostet werden. Die spezifische

Region ist relevant, wenn Sie Anwendungen bereitstellen und auf das SAP BTP Cockpit über die entsprechende Cockpit-URL zugreifen. Die derzeitige Region Ihres Subaccounts muss nicht zwangsläufig mit Ihrem Standort in Verbindung stehen. Sie könnten sich beispielsweise in Deutschland befinden, aber Ihren Subaccount in den USA betreiben. Die Berechtigungen und Kontingente (Entitlements), die für einen Global Account erworben wurden, müssen den einzelnen Subaccounts zugewiesen werden.

Wenn Sie die Cloud-Foundry-Umgebung in einem Ihrer Subaccounts aktivieren, erstellt das System automatisch eine *Cloud Foundry Organization* für Sie. Der Subaccount und die Organization haben eine 1:1-Beziehung und befinden sich auf der gleichen Navigationsebene im Cockpit, auch wenn sie möglicherweise verschiedene Namen haben. Innerhalb dieser Cloud Foundry Organization können Sie sogenannte *Spaces* erstellen (siehe Abbildung 1.5). Spaces ermöglichen es Ihnen, Ihr Account-Modell weiter zu strukturieren sowie Dienste und Funktionen in der Cloud-Foundry-Umgebung zu nutzen. Spaces in einer Cloud Foundry Organization ermöglichen es, Ressourcen und Entwicklungsprojekte zu organisieren. Sie dienen der Verfeinerung und Spezialisierung Ihrer Entwicklungs- und Bereitstellungsprozesse, indem sie eine logische Trennung für unterschiedliche Aufgaben oder Teams innerhalb der Cloud-Foundry-Umgebung bieten. Dies fördert die Flexibilität und Effizienz bei der Nutzung von Cloud-Foundry-Diensten und -Funktionen.

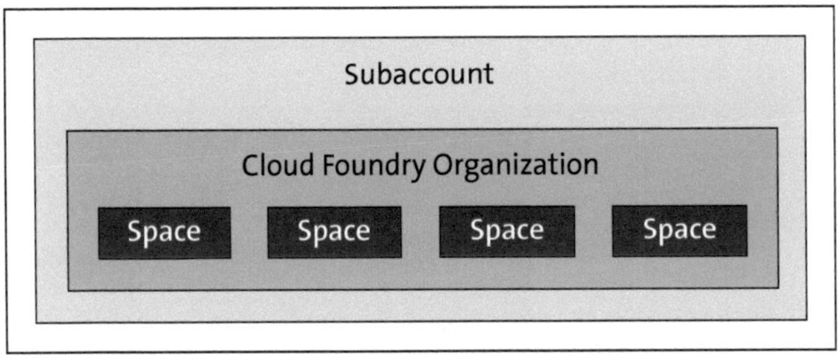

Abbildung 1.5 Spaces in einer Cloud Foundry Organization

1.4 SAP Discovery Center

Das *SAP Discovery Center* ist Ihre zentrale Anlaufstelle, wenn Sie Informationen über die auf der SAP BTP bereitgestellten Services benötigen. Dort finden Sie einerseits die Servicebeschreibungen, und andererseits finden Sie dort sogenannte **Missions**, die Ihnen dabei helfen, die SAP BTP Services zu erkunden (siehe Abbildung 1.6). Zusätzlich wurde auf der SAP TechEd 2023 ein neuer Bereich **Reference Architectures** bereitgestellt. Darauf gehen wir in Abschnitt 1.6.4, »Referenzarchitekturen«, ein.

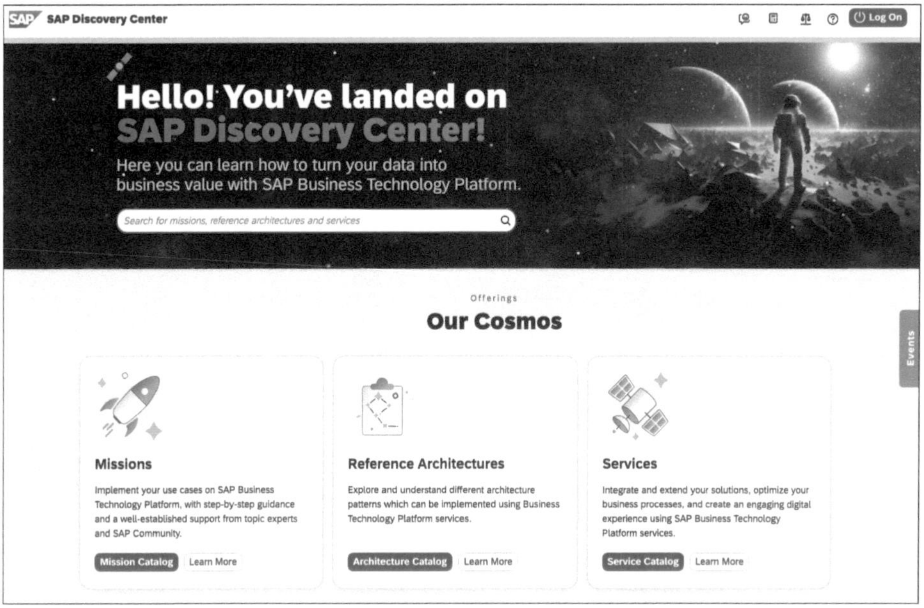

Abbildung 1.6 Benutzeroberfläche des SAP Discovery Center

Im Servicekatalog werden alle auf der SAP BTP angebotenen Services aufgelistet (siehe Abbildung 1.7). Im Seitenmenü können Sie entweder nach Lösungen, wie beispielsweise **AI** oder **Application Development and Automation**, oder nach sogenannten **Capabilities**, wie beispielsweise **DevOps** oder **Process Automation** filtern. Zusätzlich sind neu verfügbare Services mit dem Label **New** gekennzeichnet. Services, die sich aktuell noch im Beta-Stadium befinden, werden mit einem Beta-Label gekennzeichnet, und Services, die zeitnah eingestellt werden, sind mit dem Label **Deprecated** versehen. Wie Sie an dieser Beschreibung erkennen können, werden manche Service seitens SAP auch wieder eingestellt bzw. nicht fortgeführt. Dies betrifft z. B. den Workflow Service auf der SAP BTP. Dieser wurde mit der Einführung von SAP Build Process Automation obsolet und durch ihn ersetzt.

Durch den Klick auf einen Service gelangen Sie in die Beschreibung des jeweiligen Service. Dort finden Sie verschiedenste hilfreiche Informationen. Wir haben für die nachfolgende Beschreibung den SAP Integration Suite Service ausgewählt (siehe Abbildung 1.8). Auf der ersten Registerkarte **Overview** werden im Hauptbereich die Features des jeweiligen Service dargestellt. Dies geschieht meist auf einer abstrakten Ebene. Wenn Sie weitere Details zum jeweiligen Service erfahren möchten, werfen Sie einen Blick in die Dokumentation des betreffenden Service. Besonders nützlich ist das Seitenmenü auf der rechten Seite. Dort finden Sie Links zum Service bzw. zu dessen Tools aber auch Links zu Ressourcen, die den Service weiter erläutern. In den meisten Fällen gibt es einen Bereich **Tutorials & Learning**. Dort finden Sie Links zu Tutorials, zu openSAP-Trainings und zu den SAP-Lernpfaden des jeweiligen Service.

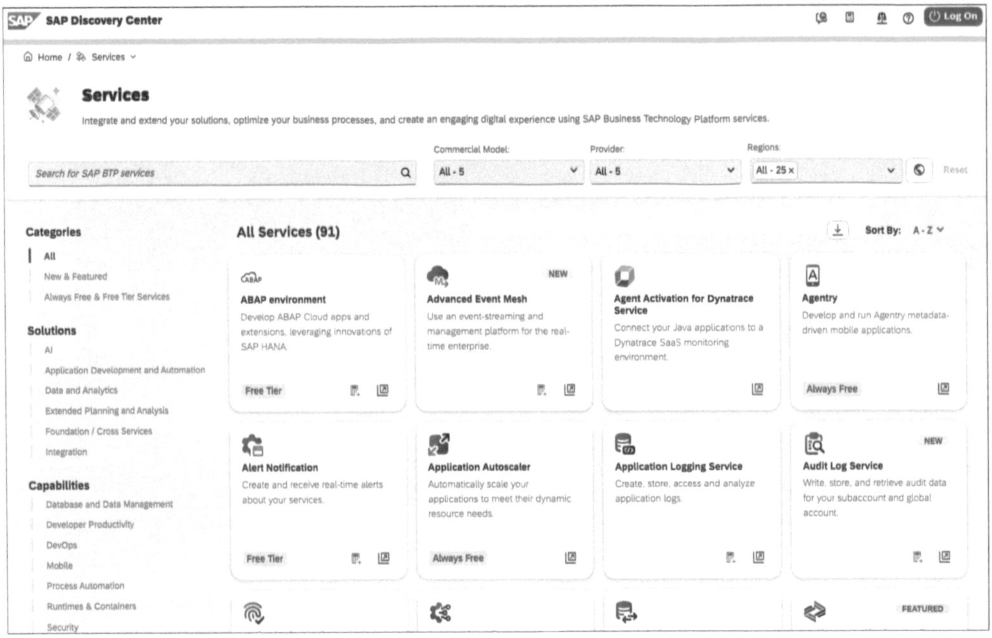

Abbildung 1.7 SAP Discovery Center: Services in der Übersicht

Abbildung 1.8 Beschreibung des SAP Integration Suite Service

Die Registerkarte **Pricing** ist besonders interessant. Dort finden Sie Informationen darüber, unter welchen Lizenzmodellen SAP den Service anbietet (siehe Abbildung 1.9). In diesem Bereich erfahren Sie auch, ob es für den Service einen sogenannten *Free Service Plan* gibt. Dieser berechtigt Sie dazu, den Service meist über einen bestimmten Zeitraum und in einem bestimmten Ausmaß kostenfrei zu nutzen. Damit können Sie sich in den Service einarbeiten, den Service evaluieren und somit bestimmen, ob der Service Ihren Anforderungen gerecht wird.

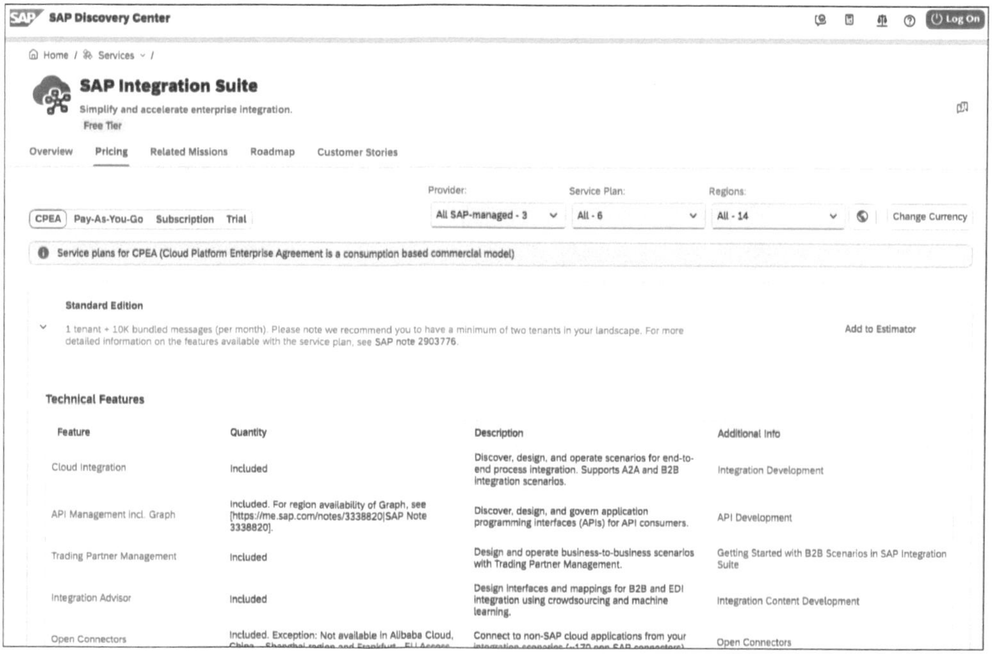

Abbildung 1.9 Registerkarte »Pricing« des SAP Integration Suite Service

Durch einen Klick auf den Globus-Button, sehen Sie in einer grafischen Darstellung, in welchen geografischen Regionen der gewünschte Service angeboten wird (siehe Abbildung 1.10 für die SAP Integration Suite). Der Legende können Sie entnehmen, welche Farbe welchem Hyperscaler entspricht. Bei welchem Hyperscaler der Subaccount laufen soll, der den gewünschten Service enthält, können Sie selbst entscheiden.

Im SAP Discovery Center finden Sie zu allen Services auch sogenannte **Related Missions** (siehe Abbildung 1.11). Dabei handelt es sich um von SAP ausgelieferte Missionen, mit denen Ihnen ein Service ausführlich erklärt wird, bzw. mit denen Sie sich im Selbststudium – von SAP angeleitet – in den jeweiligen Service einarbeiten können.

Abbildung 1.10 Darstellung der Regionen, in denen die Services angeboten werden

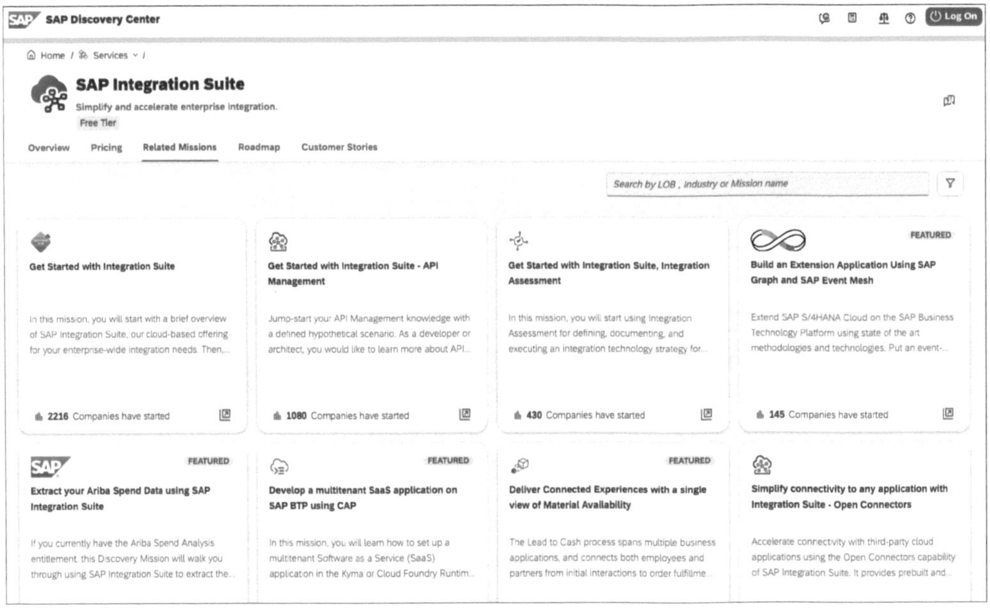

Abbildung 1.11 Registerkarte »Related Missions« eines Service

Mit Missionen können Sie Ihre Anwendungsfälle auf der SAP BTP mit schrittweiser Anleitung und fundiertem Support durch Themenexpert*innen von SAP und der SAP-Community lösen. Der Anwendungsfall einer Mission ist immer in drei Teile aufgeteilt (siehe Abbildung 1.12):

- Die aktuelle Position (**Current Position**) beantwortet die Fragestellung, welche Herausforderung die jeweilige Mission lösen soll.
- Das Ziel (**Destination**) beantwortet die Fragestellung, welches das zu erwartende Ergebnis ist.
- Der Weg (**How You Get There**) beantwortet die Fragestellung, was erforderlich ist, um von der aktuellen Position zum gewünschten Ziel zu kommen.

Durch einen Klick auf den Button **Start Mission** können Sie eine Mission starten. Sie müssen dazu mit einem S-User angemeldet sein. Das Starten einer Mission verursacht für Sie keinerlei Kosten.

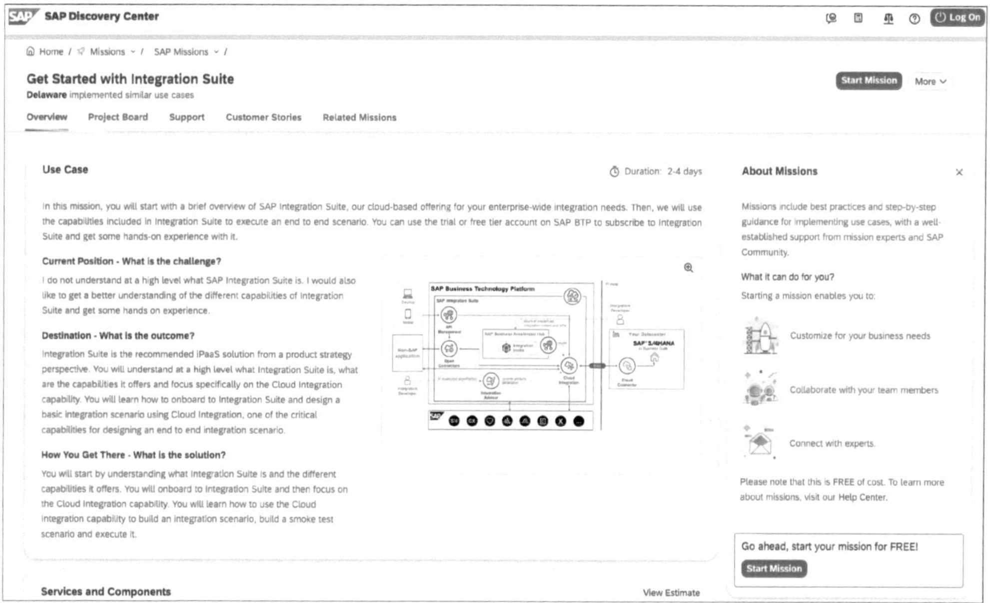

Abbildung 1.12 Übersicht einer Mission

Nachdem sie eine Mission gestartet haben, können Sie auf die Registerkarte **Project Board** abspringen. Dort finden Sie ein Kanban-Bord vor, in dem sie in mehreren Phasen an das gewünschte Ziel herangeführt werden (siehe Abbildung 1.13). Sie beginnen von links und arbeiten sich nach rechts vor. In der jeweiligen Spalte arbeiten Sie sich von oben nach unten durch. Die einzelnen Tasks sind entweder Texte, Videos, Links zu Tutorials oder auch openSAP-Trainings.

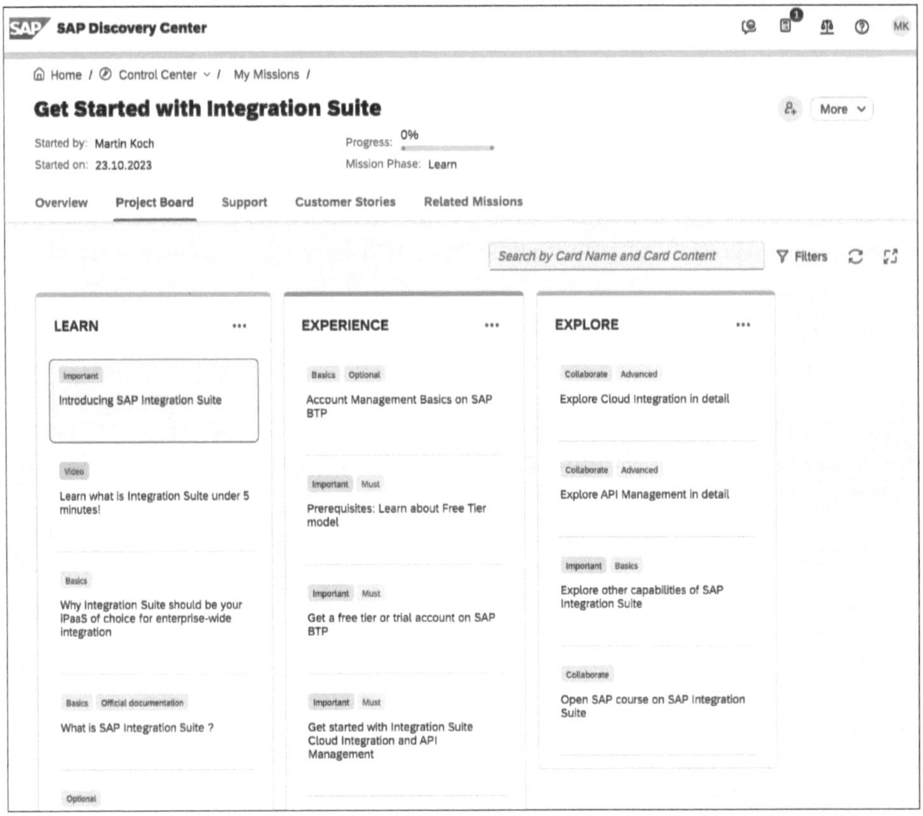

Abbildung 1.13 Registerkarte »Project Board« einer Mission

Sollten sich Probleme beim Durcharbeiten der Mission ergeben, können Sie über die Registerkarte **Support** eine Frage an einen SAP-Experten oder an eine SAP-Expertin stellen (siehe Abbildung 1.14).

Die Missionen können Ihnen aus unserer Sicht dabei helfen, den Einstieg in einzelne Services der SAP BTP im Selbststudium zu schaffen. Wir möchten an dieser Stelle aber auch erwähnen, dass nicht für alle Services Missionen vorhanden sind. Außerdem werden die Services in den Missionen zwar grundsätzlich sehr gut erklärt, allerdings nicht bis ins letzte Detail der einzelnen Services. Dazu müssen Sie die jeweilige Produktdokumentation auf *www.s-prs.de/v100200005* aufsuchen.

Im SAP Discovery Center finden Sie auf der Registerkarte **Roadmap** auch die Roadmaps der jeweiligen Services. Dabei wird Ihnen der aktuelle Planungsstand neuer Features vorgestellt (siehe Abbildung 1.15). Dieser Zeitrahmen erstreckt sich normalerweise über die nächsten vier bis fünf Quartale. Es ist jedoch wichtig zu betonen, dass es sich dabei um eine Planung seitens SAP handelt, die sich jederzeit ändern kann. Wir möchten an dieser Stelle explizit darauf hinweisen, dass Sie keinen verbindlichen Rechtsanspruch auf die Implementierung der angekündigten Funktionen haben.

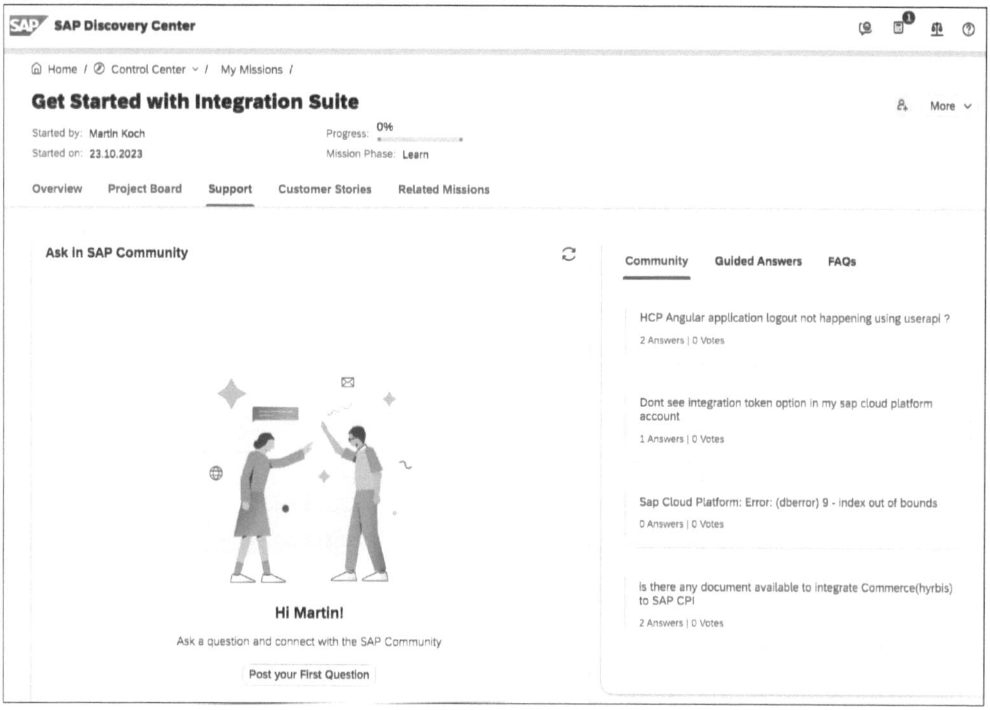

Abbildung 1.14 Registerkarte »Support« einer Mission

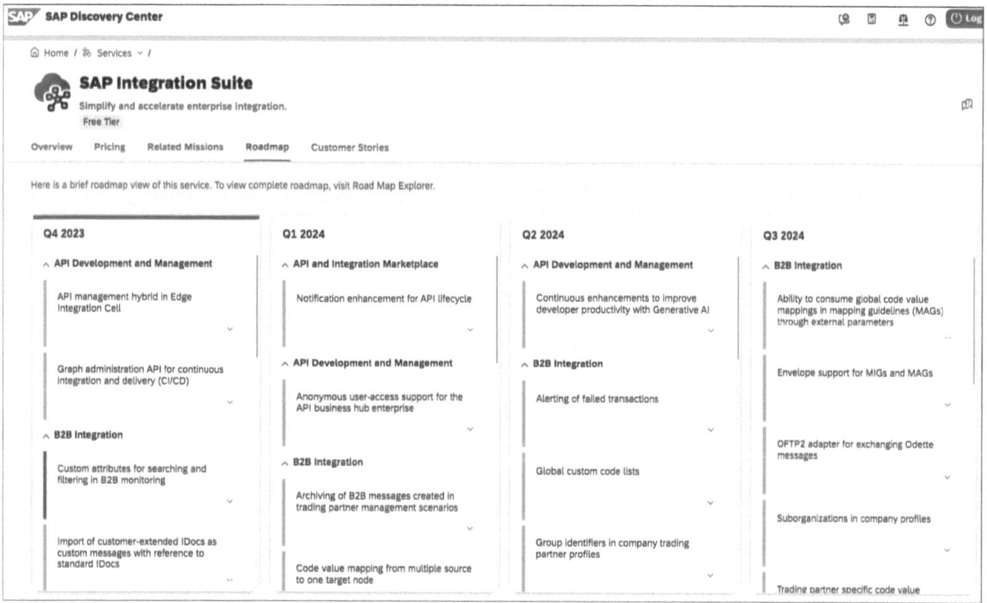

Abbildung 1.15 Registerkarte »Roadmap« eines Service

1.5 Entitlements und Servicepläne

Wenn Sie einen Enterprise-Account erwerben, sind Sie berechtigt, ein bestimmtes Kontingent an Ressourcen zu nutzen, z. B. die Menge an Speicher, die Ihren Anwendungen zugewiesen werden kann.

Auf der SAP BTP werden sämtliche externe Abhängigkeiten wie Datenbanken, Messaging-Systeme, Dateisysteme und Ähnliches als Services betrachtet. Hierbei werden auch mandantenfähige Anwendungen und Umgebungen als Services behandelt. Jeder dieser Services bietet einen oder mehrere Servicepläne zur Auswahl an. Ein *Serviceplan* stellt die Kosten und Leistungen für eine spezifische Variante eines bestimmten Dienstes dar. Zum Beispiel kann eine Datenbank in verschiedenen Konfigurationen erhältlich sein, die jeweils durch unterschiedliche Servicepläne repräsentiert werden, vergleichbar mit verschiedenen T-Shirt-Größen.

Ein *Entitlement* ist Ihr Recht, eine Ressource zu nutzen. Mit anderen Worten entsprechen Entitlements den Serviceplänen, zu deren Nutzung Sie berechtigt sind. Die *Quota* ist eine numerische Größe, die den maximal zulässigen Verbrauch einer Ressource angibt. Einige Servicepläne verwenden eine numerische Quota, was bedeutet, dass Sie die Anzahl der verfügbaren Einheiten in einem Subaccount erhöhen oder verringern können. Je nach Service stehen diese Einheiten für unterschiedliche Dinge und können sich auf die Anzahl der Serviceinstanzen, Anwendungen oder Routen auswirken, die Sie in einem Subaccount haben können (siehe Abbildung 1.16).

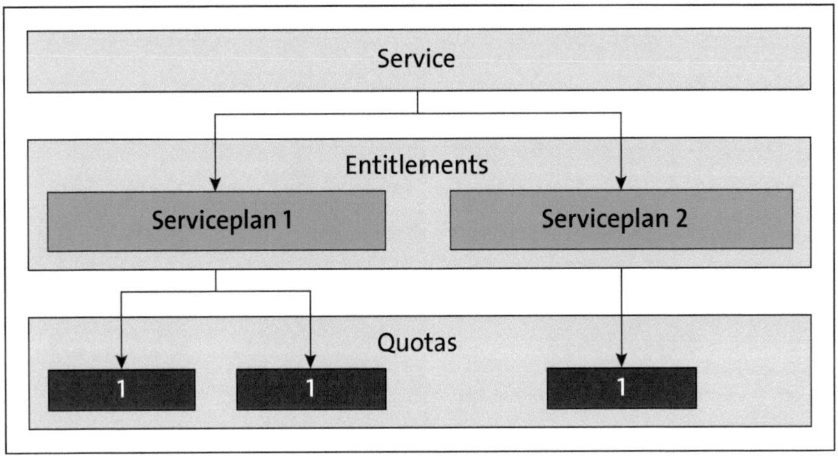

Abbildung 1.16 Entitlements mit Serviceplänen und Quotas

Entitlements werden auf der Ebene des Global Account den jeweiligen Subaccounts zugeordnet. Dazu müssen Sie im SAP BTP Cockpit im Seitenmenü über den Pfad **Entitlements • Entity Assignements** navigieren. Dort wählen Sie im Eingabefeld **Select Entities** den gewünschten Subaccount aus. Danach sehen Sie den aktuell zugeordne-

1

ten Service. Klicken Sie auf **Configure Entitlements**, um die Zuweisungen zu ändern (siehe Abbildung 1.17).

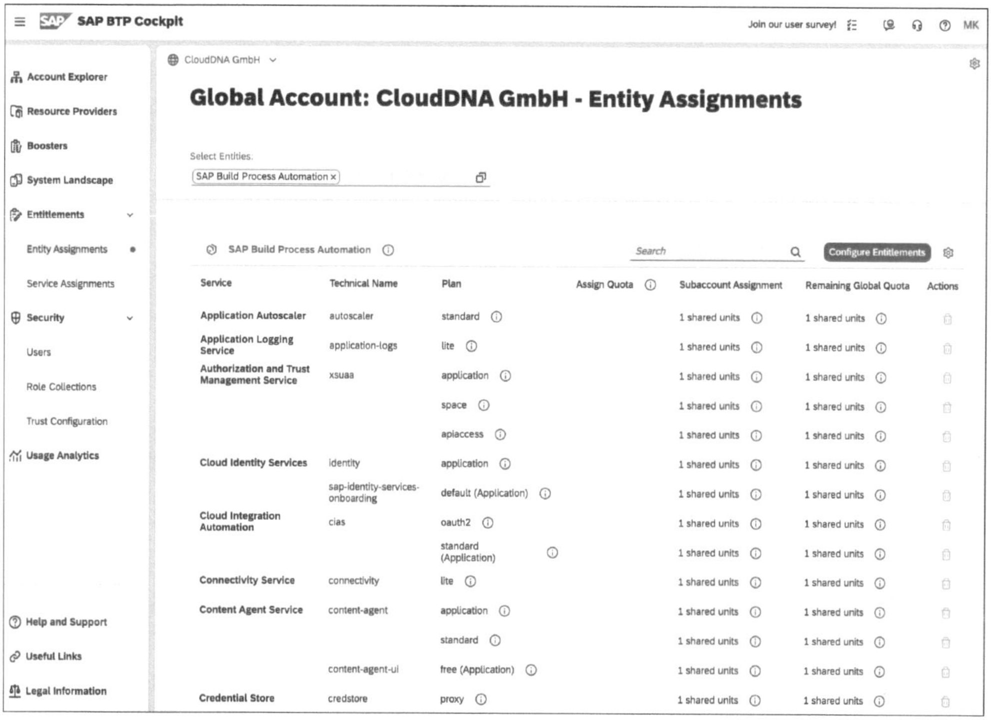

Abbildung 1.17 Entitlement einem Subaccount zuordnen

Klicken Sie auf den im Anschluss erscheinenden Button **Add Service Plans**, um den Dialog zur Zuweisung der Servicepläne zu öffnen. Im Dialogfenster können Sie das gewünschte Entitlement auswählen. In Abbildung 1.18 wird dies anhand von ABAP Environment gezeigt. Danach sehen Sie auf der rechten Seite des Dialogfensters die verfügbaren Servicepläne. Dort können Sie den oder die gewünschten Pläne auswählen. Nachdem Sie Ihre Auswahl getroffen haben, können Sie diese übernehmen, indem Sie auf den Button **Add Service Plans** klicken. Danach wird der Dialog geschlossen. Klicken Sie nun noch auf **Save**, um die Zuweisung für diesen Subaccount zu speichern.

Mit der Zuweisung des Serviceplans zu einem Subaccount fallen noch keine Lizenzkosten an. Ein Serviceplan ist eine konkrete Ausprägung eines Service auf der SAP BTP. Die Lizenzkosten entstehen erst, wenn Sie im jeweiligen Subaccount eine Serviceinstanz erstellen bzw. die Subskription durchführen. Im SAP BTP Cockpit können Sie auf der Ebene des Global Account Informationen zur aktuellen Nutzung der Services finden und daraus ableiten, welche Lizenzkosten auf Sie zukommen. Navigieren Sie dazu im Seitenmenü in den Bereich **Usage Analytics** (siehe Abbildung 1.19). Dort finden Sie die Aufstellung der Kosten pro Kalendermonat auf der Ebene des Global Account über alle Subaccounts hinweg aggregiert.

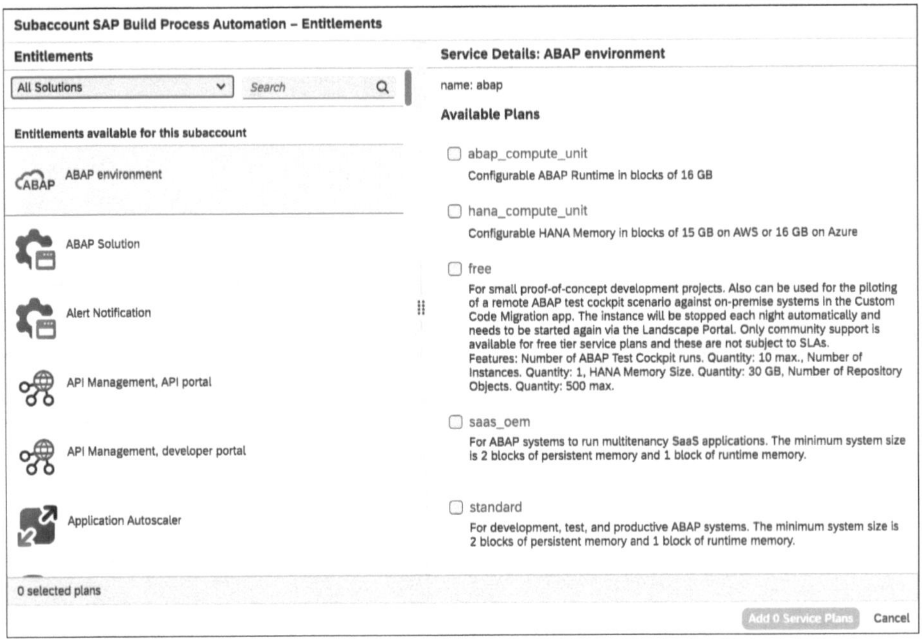

Abbildung 1.18 Serviceplan einem Subaccount zuweisen

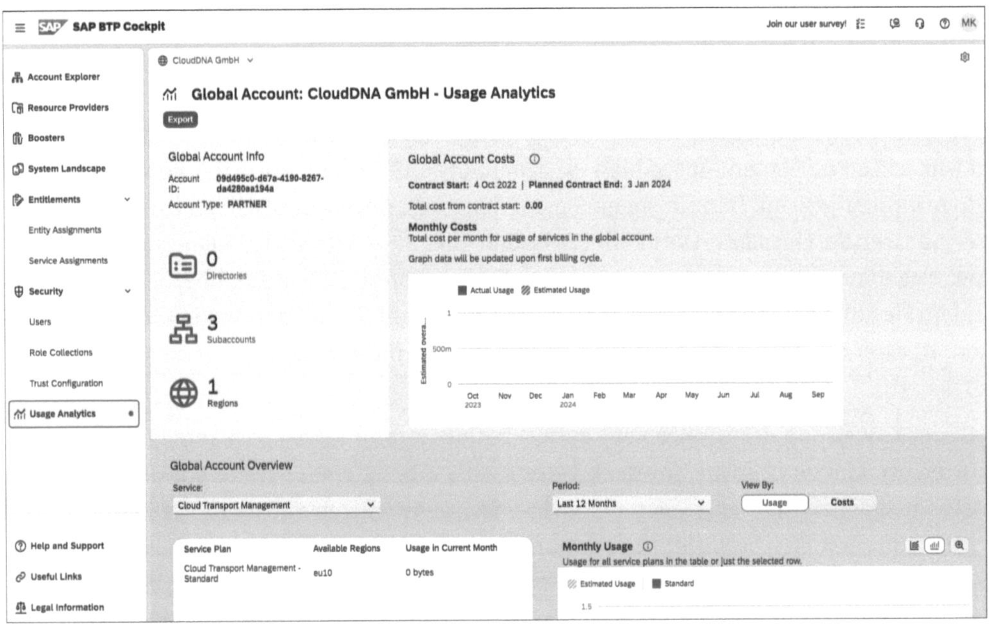

Abbildung 1.19 Übersicht der Usage Analytics

Wenn Sie in der Detailansicht an das Ende des Bildes scrollen, haben Sie die Möglichkeit, die Nutzung auf der Ebene der Subaccounts einzusehen (siehe Abbildung 1.20).

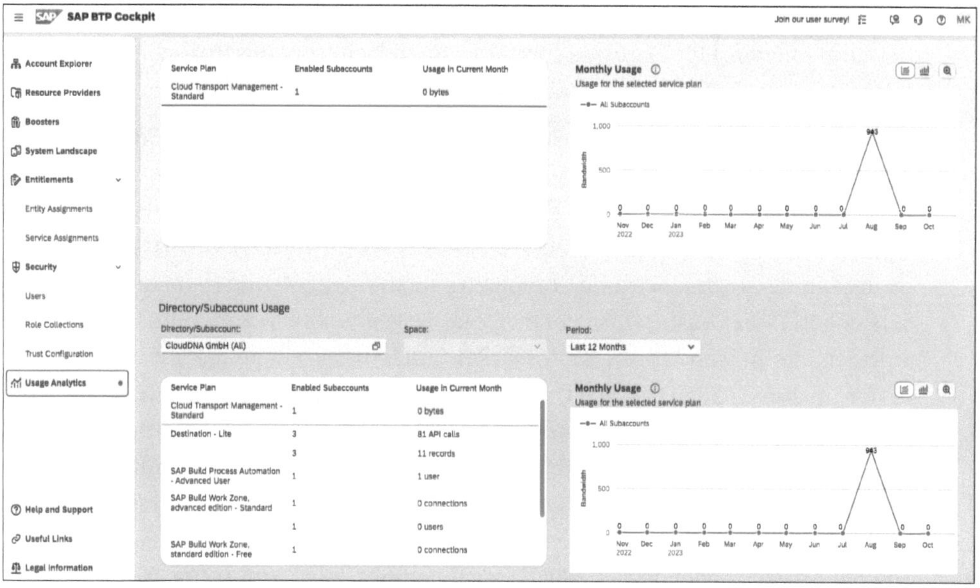

Abbildung 1.20 Details der Usage Analytics

1.6 Best Practices

In diesem Abschnitt zeigen wir Ihnen Best Practices, die Sie bei der strukturierten Umsetzung Ihres Vorhabens auf der SAP BTP unterstützen. Damit können Sie sicherstellen, dass Sie von Beginn an alles richtig machen und eine solide Basis für den Aufbau Ihrer SAP BTP haben.

Bevor Sie mit der Entwicklung Ihrer Anwendungen beginnen, ist es wichtig sicherzustellen, dass Ihre organisatorische Struktur und Ihre Systemlandschaft für das Management des Anwendungslebenszyklus auf der SAP BTP geeignet sind. Zudem sollten Sie Maßnahmen zur Ausfallsicherheit in Betracht ziehen, um Betriebsunterbrechungen zu verhindern, z. B.:

- Governance-Modell erstellen
- Account-Modell aufbauen
- Sicherheits- und Compliance-Modell einrichten
- Ausfallsicherheit auf der SAP BTP planen

1.6.1 Aufbau eines Governance-Modells

Eine der ersten und wichtigsten Schritte auf Ihrem Weg in die Cloud besteht darin, eine geeignete organisatorische Struktur und ein entsprechendes Governance-Modell zu etablieren. Eine klare und sorgfältig durchdachte organisatorische Struktur erleichtert es Ihren Mitarbeitenden, agile Prozesse zu übernehmen.

SAP empfiehlt, zwei Arten von Teams einzurichten. Ein oder mehrere *Cloud-Development-Teams*, die die Anwendungen entwickeln und betreiben, sowie ein zentrales *Platform-Engineering-Team* bzw. ein *Center of Excellence* (CoE), das für alle Betriebstätigkeiten der Global Accounts und Subaccounts verantwortlich ist. Dieses Team legt auch zentrale Governance- und Compliance-Richtlinien fest und treibt die Cloud-Einführung in Ihrer Organisation voran. Cloud-Development-Teams sind dafür verantwortlich, die Anwendungen zu entwickeln und zu betreiben, die auf der SAP BTP laufen. In vielen Fällen trennen Unternehmen die Entwicklung vom Betrieb. Das Entwicklungsteam erstellt die Anwendung und übergibt sie dann an das Betriebsteam, das sie in Betrieb hält und wartet. Diese Aufteilung ist jedoch in einer Cloud-Anwendungsentwicklungsumgebung nicht optimal. Wir empfehlen, dass Cloud-Development-Teams einen DevOps-Ansatz verfolgen, was bedeutet, dass das jeweilige Team sowohl Anwendungen entwickelt als auch betreibt. Das Team sollte Anwendungen regelmäßig nach der Bereitstellung überwachen und eventuelle Probleme beheben. Wenn das Team beispielsweise eine SAPUI5-Benutzeroberfläche entwickelt, sollte es mindestens alle drei bis sechs Monate überprüfen, ob die verwendeten UI-Elemente immer noch von der neuesten SAPUI5-Version unterstützt werden. Diese Prüfung erfordert nicht viel Aufwand, sollte jedoch durchgeführt werden, um sicherzustellen, dass die Anwendung ordnungsgemäß weiterläuft.

Das Platform-Engineering-Team definiert die Cloud-Umgebung, richtet diese ein und wartet sie. Die Aufgabe dieses Teams besteht darin, eine stabile und sichere Cloud-Umgebung zu betreiben. Sie sollen die Infrastruktur bereitstellen, damit Entwickler*innen unverzüglich mit der Entwicklung von Cloud-Anwendungen starten können. Die Mitglieder dieses Teams sind Expert*innen mit Erfahrung in Entwicklung und Aufbau sowie Betrieb einer Infrastruktur für Continuous Delivery und Continuous Integration. Dieses Team kann Ihre Entwicklungsteams unterstützen, indem es Wissen bereitstellt und Richtlinien definiert, die den Qualitäts- und Sicherheitsanforderungen Ihres Unternehmens entsprechen. Normalerweise sollte das Platform-Engineering-Team nicht für das Lebenszyklusmanagement spezifischer Anwendungen verantwortlich sein. Diese Aufgabe sollte vom Cloud-Development-Team übernommen werden. Das Platform-Engineering-Team kann auch als ein CoE fungieren, das die Einführung, Migration und den Betrieb von Cloud-Lösungen in Ihrer Organisation vorantreibt. Das CoE ist auch dafür verantwortlich, Anwendungsfälle für die SAP BTP zu identifizieren, zu bewerten und umzusetzen.

Wir haben die Aufteilung der Verantwortlichkeiten für Sie noch einmal übersichtlich in einer Tabelle zusammengefasst (siehe Tabelle 1.1).

Cloud-Development-Team(s)	Platform-Engineering-Team bzw. CoE
■ Anwendungen auf der BTP entwickeln ■ Anwendungen auf der BTP betreiben (regelmäßig überwachen und Probleme beheben) ■ Application Lifecycle Management der einzelnen Anwendungen	■ alle Betriebstätigkeiten der Global Accounts und Subaccounts ■ Einführung, Migration und Betrieb von Cloud-Lösungen im Unternehmen vorantreiben ■ Anwendungsfälle für die BTP identifizieren, bewerten und umsetzen ■ Cloud-Umgebung definieren, einrichten und warten ■ Richtlinien entwickeln, die den Anforderungen des Unternehmens an die Qualität der Sicherheit entsprechen

Tabelle 1.1 Verteilung der Verantwortlichkeiten auf Cloud-Development-Teams und Platform-Engineering-Team bzw. CoE

SAP empfiehlt, dass das Platform-Engineering-Team/CoE die folgenden Dokumente erstellt und den Entwickler*innen bereitstellt:

- Onboarding-Dokument
- Security-Dokument
- Servicekatalog

Onboarding-Dokument

Ein *Onboarding-Dokument* stellt sicher, dass eine neue Anwendung ordnungsgemäß in das Unternehmen aufgenommen und dokumentiert wird. Das Onboarding kann per E-Mail, über ein Ticketing-System oder jedes andere in Ihrem Unternehmen verwendete Tool erfolgen, das Sie für geeignet halten. Im Folgenden finden Sie ein Beispiel für die Informationen, die Sie möglicherweise aufnehmen möchten:

- Organisation oder Abteilung, in der die Anwendung entwickelt wird
- Name der Anwendung
- technischer Anwendungsname
- Business Case und Anwendungsbeschreibung
- geplantes Go-Live-Datum
- Eigentümer*in der Anwendung
- Kolleg*innen, die Zugang zum Subaccount für die Entwicklung benötigen, falls Sie eine gestaffelte Entwicklungsumgebung eingerichtet haben
- ob die Anwendung für externe Benutzer zugänglich sein wird

- Beschreibung des End-to-End-Datenflusses, einschließlich der Connectivity zu Backend-Systemen
- Programmiersprachen und Technologien, die verwendet werden sollen
- URL des Git Repository, falls zutreffend
- Teststrategie

Nach der Überprüfung des Dokuments sollten die Eigentümer*innen und Entwickler*innen der Anwendung Zugang zum Subaccount für die Entwicklung erhalten, um mit der Entwicklung beginnen zu können. Vergewissern Sie sich, dass das Entwicklungsteam weiß, dass mit dem Subaccount für die Entwicklung alle Anwendungen gestoppt und der Code von den Benutzern jederzeit ohne Vorankündigung gelöscht werden kann.

Security-Dokument

SAP empfiehlt Ihnen, eine Vorlage für das *Security-Dokument* zu erstellen, das für jede neue Anwendung ausgefüllt und von den Sicherheitsteams in Ihrem Unternehmen genehmigt wird, bevor Sie mit der Entwicklung beginnen. In der Vorlage sollten detaillierte Informationen abgefragt werden, wie beispielsweise:

- Name der Eigentümer*innen der Anwendung
- Beschreibung des Szenarios und des Geschäftsbedarfs
- Benutzergruppen, Datenklassifizierung und Anforderungen an Vertraulichkeit und Integrität
- Übereinstimmung mit allen anwendbaren Sicherheitsrichtlinien
- End-to-End-Datenfluss
- Datenspeicherung
- Überblick über alle angeschlossenen Cloud- und On-Premise-Systeme, über alle verwendeten Protokolle und Ports
- Authentifizierung und High-Level-Autorisierungskonzept
- Auditing-Konzept, Protokollierung, Nachvollziehbarkeit

Servicekatalog

Wenn Sie mehrere Entwicklungsprojekte betreuen, empfiehlt SAP, einen *Servicekatalog* einzurichten, der alle vom Platform-Engineering-Team angebotenen Services zusammenfasst, insbesondere wenn der Zugang zu den Subaccounts Tests und Produktion für das Entwicklungsteam eingeschränkt ist. Dies erleichtert und beschleunigt die Zusammenarbeit zwischen dem Platform-Engineering-Team und dem Cloud-Development-Team. Beispiele für solche Dienste sind folgende:

- Destinationen hinzufügen oder verwalten
- Build-Pläne erstellen
- Neustart von Anwendungen durchführen
- Lesezugriff auf Subaccounts für Tests oder Produktion ermöglichen
- Datenbankschemata erstellen und Zugriff auf ein bestimmtes Schema erteilen

Alle Dienste sollten als Vorlagen in einem Dienstkatalog angeboten werden, den das Entwicklungsteam z. B. in einem Ticket-System ausfüllen kann.

Außerdem empfiehlt SAP, dass das Platform-Engineering-Team die Nutzung von Services so einfach wie möglich gestaltet oder, falls möglich, sogar automatisiert, indem es SAP BTP APIs, die SAP BTP Command Line Interface (btp CLI) oder den SAP BTP Setup Automator verwendet. So kann das Team beispielsweise Skripte für die Erstellung von Datenbankschemata und die Zugriffsverwaltung schreiben. Mit der Lifecycle Management API kann das Cloud-Development-Team eine Anwendung im produktiven Subaccount neu starten, ohne darauf Zugriff zu haben und ohne andere Anwendungen zu beeinträchtigen.

1.6.2 Aufbau eines Account-Modells

Die hierarchische Struktur zwischen Global Accounts, Verzeichnissen (engl.: Directories) und Subaccounts ermöglicht es Ihnen, ein Account-Modell zu definieren, das genau Ihren Geschäfts- und Entwicklungsanforderungen entspricht. Sobald Sie Ihren Vertrag mit SAP unterzeichnet haben, erhalten Sie die Zugangsdaten für Ihren Global Account. Dieser Global Account ist die Umsetzung Ihres kommerziellen Vertrags mit SAP, und Sie verwenden ihn, um die Ressourcen und Berechtigungen für Ihre Entwicklungsprojekte zu verwalten. Außerdem erhalten Sie eine Rechnung für alle verbrauchten Ressourcen pro Global Account.

Um Anwendungen zu entwickeln und einzusetzen, Services zu nutzen und von SAP bereitgestellte Anwendungen zu abonnieren, müssen Sie Subaccounts anlegen. Sie können eine beliebige Anzahl von Subaccounts in jeder Umgebung und Region anlegen. Wenn Sie beispielsweise in Deutschland ansässig sind, können Sie Subaccounts in verschiedenen Regionen wie Europa, den USA oder Japan anlegen, um die Kunden zu unterstützen, die Ihre Anwendungen nutzen, und um Latenzzeiten zu minimieren. Subaccounts sind voneinander unabhängig, was bedeutet, dass jeder Subaccount eine eigene Entitlement- und Benutzerverwaltung ermöglicht. Sie können für jeden Subaccount einen eigenen Identitätsanbieter für Endbenutzer konfigurieren. Wenn Sie viele Subaccounts haben, können Sie Verzeichnisse verwenden, um den Überblick zu behalten und die Verwaltung zu vereinfachen. Verzeichnisse gruppieren Subaccounts und/oder weitere Unterverzeichnisse. Sie können Verzeichnisse verwenden, um Berechtigungen oder Benutzer für ganze Gruppen von Subaccounts zu verwalten.

Außerdem können Sie die Ressourcen, die dem Global Account zugewiesen sind, über Verzeichnisse auf ihre untergeordneten Subaccounts verteilen.

[»]

Skalierbare Account-Struktur

SAP empfiehlt den Aufbau einer Account-Struktur, die sich leicht skalieren lässt, wenn Ihre Organisation größer wird oder weitere Projekte hinzukommen. Das heißt, dass Sie zunächst nur mit Subaccounts beginnen und bei Bedarf Verzeichnisse zur Gruppierung dieser Subaccounts hinzufügen.

Wie viele Subaccounts und Verzeichnisse Sie zu welchem Zweck anlegen, hängt von Ihrer Organisationsstruktur und Ihrem Anwendungsfall ab. Im Allgemeinen empfiehlt SAP die Verwendung von Subaccounts für einen mehrstufigen Entwicklungsprozess, bei dem Sie zwischen einem Subaccount für die Entwicklung, einem Subaccount für Tests und einem Subaccount für die Produktion unterscheiden.

Der Subaccount »Entwicklung« ist für Entwicklungszwecke und zum Testen einzelner Inkremente in der Cloud gedacht. Mit dem Subaccount »Test« können Integrationstests und Tests in einer produktionsähnlichen Umgebung vorgenommen werden, bevor sie öffentlich verfügbar gemacht werden, um die Qualität zu gewährleisten. In stark DevOps-getriebenen Unternehmen wird dieser Subaccount auch für Produktionsanwendungen verwendet, da die Tests in der Subaccount-Entwicklung stattfinden. Den Subaccount »Produktion« legen Sie für Produktivanwendungen an.

Weitere typische Gründe für das Anlegen von Subaccounts sind u. a.:

- Trennung von Entwicklungsszenarien und Projekten zur einfacheren Konfiguration, z. B. im Hinblick auf Zugriffsbeschränkungen
- Trennen der Arbeit verschiedener Entwicklungsteams
- Beschränken des Zugriffs auf Anwendungen und deren Verwaltung, indem Sie beispielsweise hochsichere Subaccounts mit eingeschränktem Zugriff einrichten oder separate Subaccounts für die Connectivity mit Ihren verschiedenen Backend-Systemen erstellen
- Teilen einer SAP-HANA-Cloud-Datenbank in einem Subaccount mit ähnlichen Projekten, die in anderen Subaccounts verwaltet werden

Beachten Sie die folgenden Überlegungen, wenn Sie verschiedene Subaccounts erstellen:

- **Die (technische) Verbindung zwischen On-Premise und Cloud herstellen**

  Die Connectivity zu On-Premise-Systemen muss für jeden Subaccount separat vorgenommen werden, was für Ihr Plattform-Engineering-Team mehr Arbeit bedeutet. Allerdings kann es für Sie einfacher sein, alle Integrationspfade für ein Projekt abzuschalten, wenn Sie sie alle in einem Subaccount gepflegt haben. Auf diese Weise können Sie auch kontrollieren, welche Anwendung welche On-Premise-Verbindungen nutzt.

- **Region in der Nähe des Kunden wählen**

  Bei der Auswahl einer Region für Ihren Subaccount sollten Sie darauf achten, dass die Region in der Nähe des geografischen Standorts Ihrer Kunden liegt, um die Netzwerklatenz zu verringern. In Erweiterungsszenarien sollten Sie eine Region wählen, die sich in der Nähe der beteiligten Systeme befindet. Berücksichtigen Sie bei der Wahl einer Region auch alle rechtlichen Anforderungen und die Lastverteilung.

- **Für getrennte Mandanten unterschiedliche Subaccounts verwenden**

  Wenn Ihre SAP-S/4HANA-Mandanten aus rechtlichen oder regulatorischen Gründen getrennt werden müssen (z. B. für die Trennung von Tochtergesellschaften eines Unternehmens), verwenden Sie unterschiedliche Subaccounts für ihre Erweiterungen.

- **Separate Subaccounts für separate Teams**

  Wenn die DevOps- oder Betriebsteams für Anwendungen innerhalb eines Subaccounts völlig getrennt sind, sollten Sie für eine bessere Wartbarkeit separate Subaccounts für sie einrichten.

Obwohl die Erstellung einer mehrstufigen Entwicklungsumgebung in jedem Fall eine gute Idee ist, gibt es einige für Cloud Foundry spezifische Überlegungen, die Sie berücksichtigen sollten.

Sie können sowohl Subaccounts als auch Spaces zur Entwicklung von Anwendungen und zur Nutzung von Services verwenden. Sie müssen daher entscheiden, ob Sie beispielsweise verschiedene Subaccounts oder Spaces innerhalb eines Subaccounts anlegen möchten, um eine mehrstufige Entwicklungsumgebung einzurichten.

[!]

Trennung des Datenzugriffs auf der Subaccount-Ebene

Stellen Sie sich einen Subaccount wie einen Mandanten vor: Die Trennung des Datenzugriffs und der Datensichtbarkeit erfolgt auf Subaccount-Ebene, nicht auf der Anwendungs- oder der Cloud-Foundry-Space-Ebene. Denken Sie daran, dass Services, die von jeder Anwendung innerhalb eines Subaccounts genutzt werden, Nachrichten von all diesen Services sammeln. Wenn diese nicht anwendungsübergreifend sichtbar sein sollen, müssen Sie verschiedene Subaccounts erstellen.

Im Allgemeinen empfehlen wir, für eine mehrstufige Entwicklungsumgebung verschiedene Subaccounts anzulegen. Dies ermöglicht eine dedizierte Benutzerverwaltung zwischen den verschiedenen Stufen sowie eine dedizierte Datenverwaltung. Sie können dann einen gesonderten Bereich für jede Anwendung, Erweiterung, Lösung oder jedes andere Projekt innerhalb dieser Subaccounts erstellen, wenn Sie keine gesonderte Benutzerverwaltung für diese Anwendungen und Projekte benötigen. Sie können den Verbrauch von Ressourcen in Ihrem Global Account nur pro Subaccount, Verzeichnis oder Cloud-Foundry-Space überwachen, nicht aber pro Anwendung. Um die Ressourcen zu überwachen, die von einem bestimmten Projekt, einer Abteilung oder einer Anwendung verbraucht werden, erstellen Sie dafür einen dedizierten Subaccount, ein Verzeichnis oder einen Space. Eine exakte Abrechnung ist nur für Global Accounts möglich. Für das Consumption-based Model können Sie die Kosten nach der Nutzung berechnen, aber beachten Sie, dass dies nur ein Näherungswert ist.

SAP stellt in der Dokumentation der SAP BTP, wie zuvor bereits erwähnt, das Account-Modell mit Subaccounts sowie das Account-Modell mit Verzeichnissen und Subaccounts als Best Practice vor.

Account-Modell mit Subaccounts

Mit einer separaten Account-Landschaft pro Funktionsbereich können Sie mehrere Instanzen desselben SaaS-Abonnements verwenden (z. B. für den Fall, dass Sie Daten oder Benutzerzugriff getrennt halten müssen). Diese Account-Landschaften sehen Sie in Abbildung 1.21 für die Bereiche HR und Sales. Für HR-Subaccounts würde beispielsweise ein interner Identitätsanbieter verwendet, während für öffentliche oder externe Szenarien ein externer Identitätsanbieter eingesetzt werden könnte.

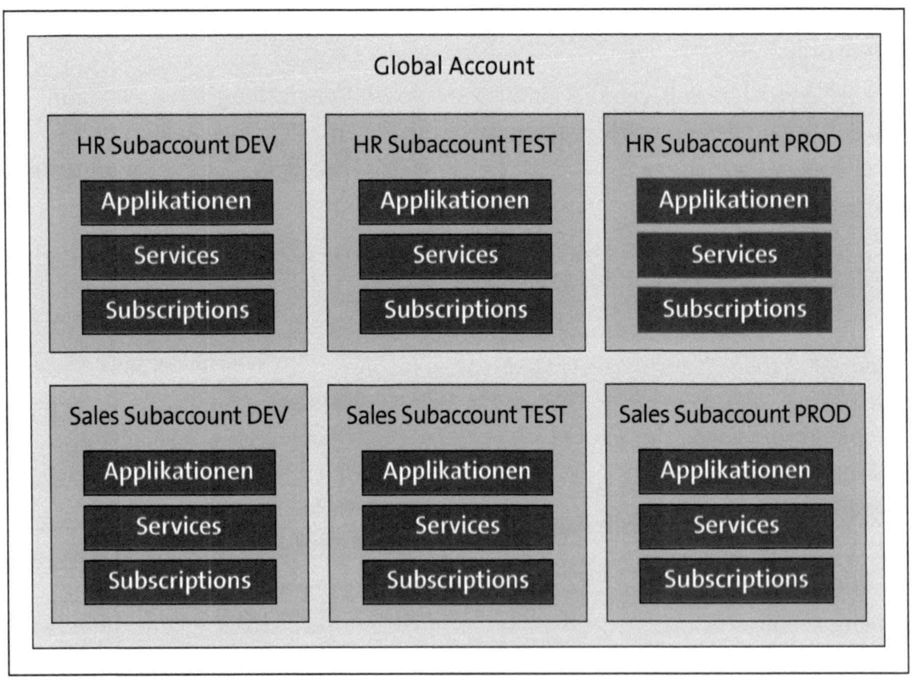

Abbildung 1.21 Separate Account-Landschaft für Sales und HR

Mit diesem Account-Modell können Sie die Verwaltung der Subaccounts auf mehrere Teams verteilen, was eine einfache Skalierung ermöglicht, wenn die Zahl der Cloud-Projekte wächst, während der Aufwand für Wartung und Governance überschaubar bleibt. Wenn möglich, sollten Sie jeder Gruppe von drei Subaccounts, d. h. jeder Account-Landschaft, einen verantwortlichen Kollegen zuweisen. Eine SaaS-Anwendung kann nur einmal innerhalb eines Subaccounts verwendet werden. Wenn also jeder Funktionsbereich seinen eigenen Subaccount hat (für Entwicklung, Test und Produktion), stoßen Sie nicht auf Beschränkungen bei der Verwendung desselben SaaS-Angebots in verschiedenen Projekten. In der Cloud-Foundry-Umgebung können Sie jedoch verschiedene Projekte innerhalb eines Subaccounts in verschiedene Bereiche aufteilen. Dieses Modell kann später leicht erweitert werden, um Verzeichnisse als weitere Strukturierungselemente zu nutzen.

Account-Modell mit Verzeichnissen und Subaccounts

Sie können Ihren Global Account nicht nur in mehrere Subaccounts strukturieren, sondern auch einzelne Subaccounts in Verzeichnissen zusammenfassen, um diese Gruppen von Subaccounts gemeinsam zu verwalten, zu betreiben und zu analysieren. Ein Global Account kann bis zu fünf Ebenen von Verzeichnissen enthalten, die jeweils n Subaccounts enthalten können.

Im Folgenden finden Sie einige mögliche Anlässe, um Verzeichnisse anzulegen, die die Verwaltung Ihrer Subaccounts erleichtern:

- **Administrative Gründe**
  Strukturieren Sie Ihren Global Account entsprechend den Zuständigkeiten innerhalb Ihrer Organisation. Geben Sie z. B. jeder Niederlassung, Abteilung oder LOB (Line of Business) ein eigenes Verzeichnis.
- **Abrechnungszwecke**
  Strukturieren Sie Ihren Global Account zu Abrechnungszwecken in Verzeichnisse.
- **Geografische Trennung**
  Gruppieren Sie Subaccounts auf der Grundlage geografischer Standorte, um unterschiedliche lokale Vorschriften zu verwalten oder die Netzwerkleistung für Gruppen zu verbessern, die sich an gemeinsamen Standorten befinden.
- **Geschäftsszenario**
  Gruppieren Sie Subaccounts nach Geschäftsszenario oder nach anderen Geschäftsanforderungen. Dadurch haben Sie die Möglichkeit, jede Geschäftslösung separat zu steuern.
- **Ressourcenbeschränkungen**
  Nutzen Sie die Verzeichnisstruktur, um den Zugriff auf Ressourcen zu kontrollieren und die Nutzung zu begrenzen, indem Sie separate Nutzungs- und Kostenberichte erstellen, oder um Nutzungsbeschränkungen zu definieren, kritischen

Verzeichnissen mehr Ressourcen zu geben oder ein unterschiedliches Monitoring pro Verzeichnis zu ermöglichen. Sie können die Subaccounts auch entsprechend der Nutzungsbeschränkungen in verschiedenen Landschaften strukturieren.

- **Technische Gründe**
  Strukturieren Sie Verzeichnisse und Subaccounts nach technischen Beschränkungen, und fügen Sie dann Labels für die virtuelle Gruppierung hinzu oder umgekehrt.

Verzeichnisse pro Funktionsbereich

Bei diesem Account-Modell wird für jeden Funktionsbereich ein eigenes Verzeichnis verwendet. Innerhalb jedes dieser Verzeichnisse werden drei Subaccounts (für Entwicklung, Test und Produktion) erstellt (siehe Abbildung 1.22). Für jedes Verzeichnis kann der Funktionsbereich seinen eigenen Identity Provider verwenden und seine Berechtigungen verwalten. Zusätzlich können Sie Kennzeichnungen verwenden, z. B. für die verantwortliche Person, die Kostenstelle oder andere Aspekte, die Sie für spätere Berichte benötigen.

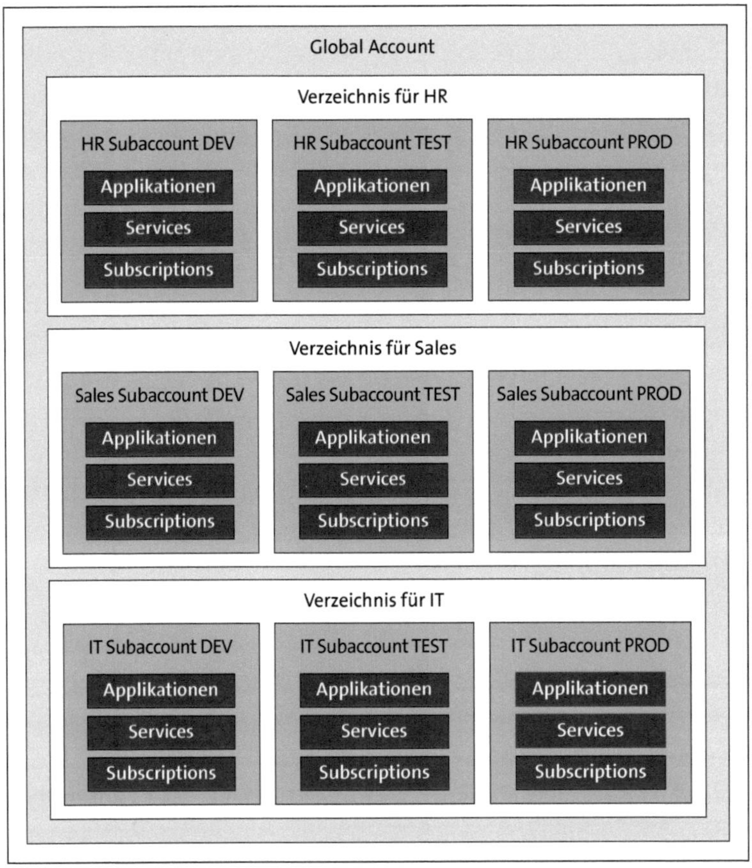

Abbildung 1.22 Separate Verzeichnisse pro Funktionsbereich

Verzeichnisse pro geografischem Bereich

In diesem Account-Modell erstellen Sie für jeden geografischen Bereich ein Verzeichnis. In Abbildung 1.23 zeigen wir dies anhand eines Beispiels für die Region EMEA, die für Europe, Middle East und Afrika steht, und für die Region AMER, die für Amerika steht. Dort könnte gegebenenfalls noch zwischen Nord- und Südamerika unterschieden werden. Zusätzlich gibt es die Region APJ, die für Asia Pacific and Japan steht. Sie können an dieser Stelle auch die Funktion der Labels verwenden, um die Subaccounts noch näher zu beschreiben.

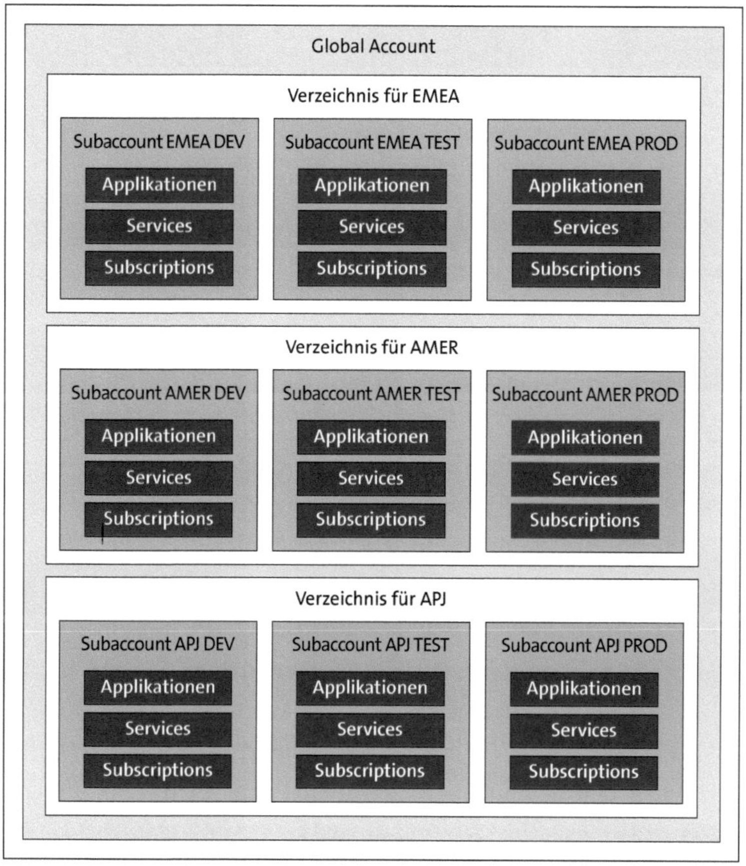

Abbildung 1.23 Separate Verzeichnisse pro geografischem Bereich

Verzeichnisse pro Niederlassung

In diesem Account-Modell erstellen Sie ein Verzeichnis pro Niederlassung Ihres Unternehmens (siehe Abbildung 1.24). Auch hier können Sie wieder die Labels verwenden, um beispielsweise Informationen zu Kostenstellen oder verantwortlichen Personen hinzuzufügen.

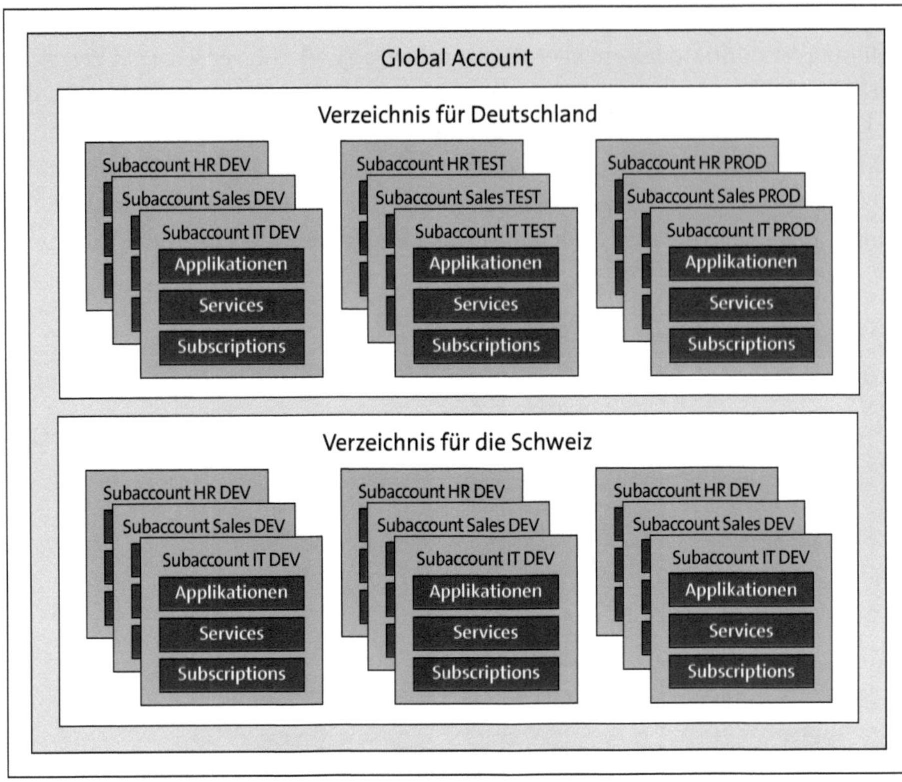

Abbildung 1.24 Separate Verzeichnisse pro Niederlassung

1.6.3 Sicherheits- und Compliance-Modell einrichten

Anwendungen auf der SAP BTP sind aus dem Internet erreichbar und sollten daher die höchstmöglichen Sicherheitsanforderungen erfüllen, um unautorisierten Zugriff zu verhindern. SAP gibt dafür verschiedene Empfehlungen:

- **Sicherheitskonzepte**
  Der Grad der Sicherheit, den Sie implementieren, hängt von Ihrem Anwendungsfall und den allgemeinen Sicherheitsanforderungen Ihres Unternehmens ab. Es gibt jedoch einige Best Practices, die SAP unabhängig von Ihrer Implementierung empfiehlt.
- **Authentifizierung einrichten**
  Ihr anfänglicher Zugang zur SAP BTP hängt vom Standardidentitätsanbieter ab. Nachdem Sie die ersten Startszenarien durchlaufen und getestet haben, sollten Sie zur Integration Ihrer eigenen Identitäts- und Zugriffsmanagementlösung übergehen, bei der Sie die Kontrolle über Ihre eigenen Sicherheitsrichtlinien haben.

- **Identitätslebenszyklus einrichten**
  Wenn neue Mitarbeitende in Ihr Unternehmen eintreten, ihre Rolle wechseln und schließlich Ihr Unternehmen verlassen, müssen Sie sich um das Onboarding, die Wartung und das Offboarding der Benutzer in Ihren Systemen kümmern. Wenn es sich bei Ihnen um ein kleines Unternehmen handelt, können Sie manuelle Prozesse verwenden; andernfalls müssen Sie sie automatisieren.
- **Berechtigung einrichten**
  Zu den Methoden für die Zuweisung von Berechtigungen auf der SAP BTP gehören die manuelle Zuweisung, der Verbund und das Provisioning. In der Praxis verwenden Sie alle diese Methoden situationsabhängig.
- **Zugriff auf entfernte Systeme einrichten**
  Verwenden Sie den SAP Connectivity Service, um Ihren SAP-BTP-Anwendungen den Zugriff auf Remote Services im Internet oder in Ihren On-Premise-Systemen zu ermöglichen. Für die Verbindung zu Internetservices empfehlen wir die Verwendung von APIs mit Destinationen, und für Cloud-to-On-Premise-Szenarien empfehlen wir die Verwendung von Destinationen und des Cloud Connectors.
- **Anforderungen an Datenschutz und Privatsphäre einhalten**
  Alle Unternehmen müssen den Datenschutz und die Rechte des Einzelnen auf Privatsphäre respektieren. Datenschutz und Privatsphäre beeinflussen höchstwahrscheinlich die Architektur und die Funktionalitäten Ihrer Anwendung und sollten so früh wie möglich im Entwicklungsprozess berücksichtigt werden.

1.6.4 Referenzarchitekturen

SAP stellt im SAP Discovery Center, wie in Abbildung 1.25 dargestellt, Referenzarchitekturen für verschiedene Anwendungsfälle bereit. Diese sind jeweils einer Kategorie, wie beispielsweise der Integration, zugeordnet.

Abbildung 1.26 zeigt die Referenzarchitektur für die Application-to-Application-Integration. Grundsätzlich finden Sie in jeder Referenzarchitektur eine Architekturgrafik. Darin sehen Sie die beteiligten Komponenten und gegebenenfalls auch verschiedene Optionen.

Weiter unten auf der Seite der Referenzarchitektur findet sich eine textuelle Beschreibung der Architektur und ihrer verschiedenen Ausprägungen. Beachten Sie, dass diese, ebenso wie die anderen Inhalte, im SAP Discovery Center nur in englischer Sprache zur Verfügung stehen.

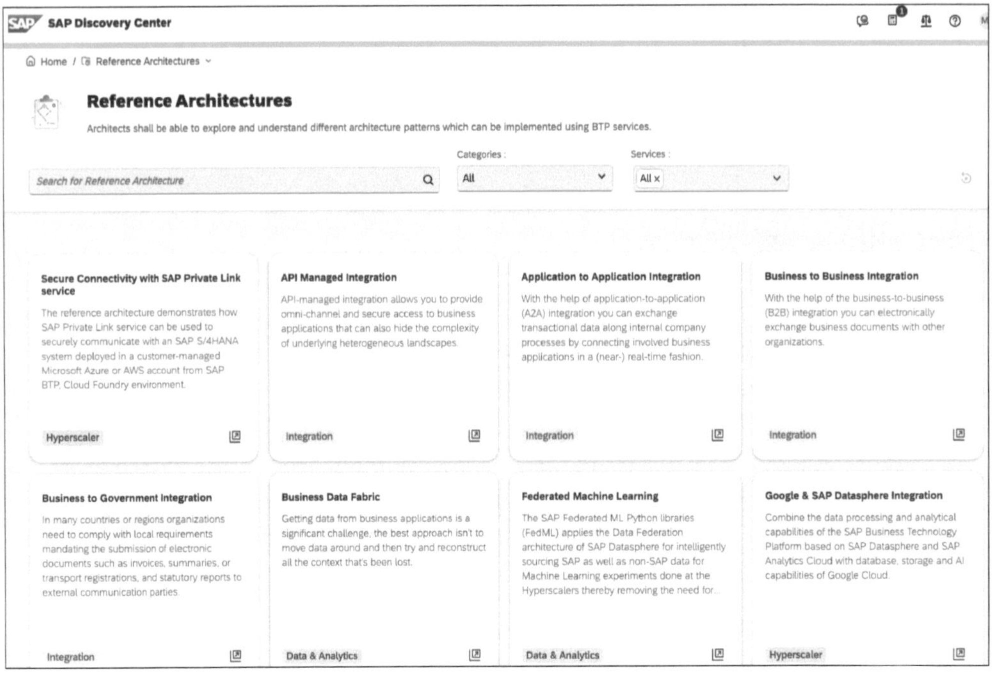

Abbildung 1.25 Referenzarchitekturen

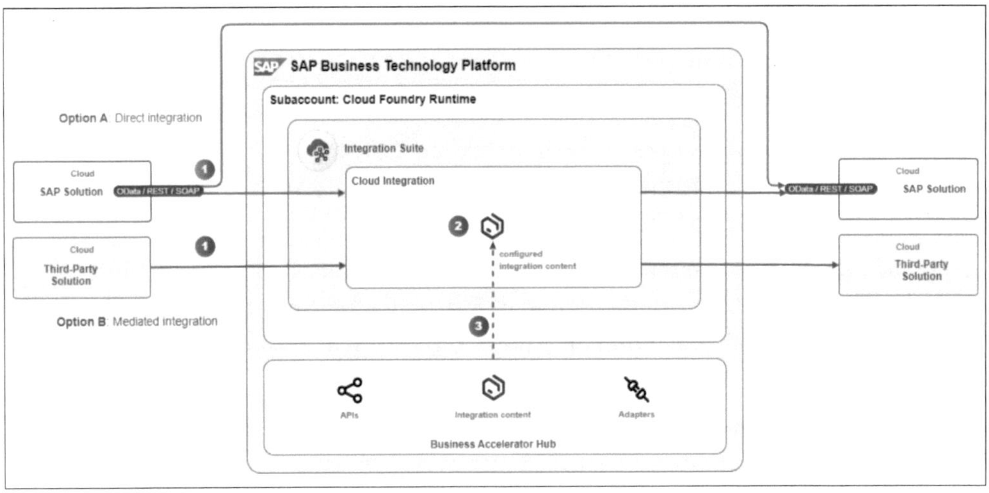

Abbildung 1.26 Referenzarchitektur für die Application-to-Application-Integration

1.7 Troubleshooting

In diesem Abschnitt widmen wir uns der Kunst des Troubleshootings, um mögliche Herausforderungen und Probleme, die bei der Verwaltung der SAP BTP auftreten können, effektiv zu bewältigen. Wir bieten Ihnen praktische Einblicke, bewährte Methoden und Strategien, um potenzielle Stolpersteine zu erkennen und zu überwinden, damit Ihre SAP-BTP-Umgebung reibungslos und effizient funktioniert.

Für das Troubleshooting von SAP-BTP-Problemen gibt es einige Ressourcen bzw. von SAP bereitgestellte Webseiten, die Ihnen bei der Identifizierung der Fehlerursache nützlich sein können. Zuerst sollte überprüft werden, ob seitens SAP aktuelle Probleme oder Unterbrechungen eines Service bekannt sind. Dazu dient der sogenannte *Cloud Service Status*. Die Seite kann unter der URL *www.s-prs.de/v100200006* abgerufen werden. Dort finden Sie eine Übersicht aller Services, die von SAP in der Cloud bereitgestellt werden. Es empfiehlt es sich, die Suche zu verwenden, um den gewünschten Service zu finden. Wir empfehlen Ihnen außerdem, in regelmäßigen Abständen den **What's New**-Bereich in der SAP BTP Documentation unter *www.s-prs.de/v100200007* auf Neuigkeiten hin zu überprüfen. Dort finden Sie neben aktuellen Änderungen auch Ankündigungen zukünftiger Änderungen inklusive Datum.

Ein weiterer zentraler Anlaufpunkt, wenn es um die von Ihnen lizenzierten Services geht, ist SAP for Me. Im Bereich **Finance & Legal** finden Sie auf der Registerkarte **Cloud** (*www.s-prs.de/v100200008*) eine Liste aller Pakete, die Sie lizenziert haben (siehe Abbildung 1.27). Dort finden Sie auch Informationen zur Vertragslaufzeit.

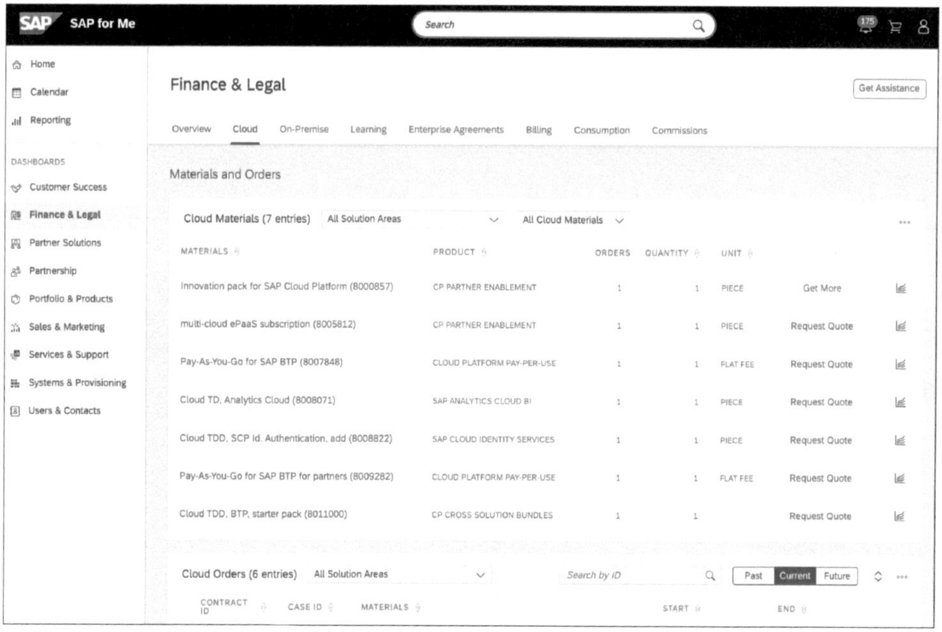

Abbildung 1.27 SAP for Me, Finance & Legal: Übersicht über lizenzierte Pakete

Auf der Registerkarte **Enterprise Agreements** finden Sie eine Übersicht der angefallenen Kosten der vergangenen Monate (siehe Abbildung 1.28).

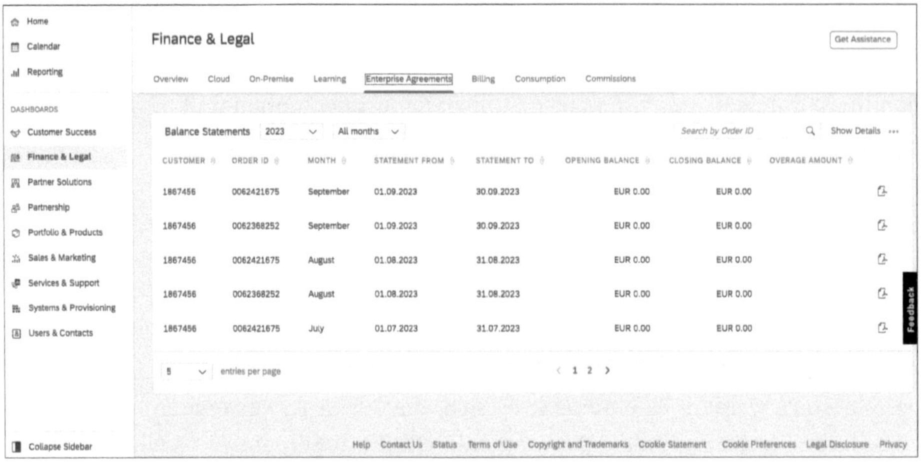

Abbildung 1.28 SAP for Me, Enterprise Agreement: Übersicht über angefallene Kosten der letzten Monate

Eine weitere nützliche Ressource von SAP for Me ist der Bereich **Systems & Provisioning**. Dort finden Sie, wie in Abbildung 1.29 dargestellt, auf der Registerkarte **Availability** Informationen zu bevorstehenden Wartungsarbeiten und damit einhergehenden Ausfallzeiten von Services.

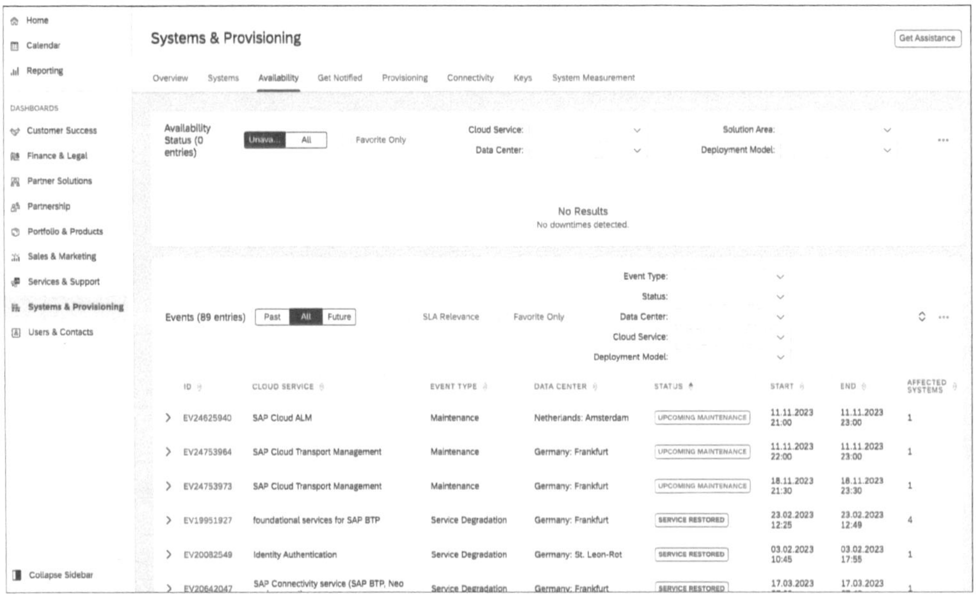

Abbildung 1.29 SAP for Me, Systems & Provisioning Status: Übersicht über bevorstehende Wartungsarbeiten

Eine weitere Ressource, die Sie bei der Fehleranalyse unterstützen kann, sind die Guided Answers. Dabei handelt es sich um einen Assistenten, der Sie Schritt für Schritt dabei anleitet, die Fehlerursache richtig zu klassifizieren. Es beginnt mit der Frage, womit Sie ein Problem haben, beispielsweise mit dem Login (siehe Abbildung 1.30).

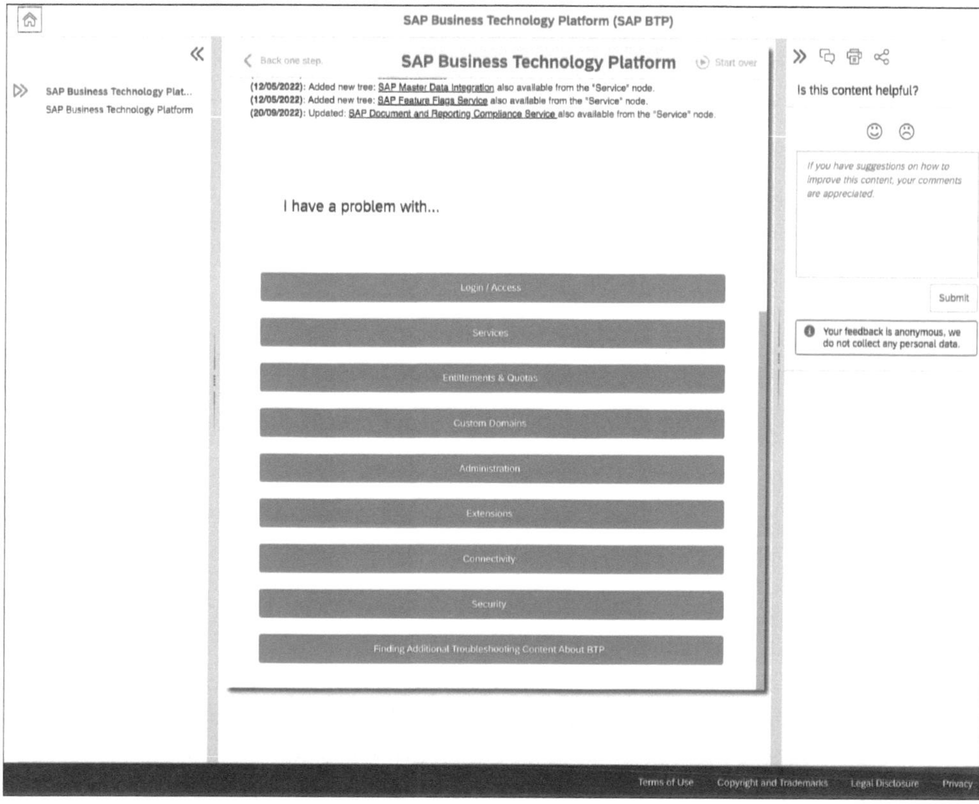

Abbildung 1.30 Guided Answers: Startbild

Danach werden Ihnen Fragen gestellt, die Sie sukzessive an die Ursache des Problems heranführen. Nach einigen Fragen werden Ihnen einige Lösungsvorschläge, beispielsweise in Form von SAP-Hinweisen, vorgeschlagen (siehe Abbildung 1.31). Falls die Lösungsvorschläge Ihre Problemstellung nicht lösen, können Sie einen Incident erstellen. Unserer Erfahrung nach lassen sich mit den Guided Answers die meisten Probleme lösen.

Abbildung 1.31 Guided Answers: Lösungsvorschlag

1.8 Ressourcen

In diesem Abschnitt gehen wir auf weitere wichtige Ressourcen ein, die Ihnen als Administrator*in zur Verfügung stehen. Wir zeigen Ihnen, wo Sie wertvolle Informationen, Tools und Unterstützung finden, um Ihre Verwaltungsaufgaben zu optimieren und Ihre SAP-BTP-Implementierung bestmöglich zu nutzen.

Eine wichtige Ressource ist die SAP Community zur SAP BTP. Diese kann unter der URL *www.s-prs.de/v100200009* erreicht werden. Dort finden Sie eine Vielzahl an Informationen zum Thema SAP BTP.

Wenn Sie die SAP BTP im Selbststudium erkunden wollen, sind die SAP Learning Journeys die richtige Anlaufstelle. Unter der URL *www.s-prs.de/v100200010* finden Sie SAP-Trainings zu diversen Themen. Diese schließen teilweise mit einer offiziellen SAP-Zertifizierung ab. Die Trainings sind grundsätzlich kostenfrei, die Zertifizierung muss jedoch über den SAP Certification Hub separat erworben werden.

Neben den SAP Learning Journeys ist der SAP Tutorial Navigator die zentrale Ressource für Tutorials im SAP-Kontext. Diesen erreichen Sie über die URL *www.s-prs.de/v100200011*. Die Tutorials werden für unterschiedliche Produkte in verschiedenen Erfahrungsstufen angeboten.

Kapitel 2
Benutzerverwaltung

Durch die digitale Transformation ist die Benutzerverwaltung in der Cloud für Organisationen von entscheidender Bedeutung, die auf der SAP BTP agieren.

Dieses Kapitel bietet einen umfassenden Leitfaden für die effektive Organisation von Benutzeridentitäten und -berechtigungen auf der SAP BTP. Erfahren Sie, wie Sie mittels Authentifizierung, Autorisierung und Verschlüsselung die Sicherheit Ihrer Daten gewährleisten und durch die SAP Cloud Identity Services eine reibungslose und automatisierte Benutzerverwaltung sicherstellen. Die effektive Verwaltung von Benutzeridentitäten und -zugriffen in der Cloud wird durch die ständig wachsende Komplexität von Unternehmensanwendungen und durch die steigenden Anforderungen an Datensicherheit und Compliance immer wichtiger. In diesem Kapitel lernen Sie, worauf es beim Benutzermanagement ankommt und erfahren, welche essenzielle Rolle, das Benutzermanagement bei der Sicherstellung eines sicheren und effizienten Betriebs spielt.

In Abschnitt 2.1, »Sicherheit und Berechtigungen«, lernen Sie die zentralen Prinzipien der Sicherheit und Berechtigungen auf der SAP BTP kennen. Dabei erläutern wir Schlüsselkonzepte wie Authentifizierung, Autorisierung und Verschlüsselung, um ein umfassendes Verständnis für die Schutzmechanismen zu gewährleisten, die in dieser hochmodernen Cloud-Umgebung implementiert sind.

In Abschnitt 2.2, »SAP Cloud Identity Services«, widmen wir uns den SAP Cloud Identity Services. Die beiden zentralen Elemente Identity Authentication und Identity Provisioning erklären wir hier im Detail. Identity Authentication bietet fortschrittliche Methoden zur sicheren Überprüfung von Benutzeridentitäten, während Identity Provisioning den nahtlosen Zugriff auf Ressourcen gewährleistet, indem es die automatisierte Verwaltung von Benutzerkonten und Berechtigungen ermöglicht. Diese beiden Services spielen eine Schlüsselrolle im Gesamtkontext des Benutzermanagements auf der SAP BTP und bilden das Rückgrat für eine robuste und flexible Sicherheitsinfrastruktur.

Mit einem tiefen Verständnis für die Grundsätze des Benutzermanagements und einem klaren Überblick über die spezifischen SAP Cloud Identity Services sind Organisationen in der Lage, ihre Betriebsabläufe zu optimieren und gleichzeitig höchste Standards in Bezug auf Sicherheit und Compliance zu erfüllen.

2.1 Sicherheit und Berechtigungen

Sicherheit und Berechtigungen sind grundlegend für den Schutz von Daten und reichen von der Auswahl sicherer Übertragungstechnologien bis hin zur Identifikation von Benutzern und Zuweisung von Rechten. Dabei ist eine nahtlose Integration mit der bestehenden Infrastruktur entscheidend: Ein neuer Benutzer soll sich in der Cloud anmelden können, die entsprechenden Rechte erhalten, und ungültige Benutzer müssen von Cloud-Anwendungen und Services unverzüglich registriert werden. Diese Integration beginnt auf der technischen Ebene und ermöglicht anschließend eine reibungslose Einbindung fachlicher Anwendungen.

Dieser Abschnitt bietet einen Einblick in die Sicherheitsmechanismen der SAP BTP. In Abschnitt 2.1.1, »Grundlagen sicherer Kommunikation«, stellen wir Ihnen sichere Kommunikationswege vor. In den nachfolgenden Abschnitt 2.1.2, »Authentifizierung«, und Abschnitt 2.1.3, »Autorisierung«, erläutern wir verschiedene Möglichkeiten der Authentifizierung und Autorisierung. Wir zeigen Ihnen außerdem, wie Sie Benutzer als Identitäten verwalten und korrekte Berechtigungen gewährleisten können.

2.1.1 Grundlagen sicherer Kommunikation

Um die Relevanz sicherer Kommunikation zu veranschaulichen, führen wir ein triviales Beispiel an, das in der Fachliteratur sehr häufig verwendet wird. Stellen Sie sich folgendes Szenario vor: Sie möchten eine Nachricht auf dem Postweg an einen bestimmten Empfänger oder an eine bestimmte Empfängerin senden. In diesem Szenario würde eine unsichere Kommunikation dem Versand Ihrer Nachricht per Postkarte entsprechen. Diese kann von jeder beteiligten Person auf dem Transportweg, beispielsweise dem Briefträger oder der Postbotin, mitgelesen werden. Wenn Sie die Nachricht in einem Briefkuvert an den Empfänger oder die Empfängerin senden, entspricht das hingegen einer sicheren Kommunikation. Nur der Empfänger oder die Empfängerin kann die Nachricht lesen, vorausgesetzt das Briefkuvert wird auf dem Transportweg nicht geöffnet.

In der digitalen Welt entspricht der unverschlüsselte Nachrichtenaustausch (in unserem Beispiel per Postkarte) dem *HTTP-Protokoll* (Hypertext Transfer Protocol). Jeder Netzwerkknoten kann eine Nachricht auf diesem Wege im Klartext mitlesen. Der verschlüsselte Nachrichtenaustausch (in unserem Beispiel per Brief) entspricht dem *HTTPS-Protokoll* (Hypertext Transfer Protocol Secure). Damit kann die Nachricht zwar auch jeder Netzwerkknoten lesen, jedoch ist diese verschlüsselt und nach aktuellem Stand der Technik ohne Besitz des privaten Schlüssels nur mit immenser Rechenleistung zu knacken.

Das HTTP-Protokoll ist in Schicht 5 des Open-Systems-Interconnection-Modells der International Organization for Standardization (*ISO/OSI-Schichtenmodell*) zu finden. Dieses bildet die Grundlage der Internetkommunikation.

Basis für die verschlüsselte Kommunikation nach dem ISO/OSI-Schichtenmodell sind die symmetrische und asymmetrische Verschlüsselung.

Bei der *symmetrischen Verschlüsselung* kommt nur ein einziger Schlüssel zum Einsatz, der sowohl dem Sender- als auch dem Empfängersystem einer Nachricht bekannt sein muss. Der Sender verschlüsselt die Nachricht mit dem Schlüssel, und der Empfänger entschlüsselt die Nachricht mit demselben Schlüssel.

Die älteste und wohl auch bekannteste Verschlüsselung, die *Caesar-Verschlüsselung*, geht auf das Jahr 100 v. Chr. zurück. Sie wurde nach Gaius Julius Caesar benannt, der diese Art der Verschlüsselung für die militärische Korrespondenz verwendete. Bei der Caesar-Verschlüsselung wird eine einfache Ersetzung (Substitution) verwendet.

Natürlich haben sich die Anforderungen an die Verschlüsselung in der Zwischenzeit geändert. Heutzutage zählen Data Encryption Standard (DES), Triple DES, Advanced Encryption Standard (AES), Blowfish und International Data Encryption Algorithm (IDEA) zu den bekanntesten symmetrischen Verschlüsselungsalgorithmen. Für die Qualität der Verschlüsselung ist vor allem die Schlüssellänge von entscheidender Bedeutung. Eine größere Schlüssellänge erfordert aber auch eine höhere Rechenleistung zur Ver- und Entschlüsselung. Die größte Herausforderung der symmetrischen Verschlüsselung ist der Austausch der Schlüssel zwischen Sender und Empfänger. Jeder Netzwerkknoten, der zwischen Sender und Empfänger angesiedelt ist, könnte die Nachricht entschlüsseln, sofern der Schlüssel bekannt ist.

Bei der *asymmetrischen Verschlüsselung* besitzen sowohl der Sender als auch der Empfänger ein Schlüsselpaar, das aus einem geheimen (Private) und einem öffentlichen (Public) Schlüssel besteht. Der Sender kann den Inhalt der Nachricht mit dem öffentlichen Schlüssel des Empfängers verschlüsseln. Nur der Besitzer des geheimen Schlüssels, in unserem Fall der Empfänger, kann die Nachricht mit dem geheimen Schlüssel entschlüsseln. Die asymmetrische Verschlüsselung bietet Sicherheit, hat aber den Nachteil, dass sie signifikant langsamer als die symmetrische Verschlüsselung ist.

Eine Kombination aus symmetrischen und asymmetrischen Verschlüsselungsverfahren bildet die Grundlagen der modernen und sicheren Netzwerkkommunikation.

Secure Socket Layer (SSL) wurde in der Version 1.0 von Netscape im November 1994 veröffentlicht und ist im ISO/OSI-Schichtenmodell zwischen Applikations- und Transportschicht angesiedelt. Nur neun Monate später wurde SSL in der Version 2.0 vorgestellt. Im Lauf der Zeit wurden einige Sicherheitslücken bekannt. Die Version 3.0 des Protokolls sorgte bereits 1996 dafür, dass diese Lücken behoben wurden, und neue sicherere Cipher Suites (Sammlungen von Algorithmen und Protokollen) mit längeren Schlüssellängen und neuen Algorithmen bereitstanden.

Inzwischen wurde SSL zu *Transport Layer Security* (TLS) weiterentwickelt. Die Funktionsweise entspricht im Wesentlichen einem symmetrischen Verfahren zur sicheren Datenübertragung. Der Einsatz von SSL/TLS wird im Umfeld von SAP-Cloud-Anwendungen vorausgesetzt und ist standardmäßig ohne weitere Aktivierung in der Konfiguration nutzbar.

Die SAP BTP bietet den *SAP Destination Service* an. Dieser Service ermöglicht die Ansprache von Diensten über Standardprotokolle, darunter:

- HTTP
  Eine HTTP-Destination ermöglicht die Datenkommunikation über das HTTP-Protokoll sowohl für Internet- als auch für On-Premise-Verbindungen.
- RFC
  Eine RFC-Destination (Remote Function Call) ermöglicht Verbindungen zu ABAP-On-Premise-Systemen über das RFC-Protokoll unter der Verwendung des Java Connectors und des Cloud Connectors.
- LDAP
  Eine LDAP-Destination (Lightweight Directory Access Protocol) ermöglicht es, eine LDAP-basierte Benutzerverwaltung zu aktivieren, sofern ein LDAP-Server im On-Premise-Netzwerk betrieben wird.
- Mail
  Eine Destination dieses Typs ermöglicht es, einen E-Mail-Provider für das Senden und Empfangen von E-Mails über die Protokolle Simple Mail Transfer Protocol (SMTP), Internet Message Access Protocol (IMAP) oder und Post Office Protocol (POP3) anzubinden.

Die angesprochenen Dienste können entweder über ein öffentliches Netzwerk direkt erreichbar sein oder sich in der On-Premise-Landschaft des Kunden befinden und über den Cloud Connector angesprochen werden.

Die Funktionsweise des SAP Destination Service kann mit der Funktionsweise von RFC-Destinationen in ABAP-Systemen verglichen werden, die über Transaktion SM59 gepflegt werden. Destinationen gewährleisten, dass die Konfiguration der Verbindungen nicht hartkodiert in der Anwendung durchgeführt werden muss. Stattdessen kann die Konfiguration in der Applikation über den Namen der Destination ausgelesen und dynamisch vorgenommen werden.

Destinationen können auf der Ebene des Subaccounts definiert werden, wobei das Kommunikationsprotokoll und weitere Eigenschaften angegeben werden. Dies können Sie exemplarisch in Abbildung 2.1 sehen.

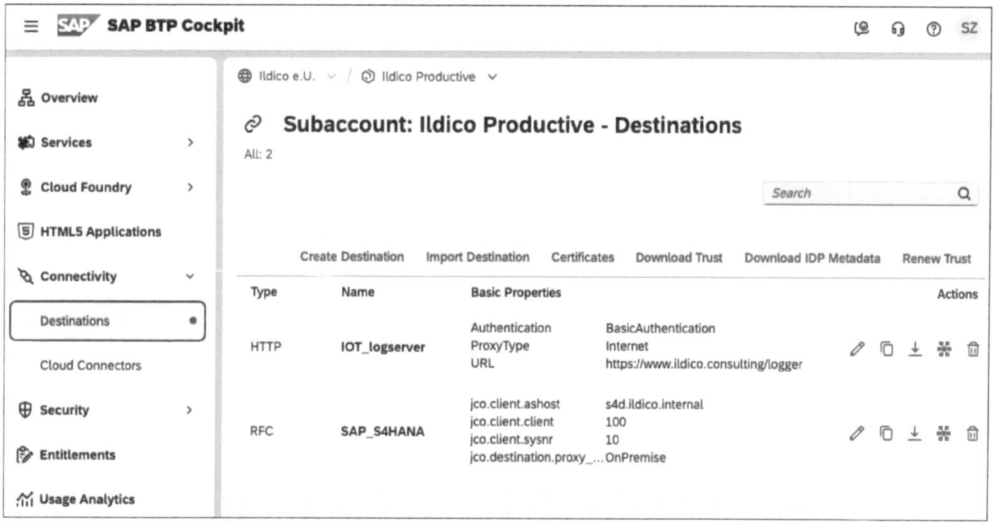

Abbildung 2.1 Destinationen auf der Ebene des Subaccounts im SAP BTP Cockpit

Neben der Anlage von Destinationen über das SAP BTP Cockpit besteht auch die Möglichkeit, Destinationen unter der Verwendung der Kommandozeile anzulegen. Darüber hinaus lassen sich Destinationen über eine OData-API erstellen.

Auf der SAP BTP sind bereits vorinstallierte Stammzertifikate renommierter Zertifizierungsstellen im Standard-Trust-Store vorhanden. Diese Vorgehensweise entspricht dem Ansatz renommierter Browserhersteller, die ebenfalls ein festes Set von Zertifikaten mitliefern, denen standardmäßig vertraut wird. Sollten Sie, wie im Beispiel in Abbildung 2.2 dargestellt, eine Destination zu einem HTTPS-Endpunkt verwenden, dessen Zertifikate nicht im Standard-Trust-Store enthalten sind, kann dies zu potenziellen Fehlern führen, die bei der Anlage der Destination möglicherweise nicht sofort erkennbar sind.

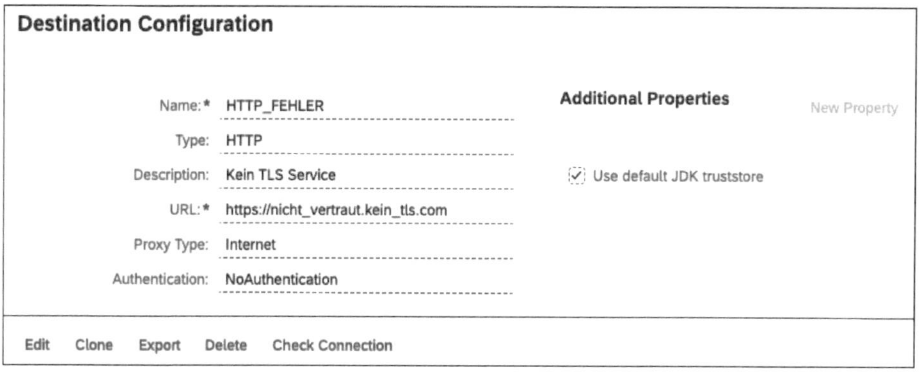

Abbildung 2.2 Destination mit nicht vertrauenswürdigem Endpunkt

Ist dies der Fall, klicken Sie auf den Button **Check Connection**, um einen Verbindungstest durchzuführen. Sie erhalten eine Fehlermeldung vom Typ **SSLHandshake** (siehe Abbildung 2.3), die Sie darauf hinweist, dass die Aushandlung von Schlüsselinformationen aufgrund von mangelndem Vertrauen fehlgeschlagen ist.

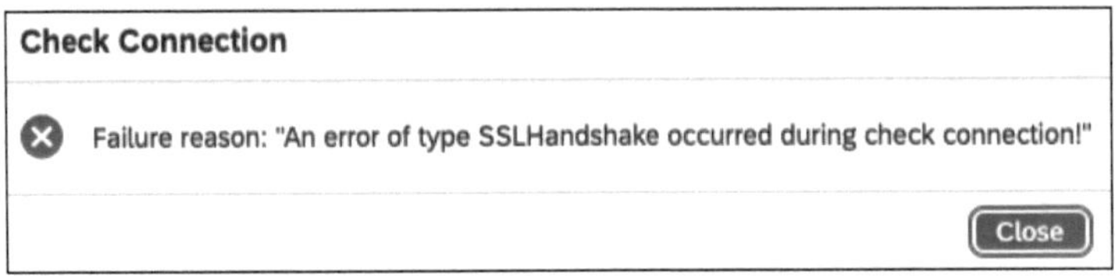

Abbildung 2.3 Fehlermeldung beim Auftreten eines SSLHandshake

Sie können das Problem lösen, indem Sie einen kundeneigenen Trust Store verwenden. Hierzu entfernen Sie in der Konfiguration der Destination das Häkchen bei der Option **Use default JDK truststore**. Dadurch haben Sie die Möglichkeit, eine eigene Trust Store Location auszuwählen und das entsprechende Passwort einzugeben (siehe Abbildung 2.4).

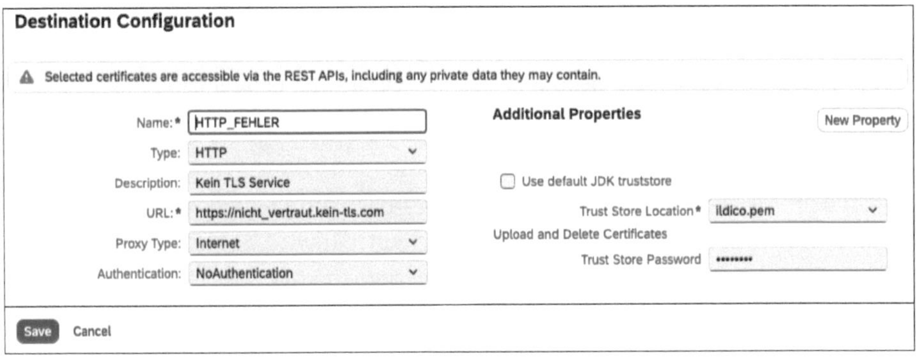

Abbildung 2.4 Verwendung eines kundeneigenen Trust Stores

Die Erstellung eines Trust Stores kann beispielsweise über Standard-Java-Befehle erfolgen, aber auch Werkzeuge mit einer grafischen Benutzeroberfläche wie der KeyStore Explorer (erhältlich unter *www.s-prs.de/v100200014*) können genutzt werden. Nachdem Sie einen Trust Store angelegt haben, können Sie auf den Link **Upload and Delete Certificates** klicken, um einen neuen Trust Store hochzuladen (siehe Abbildung 2.5).

In Abbildung 2.6 sehen Sie, wie der kundeneigene Trust Store in einer Destination konfiguriert werden kann.

Abbildung 2.7 zeigt das Ergebnis des erfolgreichen Verbindungstests, nachdem ein kundeneigener Trust Store verwendet worden ist.

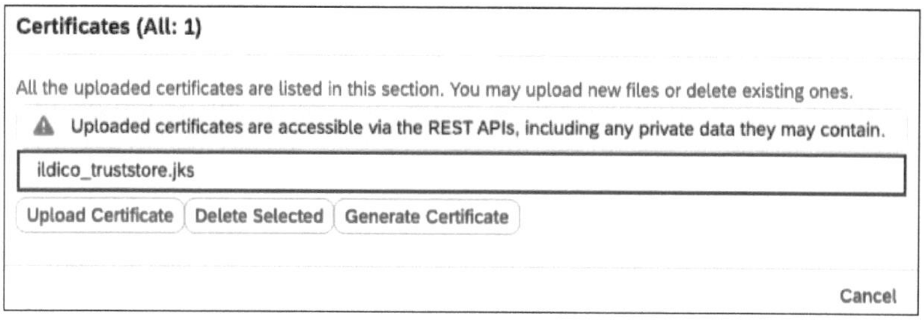

Abbildung 2.5 Kundeneigenen Trust Store hochladen

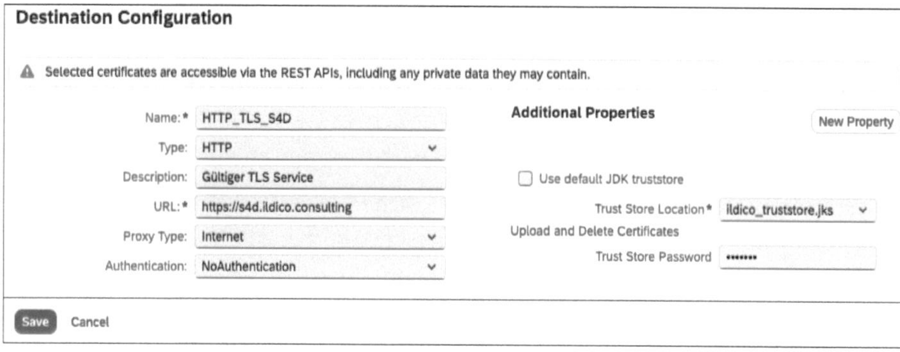

Abbildung 2.6 Konfiguration mit kundeneigenem Trust Store

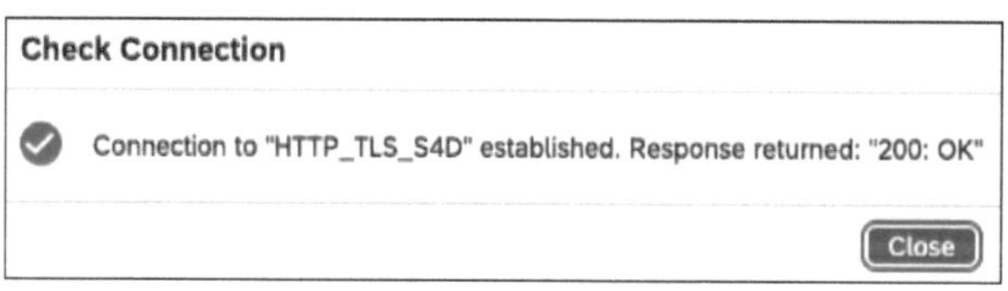

Abbildung 2.7 Erfolgreicher Verbindungstest mit kundeneigenem Trust Store

2.1.2 Authentifizierung

Die *Authentifizierung* ist der Prozess zur Überprüfung und Bestätigung, ob ein Benutzer tatsächlich die Identität repräsentiert, für die er sich ausgibt. In der Regel wird diese Überprüfung durch die Eingabe eines passenden Passworts durch den Benutzer durchgeführt. Bei erfolgreicher Eingabe gewährt das System Zugang zum Benutzerkonto.

Dieses einfache Authentifizierungsverfahren ist jedoch anfällig für sogenannte *Brute-Force-Angriffe*. Dabei versucht ein Angreifer, sich durch wiederholte Anmeldungen mit verschiedenen Passwörtern Zugang zu einem Konto zu verschaffen. Um solche Angriffe zu erschweren, können Benutzerkonten nach einer bestimmten Anzahl fehlerhafter Anmeldeversuche gesperrt werden.

Eine effektive Maßnahme zur Verbesserung der Passwortsicherheit ist die Implementierung von *Passwortrichtlinien*. Diese Richtlinien erzwingen die Verwendung von starken Passwörtern, die aus Großbuchstaben, Kleinbuchstaben, Zahlen und Sonderzeichen bestehen. Zusätzlich sollten Passwörter in regelmäßigen Abständen geändert werden. Auch ist es ratsam, eine Liste von verbotenen Wörtern und Begriffen für Passwörter zu pflegen.

Neben Passwörtern gibt es alternative Technologien wie Client-Zertifikate, Biometrie, One-Time-Tokens oder eigene Authentifizierungsanwendungen. Die SAP BTP bietet eine hohe Flexibilität bei der Auswahl dieser Authentifizierungsmethoden.

Bei der Verwendung von *Client-Zertifikaten* erfolgt die Identitätsüberprüfung durch den Austausch eines digitalen Zertifikats, das von einer vertrauenswürdigen Stelle ausgestellt wird und eindeutig einem Benutzerkonto zugeordnet ist. Ein Beispiel ist SAP Passport, das es ermöglicht, digitale Client-Zertifikate für S-User zu erstellen und diese für Anmeldungen an verschiedenen SAP-Plattformen zu nutzen.

In bestimmten Fällen, in denen eine höhere Sicherheit erforderlich ist, kommt die *Multi-Faktor-Authentifizierung* (MFA) zum Einsatz. Hierbei ist die erfolgreiche Überprüfung von mehreren Faktoren erforderlich, um Zugriff zu gewähren. Zu den typischen Faktoren gehören SMS-Tokens, Hardware-Tokens, Software-Tokens, Authentifizierungs-Apps, Telefonanrufe und FIDO2-Sicherheitsschlüssel. Die verschiedenen Optionen von Identity Providern werden im Anschluss detailliert erläutert.

Identity Provider für die SAP BTP

Innerhalb der SAP BTP stellt ein *Identity Provider* den Benutzerspeicher bereit, der sowohl die Benutzer für den Zugriff auf Subaccounts (z. B. für Administration oder Entwicklung) als auch für den Zugriff auf Geschäftsapplikationen speichert. Die SAP BTP bietet hierbei eine große Flexibilität bei der Auswahl des Identity Providers (siehe Abbildung 2.8).

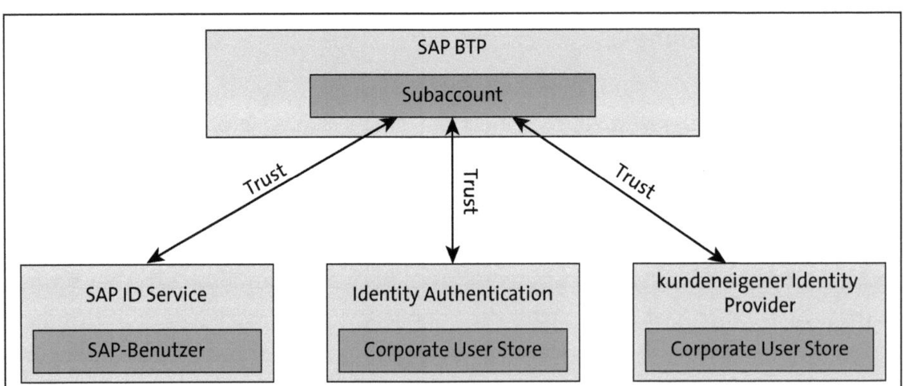

Abbildung 2.8 Identity Provider für die SAP BTP

Es wird zwischen dem Platform Identity Provider und einem Anwendungs-Identity-Provider unterschieden.

Der Platform Identity Provider in der SAP BTP verwendet standardmäßig den SAP ID Service, er kann aber auch Identity Authentication nutzen (siehe Abbildung 2.9). Bei der Authentifizierung der Benutzer über den kundeneigenen Corporate User Store sind keine separaten Anlagen erforderlich. Ein eigener Identity Provider ist in diesem Fall nicht zulässig.

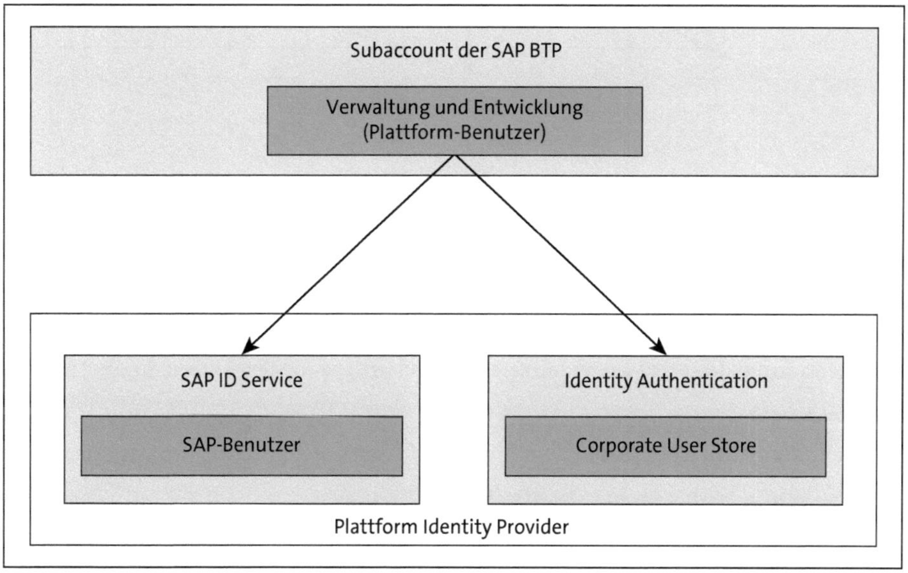

Abbildung 2.9 Platform Identity Provider für die Benutzer eines Subaccounts

Der Platform Identity Provider zeichnet sich durch die folgenden Eigenschaften aus:

- Er stellt die Benutzerbasis für den Zugriff auf den Subaccount bereit.
- Er wird im SAP BTP Cockpit, in verschiedenen Entwicklungswerkzeugen und in der Kommandozeile verwendet.
- Standardmäßig wird der SAP ID Service verwendet.
- Optional kann der Identity Authentication Tenant und damit Identity Authentication verwendet werden.
- Benutzer, die im Platform Identity Provider verwaltet werden, sind typischerweise Administrations- und Entwicklungsbenutzer.

Der Anwendungs-Identity-Provider authentifiziert Endanwender*innen für Anwendungen auf der SAP BTP. Neben dem SAP ID Service und Identity Authentication kann ein kundeneigener Identity Provider (Custom Identity Provider) als Anwendungs-Identity-Provider verwendet werden. Hierbei muss der kundeneigene Identity Provider zwingend ein SAML-basierter Identity Provider sein, wie z. B. Microsoft Azure Active Directory (siehe Abbildung 2.10).

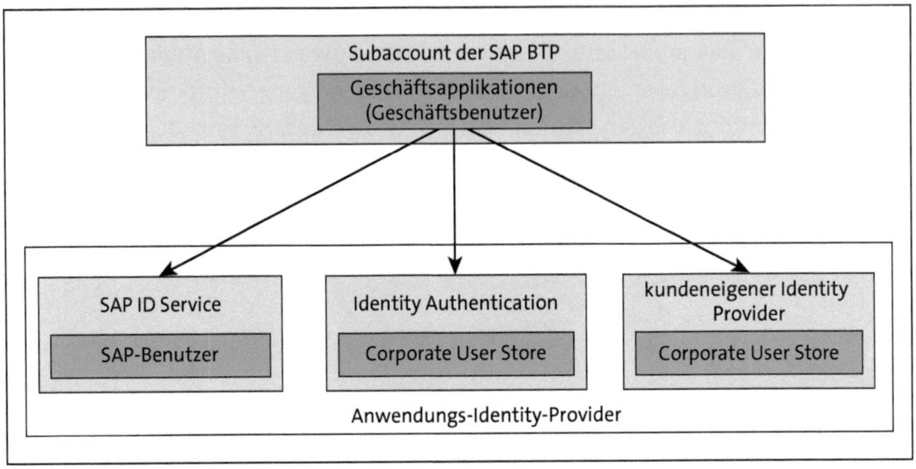

Abbildung 2.10 Anwendungs-Identity-Provider für die Nutzung in einem Subaccount

Der Anwendungs-Identity-Provider zeichnet sich durch die folgenden Eigenschaften aus:

- Er stellt die Benutzerbasis für den Zugriff auf Applikationen in einem Subaccount der SAP BTP bereit.
- Er wird für den Zugriff von Endanwender*innen auf Benutzeroberflächen, für Endanwenderwerkzeuge und für die App-zu-App-Kommunikation verwendet.
- Standardmäßig wird der SAP ID Service verwendet.
- Optional kann der Identity Authentication Tenant oder ein Corporate Identity Provider eines Drittanbieters verwendet werden.
- Benutzer, die mit dem Anwendungs-Identity-Provider verwaltet werden, sind typischerweise Benutzer von Endanwender*innen.

Die SAP BTP ist standardmäßig mit einer Vertrauensbeziehung zum SAP ID Service vorkonfiguriert. Der SAP ID Service wird sowohl als Platform Identity Provider als auch als Anwendungs-Identity-Provider verwendet. Es sind keine weiteren Konfigurationen erforderlich, außer der Zuordnung der Benutzer zum Subaccount. Es entstehen keine zusätzlichen Kosten für die Verwendung des SAP ID Service.

Der SAP ID Service verwaltet die Benutzer der offiziellen SAP-Seiten, einschließlich der SAP-Entwickler- und Partner-Community. Benutzer können über einen Self Service oder über das SAP Support Portal durch berechtigte Benutzer innerhalb der eigenen Organisation angelegt werden.

Der SAP ID Service umfasst die folgenden Elemente:

- Einen zentralen Benutzerspeicher für alle Identitäten, die Zugriff auf die geschützten Ressourcen der Anwendung erfordern.
- Einen standardbasierten Single-Sign-On-Service (SSO-Service), der es Benutzern ermöglicht, sich einmal anzumelden und nahtlosen Zugriff auf alle Anwendungen auf der SAP BTP zu erhalten.

Optional kann ein kundeneigener Identity Provider verwendet werden. Hierbei fallen außer den Lizenzkosten für diesen Identity Provider keine weiteren Kosten im Zusammenhang mit den Services der SAP BTP an.

Eine weitere Option besteht in der Verwendung von Identity Authentication als Platform Identity Provider. Dieser Service kann als Proxy für unternehmensinterne Benutzerspeicher oder Identity Provider von Drittanbietern wie Microsoft Azure Active Directory fungieren. Eine detaillierte Behandlung von Identity Authentication erfolgt in Abschnitt 2.2.1, »Identity Authentication«. Für die Nutzung dieses Service ist der Erwerb einer entsprechenden Lizenz erforderlich, wobei die Anzahl der Anmeldungen als Abrechnungsmetrik verwendet wird.

Wir können zusammenfassen, dass die SAP BTP die folgenden Szenarien zur Authentifizierung von Benutzern über den Identity Provider unterstützt:

- **Standardidentitätsverbund durch den SAP ID Service**
  Die Vertrauensbeziehung zum SAP ID Service ist standardmäßig in der SAP BTP vorkonfiguriert, was bedeutet, dass Sie diesen Service ohne weitere Anpassungen nutzen können. Optional können zusätzliche Vertrauenseinstellungen in der SAP BTP konfiguriert werden, wie beispielsweise die Registrierung des Service Providers, Rollenzuordnungen zu Benutzern und Gruppen, und vieles mehr.
- **Identitätsverbund durch den Identity Authentication Tenant**
  Hier erfolgt die Authentifizierung der Benutzer über einen speziellen Tenant, der als Identity Authentication Service dient. Dies ermöglicht eine zentrale Authentifizierung und Identitätsverwaltung, insbesondere wenn unternehmensinterne Benutzerspeicher wie LDAP-Verzeichnisse oder Identity Provider von Drittanbietern verwendet werden.
- **Identitätsverbund durch einen Corporate Identity Provider**
  In diesem Szenario können Unternehmen einen eigenen Identity Provider verwenden, der auf SAML basiert. Ein Beispiel hierfür ist Microsoft Azure Active Directory. Die Verwendung eines Corporate Identity Providers bietet Flexibilität und die Möglichkeit, etablierte Authentifizierungsinfrastrukturen weiterhin zu nutzen.

Sie sehen die schematische Darstellung einer Verwendung des SAP ID Service für einen Standardidentitätsverbund in Abbildung 2.11. Möchte ein Benutzer Zugriff auf die SAP BTP erhalten, erfolgt die Authentifizierung hier über den SAP ID Service. Mittels

Trust von der SAP BTP wir dieser als vertrauenswürdig eingestuft. Somit ist ein Zugriff möglich, wenn der SAP ID Service eine positive Authentifizierung bestätigt hat.

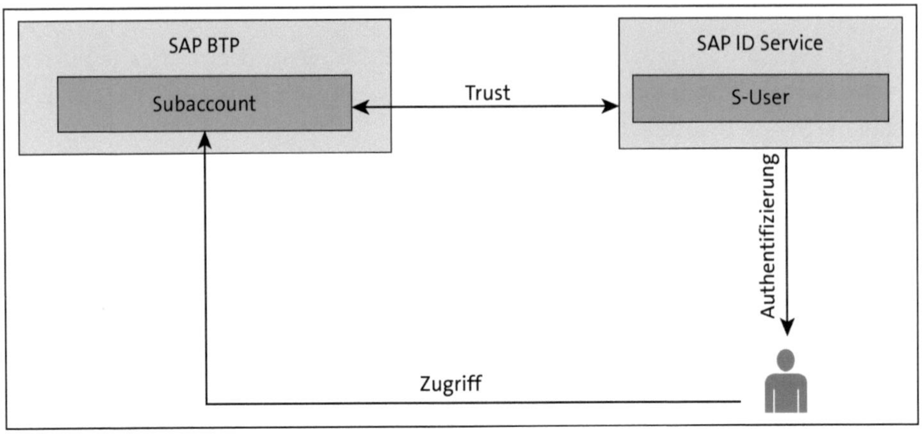

Abbildung 2.11 Authentifizierung mit dem SAP ID Service als Identity Provider

Wenn Sie Subaccount-Benutzer (Mitglieder) aus Ihrer unternehmenseigenen Benutzerbasis verwenden möchten, anstatt S-User für diese Benutzer anzulegen, können Sie den Identity Authentication Tenant als Identity Provider für Ihre Anwendungen verwenden. Identity Authentication ist ein Cloud Service für das Lebenszyklusmanagement der von Ihnen verwalteten Identitäten. Damit haben Sie die Möglichkeit, Ihre eigenen Benutzerbasis auf der SAP BTP zu integrieren. Außerdem können Sie ein Corporate Branding (zum Beispiel die Integration des Unternehmenslogos auf der Authentifizierungsseite) nutzen und Identity Provider sozialer Medien wie Facebook, Twitter, Google oder LinkedIn verwenden. Damit schaffen Sie die Basis für die Bereitstellung der Benutzer in verschiedenen Cloud- und On-Premise-Applikationen.

Der Identity Authentication Tenant (d. h. Ihre Instanz von Identity Authentication) steht innerhalb Ihres Global Account allen Subaccounts zur Verfügung (siehe Abbildung 2.12).

Neben der Verwendung des SAP ID Service und von Identity Authentication besteht die Möglichkeit, dass die Anwendungen der SAP BTP die Authentifizierung und die Identitätsverwaltung an einen bestehenden Identity Provider innerhalb Ihres Unternehmens (einen Corporate Identity Provider) delegieren. Dieser kann die Mitarbeitenden Ihres Unternehmens beispielsweise gegen einen unternehmensweiten Verzeichnisdienst authentifizieren. Ihre Mitarbeitenden und gegebenenfalls Kunden und Partner haben so die Möglichkeit, sich mit ihren gewohnten Benutzerinformationen an der Cloud-Anwendung anzumelden. Alle von der SAP BTP benötigten Informationen über den Benutzer können mit dem Anmeldevorgang auf der Grundlage eines bewährten und standardisierten Sicherheitsprotokolls sicher weitergegeben werden.

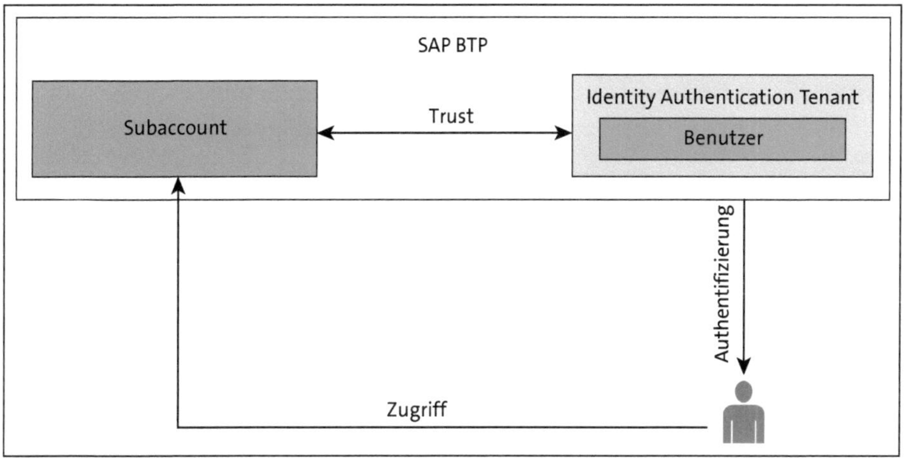

Abbildung 2.12 Authentifizierung mit einem Identity Authentication Tenant als Identity Provider

In diesem Szenario besteht keine Notwendigkeit, zusätzliche Systeme zu verwalten, die sich um die Synchronisierung oder Provisionierung von Benutzerkonten zwischen Unternehmensnetzwerk und SAP BTP kümmern. Es muss lediglich eine Vertrauensbeziehung, ein sogenannter *Trust*, zwischen dem Subaccount der SAP BTP, auf dem die Anwendung läuft, und Ihrem Corporate Identity Provider hergestellt werden. Eine schematische Darstellung dieses Szenarios sehen Sie in Abbildung 2.13.

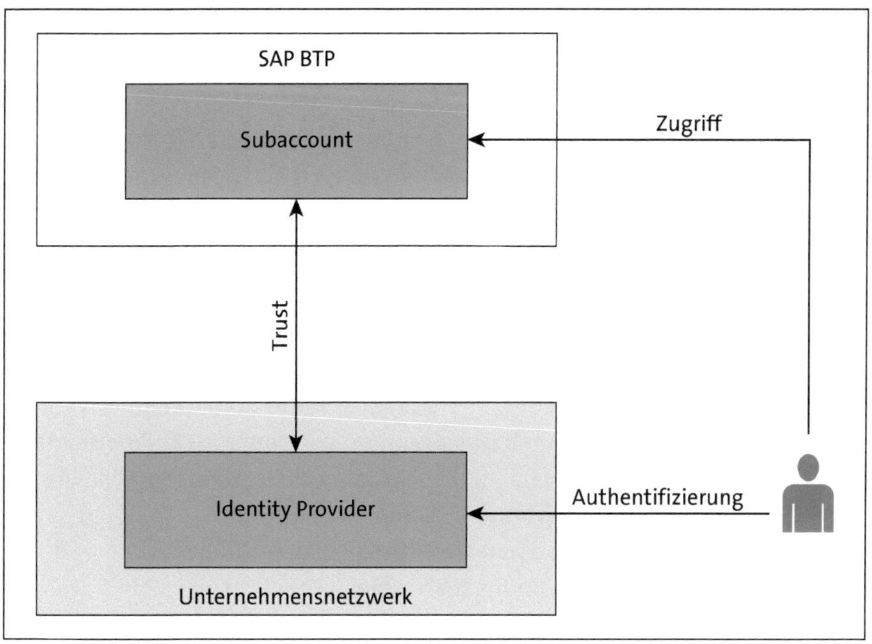

Abbildung 2.13 Authentifizierung mit einem Corporate Identity Provider als Identity Provider

Konfiguration des Identity Providers auf der SAP BTP

In der Cloud-Foundry-Umgebung der SAP BTP erfolgen sowohl die Konfiguration des Platform Identity Providers als auch die des Anwendungs-Identity-Providers auf der Ebene des Subaccounts über den Pfad **Security • Trust Configuration**.

Der SAP ID Service ist auch hier als Default Identity Provider vorkonfiguriert (siehe Abbildung 2.14). Wenn Sie stattdessen Identity Authentication als Platform Identity Provider verwenden möchten, müssen Sie zunächst eine Vertrauensbeziehung zwischen dem Cloud-Foundry-Subaccount und Identity Authentication herstellen. Die Konfiguration dieser Vertrauensbeziehung zeigen wir in Kapitel 5, »Subaccounts administrieren«.

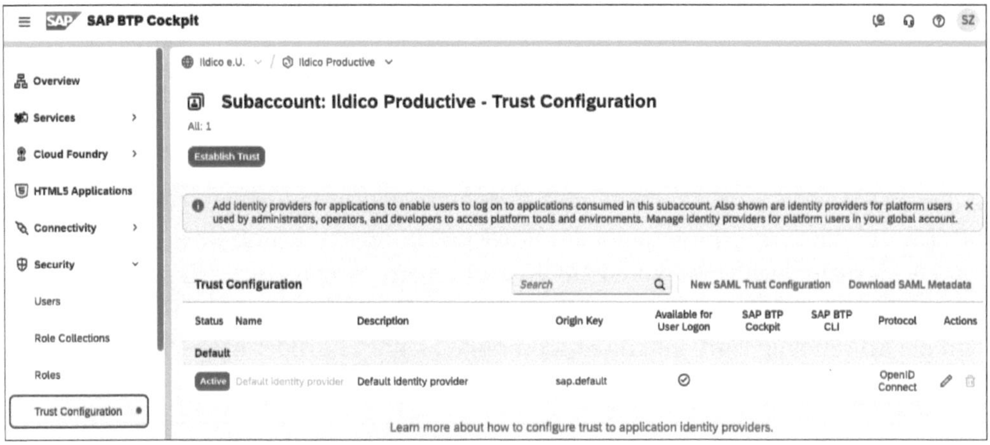

Abbildung 2.14 Default Identity Provider

Lightweight Directory Access Protocol

Das Lightweight Directory Access Protocol (LDAP) fungiert als Netzwerkprotokoll zur Kommunikation mit einem Verzeichnisdienst, wobei es sich selbst nicht um den Verzeichnisdienst handelt, sondern lediglich um das Zugriffsprotokoll. LDAP ermöglicht die einfache Durchsuchung eines in einer Baumstruktur organisierten, auf mehrere Server verteilten Verzeichnisses.

Das LDAP-Datenmodell basiert auf einer hierarchischen Baumstruktur, die in wesentlichen Zügen vorgegeben ist. Das einfache Datenmodell von LDAP orientiert sich an objektorientierten Programmieransätzen, darunter Vererbung und Polymorphie. Die Verzeichnisstruktur beginnt stets mit dem Wurzelelement (`Root`) und kann sich in verschiedene Elemente verzweigen, insbesondere: Country (Länder, `C`), Organization (Organisationen, `O`), Organisational Unit (Organisationseinheiten, `OU`) und Domain Component (Individuen, `DC`). Individuen können dabei verschiedene Entitäten wie Dokumente, Personen oder Gegenstände repräsentieren.

Die Bezeichnung von Objekten erfolgt über den Distinguished Name (DN). Ein Distinguished Name könnte beispielsweise wie folgt aussehen:

```
CN=Martin Koch, OU=Beratung, DC=clouddna, DC=at
```

Dies bedeutet, dass das Individuum Martin Koch der Organisationseinheit »Beratung« innerhalb der Domäne CloudDNA in Österreich zugeordnet ist. Abbildung 2.15 zeigt beispielhaft die Position eines Distinguished Name innerhalb eines LDAP-Hierarchiebaums.

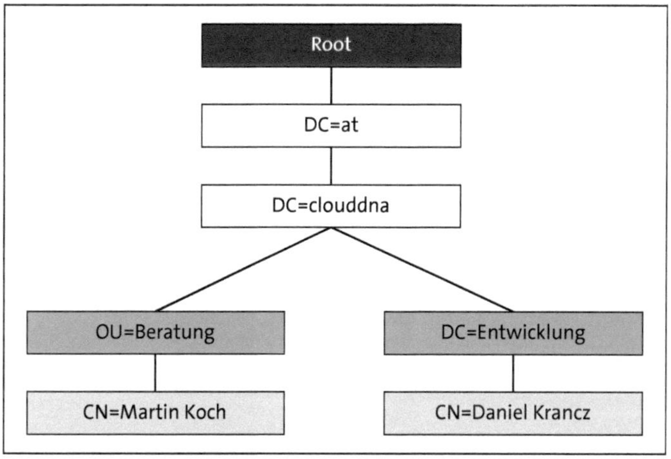

Abbildung 2.15 Beispiel für eine LDAP-Struktur

Die SAP BTP ermöglicht die Konfiguration eines vorhandenen LDAP-Verzeichnisses aus einem On-Premise-System als Benutzerspeicher. Hierbei ist die Verwendung des Cloud Connectors erforderlich. Applikationen in der SAP BTP können dann den On-Premise-Benutzerspeicher für verschiedene Zwecke nutzen, darunter Zugangsdatenprüfung, Benutzersuche, Auslesen von Benutzerdetails und Gruppenzugehörigkeit.

Eine weitere Anwendung von LDAP in der SAP BTP ist der Einsatz im Identitätsverbund durch den Identity Authentication Tenant. In diesem Szenario fungiert Identity Authentication als Proxy zum On-Premise-LDAP-Verzeichnis. Die Aktivierung dieses Szenarios erfordert die Verwendung des Identity Authentication Add-ons.

Der Identity Authentication Tenant authentifiziert sich über das offene OAuth-Protokoll gegenüber dem Subaccount, in dem das Add-on bereitgestellt wird. Das Identity Authentication Add-On stellt anschließend eine Verbindung zum LDAP-Server über den Cloud Connector her (Abbildung 2.16).

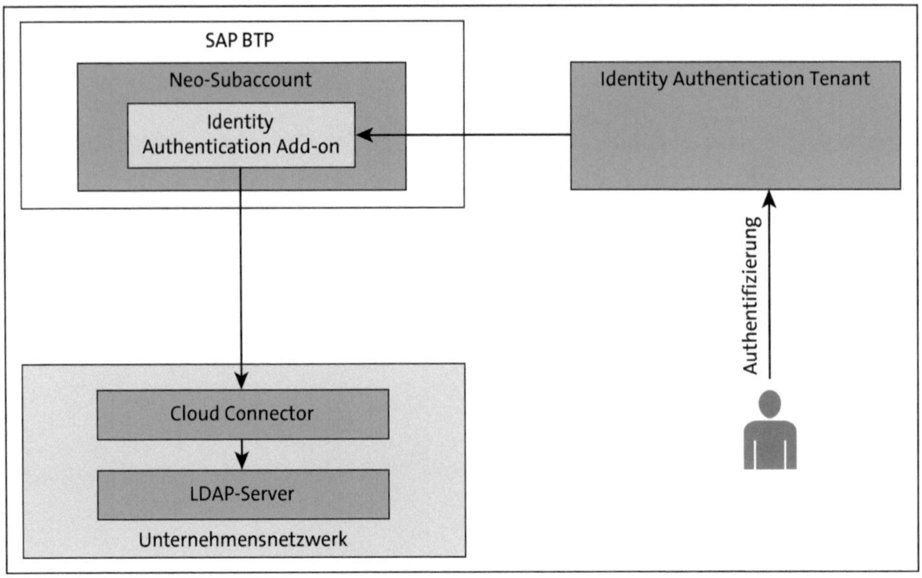

Abbildung 2.16 Benutzerauthentifizierung gegen einen On-Premise-LDAP-Server

2.1.3 Autorisierung

Der Begriff *Autorisierung* bezeichnet den Prozess, einem Benutzer die Erlaubnis zu erteilen, auf eine bestimmte Ressource oder Funktionalität zuzugreifen. In sicheren Umgebungen erfolgt die Autorisierung stets nach der Authentifizierung, bei der Benutzer ihre Identität nachweisen müssen, bevor der Zugang zu den angeforderten Ressourcen gewährt wird.

Auf der SAP BTP kommen zwei verschiedene Standards zur Autorisierung zum Einsatz: SAML und OAuth.

Die *Security Assertion Markup Language* (SAML) ist ein offener Standard, der den Austausch von Authentifizierungs- und Autorisierungsidentitäten zwischen Sicherheitsdomänen ermöglicht. In der Neo-Umgebung basiert die Authentifizierung auf SAML-Tokens.

OAuth 2.0 ist ein Autorisierungs-Framework, das es Fremdanwendungen ermöglicht, eingeschränkten Zugriff auf einen HTTP-Dienst zu erhalten. Es wird in Kapitel 3, »Fortgeschrittene Identity-Authentication-Service-Themen«, genauer beschrieben.

OpenID Connect, eine Identitätsschicht auf der Basis von OAuth 2.0, ermöglicht es Clients, die Identität von Endanwender*innen auf der Grundlage der Authentifizierung durch einen Autorisierungsserver zu verifizieren. In der Cloud-Foundry-Umgebung der SAP BTP erfolgt die Authentifizierung auf Basis des OAuth-Protokolls. Der Anwendungsrouter, der als zentraler Einstiegspunkt dient, erstellt Zugriffstokens in

Form von JSON Web Tokens (JWT), die die Zugriffsrechte auf Anwendungen für den aktuellen Benutzer repräsentieren.

2.2 SAP Cloud Identity Services

Auf der SAP BTP stehen die SAP Cloud Identity Services bereit. Sie decken vielfältige Aufgabenbereiche ab. Innerhalb dieser Servicesammlung wird der gesamte Lebenszyklus der Sicherheit von Benutzern und Identitäten umfassend abgebildet. Die Bandbreite erstreckt sich von der Integration neuer Benutzer über die Bereitstellung dieser Nutzer in verschiedenen Cloud-Applikationen bis hin zur Früherkennung potenzieller Probleme im Zusammenhang mit der Vergabe kritischer Berechtigungen.

Zu den umfassenden Dienstleistungen der SAP Cloud Identity Services zählt auch Identity Authentication. Dieser Service ermöglicht die Implementierung von SSO-Szenarien und die Delegation der Authentifizierung an Identity Provider von Drittanbietern oder an Identity Provider in Ihren On-Premise-Systemen. Damit bietet die SAP BTP eine ganzheitliche Lösung, die nicht nur eine effiziente Verwaltung des Benutzerlebenszyklus ermöglicht, sondern auch einen hochgradig sicheren Zugriff auf Ressourcen gewährleistet. Im folgenden Abschnitt erfahren Sie mehr über Identity Authentication.

Ein weiterer Bestandteil der SAP Cloud Identity Services ist der Identity Provisioning Service. Der Identity Provisioning Service auf der SAP BTP ermöglicht eine automatisierte und effiziente Synchronisation von Benutzerdaten zwischen verschiedenen Anwendungen. Dieser Service spielt eine zentrale Rolle im Benutzermanagement, insbesondere für SAP-Cloud-Lösungen. Durch die Anwendung des SCIM-Standards (System for Cross-domain Identity Management) erfolgt die Datenübertragung nahtlos, ohne dass spezifische Konnektoren für jede Anwendung erforderlich sind. Identity Provisioning automatisiert den Prozess der Benutzerdatenpflege, insbesondere in Szenarien, in denen unterschiedliche Anwendungen ihre eigene Benutzerverwaltung haben. Durch diese Automatisierung wird gewährleistet, dass Änderungen an Benutzerkonten in einer Anwendung entsprechend und zeitnah in anderen Anwendungen reflektiert werden. Somit bietet Identity Provisioning eine effektive Lösung für die Synchronisierung von Benutzerinformationen und trägt dazu bei, den administrativen Aufwand im Bereich des Benutzermanagements zu minimieren. Weitere Information dazu erhalten Sie in Abschnitt 2.2.2, »Identity Provisioning«.

Je nach Lizenzierung und Version der SAP BTP sind die SAP Cloud Identity Services in Ihrem Subaccount unter **Services • Instances and Subscriptions** zum Abonnement verfügbar (Identity Authentication und Identity Provisioning in einem), oder aber Sie haben von SAP eigene Links zu den SAP Cloud Identity Services erhalten. In Abschnitt 2.2.2, »Identity Provisioning«, gehen wir im Rahmen der Instanziierung des Identity Provisioning zu Beginn des Abschnitts kurz darauf ein.

2.2.1 Identity Authentication

Identity Authentication ist ein Platform-as-a-Service-Dienst (PaaS-Dienst) von SAP und fungiert als SAML Identity Provider. Seine Hauptaufgabe besteht in der Authentifizierung von Benutzern in SAP-BTP-Anwendungen sowie in allen SaaS-Produkten von SAP. Optional kann der Service auch für On-Premise-Anwendungen genutzt werden.

Identity Authentication bietet mehrere zentrale Funktionen (siehe Abbildung 2.17):

- **Authentifizierung**
  Der Service überprüft die vom Benutzer bereitgestellten Anmeldedaten und stellt nach erfolgreicher Authentifizierung eine SAML-Assertion aus.
- **Identitätsverbund und Single-Sign-On**
  Der Service ermöglicht die Delegierung der Authentifizierung an einen Identity Provider eines Drittanbieters, was SSO über verschiedene Anwendungen hinweg ermöglicht.
- **Risikobasierte Authentifizierung**
  Bei Bedarf ermöglicht Identity Authentication eine Multi-Faktor-Authentifizierung für den Zugriff auf besonders geschützte Geschäftsanwendungen.
- **Benutzerverwaltung**
  Identity Authentication ermöglicht die effiziente Verwaltung seiner Benutzer.

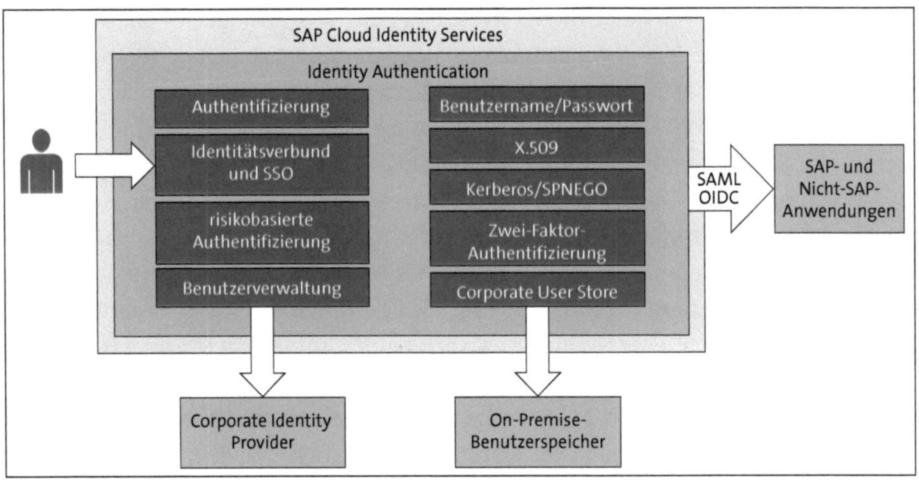

Abbildung 2.17 Funktionen von Identity Authentication

SAP bietet einen Identity Authentication Tenant unabhängig von der Anzahl der unterzeichneten Nutzungsverträge an. Der Tenant wird in einem Bundle mit anderen SAP-Produkten erworben und erlaubt die uneingeschränkte Nutzung der Funktionalität von Identity Authentication. Die Lizenz für einen produktiven Tenant ermöglicht auch die kostenlose Anforderung eines zweiten Tenants zu Testzwecken. Zusätzliche Tenants müssen separat erworben werden.

Nach dem Lizenzkauf erhalten Sie eine Einladung zur Registrierung des initialen Administrators per E-Mail. Die Administrationskonsole für den Identity Authentication Tenant wird über einen bereitgestellten Link aktiviert.

[+]

Anzahl der Administratoren

Es wird empfohlen, direkt nach der Aktivierung des ersten Administrators einen weiteren Administrator anzulegen.

Identity Authentication unterstützt verschiedene Szenarien, darunter Business-to-Consumer (B2C), Business-to-Business (B2B) und Business-to-Employee (B2E). B2C-Szenarien decken dabei sämtliche Sicherheitsaspekte ab, die die Endanwender*innen bei der Nutzung von Anwendungen durchführen, einschließlich Registrierung, Authentifizierung und Autorisierung.

Business-to-Consumer-Szenario

Identity Authentication auf der SAP BTP ermöglicht die nahtlose Integration verschiedener Funktionen, um ein reibungsloses und sicheres B2C-Szenario zu gewährleisten.

Die Palette unterstützter Funktionen umfasst:

- Die Authentifizierung mit Benutzernamen und Passwort, also den klassischen Ansatz der Anmeldung.
- Die vereinfachte Benutzererfahrung durch SSO für den Zugriff auf verschiedene Cloud-Anwendungen.
- Social Sign-On für einen effizienten und benutzerfreundlichen Anmeldeprozess.
- Die Möglichkeit für Benutzer, sich selbstständig zu registrieren, um ein flexibles Onboarding zu ermöglichen.
- Die Anpassung von Anmelde-, Registrierungs-, Passwortaktualisierungs- und Kontoaktivierungsformularen durch das Hinzufügen von Branding-Elementen.
- Die Festlegung von individuellen Passwort- und Sicherheitsrichtlinien zur Gewährleistung höchster Sicherheitsstandards.
- Die Integration von Datenschutzrichtlinien und Nutzungsbedingungen, um die Transparenz und Einhaltung gesetzlicher Anforderungen sicherzustellen.
- Ein effizientes Management von Benutzerdaten durch die Möglichkeit des Imports und Exports.

[zB]

Ein Webshop als Beispiel für ein B2C-Szenario

Betrachten wir als anschauliches Beispiel einen Webshop oder eine mobile Shopping-App, wie sie im Online-Buchhandel häufig anzutreffen sind – möglicherweise sogar den Weg, auf dem Sie dieses Buch erworben haben.

- **Initiierung durch den Kunden**
  In diesem Fall sind Sie in der Rolle des Kunden. Der Prozess beginnt, wenn Sie sich dazu entschließen, ein Konto im Webshop zu erstellen, um das Einkaufserlebnis zu personalisieren.
- **Registrierungsschritte**
  - **Weiterleitung zur Registrierungsseite**
    Nachdem Sie sich für den Einkauf entschieden haben, werden Sie auf eine benutzerfreundliche Registrierungsseite weitergeleitet.
  - **Anlegen des Benutzerkontos**
    Dort legen Sie mithilfe Ihrer E-Mail-Adresse ein neues Benutzerkonto an. Die Zustimmung zu den Nutzungsbedingungen ist erforderlich.
  - **Optionaler Social Login**
    Für zusätzlichen Komfort besteht die Möglichkeit, sich mithilfe der Anmeldeinformationen eines sozialen Mediums wie Facebook, Twitter, LinkedIn oder Google anzumelden.
  - **Passwortrichtlinien beachten**
    Entscheiden Sie sich für ein eigenes Passwort, müssen bestimmte Passwortrichtlinien eingehalten werden.
- **Aktivierung des Kontos**
  - **Bestätigung per E-Mail**
    Nach der erfolgreichen Registrierung erhalten Sie eine E-Mail mit einem Aktivierungslink.
  - **Aktivierung des Kontos**
    Durch einen Klick auf den Link wird Ihr Konto aktiviert und steht für weitere Interaktionen bereit.
- **Einkaufsmöglichkeiten**
  Mit einem aktivierten Konto können Sie sowohl physische als auch elektronische Artikel im Webshop erwerben.
- **Self-Service-Optionen**
  Für den Fall, dass Sie Ihr Passwort vergessen, steht Ihnen ein bequemer Self Service zur Verfügung, um das Passwort eigenständig zurückzusetzen.

Dieses Beispiel illustriert, wie nahtlos und benutzerfreundlich die Registrierung in einem B2C-Szenario gestaltet sein kann, um ein optimales Einkaufserlebnis zu gewährleisten.

Business-to-Business-Szenario

Im B2B-Szenario werden die gleichen bewährten Sicherheitsmechanismen angewendet, jedoch mit spezifischen Anpassungen für die Unternehmenskunden:

- **Einladungsbasierte Registrierung**
  Im Gegensatz zum B2C-Szenario erfolgt die Registrierung nicht selbstständig. Unternehmenskunden werden durch den Serviceanbieter oder eine autorisierte Person ihres eigenen Unternehmens eingeladen.
- **B2B-Shops**
  Für dieses Szenario gibt es B2B-Shops, die speziell für Unternehmenskunden entwickelt worden sind. Hier können Unternehmen spezifische Produkte wie Ersatzteile erwerben.
- **Aktivierung und Akzeptanz von Nutzungsbedingungen**
  Ähnlich wie im B2C-Szenario erfordert die Aktivierung eines Unternehmenskontos die Zustimmung zu den Nutzungsbedingungen des Anbieters.
- **Verzicht auf Social-Sign-On**
  Aufgrund der unternehmensspezifischen Anforderungen wird im B2B-Szenario in der Regel auf Social-Sign-On verzichtet.

Dieses maßgeschneiderte B2B-Szenario ermöglicht eine gezielte Interaktion mit Unternehmenskunden und stellt sicher, dass die Sicherheits- und Anmeldeprozesse den spezifischen Anforderungen dieser Zielgruppe gerecht werden.

[zB]

SAP Support Portal als Beispiel für ein B2B-Szenario

Im B2B-Szenario, speziell im Kontext von Support-Portalen, manifestieren sich die Vorteile von Identity Authentication auf der SAP BTP. Wir verdeutlichen dies am Beispiel des SAP Support Portals.

Nehmen wir an, Sie haben bereits Erfahrung mit dem SAP Support Portal gesammelt, das Ihnen die Möglichkeit bietet, Tickets zu erstellen und auf SAP-Hinweise zuzugreifen. Um diese Aktionen durchzuführen, benötigen Sie einen berechtigten Benutzer, in der Regel in Form eines sogenannten S-Users, den SAP Ihrem Unternehmen bereitstellt. Dieser S-User verfügt über Administratorrechte, kann zusätzliche Benutzer erstellen sowie entsprechende Berechtigungen zuweisen.

Identity Authentication unterstützt Sie in diesem Szenario durch eine Vielzahl von Funktionen:

- Authentifizierung mit Benutzername und Passwort, um eine sichere Anmeldung zu gewährleisten
- Single-Sign-On für Cloud-Anwendungen, um das Benutzererlebnis zu vereinfachen

- Einladung von Partnern, um den Zugang zu spezifischen B2B-Anwendungen zu ermöglichen
- stellvertretende Registrierung von Partnern durch die Administration, um den Onboarding-Prozess zu vereinfachen
- Erstellen von Branding-Elementen, um Anmelde-, Registrierungs-, Passwortaktualisierungs- und Kontoaktivierungsformulare anzupassen
- Vorgabe von Kennwort- und Sicherheitsrichtlinien, um höchste Sicherheitsstandards zu gewährleisten
- Erstellen von Datenschutzrichtlinien und Nutzungsbedingungen, um Transparenz und rechtliche Konformität zu gewährleisten
- Import und Export von Benutzern, um ein effizientes Management von Benutzerdaten zu gewährleisten

Diese umfassenden Funktionen von Identity Authentication erleichtern nicht nur den Zugang und die Nutzung des SAP Support Portals, sondern optimieren auch die Sicherheit und Flexibilität Ihrer B2B-Anwendungen.

Business-to-Employee-Szenario

Im B2E-Szenario, das alle Aktionen abdeckt, die Mitarbeitende eines Unternehmens bei der Nutzung von Unternehmensanwendungen durchführen, nimmt das SAP Fiori Launchpad eine zentrale Rolle ein.

Das SAP Fiori Launchpad als zentraler Einstiegspunkt für zeitgemäße SAP-Anwendungen dürfte Ihnen bereits bekannt sein. Ein Großteil der Anwendungen in SAP S/4HANA wird in Form von SAP-Fiori-Apps bereitgestellt. Dieses Launchpad kann sowohl On-Premise als auch über die SAP BTP zur Verfügung gestellt werden. Bei einer Bereitstellung über die SAP BTP kann Identity Authentication genutzt werden, um Ihren bestehenden Benutzerspeicher zu integrieren und somit eine konsistente Benutzererfahrung zu gewährleisten. Mitarbeitende können sich dabei mit den gewohnten Zugangsdaten und Authentifizierungsmechanismen am System anmelden.

Hybride Systemlandschaften, bestehend aus einer Kombination von On-Premise- und SaaS-Lösungen, sind in der SAP-Welt weit verbreitet. Beispiele hierfür sind die Nutzung von SaaS-Lösungen wie SAP SuccessFactors und SAP Concur in Verbindung mit einer On-Premise-betriebenen SAP Business Suite oder einem SAP-S/4HANA-System. In diesem Kontext übernimmt das SAP Fiori Launchpad auf der SAP BTP die Funktion des zentralen Einstiegspunkts, während Identity Authentication die Authentifizierung der Benutzer übernimmt und SSO bereitstellt.

In B2E-Szenarien stellt Identity Authentication eine Vielzahl von Funktionen bereit, um die Anwendungsnutzung durch Mitarbeitende zu erleichtern:

- Authentifizierung mit Benutzernamen und Passwort, um eine sichere Anmeldung zu gewährleisten.
- SSO für Cloud-Anwendungen für einen reibungslosen Zugang zu diversen Cloud-Anwendungen.
- Erstellen von Branding-Elementen, um Anmelde-, Registrierungs-, Passwortaktualisierungs- und Kontoaktivierungsformulare anzupassen.
- Vorgabe von Kennwort- und Sicherheitsrichtlinien zur Gewährleistung höchster Sicherheitsstandards.
- Erstellen von Datenschutzrichtlinien und Nutzungsbedingungen für Transparenz und rechtliche Konformität.
- Import und Export von Benutzern für ein effizientes Management von Benutzerdaten.

Diese umfassenden Funktionen ermöglichen nicht nur eine reibungslose Nutzung des SAP Fiori Launchpads, sondern gewährleisten auch Sicherheit und Flexibilität für alle B2E-Szenarien.

Anmeldung am Identity Authentication Tenant

Die Anmeldung am Identity Authentication Tenant erfolgt über die URL *https://<IdentityAuthenticationTenantID>.accounts.ondemand.com*.

Ersetzen Sie den Platzhalter *<IdentityAuthenticationTenantID>* dabei durch die ID Ihres Identity Authentication Tenants.

Die Tenant-ID ist eine von SAP automatisch generierte ID. Der erste für den Mandanten angelegte Administrationsbenutzer erhält eine Aktivierungs-E-Mail mit einer URL. Diese URL enthält die Tenant-ID. Sie haben aber auch die Möglichkeit, direkt aus dem SAP BTP Cockpit heraus in den Identity Authentication Tenant abzuspringen.

Voraussetzung für den Absprung ist, dass eine Vertrauensbeziehung zwischen Subaccount und Identity Authentication Tenant hergestellt wurde. Navigieren Sie über den Pfad **Security • Trust Configuration**, und klicken Sie anschließend auf den Link in der Spalte **Name**, in unserem Beispiel in Abbildung 2.18 also auf **IAS Ildico**.

In der daraufhin angezeigten Übersicht der benutzerdefinierten Identity Authentication Tenants klicken Sie auf den Link, der dem Host-Namen Ihres Identity Authentication Tenants entspricht (Feld **Single Sign-On URL (Redirect Binding)**) (siehe Abbildung 2.19).

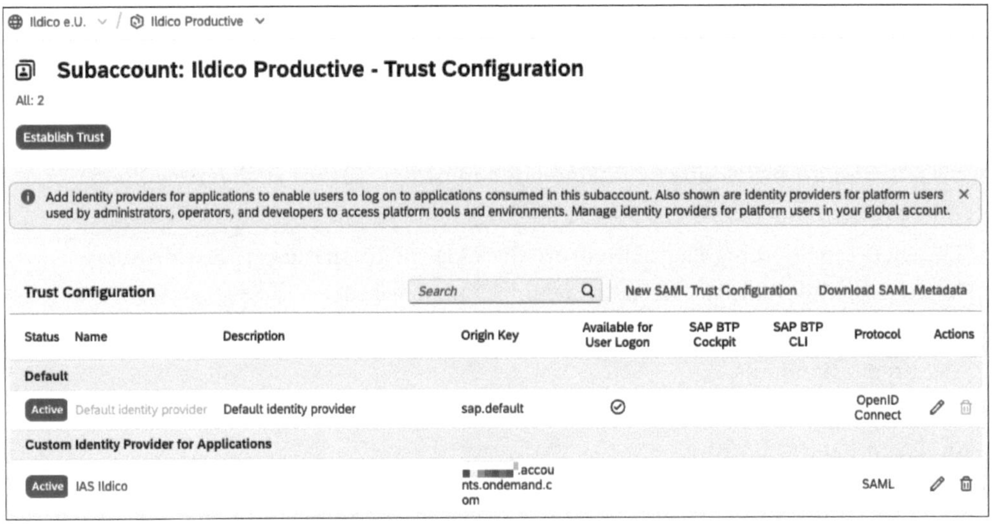

Abbildung 2.18 Trust-Konfiguration auf der SAP BTP

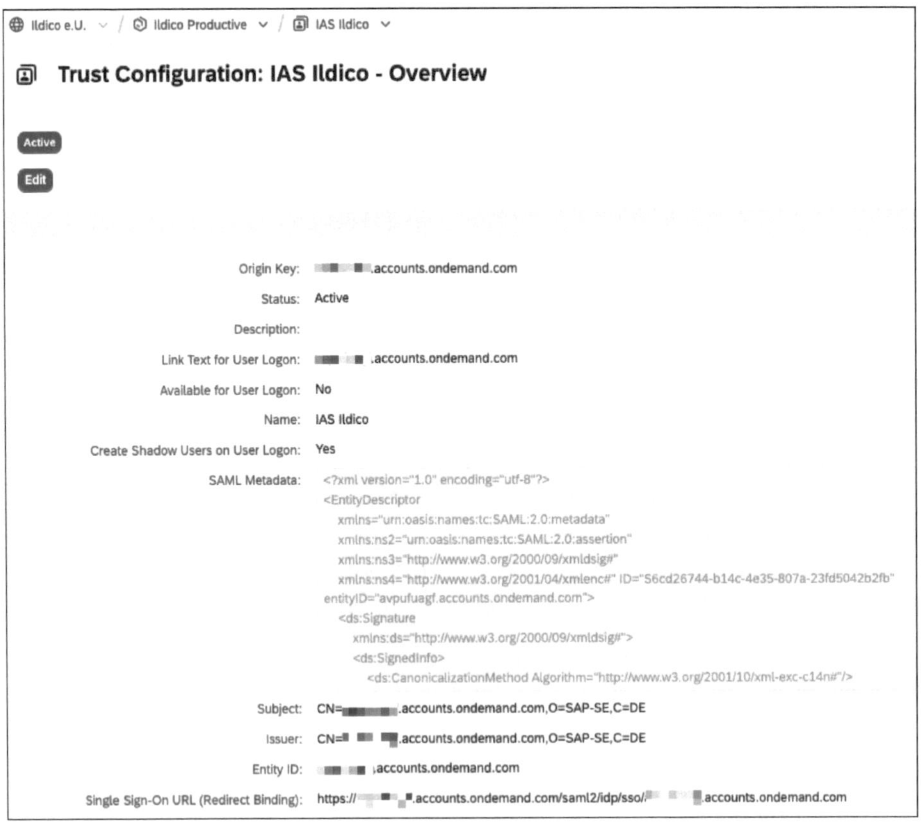

Abbildung 2.19 Absprung zum Identity Authentication Tenant aus der SAP BTP

In Abbildung 2.20 sehen Sie die Anmeldemaske der Administrationskonsole Ihres Identity Authentication Tenants. Hier müssen Sie sich initial mit dem Benutzernamen, den Sie in der Einladungs-E-Mail erhalten haben, anmelden. Falls Sie bereits einen weiteren Administrationsbenutzer angelegt haben, können Sie auch diesen verwenden.

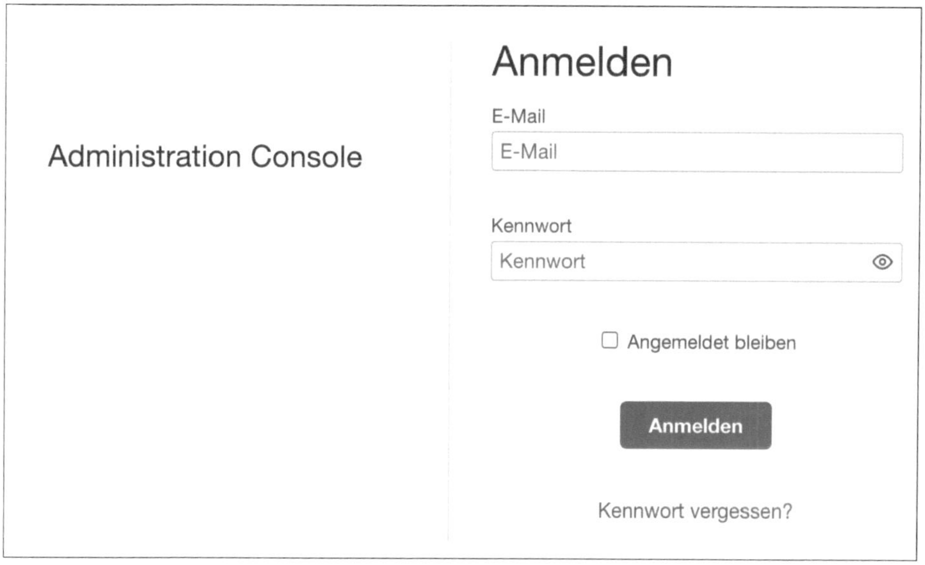

Abbildung 2.20 Anmeldung am Identity Authentication Tenant

Nach erfolgreicher Anmeldung gelangen Sie in die Übersicht von Identity Authentication (siehe Abbildung 2.21). Die Startseite wird dynamisch auf Basis der Ihnen zugewiesenen Berechtigungen aufgebaut.

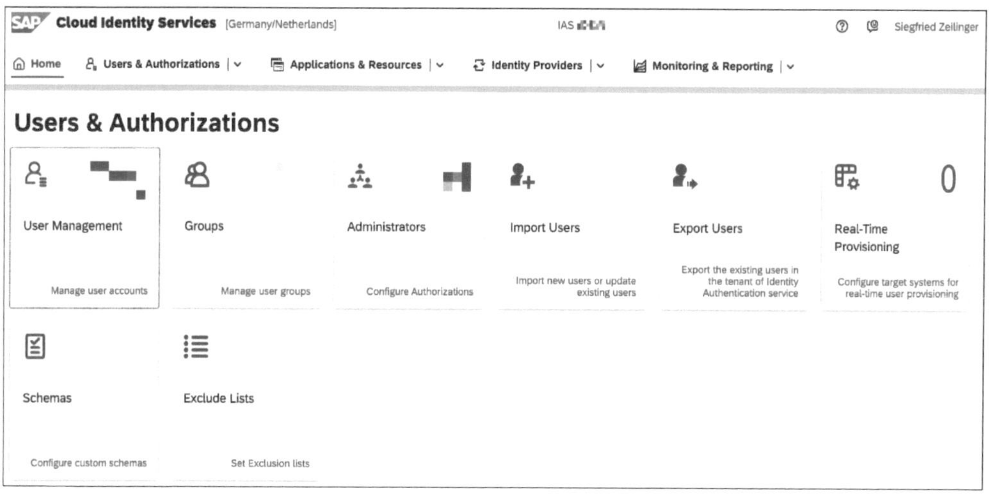

Abbildung 2.21 Übersicht von Identity Authentication

Das Menü von Identity Authentication gliedert sich in verschiedene Bereiche, die Ihnen die Verwaltung und Administration des Systems ermöglichen:

- **Users & Authorizations**
  In diesem Bereich verwalten Sie Benutzer, Benutzergruppen und Administrationsbenutzer. Hier können Sie Benutzer importieren/exportieren und Zielsysteme für die Benutzerbereitstellung konfigurieren.
- **Applications & Resources**
  Hier erfolgt die Registrierung und Konfiguration von Applikationen und von Subaccounts. Sie passen die Einstellungen des Identity Authentication Tenants an, gestalten Dokumente wie »Terms of Use« und »Privacy Policy« und pflegen E-Mail-Vorlagen. Darüber hinaus besteht die Möglichkeit, ein Custom CSS zu hinterlegen und Passwortrichtlinien anzupassen.
- **Identity Providers**
  In diesem Bereich binden Sie unternehmensinterne Identity Provider ein und konfigurieren Social Identity Provider wie Google, Facebook, LinkedIn und Twitter. Die Konfiguration externer Quellsysteme für Benutzerdaten, z. B. SAP SuccessFactors, erfolgt ebenfalls hier.
- **Monitoring & Reporting**
  Hier haben Sie Zugriff auf relevante Metriken zur Vermessung und Lizenzierung des Systems. Sie können Zugangsdaten für das API-basierte Auslesen der Audit Logs generieren und Änderungs- sowie Troubleshooting-Logs als CSV-Datei herunterladen.

Um Administrationsbenutzer zu pflegen, navigieren Sie über den Menüpfad **Users & Authorizations • Administrators** (siehe Abbildung 2.22).

In der Übersicht werden Personenadministratoren mit dem Personen-Icon und Systemadministratoren mit dem Administrations-Icon ausgewiesen. Beide können gleiche Rollen und Aktionen ausführen.

Um einen neuen Administrationsbenutzer hinzuzufügen, klicken Sie auf **Add**. Geben Sie die E-Mail-Adresse sowie den Vor- und Nachnamen ein.

Verschiedene Administrationsrollen stehen Ihnen zur Verfügung, darunter:

- **Manage Applications** (Konfigurieren von Anwendungen)
- **Manage Corporate Identity Providers** (Konfigurieren der Identity Provider)
- **Manage Users** (Verwalten, Importieren und Exportieren von Benutzern)
- **Read Users** (Abrufen von Benutzerdaten, Import über die SCIM-REST-API)
- **Manage Groups** (Erstellen, Bearbeiten und Löschen von Benutzergruppen)
- **Manage Tenant Configuration** (Verwalten der Tenant-Konfiguration und Berechtigungszuweisung an die Benutzer)

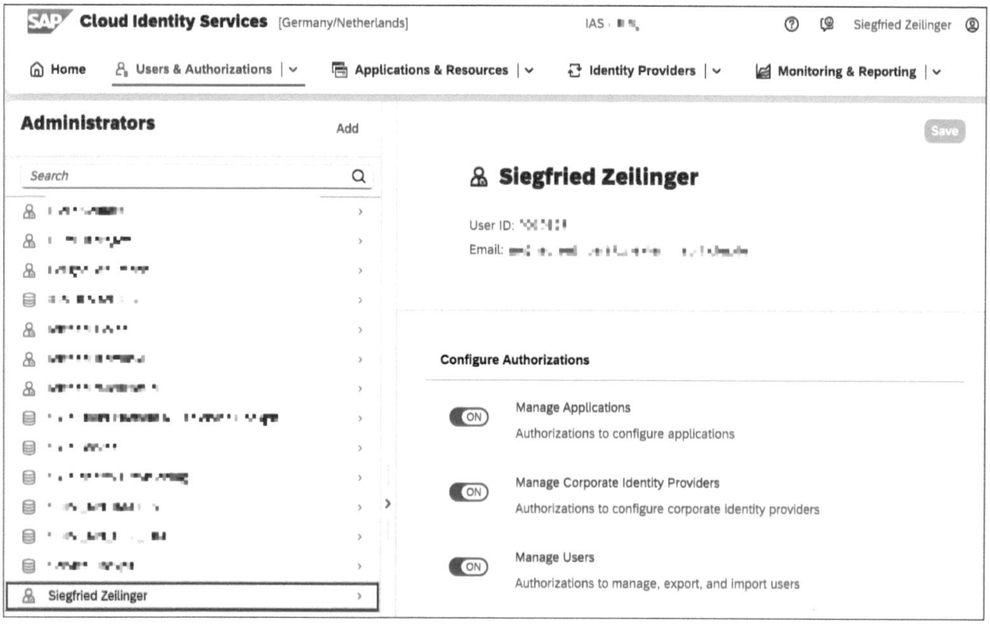

Abbildung 2.22 Übersicht der Administrationsbenutzer für Identity Authentication

SICM-Protokoll

Das System for *Cross-Domain Identity Management* (SCIM) ist ein HTTP-basiertes Protokoll, das die Verwaltung von Identitäten in sogenannten Multi-Domain-Szenarien (z. B. übergreifend zwischen der kundeneigenen Domäne und der Standarddomäne der SAP BTP *ondemand.com*) durch einen standardisierten Dienst vereinfacht. Der SCIM-Standard wird von der Internet Engineering Task Force (IETF) verwaltet. Folgende Spezifikationen decken den SCIM-Standard ab:

- RFC7642 (SCIM: Definitions, Overview, Concepts, and Requirements)
- RFC7643 (SCIM: Core Schema)
- RFC7644 (SCIM: Protocol)

SCIM-fähige Systeme können in Identity Authentication als Quell- oder als Zielsysteme verwendet werden. Zusätzlich stellt Identity Authentication eine SCIM-API bereit. Damit können Benutzer und Benutzergruppen angelegt und verwaltet werden.

SCIM 2.0 baut auf einem Objektmodell auf, das in Abbildung 2.23 dargestellt ist. Hier dient eine Ressource als Kernelement, von dem alle weiteren SCIM-Objekte abgeleitet werden.

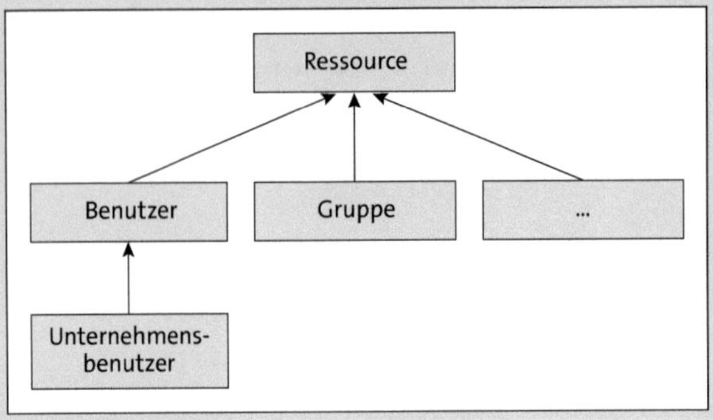

Abbildung 2.23 SCIM-Objektmodell

Weisen Sie Ihrem neuen Administrationsbenutzer die gewünschten Rollen zu, und speichern Sie den Benutzer danach über den Button **Save** (siehe Abbildung 2.24).

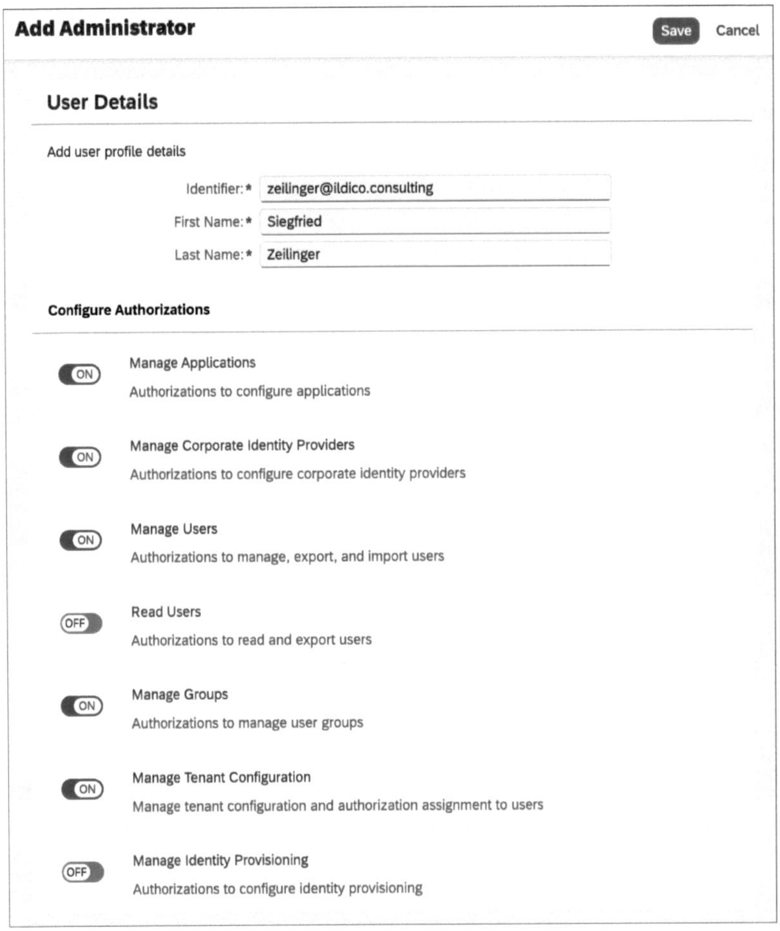

Abbildung 2.24 Administrationsbenutzer für Identity Authentication anlegen

Das System vergibt nun eine User ID für den neuen Benutzer. Parallel dazu erhält der Benutzer eine E-Mail. Diese E-Mail enthält einen Link, mit dem das Benutzerkonto aktiviert werden kann.

Um die weiteren Benutzer zu pflegen, die über Identity Authentication auf Ihre Cloud-Anwendungen zugreifen sollen, wählen Sie im Menü den Pfad **Users & Authorizations • User Management**. Sie sehen nun eine Liste aller in Identity Authentication angelegten Benutzer (siehe Abbildung 2.25). Da diese Liste üblicherweise sehr viele Einträge enthält, besteht die Möglichkeit, nach unterschiedlichen Attributen, wie beispielsweise der User ID, zu suchen. Klicken Sie auf eine Zeile der Ergebnistabelle, um die Details eines Benutzers einzusehen

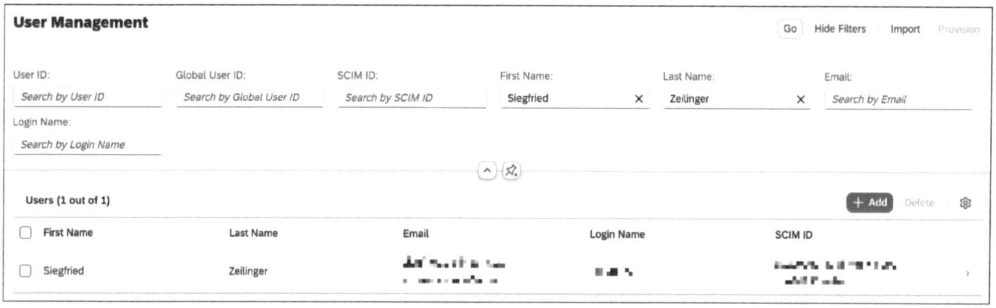

Abbildung 2.25 Benutzerübersicht für Identity Authentication

Klicken Sie auf den Button **+Add**, um einen neuen Benutzer anzulegen. Im Anlagen-Dialog müssen Sie den Nachnamen, die E-Mail-Adresse, den Benutzertyp und die Art der Account-Aktivierung verpflichtend pflegen (siehe Abbildung 2.26). Im Feld **User Type** ist standardmäßig die Option **Employee** ausgewählt. Sie können zwischen den Optionen Kunde (**Customer**), Mitarbeiter (**Employee**), Partner (**Partner**) und öffentlich (**Public**, also öffentliche, dem Unternehmen nicht zwingend bekannte Personen) wählen.

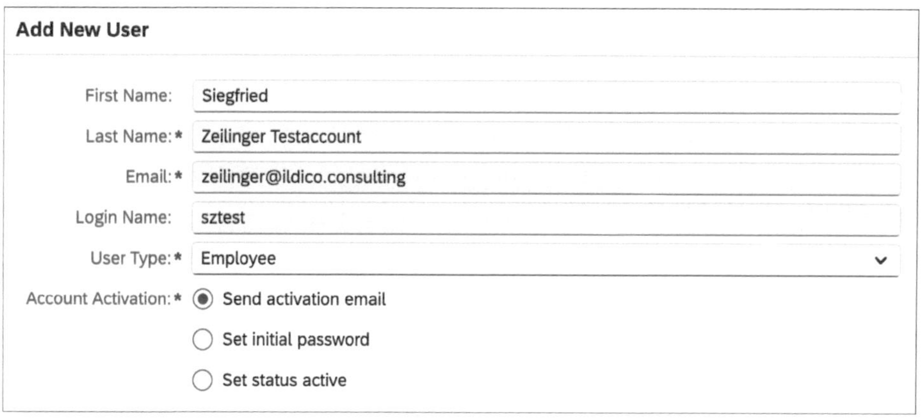

Abbildung 2.26 Benutzer anlegen

Für die Aktivierung des Benutzerkontos gibt es die folgenden Möglichkeiten:

- **Send activation email**
  Der Benutzer erhält eine E-Mail mit Anweisungen zur Aktivierung des Benutzerkontos.
- **Set initial password**
  Der Tenant-Administrator oder die Tenant-Administatorin legt das Passwort für den Benutzer fest. Der Benutzer wird bei der ersten Authentifizierung aufgefordert, das Passwort zu ändern.
- **Set status active**
  Der Tenant-Administrator oder die Tenant-Administratorin legt direkt einen aktiven Benutzer an. Er oder sie setzt kein Initialpasswort für den Benutzer, und der Benutzer erhält keine E-Mail mit Anweisungen zur Aktivierung des Benutzerkontos. Diese Option ist zu wählen, wenn Identity Authentication als Proxy zu einem anderen Identity Provider eingesetzt wird oder wenn sich der Benutzer mittels Zertifikats authentifiziert.

In Abbildung 2.27 sehen Sie ein Beispiel für die Willkommens-E-Mail, die der Benutzer bei der Auswahl der Option **Send activation e-mail** erhält. Der in der E-Mail verwendete Text wird von SAP vorgegeben. Wir zeigen Ihnen am Ende des Abschnitts, an welcher Stelle Sie die Standardtexte von SAP anpassen und übersetzen können.

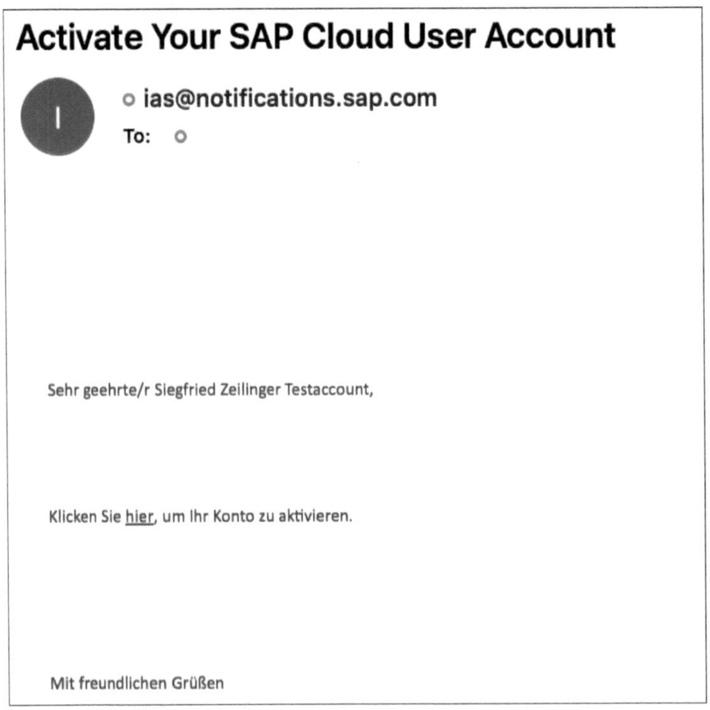

Abbildung 2.27 Willkommens-E-Mail

Die E-Mails, die Identity Authentication generiert, werden immer über die Adresse *ias@notifications.sap.com* versendet. Es besteht jedoch auch die Möglichkeit, Ihren eigenen E-Mail-Server dafür zu verwenden. Die erforderliche Konfiguration finden Sie am Ende des Abschnitts.

Bei der Anlage eines neuen Benutzers müssen Sie nur die aus Sicht von Identity Authentication wichtigsten Attribute pflegen. In vielen Fällen ist es jedoch gewünscht, das weitere Informationen zum Benutzer gepflegt werden. Dazu können Sie in die Details des Benutzers abspringen (siehe Abbildung 2.28). Hier können Sie persönliche Informationen, Mitarbeiterinformationen, Firmeninformationen und kundenspezifische Attribute pflegen.

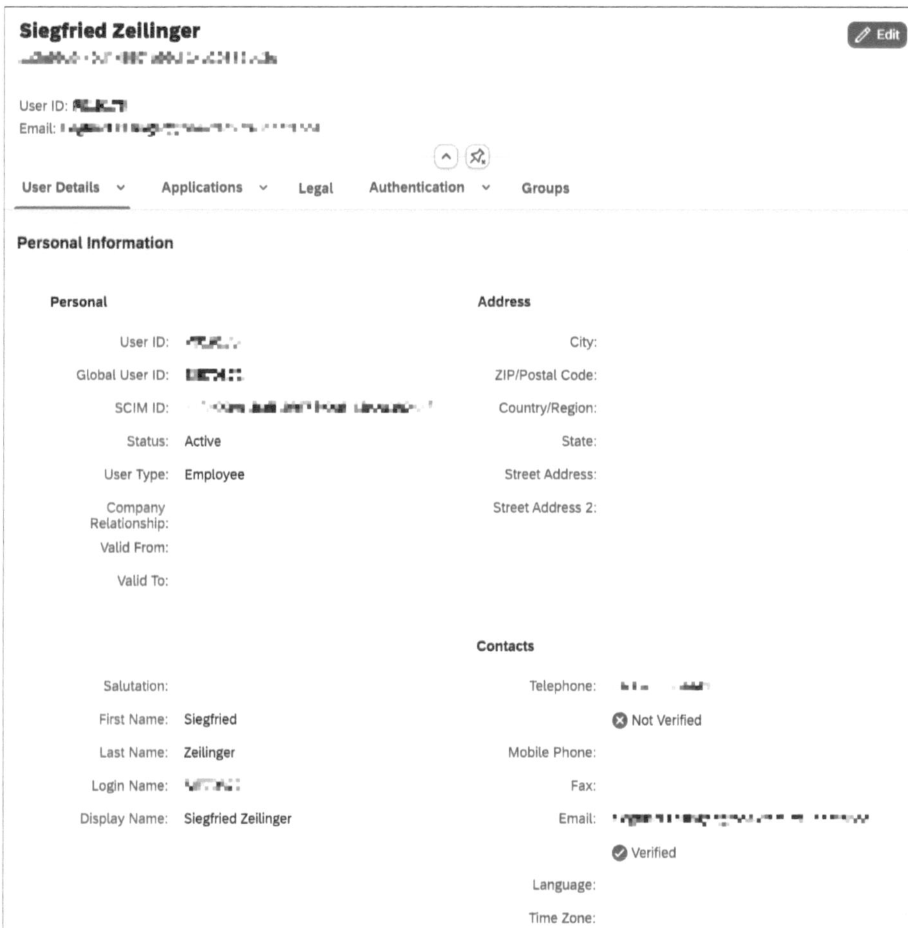

Abbildung 2.28 Benutzerdetails

Die persönlichen Informationen sind für viele Einsatzszenarien interessant. Hier können Sie z. B. den Gültigkeitszeitraum eines Benutzerkontos konfigurieren. Wenn beispielsweise ein Mitarbeiter oder eine Mitarbeiterin aus Ihrem Unternehmen ausscheidet, müssen Sie das zugehörige Benutzerkonto nicht löschen, sondern können stattdessen das Datum im Feld **Valid To** auf den Stichtag des Ausscheidens setzen und den Gültigkeitszeitraum damit abgrenzen (siehe Abbildung 2.29). In diesem Bereich können Sie auch das Verhalten von Identity Authentication beim Versand von Benachrichtigungen zumindest teilweise steuern, indem Sie die Sprache des Benutzers setzen. E-Mail-Benachrichtigungen werden, wenn möglich, immer in der passenden Sprache gesendet.

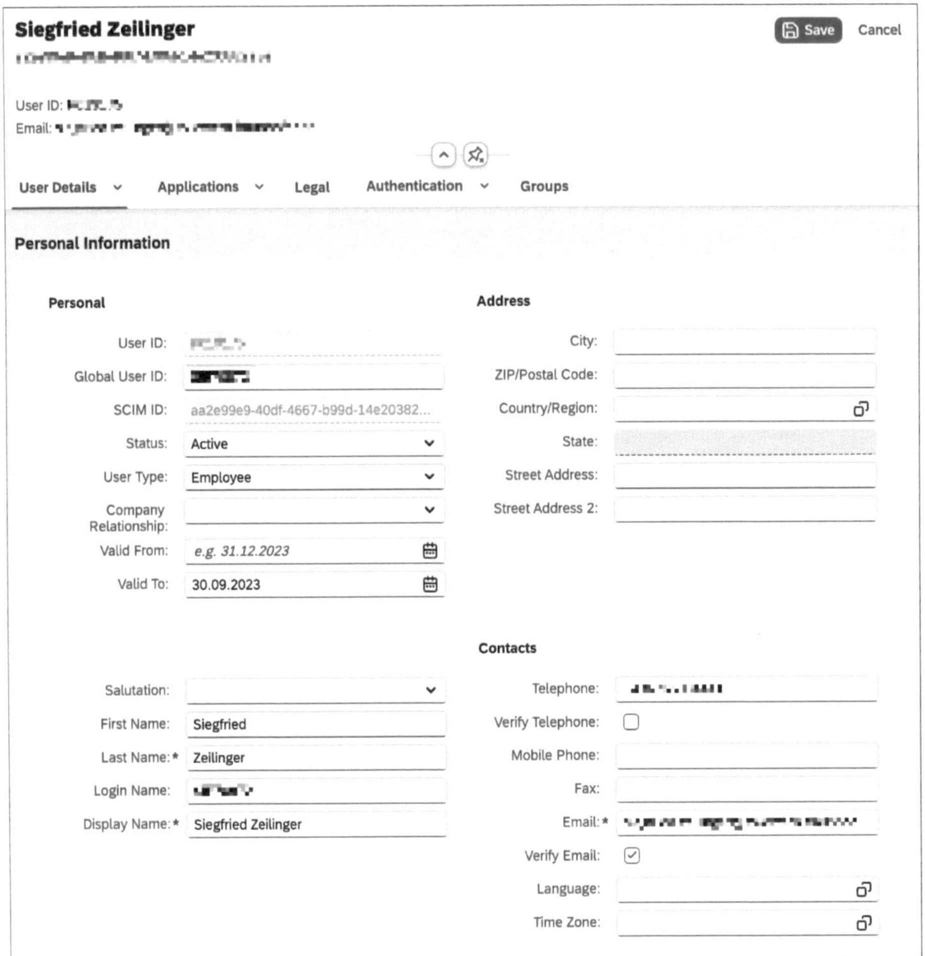

Abbildung 2.29 Persönliche Details in einem Benutzerkonto

Auf der Registerkarte **Legal**, die Sie im oberen Bildbereich der Benutzeranzeige auswählen können, finden Sie wichtige Informationen, die den Support unterstützen können (siehe Abbildung 2.30). Sie sehen u. a., wann sich ein Benutzer zum letzten

Mal erfolgreich angemeldet hat, ob das Passwort gesperrt, wann das Passwort gesetzt und aus welchem System das Passwort bezogen worden ist. Auf diese Informationen kann nur lesend zugegriffen werden. Eine Manipulation der Daten ist somit nicht möglich.

Abbildung 2.30 Registerkarte »Legal« in den Details eines Benutzerkontos

Eine typische Tätigkeit im Support ist das Entsperren von Benutzern bzw. das Zurücksetzen von Passwörtern. Diese Tätigkeiten können Sie in den Benutzerdetails durchführen. Navigieren Sie dazu auf die Registerkarte **Authentication**, und klicken Sie auf **Password Details** (siehe Abbildung 2.31).

In den Passwortdetails können Sie die folgenden Aktionen ausführen (siehe Abbildung 2.32):

- gesperrtes Benutzerkonto entsperren
- E-Mail mit Information zum Zurücksetzen des Passworts versenden
- Zähler für den Versand von E-Mails pro Benutzer zurücksetzen, um die maximale Anzahl von E-Mails zur Aktivierung, aber auch zur Passwortrücksetzung, die an einen Benutzer gesendet werden kann, nicht zu überschreiten
- Initialpasswort setzen

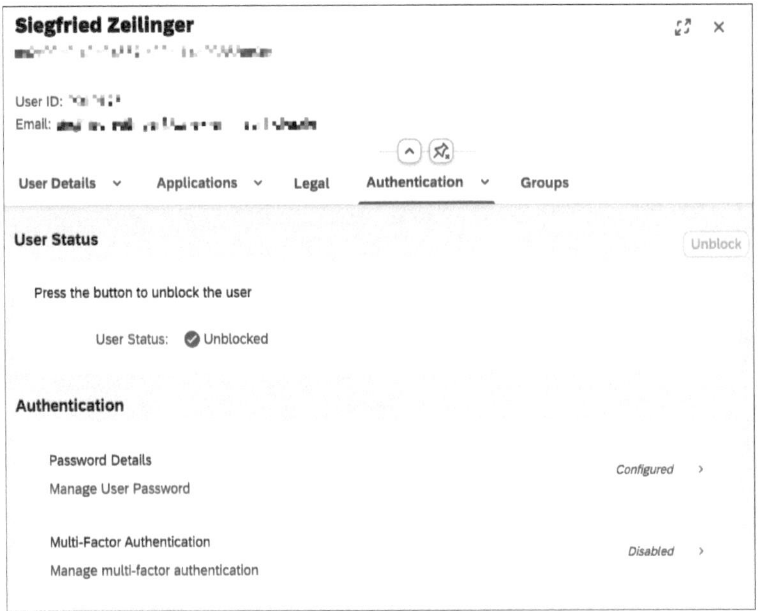

Abbildung 2.31 Passwortdetails in den Details eins Benutzerkontos

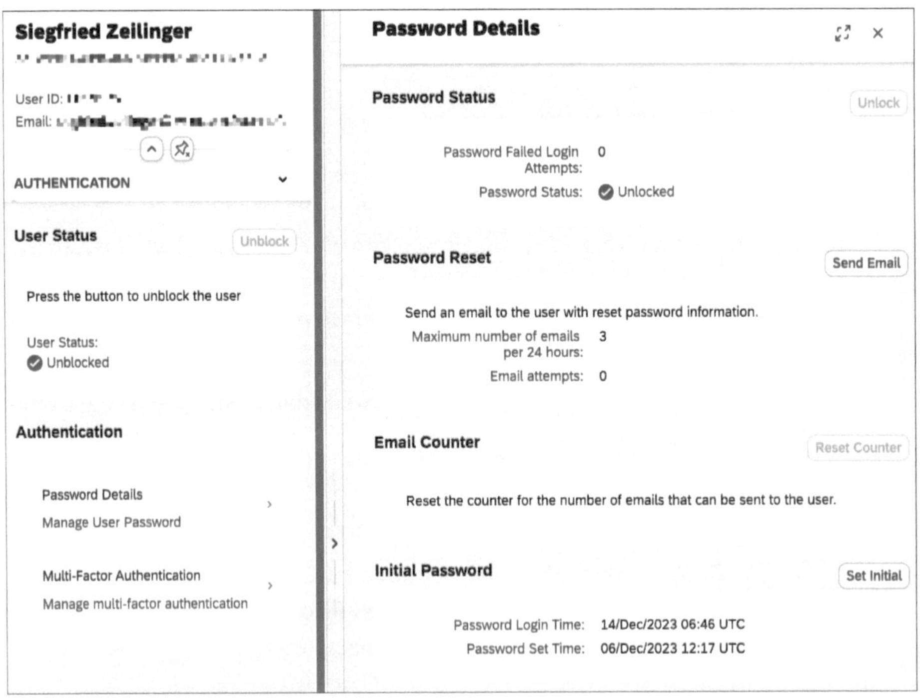

Abbildung 2.32 Verfügbare Aktionen in den Passwortdetails eines Benutzerkontos

Eine *Benutzergruppe* ist eine Sammlung von Benutzern. Sie dient dazu, Benutzer, die Gemeinsamkeiten aufweisen, zusammen zu verwalten. Das können beispielsweise Benutzer von Mitarbeitenden sein, die in der gleichen Abteilung arbeiten oder solche, die ähnliche Aufgaben innerhalb des Unternehmens haben.

Um die existierenden Benutzergruppen einzusehen, wählen Sie im Menü den Pfad **Users & Authorizations • Groups** (siehe Abbildung 2.33).

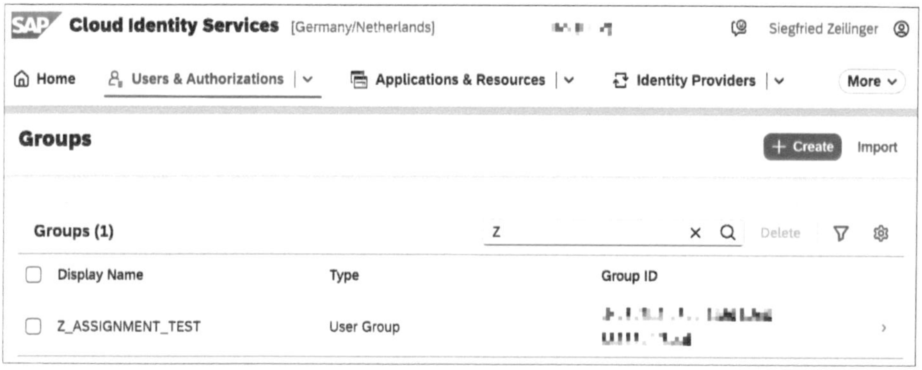

Abbildung 2.33 Benutzergruppen pflegen

Klicken Sie auf den Button **+ Create**, um eine neue Benutzergruppe anzulegen. Dabei müssen Sie einen technischen Namen (**Name**) und einen Anzeigenamen (**Display Name**) vergeben (siehe Abbildung 2.34). Für den Namen gilt die Einschränkung, dass keine Sonder- und Leerzeichen verwendet werden dürfen. Optional können Sie eine Beschreibung ergänzen. Beim Speichern wird zusätzlich eine Group ID in Form eines Globally Unique Identifiers (GUID) vergeben.

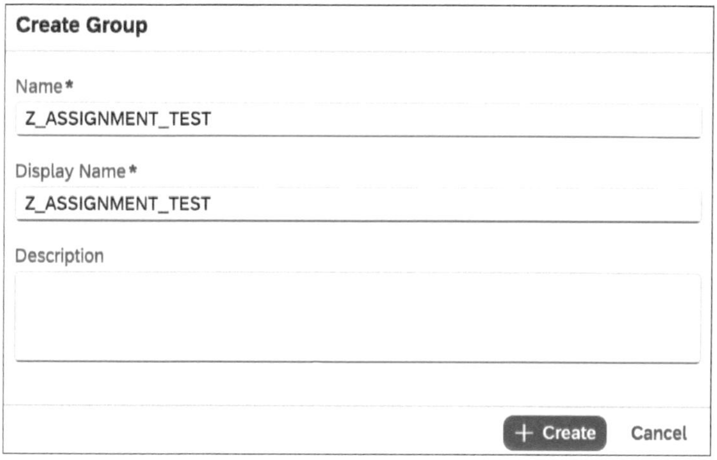

Abbildung 2.34 Benutzergruppe anlegen

Die Zuordnung von Benutzern zu einer Gruppe erfolgt über die Benutzerverwaltung. Navigieren Sie dazu, wie zuvor beschrieben, in die Details des Benutzerkontos, und klicken Sie auf der Registerkarte **User Groups** auf den Button **Assign** (siehe Abbildung 2.35).

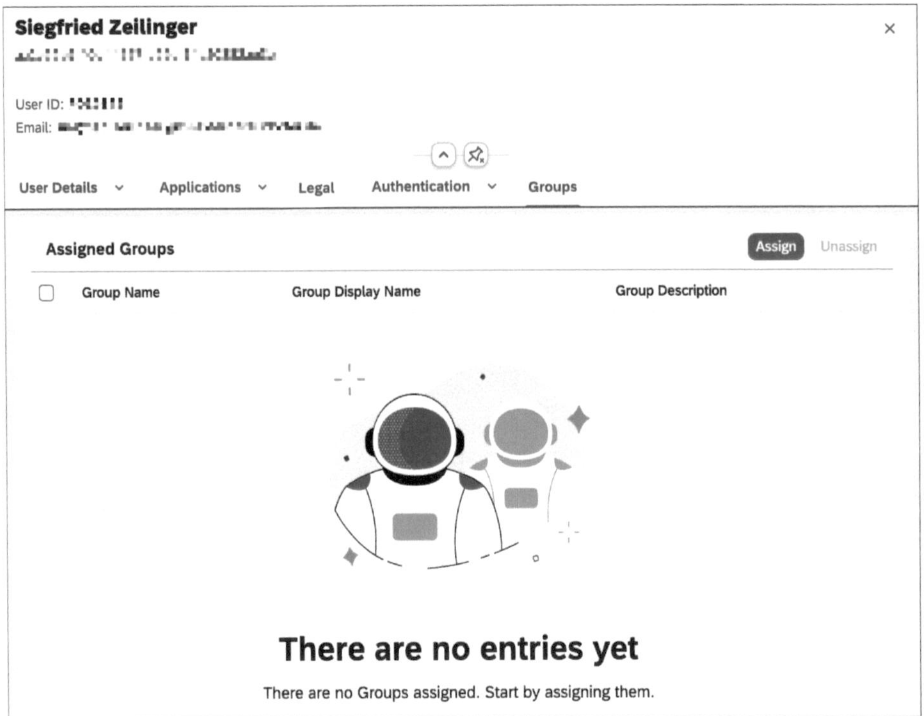

Abbildung 2.35 Benutzer zu einer Benutzergruppe zuordnen

Im sich öffnenden Pop-up-Fenster wählen Sie die gewünschte Benutzergruppe aus und klicken anschließend erneut auf den Button **Assign** (siehe Abbildung 2.36).

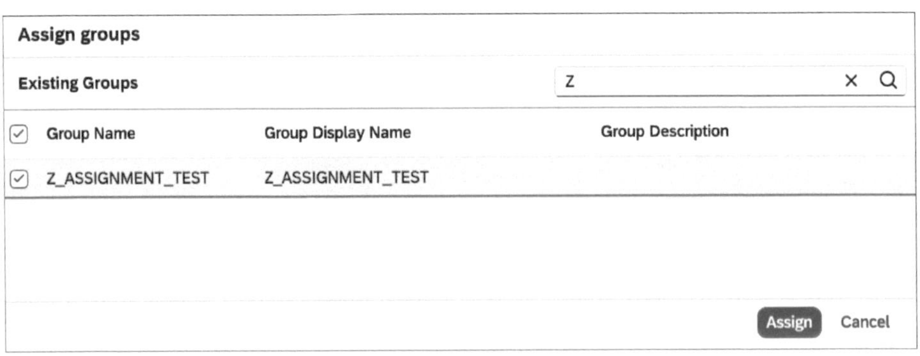

Abbildung 2.36 Benutzergruppen zur Zuordnung auswählen

Einstellungen des Identity Authentication Tenants

Der Identity Authentication Tenant wird von SAP mit vorkonfigurierten Standardeinstellungen bereitgestellt, die Sie jedoch nach Ihren Anforderungen anpassen können. Navigieren Sie dazu im Menü über den Pfad **Application & Resources • Tenant Settings** (siehe Abbildung 2.37).

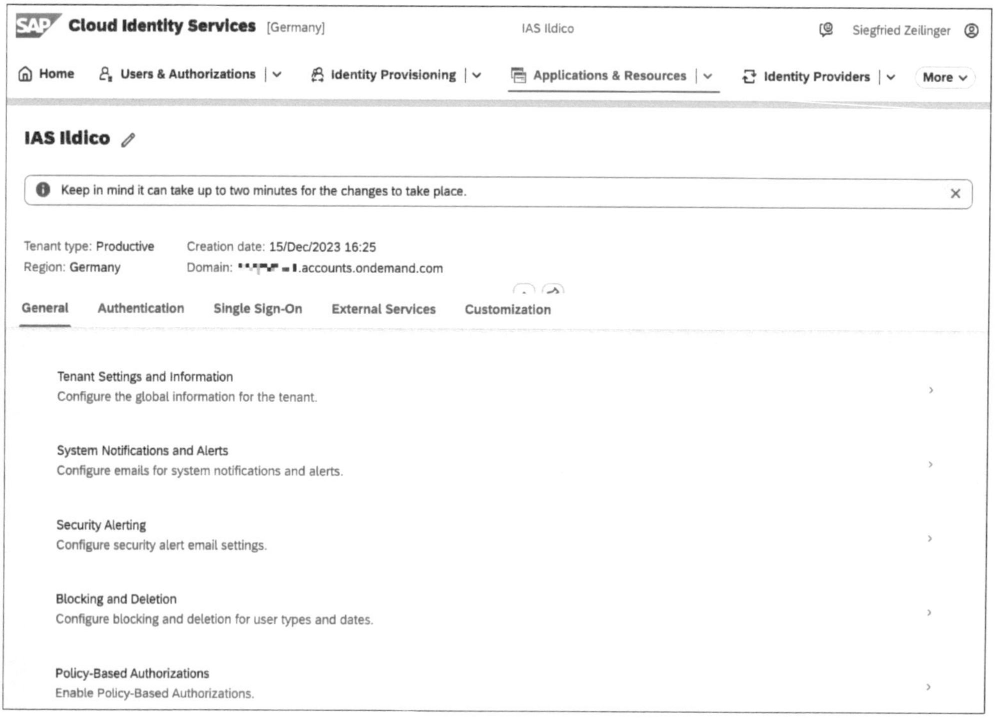

Abbildung 2.37 Tenant-Einstellungen

Es stehen Ihnen verschiedene Anpassungsoptionen zur Verfügung. Die relevantesten Optionen sind:

- Anpassung und Download der SAML-2.0-Metadaten
- Konfiguration der vertrauenswürdigen Zertifizierungsstellen für X.509-Client-Zertifikate
- Konfiguration der Gültigkeitsdauer der E-Mail-Links
- Konfiguration des Session Timeout
- Konfiguration der risikobasierten Authentifizierung
- Konfiguration des Corporate User Stores
- Einrichtung und Konfiguration des E-Mail-Servers
- Aktivierung von Security Alerts
- Konfiguration einer Custom Domain

Im Folgenden gehen wir genauer auf die für die Praxis relevanten Einstellungen der Gültigkeitsdauer der E-Mail-Links und des Session Timeout ein.

Sie können die Gültigkeitsdauer von E-Mail-Links individuell zwischen einer Stunde und 30 Tagen anpassen. Für passwortbezogene Aktionen wird empfohlen, die Gültigkeit auf einige Stunden zu begrenzen. Sie finden diese Einstellung in den **Tenant Settings** über den Pfad **Authentication • Initial Password and Email Link Validity** (siehe Abbildung 2.38).

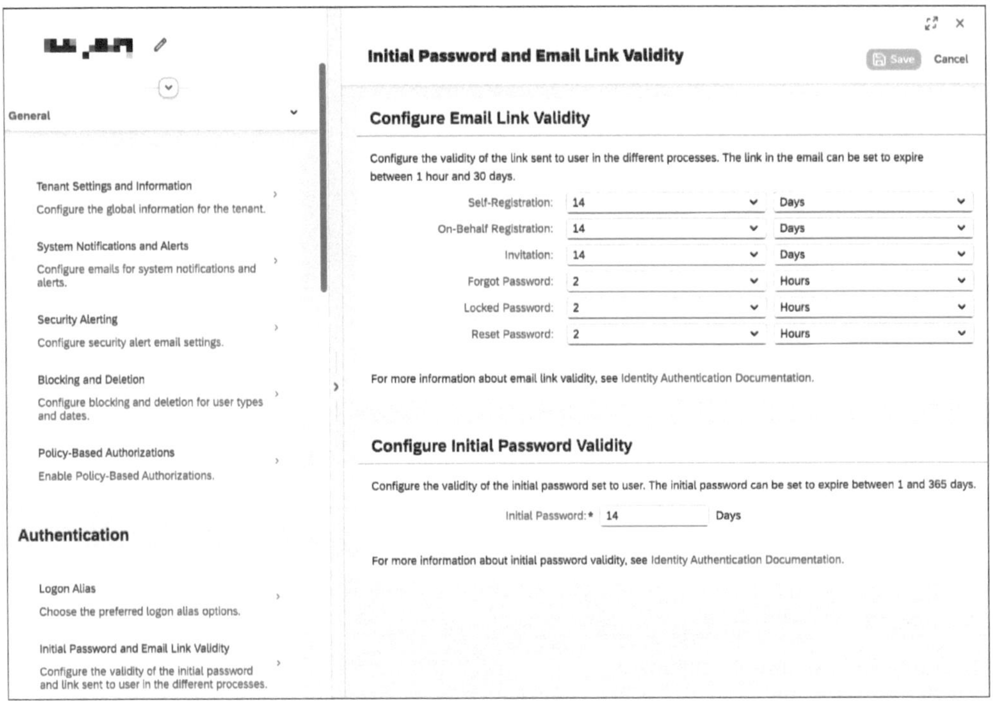

Abbildung 2.38 Gültigkeitsdauer von E-Mail-Links konfigurieren

Identity Authentication ermöglicht Ihnen die Konfiguration des Session Timeout, nach dessen Ablauf eine erneute Authentifizierung erforderlich ist. Navigieren Sie dazu über den Pfad **Tenant Settings • Single Sign-On**, und klicken Sie dann auf den Punkt **Session Timeout** (siehe Abbildung 2.39).

Wie bereits erwähnt, bietet Ihnen Identity Authentication die Möglichkeit, Benachrichtigungs-E-Mails über Ihren eigenen E-Mail-Server zu versenden. Um dies einzustellen, wählen Sie in den Tenant Settings unter **External Services** den Eintrag **Mail Server Configuration** (siehe Abbildung 2.40).

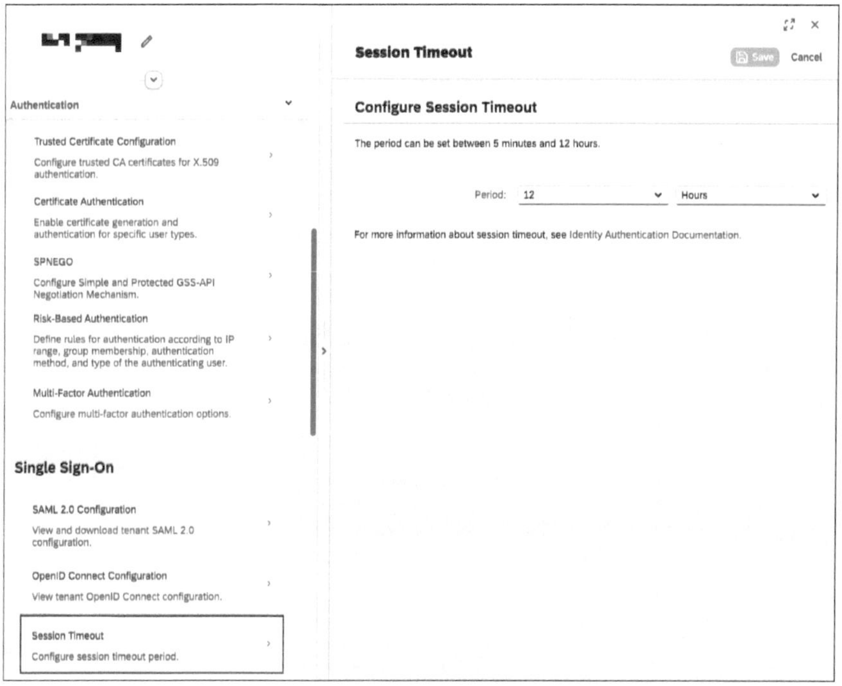

Abbildung 2.39 Session Timeout konfigurieren

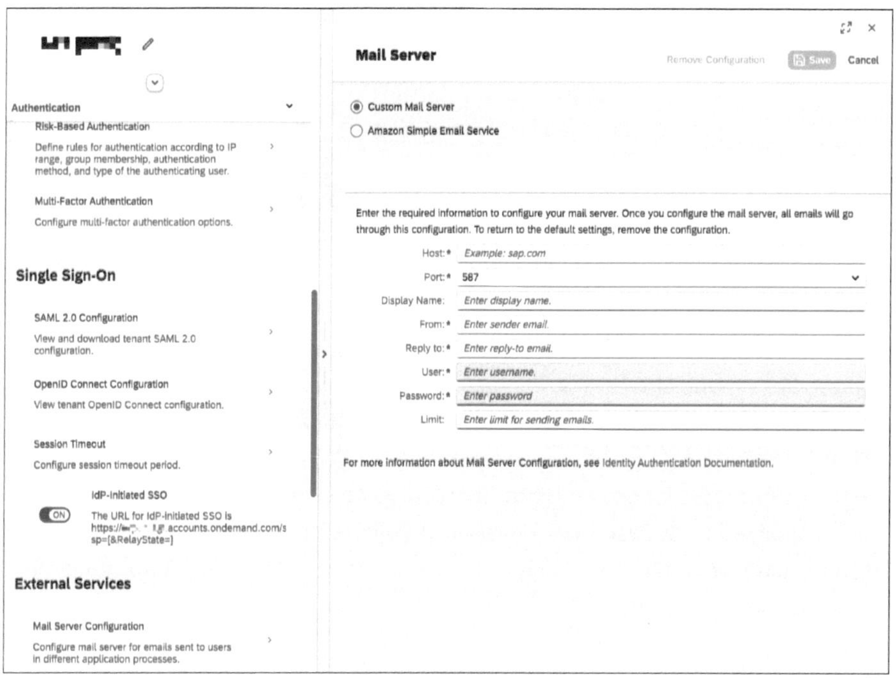

Abbildung 2.40 Eigenen E-Mail-Server konfigurieren

Identity Authentication ermöglicht Ihnen außerdem das Senden von Warn-E-Mails (*Alerts*), wenn die E-Mail-Adresse, der Anmeldename oder das Passwort eines Benutzers geändert werden. Der Versand solcher Alerts ist im Standard deaktiviert. Aktivieren Sie das Versenden der Alerts, indem Sie über den Pfad **Tenant Settings • General • Security Alerting** den Schalter für die gewünschten Benachrichtigungen auf **On** setzen (siehe Abbildung 2.41). Die Anwendenden werden dann über die für sie hinterlegte E-Mail-Adresse über die Änderungen ihrer Benutzerdaten informiert.

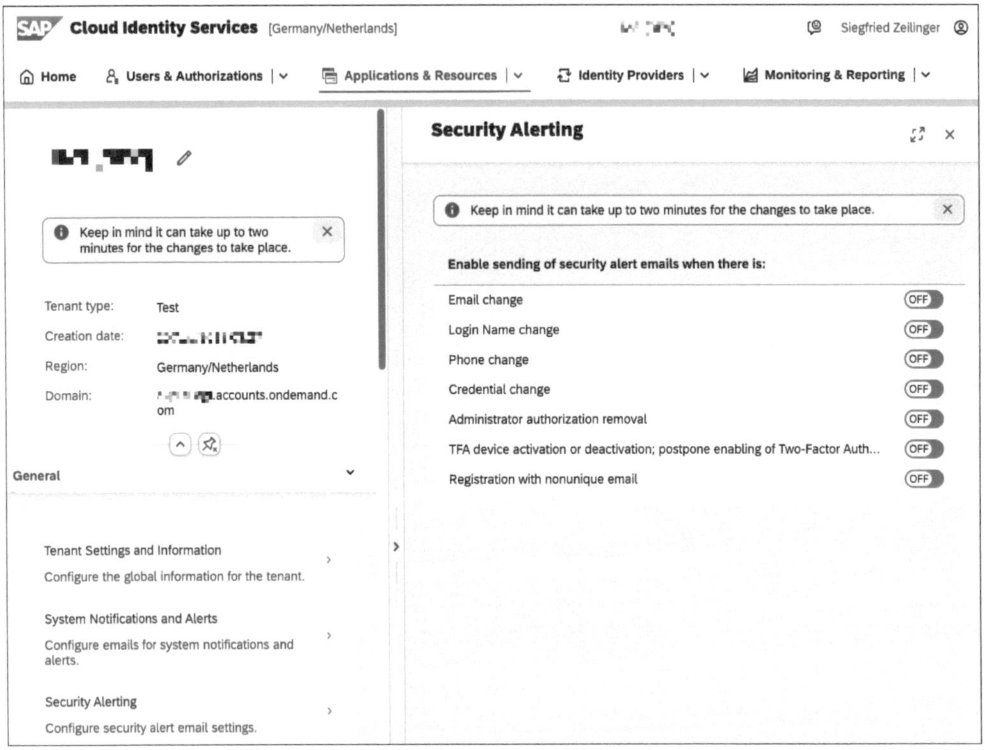

Abbildung 2.41 Security Alerting konfigurieren

Passwörter für die Authentifizierung von Benutzern sollten, wie bereits erwähnt, bestimmten Regeln und Einschränkungen unterliegen. Diese werden in einer Passwortrichtlinie definiert. Identity Authentication bietet Ihnen zwei vordefinierte Passwortrichtlinien zur Nutzung an. Diese Standardrichtlinien können nicht geändert werden. Zusätzlich können Sie jedoch eine benutzerdefinierte Richtlinie erstellen. Navigieren Sie über **Application & Resources • Password Policies**, und klicken Sie hier auf den Button **+ Create**, um eine kundeneigene Richtlinie zu erstellen (siehe Abbildung 2.42).

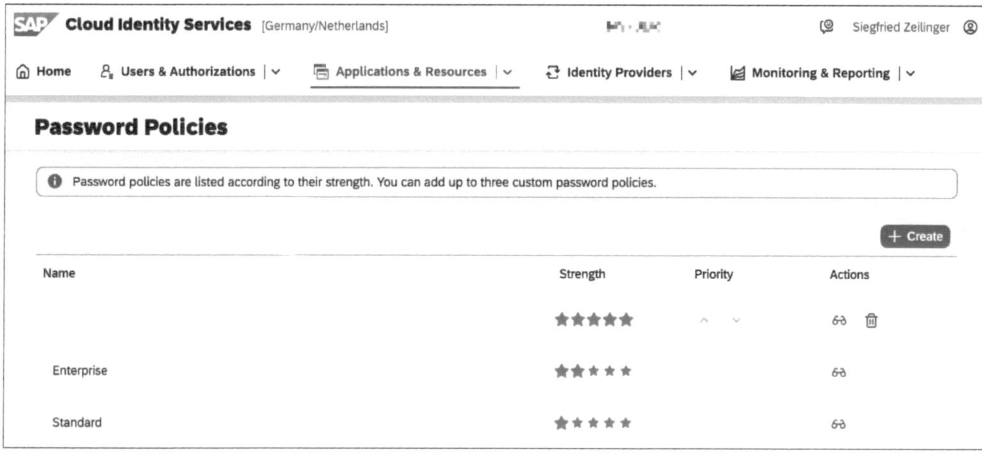

Abbildung 2.42 Passwortrichtlinien konfigurieren

In Abbildung 2.43 sehen Sie, welche Einschränkungen Sie für Passwörter definieren können, z. B. die Länge des Passworts, die Zeit, nach der ein Passwort geändert werden muss, die maximale Zeit, während der ein Benutzer inaktiv sein darf, die Wiederverwendbarkeit von Passwörtern und die maximale Anzahl erlaubter Fehlanmeldungen. Achten Sie darauf, dass die Dauer für die Sperrung eines Passworts (**Password Locked Period**) im Standard auf eine Stunde gesetzt ist. Sollte ein Benutzerkonto infolge zu vieler fehlerhafter Anmeldeversuche gesperrt werden, wird es also nach Ablauf einer Stunde automatisch wieder entsperrt. Der Maximalwert für die Sperrdauer beträgt 24 Stunden. Es gibt keine Möglichkeit, das Benutzerkonto dauerhaft zu sperren und nur durch eine*n Administrator*in entsperren zu lassen.

An dieser Stelle sei auch erwähnt, dass die Passwortkomplexität nicht konfiguriert werden kann. Passwörter müssen für alle Policy-Typen drei der vier folgenden Komponenten beinhalten:

- Kleinbuchstaben (a-z)
- Großbuchstaben (A-Z)
- Zahlen (0-9)
- Sonderzeichen

Identity Authentication nimmt im Kontext der SAML-Autorisierung die Rolle des Identity Providers ein. Die angebundenen Systeme, beispielsweise die Subaccounts der SAP BTP, nehmen die Rolle eines *Service Providers* ein. Diese Service Provider werden in Identity Authentication als *Applikationen* geführt und können unabhängig voneinander konfiguriert werden.

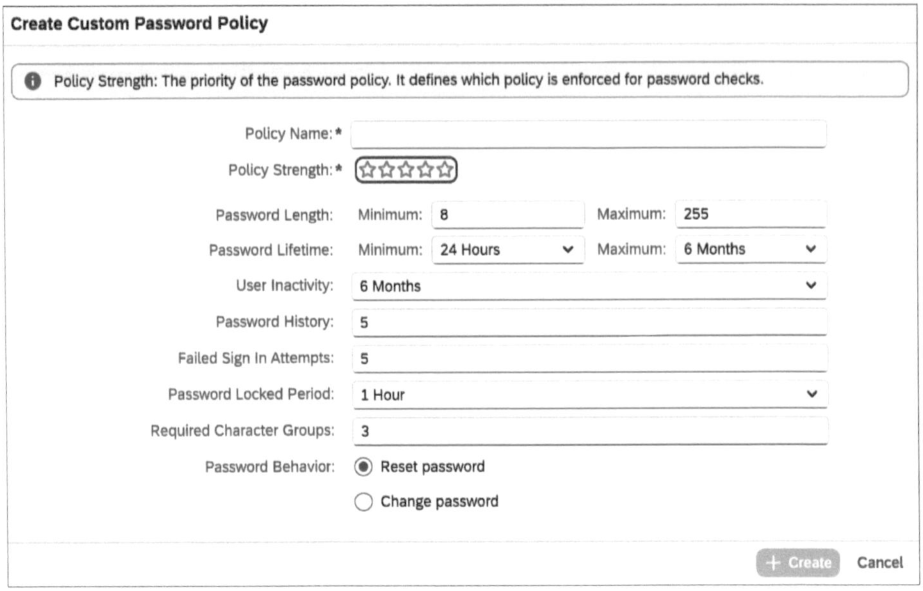

Abbildung 2.43 Details der Passwortrichtlinie

Navigieren Sie über **Applications & Resources • Applications**, um die angebundenen Subaccounts zu sehen (siehe Abbildung 2.44). Wählen Sie anschließend den Subaccount in der Liste der Applikationen aus, den Sie konfigurieren möchten. Sollte Ihr gewünschter Subaccount nicht in der Liste sichtbar sein, wurde für diesen der SAP Platform Identity Provider Service nicht aktiviert.

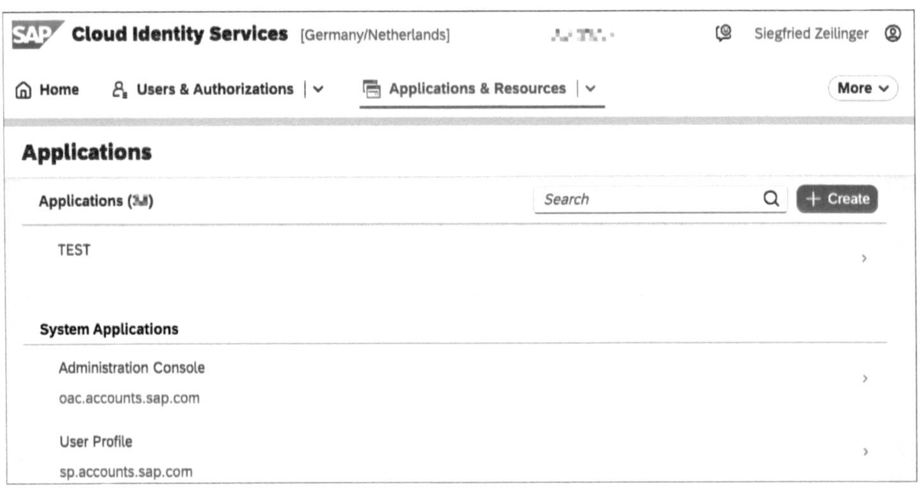

Abbildung 2.44 Applikationen für Identity Authentication konfigurieren

In den Einstellungen der Applikationen können Sie in den folgenden Bereichen Anpassungen vornehmen:

- Einstellung der Vertrauensbeziehung (**Trust**)
- Einstellung der Authentifizierungs- und Zugriffskontrolle (**Authentication and Access**)
- Einstellung des Brandings und Layouts der Formulare (**Branding and Layout**)

Sie sehen diese Optionen in Abbildung 2.45.

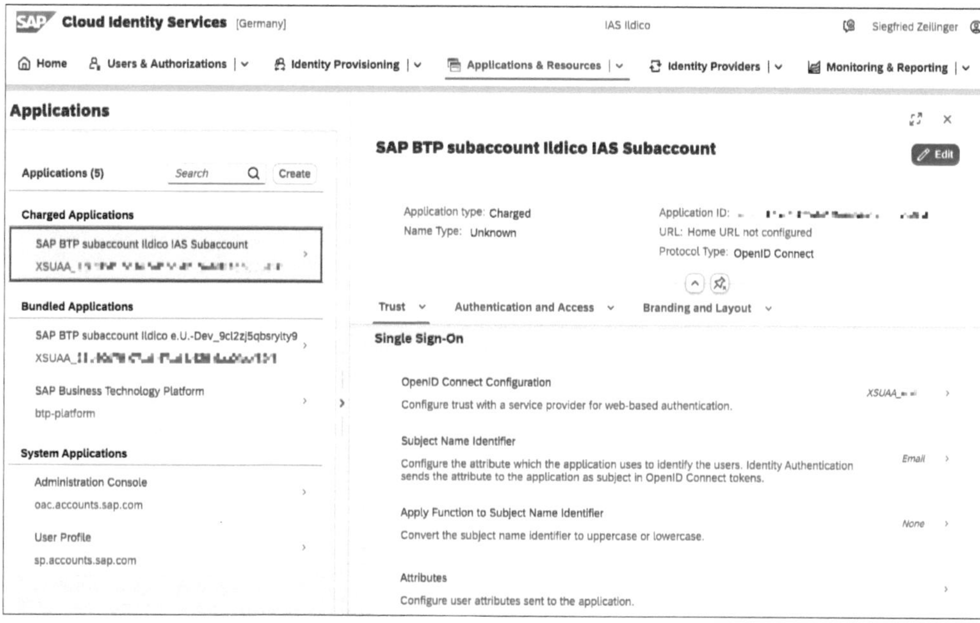

Abbildung 2.45 Detailansicht einer Applikation im Identity Authentication Subaccount

Auf der Registerkarte **Trust** ist die wichtigste Einstellung der verwendete Authentifizierungstyp. Dieser kann entweder SAML 2.0 oder OpenID Connect sein. Subaccounts der Neo-Umgebung der SAP BTP verwenden SAML 2.0, und Subaccounts der Cloud-Foundry-Umgebung verwenden standardmäßig OpenID Connect. Zusätzlich können Sie auf der Registerkarte **Trust** die Attribute der Authentifizierungsassertion anpassen und den API-basierten Zugriff auf den Subaccount konfigurieren.

Über **Trust • Conditional Authentication** haben Sie die Möglichkeit, eine sogenannte *bedingte Authentifizierung* (*Conditional Authentication*) zu konfigurieren. Damit können Sie steuern, dass Benutzer in Abhängigkeit der folgenden Attribute von unterschiedlichen Identity Providern authentifiziert werden:

- E-Mail-Domäne
- Benutzertyp
- Benutzergruppe
- IP-Adressbereich

Um eine entsprechende Regel anzulegen, klicken Sie auf den Button **Add Rule** und legen fest, welche Bedingungen für die einzelnen Provider gelten sollen. Ein Beispiel wäre, gewisse Benutzergruppen nur von einem spezifischen Identity Provider zu authentifizieren oder eine Authentifizierung nur dann zuzulassen, wenn sich der Benutzer von einer internen IP-Adresse aus anmeldet (siehe Abbildung 2.46).

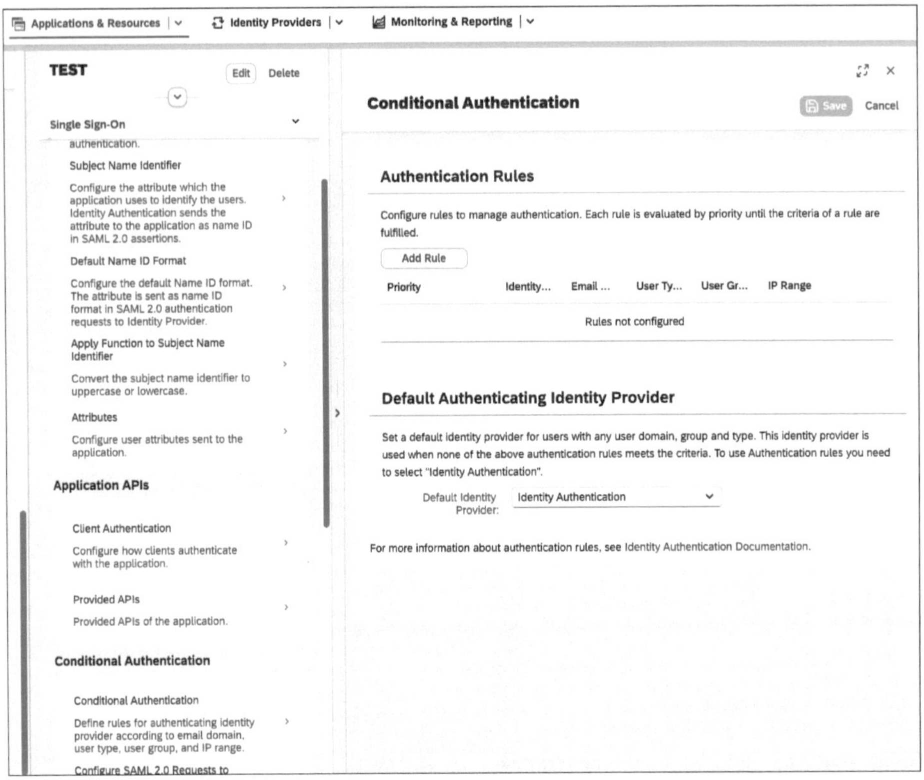

Abbildung 2.46 Authentifizierungsregel definieren

Auf der Registerkarte **Authentication and Access** wird konfiguriert, wie sich Benutzer am System anmelden und welche Policys zum Einsatz kommen und von den Benutzern akzeptiert werden müssen (siehe Abbildung 2.47).

Die **Social Providers** sind im Standard deaktiviert. Diese Anmeldemethode ist üblicherweise in Consumer-Szenarien im Einsatz, in denen die Benutzer keine Mitarbeitenden Ihres Unternehmens, sondern Endkund*innen sind. Für solche Szenarien ist es in den meisten Fällen nicht sinnvoll, einen Benutzer auf dem Identity Provider anzulegen. Stattdessen greift man auf bestehende Benutzerkonten in diversen sozialen Medien zurück. Voraussetzung dafür ist die in Abbildung 2.48 dargestellte Konfiguration der *Social Identity Provider* Google, Facebook, LinkedIn oder Twitter (bzw. unter dem neuen Namen X). Für jeden dieser Provider kann man separat festlegen, ob dieser verwendet werden können soll.

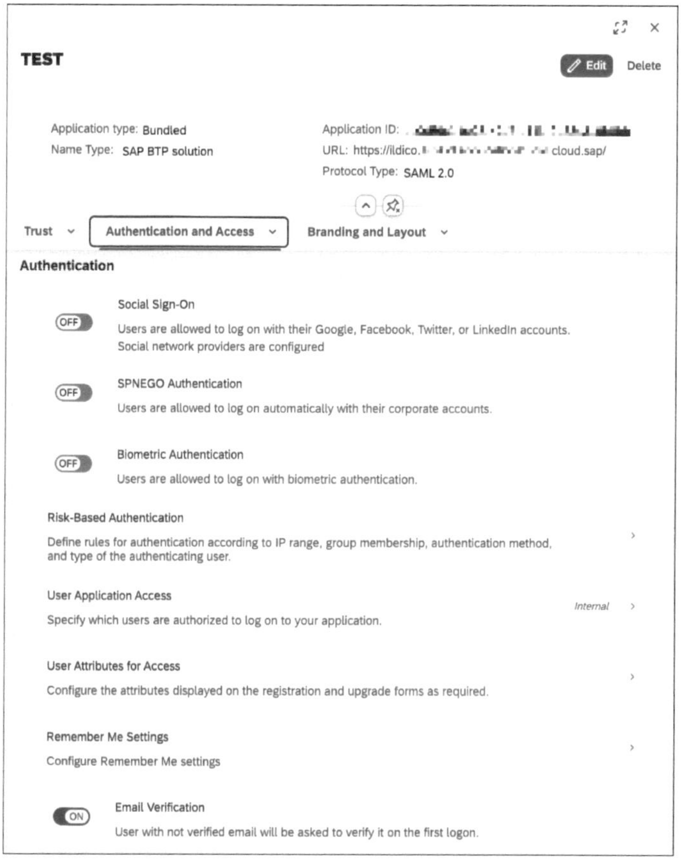

Abbildung 2.47 Authentifizierung und Zugangskontrolle konfigurieren

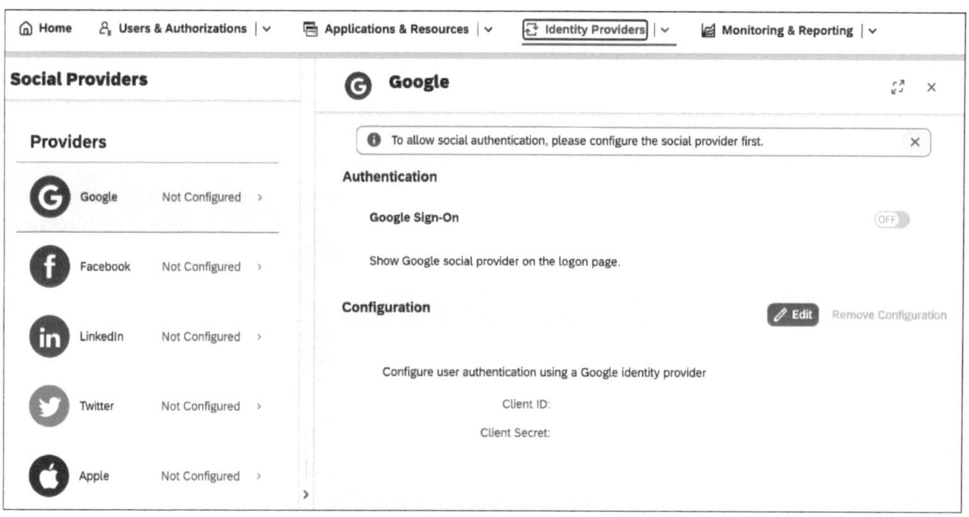

Abbildung 2.48 Social Identity Provider konfigurieren

Abhängig von Ihren unternehmensinternen Anforderungen kann es erforderlich sein, dass bestimmte Benutzergruppen unterschiedlich authentifiziert werden. Beispielsweise können Sie für Administrator*innen eine Zwei-Faktor-Authentifizierung einstellen. Identity Authentication unterstützt Sie in solchen Fällen mit der *risikobasierten Authentifizierung*. Um sie zu konfigurieren, wählen Sie den Konfigurationsbereich **Risk-Based Authentication** aus (siehe Abbildung 2.49). Hier können Sie mit einem Klick auf den Button **Create Rule** eine neue Authentifizierungsregel hinzufügen. Sie können beliebig viele Regeln hinzufügen.

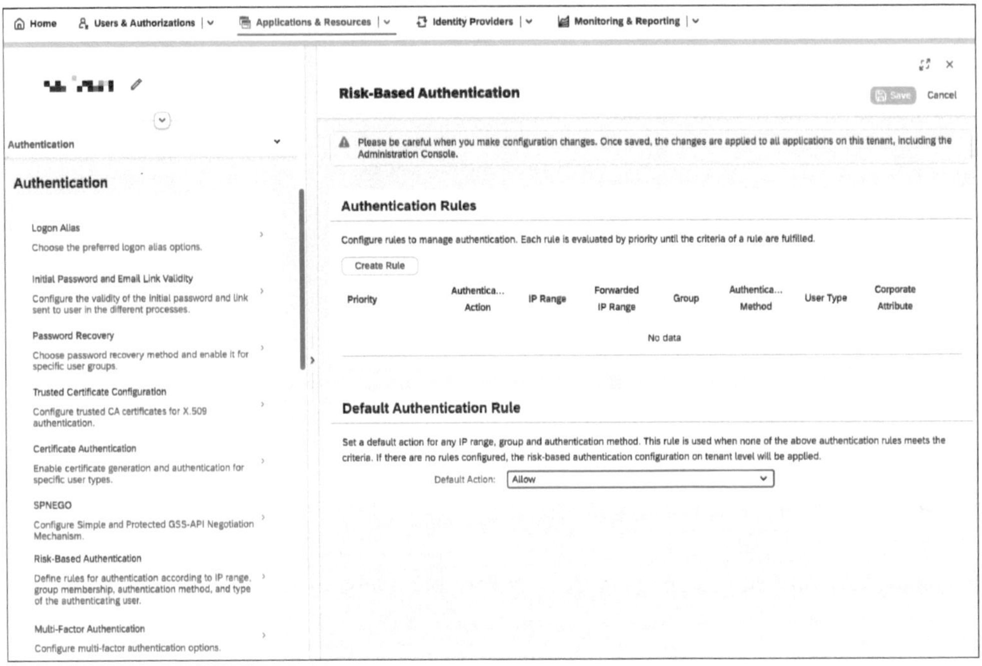

Abbildung 2.49 Risikobasierte Authentifizierung konfigurieren

Außerdem müssen Sie verpflichtend eine Aktion für die Standardregel hinterlegen (**Default Action**). Diese Aktion bestimmt, was geschehen soll, wenn keine andere Regel zutrifft. Die Standardregel ist immer aktiv, durch die Auswahl von **Deny** kann man diese aber quasi inaktiv setzen. Folgende Aktionen stehen Ihnen dabei zur Verfügung:

- **Allow**
  Diese Aktion ermöglicht die Authentifizierung des Benutzers gemäß den Regelbedingungen.
- **Deny**
  Diese Aktion verweigert die Authentifizierung des Benutzers gemäß den Regelbedingungen. Sie wird typischerweise für eine Testanwendung oder vor der Produktivschaltung einer Anwendung verwendet.

- **TOTP Two-Factor Authentication**
  Diese Aktion verwendet zwei Faktoren zur Authentifizierung des Benutzers. Die Anwender*innen müssen zusätzlich zu ihren primären Anmeldedaten ein zeitbasiertes Einmalpasswort (*Time-based One Time Password*, kurz TOTP), d. h. einen *Passcode* angeben. Sie müssen dazu eine Authenticator-Anwendung, z. B. *SAP Authenticator*, auf ihren mobilen Geräten installieren, um die TOTP-Passcodes zu generieren.
- **SMS Two-Factor Authentication**
  Bei dieser Variante der Zwei-Faktor-Authentifizierung müssen die Anwender*innen zusätzlich zu ihren primären Anmeldedaten einen SMS-Code angeben, der an ihre mobilen Geräte gesendet wird. Um die Zwei-Faktor-Authentifizierung per SMS zu verwenden, müssen Sie *SAP Authentication 365* lizenziert und in der Administrationskonsole für Identity Authentication konfiguriert haben.
- **Web Two-Factor Authentication**
  Anwender*innen müssen sich zusätzlich zu ihren primären Anmeldedaten mit einem Gerät wie einem eingebauten biometrischen Scanner, USB-, Bluetooth- oder NFC-Gerät (Near-Field Communication) authentifizieren.
- **RADIUS Server Two Factor Authentication**
  Anwender*innen müssen zusätzlich zu ihren primären Anmeldedaten einen *RADIUS-Passcode* angeben. Dazu müssen sie ein RADIUS-Token über einen entsprechenden RADIUS-Einwahlserver konfiguriert haben, damit sie Passcodes generieren können. RADIUS ist hierbei ein Standard für die Einwahl in andere Netze, der oft für die Zwei-Faktor-Authentifizierung verwendet wird.

Die Konfiguration einer Authentifizierungsregel sehen Sie in Abbildung 2.50. Zentrales Attribut einer solchen Regel ist die auszuführende Aktion. Auslöser für die Aktion können einer oder mehrere der folgenden Attribute sein:

- **IP Range**
  Hier definieren Sie den Bereich der zulässigen IP-Adressen oder Proxys, von denen sich der Benutzer anmelden darf.
- **Authentication Method**
  Hier wählen Sie die Authentifizierungsmethode, die der Benutzer zu verwenden hat.
- **User Type**
  Hier geben Sie den Typ an, den der Benutzer haben muss.
- **Group**
  Hier geben Sie eine Cloud- oder On-Premise-Benutzergruppe an, in der der Benutzer Mitglied sein muss. Wenn keine Gruppe ausgewählt wird, gilt die Regel für alle Benutzer.

- **Corporate Attribute**
  Hier können Sie auf ein Attribut in Ihrem Identity Provider prüfen, z. B. auf ein eigenes Attribut, das unterschiedliche Werte annimmt, je nachdem, ob ein Benutzer interner oder externer Mitarbeiter ist.

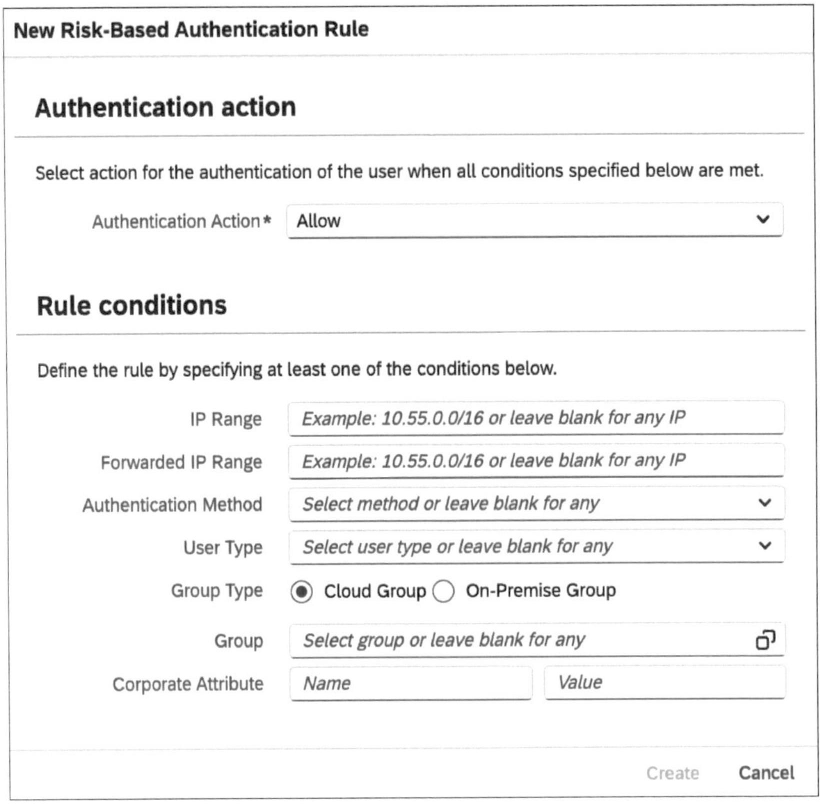

Abbildung 2.50 Risikobasierte Authentifizierung definieren

Auf der Registerkarte **Branding and Layout** bietet Ihnen Identity Authentication die Möglichkeit, das Aussehen und Verhalten der generierten Seiten und E-Mails (z. B. Anmeldung, Passwortrücksetzung) an Ihre Vorgaben anzupassen. Dies umfasst das Logo, den Branding Style in Form eines CSS und die zu verwendenden E-Mail-Vorlagen (siehe Abbildung 2.51).

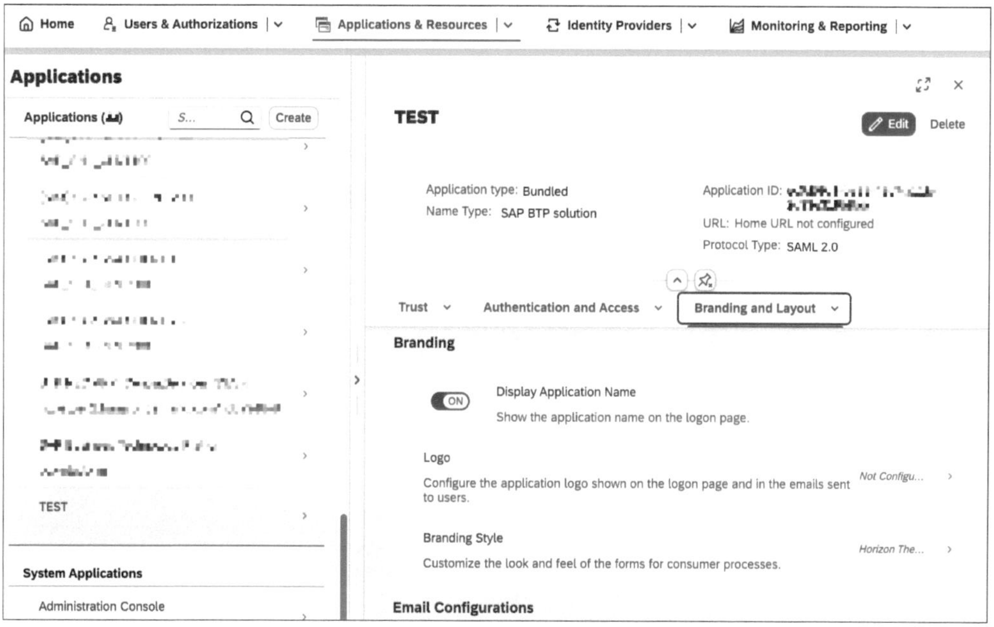

Abbildung 2.51 Branding, Layout und E-Mail-Vorlagen konfigurieren

2.2.2 Identity Provisioning

Wesentlicher Bestandteil der SAP Cloud Identity Services ist der Identity Provisioning Service.

Dieser Service bietet Unterstützung bei der Automatisierung des Lebenszyklusprozesses von Identitäten und erleichtert die Bereitstellung von Identitäten sowie deren Berechtigungen für Geschäftsanwendungen, die sowohl in der Cloud als auch On-Premise betrieben werden.

Der Service extrahiert Benutzerinformationen aus einem oder mehreren Quellsystemen, führt Transformationen durch und passt sie an. Eine Transformation kann beispielsweise die Anpassung von attributspezifischen Informationen aus einem Quellsystem sein, um sie mit Standardattributen in der SAP BTP abzustimmen. Nach diesen Anpassungen werden die Benutzerinformationen in ein oder mehrere Zielsysteme geschrieben.

Abbildung 2.52 illustriert den Datenfluss und die Interaktionen, die während des Identity-Provisioning-Prozesses auftreten. Dieser Prozess gewährleistet, dass die Identitäten konsistent und korrekt zwischen verschiedenen Systemen synchronisiert werden. Durch die Anpassung und Transformation der Benutzerinformationen wird sichergestellt, dass die Daten im Zielsystem korrekt interpretiert und genutzt werden können.

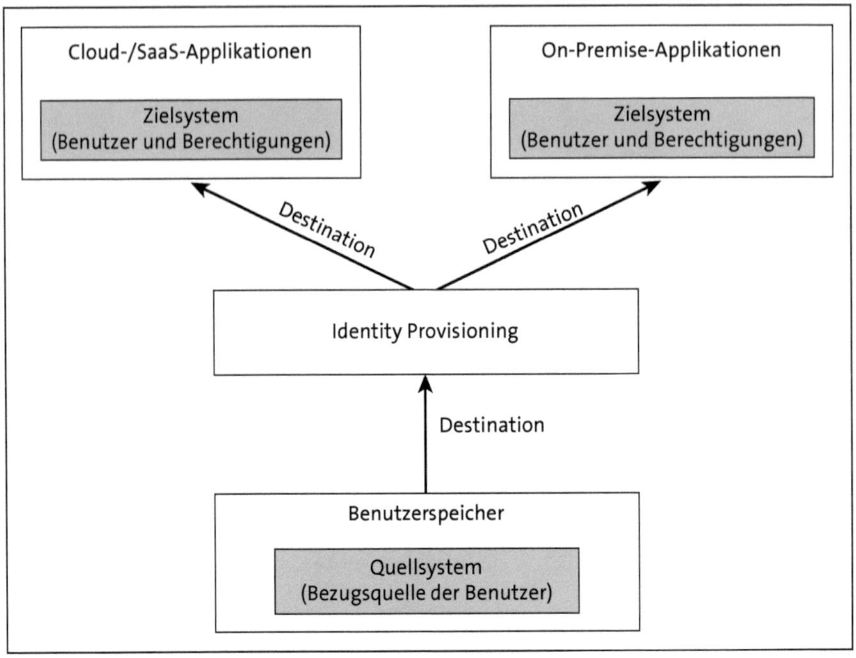

Abbildung 2.52 Architektur von Identity Provisioning

Die Automatisierung des Identitätslebenszyklusprozesses durch Identity Provisioning trägt dazu bei, die Effizienz der Identitätsverwaltung zu steigern und Fehler bei der Bereitstellung von Identitäten zu minimieren. Diese Funktion ist besonders in komplexen Unternehmensumgebungen von entscheidender Bedeutung, in denen eine Vielzahl von Anwendungen und Systemen miteinander integriert werden muss.

Das *Quellsystem* ist in der Regel der bestehende Corporate User Store eines Unternehmens, der ein Cloud- oder ein On-Premise-System sein kann, beispielsweise Microsoft Active Directory. Identity Authentication kann ebenfalls als Quellsystem dienen. Sie können maximal 20 Quellsysteme pflegen.

Die im Folgenden aufgelisteten Quellsysteme werden von Identity Provisioning grundsätzlich unterstützt:

- Identity Authentication
- Google G Suite
- Local Identity Directory
- SAP Analytics Cloud
- SAP NetWeaver Application Server for ABAP
- SAP BTP, ABAP Environment
- SAP BTP Subaccounts

- Java- oder HTML5-Apps auf der SAP BTP
- SAP Commissions
- SAP Concur
- SAP CPQ
- SAP Fieldglass
- User Account and Authentication Server des SAP HANA Extended Application Servers, Advanced Model
- SAP Integrated Business Planning for Supply Chain
- SAP Jam
- SAP Marketing Cloud
- SAP S/4HANA Cloud
- SAP S/4HANA (On-Premise-Variante)
- SAP SuccessFactors
- SAP SuccessFactors Learning Marketplace
- SAP Work Zone
- SAP Sales Cloud
- User Account and Authentication Server der Cloud-Foundry-Umgebung
- Google Workspace
- LDAP-Server
- Microsoft Active Directory
- Microsoft Azure Active Directory
- SCIM-System
- SSH-Server (Secure Shell, zum Zeitpunkt der Drucklegung in der Beta-Phase)

Von Ihrem Bundle ist abhängig, welche Kombinationen zulässig sind. Eine Übersicht über die Bundles finden Sie unter *www.s-prs.de/v100200013*.

Das *Zielsystem* ist das Cloud- oder On-Premise-System, in dem Sie die Identitäten aus Ihrem Quellsystem anlegen bzw. anpassen möchten. Sie können maximal 50 Zielsysteme pflegen. Als Zielsystem sind dieselben Systeme zulässig wie als Quellsystem. Zusätzlich können Sie auch die folgenden Systeme als Zielsysteme verwenden:

- SAP Sales Cloud und SAP Service Cloud (vormals SAP Cloud for Customer)
- SAP HANA (zum Zeitpunkt der Drucklegung in der Beta-Phase)
- SAP Document Center

Ein *Proxy-System* ist ein spezieller Konnektor, der in hybriden Szenarien verwendet wird, in denen Cloud- mit On-Premise-Systemen verbunden werden. Das heißt, dass Sie Entitäten aus einem Cloud-System für ein On-Premise-System bereitstellen können und umgekehrt, ohne eine direkte Verbindung zwischen diesen Systemen herzustellen. Identity Provisioning kann als Proxy-System verwendet werden, das die vom lokalen System angeforderten Bereitstellungsvorgänge wie das Erstellen, Aktualisieren und Löschen von Entitäten ausführt.

Sie können Identity Provisioning kostenlos im Bundle mit einer SAP-Cloud-Lösung erhalten. Dies können beispielsweise SAP S/4HANA Cloud, SAP Marketing Cloud, SAP Sales Cloud oder SAP SuccessFactors sein. Eine vollständige Auflistung aller verfügbaren Bundles erhalten Sie entweder in der Produktdokumentation oder von Ihrer SAP-Ansprechperson.

Jeder Kunde erhält zwei Identity Provisioning Tenants pro Region. Einen dieser Tenants können Sie zu Testzwecken nutzen, den anderen für die produktive Konfiguration und die Bereitstellung von Jobs. Ein Tenant im Bundle mit einem SAP-Cloud-Produkt erhält Zugriff auf alle Quell-, Ziel- und Proxy-Systeme, die für dieses Produkt relevant sind. Wenn ein Kunde mehrere SAP-Cloud-Produkte erworben hat, werden alle relevanten Systeme für seine beiden Tenants aktiviert, also in beiden Identity-Provisioning-Administrationskonsolen. Seit Oktober 2020 kann Identity Provisioning nicht mehr als eigenständiges Produkt erworben werden.

Um die SAP Cloud Identity Services inklusive Identity Provisioning zu nutzen, ist eine Subscription über Ihren Subaccount erforderlich. In einer neu installierten SAP-BTP-Umgebung finden Sie diese unter **Services • Instances and Subscriptions** (siehe Abbildung 2.53).

[»]

SAP Cloud Identity Services nicht auffindbar

Wenn die SAP Cloud Identity Services nicht gefunden werden können, können Sie diese über den Button **Create** instanziieren.

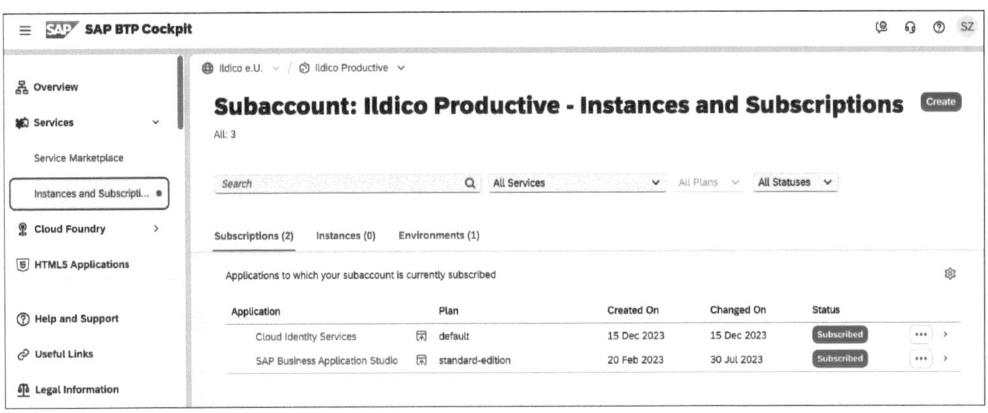

Abbildung 2.53 Subscriptions im Subaccount

Durch einen Klick auf **Cloud Identity Services** können Sie in den Details über den Button **Go to Application** in die SAP Cloud Identity Services abspringen (siehe Abbildung 2.54).

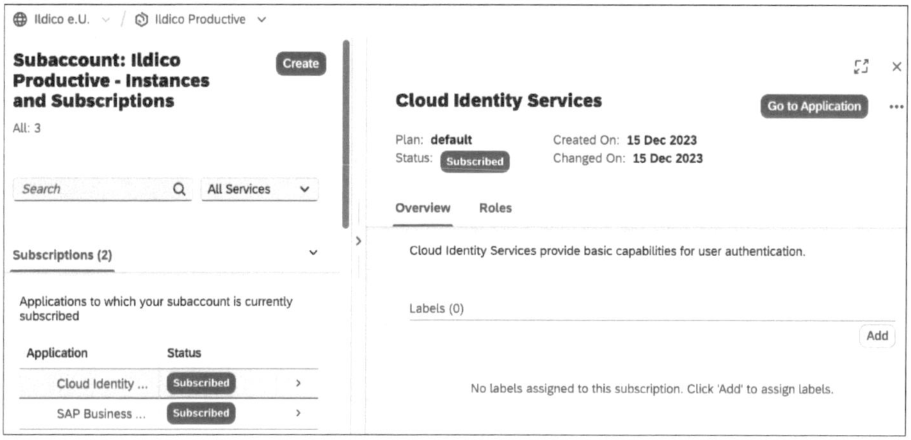

Abbildung 2.54 Details zu den SAP Cloud Identity Services

Nun können Sie unter **Identity Provisioning** Quell- und Zielsysteme anlegen und die Transformation der Identitäten konfigurieren (siehe Abbildung 2.55).

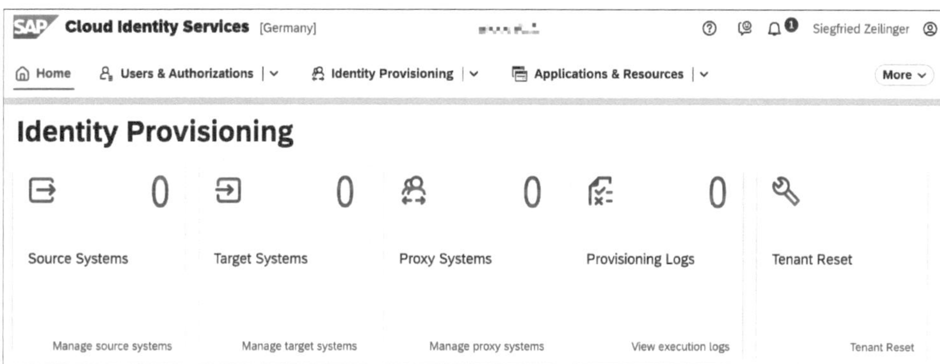

Abbildung 2.55 Abschnitt »Identity Provisioning« der SAP Cloud Identity Services

Um ein neues Quellsystem für Identity Provisioning anzulegen, wählen Sie den Menüeintrag **Source Systems** aus. Klicken Sie danach unter der Liste der Quellsysteme auf den Button **+ Add**. Den darauf folgenden Dialog zum Anlegen des Quellsystems sehen Sie in Abbildung 2.56.

Wählen Sie den Typ des Quellsystems aus, und vergeben Sie einen frei wählbaren Namen für das System. Zusätzlich können Sie eine Destination angeben und eine Beschreibung erfassen. Sofern Sie eine Destination auswählen, wird diese für die technische Kommunikation mit dem Quellsystem verwendet.

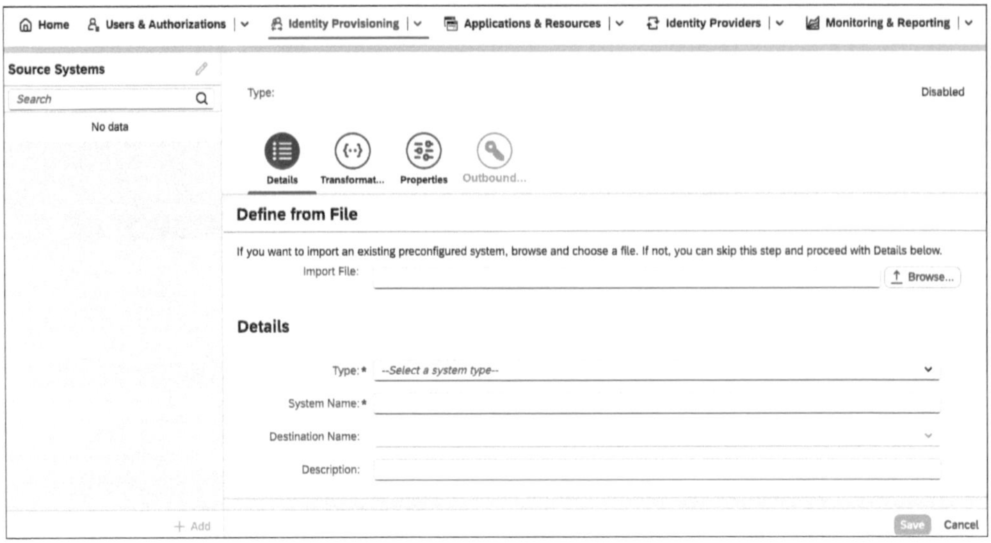

Abbildung 2.56 Quellsystem anlegen

Alternativ dazu haben Sie die Möglichkeit, die Verbindungsparameter auf der Registerkarte **Properties** zu pflegen. Die spezifischen Eigenschaften des ausgewählten Quellsystemtyps entnehmen Sie der jeweiligen Dokumentation.

Eine mögliche Konfiguration zeigen wir Ihnen anhand des Beispiels von Identity Authentication als Quellsystem. Um diesen Service als Quellsystem verwenden zu können, müssen Sie einen technischen Benutzer vom Typ **System** mit einem Passwort und einer Client ID anlegen. Dieser Benutzer wird für die Authentifizierung der REST-API-Aufrufe auf dem Identity Authentication Tenant verwendet.

Legen Sie dann ein Quellsystem des Typs **Identity Authentication** an. Pflegen Sie dessen Eigenschaften mit den Werten aus Tabelle 2.1.

Feld	Wert
Type	Identity Authentication
Name	Beliebiger technischer Name für das Quellsystem

Tabelle 2.1 Eigenschaften eines Identity Authentication Tenants als Quellsystem

Ein neues Zielsystem legen Sie unter dem Menüeintrag **Target Systems** an. Klicken Sie dazu auf den Button **+ Add** unter der Liste der Zielsysteme (in Abbildung 2.57 ist sie noch leer).

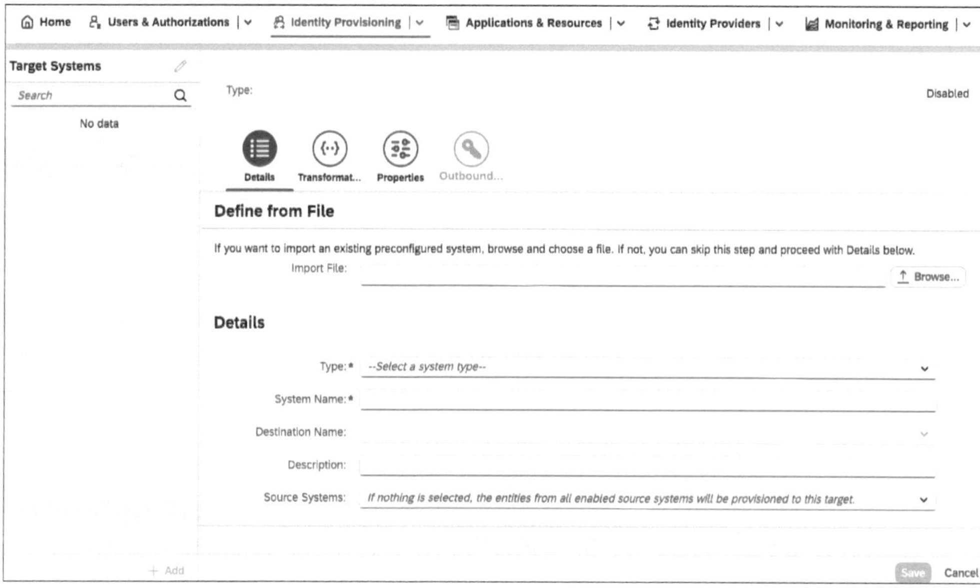

Abbildung 2.57 Zielsystem anlegen

Für das Zielsystem müssen Sie dieselben Eigenschaften wie für das Quellsystem pflegen (siehe Abbildung 2.58). Zusätzlich können Sie die Quellsysteme auswählen, aus denen die Identitäten bezogen werden sollen. Die Eigenschaften für die Systemverbindung pflegen Sie identisch zum Quellsystem. Die systemspezifischen Eigenschaften entnehmen Sie der Dokumentation.

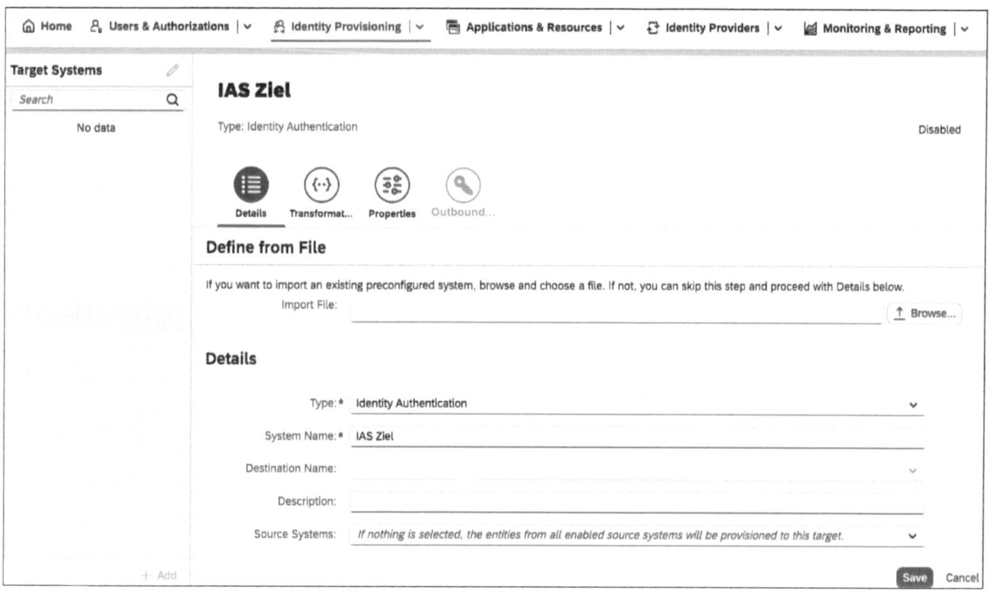

Abbildung 2.58 Details zum Zielsystem pflegen

Quell- und Zielsysteme verwenden typischerweise unterschiedliche Datenstrukturen. Daher ist es erforderlich, ein Mapping dieser Datenstrukturen durchzuführen. In Identity Provisioning wird das Mapping in Form von Transformationen durchgeführt. Identity Provisioning verarbeitet die Daten im JSON-Format (JavaScript Object Notation). Nachdem Sie ein Quellsystem konfiguriert und gespeichert haben, wird eine Standardtransformation angelegt. Diese konvertiert die Daten aus dem Quellsystem, die bereits im JSON-Format vorliegen, in ein generisches JSON, das von Identity Provisioning verwendet wird.

Bei der Bereitstellung der Identitäten in das Zielsystem der Provisionierung wird wieder eine Transformation durchlaufen. Diese Transformation konvertiert das generische JSON in ein JSON-Format, das vom Zielsystem verarbeitet werden kann. Die Transformationen können sowohl aufseiten des Quellsystems als auch aufseiten des Zielsystems angepasst werden.

Seit 2023 gibt es für diese Anpassungen auch einen praktischen grafischen Editor für diese Transformationen, den Sie in Abbildung 2.59 auszugsweise sehen können.

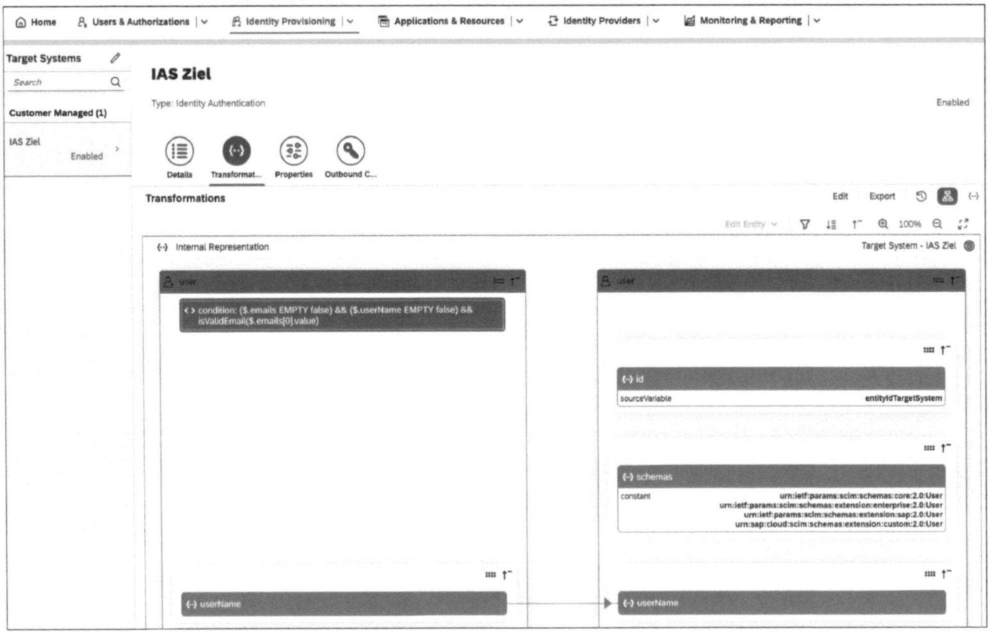

Abbildung 2.59 Transformationen grafisch bearbeiten

Die Provisionierung wird aufseiten der Quellsysteme gestartet (wählen Sie nochmals im Menü aus Abbildung 2.55 unter dem Punkt **Source Systems** das betreffende Quellsystem). Zu diesem Zweck wird ein Job ausgeführt. Diesen können Sie manuell oder automatisch starten.

Der **Read Job** bietet die Möglichkeit, Identitätsdaten aus dem Quellsystem auszulesen und diese nach der Durchführung von Transformationen im Zielsystem bereitzustellen. Es stehen hierzu zwei verschiedene Operationen zur Verfügung (siehe Abbildung 2.60):

- **Run Now**
  Diese Option ermöglicht es Ihnen, den Job unmittelbar zu starten. Der Job liest alle Identitäten aus dem Quellsystem und überträgt sie in das Zielsystem. Das Zielsystem überprüft nur, ob Änderungen an den Identitäten im Quellsystem vorgenommen worden sind. Beachten Sie, dass etwaige manuelle Änderungen im Zielsystem zwischenzeitlich vom Job überschrieben werden.
- **Schedule**
  Hier können Sie die regelmäßige Ausführung des Jobs planen, wobei das kleinste Intervall bei 30 Minuten liegt. Der Leseauftrag wird nicht sofort, sondern nach Ablauf des festgelegten Intervalls gestartet.

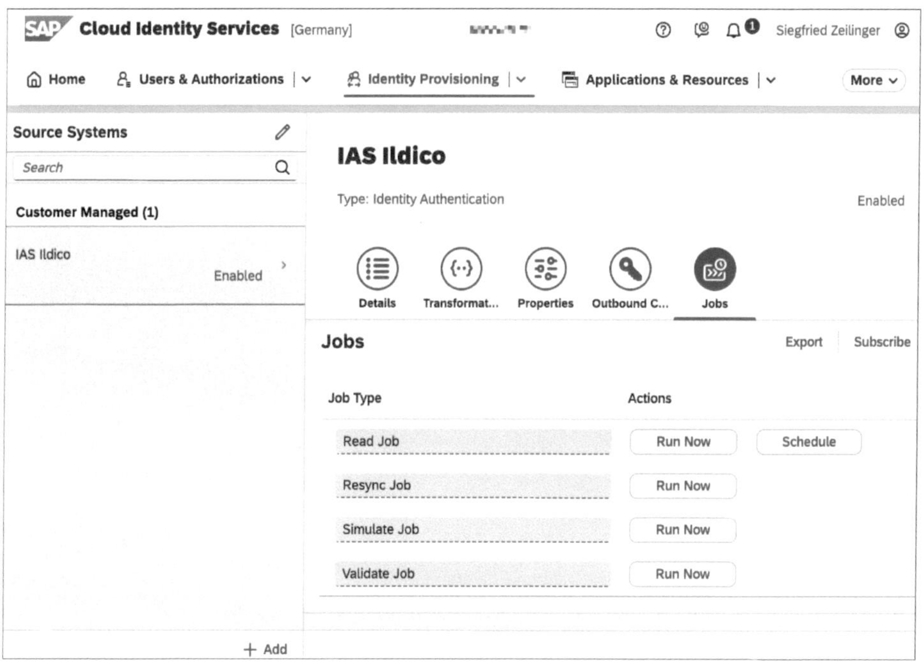

Abbildung 2.60 Identity Provisioning Job einplanen

Der **Resync Job** ermöglicht die Neusynchronisation der Daten im Zielsystem, falls im Quellsystem Änderungen vorgenommen worden sind. Die verfügbare Operation für diesen Job-Typ ist **Run Now**. Diese Option startet den Neusynchronisierungsauftrag sofort. Im Gegensatz zum **Read Job** werden Änderungen, die Sie zwischenzeitlich manuell im Zielsystem vorgenommen haben, vom **Resync Job** überschrieben.

Der **Simulate Job** liest Identitäten aus dem Quellsystem, führt Transformationen durch und simuliert die Übertragung der Daten ins Zielsystem. Er ist nützlich, um potenzielle Auswirkungen von Änderungen im Quellsystem auf das Zielsystem zu verstehen, ohne tatsächlich Daten zu modifizieren. Mit der Operation **Run Now** können Sie die Simulation unmittelbar starten.

Der **Validate Job** ermöglicht die Überprüfung der Konfiguration und Identitätsdaten, ohne tatsächlich Übertragungen vorzunehmen. Durch die Operation **Run Now** kann die Validierung unmittelbar gestartet werden. Der **Validate Job** liest Identitäten, führt Transformationen durch und validiert die Konfiguration sowie die Daten. Es unterstützt Sie dabei, potenzielle Probleme im Vorfeld zu identifizieren, bevor tatsächliche Übertragungen stattfinden.

Zusammenfassend bieten diese vier Job-Typen in Identity Provisioning eine umfassende Kontrolle über den Lebenszyklusprozess von Identitäten, von der Simulation und Validierung bis hin zur eigentlichen Synchronisation von Daten zwischen Quell- und Zielsystemen.

Kapitel 3
Fortgeschrittene Identity-Authentication-Service-Themen

Die SAP BTP bietet im Zusammenspiel mit Identity Authentication sehr viele Möglichkeiten, mit denen Sie eine Vielzahl an Anforderungen im Standard abdecken können. Zentral ist dabei, dass Sie einen kundeneigenen Identity Provider für beliebig viele Ihrer Subaccounts an einer Stelle konfigurieren können, aber auch Dinge wie eine Attribut-basierte Authentifizierung (»conditional authenfication«) sind möglich.

In diesem Kapitel tauchen wir tiefer in die Welt der fortgeschrittenen Konzepte und Technologien ein, die im Bereich des Identity Authentication Service von zentraler Bedeutung sind. Unsere Reise führt uns durch verschiedene Schlüsseltechnologien und praxisnahe Beispiele, die ein umfassendes Verständnis dieser komplexen und dynamischen Domäne ermöglichen.

An dieser Stelle möchten wir nochmals *Single-Sign-On* (SSO) in Erinnerung rufen. SSO ist ein Verfahren, das es Nutzer*innen ermöglicht, sich mit einer einzigen Authentifizierung (z. B. Benutzername und Passwort) bei mehreren Anwendungen oder Diensten anzumelden. Anstatt sich für jede Anwendung separat anmelden zu müssen, bietet SSO eine zentrale Anmeldeplattform, die nach einer einmaligen Authentifizierung Zugriff auf mehrere Systeme oder Ressourcen ermöglicht. SSO bietet zahlreiche Vorteile, die es sowohl für Anwender*innen als auch für das Administrationsteam zu einer attraktiven Lösung macht.

Einer der Hauptvorteile ist die Benutzerfreundlichkeit, da nur eine einzige Kombination aus Benutzername und Passwort zur Authentifizierung benötigt wird. Dies erleichtert den Anmeldeprozess erheblich und verringert die Wahrscheinlichkeit, dass Passwörter vergessen werden. In der Folge steigert SSO die Effizienz, da Mitarbeitende weniger Zeit mit Anmeldeprozessen verbringen und sich stattdessen auf ihre eigentliche Arbeit konzentrieren können. Für das Administrationsteam vereinfacht SSO die Verwaltung von Benutzerkonten und Zugriffsrechten, da sie anstatt mehrerer separater Authentifizierungssysteme nur eine zentrale Plattform überwachen und warten müssen. Da Sie Identity Authentication hinsichtlich SSO unterstützt, gehen wir in diesem Kapitel mit SAML 2.0 und OIDC auf die technischen Grundlagen ein.

Security Assertion Markup Language (SAML 2.0) und OpenID Connect sind beides Standards für eine webbasierte Authentifizierung und Autorisierung. Sie haben jedoch unterschiedliche Eigenschaften und Anwendungsbereiche. Beide Standards spielen in Kombination mit der SAP BTP eine wichtige Rolle.

Wir beginnen in Abschnitt 3.1, »SAML 2.0«, mit einem Überblick über SAML, einer Kernkomponente für das Identitätsmanagement in vielen Unternehmensumgebungen. SAML ermöglicht es, Authentifizierungsinformationen sicher zwischen verschiedenen Parteien zu übermitteln. Wir betrachten dessen Funktionsweise, Vorteile und Herausforderungen im Detail. Als Nächstes beleuchten wir in Abschnitt 3.2, »OpenID Connect«, einen modernen Identitätslayer, der auf dem OAuth-2.0-Protokoll aufbaut. Durch praktische Beispiele erkunden wir, wie OpenID Connect eine vereinfachte und doch sichere Authentifizierung und Autorisierung im Internet ermöglicht. In Abschnitt 3.3, »Praxisbeispiel: SAP Identity Authentication Service als Proxy zu Microsoft Entra ID«, behandeln wir die praktische Anwendung und Integration von Identity Authentication als Proxy zu Azure Active Directory. Wir zeigen, wie diese Konfiguration die Verwaltung von Benutzeridentitäten und Zugriffsrechten in cloudbasierten Umgebungen effizient unterstützt. Die Zwei-Faktor-Authentifizierung ist ein entscheidendes Element der modernen Sicherheitsarchitektur. In Abschnitt 3.4, »Praxisbeispiel: Zwei-Faktor Authentifizierung/risikobasierte Authentifizierung«, untersuchen wir verschiedene Methoden und Technologien, die in der Zwei-Faktor-Authentifizierung verwendet werden, und demonstrieren deren Implementierung in realen Szenarien. Conditional Authentication ist eine fortgeschrittene Technik, die Ihnen dabei hilft, das Sicherheitslevel auf der Basis von Benutzerkontext und -verhalten zu verbessern. Wir erläutern in Abschnitt 3.5, »Praxisbeispiel: Conditional Authentication«, wie diese Methode die Sicherheit erhöht, ohne die Benutzererfahrung zu beeinträchtigen.

3.1 SAML 2.0

SAML 2.0 (Security Assertion Markup Language) ist ein Standard für den Austausch von Authentifizierungs- und Autorisierungsinformationen. SAML 2.0 wird oft in Unternehmensumgebungen eingesetzt, um SSO zu ermöglichen. Der SAML-Standard wird vom OASISopen-Konsortium verwaltet. OASIS ist eine gemeinnützige Organisation, die sich der Entwicklung von offenen Standards für die Informationstechnologie widmet. SAML wurde ursprünglich von IBM, Microsoft und Novell entwickelt. Die erste Version des Standards wurde 2002 veröffentlicht. SAML 2.0, die aktuelle Version des Standards, wurde 2005 veröffentlicht.

SAML ist ein XML-basiertes Authentifizierungsprotokoll, über das Identity Provider mit Service Providern kommunizieren. *Identity Provider* verwalten die Anmeldedaten von Nutzer*innen, während *Service Provider* jene Anwendungen sind, die eine Authentifizierung erfordern.

SAML 2.0 unterstützt zwei Arten, einen Anmeldeprozesses zu beginnen: das *Service Provider Initiated SSO* und das *Identity Provider Initiated SSO*. Der Hauptunterschied zwischen Service Provider Initiated SSO und Identity Provider Initiated SSO besteht darin, an welcher Stelle der Anmeldevorgang beginnt. Bei Service Provider Initiated SSO beginnt der Anmeldevorgang bei der Anwendung, die der Benutzer öffnen möchte. Bei Identity Provider Initiated SSO beginnt der Anmeldevorgang beim Identity Provider, der die Anmeldedaten der Benutzer verwaltet.

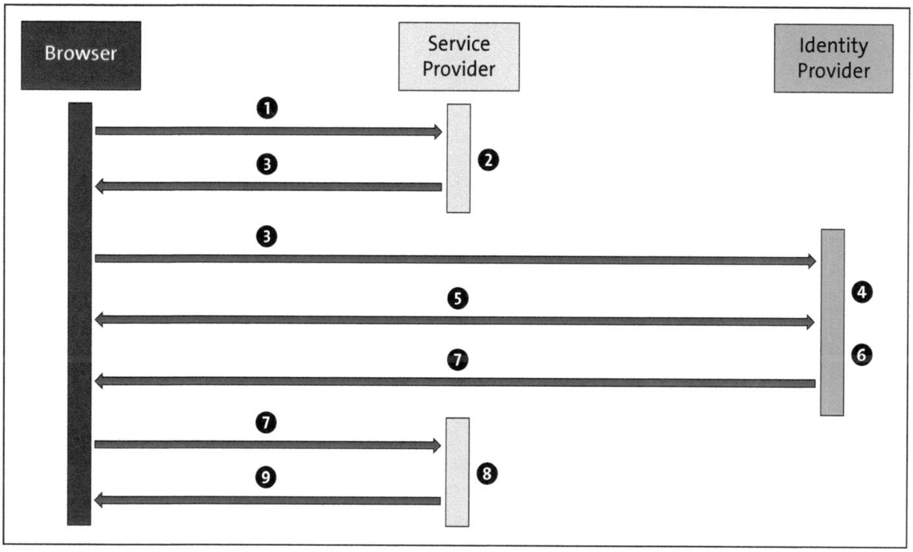

Abbildung 3.1 Ablauf von Service Provider Initiated SSO

Der Ablauf von Service Provider Initiated SSO wird in Abbildung 3.1 dargestellt. Er funktioniert wie folgt:

❶ Der Benutzer besucht die Website einer Anwendung, die Service Provider Initiated SSO unterstützt.

❷ Die Anwendung (die in diesem Kontext die Funktion des Service Providers erfüllt) erkennt, dass der User noch nicht angemeldet ist und erstellt und signiert einen SAML-Request.

❸ Die Anwendung leitet den Benutzer damit zur Identity-Provider-Login-URL weiter.

❹ Der Identity Provider prüft die Signatur der Anforderung, parst den SAML-Request und fordert den Benutzer auf, sich zu authentifizieren.

❺ Der Benutzer gibt seine Anmeldedaten ein.

❻ Der Identity Provider authentifiziert den Benutzer und erstellt eine SAML-Response.

❼ Mit der SAML-Response wird der Benutzer an den Service Provider weitergeleitet.

❽ Die Anwendung prüft die Signatur der SAML-Response, validiert diese und führt eine Berechtigungsprüfung des Benutzers durch.

❾ Der Service Provider stellt die gewünschte Ressource bereit.

Der Ablauf von Identity Provider Initiated SSO wird in Abbildung 3.2 dargestellt. Er funktioniert wie folgt:

❶ Der Benutzer besucht die Website des Identity Providers.

❷ Der Benutzer gibt seine Anmeldedaten beim Identity Provider ein.

❸ Der Identity Provider authentifiziert den Benutzer und erstellt eine SAML-Assertion.

❹ Die SAML-Assertion wird an den Browser zurückgesendet.

❺ Der Browser sendete den Benutzer mit der SAML-Response im Gepäck an die Anwendung.

❻ Der Service Provider prüft die Signatur der SAML-Response, validiert diese und führt eine Berichtigungsprüfung des Benutzers durch.

❼ Die Anwendung stellt die gewünschte Ressource bereit.

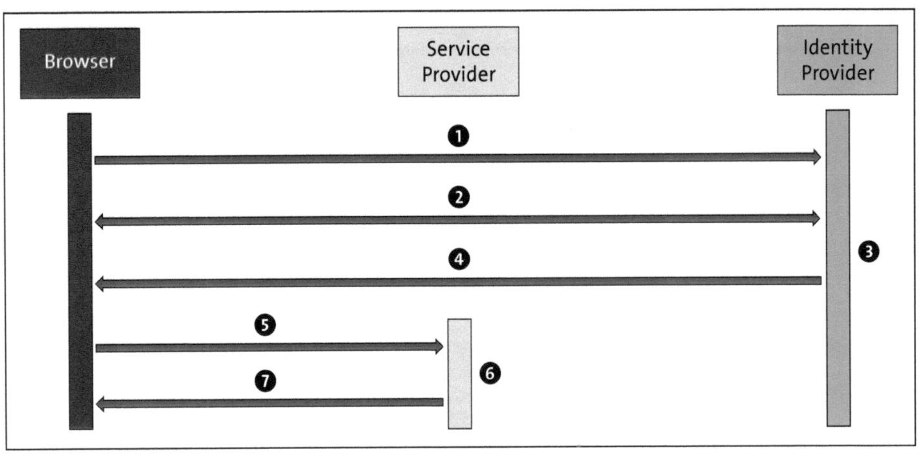

Abbildung 3.2 Ablauf von Identity Provider Initiated SSO

SAML wird auch auf der SAP BTP für verschiedene Szenarien unterstützt. SAP stellt die SAP BTP, wie bereits erwähnt, in Form von zwei Technologie-Stacks, der alten Neo-Umgebung und der neuen Multi-Cloud-Umgebung bereit. In der Neo-Umgebung wurde ausschließlich auf SAML gesetzt, da OpenID Connect erst 2014 veröffentlich worden war und daher zum Zeitpunkt der Einführung der Neo-Umgebung noch nicht zur Verfügung stand. SAML 2.0 war zu diesem Zeitpunkt der De-Facto-Standard, auf den auch SAP gesetzt hat. SAML 2.0 kommt deshalb in der Neo-Umgebung sowohl für die Integration von Identity Authentication in der Rolle als Platform Identity Provider und als Application Identity Provider zum Einsatz.

Zusätzlich können in der Neo-Umgebung auch Identity Provider von Drittanbietern, beispielsweise Microsoft Entra ID, als Application Identity Provider über SAML 2.0 integriert werden. Details und Praxisbeispiele dazu finden Sie in Kapitel 5, »Subaccounts administrieren«, dieses Buches.

In der Cloud-Foundry-Umgebung können Sie SAML 2.0 für die Integration von Identity Providern von Drittanbietern als Application Identity Provider nutzen. Der Service Identity Authentication wird in der Cloud-Foundry-Umgebung sowohl als Platform Identity Provider als auch als Application Identity Provider ausschließlich über OpenID Connect angebunden.

3.2 OpenID Connect

OpenID Connect (OIDC) ist ein Authentifizierungsprotokoll, das die Benutzerauthentifizierung und -autorisierung über Identity Provider von Drittanbietern ermöglicht. Es baut auf dem OAuth-2.0-Protokoll auf und bietet zusätzliche Funktionen für die sichere Verwaltung von Benutzeridentitäten und Zugriffstokens. Daher erklären wir Ihnen zunächst OAuth 2.0.

OAuth 2.0 ist ein Protokoll zur Autorisierung von Webanwendungen und APIs. Es ermöglicht einer Anwendung, auf Ressourcen einer anderen Anwendung zuzugreifen, ohne dass die Anwendung die Anmeldedaten des Benutzers kennen müsste. OAuth 2.0 basiert auf dem Prinzip der Zustimmung. Der Benutzer erteilt einer Anwendung die Erlaubnis, auf seine Ressourcen zuzugreifen. Die Anwendung kann dann einen Token von einem Autorisierungsserver anfordern, der die Erlaubnis des Benutzers bestätigt.

OAuth 2.0 vereinfacht die Implementierung der Autorisierung für Client-Entwickler*innen und bietet gleichzeitig spezifische Autorisierungsabläufe für unterschiedliche Anwendungstypen. Der OAuth-2.0-Standard und dessen Erweiterungen werden von der Internet Engineering Task Force (IETF) definiert. Das Framework wird im RFC 6749 spezifiziert. RFC steht hier für »Request for Comments«, die Sammlung der Internetspezifikationen.

OAuth 2.0 definiert vier Rollen innerhalb des Autorisierungsprozesses:

- **Ressourcenbesitzer**
  Der *Ressourcenbesitzer* ist eine Einheit, die in der Lage ist, Zugang zu einer geschützten Ressource zu gewähren. Wenn der Ressourcenbesitzer eine Person ist, wird er als Benutzer bezeichnet.

- **Ressourcenserver**
  Der Server, auf dem die geschützten Ressourcen gehostet werden, ist in der Lage, unter der Verwendung von Zugriffstokens Anfragen nach geschützten Ressourcen anzunehmen und zu beantworten. Er heißt deshalb *Ressourcenserver*.
- **Client**
  Der *Client* ist eine Anwendung, die im Namen des Ressourcenbesitzers und mit dessen Genehmigung geschützte Ressourcen anfragt. Der Begriff »Client« impliziert keine besonderen Implementierungsmerkmale (z. B. einen Formfaktor oder die Bauart des Geräts).
- **Autorisierungsserver**
  Der Server, der nach erfolgreicher Authentifizierung des Ressourcenbesitzers und dessen Autorisierung Zugriffstokens an den Client ausgibt, wird *Autorisierungsserver* genannt.

Um einen Zugriffstoken anzufordern, erhält der Client die Autorisierung vom Ressourcenbesitzer. Die Autorisierung wird in Form einer Berechtigungserteilung (auf Englisch: Authorization Grant) ausgedrückt. Mit dieser Berechtigung fordert der Client dann das Zugriffstoken an (siehe Abbildung 3.3).

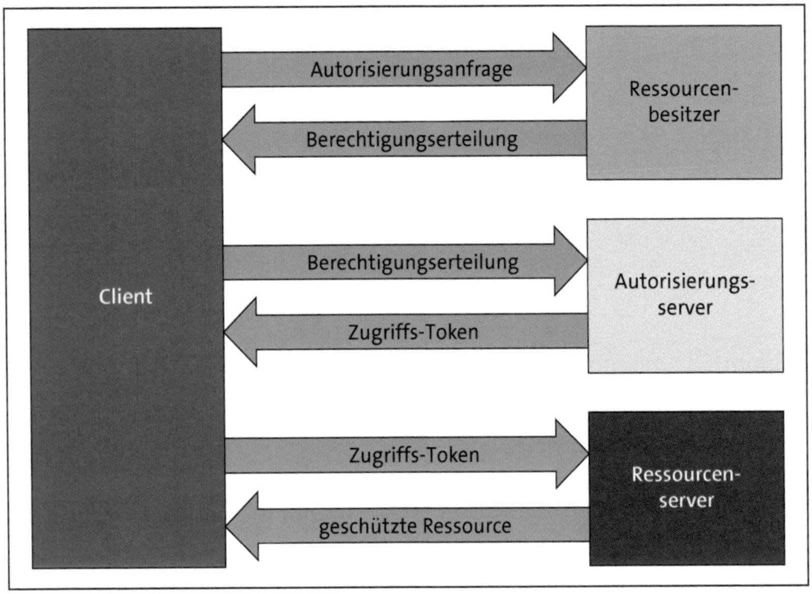

Abbildung 3.3 Ablauf des Autorisierungsprozesses mit OAuth 2.0

OAuth 2.0 definiert vier Arten der Berechtigungserteilung (englisch: Grant Types):

- über einen Autorisierungscode
- über die implizite Autorisierung

- über die Anmeldedaten (das Passwort) des Ressourcenbesitzers
- über die Anmeldedaten des Clients (die Client Credentials)

Zusätzlich sieht OAuth 2.0 einen Erweiterungsmechanismus für die Definition zusätzlicher Arten der Berechtigungserteilung vor.

OAuth 2.0 bietet eine Vielzahl an Anwendungsfällen, darunter:

- **Social Login**
  Benutzer können sich mit ihren Social-Media-Konten bei Anwendungen anmelden.
- **SSO**
  Benutzer können sich mit einem einzigen Satz von Anmeldedaten bei mehreren Anwendungen anmelden.
- **API-Authentifizierung**
  Anwendungen können auf geschützte Ressourcen und Dienste zugreifen, ohne dass die Benutzer ihre Anmeldedaten eingeben müssten.

Da Sie nun eine genauerer Vorstellung von OAuth 2.0 haben, können wir wieder auf OpenID Connect zurückkommen und beleuchten, wie beide Protokolle zusammenspielen. Sowohl OAuth 2.0 als auch OIDC sind offene Standardprotokolle, die für die Authentifizierung und Autorisierung von Benutzern verwendet werden. OAuth 2.0 ist ein Autorisierungsprotokoll, das es einer Anwendung ermöglicht, auf Ressourcen einer anderen Anwendung zuzugreifen, ohne dass die Anwendung die Anmeldedaten des Benutzers kennen müsste. OIDC ist ein Authentifizierungsprotokoll, das es Benutzern ermöglicht, sich bei einer Anwendung zu authentifizieren, indem sich diese bei einem Identity Provider authentifizieren.

OIDC basiert auf OAuth 2.0 und fügt zusätzliche Funktionen hinzu, um die Authentifizierung zu vereinfachen und zu verbessern. Dazu gehören:

- **JSON-Web-Token-basierte Authentifizierung**
  OIDC verwendet *JSON Web Tokens* (JWTs), um die Identität und Autorisierung des Benutzers zu übermitteln. JWTs sind kompakte, signierte Tokens, die sicher über das Netzwerk übertragen werden können.
- **Zentralisierte Authentifizierung**
  OIDC ermöglicht es Benutzern, sich bei einer Anwendung zu authentifizieren, indem sie sich bei einem Identity Provider authentifizieren. Dies vereinfacht den Authentifizierungsprozess für Benutzer und erleichtert die Einhaltung von Sicherheitsrichtlinien.
- **Dezentrale Identitätsverwaltung**
  OIDC ermöglicht es Identity Providern, die Identitätsdaten von Benutzern zu verwalten. Dies vereinfacht die Verwaltung von Benutzerdaten und verbessert die Sicherheit.

An dieser Stelle erklären wir Ihnen die JWTs genauer, da sie das zentrale Element in Zusammenhang mit OIDC sind. Ein JWT besteht aus drei Teilen, die durch Punkte getrennt sind:

- **Header**
  Der Header enthält Informationen über das Token, wie z. B. das verwendete Signaturverfahren.
- **Payload**
  Der Payload enthält die eigentlichen Daten des Tokens, wie beispielsweise die Identität und Autorisierung des Benutzers.
- **Signature**
  Die Signature ist eine digitale Signatur, die die Integrität des Tokens gewährleistet.

In Abbildung 3.4 sehen Sie ein Beispiel für einen JWT sowie dessen decodierte Darstellung.

Abbildung 3.4 Beispiel für einen JWT

OAuth 2.0 und OIDC arbeiten zusammen, um eine sichere und einfache Authentifizierung und Autorisierung für Benutzer zu ermöglichen. Der allgemeine Ablauf folgt den folgenden Schritten:

1. Der Benutzer möchte sich bei einer Anwendung anmelden.
2. Die Anwendung fordert den Benutzer auf, sich bei einem Identity Provider zu authentifizieren.
3. Der Benutzer gibt seine Anmeldedaten beim Identity Provider ein.
4. Der Identity Provider authentifiziert den Benutzer und stellt ein JWT aus, das die Identität und Autorisierung des Benutzers enthält.

5. Die Anwendung erhält das JWT vom Identity Provider.
6. Die Anwendung verwendet das JWT, um zu überprüfen, ob der Benutzer berechtigt ist, auf die entsprechenden Ressourcen zuzugreifen.

In diesem Ablauf übernimmt OAuth 2.0 die Verantwortung für die Autorisierung der Anwendung, die für den Zugriff auf die Ressourcen des Ressourcenbesitzers erforderlich ist. OIDC übernimmt die Verantwortung für die Authentifizierung des Benutzers, für die Übermittlung der Identität und für die Autorisierung des Benutzers an die Anwendung.

Auf der SAP BTP kommt OIDC an verschiedenen Stellen der Multi-Cloud-Umgebung zum Einsatz. Auf der Ebene des Global Account kann Identity Authentication mithilfe von OIDC als Identity Provider für die Global-Account-Benutzer angebunden werden. Zusätzlich erfolgt in der Multi-Cloud-Umgebung auf der Ebene der Subaccounts die Integration von Identity Authentication sowohl als Platform Identity Provider als auch als Application Identity Provider mithilfe von OIDC. Falls Identity Authentication als Proxy zu einem Identity Provider eines Drittanbieters verwendet wird, kann für die Verbindung OIDC verwendet werden.

3.3 Praxisbeispiel: SAP Identity Authentication Service als Proxy zu Microsoft Entra ID

Ein in der Praxis häufig zu findendes Beispiel ist die Verwendung von Identity Authentication als Proxy zu anderen Identity Providern. Damit haben Sie die Möglichkeit, dass Sie beispielsweise Microsoft Entra ID (ehemals Microsoft Azure Active Directory) im Proxy-Modus verwenden können. Der Vorteil dieses Ansatzes liegt darin, dass Sie die Verbindung zwischen Identity Authentication und Identity Provider eines Drittanbieters nur einmal herstellen müssen, unabhängig davon, in wie vielen Subaccounts dieser später verwendet wird. Damit lassen sich der initiale Konfigurationsaufwand und der Aufwand der Administration im laufenden Betrieb verringern. Hierzu bietet Identity Authentication zwei Möglichkeiten: Die erste Möglichkeit ist die Integration des Identity Providers mithilfe von SAML 2.0, und die zweite Option ist die Integration mithilfe von OIDC.

In den folgenden beiden Abschnitten zeigen wir Ihnen anhand von Schritt-für-Schritt-Anleitungen, wie die Konfiguration in Identity Authentication und in Microsoft Entra ID erfolgt. In Abschnitt 3.3.1, »Mit SAML 2.0 Microsoft Entra ID in Identity Authentication integrieren«, nutzen wir für die Integration SAML 2.0, und in Abschnitt 3.3.2, »Mit OpenID Connect Microsoft Entra ID in Identity Authentication integrieren«, nutzen wir OIDC.

Wenn Sie unserer Anleitung folgen möchten, benötigen Sie einen Benutzer, der sowohl in Identity Authentication als auch auf dem Identity Provider des Drittanbieters, in unserem Fall Microsoft Entra ID, über ausreichende Berechtigungen verfügt.

3.3.1 Mit SAML 2.0 Microsoft Entra ID in Identity Authentication integrieren

Im Kontext von SAML nimmt der Service Identity Authentication nun die Rolle des Service Providers und Microsoft Entra ID die Rolle des Identity Providers ein. Wie in der SAML-Konfiguration üblich, müssen die Metadaten zwischen Service Provider und Identity Provider ausgetauscht werden. Daher müssen Sie zuerst die Metadaten Ihrer Identity-Authentication-Instanz finden und sie auf Ihren Rechner herunterladen.

Melden Sie sich zunächst bei Identity Authentication an. Dort sehen Sie das Startbild (siehe Abbildung 3.5). Klicken Sie im Bereich **Applications & Resources** auf die Kachel **Tenant Settings**.

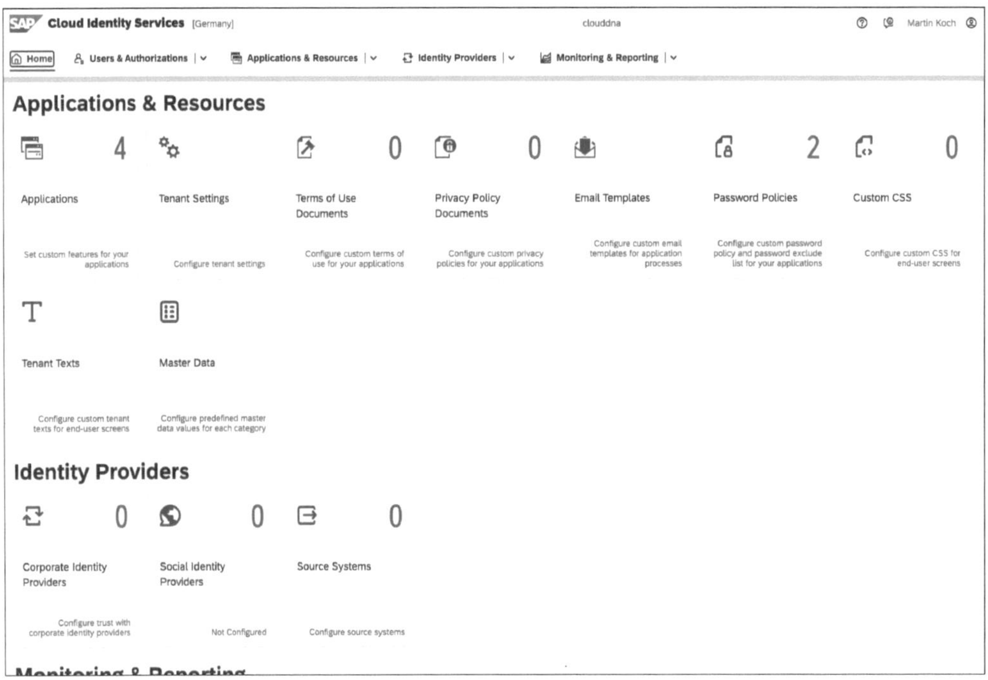

Abbildung 3.5 Startbild von Identity Authentication

Navigieren Sie nun auf die Registerkarte **Applications & Resources**, und wählen Sie in der Liste die gewünschte Applikation (in unserem Beispiel **clouddna**) aus. Klicken Sie in der sich nun öffnenden Ansicht im Bereich **Single Sign-On** auf den Eintrag **SAML 2.0 Configuration** (siehe Abbildung 3.6).

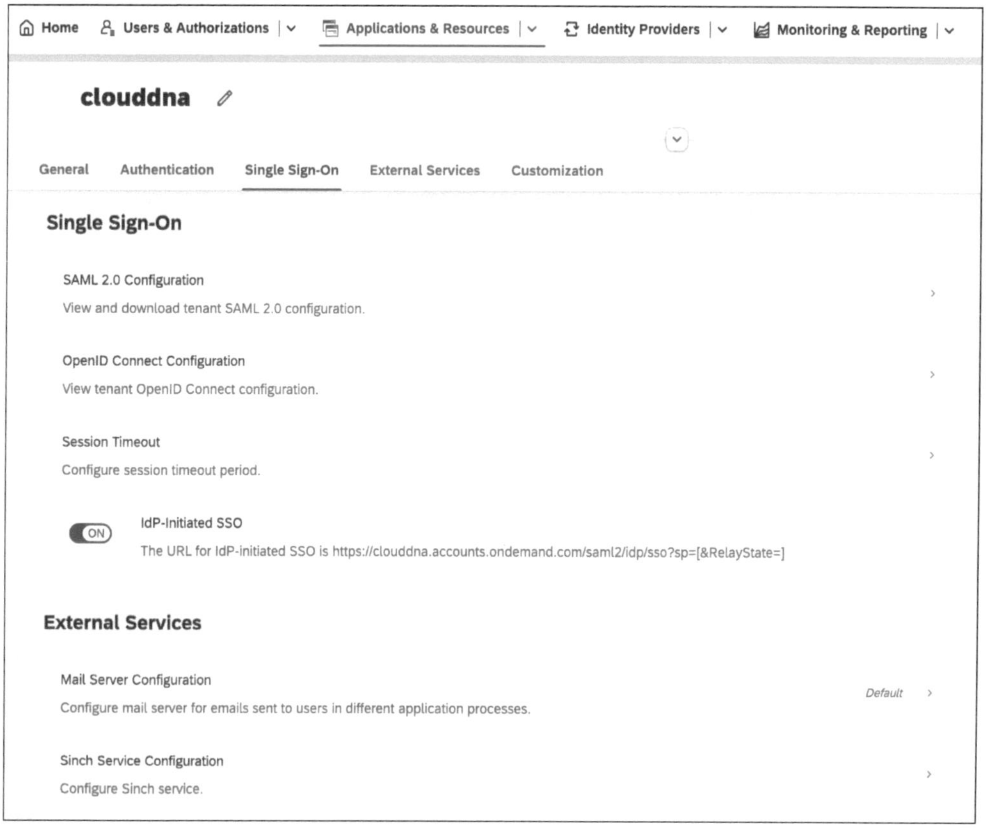

Abbildung 3.6 SAML-2.0-Konfiguration öffnen

Klicken Sie in den Details der SAML-2.0-Konfiguration auf den Button **Download Metadata File** (siehe Abbildung 3.7). Dadurch werden die Service-Provider-Metadaten auf Ihren lokalen Rechner geladen.

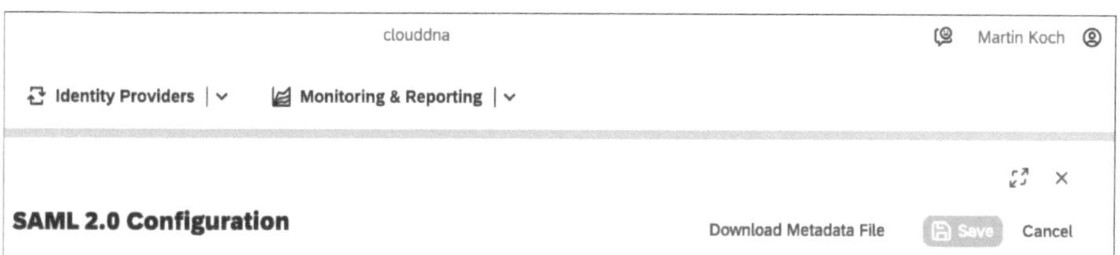

Abbildung 3.7 Service-Provider-Metadaten herunterladen

Sie können nun mit der Konfiguration in Microsoft Entra ID beginnen. Melden Sie sich dazu mit den entsprechenden Berechtigungen über *www.s-prs.de/v100200015* an. Klicken Sie im Startbild auf den Eintrag **Microsoft Entra ID** (siehe Abbildung 3.8).

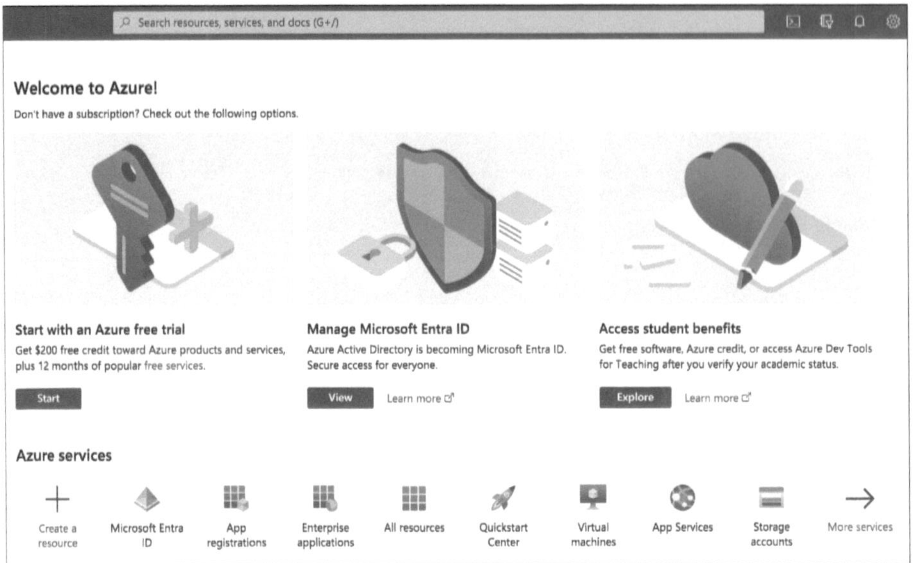

Abbildung 3.8 Startbildschirm des Azure-Portals

Sie müssen nun den Service Provider anlegen. Klicken Sie dazu im Seitenmenü auf den Eintrag **Enterprise applications** (siehe Abbildung 3.9).

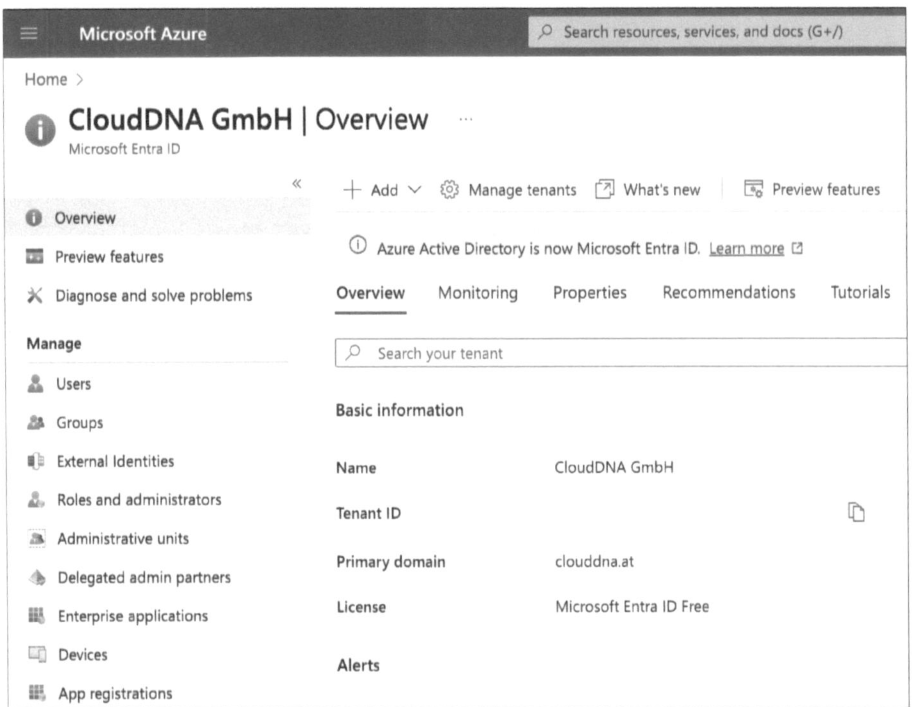

Abbildung 3.9 Enterprise Application registrieren

Klicken Sie anschließend auf den Button **New application** (siehe Abbildung 3.10), um eine neue Enterprise Application anzulegen.

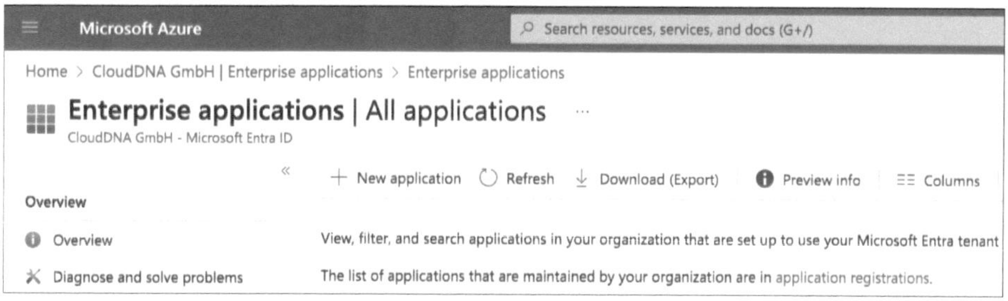

Abbildung 3.10 Neue Enterprise Application anlegen

Ihnen stehen nun verschiedene Cloud-Plattformen zur Wahl (siehe Abbildung 3.11). Dies ist dadurch bedingt, dass Microsoft alle gängigen Cloud-Anbieter unterstützt. Klicken Sie auf die Kachel **SAP**.

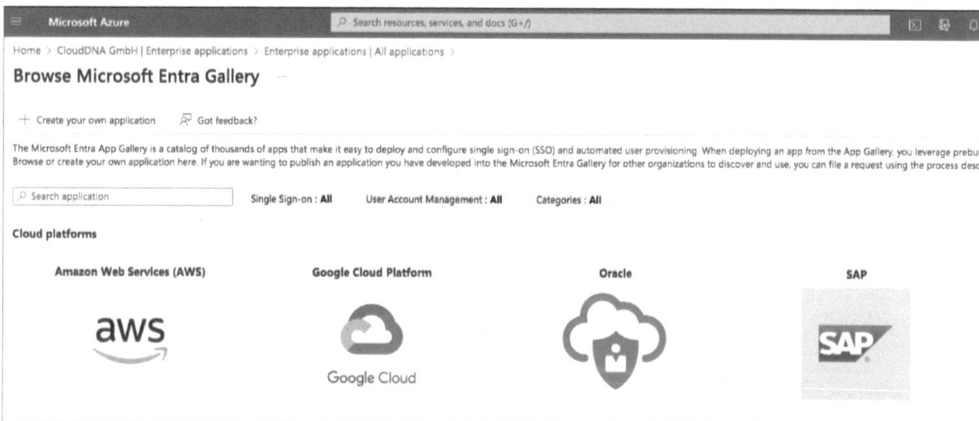

Abbildung 3.11 Cloud-Plattform auswählen

Sie können nun zwischen verschiedenen SAP-Anwendungen auswählen (siehe Abbildung 3.12). Klicken Sie auf **SAP Cloud Identity Services**. An dieser Stelle könnten Sie beispielsweise auch eine Konfiguration für SAP Analytics Cloud oder für SAP Fieldglass durchführen.

Sie müssen nun, wie in Abbildung 3.13 dargestellt, einen Namen für den Service Provider vergeben. Grundsätzlich sind Ihrer Kreativität an dieser Stelle keine Grenzen gesetzt. Aus der praktischen Erfahrung heraus empfehlen wir Ihnen jedoch, einen sprechenden Namen zu wählen. Tragen Sie den gewünschten Namen in das Feld **Name** ein, und klicken Sie anschließend auf den Button **Create**.

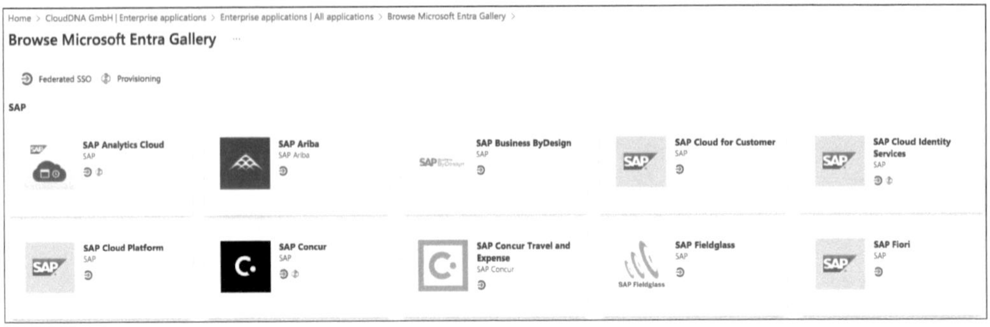

Abbildung 3.12 Übersicht der SAP Services zur Konfiguration

Abbildung 3.13 Service-Provider-Namen vergeben

Es dauert einige Sekunden, bis die Enterprise Application angelegt wird. Danach werden Sie, wie in Abbildung 3.14 zu sehen, direkt zu den Details der Enterprise Application weitergeleitet. Klicken Sie dort auf die Kachel **Set up single sign on**.

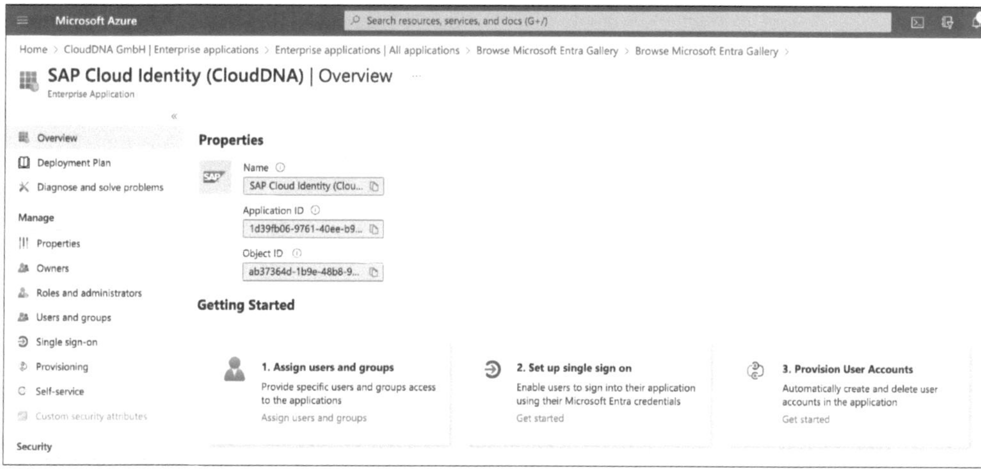

Abbildung 3.14 Übersicht der Enterprise Application

Wählen Sie nun als Single-Sign-On-Methode SAML aus (siehe Abbildung 3.15). Klicken Sie dazu auf die entsprechende Kachel **SAML**.

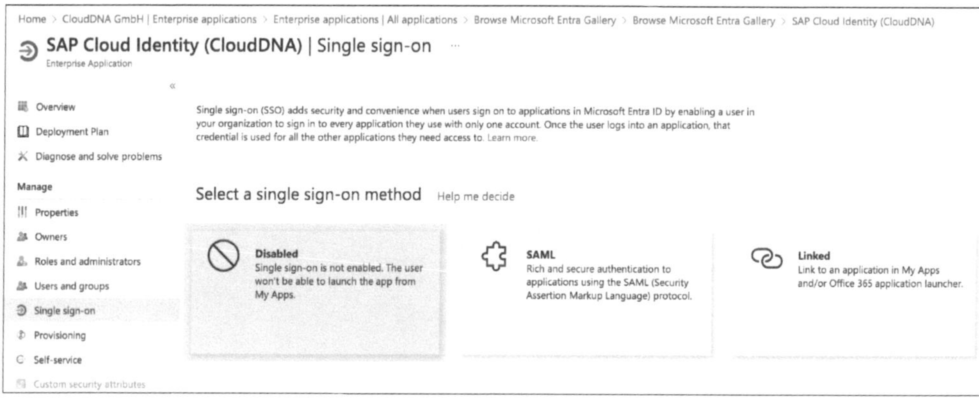

Abbildung 3.15 Single-Sign-On-Methode auswählen

Sie müssen nun die Metadaten hochladen. Klicken Sie dazu auf den Button **Upload metadata file** (siehe Abbildung 3.16).

Wählen Sie nun die zuvor auf ihren Rechner geladene Metadatendatei des Service Providers (Identity Authentication) aus. Klicken Sie anschließend auf den Button **Add**, um die Metadaten hochzuladen (siehe Abbildung 3.17).

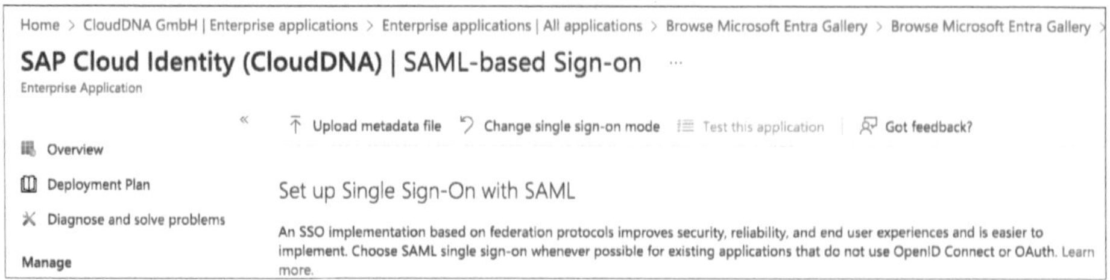

Abbildung 3.16 Metadaten hochladen

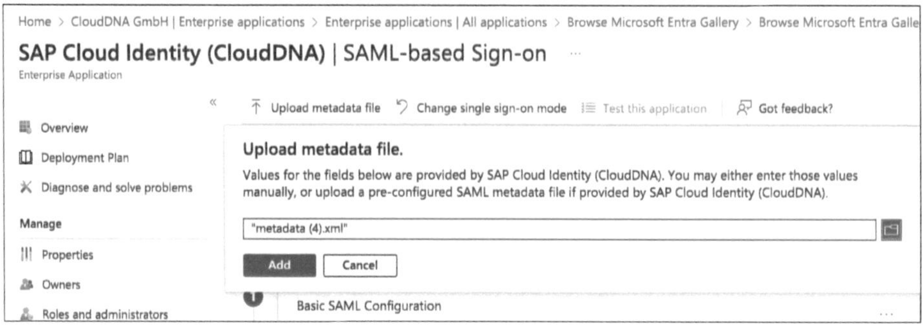

Abbildung 3.17 Metadaten auswählen

Sie sehen anschließend die aus den Metadaten ermittelte SAML-Konfiguration (siehe Abbildung 3.18). An dieser Stelle sind im ersten Schritt keine Anpassungen erforderlich. Klicken Sie daher auf den Button **Save**.

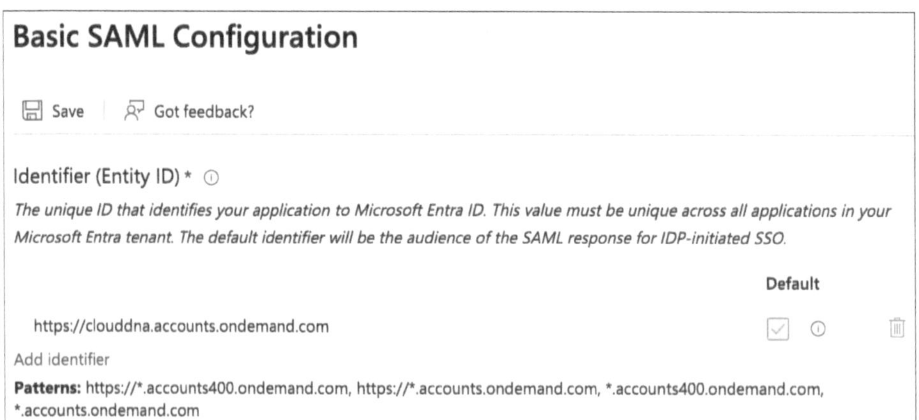

Abbildung 3.18 SAML-Konfiguration speichern

Damit Sie die Anmeldung über Microsoft Entra ID testen können, ist es erforderlich, dass Sie der Enterprise Application entweder einen Benutzer oder eine Gruppe hinzufügen. Klicken Sie dazu im Seitenmenü der Enterprise Application auf den Eintrag

Users and groups, und fügen Sie den gewünschten User mit einem Klick auf **Add user/group** hinzu (siehe Abbildung 3.19).

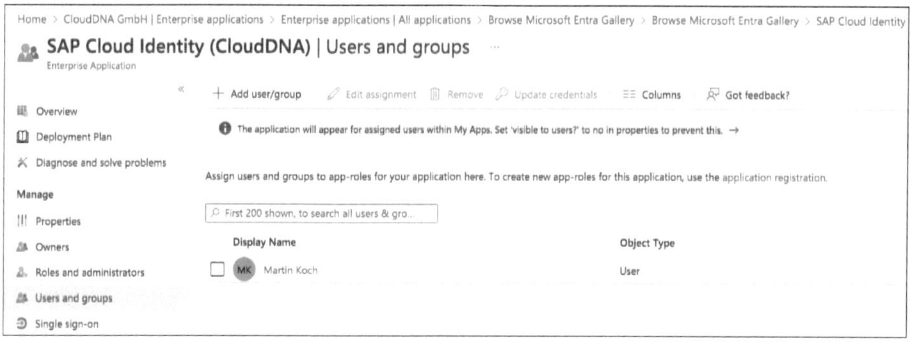

Abbildung 3.19 User hinzufügen

Sie können nun die Metadaten des Identity Providers downloaden. Navigieren Sie dazu im Seitenmenü der Enterprise Application in den Bereich **Single sign-on**. Klicken Sie im Bereich **SAML Certificates** neben dem Eintrag **Federation Metadata XML** auf den Link **Download**. Dadurch werden die Metadaten auf Ihrem lokalen Rechner gespeichert (siehe Abbildung 3.20).

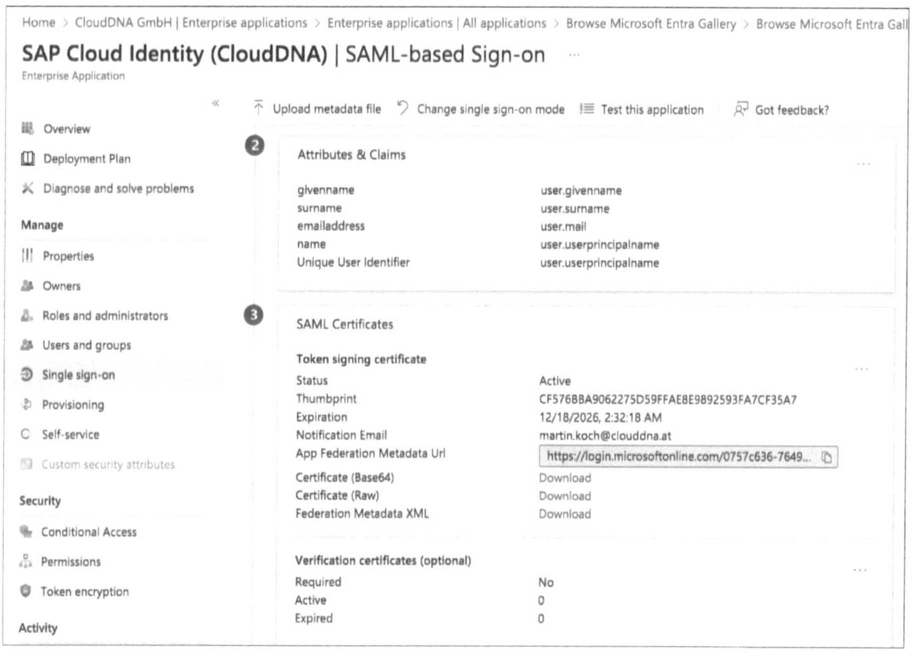

Abbildung 3.20 Metadaten des Identity Providers downloaden

Sie müssen nun die soeben heruntergeladenen Metadaten des Identity Providers in Identity Authentication importieren. Dazu ist es erforderlich, dass ein sogenannter Corporate Identity Provider angelegt wird. Klappen Sie das Menü **Identity Providers** aus, und klicken Sie auf **Corporate Identity Providers** (siehe Abbildung 3.21).

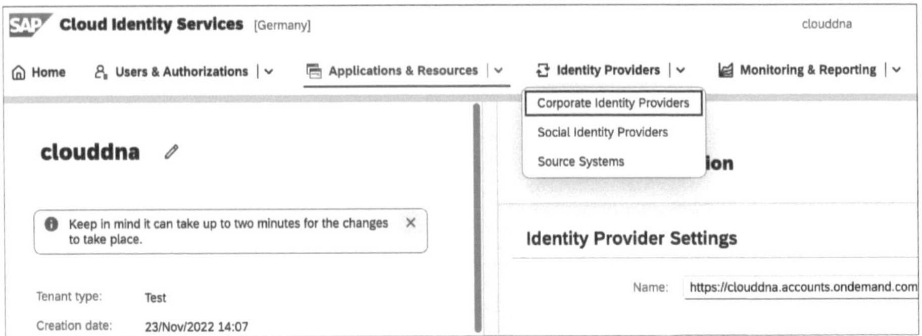

Abbildung 3.21 Zu »Corporate Identity Providers« navigieren

Klicken Sie anschließend auf den Button **Create**, um einen neuen Identity Provider anzulegen (siehe Abbildung 3.22).

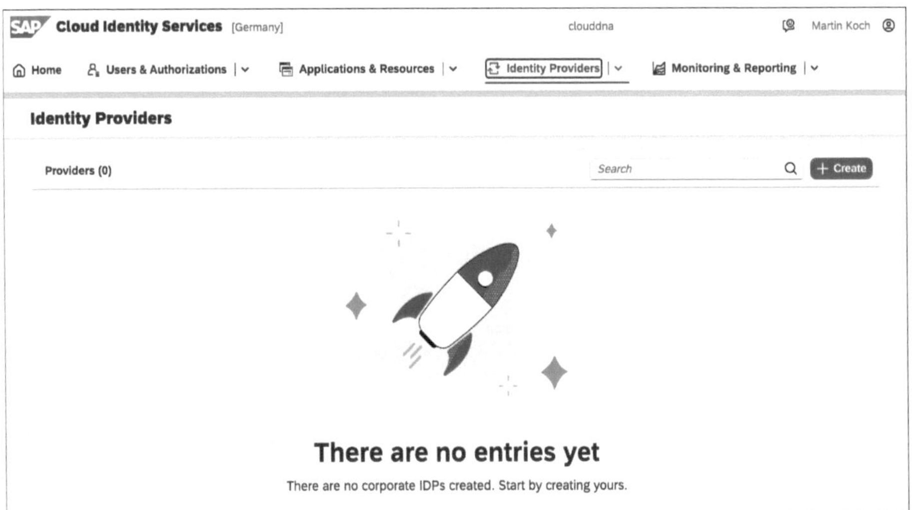

Abbildung 3.22 Neuen Corporate Identity Provider anlegen

Die Konfiguration erfolgt in einem eigenen Dialog (siehe Abbildung 3.23). Vergeben Sie einen sprechenden **Display Name**. Diesen weisen Sie später dem Subaccount zu. Wählen Sie als **Identity Provider Type** den Eintrag **Microsoft ADFS / Azure AD (SAML 2.0)**. Klicken Sie anschließend auf **Save**.

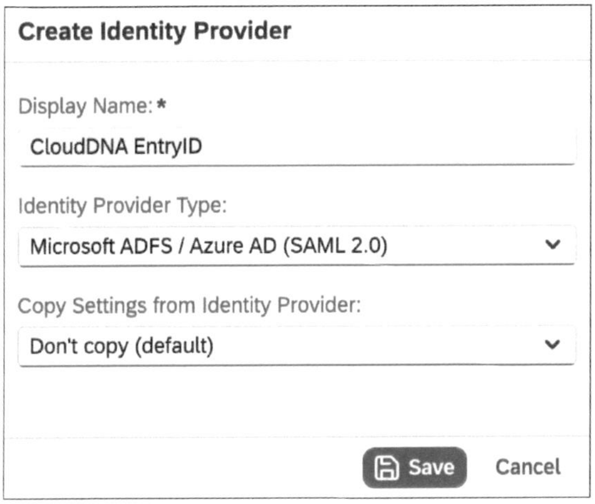

Abbildung 3.23 Corporate Identity Provider konfigurieren

Sie werden danach zu den Details des Identity Providers weitergeleitet. Nun können die Metadaten von Microsoft Entra ID hochladen. Klicken Sie dazu auf den Eintrag **SAML 2.0 Configuration** (siehe Abbildung 3.24).

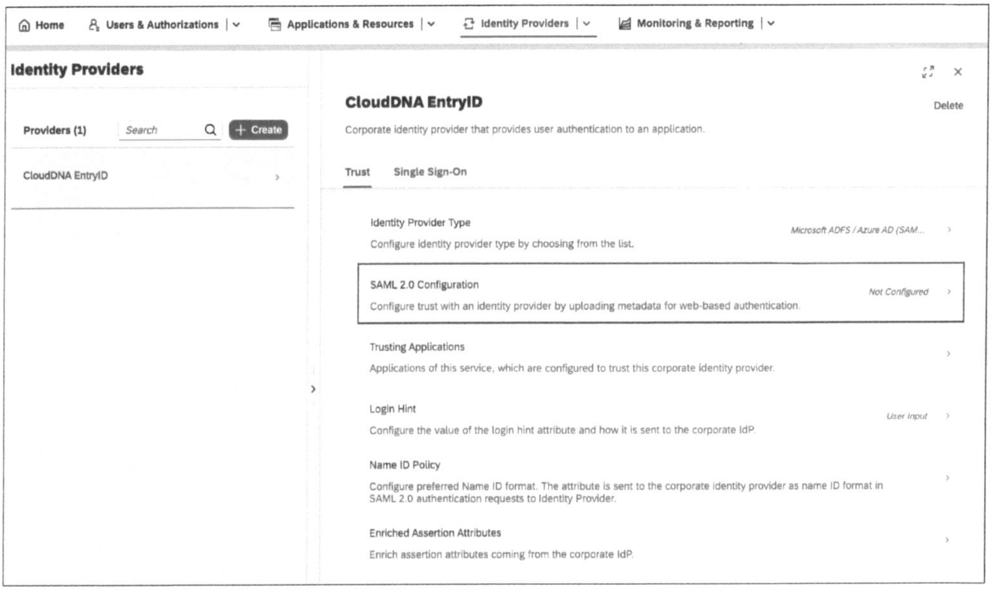

Abbildung 3.24 SAML-2.0-Konfiguration durchführen

Klicken Sie nun im Bereich **Define from Metadata** neben dem Feld **Metadata File** auf den Button **Browse** (siehe Abbildung 3.25).

Wählen Sie die zuvor heruntergeladenen Metadaten aus, und klicken Sie anschließend auf **Save** (siehe Abbildung 3.26).

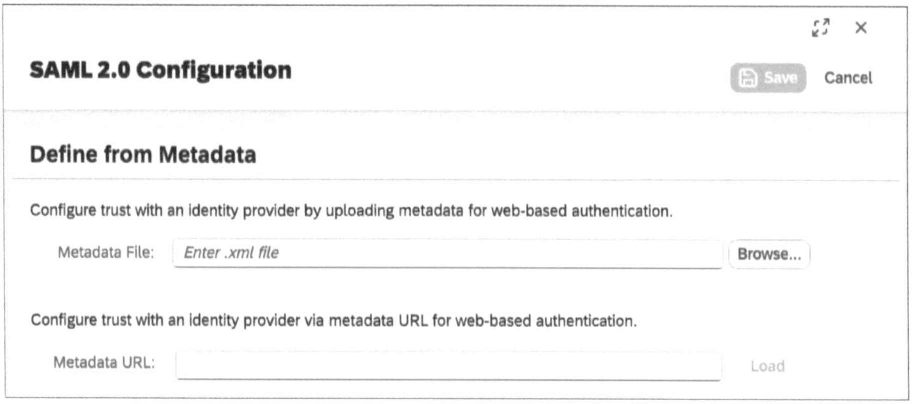

Abbildung 3.25 Upload der Metadaten von Microsoft Entra ID starten

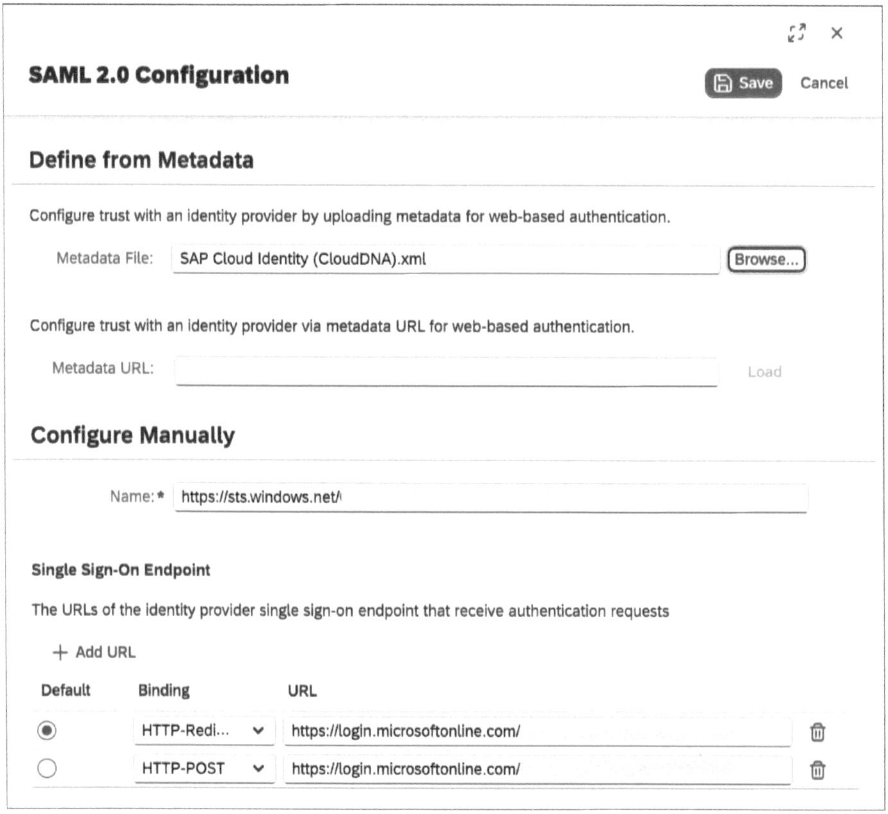

Abbildung 3.26 SAML-2.0-Konfiguration speichern

Die einfachste Art, um die Konfiguration zu testen, ist deren Hinterlegung in der sogenannten Conditional Authentication eines Subaccounts. Navigieren Sie dazu über den Pfad **Applications & Resources • Applications** (siehe Abbildung 3.27).

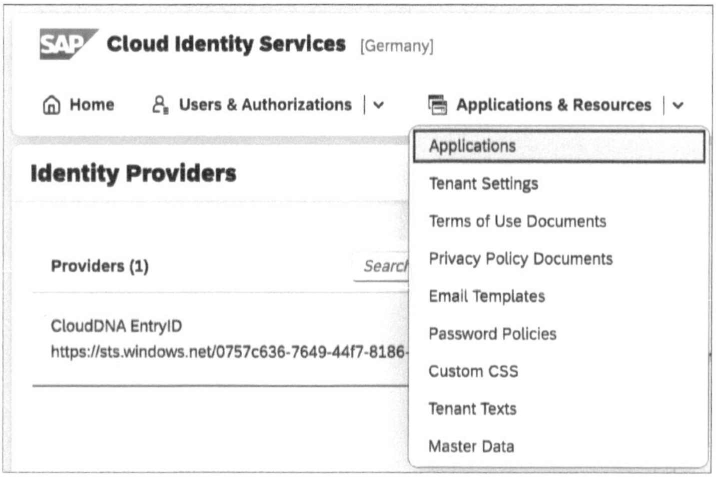

Abbildung 3.27 Applikationen öffnen

Wählen Sie nun im Seitenmenü einen Subaccount aus, der in Identity Authentication registriert ist. Wir haben dazu vorab einen Subaccount mit dem Namen »IAS Proxy Demo« angelegt und einen Trust zu Identity Authentication hergestellt. Klicken Sie in den Details im Bereich **Conditional Authentication** auf den Eintrag **Conditional Authentication** (siehe Abbildung 3.28).

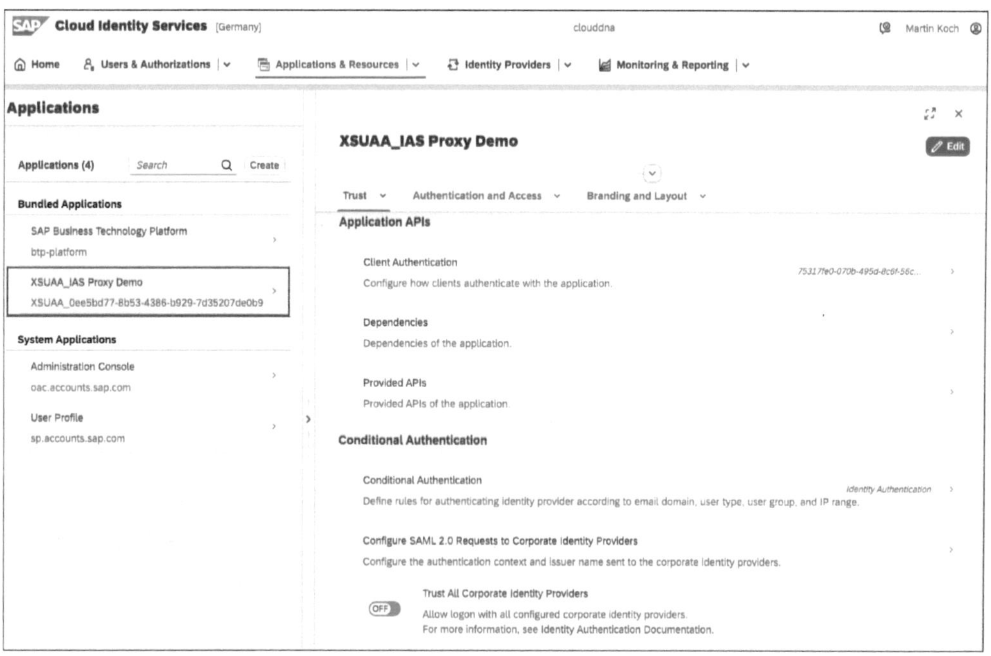

Abbildung 3.28 In die Conditional Authentication eines Subaccounts abspringen

Wählen Sie nun im Bereich **Default Authenticating Identity Provider** im Feld **Default Identity Provider** den zuvor angelegten Corporate Identity Provider aus, und klicken Sie anschließend auf **Save** (siehe Abbildung 3.29). Damit teilen Sie Identity Authentication mit, dass die Authentifizierung der Benutzer für diesen Subaccount immer gegen Microsoft Entra ID erfolgen soll und nicht gegen den Benutzerspeicher in Identity Authentication.

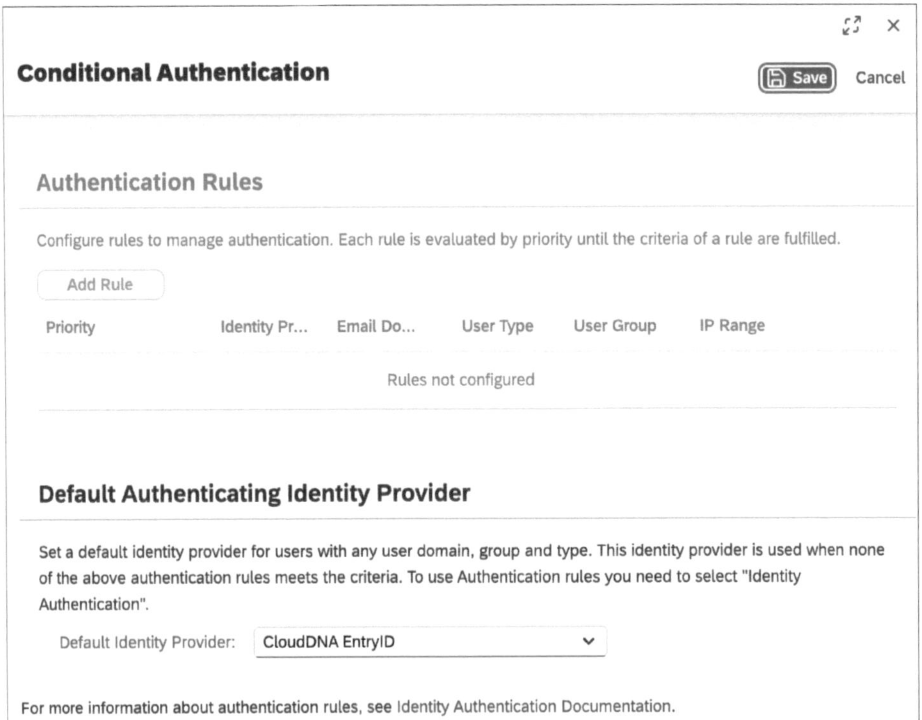

Abbildung 3.29 Default Identity Provider auswählen

Nun können Sie die Anmeldung mit Microsoft Entra ID testen. Öffnen Sie dazu den zugehörigen Subaccount auf der SAP BTP, und navigieren Sie im Seitenmenü zum Eintrag **Instances and Subscriptions**. Klicken Sie auf eine beliebige Subscription, die Sie zuvor angelegt haben. In unserem Beispiel haben wir uns für die App **Feature Flags Service** entschieden (siehe Abbildung 3.30).

Sofern mehr als ein Identity Provider konfiguriert wurde, und diese Identity Provider für die Anmeldung freigeschaltet sind, müssen Sie nun den gewünschten Identity Provider auswählen (siehe Abbildung 3.31). An dieser Stelle sehen Sie, wie wichtig es ist, einen sprechenden Namen zu vergeben, um die Endanwender*innen nicht zu verwirren. Idealerweise sollte nur ein Identity Provider für die Anmeldung zugelassen sein. Damit können Sie sich den Auswahldialog ersparen.

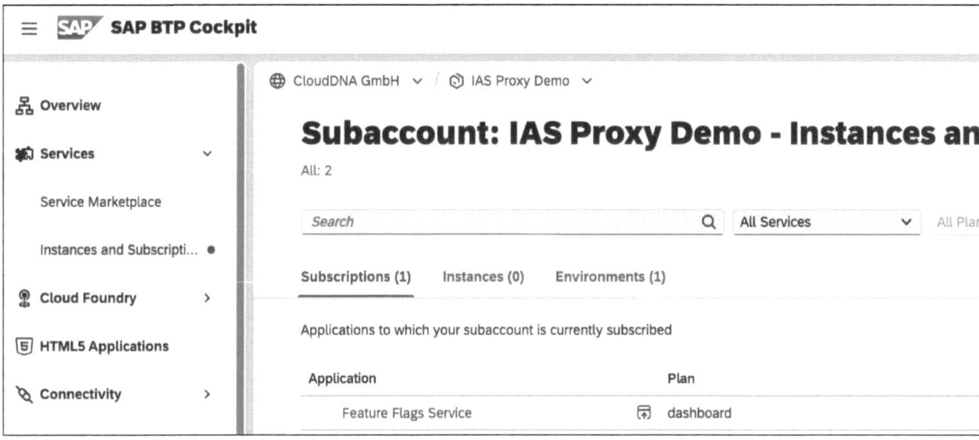

Abbildung 3.30 Subscription öffnen

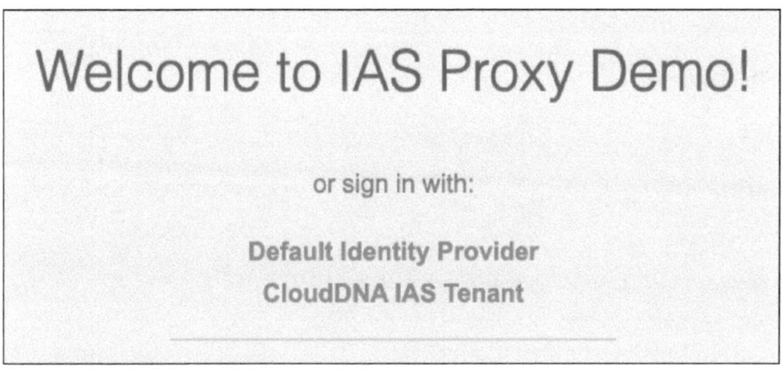

Abbildung 3.31 Identity Provider auswählen

Sie werden nun zum Zwecke der Authentifizierung direkt zu Microsoft Entra ID weitergeleitet – ohne sichtbaren Kontakt zu Identity Authentication. Dort können Sie sich mit Benutzernamen und Kennwort anmelden.

Nach erfolgreicher Anmeldung werden Sie zur App Feature Flags Service weitergeleitet (siehe Abbildung 3.32). Dort erhalten Sie einen Berechtigungsfehler. Wir haben die Authentication damit zwar erledigt, die Autorisation, also die Berechtigungsprüfungen jedoch noch nicht. Deshalb ist es erforderlich, dass dem Benutzer die entsprechenden Role Collections zugewiesen werden. Dies kann entweder direkt geschehen oder über sogenannte Security Groups aus Microsoft Entra ID abgeleitet werden.

Abbildung 3.32 Fehlermeldung in der App Feature Flags Service

3.3.2 Mit OpenID Connect Microsoft Entra ID in Identity Authentication integrieren

Die Integration mittels OIDC gestaltet sich anders als die Konfiguration auf SAML-Basis, weil OIDC auf OAuth 2.0 basiert. Im ersten Schritt ist es erforderlich, dass Sie in Microsoft Entra ID die **Tenant ID** ermitteln (siehe Abbildung 3.33).

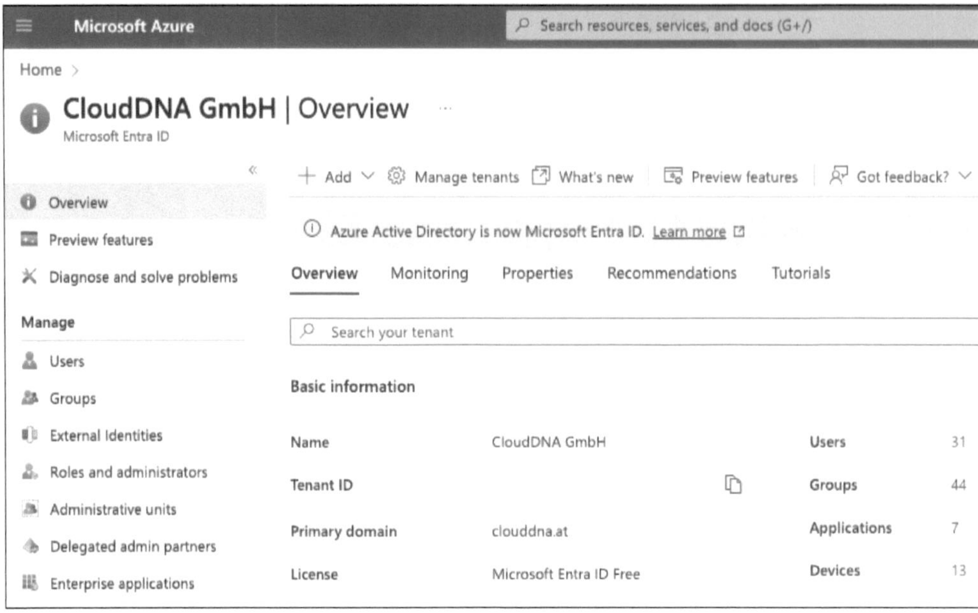

Abbildung 3.33 Tenant ID in Microsoft Entra ID ermitteln

Danach beginnen wir mit der Anlage eines Corporate Identity Providers in Identity Authentication. Navigieren Sie dazu, wie in Abbildung 3.34 dargestellt, im Menü über den Pfad **Identity Providers • Corporate Identity Providers**.

Legen Sie einen neuen Corporate Identity Provider an. Vergeben Sie im Feld **Display Name** einen sprechenden Namen, und wählen Sie im Feld **Identity Provider Type** die Option **OpenID Connect Compliant**. Anschließend klicken Sie auf **Save** (siehe Abbildung 3.35).

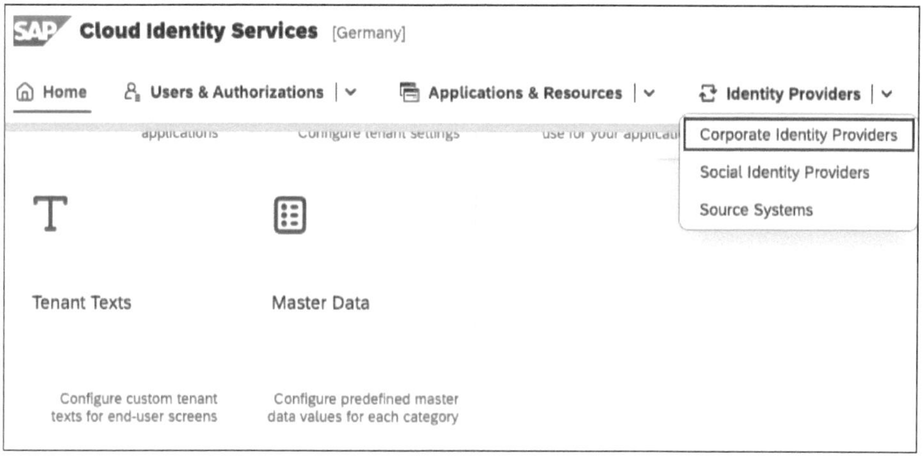

Abbildung 3.34 Corporate-Identity-Provider-Konfiguration öffnen

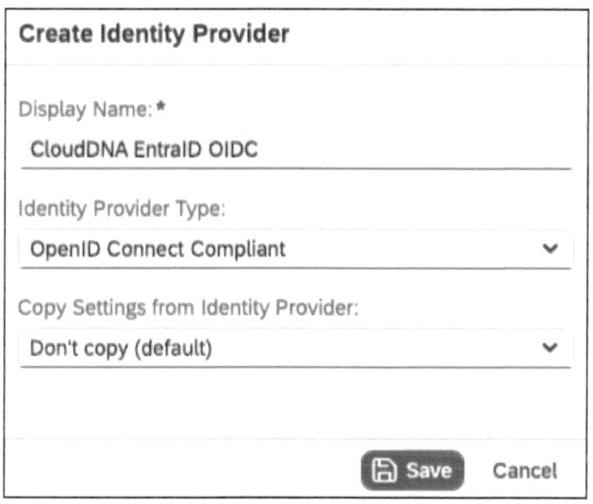

Abbildung 3.35 Identity Provider anlegen

Sie müssen nun die OIDC-Konfiguration durchführen. Klicken Sie dazu in den Details des soeben angelegten Corporate Identity Providers auf der Registerkarte **Trust** auf **OpenID Connect Configuration** (siehe Abbildung 3.36).

Als nächstes müssen Sie die Provider-Konfiguration durchführen. Tragen Sie im Bereich **Provider Configuration** in das Feld **Discovery URL** den Wert *https://login.microsoftonline.com/<TenantID>/v2.0/.well-known/openid-configuration* ein (siehe Abbildung 3.37). Ersetzen Sie dabei »<TenantID>« durch die zuvor ermittelte Tenant ID von Microsoft Entra ID. Klicken Sie anschließend auf den Button **Load**. Danach werden die weiteren Felder der Konfiguration automatisch befüllt. Speichern Sie diese Einstellungen. Im nächsten Schritt müssen Sie die **Client ID** und das **Client Secret** ermitteln.

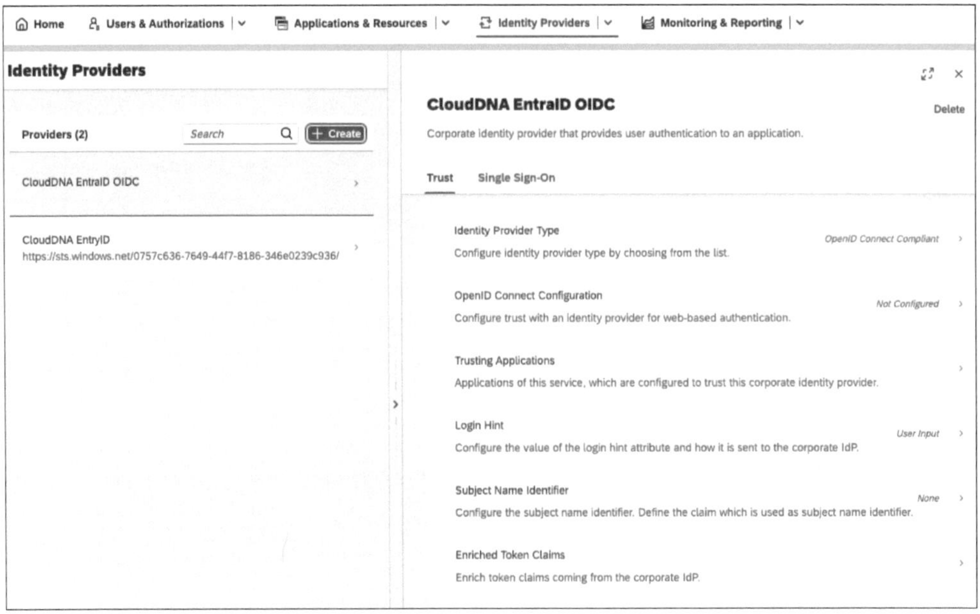

Abbildung 3.36 OIDC-Konfiguration öffnen

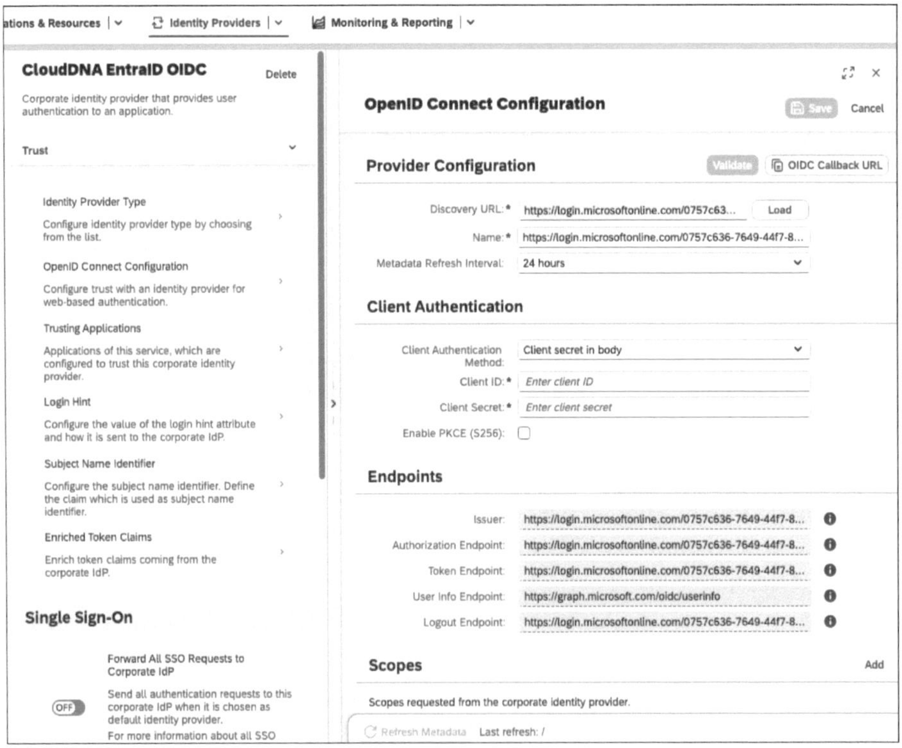

Abbildung 3.37 Discovery-URL eintragen

Wechseln Sie nun wieder zurück zu Microsoft Entra ID. Klicken Sie dort im Seitenmenü auf den Eintrag **App registrations** (siehe Abbildung 3.38). In der Detailansicht im rechten Bereich des Bildes müssen Sie eine neue App registrieren. Klicken Sie dazu auf den Button **New registration** oben links.

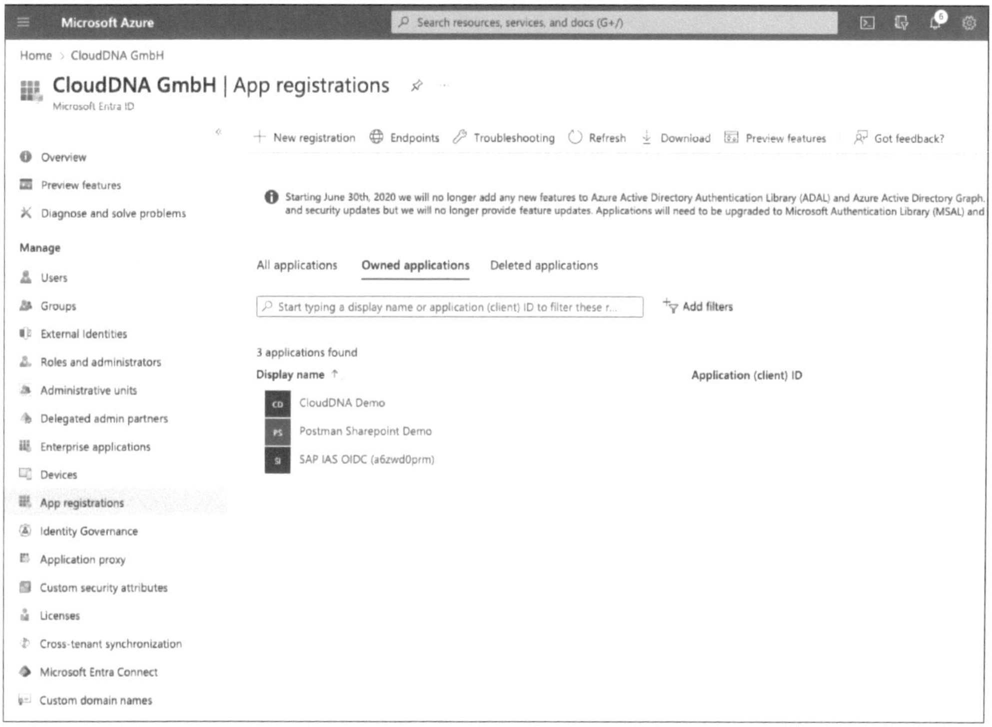

Abbildung 3.38 App-Registrierung Übersicht

Vergeben Sie auch hier im Feld **Name** einen sprechenden Namen. Wählen Sie die Option **Accounts in this organizational directory only** (siehe Abbildung 3.39). Legen Sie eine **Redirect URI** vom Typ **Web** an. Tragen Sie den Host-Namen Ihres Identity Authentication Tenants ein, und erweitern Sie diesen um den Pfad */oauth2/callback*. Die URL sollte so aussehen: *https://<iastenant>.accounts.ondemand.com/oauth2/*. Klicken Sie anschließend auf den Button **Register**.

Nachdem die App-Registrierung durchgeführt worden ist, öffnen sich die Details der Registrierung (siehe Abbildung 3.40). Dort finden Sie im Bereich **Essentials** ein Attribut mit dem Namen **Application (client) ID**. Kopieren Sie die ID. Sie entspricht jener Client ID, die in Identity Authentication eingetragen werden muss. Neben der Client ID benötigen Sie zusätzlich das Client Secret.

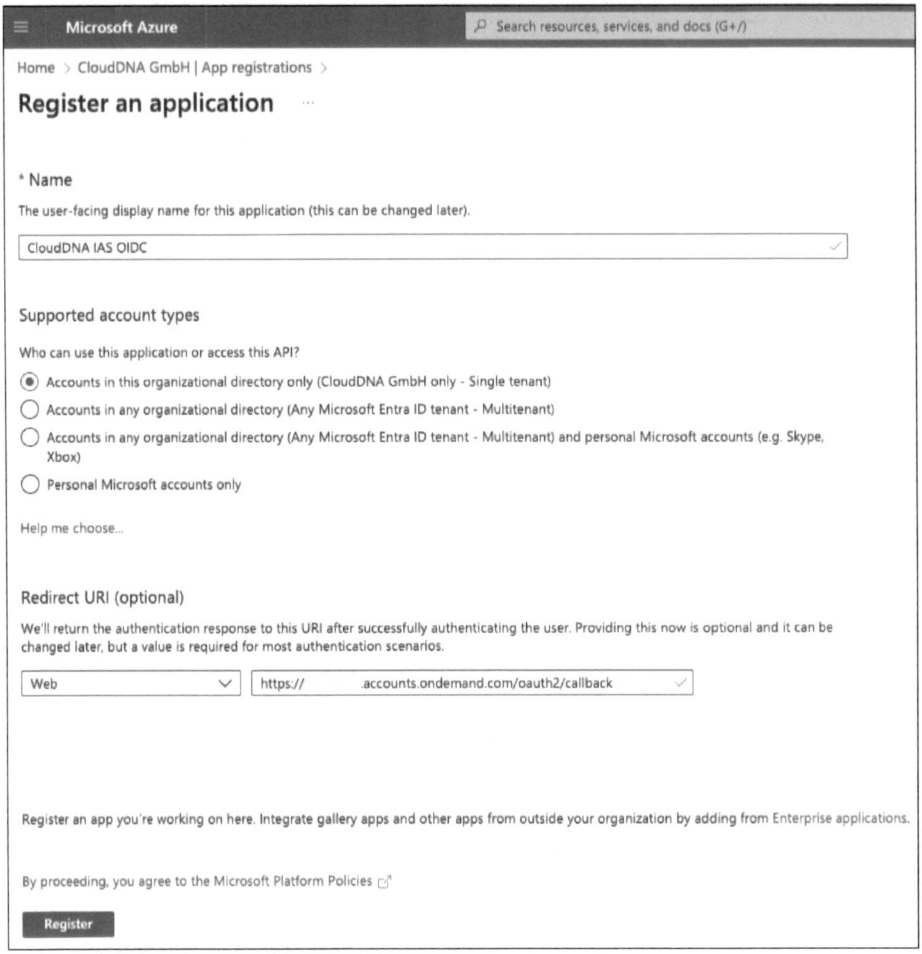

Abbildung 3.39 Details der App-Registrierung

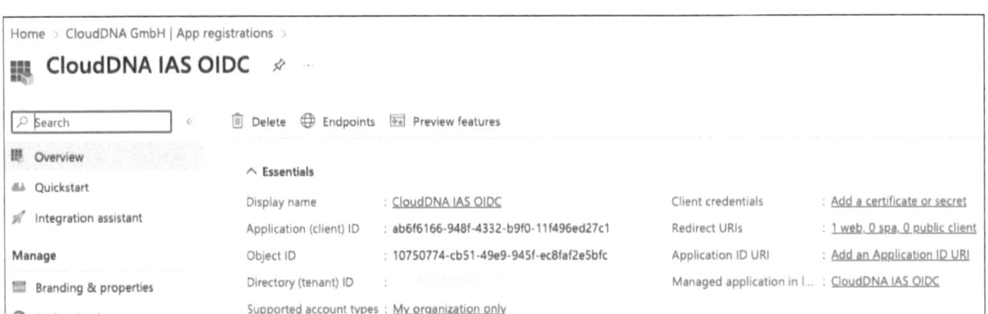

Abbildung 3.40 Applikations-ID ermitteln

Um das Client Secret zu ermitteln, navigieren Sie im Seitenmenü in den Bereich **Certificate & secrets**. Öffnen Sie die Registerkarte **Client secrets**, und klicken Sie auf **New client secret** (siehe Abbildung 3.41).

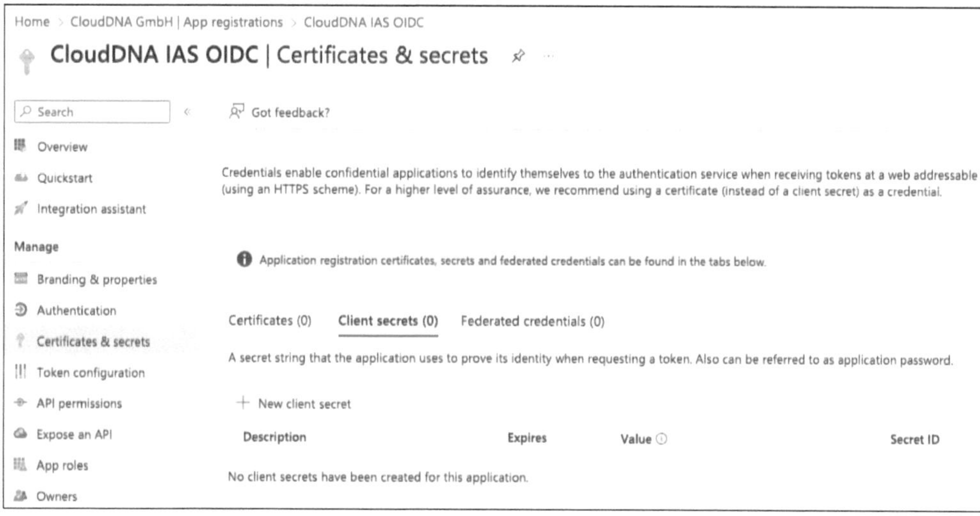

Abbildung 3.41 Client Secret erstellen

Vergeben Sie im Feld **Description** einen sprechenden Namen, und wählen Sie für das Feld **Expires** die Option **Recommended: 180 days (6 months)** oder einen höheren Wert aus (siehe Abbildung 3.42).

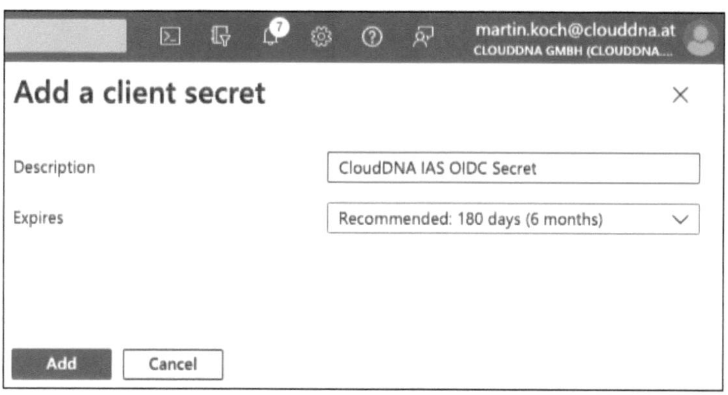

Abbildung 3.42 Client-Secret-Konfiguration

Im Anschluss sehen Sie in der Übersichttabelle den neu erstellten Eintrag (siehe Abbildung 3.43). Der Wert in der Spalte **Value** entspricht dem Client Secret, das Sie nachfolgend in Identity Authentication benötigen. In der Abbildung wurde der Wert ausgegraut. An dieser Stelle möchten wir darauf hinweisen, dass Sie unter keinen Umständen ein Client Secret teilen oder veröffentlichen sollten! Kopieren Sie den Wert.

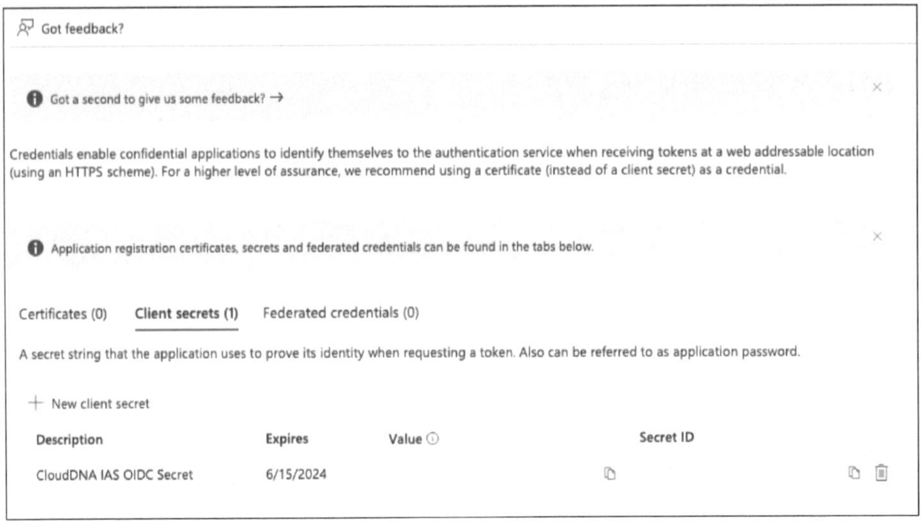

Abbildung 3.43 Client Secret kopieren

Nun müssen Sie noch Claims anlegen. Navigieren Sie dazu im Seitenmenü in den Bereich **Token configuration**. Klicken Sie auf **Add optional claim** (siehe Abbildung 3.44).

Ein *OIDC-Claim* ist ein Datenelement, das im JWT enthalten ist. Das wird von einem Identity Provider ausgestellt. Claims können Informationen über die Identität und Autorisierung des Benutzers enthalten, z. B. den Benutzernamen, die E-Mail-Adresse, die Rollen oder die Berechtigungen.

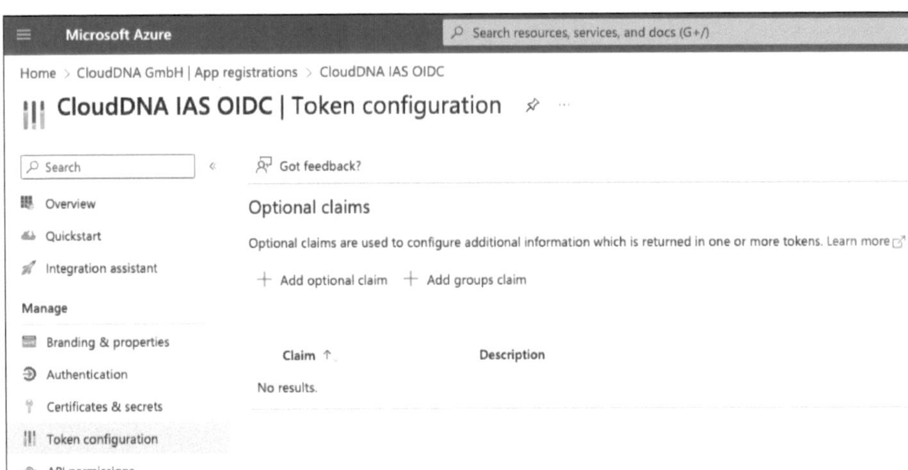

Abbildung 3.44 OIDC-Claim anlegen

Wählen Sie als **Token Type** die Option **ID** und in der darunterliegenden Tabelle den Claim **email**. Klicken Sie anschließend auf **Add** (siehe Abbildung 3.45).

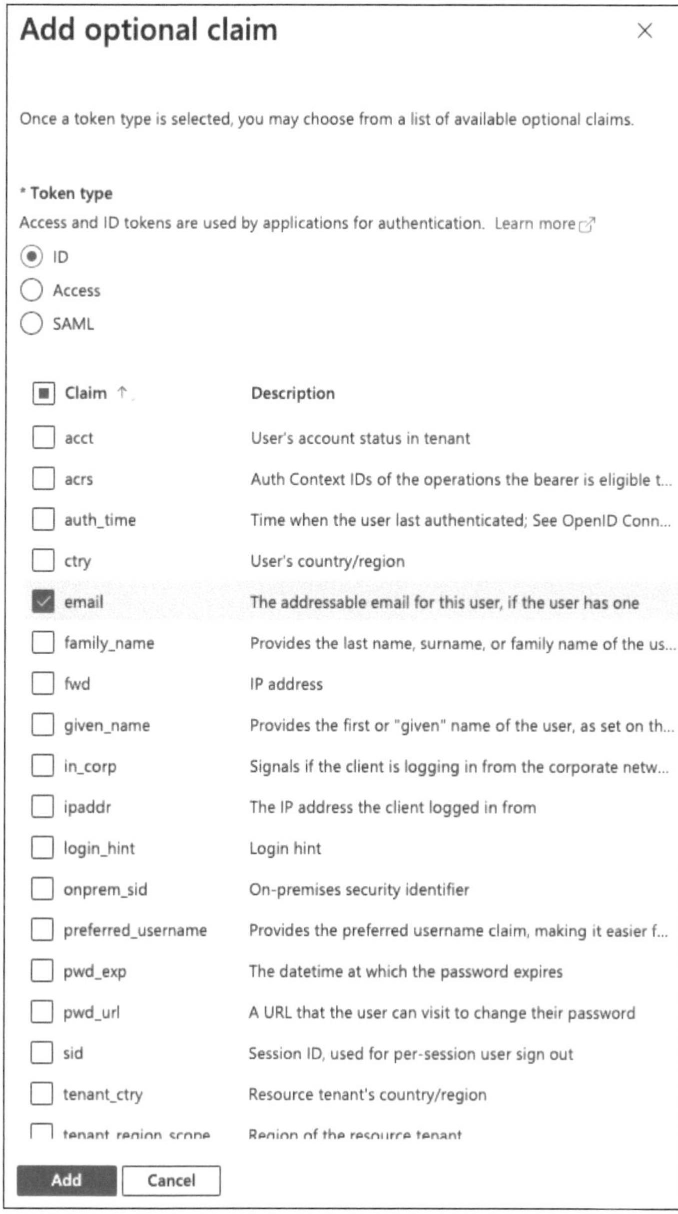

Abbildung 3.45 OIDC-Claim konfigurieren

Sie müssen nun noch der Verwendung des Claims in der API über Microsoft Graph zustimmen. Aktivieren Sie dazu die Checkbox **Turn on the Microsoft Graph email permission (required for claims to appear in token)**, und klicken Sie anschließend auf **Add** (siehe Abbildung 3.46).

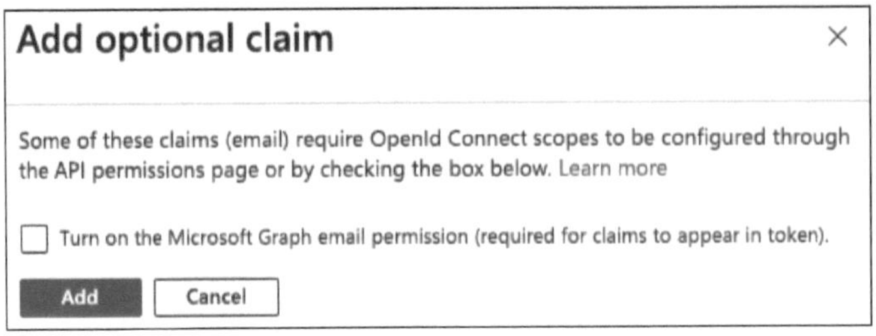

Abbildung 3.46 Claim-Verwendung zustimmen

Wiederholen Sie diesen Vorgang, und legen Sie nun ein Group Claim an. Dadurch werden die Gruppenzuordnungen der Benutzer übertragen. Wählen Sie die Option **Security groups**, und klicken Sie anschließend auf **Add** (siehe Abbildung 3.47).

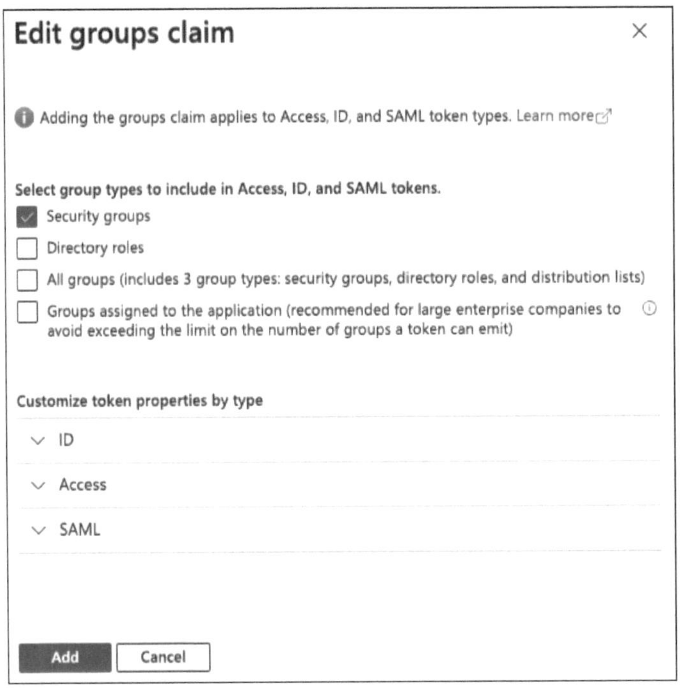

Abbildung 3.47 Groups Claim anlegen

Sie sind nun mit der Konfiguration in Microsoft Entra ID fertig. Öffnen Sie Identity Authentication, und springen Sie erneut in die OpenID Connect Configuration (siehe Abbildung 3.48). Hinterlegen Sie die zuvor ermittelte Client ID und das Client Secret, und klicken Sie anschließend auf **Validate**.

Ihnen wird nun ein Hinweis angezeigt, dass die Validierung in einem eigenen Browser-Tab erfolgt (siehe Abbildung 3.49). Klicken Sie auf **OK**.

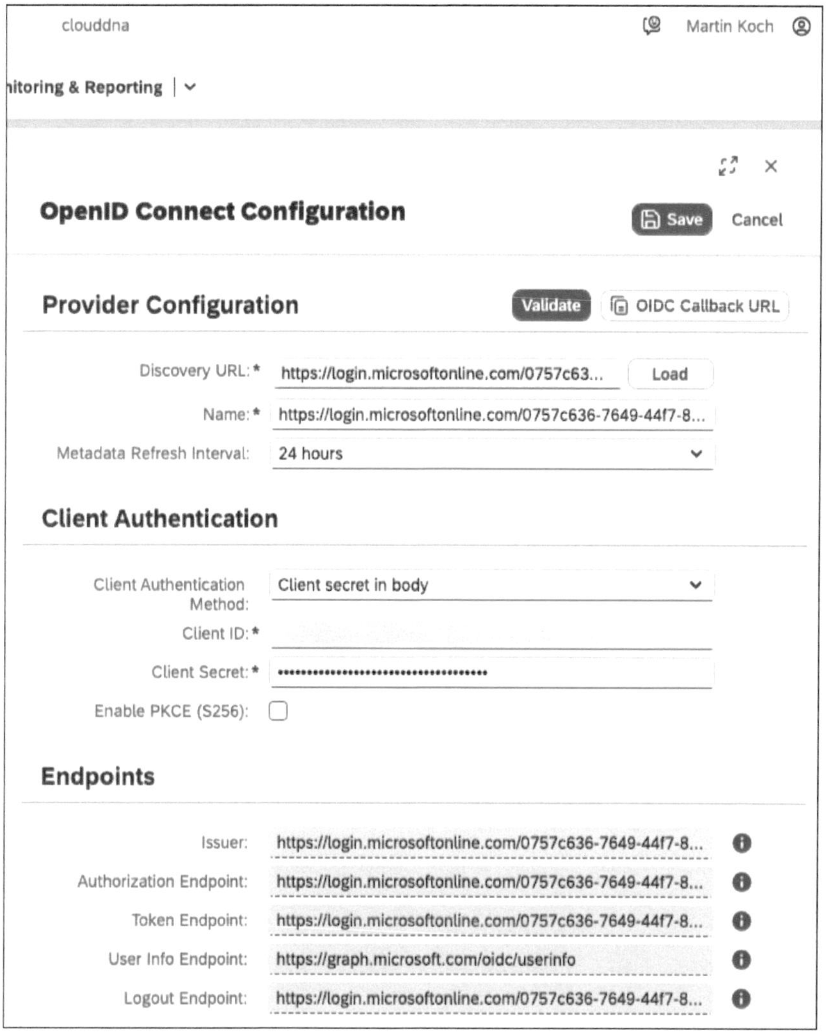

Abbildung 3.48 Client ID und Client Secret in Identity Authentication pflegen

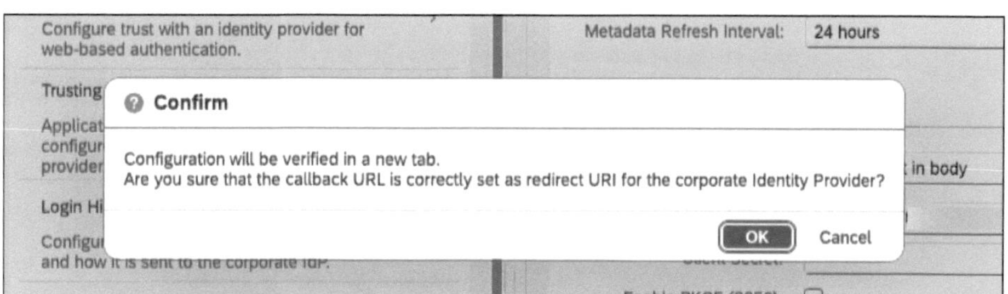

Abbildung 3.49 Validierung im neuen Browser-Tab bestätigen

Sie müssen im nächsten Schritt in einem Pop-up-Fenster bestätigen, dass Sie die Berechtigung zur Verwendung der Daten in der Applikation im Namen Ihrer Organisation zustimmen. Klicken Sie dazu auf **Accepted** (siehe Abbildung 3.50).

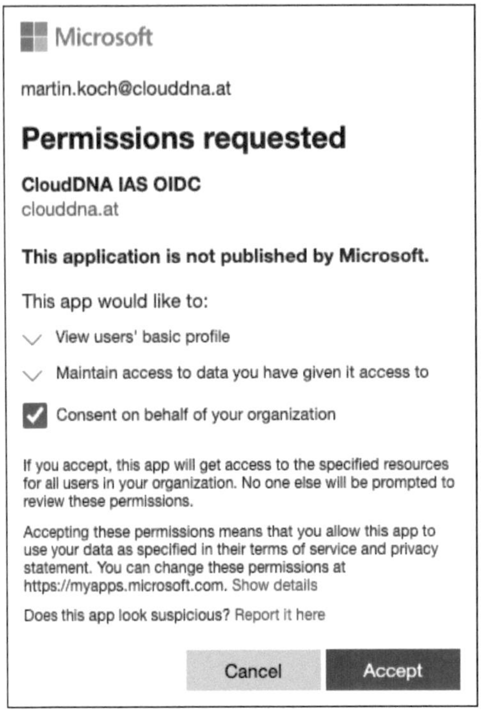

Abbildung 3.50 Berechtigung zur Verwendung der Daten erteilen

Sie sollten nun ein Ergebnis wie in Abbildung 3.51 sehen. Klicken Sie auf **Close**, um zu Identity Authentication zurückzukehren.

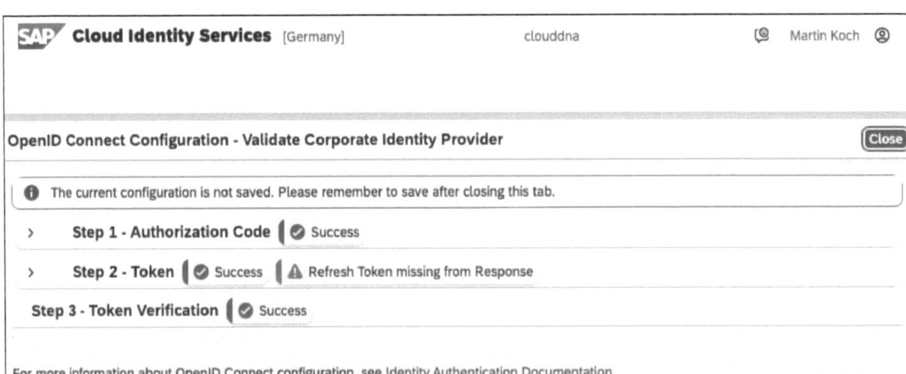

Abbildung 3.51 Ergebnis der Validierung

Im nächsten Schritt nehmen Sie die SSO-Einstellungen vor. Öffnen Sie dazu in Identity Authentication in der OpenID Connect Configuration die Registerkarte **Single Sign-On** , und klicken Sie auf den Eintrag **Identity Federation** (siehe Abbildung 3.52).

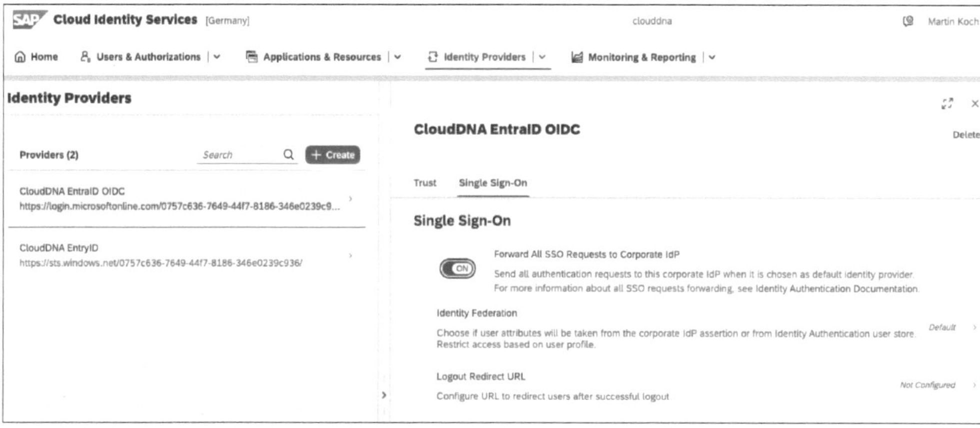

Abbildung 3.52 Single-Sign-On konfigurieren

Aktivieren Sie die Option **Use Identity Authentication user store**. Aktivieren Sie danach die Optionen **Allow Identity Authentication users only** und **Apply Application Configurations** (siehe Abbildung 3.53).

Die Option **Use Identity Authentication user store** erlaubt Ihnen, die Daten aus dem Identity-Authentication-Benutzerspeicher zu verwenden und den Subject Name Identifier (Name ID für SAML 2.0 oder Subject für OpenID Connect) sowie die Assertion und die Standardattribute gemäß der Anwendungskonfiguration zu senden. Für Benutzer ohne Profil in Identity Authentication empfängt die Anwendung den Subject Name Identifier von der Assertion des Unternehmens-Identity-Provider und Attribute gemäß der Anwendungskonfiguration.

Die Option **Allow Identity Authentication users only** schränkt den Zugriff auf jene Benutzer ein, die über ein Profil in Identity Authentication verfügen.

Die Option **Apply Application Configurations** wendet benutzerdefinierte Anwendungskonfigurationen für Authentifizierungs- und Zugriffsrichtlinien an. Dazu gehören die risikobasierte Authentifizierung, Nutzungsbedingungen, Datenschutzrichtlinien, Upgrade- und Registrierungsformulare.

Sie müssen abschließend noch den Subject Name Identifier konfigurieren. Öffnen Sie dazu erneut die Registerkarte **Trust**, und klicken Sie auf **Subject Name Identifier** (siehe Abbildung 3.54).

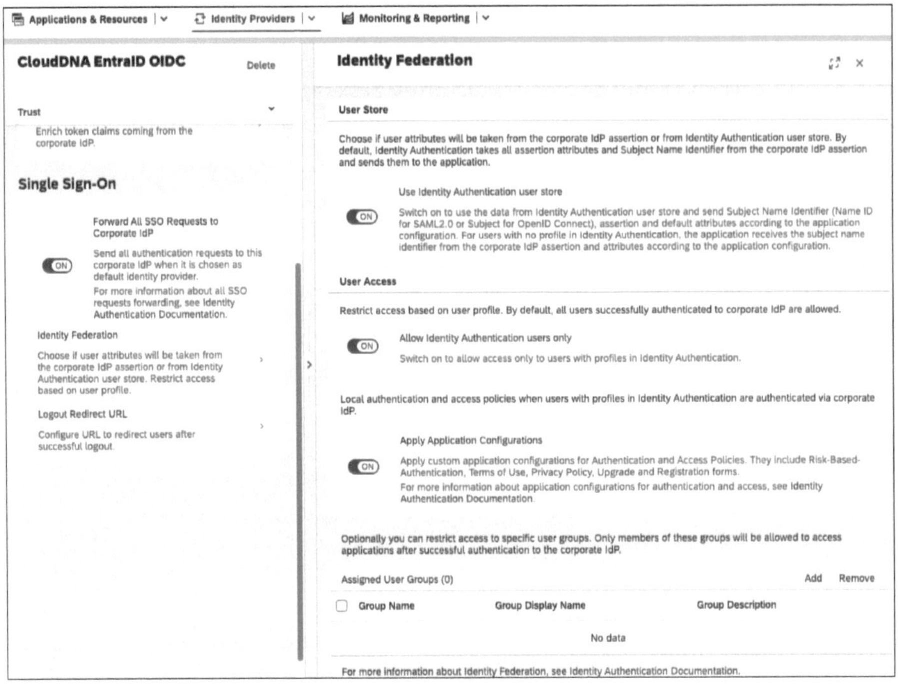

Abbildung 3.53 User Store und Benutzerzugriff aktivieren

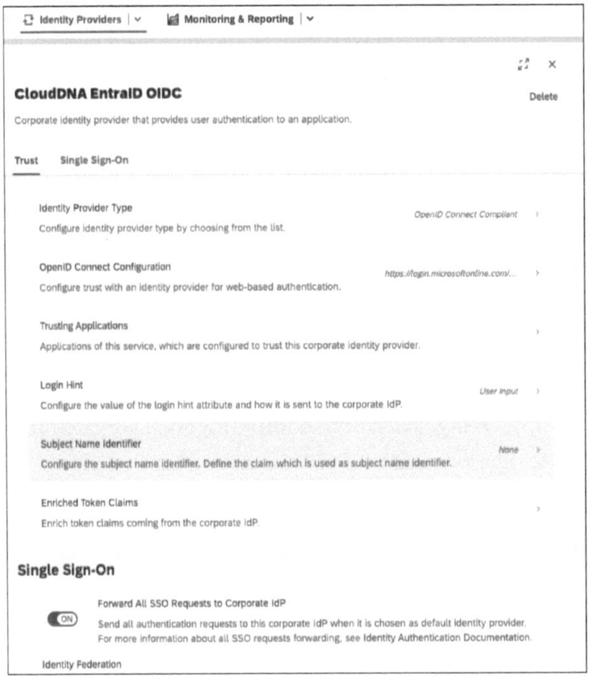

Abbildung 3.54 Subject Name Identifier konfigurieren

Wählen Sie die Option **Email**, und klicken Sie auf **Save** (siehe Abbildung 3.55).

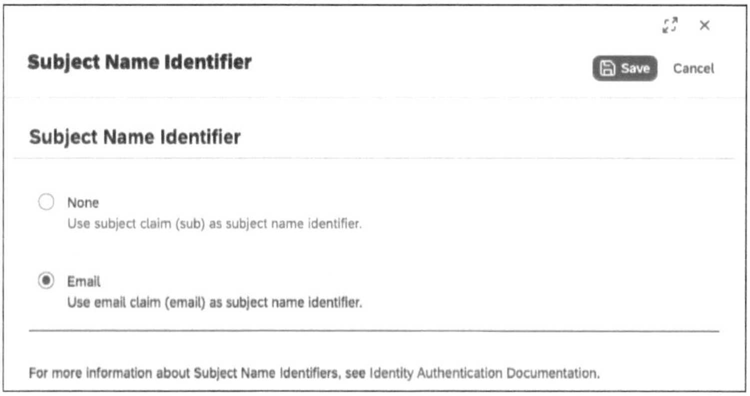

Abbildung 3.55 E-Mail als Subject Name Identifier auswählen

Sie können nun die Konfiguration testen. Am einfachsten geschieht dies, indem Sie, wie bereits mit SAML gezeigt, die Conditional Authentication auf den soeben angelegten OpenID Connect Identity Provider setzen (siehe Abbildung 3.56). Anschließend können Sie die Applikation im Subaccount der SAP BTP öffnen und sich mit OIDC gegen Microsoft Entra ID authentifizieren.

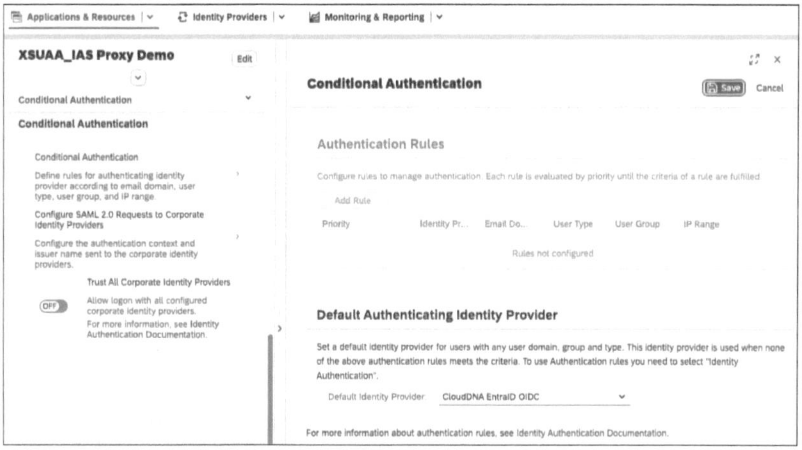

Abbildung 3.56 Konfiguration testen

3.4 Praxisbeispiel: Zwei-Faktor Authentifizierung/risikobasierte Authentifizierung

Die Zwei-Faktor-Authentifizierung ist eine zusätzliche Sicherheitsmaßnahme, die den Zugriff auf ein Konto oder eine Ressource schützt. Sie erfordert neben einem Passwort oder einer PIN auch die Angabe eines zweiten Faktors durch den Benutzer.

Dieser zweite Faktor kann ein Einmalcode sein, der per SMS, E-Mail oder App generiert wird, oder ein biometrischer Faktor wie ein Fingerabdruck oder ein Gesichtsscan. Die Zwei-Faktor-Authentifizierung erhöht die Sicherheit eines Kontos oder einer Ressource, indem sie es für Angreifer schwieriger macht, Zugang zu erhalten, auch wenn sie das Passwort oder die PIN kennen. Denn die Angreifer müssten auch den zweiten Faktor abrufen, um sich erfolgreich anzumelden.

Es gibt verschiedene Methoden der Zwei-Faktor-Authentifizierung, darunter:

- **SMS- oder E-Mail-TAN**
  Der Benutzer erhält einen Einmalcode per SMS oder E-Mail, den er eingeben muss, um sich anzumelden.
- **App-TAN**
  Der Benutzer verwendet eine Authentifizierungs-App, um einen Einmalcode zu generieren, den er eingeben muss, um sich anzumelden.
- **Biometrie**
  Der Benutzer verwendet einen biometrischen Faktor wie einen Fingerabdruck oder einen Gesichtsscan, um sich anzumelden.

Eine Zwei-Faktor-Authentifizierung kann dabei helfen, Angreifer in den folgenden Szenarien zu stoppen:

- **Phishing-Angriffe**
  Bei Phishing-Angriffen versuchen Angreifer, Benutzer dazu zu bringen, ihre Anmeldedaten preiszugeben. Wenn ein Benutzer eine Zwei-Faktor-Authentifizierung verwendet, ist es für den Angreifer viel schwieriger, Zugriff auf das Konto zu erhalten, selbst wenn er die Anmeldedaten kennt.
- **Passwort-Brute-Force-Angriffe**
  Bei Passwort-Brute-Force-Angriffen versuchen Angreifer durch wiederholtes Ausprobieren von Passwörtern Zugang zu einem Konto zu erhalten. Eine Zwei-Faktor-Authentifizierung macht es für Angreifer viel schwieriger, Zugang zu einem Konto zu erhalten, selbst wenn sie ein Passwort erraten.
- **Gerätewiederherstellung**
  Wenn ein Benutzer sein Gerät verliert oder es gestohlen wird, kann ein Angreifer das Gerät verwenden, um sich in das Konto des Benutzers einzuloggen, wenn der Benutzer keine Zwei-Faktor-Authentifizierung verwendet. Eine Zwei-Faktor-Authentifizierung macht es für Angreifer viel schwieriger, Zugang zu einem Konto zu erhalten, selbst wenn sie ein Gerät des Benutzers in ihren Besitz bringen.

Identity Authentication kann ebenfalls eine Zwei-Faktor-Authentifizierung umsetzen. Sie ist dort im Bereich der risikobasierten Konfiguration zu finden. Die Konfiguration erfolgt immer auf der Ebene eines Subaccounts bzw. der Applikation, die sich in Identity Authentication als Service Provider registriert hat. Im nachfolgenden

Beispiel zeigen wir Ihnen, wie Sie die risikobasierte Authentifizierung für einen Subaccount einrichten. Klicken Sie in Identity Authentication auf der Registerkarte **Applications & Resources** auf **Applications**, um eine Übersicht aller registrierten Applikationen zu sehen. Klicken Sie auf die gewünschte Applikation, die den Subaccount repräsentiert. Öffnen Sie in den Details der Applikation die Registerkarte **Authentication and Access** (siehe Abbildung 3.57). Klicken Sie auf den Eintrag **Risk-Based Authentication**, um die Konfiguration zu öffnen.

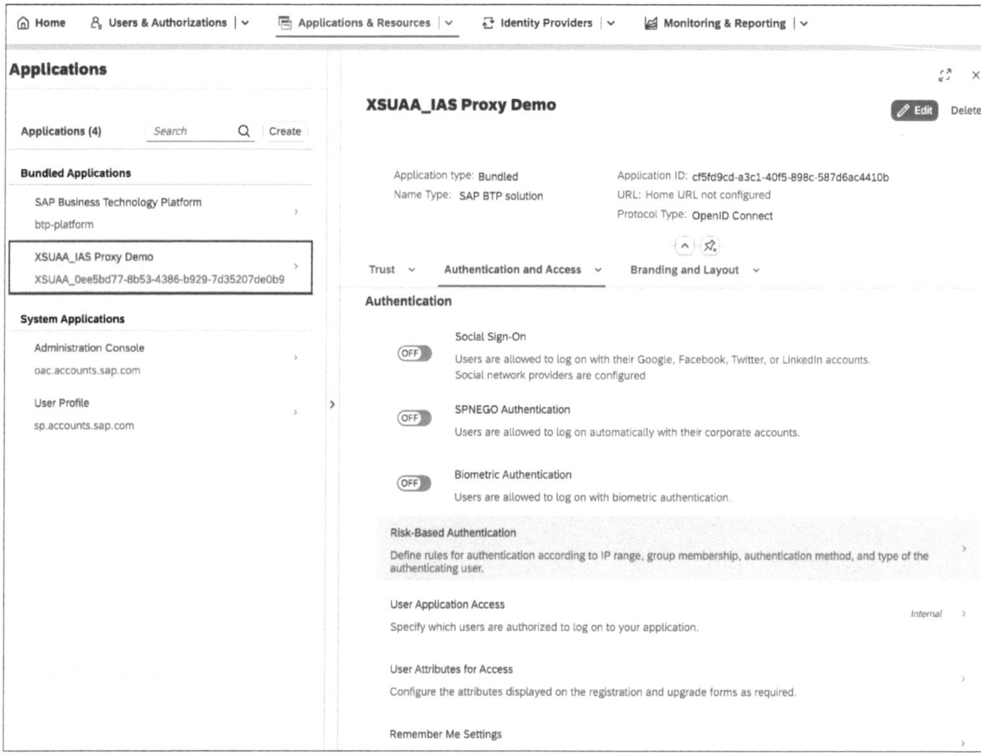

Abbildung 3.57 Risikobasierte Authentifizierung konfigurieren

Sie haben nun die Möglichkeit, eine Standardauthentifizierungsrolle zu hinterlegen. Dies geschieht im Bereich **Default Authentication Rule** im Feld **Default Action** (siehe Abbildung 3.58). Dort können Sie zwischen den Optionen **Allow**, **Deny** und **Two-Factor Authentication** wählen. Die Default Authentication Rule gilt nur, wenn keine andere Authentication Rule gefunden worden ist.

Eine *Risk-based Authentication* ist ein Ansatz für die Authentifizierung, der den Risikofaktor einer Anmeldung berücksichtigt. Die Risk-based Authentication verwendet eine Reihe von Faktoren, um das Risiko einer Anmeldung zu bewerten, darunter:

- **IP-Adresse des Benutzers**
  Anmeldungen von unbekannten oder gefährdeten IP-Adressen gelten als riskant.

- **Anmeldemethode**
  Anmeldungen mit schwachen Anmeldemethoden, wie z. B. einem einfachen Passwort, gelten als riskant.
- **Benutzertyp**
  Anmeldungen von externen Benutzern können beispielsweise als riskant eingestuft werden.
- **Gruppenzugehörigkeit**
  Anmeldungen von Benutzern, die einer bestimmten Gruppe zugewiesen sind, wie beispielsweise Administratoren, gelten als riskant.

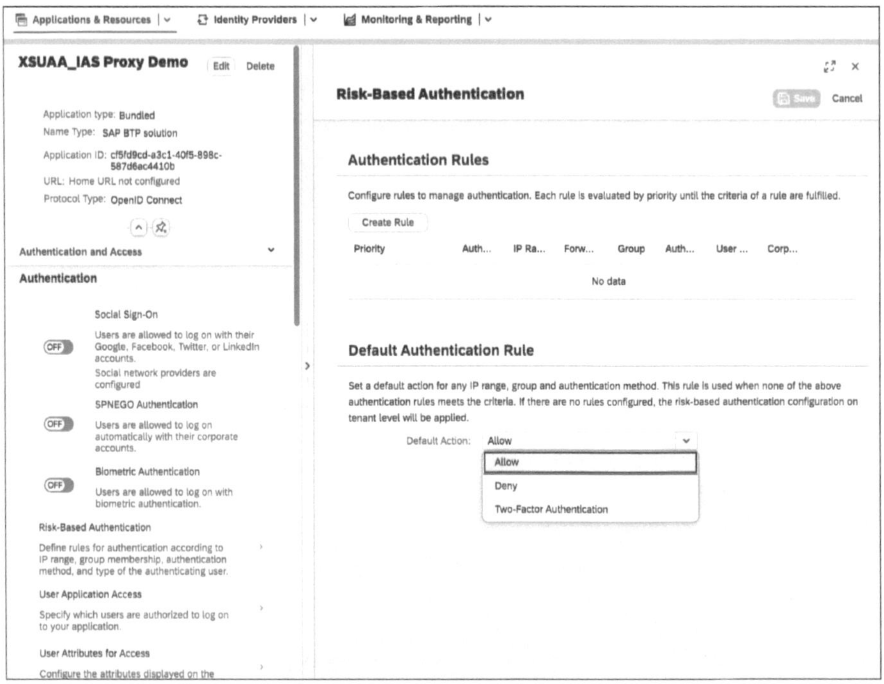

Abbildung 3.58 Standard-Authentication-Rule festlegen

Durch einen Klick auf **Create Rule**, haben Sie die Möglichkeit, Regeln für die Authentifizierung der Benutzer anzulegen. Im Beispiel in Abbildung 3.59 wurde als **Authentication Action** die Option **Two-Factor Authentication** gewählt. Im Feld **Two-Factor Methods** haben wir uns für **TOTP** entschieden. Zusätzlich stehen Ihnen die Optionen **Web Authentication** und **Email OTP Code** zur Verfügung. Die Optionen sind wie folgt zu verstehen:

- TOTP
  Bei der Identitätsauthentifizierung werden zwei Faktoren zur Authentifizierung des Benutzers herangezogen. Wenn Sie die TOTP-Zwei-Faktor-Authentifizierung

einstellen, müssen Benutzer zusätzlich zu ihren primären Anmeldedaten ein zeitbasiertes Einmalpasswort (Time-based One-time Password, TOTP), also einen sogenannten Passcode angeben. Die Benutzer müssen außerdem eine Authentifizierungsanwendung auf ihren mobilen Geräten installieren, um TOTPs zu generieren.

- **Webauthentifizierung**
  Benutzer müssen sich zusätzlich zu ihren primären Anmeldedaten mit einem Gerät wie dem integrierten biometrischen Scanner oder USB-, Bluetooth- oder NFC-Geräten (Near Field Communication) authentifizieren.
- **Email-OTP-Code**
  Wenn Sie den E-Mail-OTP-Code festlegen, müssen die Benutzer den an ihre E-Mail gesendeten Code zusätzlich zu ihren primären Anmeldedaten angeben. Aus Sicherheitsgründen ist der E-Mail-OTP-Code keine von SAP empfohlene Methode zur Zwei-Faktor-Authentifizierung. Sie können stattdessen eine der anderen Methoden verwenden.

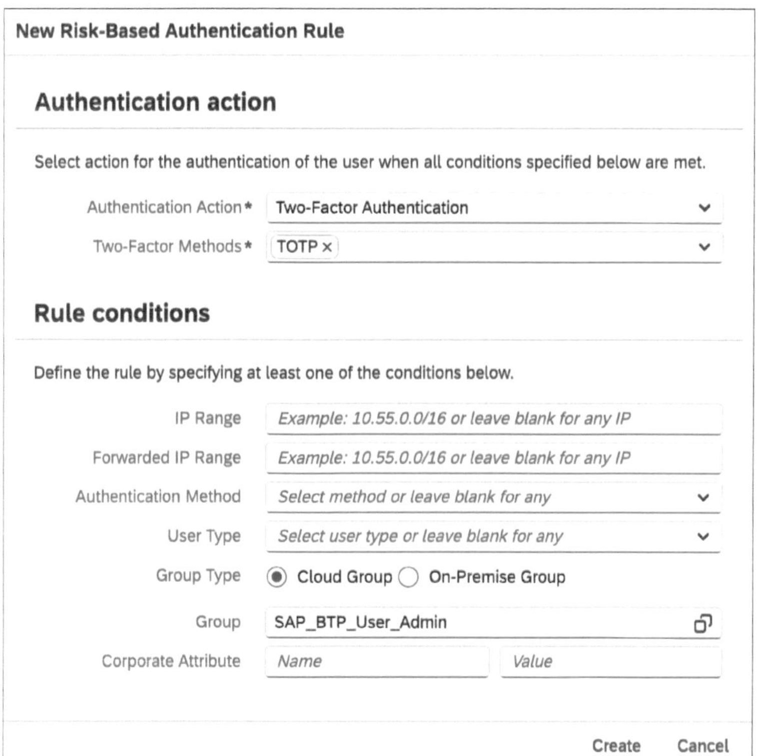

Abbildung 3.59 Authentication Rule anlegen

In unserem Beispiel wurde die Regel für die Gruppe SAP_BTP_User_Admin im Feld **Group** angelegt. Das heißt, dass sich nur dieser Gruppe zugordnete Benutzer einer Zwei-Faktor-Authentifizierung unterziehen müssen. Damit die Regel angelegt wird, müssen Sie abschließend auf **Create** klicken.

Sie haben die Möglichkeit, mehrere Regeln anzulegen. Die Regeln werden von oben nach unten durchlaufen, und die erste Regel, die gefunden wird, gilt. Im Beispiel in Abbildung 3.60 wurde eine zweite Regel für die Gruppe External mit der Authentication Action **Deny** angelegt. Dies bedeutet, dass der Zugriff für der Gruppe External zugeordnete Benutzer auf die Applikation abgelehnt wird.

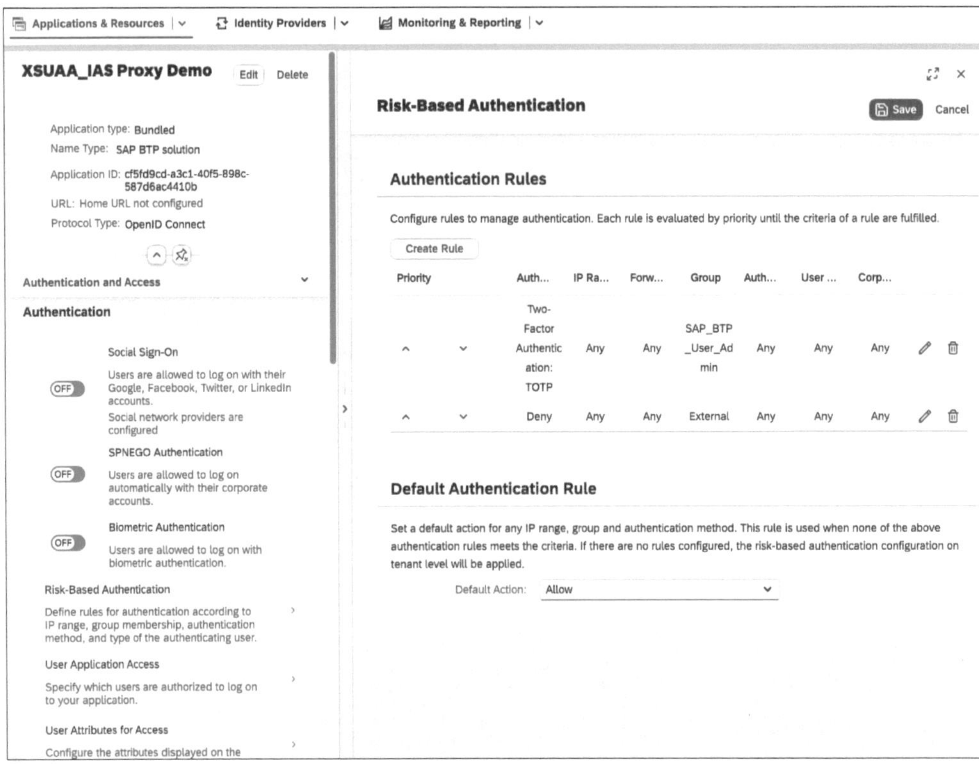

Abbildung 3.60 Authentication Rules

Nachdem Sie die Authentication Rules angelegt haben, können Sie den Zugriff auf die Applikation testen. Nach der erfolgreichen Identifikation wird die Zwei-Faktor-Authentifizierung aktiv (siehe Abbildung 3.61). In unserem Beispiel verwenden wir einen Benutzer für den Test, dem die Gruppe SAP_BTP_User_Admin zugewiesen worden ist. Beim erstmaligen Zugriff muss der Benutzer den QR-Code mit einer TOTP-App, beispielsweise dem Google Authenticator, scannen. Danach wird in der App der TOTP-Code angezeigt, der in das Feld **Passcode** eingegeben werden muss.

Abbildung 3.61 TOTP-Authentifizierung

Im Nutzerprofil haben Sie die Möglichkeit zu prüfen, ob eine Multi-Faktor-Authentifizierung für Ihr Benutzerkonto aktiv ist (siehe Abbildung 3.62).

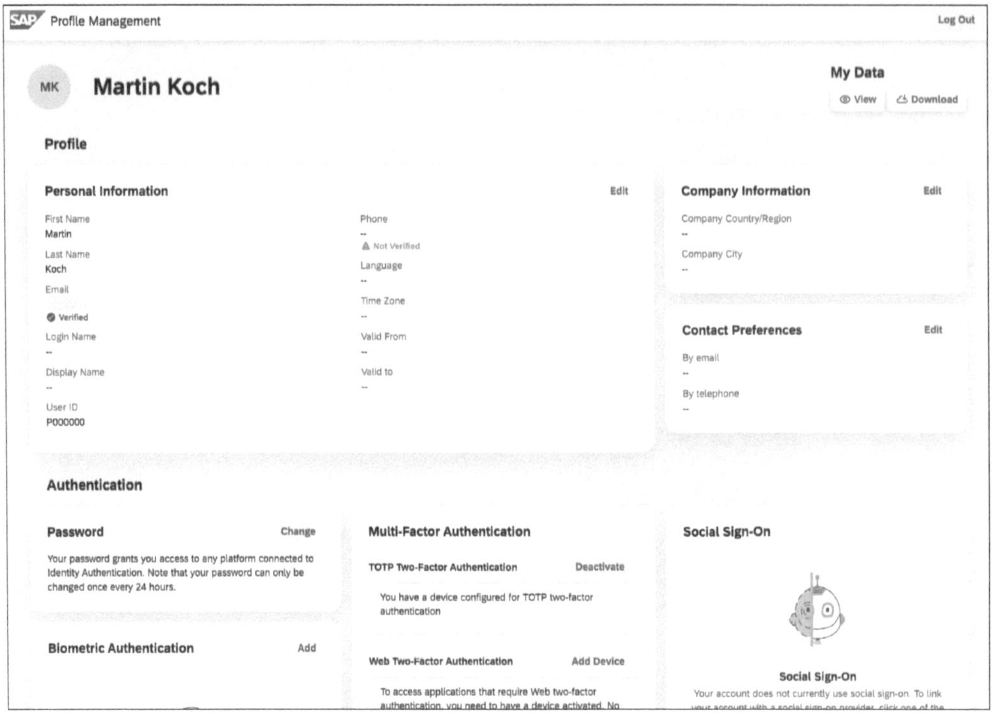

Abbildung 3.62 Multi-Faktor-Authentifizierung im Benutzerkonto

Sollten Sie Identity Authentication als Proxy zu einem Identity Provider eines Drittanbieters verwenden, kann die Multi-Faktor-Authentifizierung auch auf dem jeweiligen Identity Provider, beispielsweise Microsoft Entra ID, erfolgen.

3.5 Praxisbeispiel: Conditional Authentication

In manchen Fällen ist es gewünscht, dass die Identifizierung für bestimmte Benutzer gegen den unternehmensinternen Identity Provider beispielsweise in Microsoft Entra ID läuft. Für alle anderen Benutzer soll die Authentifizierung jedoch gegen Identity Authentication laufen. Genau dieses Szenario lässt sich mit der sogenannten *Conditional Authentication* in Identity Authentication abbilden. Dort können Sie Regeln für die Authentifizierung nach E-Mail-Domäne, Benutzertyp, Benutzergruppe und IP-Bereich der Benutzer festlegen. Die Conditional Authentication wird pro Subaccount festgelegt. Navigieren Sie dazu in Identity Authentication über die Registerkarte **Applications & Resources** hin zu **Applications**. Klicken Sie dort auf die Registerkarte **Trust** und danach im Bereich **Conditional Authentication** auf den Eintrag **Conditional Authentication** (siehe Abbildung 3.63).

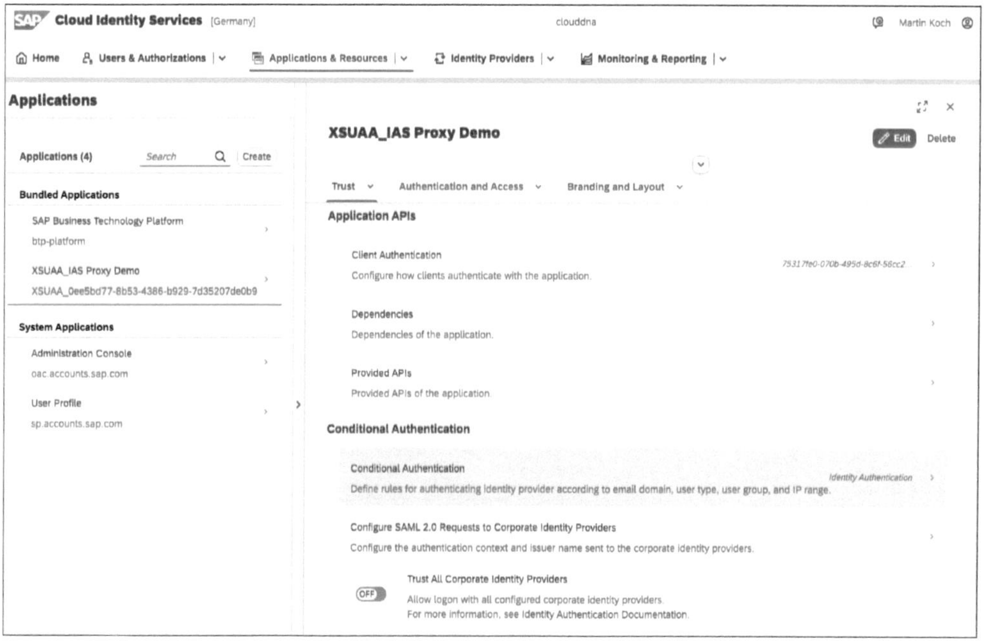

Abbildung 3.63 Service Provider konfigurieren

Sie müssen im Bereich **Default Authenticating Identity Provider** zwingend einen **Default Identity Provider** hinterlegen. Dieser ist im Standard immer auf **Identity Authentication** gesetzt (siehe Abbildung 3.64). Das heißt, dass die Benutzer gegen Identity Authentication authentifiziert werden. Sie können den Default Identity Provider in jeden Corporate Identity Provider ändern, der zuvor in Identity Authentication angelegt worden ist. In diesem Fall agiert Identity Authentication als Proxy. Die Konfiguration kennen Sie aus Abschnitt 3.3, »Praxisbeispiel: SAP Identity Authentication Service als Proxy zu Microsoft Entra ID«. Sie können jedoch auch durch einen Klick auf **Add Rule** Regeln anlegen, die geprüft werden, bevor der Default Identity Provider aufgerufen wird.

In Abbildung 3.65 sehen Sie die Konfiguration einer Conditional Authentication Rule. Im ersten Schritt müssen Sie im Feld **Identity Provider** den Identity Provider auswählen, der aufgerufen wird, wenn die Regel positiv evaluiert wird. Danach können Sie die Konditionen pflegen, die für diese Regel geprüft werden. In unserem Beispiel sehen Sie, dass das Feld **Email Domain** mit »clouddna.at« befüllt wurde. Das bedeutet, dass ein Benutzer, der sich mit einer clouddna.at-E-Mail-Adresse anmeldet, an den konfigurierten Identity Provider weitergeleitet wird.

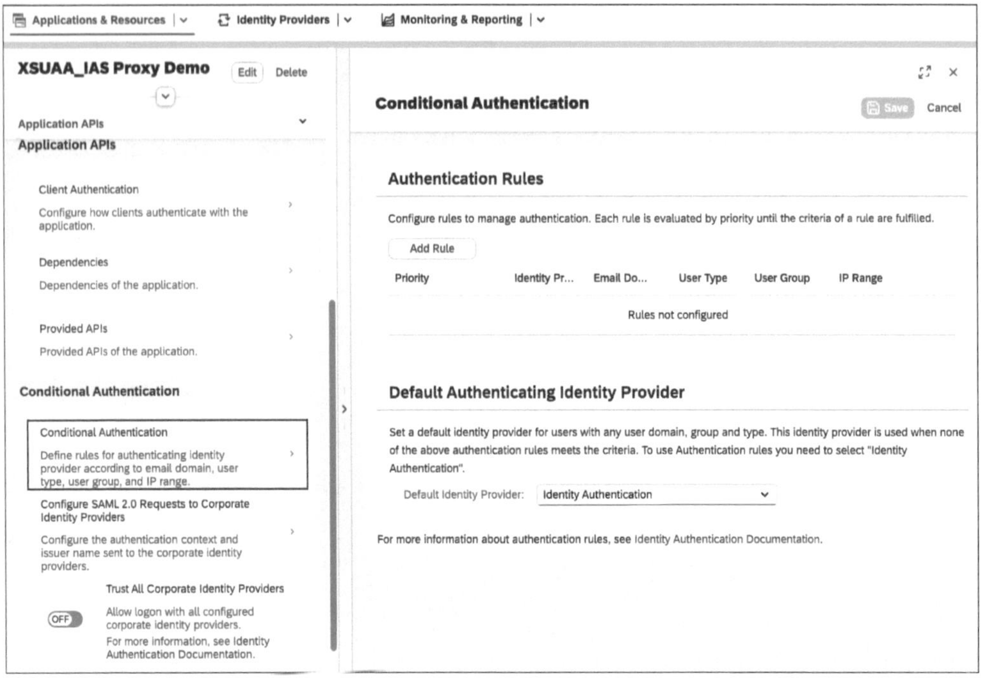

Abbildung 3.64 Conditional Authentication einrichten

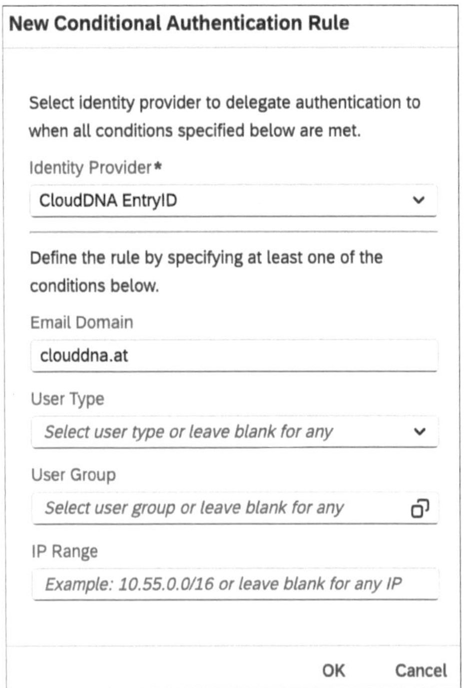

Abbildung 3.65 Conditional Authentication Rule anlegen

Danach können Sie die Anmeldung mit Benutzern testen, bei denen eine Regel positiv evaluiert wird. Wie Sie in Abbildung 3.66 erkennen können, wird in der Anmeldemaske lediglich das Feld **Email or User Name** angezeigt. Das Passwort wird erst im nächsten Schritt geprüft, nachdem die Conditional Authentication Rules geprüft worden sind.

Abbildung 3.66 Anmeldung testen

Kapitel 4
Global Accounts administrieren

4

Wenn Sie in die Welt der SAP BTP eintauchen, beginnt Ihre Reise mit der Zuweisung eines Global Account. Dieses zentrale Element ist weit mehr als nur ein Benutzerkonto: Es ist die Schaltzentrale für Cloud-Ressourcen, Lizenzen und die Benutzerverwaltung. Ein umfassendes Verständnis für das Management der Global Accounts ist entscheidend, um das Potenzial der SAP BTP auszuschöpfen.

Sobald Sie SAP-BTP-Dienste lizenzieren, erhalten Sie einen Global Account. Ursprünglich war vorgesehen, dass jeder Kunde genau einen Global Account hat. Allerdings können Kunden in der Praxis mehrere Global Accounts besitzen. Dies tritt z. B. auf, wenn Kunden die Integration Services für die SAP BTP zusätzlich zu einem SAP-SaaS-Produkt wie SAP SuccessFactors nutzen. Ebenso erhalten Sie zwei Global Accounts, wenn Sie manche Services im Abonnementmodell und andere über ein Cloud Platform Enterprise Agreement (CPEA) beziehen. Global Accounts werden nur von SAP bereitgestellt und können nicht von Kunden eigenständig erstellt werden. Generell gilt: Im Global Account fassen Sie Ihre Subaccounts zusammen und treffen übergreifende (globale) Einstellungen.

Global Accounts sind geografisch unabhängig, während Sie auf der darunterliegenden Ebene, den Subaccounts, die Region aussuchen können, in der der jeweilige Subaccount gehostet wird. Auf der Ebene der Global Accounts kümmern Sie sich um die im Unternehmen verfügbaren Lizenzen und deren Zuteilung an die unterschiedlichen Umgebungen, in denen entwickelt wird oder in denen Ihre Cloud-Lösungen produktiv betrieben werden. Es ist der Einstiegspunkt zur Verwaltung und Gruppierung der Subaccounts und zur Ressourcen- und Lizenzzuordnung.

In Abschnitt 4.1, »Zugang zum Global Account«, erfahren Sie, wie Sie Zugang zu Ihrem Global Account erhalten und wie Sie zwischen verschiedenen Global Accounts wechseln können. Abschnitt 4.2, »Authentication und Authorization Management«, behandelt das Benutzermanagement im Global Account, inklusive Rollen und Sammelrollen. Dieses Thema ist weniger komplex als beim Subaccount, wir weisen jedoch schon hier darauf hin, dass die Administrationsberechtigungen im Global Account äußerst mächtig und daher kritisch sind. In Abschnitt 4.3, »Verzeichnisse«, erlernen Sie den Umgang mit Verzeichnissen, mit denen Sie Subaccounts strukturieren und auch strukturiert berechtigen können. In Abschnitt 4.4, »SAP-BTP-Booster«, lernen

Sie die Booster kennen, die im SAP-BTP-Umfeld dazu dienen, neue Subscriptions und administrative Vorgänge zu beschleunigen. Weitere Informationen zur Systemlandschaft und den sogenannten Resource Providern als subaccount-übergreifende administrative Einheiten erhalten Sie in Abschnitt 4.5, »Systemlandschaft«, und Abschnitt 4.6, »Resource Provider«. Wie Sie Ressourcen oder Dienste mithilfe von Entitlements zuteilen, erfahren Sie in Abschnitt 4.7, »Entitlements«. Abschnitt 4.8, »Usage Monitoring«, widmet sich schließlich dem Thema Usage Monitoring. Sie lernen in diesem Abschnitt, wie Sie wichtige Leistungskennzahlen überwachen und Ihre Ressourcen effizient nutzen können, um die SAP BTP optimal zu nutzen.

4.1 Zugang zum Global Account

Der Zugang zu Ihrem SAP BTP Cockpit erfolgt über die URL *https://<region>.cockpit.btp.cloud.sap/cockpit/#/globalaccount/*. Als Region kann beispielsweise *emea* eingesetzt werden.

Link zur Anmeldung

Bis vor Kurzem erfolgte die Anmeldung unter *www.s-prs.de/v100200016*. Dieser Link funktioniert auch noch, leitet die Anfrage dann aber um.

Nach erfolgreicher Authentifizierung gelangen Sie zu dem Global Account, der Ihnen zuletzt angezeigt wurde (siehe Abbildung 4.1).

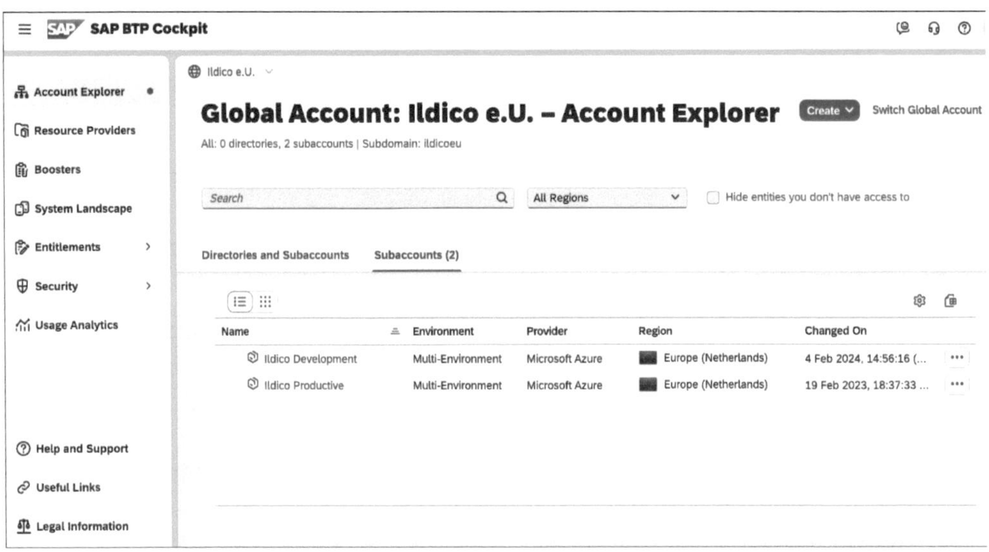

Abbildung 4.1 Übersicht der Subaccounts nach dem Login in den Global Account

Sollte Ihnen nicht nur ein Global Account zugeordnet sein, können Sie mit einem Klick auf **Switch Global Account** zwischen den einzelnen Accounts wechseln (siehe Abbildung 4.2).

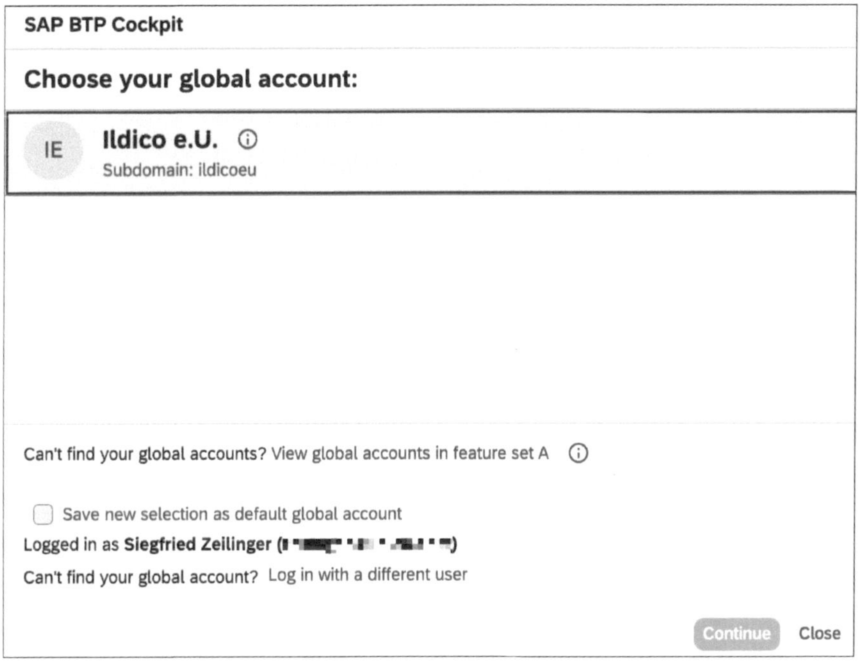

Abbildung 4.2 Zwischen Global Accounts umschalten

Einem Global Account können beliebig viele Subaccounts zugeordnet sein, die Sie selbst anlegen und verwalten können. Wie Sie Subaccounts anlegen und verwalten, lesen Sie in Kapitel 5, »Subaccounts administrieren«.

Im Subaccount verlorene Berechtigung

Vom Global Account aus können Sie für jeden Subaccount im Kontextmenü mit der Funktion **Add me as admin** eine Berechtigung erhalten. Das hilft speziell dann, wenn beispielsweise in der Administration ein Personalwechsel stattgefunden hat oder jemand plötzlich nicht greifbar ist. Diese Aktionen werden natürlich im Audit Log dokumentiert.

4.2 Authentication und Authorization Management

Die Nutzerauthentifizierung auf der Global-Account-Ebene erfolgt zunächst durch den SAP ID Service. Als Kunde loggen Sie sich typischerweise mit Ihrem S-User ein, der für den Global Account hinterlegt ist. Dieser S-User wird Ihnen in einer Willkommens-E-Mail mitgeteilt und ist für die Verwaltung des Global Account zuständig. Er hat als einziger initial Zugriff auf den Identity Authentication Service der SAP BTP und besitzt standardmäßig die Administratorrolle.

Seit einiger Zeit ist es nun auch möglich, Ihren eigenen Identity Authentication Tenant für die Authentifizierung im SAP BTP Cockpit zu verwenden. Diese Möglichkeit stellen wir Ihnen in Abschnitt 4.2.1, »Benutzermanagement«, vor liefern Ihnen einen Praxisdemonstration in Abschnitt 4.2.3, »Praxisbeispiel: Authentifizierung über die SAP Cloud Identity Services im Global Account einrichten«.

4.2.1 Benutzermanagement

Die Benutzer Ihres Global Account finden Sie über den Pfad **Security • Users** in Ihrem SAP BTP Cockpit (siehe Abbildung 4.3).

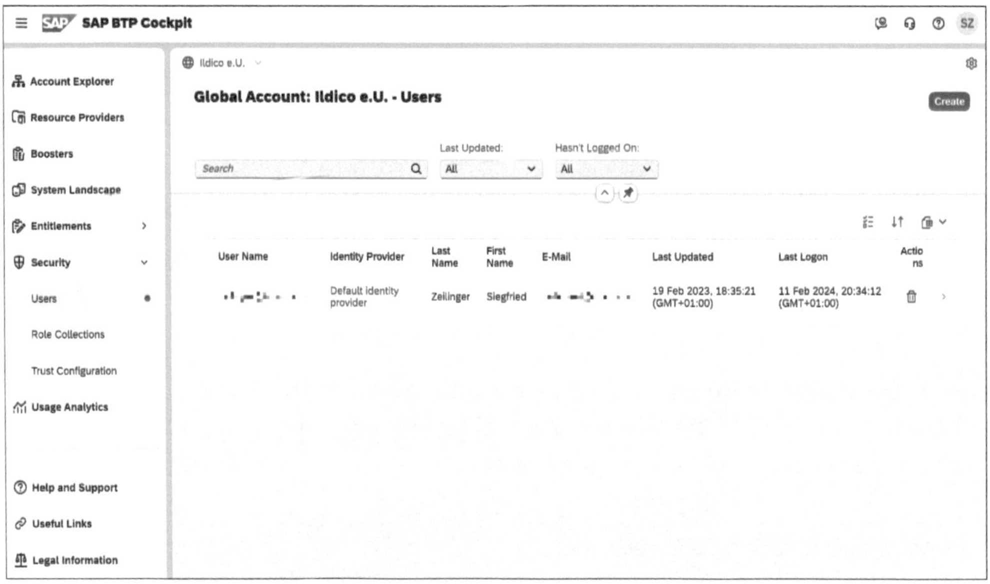

Abbildung 4.3 Benutzer im Global Account

Wir empfehlen Ihnen, mindestens zwei Administratoren einzusetzen, da es passieren kann, dass Sie sich für eine Stunde aus der SAP BTP aussperren, wenn Sie das Passwort einige Male falsch eingegeben haben bzw. wenn jemand versucht hat, sich unberechtigt mit Ihrem Benutzer anzumelden. Außerdem ist im Urlaubs- und Krankheitsfall eine Vertretungsmöglichkeit sinnvoll.

[!]

Wer benötigt Zugriff auf den Global Account?

Aus unserer Sicht benötigen auf den Global Account nur solche Benutzer Zugriff, die, ähnlich wie die SAP-Basis-Abteilung, im Unternehmen damit zu tun haben, neue Subaccounts zu erstellen sowie bestehende Subaccounts zu monitoren und zu konfigurieren.

Benutzer, die in einem Subaccount entwickeln oder eine Anwendung nutzen, benötigen **keinen** Zugriff auf den Global Account, da diese Benutzer für den Subaccount berechtigt werden können und ein Zugriff auf den Global Account keinen Mehrwert bietet.

Mitarbeitende der Revisionsabteilung, der Audit-Abteilung und gegebenenfalls des Betriebsrates können, falls sie diesen benötigen, einen lesenden Zugriff für den Global Account erhalten (siehe Abschnitt 4.2.2, »Roles und Role Collections«).

Die Anzeige von **Default identity provider** als **Identity Provider** bedeutet an der Stelle, dass der SAP ID Service konfiguriert ist (siehe Abbildung 4.3). An sich ist eine Authentifizierung über diesen Identity Provider ausreichend, Sie können aber auch die SAP Cloud Identity Services verwenden. Diese bestehen u. a. aus dem Identity Authentication Service und können Daten individuell halten. Das heißt, dass die Benutzer, die über Identity Authentication authentifiziert werden, nicht zwingend einen Account bei SAP benötigen, sondern direkt in Identity Authentication angelegt werden können. Außerdem kann Identity Authentication auch verwendet werden, um die Authentifizierung an Ihren lokalen Verzeichnisserver (z. B. Microsoft Entra ID oder Microsoft Active Directory, On-Premise-Version) weiterzugeben. Der entscheidende Vorteil einer solchen Konfiguration ist, dass die Benutzer im Lebenszyklus Ihrer Organisation existieren, d. h., dass die Gültigkeitsdaten von Ihren Unternehmensservern übernommen werden und Änderungen daher Auswirkungen bis hin zur Administration des Global Account haben.

Ein weiterer Aspekt der Einrichtung der SAP Cloud Identity Services ist, dass der in den Services enthaltene Identity Authentication damit zum Platform Identity Provider wird; dieser kann in allen Subaccounts verwendet werden.

Identity Authentication wird in Abschnitt 5.2.2, »Trust-Konfiguration und weitere Identity Provider«, ausführlich auf der Ebene der Subaccounts behandelt, inklusive eines Beispiels der Anbindung von Identity Authentication an einen Subaccount in Abschnitt 5.2.4, »Praxisbeispiel: Authentifizierung an einem Subaccount mit Identity Authentication«. Daher verkürzen wir die Anleitung zur genauen Einrichtung hier. Die Anbindung des Global Account an Identity Authentication ist an dieser Stelle also eher ein Randthema.

Unterschiede der Trust-Konfiguration von Subaccount und Global Account

Im Global Account haben Sie die folgenden Möglichkeiten in der Trust-Konfiguration:

- SAP ID Service
- Identity Authentication Tenant als Platform Identity Provider

Im Subaccount können Sie zwischen den folgenden Alternativen wählen:

- SAP ID Service
- Identity Authentication Tenant
- SAML-Konfiguration

Im Global Account können Sie also **keine direkte** SAML-Konfiguration vornehmen. Über Identity Authentication ist dies natürlich möglich. Ein wesentlicher Vorteil ist hierbei u. a., dass alle beteiligten Authentifizierungsmethoden am Global Account unter der Kontrolle von SAP stehen und Sie damit beim Auftreten eines SAML-Fehlers oder bei einem Security-Hack in Ihrem Trusted System gezielt Hilfe von SAP erhalten.

Um Benutzer hinzuzufügen, können Sie mit einem Klick auf den Button **Create** einen neuen Benutzer anlegen.

Auf der Anmeldemaske, wie Sie sie in Abbildung 4.4 sehen, geben Sie die E-Mail-Adresse des neuen Benutzers an. Mit dieser E-Mail-Adresse muss der zugrundeliegende SAP-S- oder P-Benutzer verknüpft sein. Durch einen Klick auf den Button **Create** wird der neue Benutzer angelegt.

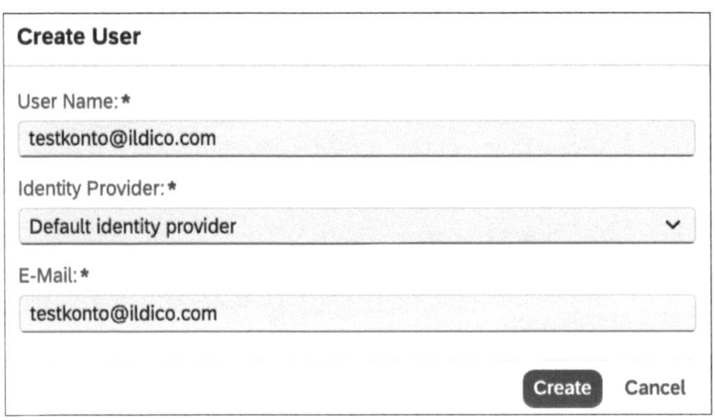

Abbildung 4.4 Benutzerdaten konfigurieren

Nach der Anlage des Benutzers können Sie im Bereich rechts unten eine Role Collection auswählen (siehe Abbildung 4.5). Informationen zu den Role Collections finden Sie in Abschnitt 4.2.2, »Roles und Role Collections«.

Testweise klicken Sie auf **Assign Role Collection** und weisen dem neuen Benutzer anschließend die Rolle **Global Account Viewer** zu (siehe Abbildung 4.6). Durch einen

Klick auf den Button **Assign Role Collection** wird die Role Collection dem Benutzer zugewiesen.

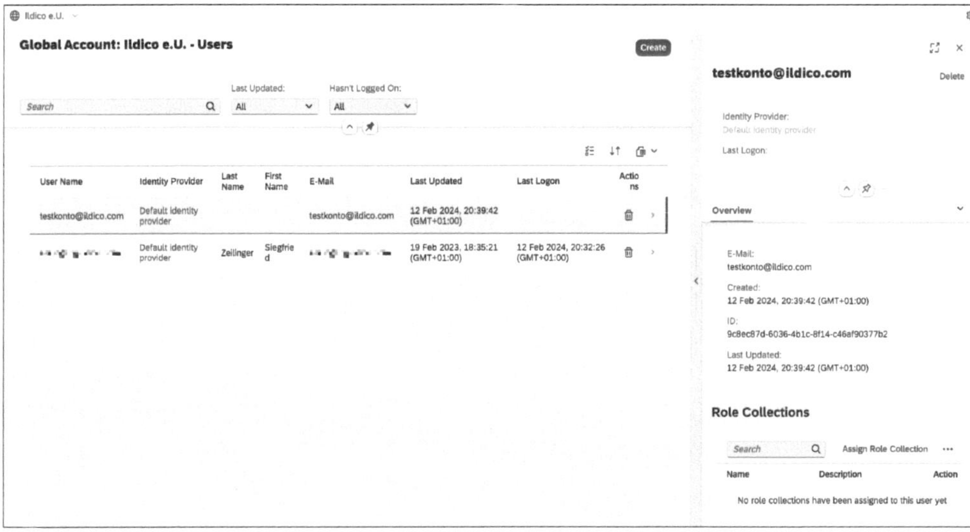

Abbildung 4.5 Angelegter Benutzer mit geöffneten Benutzerdetails

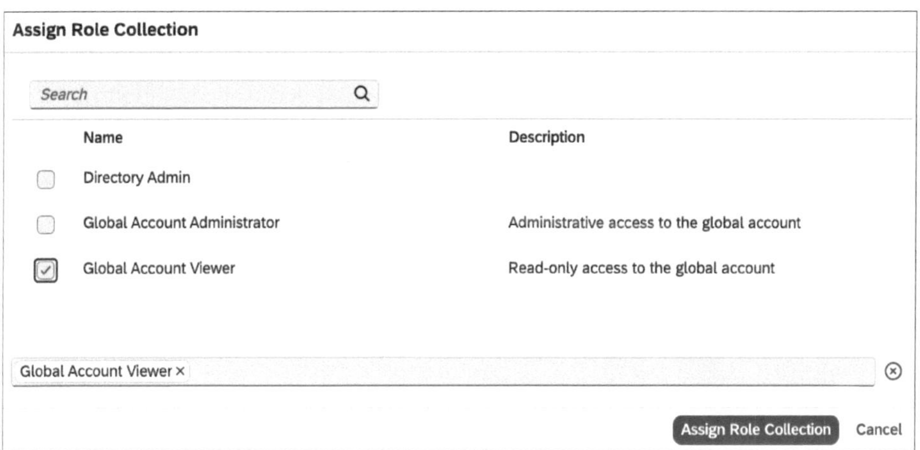

Abbildung 4.6 Role Collection einem Benutzer zuweisen

Sie sehen nun in der Benutzerübersicht unter **Role Collections** die zugewiesene Role Collection (siehe Abbildung 4.7).

Für Benutzer, denen Sie mit der Authentifizierungsart SAP ID Service auf der SAP BTP Berechtigungen erteilen, müssen Sie beachten, dass diese Benutzer auch in Ihrem Unternehmen unter der E-Mail-Adresse bekannt sein müssen, die bei der Registrierung verwendet wird. Auch bei Testbenutzern muss es also in Ihrem Unternehmen ein zugehöriges E-Mail-Postfach geben. Sie können dazu eine SAP Universal ID registrieren (einen sogenannter *P-User*), oder aber – und das empfehlen wir – können Sie diese Benutzer als S-User über Ihr Unternehmen im SAP Support Portal anmelden. Damit haben Sie z. B. die Gültigkeit des Accounts im Griff.

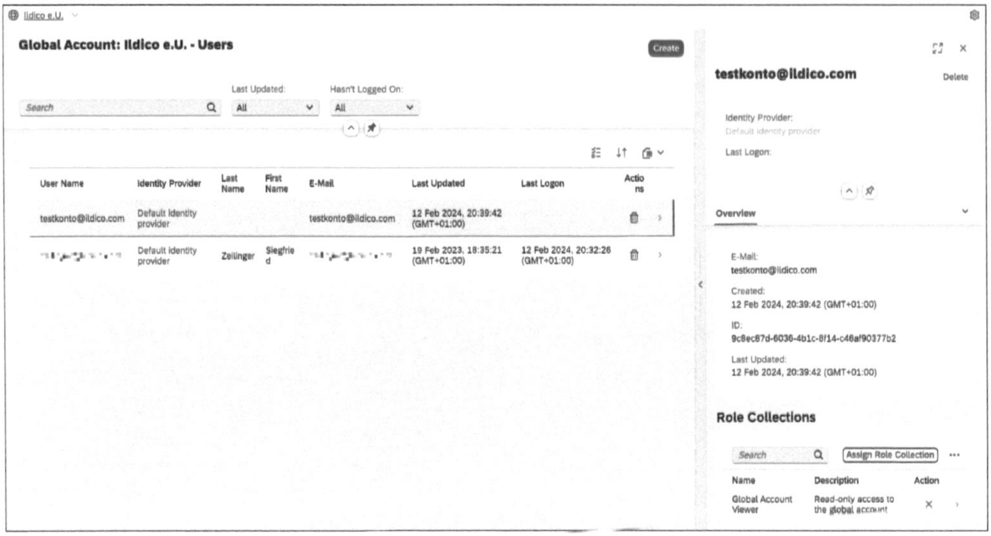

Abbildung 4.7 Benutzer mit zugewiesener Role Collection

Sollten Sie den gewählten Benutzer noch nicht im Unternehmen angelegt haben, folgen Sie dem Link *www.s-prs.de/v100200017* und melden sich als Benutzeradministrator bei SAP for Me an. Klicken Sie dort auf **Manage Users & Authorizations in SAP for Me** (Abbildung 4.8).

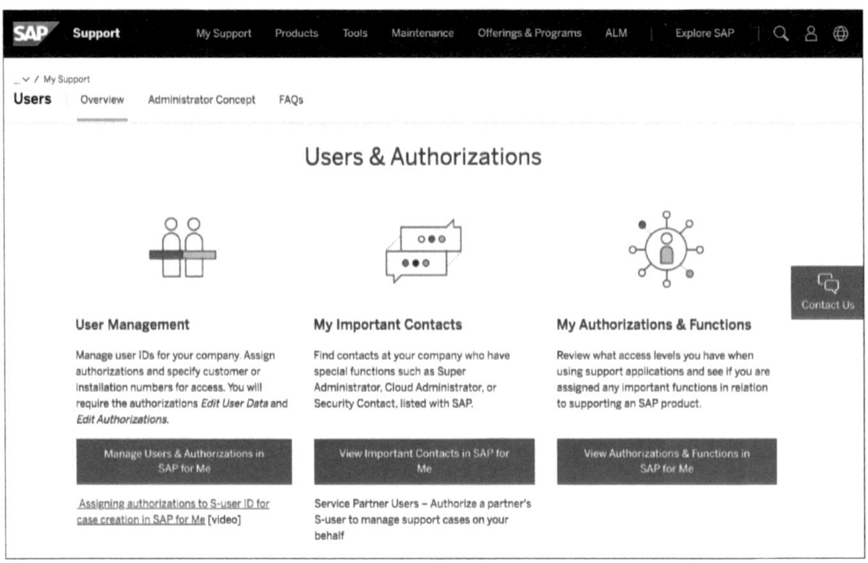

Abbildung 4.8 In das SAP-Support-Benutzermanagement einloggen

Klicken Sie daraufhin auf den Button **Benutzer beantragen**, um einen neuen Benutzer für Ihr Unternehmen anzulegen (siehe Abbildung 4.9).

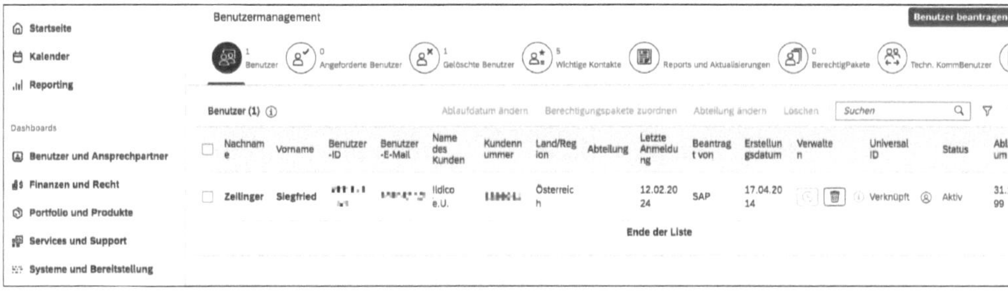

Abbildung 4.9 Benutzerübersicht in SAP for Me

Geben Sie nun den Vor- und Nachnamen sowie die E-Mail-Adresse ein, und klicken Sie auf den Button **Beantragen** (siehe Abbildung 4.10).

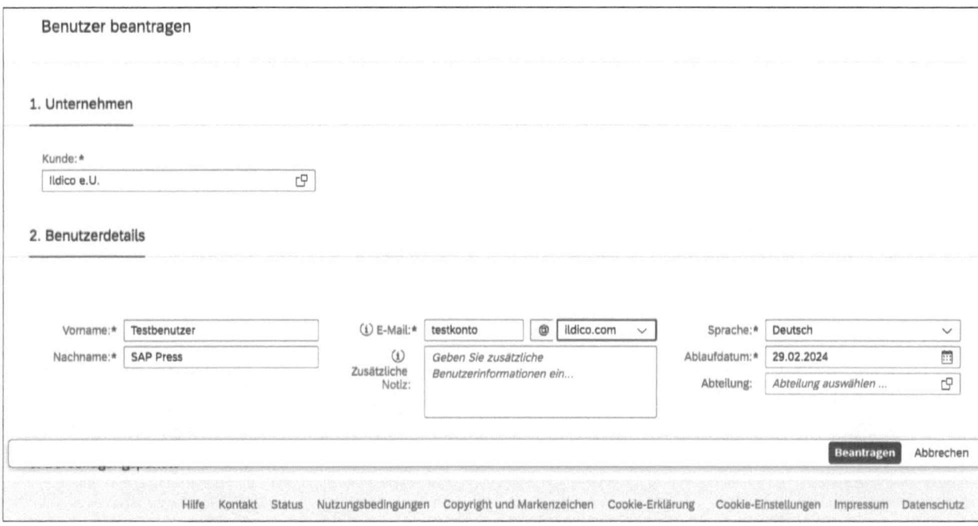

Abbildung 4.10 Benutzer beantragen

Anschließend wird Ihnen eine Erfolgsmeldung über die Anlage des Benutzers angezeigt. Nun kann der Benutzer nach einer gewissen Freischaltzeit verwendet werden. Diese ist meist abhängig von der Tageszeit und bewegt sich aus eigener Erfahrung immer unter 60 Minuten.

In einem neuen Browserfenster können Sie dann den Link zu Ihrem Global Account erneut eingeben und sich mit der E-Mail-Adresse des neu angelegten Benutzers anmelden.

Nach der Anmeldung erkennen Sie an dem Button mit dem Schloss-Icon [🔒], dass Sie einen rein lesenden Zugriff auf dem Global Account haben (wir hatten ja nur die Ansichtsrolle **Global Account Viewer** zugewiesen); siehe Abbildung 4.11.

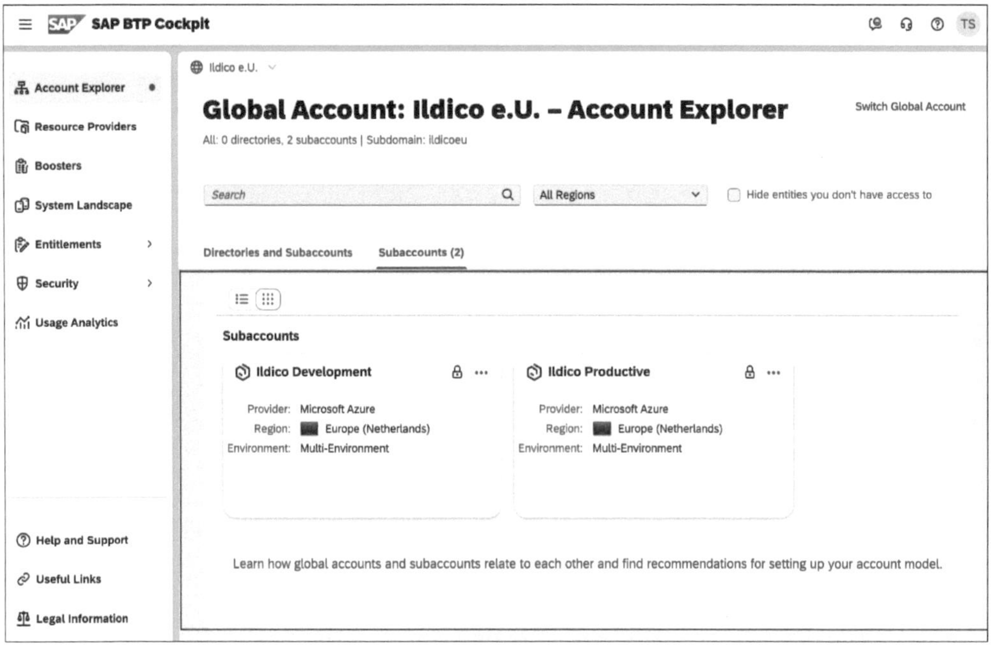

Abbildung 4.11 Lesender Zugriff des angelegten Testbenutzers

In der Benutzerübersicht können Sie nun sehen, dass für den neu angelegten Benutzer ein Datum unter **Last Logon** eingetragen ist – der Benutzer und das Reporting funktionieren also wie erwartet (siehe Abbildung 4.12).

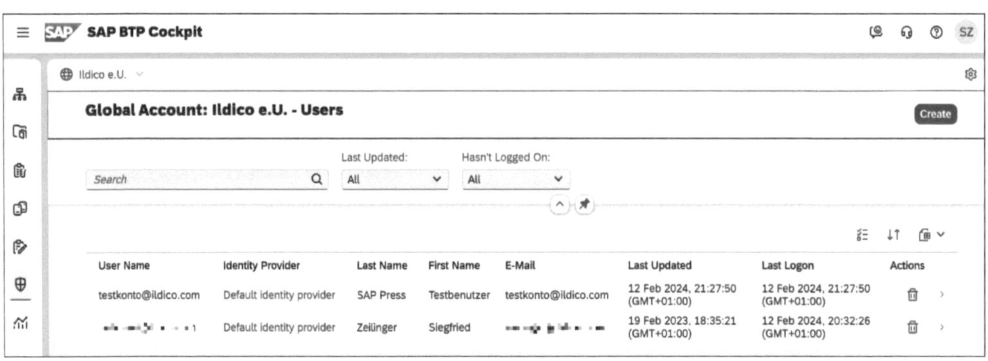

Abbildung 4.12 Letztes Anmeldedatum in der Benutzerübersicht

Unterschied zwischen S- und P-User

Beachten Sie einen weiteren Unterschied zwischen den S-User- und P-User-Einträgen: S-User laufen nach spätestens zwei Jahren ab und müssen von einem Benutzerverwalter in SAP for Me verlängert werden. P-User sowie die Zuweisungen im Default Identity Provider laufen im Gegensatz dazu **nie** ab, und es muss ihnen zumindest die Role Collection entzogen werden. Wir empfehlen aber, die Role Collection im Global Account zu löschen – Sie können über den Audit Log immer noch auswerten, wer wann Zugriff auf den Global Account hatte.

Sie sind in diesem Kapitel schon mehrfach dem Default Identity Provider begegnet. Navigieren Sie im SAP BTP Cockpit Ihres Global Account über den Menüpfad **Security • Trust Configuration**. Sie sehen dort die verknüpften Identity Provider (siehe Abbildung 4.13).

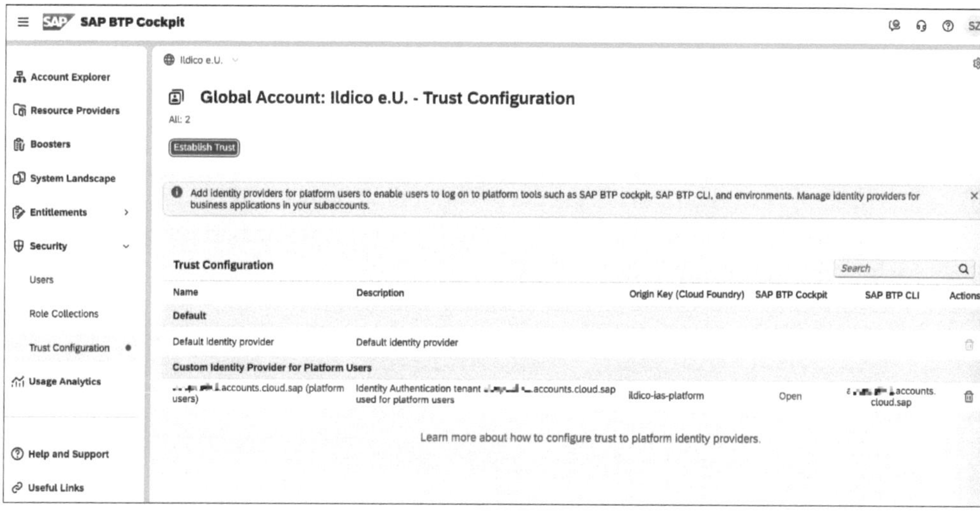

Abbildung 4.13 Identity Provider im SAP BTP Cockpit

Sie sehen unter **Default identity provider** noch einen Custom Identity Provider. Wie Sie diesen erstellen, lesen Sie in Abschnitt 4.2.3, »Praxisbeispiel: Authentifizierung über die SAP Cloud Identity Services im Global Account einrichten«. Benutzer eines Custom Identity Providers können Sie ebenfalls in Ihrem SAP BTP Cockpit berechtigen. Praktischerweise können Sie auch mit einem Klick auf **Open** in den Provider (bei dem es sich um den dahinterliegenden Identity Authentication Tenant handelt) abspringen.

Da wir das in Abschnitt 4.2.3, »Praxisbeispiel: Authentifizierung über die SAP Cloud Identity Services im Global Account einrichten«, noch ausführlicher behandeln, haben wir in Abbildung 4.14 einen Benutzer aus Identity Authentication als Global Account Administrator hinzugefügt.

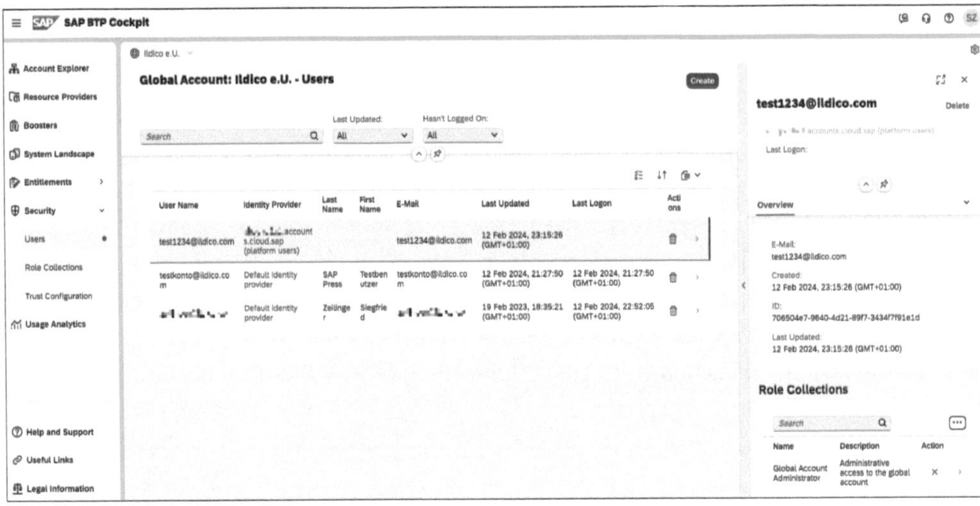

Abbildung 4.14 Identity-Authentication-Benutzer in der Benutzerliste des Global Account

Wie Sie bei einem Absprung in Identity Authentication sehen können, können Sie nun in Identity Authentication über den Menüpunkt **Multi-Factor Authentication** auf der Registerkarte **Authentication** eine Multifaktor-Authentifizierung konfigurieren (siehe Abbildung 4.15).

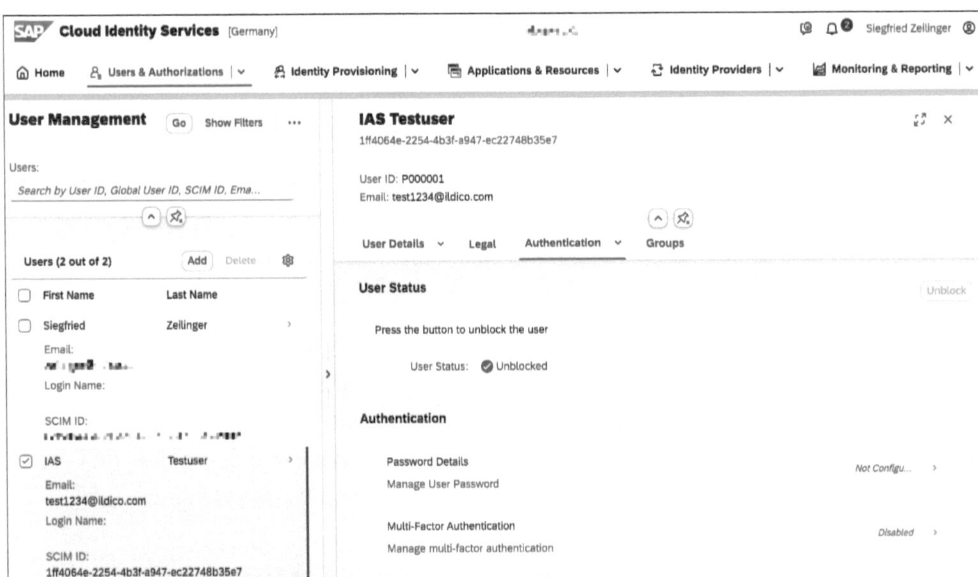

Abbildung 4.15 Testbenutzer im Identity Authentication Tenant

Außerdem können Sie mit der Eingabe eines Beginn- und Enddatums auf der Registerkarte **User Details** in den Feldern **Valid From** und **Valid To** einen Benutzerlebenszyklus definieren (siehe Abbildung 4.16).

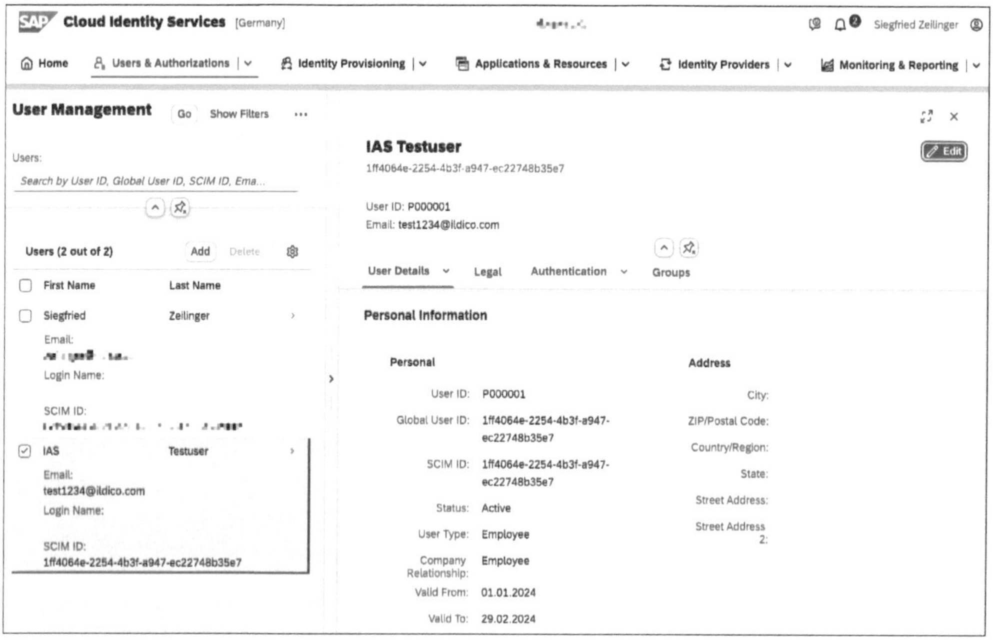

Abbildung 4.16 Benutzerdetails mit Beginn- und Enddatum des Testbenutzers

Praktische Überlegungen zur Nutzung von Identity Authentication und zu den Global Accounts

Wir empfehlen, die Global-Account-Administrationsbenutzer über Identity Authentication anzubinden und eine 2-Faktor-Authentifizierung zu verwenden. Den SAP ID Service würden wir deaktivieren, da dieser keine 2-Faktor-Authentifizierung sicherstellt und da hier die Accounts bei der Falscheingabe von Passwörtern für eine Stunde gesperrt werden. Dies ist in der Praxis bei einer Attacke natürlich von sehr großer Relevanz, da man dadurch nach dem Zugriff auf den Global Account sämtliche Administrationskonten stundenlag sperren könnte.

Es gibt Kunden, die einen Break Glass Account, also einen lokalen Benutzer mit höchsten Rechten, im SAP ID Service ablegen und das Passwort dazu sicher verwahren. Wenn Sie das auch tun möchten, stellen Sie sicher, dass die Mailbox des Break Glass Account weitergeleitet und geprüft wird. Sollten Sie dort auffällige Meldungen erhalten (z. B. Anmeldeversuche und versuchte Passwortrücksetzungen, ändern Sie den Benutzernamen).

Für besonders riskante Szenarien können Sie auch eine eigene Domäne in Erwägung ziehen, die nicht mit dem eigenen Unternehmen in Verbindung gebracht wird und die Sie dann für die Verwaltungsbenutzer verwenden (z. B. domain1.dev). Damit verhindern Sie Wörterbuchattacken mit bekannten Firmennamen in der kritischen Infrastruktur in der Cloud.

4.2.2 Roles und Role Collections

Von SAP werden im Global Account Sammelrollen, sogenannte *Role Collections*, ausgeliefert.

In einer Standardinstallation stehen die folgenden drei Role Collections zur Auswahl:

- **Global Account Administrator**
  Diese Role Collection ermöglich vollen Zugriff auf den Global Account. Sie können damit Benutzer verwalten, Subaccounts erstellen, ändern und löschen und die technischen Einstellungen wie z. B. Quotas und Entitlements verwalten (siehe Abschnitt 4.7, »Entitlements«). Ein Benutzer hat damit auch das Recht, sich bei jedem der Subaccounts als Administrator zu berechtigen.
- **Global Account Viewer**
  Mit dieser Role Collection können Sie auf den vollständigen Global Account im Lesemodus zugreifen.
- **Directory Admin**
  Diese Role Collection ermöglicht das Management von Verzeichnissen, die die Subaccounts gruppieren. Diese werden ausführlicher in Abschnitt 4.3, »Verzeichnisse«, vorgestellt.

In den jeweiligen Role Collections sind *Roles*, also Einzelrollen enthalten. Sie können die Role Collections kopieren und auch selbst welche anlegen, um Ihre eigenen Berechtigungen zu modellieren.

Im SAP BTP Cockpit können Sie Ihre Role Collections über den Menüpfad **Security • Role Collections** einsehen. Sie können die Standard-Role-Collections sehen (siehe Abbildung 4.17).

Wenn Sie am Ende der Zeile den Pfeil-Button [>] anklicken, können Sie die in der betreffenden Role Collection enthaltenen Roles und auch die zugeordneten Benutzer sehen (siehe Abbildung 4.18). Sie sehen die Role Collection **Directory Admin**, die eine **Directory Admin** Role zur Bearbeitung, eine **Directory Viewer** Role zur Anzeige und eine **Directory Usage Reporting Viewer** Role zum Ausführen von Berichten enthält.

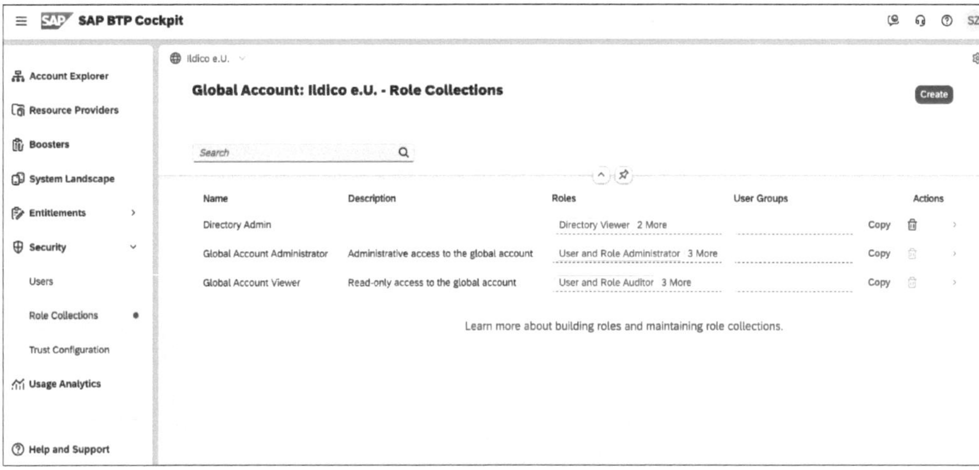

Abbildung 4.17 Übersicht über die Role Collections im Global Account

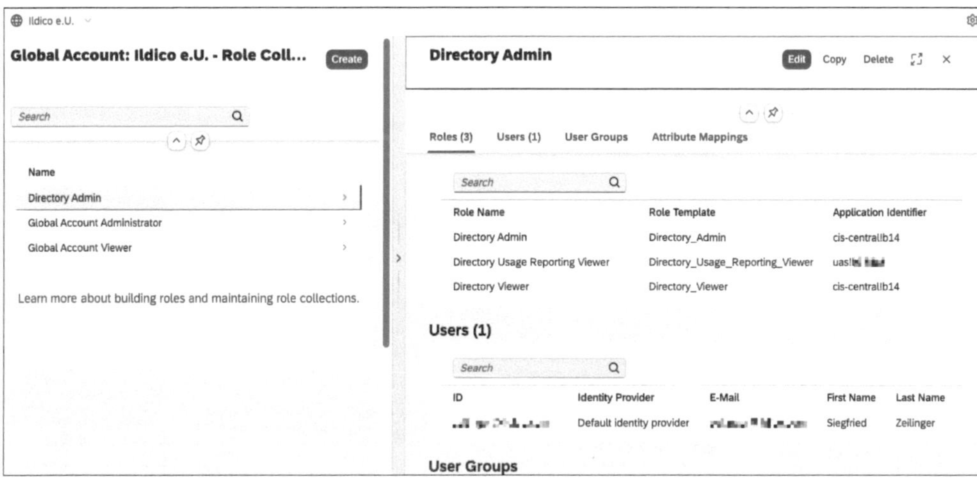

Abbildung 4.18 Inhalt der Role Collection »Directory Admin«

In Abbildung 4.19 sehen Sie die Inhalte der Role Collection **Global Account Administrator**, in der alle Roles zum Global Account, der Systemlandschaftsadministrator und die Benutzeradministration enthalten sind.

Die Rechte, die in der Role Collection **Global Account Viewer** enthalten sind, sehen Sie in Abbildung 4.20.

Wenn Sie nun Ihre eigene Role Collection erstellen wollen, klicken Sie in der Übersicht der Role Collections auf den Button **Create**. Es öffnet sich ein Fenster, in dem Sie einen eindeutigen Namen vergeben müssen. Klicken Sie anschließend erneut auf den Button **Create** (siehe Abbildung 4.21).

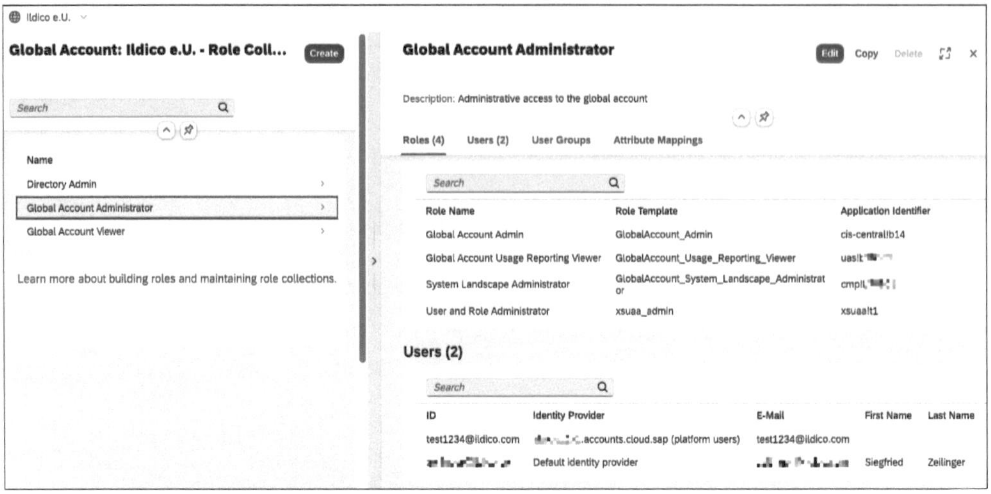

Abbildung 4.19 Inhalt der Role Collection »Global Account Administrator«

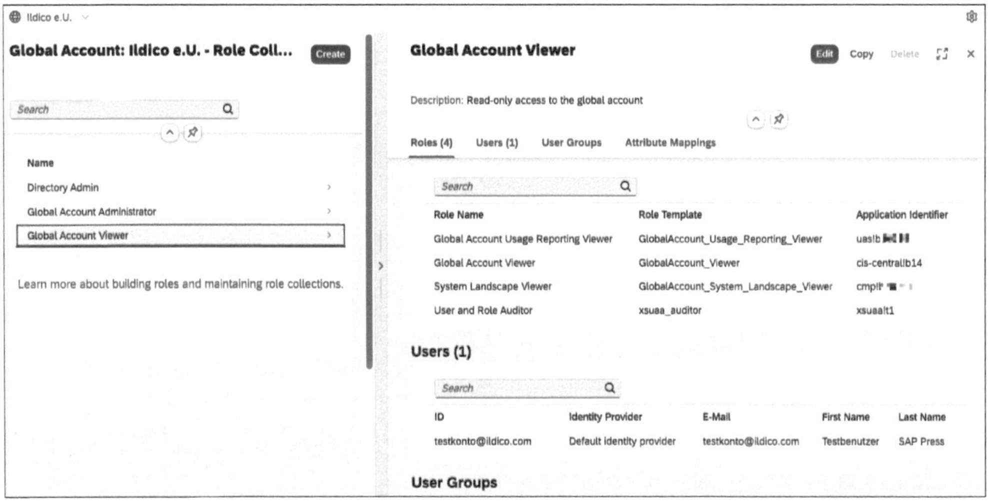

Abbildung 4.20 Inhalt der Role Collection »Global Account Viewer«

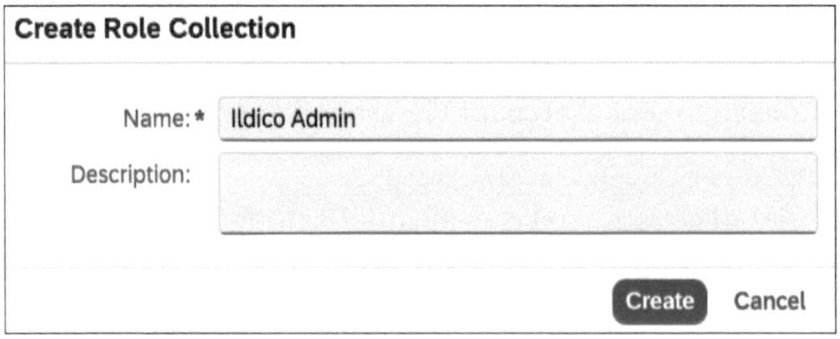

Abbildung 4.21 Role Collection anlegen

Nun sehen Sie in der Übersicht eine leere Role Collection (Abbildung 4.22), die Sie mit einem Klick auf den Pfeil-Button [>] anzeigen und anschließend über **Edit** bearbeiten können.

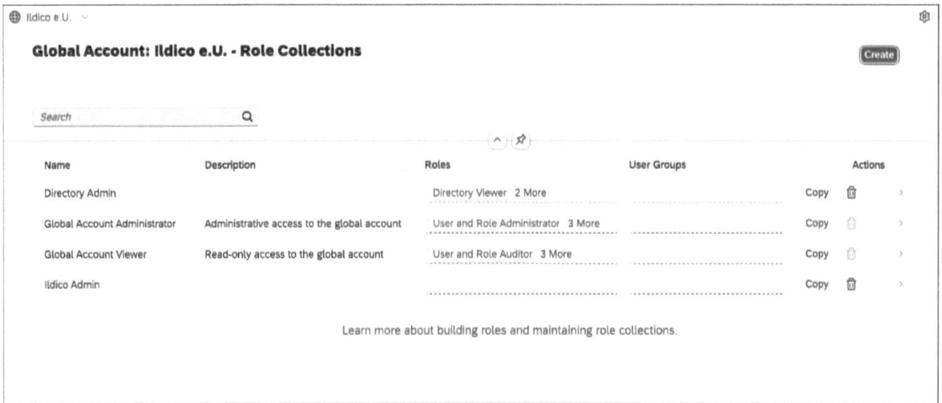

Abbildung 4.22 Role Collections mit der neu angelegten Role Collection anzeigen

Nun können Sie im Bearbeitungsmodus unter **Role Name** die Roles zuordnen und – falls gewünscht – ihnen unter **Users** gleich Benutzer zuordnen (siehe Abbildung 4.23).

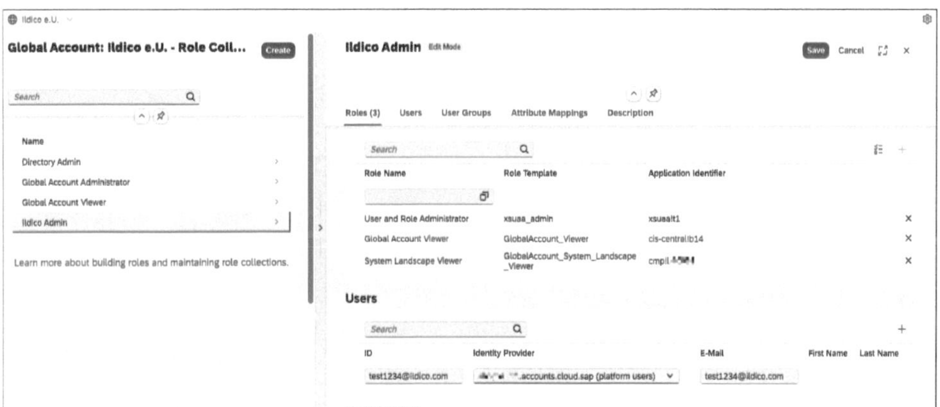

Abbildung 4.23 Role Collection bearbeiten

Roles können Sie nicht selbst anlegen. Beim Subskribieren von Diensten oder z. B. beim Anlegen von Verzeichnissen (Directories) entstehen aber neue Roles, die Sie in Ihre eigenen Role Collections übernehmen können.

Beachten Sie bei der Namenskonvention von neuen Roles, dass diese nicht genau gleich beginnen sollten wie die SAP-Vorlagenrollen (z. B. **Global Account Editor** für die eigene Role). Dies dient zum Schutz, falls SAP das eigene Role-Collection-Spektrum erweitern möchte. Sie sollten den Firmennamen in den Namen einbauen, anstatt wie in alten SAP-ABAP-Zeiten die Rollen mit »Y« oder »Z« beginnen zu lassen.

4.2.3 Praxisbeispiel: Authentifizierung über die SAP Cloud Identity Services im Global Account einrichten

Wir zeigen Ihnen in diesem Praxisbeispiel, wie Sie die Authentifizierung über Identity Authentication, das Teil der SAP Cloud Identity Services ist, im Global Account einrichten. Eine genauere Erklärung zu den SAP Cloud Identity Services erhalten Sie in Kapitel 5, »Subaccounts administrieren«, insbesondere in Abschnitt 5.2.4, »Praxisbeispiel: Authentifizierung an einem Subaccount mit Identity Authentication«, in dem wir dieses Thema im Bereich der Subaccounts und auch die initiale Einrichtung noch genauer beschreiben.

Zunächst erstellen Sie im SAP BTP Cockpit im Global Account unter dem Menüpunkt **Account Explorer** über den Menüpfad **Create • Subaccount** einen neuen Subaccount (siehe Abbildung 4.24).

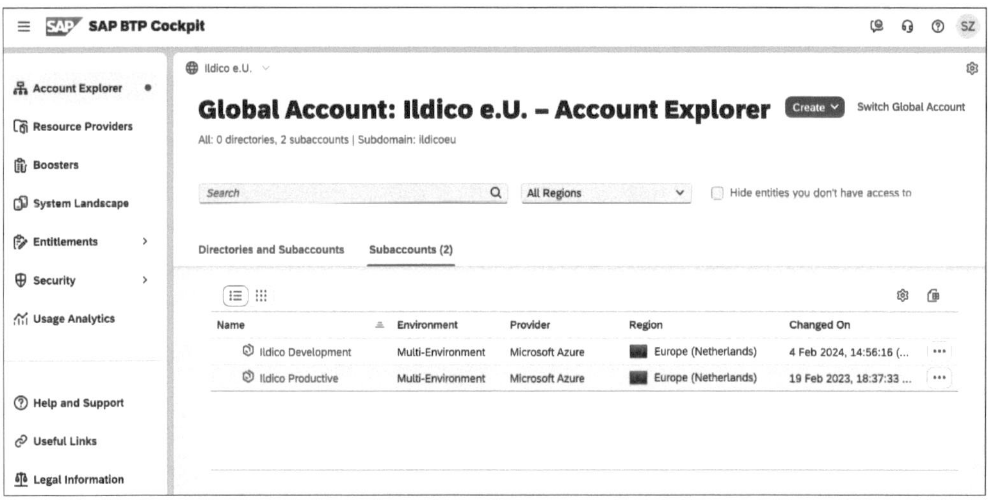

Abbildung 4.24 Account Explorer im SAP BTP Cockpit

In Abbildung 4.25 sehen Sie ein Beispiel für einen Dialog zum Anlegen eines Subaccounts. In Kapitel 5, »Subaccounts administrieren«, ist beschrieben, welche Regionen für die SAP Cloud Identity Services möglich sind – es sollten alle abgedeckt sein (wenn Sie z. B. China vermissen, kontaktieren Sie dazu ihren SAP-Ansprechpartner). Vergeben Sie einen sprechenden Namen im Feld **Display Name**, und legen Sie den Subaccount mit einem Klick auf den Button **Create** an.

Während der Anlage des Subaccounts sehen Sie ein Wartesymbol, anschließend färbt sich der **Name** blau, und Sie können sich initial am Subaccount anmelden (siehe Abbildung 4.26).

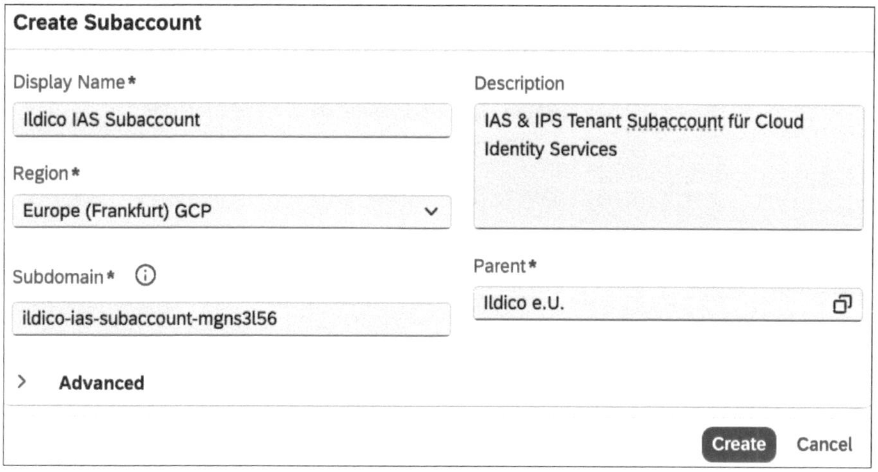

Abbildung 4.25 Dialog zum Anlegen eines Subaccounts

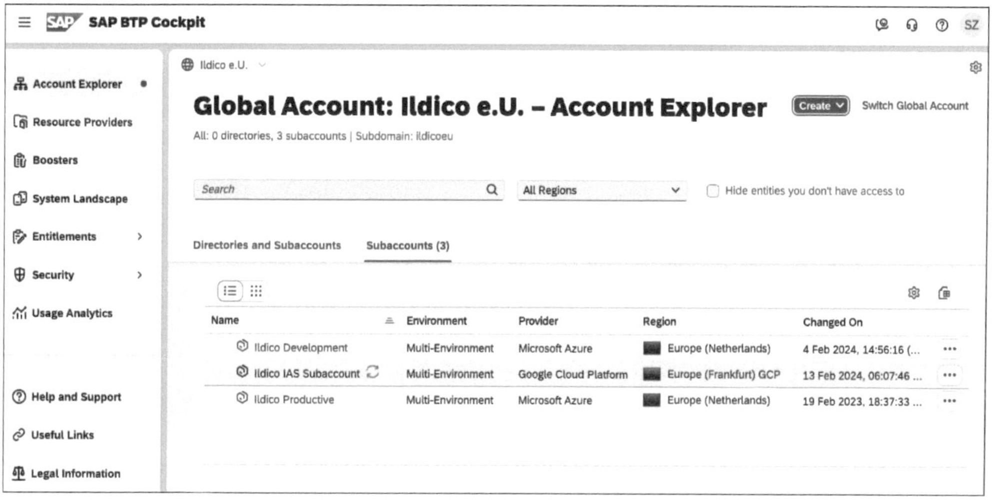

Abbildung 4.26 Angelegter Subaccount in der Übersicht

Bei der ersten Anmeldung am Subaccount finden Sie auf der Startseite im Subaccount über den Menüpfad **Services • Service Marketplace** den Service Marketplace (siehe Abbildung 4.27).

Erstellen Sie im Service Marketplace eine neue Instanz der SAP Cloud Identity Services, indem Sie den gewünschten Service auswählen und in dessen Detailansicht auf den Button **Create** klicken (siehe Abbildung 4.28).

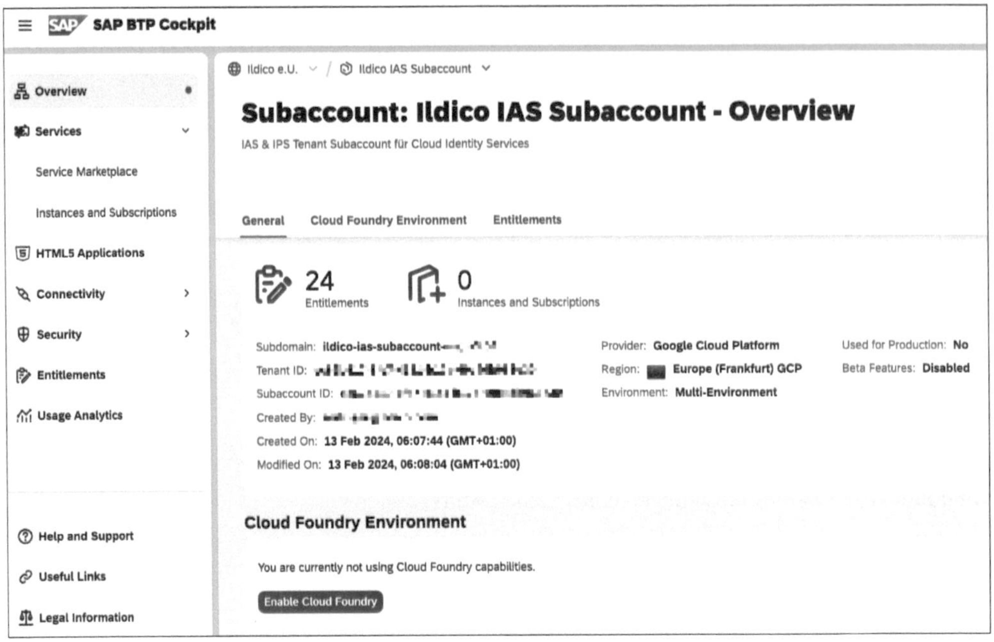

Abbildung 4.27 Service Marketplace im Subaccount

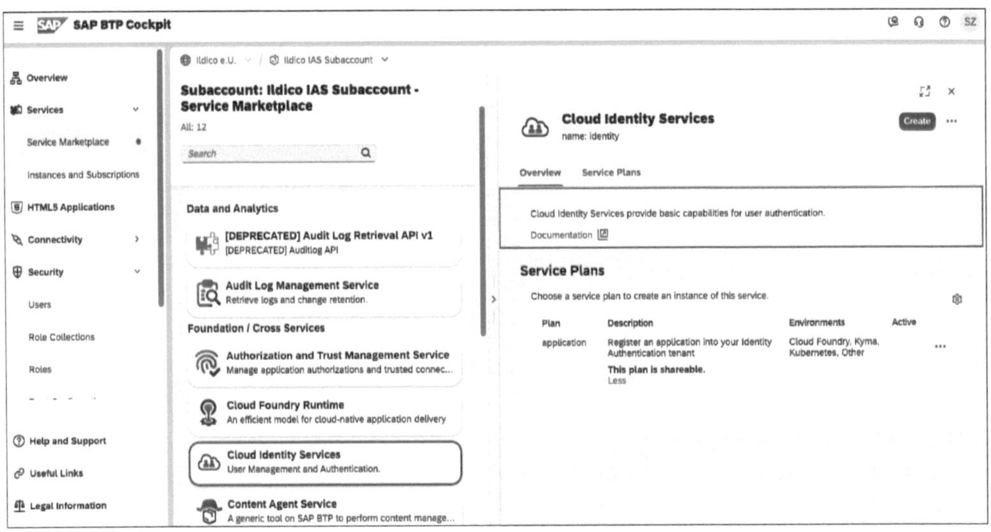

Abbildung 4.28 Neue Instanz der SAP Cloud Identity Services anlegen

Füllen Sie den sich öffnenden Dialog zum Anlegen der Instanz aus (siehe Abbildung 4.29). Mit einem Klick auf den Button **Create** wird die SAP-Cloud-Identity-Services-Instanz angelegt.

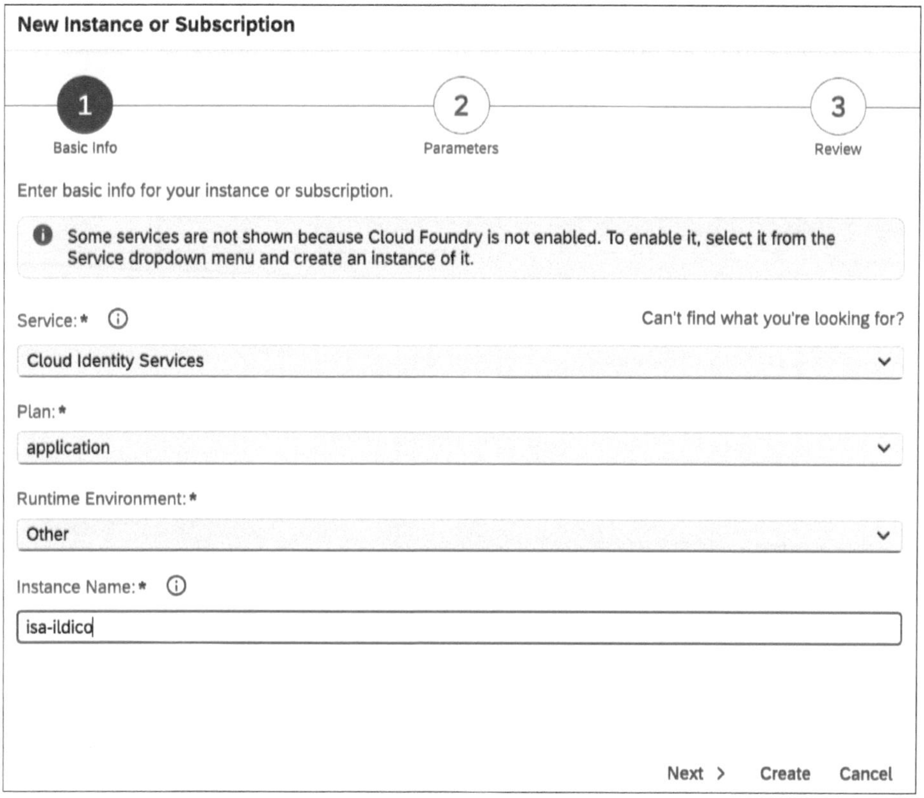

Abbildung 4.29 Instanz für die SAP Cloud Identity Services konfigurieren

SAP-Cloud-Identity-Services-Instanz

Der Dialog zum Anlegen einer neuen Instanz sieht etwas anders aus, wenn Sie zuvor in Ihrem Tenant bereits Cloud Foundry aktiviert haben. Vergleichen Sie dazu Abbildung 4.29 mit Abbildung 5.40. Der Unterschied besteht in der Wahl von **Space** (siehe Abbildung 5.40) und **Runtime Environment** (siehe Abbildung 4.29).

Außerdem weisen wir darauf hin, dass die Nutzung der SAP Cloud Identity Services bedeutet, dass ein entsprechender Tenant pro Global Account ein einziges Mal als geteilte (Shared-)Instanz angelegt wird. Dies hat zur Folge, dass die Anlage nur einmal vorgenommen und dann lediglich geteilt wird. Unsere Screenshots sind an der Stelle nicht zu 100 % akkurat, da auf dem Übungs-Tenant schon zuvor eine Instanz der SAP Cloud Identity Services angelegt worden war, daher die Anlage schon erfolgt war und im Hintergrund nur noch eine Zuordnung der bestehenden Services an den Subaccount erfolgt ist.

Die angelegte Instanz können Sie nun im SAP BTP Cockpit unter **Services • Instances and Subscriptions** sehen (siehe Abbildung 4.30).

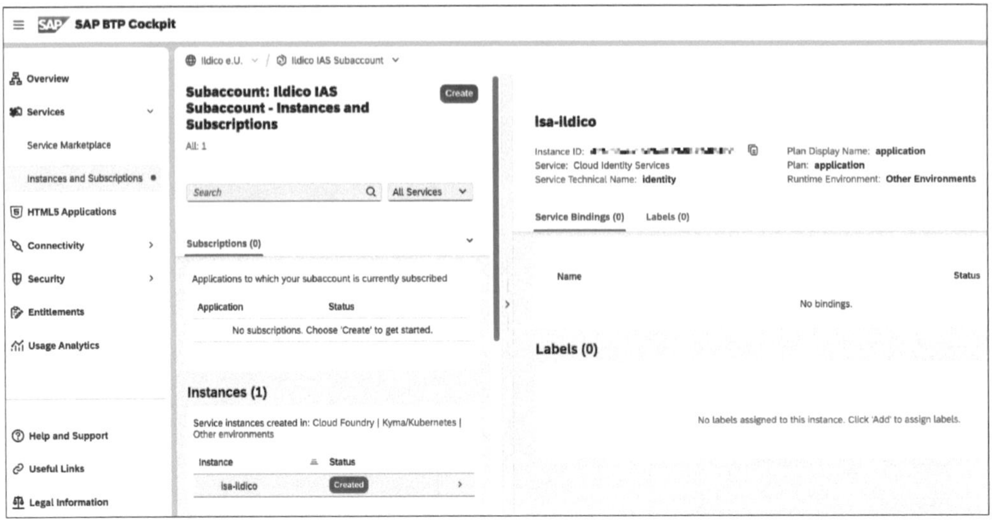

Abbildung 4.30 Übersicht im Menüpunkt »Instances and Subscriptions« mit geöffneter Instanz der SAP Cloud Identity Services

Für die Verwendung im Global Account ist dieser Teil des Einrichtungsprozesses bereits ausreichend. Navigieren Sie nun zurück zum SAP BTP Cockpit Ihres Global Account und folgen Sie dem Menüpfad **Security • Trust Configuration**. Klicken Sie dort auf den Button **Establish Trust**, um zur Auswahl des Identity Authentication Tenants zu gelangen, der im Global Account verwendet werden soll (siehe Abbildung 4.31). Wählen Sie im ersten Schritt Ihren Identity Authentication Tenant, und klicken Sie danach auf **Next**.

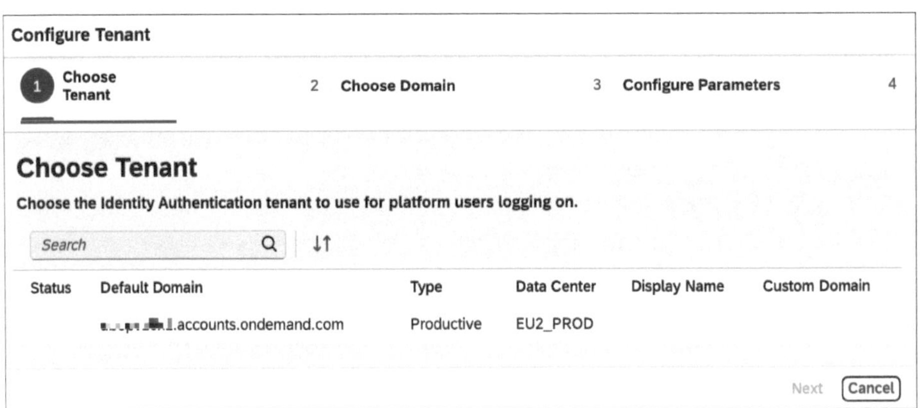

Abbildung 4.31 Identity Authentication Tenant auswählen

Im zweiten Schritt wählen Sie die Internetdomäne. Diese sollte mit dem Link im Browser übereinstimmen, also hier mit *cloud.sap* enden (siehe Abbildung 4.32). Klicken Sie auf **Next**.

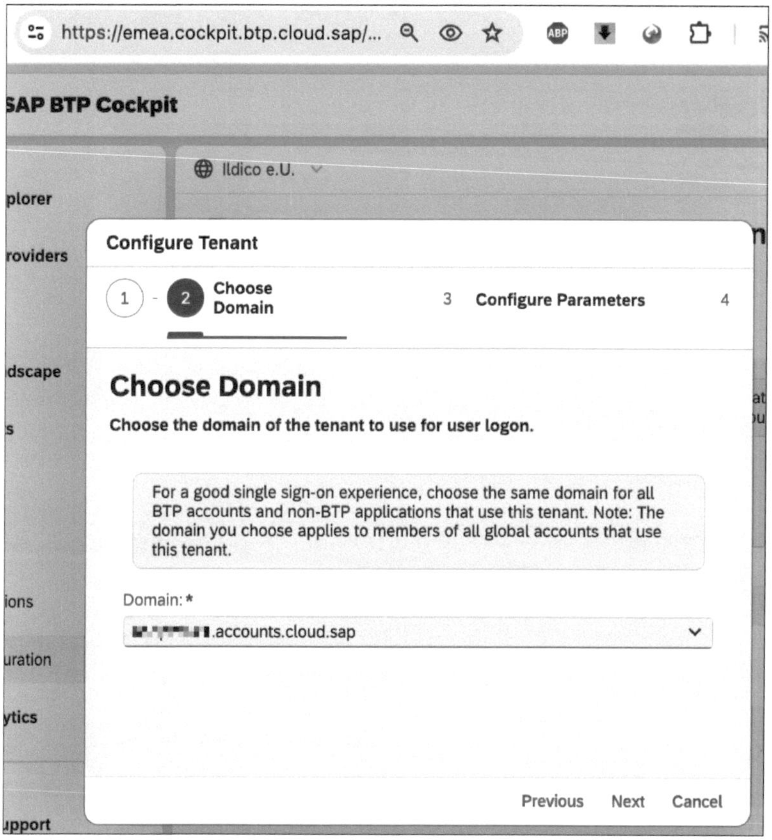

Abbildung 4.32 Internetdomäne auswählen

Nun definieren Sie die Parameter; sinnvollerweise vergeben Sie einen sprechenden **Origin Key** als Schlüssel (siehe Abbildung 4.33).

Mit einem Klick auf **Next** kommen Sie zur abschließenden Übersicht, auf der Sie mit **Finish** den Einrichtungsprozess des Platform Identity Providers abschließen.

Beachten Sie nun die abschließende Meldung, die Sie in Abbildung 4.34 sehen. Die nun eingerichtete Konfiguration gilt nicht nur für den Global Account, sondern steht auf allen Subaccounts zur Verfügung, sie muss dort aber nicht genutzt werden. Bestätigen Sie die Erfolgsmeldung mit einem Klick auf den Button **OK**.

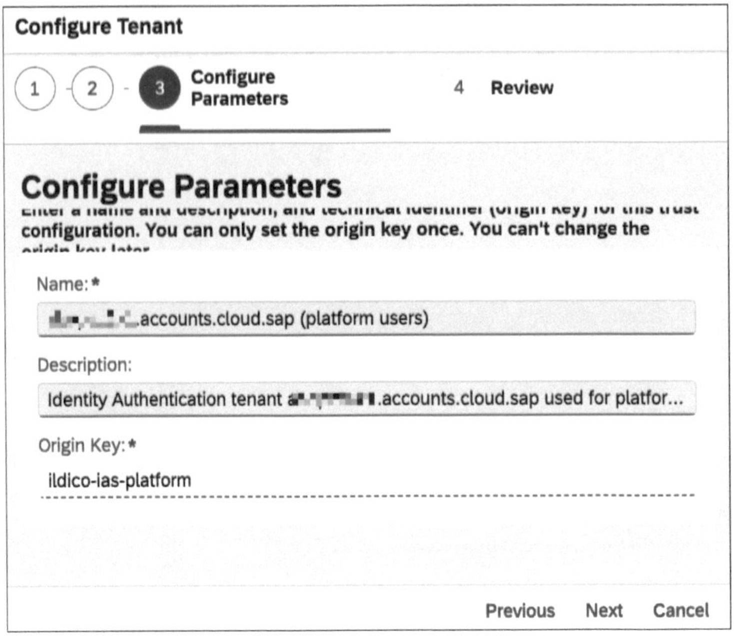

Abbildung 4.33 Parameter der Identity-Authentication-Verbindung konfigurieren

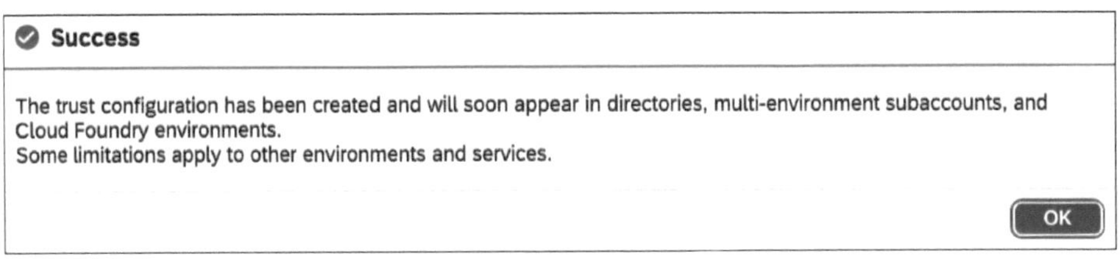

Abbildung 4.34 Erfolgsmeldung über das Einrichten des Identity Providers

Das Zielbild sehen Sie in Abbildung 4.35. Hier wird Ihnen der neue Identity Provider angezeigt.

Anhand dieses praktischen Beispiels haben wir den Platform Identity Provider auf der Basis von Identity Authentication konfiguriert. Mit dieser Konfiguration als Grundlage können Sie nun Benutzer in Ihrem Global Account verwenden und berechtigen (siehe Abschnitt 4.2.1, »Benutzermanagement«, und Abschnitt 4.2.2, »Roles und Role Collections«).

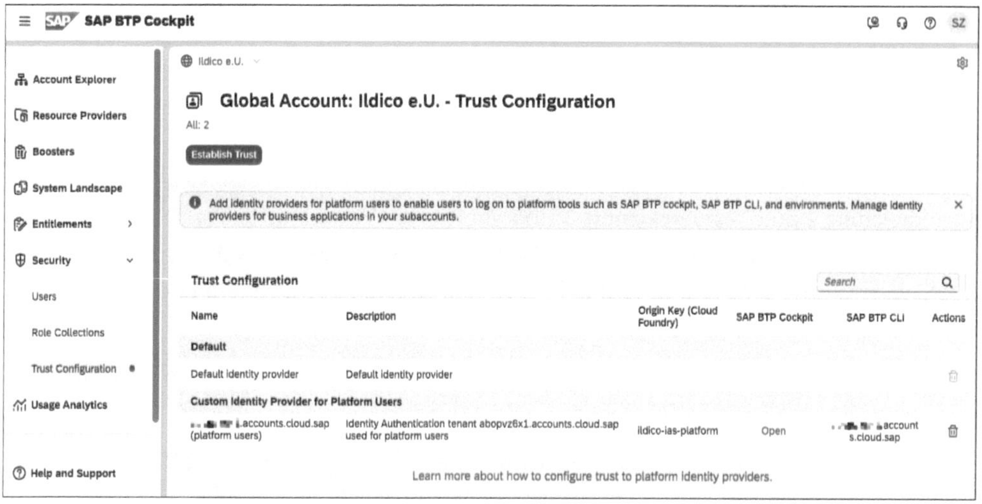

Abbildung 4.35 Trust-Konfiguration mit eingerichtetem Platform Identity Provider

4.3 Verzeichnisse

Verzeichnisse oder Directories helfen Ihnen, die Subaccounts in Ihrem Account Explorer besser zu strukturieren. Sie sind in der Schachtelung der Verzeichnisse komplett frei. Ob Sie beispielsweise die Entwicklung und Qualitätssicherung in einem Verzeichnis von den produktiven Tenants trennen oder nach Projekten aufbereiten, ist Ihre individuelle Entscheidung.

SAP unterscheidet zwei verschiedene Arten von Verzeichnissen:

- **Einfache Verzeichnisse**
  Einfache Verzeichnisse dienen lediglich der Untergliederung im Sinne der Strukturierung. Sie können damit einfache Baumstrukturen entwerfen. Dies erläutern wir auch nochmals in Abschnitt 5.1, »Einen Subaccount anlegen«. Die einfachen Verzeichnisse empfehlen wir beispielsweise, wenn Sie gleichartige Subaccounts untergliedern wollen und eine Menge bis zu 20 Subaccounts zentral verwalten müssen.
- **Gemanagte Verzeichnisse**
  Bei größeren Cloud-Szenarien ist die Administration gefordert: Cloud-Rechenzentren müssen gemanagt werden, und zwar aus regionaler und aus applikatorischer Sicht (z. B. in welchen Regionen welche Applikationen gezielt angeboten werden sollen), aber auch von den Systemressourcen für gewisse Gruppen von Subaccounts (Wo laufen besonders rechenintensive Anwendungen oder wo haben die Anwendungen besonders viele Endanwender*innen?). Außerdem kann es die Anforderung geben, einzelnen Benutzern auf gewissen Ebenen der Verzeichnisse Zu-

griffe zu erteilen. Spätestens dann ist es an der Zeit, ein gemanagtes Verzeichnis in Erwägung zu ziehen.

Sie finden die Verzeichnisse im SAP BTP Cockpit Ihres Global Account im **Account Explorer**. In Abbildung 4.36 haben wir zu Testzwecken drei Testverzeichnisse angelegt. **Testverzeichnis** ist ein normales Verzeichnis ohne weitere Eigenschaften. **Testverzeichnis 2** und **Testverzeichnis 3** sind gemanagte Verzeichnisse, erkennbar am Icon mit dem Rädchen vor dem Ordner, eines mit Benutzer- und eines mit Ressourcenverwaltung. Optisch unterscheiden sich also nur die gemanagten von den nicht gemanagten Verzeichnissen.

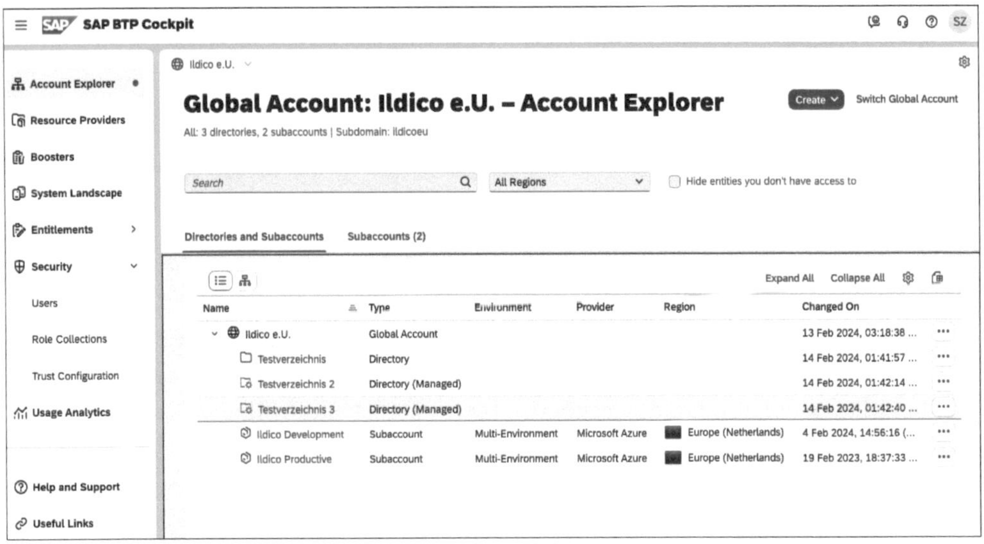

Abbildung 4.36 Beispielverzeichnisse im Account Explorer

[+]

Schachtelung von Verzeichnissen

Beachten Sie, dass in einer Hierarchie von Verzeichnissen immer nur ein gemanagtes Verzeichnis existieren kann, d. h. Dinge wie vererbte Berechtigungen, die sich dann überlappen usw., sind derzeit nicht möglich.

Um ein Verzeichnis anzulegen, navigieren Sie über den Pfad **Create • Directory**. Es öffnet sich ein Dialog, wie Sie ihn in Abbildung 4.37 sehen.

Klicken Sie zunächst auf **Advanced**, um die weiteren Optionen im unteren Bildbereich einzublenden. Unter **Display Name** können Sie einen Namen und unter **Parent** einen Wurzelknoten angeben. Mit einem Klick auf den Quadrate-Button öffnet sich die Auswahl des Wurzelverzeichnisknoten.

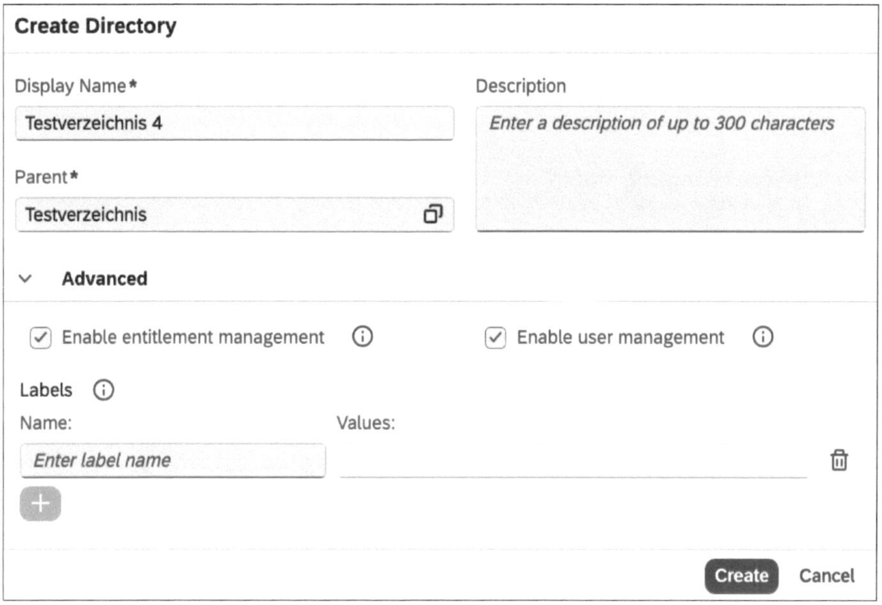

Abbildung 4.37 Maske zum Anlegen von Verzeichnissen

Wenn Sie nun keine weiteren Angaben vornehmen, legen Sie einen Standardverzeichnisknoten an. Mit den beiden Ankreuzfeldern **Enable entitlement management** und/oder **Enable user management** können Sie das neue Verzeichnis in ein gemanagtes Verzeichnis verwandeln. Mit dem Button **Create** legen Sie das Verzeichnis an. In Abbildung 4.38 sehen Sie das angelegte Verzeichnis in der Verzeichnisstruktur.

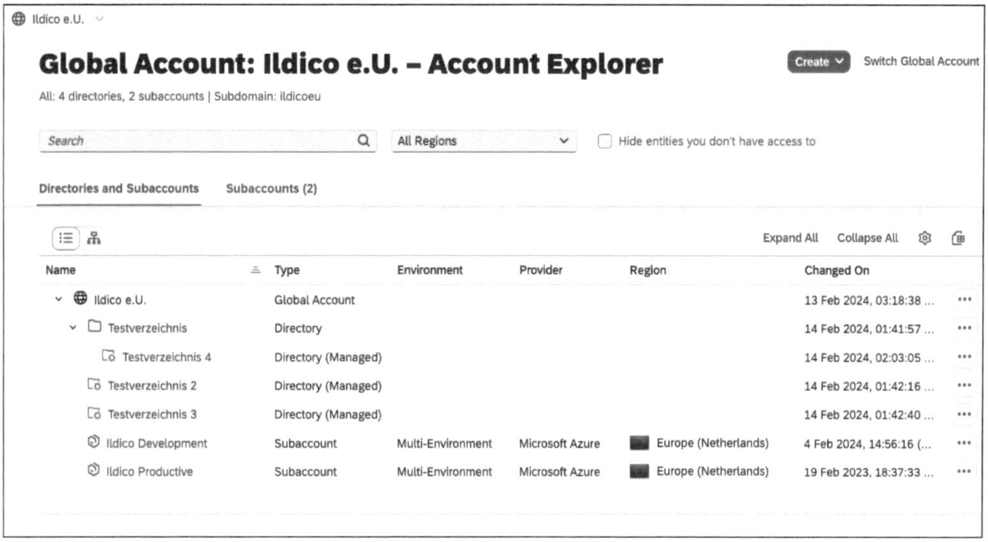

Abbildung 4.38 Aktualisierte Verzeichnisstruktur im Account Explorer

Nun können Sie per Drag-&-Drop die Subaccounts in die Verzeichnisse verschieben. Das Ergebnis sehen Sie in Abbildung 4.39.

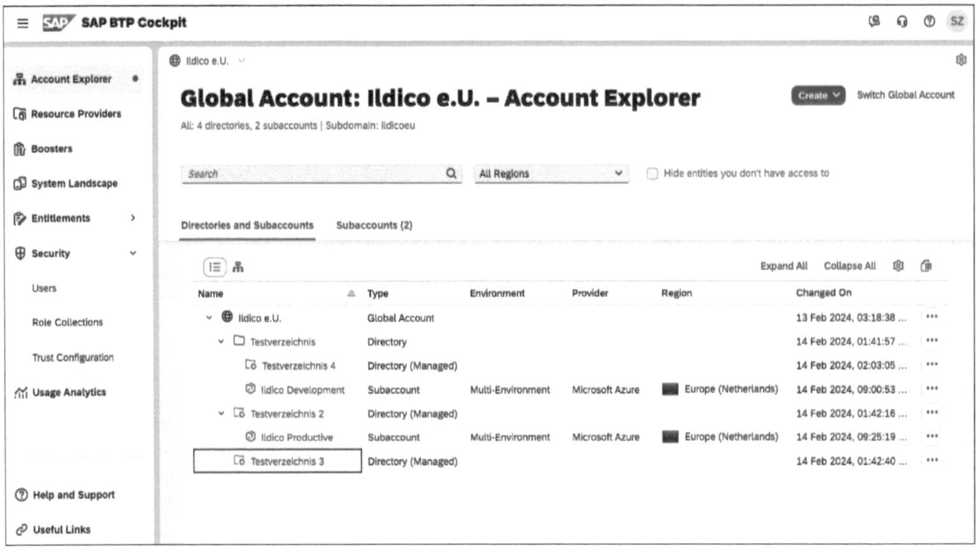

Abbildung 4.39 Subaccounts in den Verzeichnissen

Wenn Sie nun ein Verzeichnis anklicken, kommen Sie zu dessen Detailansicht. Handelt es sich um ein gemanagtes Verzeichnis, können Sie im linken Bereich die Navigationsknoten **Users** und **Entitlements** sehen (siehe Abbildung 4.40).

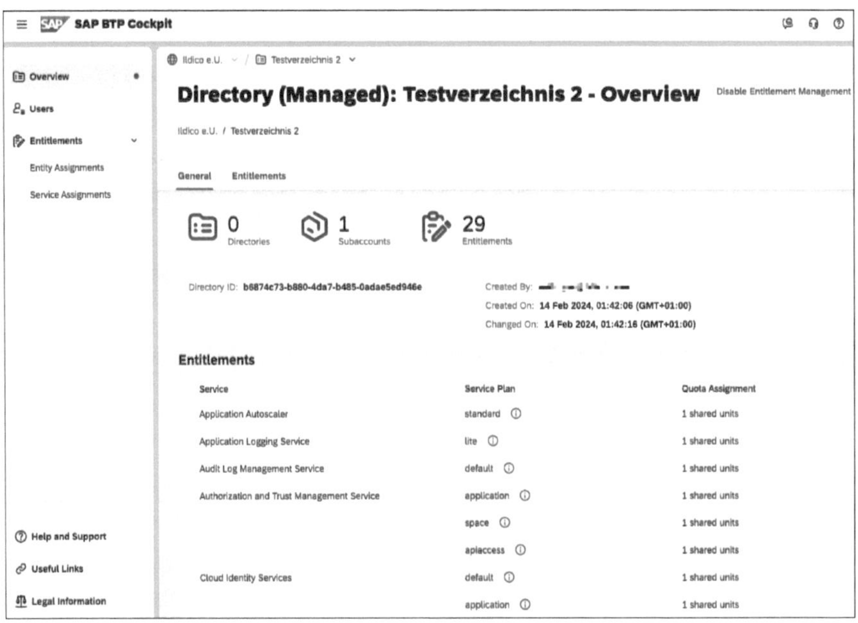

Abbildung 4.40 Detailansicht eines Verzeichnisses

Da in unserem Beispiel das Testverzeichnis 2 nur für die Entitlements konfiguriert ist, sehen Sie in Abbildung 4.41, was passiert, wenn Sie auf einen nicht aktiven Menüpunkt navigieren. Durch einen Klick auf **Enable User Management** können Sie bequem das Benutzermanagement im Verzeichnis zusätzlich konfigurieren.

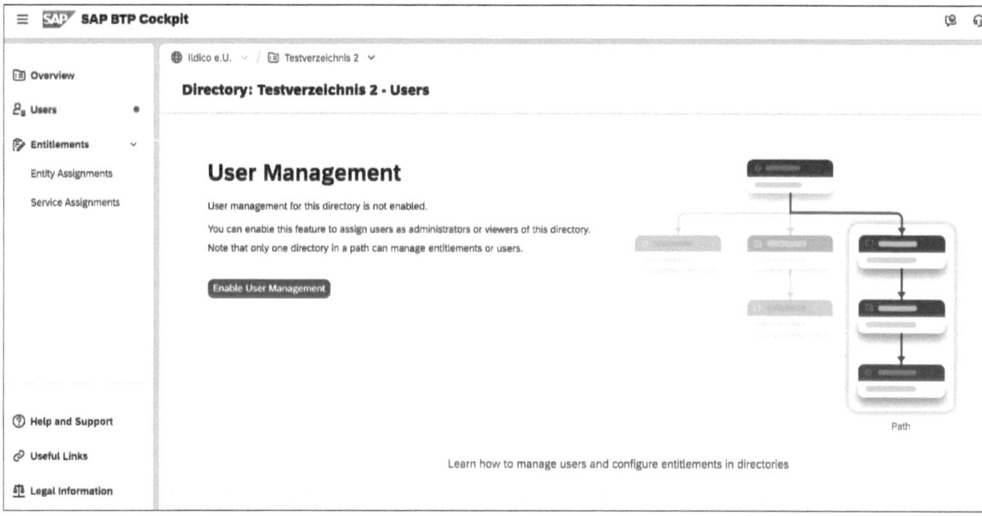

Abbildung 4.41 Benutzermanagement zusätzlich konfigurieren

Im Benutzermanagement lassen sich dann mit einem Klick auf den Button **Create** Benutzer anlegen, wie auch schon im Global Account. Diese Benutzer sind dann spezifisch für ein Verzeichnis berechtigt. Ein Beispiel für einen Dialog zum Anlegen eines solchen Benutzers sehen Sie in Abbildung 4.42.

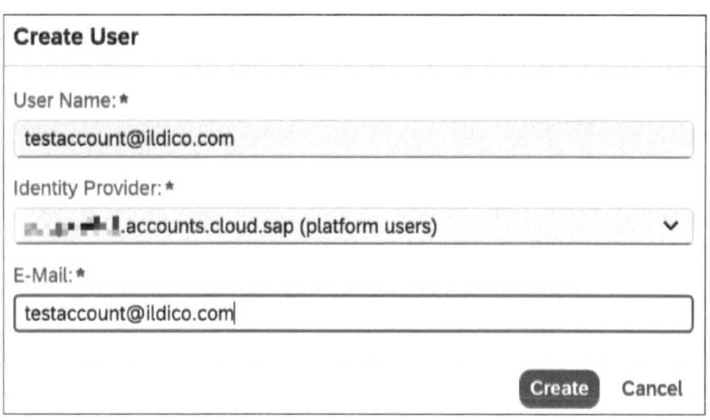

Abbildung 4.42 Benutzer im Verzeichnis anlegen

Damit der Benutzer nun aber auch Berechtigungen erhält, sind noch weitere Schritte notwendig. Navigieren Sie von der Benutzerübersicht des Verzeichnisses mit dem Pfeil-Button [>] in die Details des jeweiligen Benutzers (siehe Abbildung 4.43). Im Bereich ganz rechts unten finden Sie die zugewiesenen **Role Collections**.

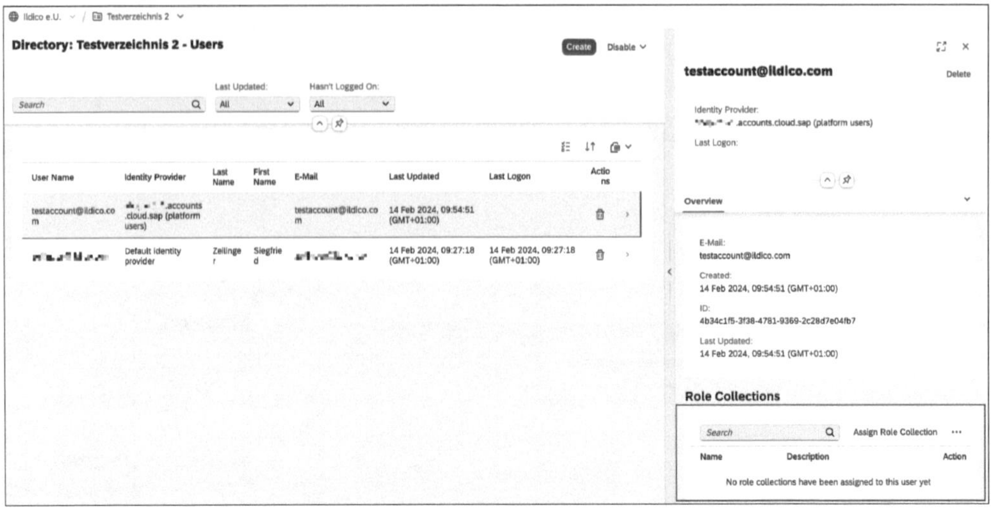

Abbildung 4.43 Benutzerdetailansicht im Verzeichnis

Klicken Sie auf **Assign Role Collection**, und wählen Sie im sich daraufhin öffnenden Fenster, ob die gewählte Person administrieren (**Directory Administrator**) oder nur anzeigen darf (**Directory Viewer**) (siehe Abbildung 4.44).

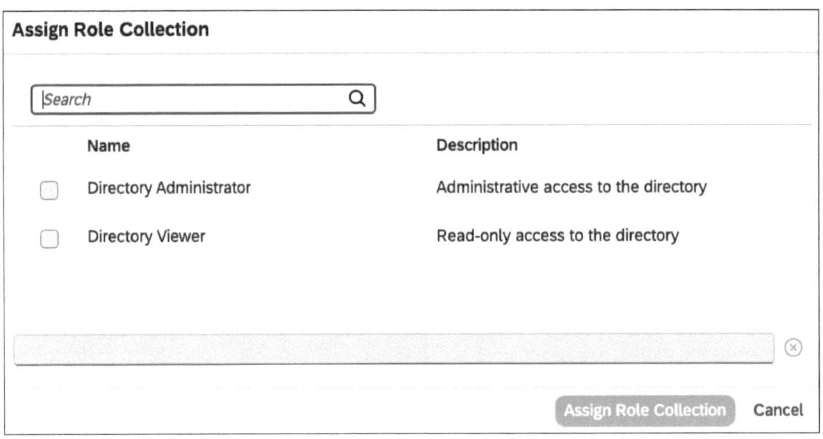

Abbildung 4.44 Role Collections im Verzeichnis zuweisen

Die Entity Assignments, die wir in Abschnitt 4.1, »Zugang zum Global Account«, behandeln, können Sie auch auf der Ebene von Verzeichnissen im entsprechenden Menüpunkt analysieren. Damit können Sie feststellen, welche Zuweisungen auf der Verzeichnisebene existieren. Im Global Account finden Sie diese Zuweisungen auch, jedoch sind diese nicht nach Verzeichnissen filterbar. In Abbildung 4.45 sehen Sie die im Verzeichnis gefilterte Auswahl von Subaccounts.

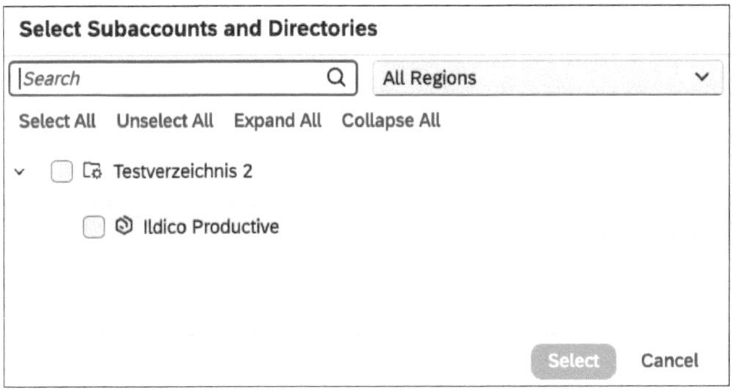

Abbildung 4.45 Auswahl im Feld »Subaccount«

Auch die Servicezuweisungen (**Service Assignments**) sind in den Verzeichnissen nach den zugeordneten Subaccounts gefiltert und aufbereitet (siehe Abbildung 4.46).

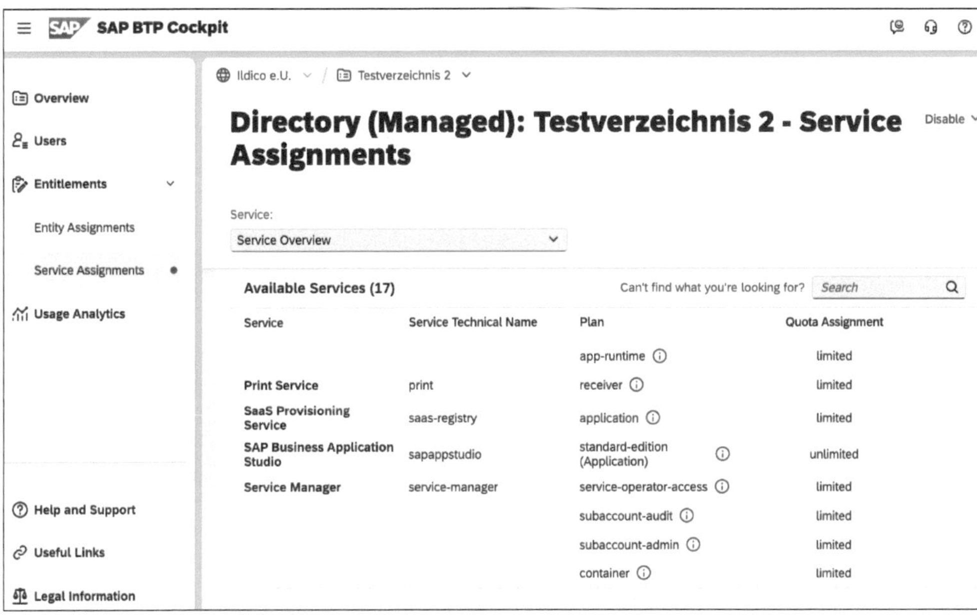

Abbildung 4.46 Servicezuweisungen im Verzeichnis

Bei der Administration mit Verzeichnissen helfen Ihnen auch die Analysen zur Nutzung, die **Usage Analytics**, die wir in Abschnitt 4.8, »Usage Monitoring«, besprechen und die Sie in Abbildung 4.47 auch verzeichnisspezifisch dargestellt vorfinden.

Zusammenfassend sind die Verzeichnisse zur Gliederung von komplexeren Subaccount-Landschaften äußerst sinnvoll, deren Einsatz wir empfehlen – zumindest zur Untergliederung von produktiven und nicht produktiven Subaccounts.

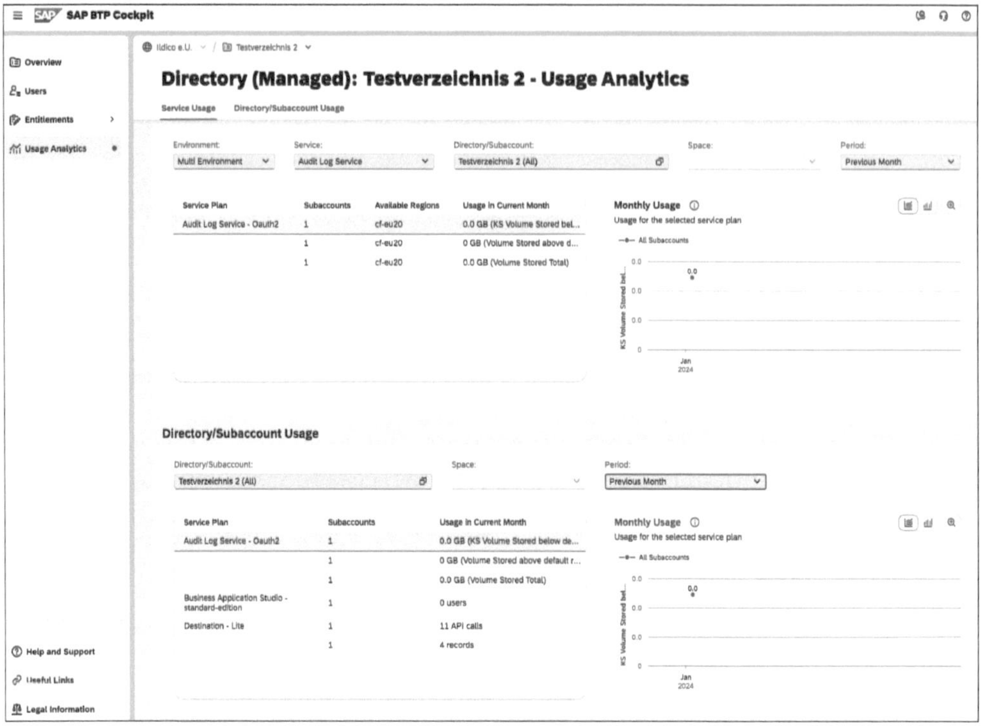

Abbildung 4.47 Usage Analytics des Verzeichnisses

4.4 SAP-BTP-Booster

SAP geht in der Administration seiner Lösungen in sehr vielen Bereichen den Weg zu vorgefertigten Konfigurationstemplates. Dies ist speziell in komplexen Systemlandschaften und bei neuen Produkten sowie bei einer längeren Abfolge von Konfigurationseinstellungen das Mittel der Wahl.

Auch auf der SAP BTP hat SAP mit den sogenannten *Boostern* derartige Konfigurationsvorlagen geschaffen. Booster automatisieren viele notwendige Schritte, um bestimmte Funktionen oder Lösungen schnell einsatzbereit zu machen, wie z. B. die Integration von Daten, die Einrichtung von Authentifizierungsmechanismen oder die Konfiguration von Connectivity Services.

Booster werden auf der SAP BTP in ihrem Global Account in der Navigation unter **Boosters** angeboten und untergliedern sich in einen nach Kategorien filterbaren Überblick (siehe Abbildung 4.48). Detaillierte Informationen erhalten Sie per Klick auf die Kachel **Prepare an Account for ABAP Development (Free-Tier)**. Einen Überblick über den Booster erlangen Sie auf der Registerkarte **Overview**, die benötigten Komponenten sehen Sie auf der Registerkarte **Components**, und zusätzliche Ressourcen finden Sie auf der Registerkarte **Additional Resources** (siehe Abbildung 4.49).

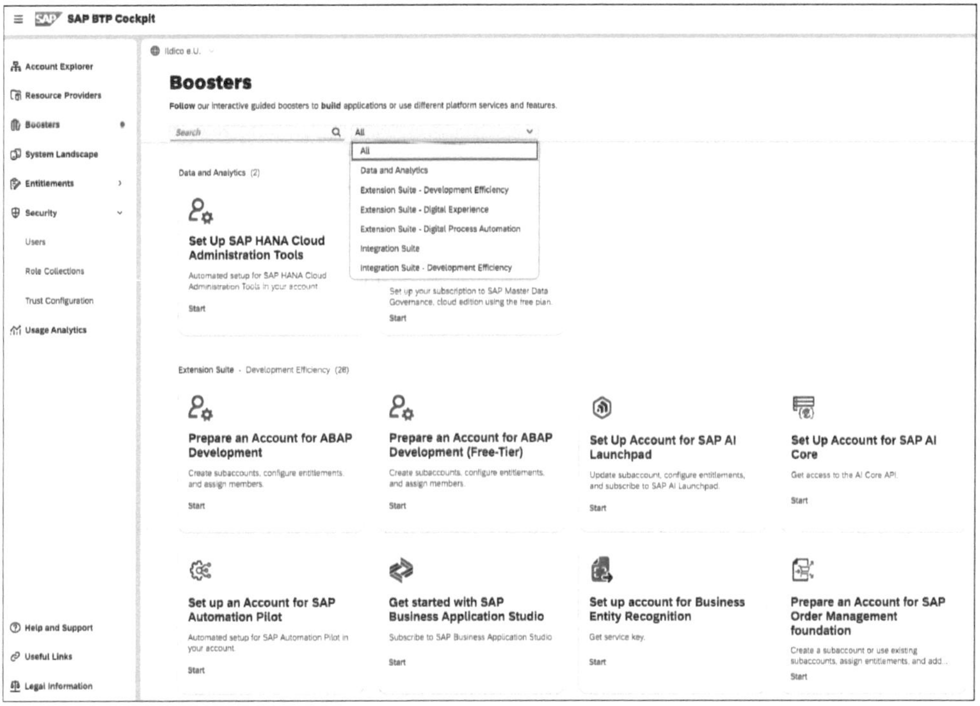

Abbildung 4.48 Filterbarer Einstieg in die Booster

Sämtliche Konfigurationen können über eine Assistentenoberfläche vorgenommen werden und reduzieren die Komplexität der Administration.

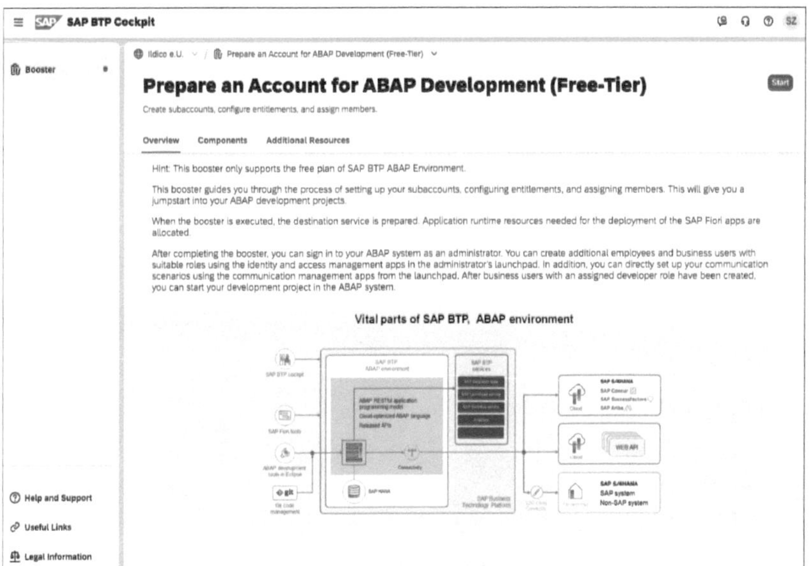

Abbildung 4.49 Übersicht eines beispielhaften Boosters

Die folgenden Schritte, die Sie jeweils mit einem Klick auf **Next** beenden, müssen üblicherweise bei der Konfiguration und Installation eines (kostenlosen) Boosters auf der SAP BTP durchlaufen werden. Den Prozess beginnen Sie per Klick auf den Button **Start** (siehe Abbildung 4.49):

1. **Prüfung der Voraussetzungen**
   Es wird geprüft, ob Sie die erforderlichen Berechtigungen und Zuteilungen (Entitlements) besitzen (siehe Abbildung 4.50).

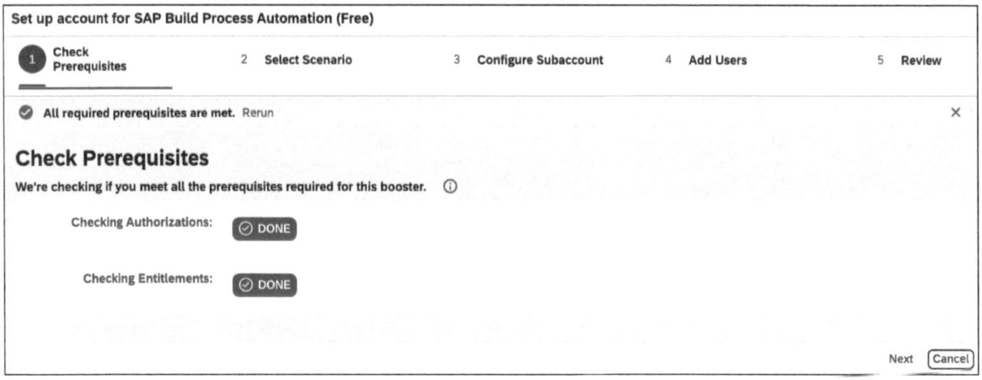

Abbildung 4.50 Schritt 1: Voraussetzungen prüfen

2. **Szenarioauswahl**
   In diesem Schritt können Sie wählen, ob ein bestehender Subaccount herangezogen oder ein neuer Subaccount angelegt werden soll (siehe Abbildung 4.51).

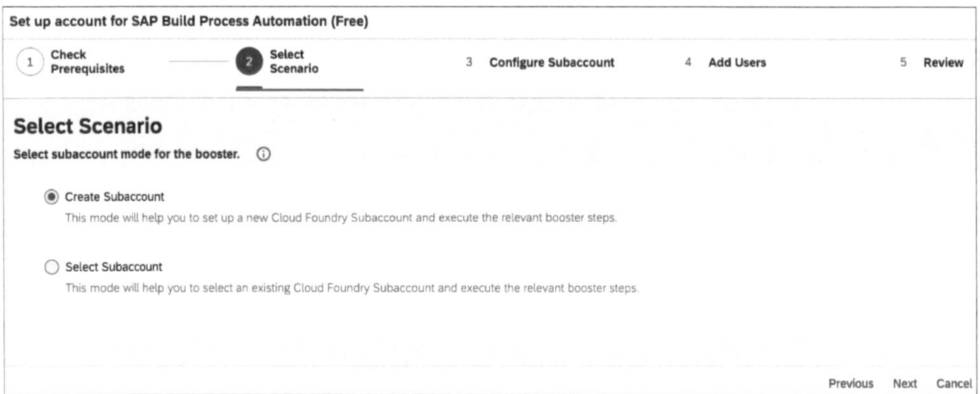

Abbildung 4.51 Schritt 2: Szenario auswählen

3. **Einstellungen zum Subaccount**
   Im dritten Schritt legen Sie fest, wie der Subaccount in Ihren Global Account eingebettet werden soll (siehe Abbildung 4.52).

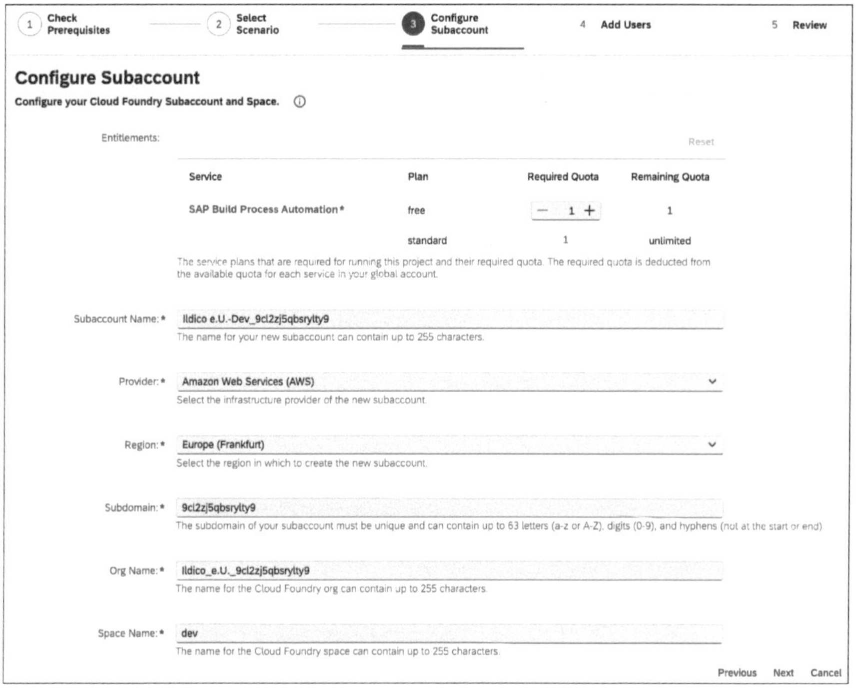

Abbildung 4.52 Schritt 3: Subaccount in den Global Account einbetten

4. **Identity Provider und Benutzer**
   Im vierten Schritt legen Sie die Identity Provider fest und können auch direkt berechtigte Benutzer nominieren (siehe Abbildung 4.53).

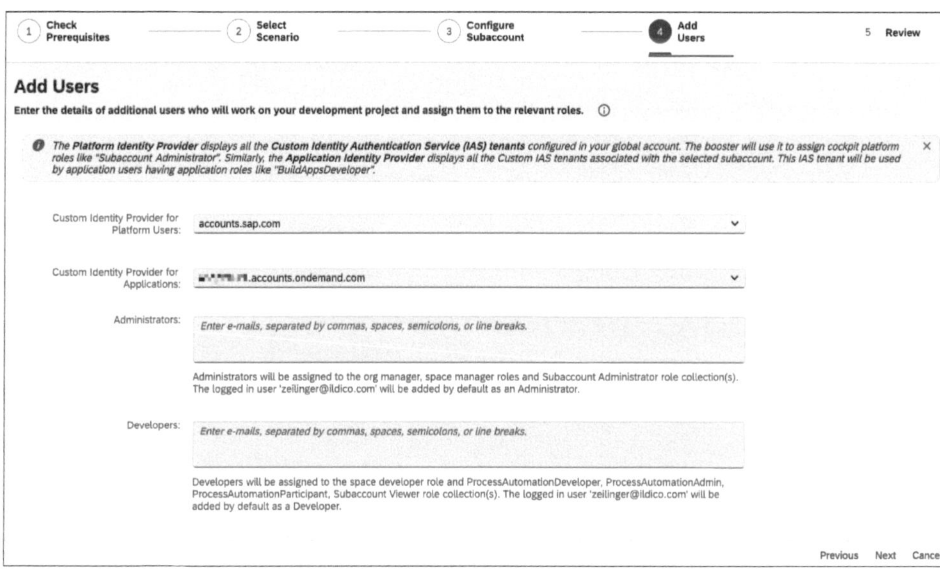

Abbildung 4.53 Schritt 4: Identity Provider und Benutzer festlegen

5. **Zusammenfassung**
   Im letzten Schritt, der Zusammenfassung, können Sie nochmals alle Einstellungen prüfen und den Booster mit **Finish** starten (siehe Abbildung 4.54).

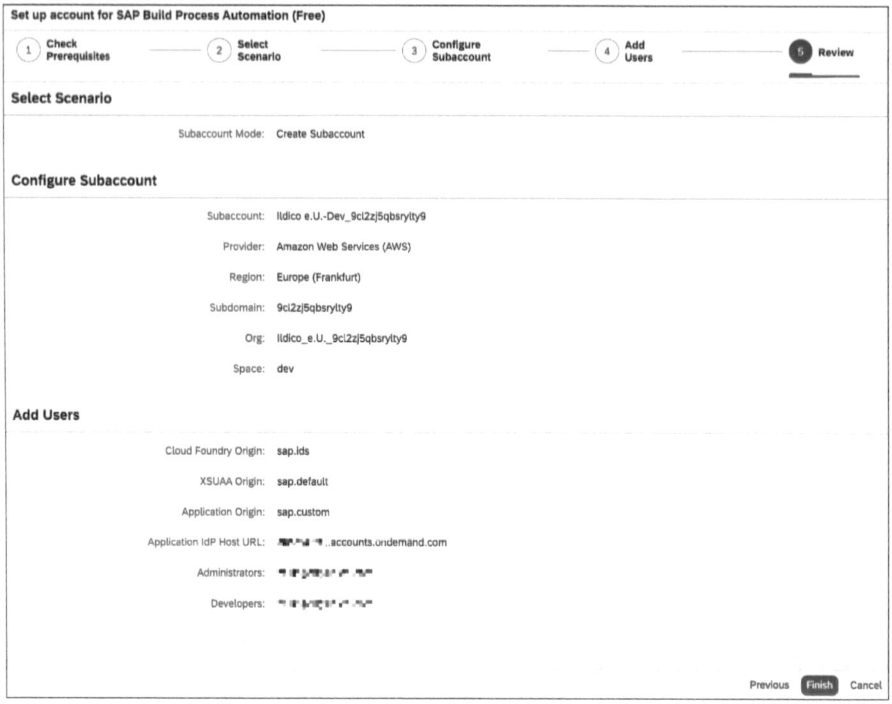

Abbildung 4.54 Schritt 5: Zusammenfassung

Nun sehen Sie eine Fortschrittsanzeige, und die Installation und Konfiguration werden durchgeführt (siehe Abbildung 4.55).

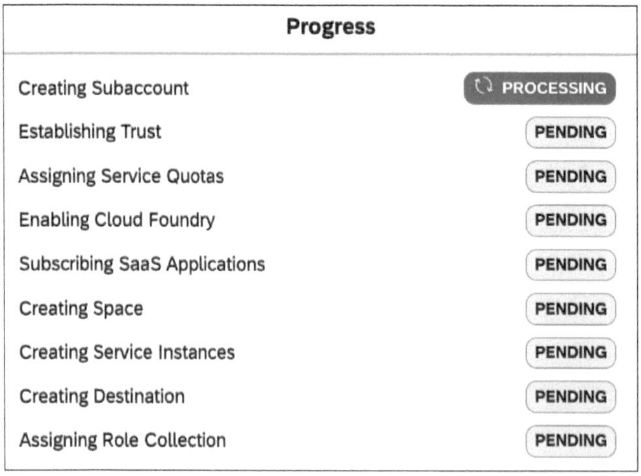

Abbildung 4.55 Fortschrittsanzeige

Die abschließende Erfolgsmeldung ermöglicht es Ihnen, über **Navigate to Subaccount** direkt in den neuen Subaccount zu wechseln (siehe Abbildung 4.56).

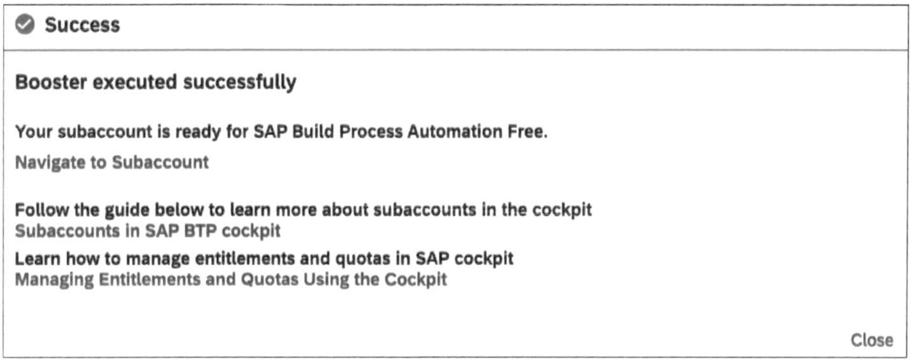

Abbildung 4.56 Erfolgsmeldung nach der Ausführung des Boosters

Wenn Sie in den Subaccount wechseln und dort gleich über den Pfad **Services • Instances and Subscriptions** navigieren, sehen Sie, dass u. a. die Cloud Foundry Runtime, die entsprechende Serviceinstanz und die betreffende Anwendung in diesem Prozess hinzugefügt und eingerichtet worden sind (siehe Abbildung 4.57).

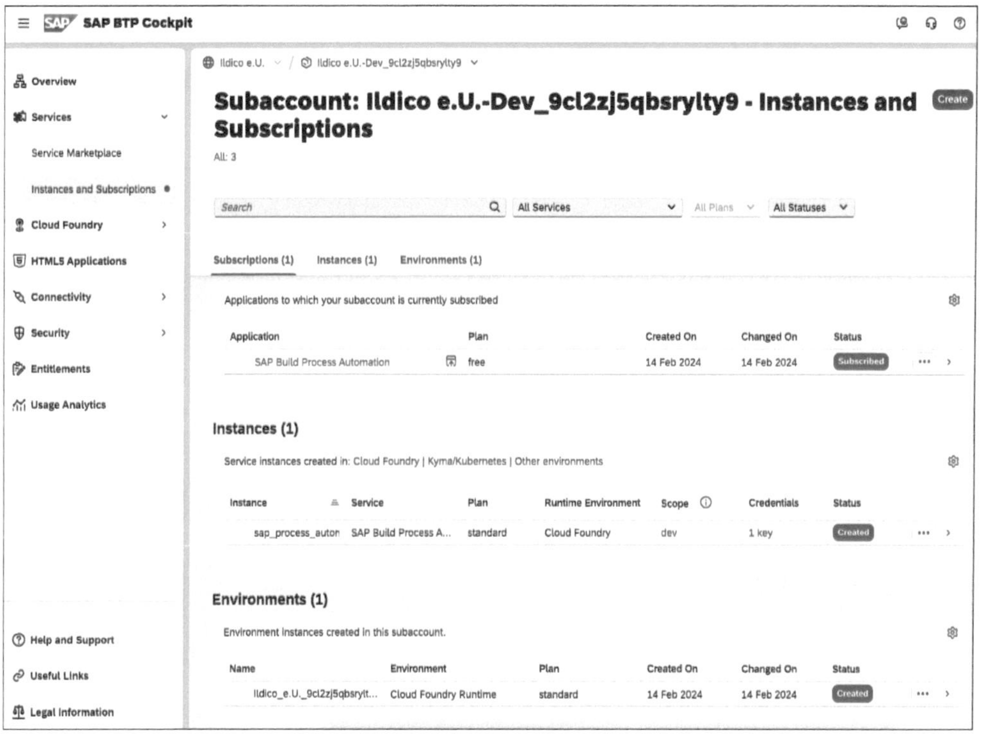

Abbildung 4.57 SAP BTP Cockpit des erstellten Subaccounts

Im Folgenden finden Sie noch einmal die Vorteile von SAP-BTP-Boostern im Überblick:

- **Vereinfachung**
  Booster reduzieren die Komplexität bei der Einrichtung von Diensten und Anwendungen, indem sie einen Schritt-für-Schritt-Prozess und vorkonfigurierte Einstellungen anbieten.
- **Zeitersparnis**
  Durch die Automatisierung der Einrichtung und Konfiguration können Unternehmen schneller mit der Entwicklung beginnen und ihre Lösungen schneller auf den Markt bringen.
- **Fehlerreduzierung**
  Die Standardisierung und Automatisierung helfen, menschliche Fehler bei der Konfiguration von Diensten zu minimieren.
- **Lernunterstützung**
  Für neue Benutzer der SAP BTP bieten Booster eine Lernhilfe, um die Plattform und ihre Möglichkeiten besser zu verstehen.

Booster decken eine große Bandbreite von Anwendungsfällen ab, einschließlich der Integration von SAP- und Nicht-SAP-Anwendungen, der Entwicklung neuer Anwendungen, der Implementierung von Sicherheits- und Authentifizierungsmechanismen und vielem mehr.

4.5 Systemlandschaft

Wenn Sie eine SAP-Cloud-Lösung wie z. B. SAP SuccessFactors oder SAP Marketing Cloud an Ihren Global Account anbinden möchten, kann dies mit einem Integrationstoken geschehen. Die Einbindung erfolgt unter dem Menüpunkt **System Landscape** im SAP BTP Cockpit Ihres Global Account.

Folgende SAP-Lösungen können angebunden werden:

- SAP S/4HANA Cloud
- SAP Marketing Cloud
- SAP SuccessFactors
- SAP Commerce Cloud
- SAP Cloud for Customer
- SAP Field Service Management

Der Ablauf ist im Wesentlichen wie folgt: Klicken Sie unter **System Landscape** auf den Button **Add System** (siehe Abbildung 4.58).

Abbildung 4.58 Einstieg in die Systemlandschaft

Im nächsten Schritt wählen Sie die Art des Systems im Feld **System Type** (siehe Abbildung 4.59). Klicken Sie im Anschluss auf **Add**.

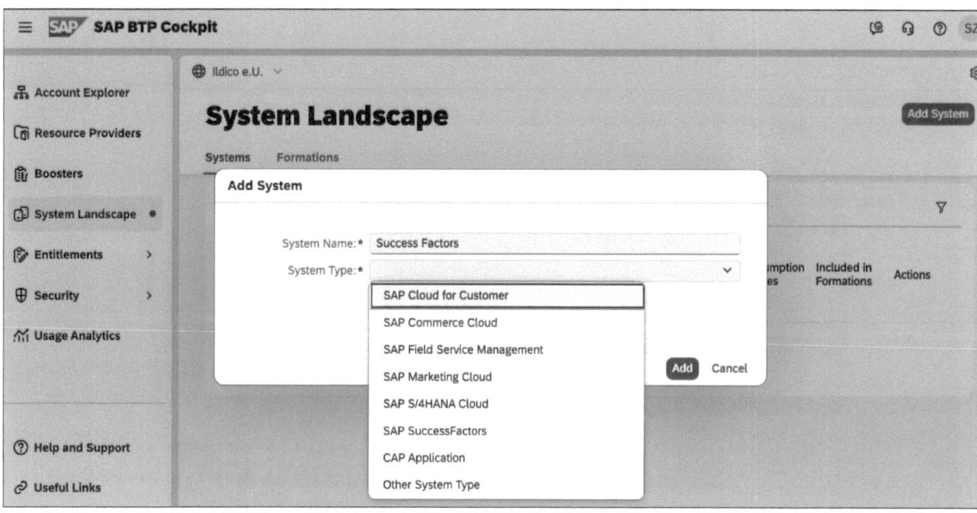

Abbildung 4.59 Systemtyp auswählen

Nun können Sie direkt aus dem Anlegen-Dialog das Token zur Authentifizierung im Zielsystem anlegen, indem Sie auf **Get Token** klicken (siehe Abbildung 4.60).

Das Token können Sie dann kopieren (siehe Abbildung 4.61) und gemäß Installationsleitfaden in Ihrem Cloud-Produkt hinzufügen. In der Systemübersicht können Sie das Token sehen, sobald die Vertrauensstellung auf der anderen Seite bestätigt worden ist.

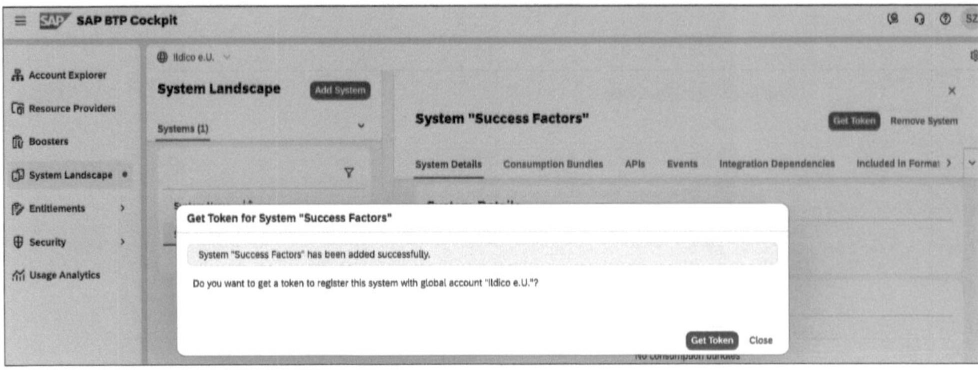

Abbildung 4.60 Token anlegen

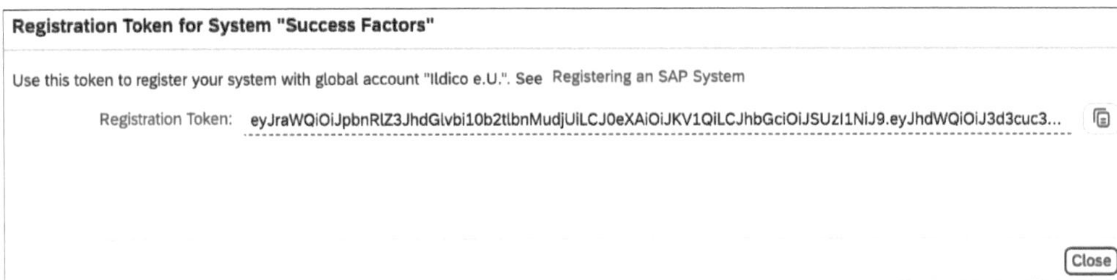

Abbildung 4.61 Token kopieren

Diese Szenarien sind vor allem dann wichtig, wenn Sie z. B. bei Ihrer SAP-SuccessFactors-Installation auf Eigenentwicklungen und Erweiterungen zugreifen wollen.

4.6 Resource Provider

Wenn Sie bei einem von SAP unterstützten Cloud Provider bereits Ressourcen abonniert haben, können Sie diese auf der SAP BTP einbinden. Beispiele hierfür wären Datenbanken, die bei einem Cloud Provider liegen und auf die Ihre Anwendungen zugreifen können sollen. Aktuell werden nur zwei Anwendungsfälle unterstützt (siehe Tabelle 4.1).

Cloud Vendor	Supported Services
Amazon Web Services	Amazon Relational Database Service (RDS) - PostgreSQL
Microsoft Azure	Azure Database for PostgreSQL

Tabelle 4.1 Unterstützte Resource Provider

Um einen Resource Provider anzulegen, navigieren Sie zu **Resource Providers** in Ihrem Global Account des SAP BTP Cockpits (siehe Abbildung 4.62). Nun können Sie mit **New Provider** zum Anlegen-Dialog gelangen.

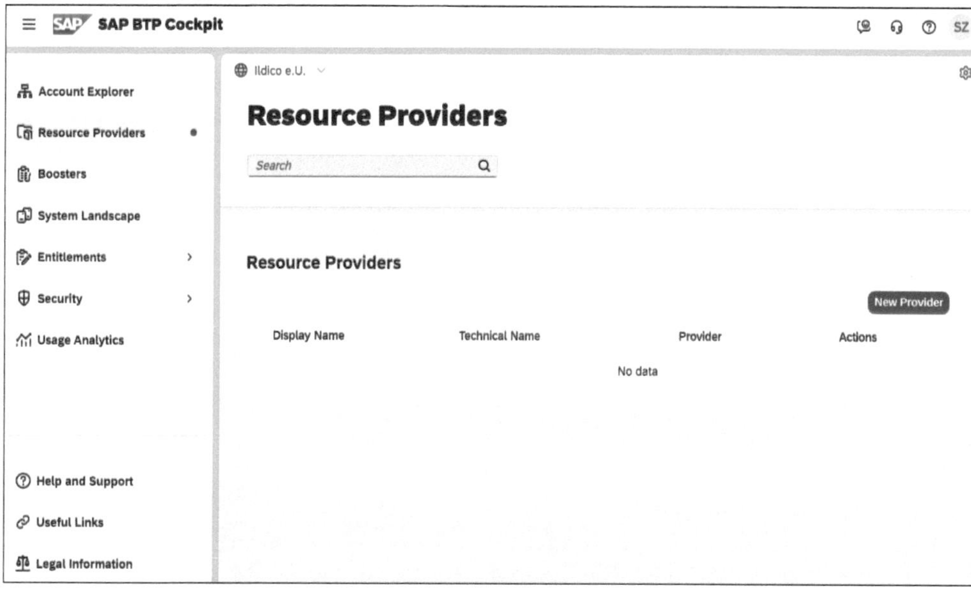

Abbildung 4.62 Übersicht der Resource Provider im Global Account

Im Dialog zum Anlegen der Ressource Provider werden nun die Ressourcen, wie Sie sie von den Providern erhalten, eingetragen (siehe Abbildung 4.63). Klicken Sie anschließend auf **Create**.

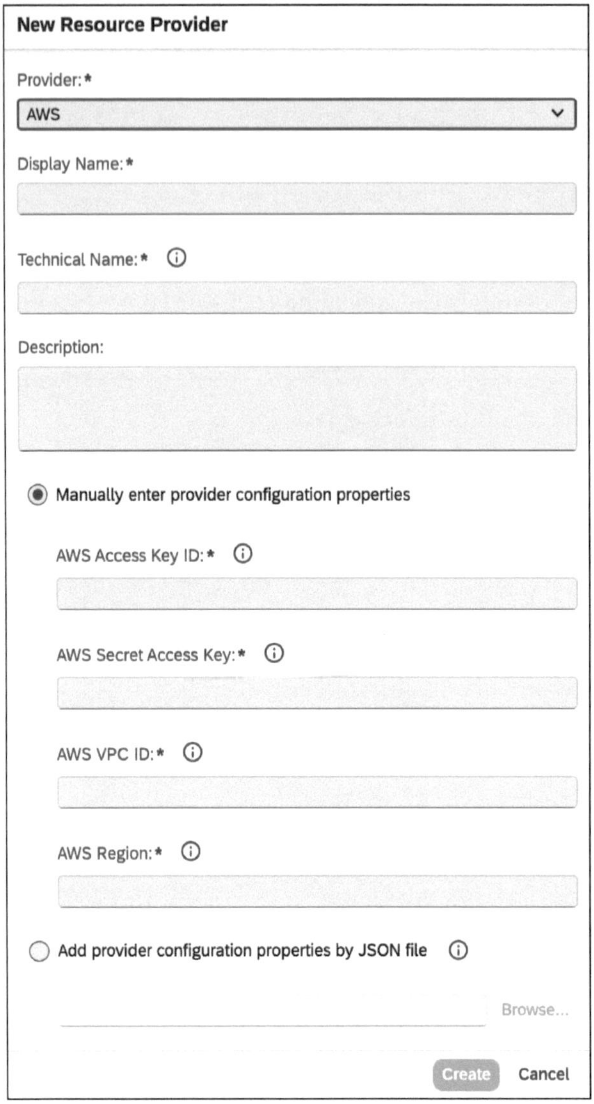

Abbildung 4.63 Dialog zum Anlegen eines Resource Providers

4.7 Entitlements

Entitlements lassen sich mit »Berechtigungen« übersetzen und meinen die Zuteilung von Ressourcen und Diensten, die einem Kunden oder Nutzer zur Verfügung gestellt werden. Diese Berechtigungen definieren, auf welche spezifischen Services und Ressourcenquantitäten ein Kunde Zugriff haben soll, basierend auf seinem Abonnement oder seiner Lizenz. Die Entitlements Ihres Unternehmens müssen Sie auf Ihre Subaccounts aufteilen.

Entitlements auf der SAP BTP können im Global Account zwei Aspekte umfassen:

- *Entity Assignments* definieren Ressourcen, die in Ihren Lizenzen und Plänen enthalten sind, sowie deren Obergrenzen. Viele der Services sind Shared Units und können mehrfach verwendet werden. Sie können ansonsten auf globaler Ebene ein Quota-Limit setzen, um z. B. festzulegen, dass es einen Service in allen Subaccounts nur dreimal geben dürfen soll.
- *Service Assignments* definieren, welche Services in welchen Subaccounts zugeteilt und aktiv sein sollen.

Die Verwaltung von Entitlements ist wesentlicher Bestandteil der Administration, da sie es Unternehmen ermöglicht, ihre Cloud-Ressourcen effizient zu nutzen und zu kontrollieren und Kosten einzusparen. Sie können Ihre Entitlements über das SAP BTP Cockpit unter **Entitlements** verwalten. Dort können Sie Ihre aktuellen Zuteilungen einsehen, Anpassungen vornehmen und die Nutzung Ihrer abonnierten Services überwachen.

Entitlements in der Praxis konfigurieren

In der Praxis beginnen Sie auf der Ebene des Global Account mit der Aufteilung der Entitlements. Über den optionalen Weg der Verzeichnisse verteilen Sie dann die Entitlements auf die Subaccounts und gegebenenfalls von dort noch weiter auf die Spaces.

In Abbildung 4.64 sehen Sie die Entity Assignments eines beispielhaften Global Account. Mit **Edit** können Sie die Quotas ändern. Bei den in der Abbildung gezeigten Units handelt es sich um sogenannte Shared Units, daher lässt sich das im Beispiel schwer zeigen.

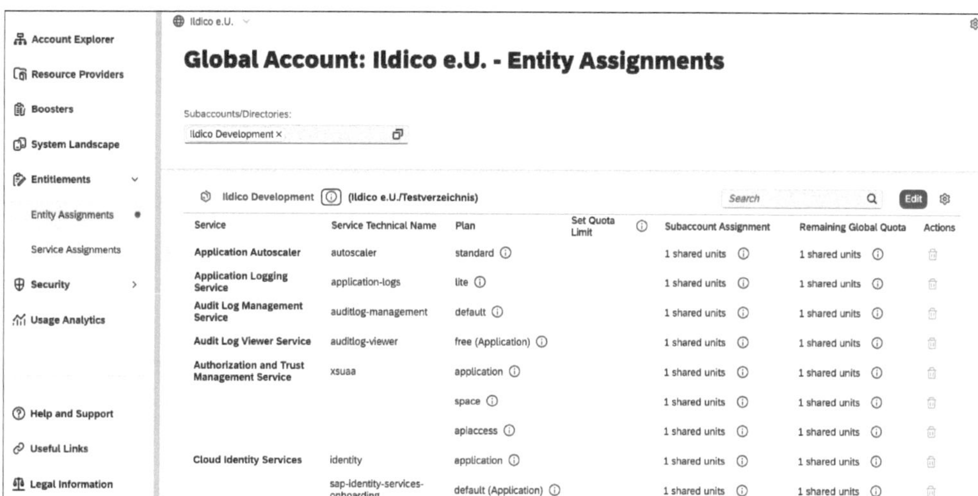

Abbildung 4.64 Übersicht über die Entity Assignments

In Abbildung 4.65 sehen Sie ein Beispiel für die Zuweisung des SAP Business Application Studio Service in unseren Beispiel-Tenant.

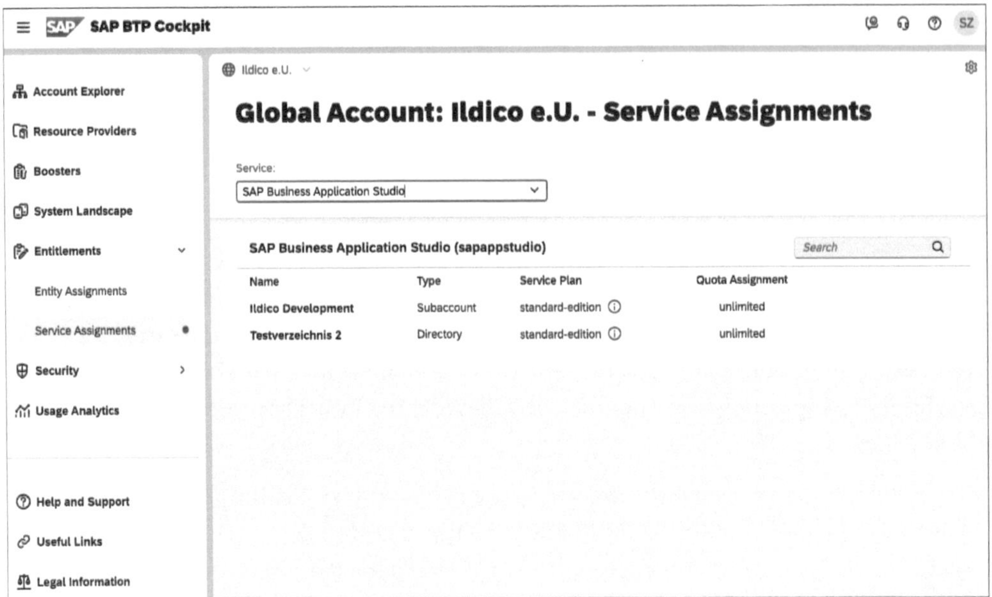

Abbildung 4.65 Übersicht über die Service Assignments

[!]

Entitlements den Subaccounts zuweisen

Oftmals wird vergessen, die Entitlements den Subaccounts zuzuweisen. Dieser Umstand lässt sich allerdings leicht ändern. Bei Consumption-Based-Modellen beachten Sie Ihre Lizenzbedingungen – hier entstehen schnell Kosten, wenn die Zuteilungen erhöht werden. Über ein zusätzliches Hilfsmittel, das Usage Monitoring, mit dem Sie u. a. auch Kosten einsparen können, erfahren Sie mehr im folgenden Abschnitt.

4.8 Usage Monitoring

Mit dem Usage Monitoring im Menüpunkt **Usage Analytics** des SAP BTP Cockpits können Sie Cloud-Ressourcen und Services überwachen und einen Überblick über die (prognostizierten) laufenden Kosten erlangen.

Wenn Sie im SAP BTP Cockpit im Menü zu **Usage Analytics** navigieren, finden Sie vier verschiedene Unterseiten: **Global Account Info**, **Global Account Overview**, **Service Usage** und **Directory/Subaccount Usage**.

Unter **Global Account Info** sehen Sie Fakten zu Ihrem Global Account (siehe Abbildung 4.66):

- Anzahl der Verzeichnisse (**Directories**)
- Anzahl der Subaccounts
- Anzahl der Regionen

Im rechten Bereich sehen Sie die aktuellen Kosten und Vertragslaufzeiten.

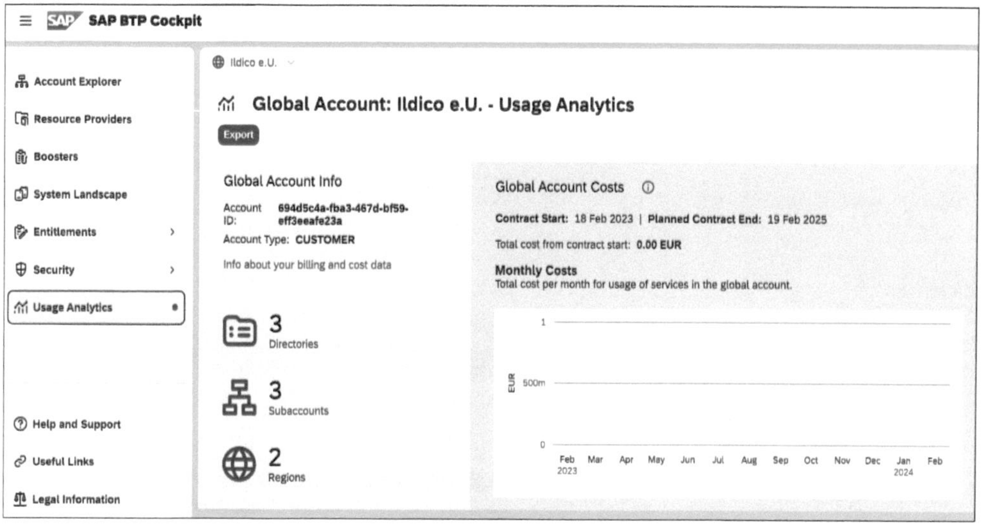

Abbildung 4.66 Global Account Info in Usage Analytics

Wenn Sie weiter nach unten scrollen, gelangen Sie zur Serviceübersicht des Global Account (**Global Account Overview**), (siehe Abbildung 4.67), in der Sie die lizenzierten Servicepläne und deren Nutzung prüfen können – sowohl nach Verwendung (**Usage**) als auch nach Kosten (**Costs**).

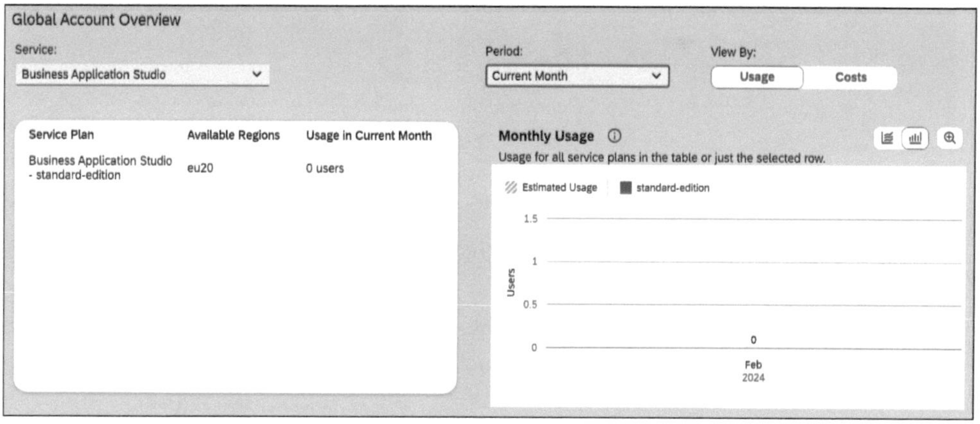

Abbildung 4.67 Servicepläne in Usage Analytics

Im Bereich **Service Usage** weiter unten sehen Sie die Verwendung der Services nach Subaccounts und in Datentransfereinheiten (typischerweise in GB; siehe Abbildung 4.68).

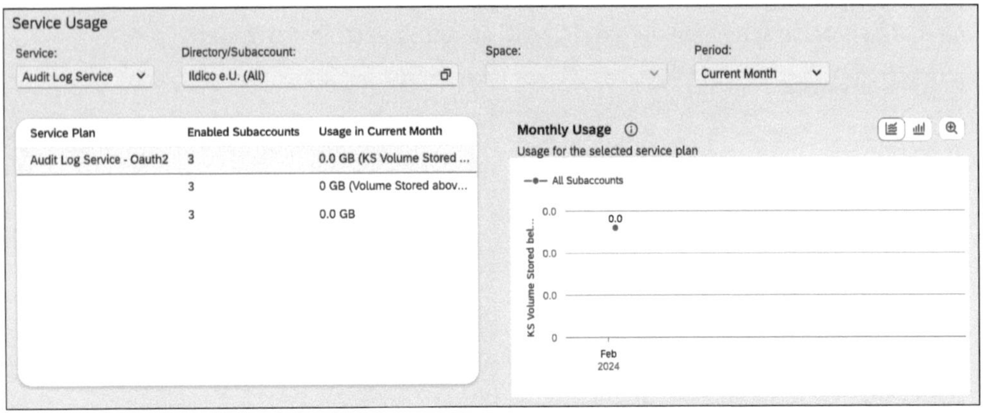

Abbildung 4.68 Verwendung der Services in Usage Analytics

Schließlich finden Sie ganz unten unter **Directory/Subaccount Usage** die Nutzung nach Subaccounts als Gegenpart zu Abbildung 4.68 (siehe Abbildung 4.69).

Abbildung 4.69 Verwendung der Subaccounts und der Verzeichnisse in Usage Analytics

Wir empfehlen Ihnen, regelmäßig die Kosten und auch die Verwendung Ihrer Cloud Services zu überwachen, nicht zuletzt aus Kosten- und Verwaltungsgründen, da Ressourcen in nahezu inaktiven Subaccounts gerade in Cloud-Zeiten eingespart werden können – bei Bedarf können Sie diese auch wieder hinzufügen.

Kapitel 5
Subaccounts administrieren

Ein durchdachtes Benutzermanagement im Subaccount ist der entscheidende Faktor, um Ihre Cloud-Umgebung sicher zu betreiben. Wir zeigen Ihnen, wie Sie mit Rollen und Rollensammlungen die Basis dafür legen können.

Dieses Kapitel bietet einen ganzheitlichen Ansatz zur effizienten Verwaltung von Subaccounts und taucht tief in das Wesen des Authentifizierungs- und Autorisierungs-Managements ein. In Abschnitt 5.1, »Einen Subaccount anlegen«, lernen Sie zunächst, wie Sie einen Subaccount anlegen. Die Bedeutung von Rollen und Rollensammlungen für das Benutzermanagement wird in Abschnitt 5.2, »Authentifizierung und Autorisierung«, hervorgehoben, indem die zugrundeliegenden Prinzipien und die Vielseitigkeit in der praktischen Anwendung erläutert werden. Dies umfasst die Ausgestaltung von Sicherheitsrichtlinien und den Zugriffsschutz, die für die Verwaltung von Subaccounts von zentraler Bedeutung sind. Es folgen praxisnahe Anleitungen, die Ihnen veranschaulichen, wie die Authentifizierung mit dem Identity Authentication Service für Subaccounts konfiguriert wird. Hierbei gehen wir detailliert darauf ein, wie diese Konfigurationsschritte eine nahtlose Integration mit Microsoft Entra ID (ehemals Azure Active Directory) als Identity Provider ermöglichen, wodurch eine sichere und effiziente Benutzerverwaltung in der Cloud-Infrastruktur gewährleistet ist. Darüber hinaus wird die Organisationsstruktur eines Verzeichnisses eingehend beleuchtet. Wie Sie die Nutzung von Cloud-Ressourcen mithilfe von Organizations, Spaces und Quotas effizient verwalten, lernen Sie in Abschnitt 5.3, »Organizations, Spaces und Quotas«. Außerdem erfahren Sie in Abschnitt 5.4, »Subscriptions und Services«, wie Sie Subscriptions und Services strategisch einsetzen, um Ihre Subaccounts an Ihre individuellen Anforderungen anzupassen. Das Kapitel zeigt außerdem auf, wie eine gut organisierte Cloud-Foundry-Struktur zur Effizienzsteigerung beitragen kann. Ein weiterer Schwerpunkt liegt auf dem Audit Log Viewer Service, einem leistungsstarken Tool, das für das Überwachungsmanagement unerlässlich ist. Wir stellen in Abschnitt 5.5, »Audit Log Viewer Service«, Methoden vor, mit denen Sie Audit Logs gezielt analysieren können, um sicherheitsrelevante Ereignisse zu identifizieren und zu untersuchen. Dies ist entscheidend, um die Sicherheit und Compliance innerhalb der Subaccount-Umgebung zu gewährleisten.

Zusammenfassend stellt dieses Kapitel eine umfangreiche Ressource dar, die nicht nur die technische Implementierung, sondern auch die strategische Planung und das Sicherheitsmanagement von Subaccounts in der SAP-BTP-Umgebung abdeckt. Durch diese Inhalte werden Sie in die Lage versetzt, Subaccounts mit einem höheren Grad an Professionalität verwalten.

5.1 Einen Subaccount anlegen

Mithilfe von Subaccounts können Sie Ihren Global Account entsprechend Ihren Anforderungen und der Organisation Ihrer Projekte strukturieren. Damit können Sie sowohl die Verwaltung der Mitglieder und Berechtigungen als auch Entitlements strukturieren.

Jeder Subaccount muss innerhalb einer Region und eines Rechenzentrums erstellt werden. Die Region spiegelt den physischen Standort des Rechenzentrums wider, an dem Applikationen, Daten und Services gehostet werden. Die Region muss nicht mit der Region Ihres Unternehmensstandorts identisch sein.

Die unter einem Global Account strukturierten Subaccounts sind voneinander unabhängig. Das müssen Sie bei der Planung der Gesamtarchitektur in Bezug auf die Sicherheit, die Mitgliederverwaltung, das Datenmanagement, die Datenmigration und die Integration berücksichtigen. Im SAP BTP Cockpit werden unter dem Menüpunkt **Account Explorer** alle Ihrem Global Account zugewiesenen Subaccounts dargestellt (siehe Abbildung 5.1).

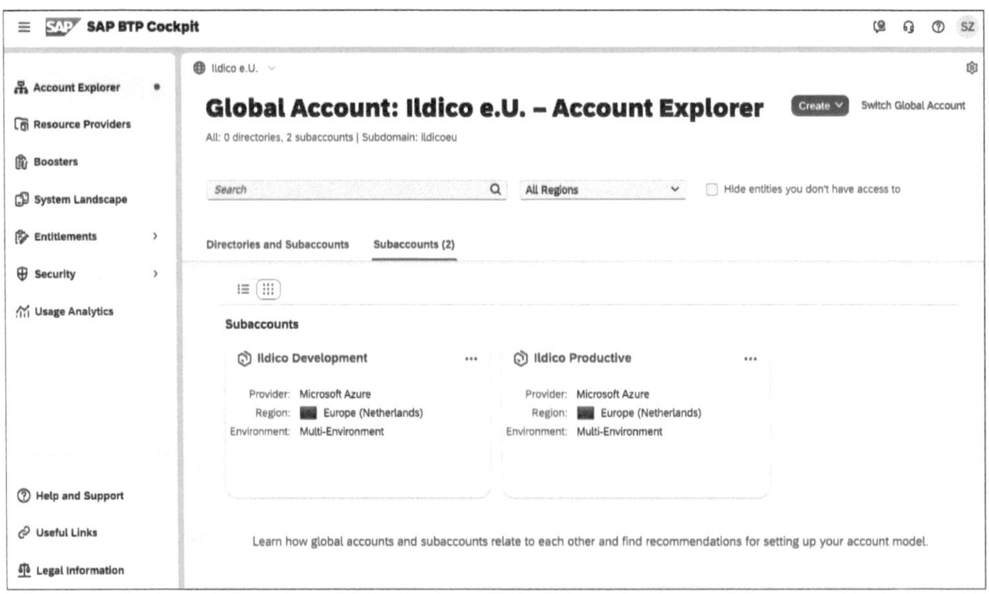

Abbildung 5.1 Übersicht der Subaccounts im SAP BTP Cockpit

Sinnvolle Subaccount-Struktur wählen

Auf der Ebene der Subaccounts können Sie u. a. die Systemverbindungen konfigurieren. Getrennte Subaccounts für Produktivsysteme und Entwicklung sind empfehlenswert, schon allein zur Trennung der Ressourcen und Systemverbindungen. Darüber hinaus kann man durch eine Trennung nach den verwendeten Backends (z. B. SAP ERP HCM, SAP ERP usw.) oder nach den verantwortlichen Teams zusätzliche Sicherheit schaffen.

Im Gegensatz zu den Global Accounts können Sie Subaccounts selbst anlegen:

1. Navigieren Sie dazu im Account Explorer über **Create • Subaccount**.
2. Wählen Sie im Dialog zum Anlegen des Subaccounts eine Bezeichnung unter **Display Name**.
3. Darunter wählen Sie im Aufklappmenü zu **Region** eine Option aus. Über der jeweiligen Region sehen Sie, bei welchem Provider die jeweilige Region gehostet wird. Sie können zwischen **Amazon Web Services (AWS)**, **Google Cloud Platform** und **Microsoft Azure** wählen. Bei dem jeweiligen Provider liegen dann Ihre Daten in einem Rechenzentrum der betreffenden Region (siehe Abbildung 5.2).

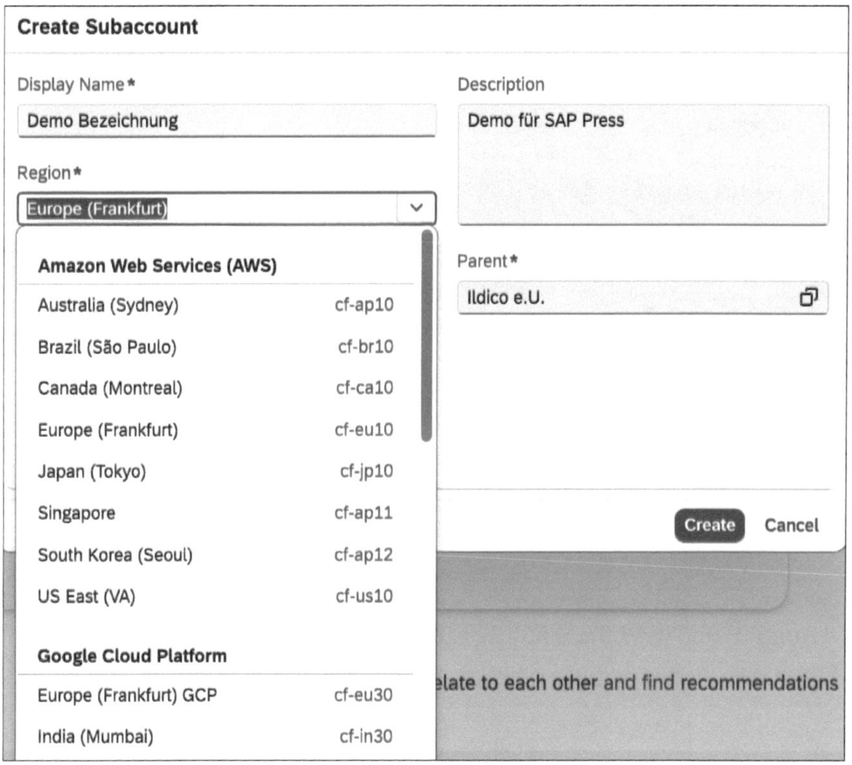

Abbildung 5.2 Region für den Subaccount auswählen

4. Darunter können Sie eine **Subdomain** wählen (siehe Abbildung 5.3). Dieser Schritt ist optional. Die Subdomain wird automatisch als Vorschlag generiert und kann durch einen kundeneigenen Namen überschrieben werden, der innerhalb der SAP BTP eindeutig sein muss. Weitere Hinweise zur Subdomain finden Sie unter dieser Liste.
5. Im Bereich **Advanced** können Sie die Checkbox **Used for production** wählen, wenn es sich um einen produktiven Account handelt (siehe Abbildung 5.3). Das hat das zwar keine direkte Auswirkung auf Ihren Subaccount, hilft dem SAP-System aber dabei, Ihre Support-Tickets zu priorisieren, wenn es sich um einen produktiven Subaccount handelt.
6. Klicken Sie dann auf **Create**, um den Subaccount anzulegen.

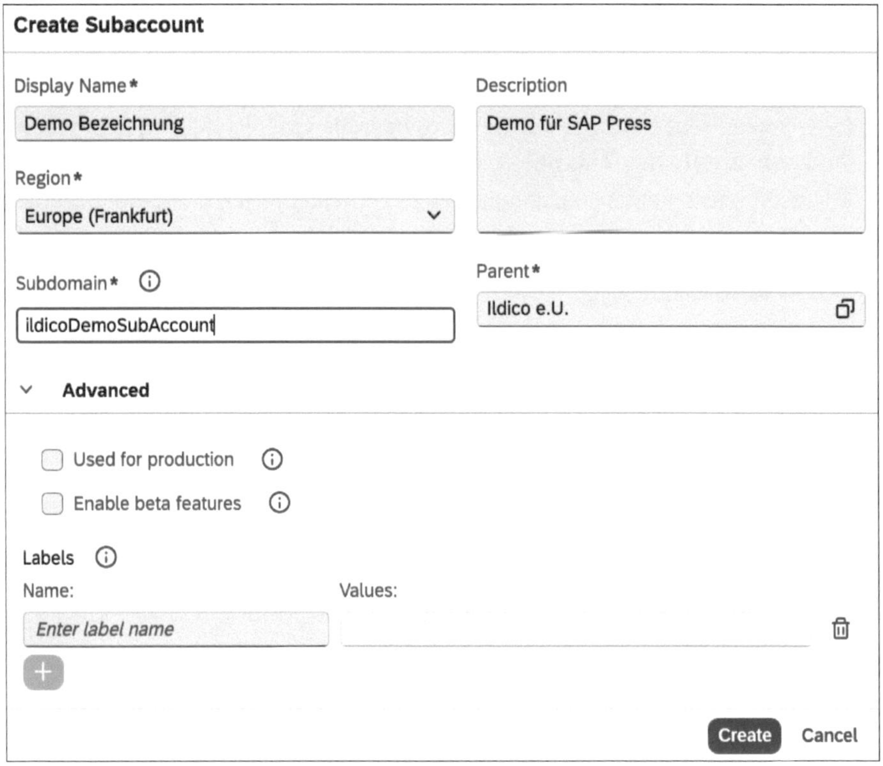

Abbildung 5.3 Weitere Einstellungen beim Anlegen eines Subaccounts

7. Nach einer kurzen Weile verschwindet dann der Schriftzug **Onboarding** (siehe Abbildung 5.4) und der Subaccount ist nutzbar.

Abbildung 5.4 Subaccount wird erstellt

Bei der Wahl der Subdomain sollten Sie die folgenden Punkte beachten:

- Der Name der Subdomain darf ausschließlich Buchstaben, Zahlen und Bindestriche enthalten.
- Bindestriche dürfen nicht am Anfang oder Ende des Namens der Subdomain verwendet werden.
- Die Subdomain muss über alle Subaccounts in der gewählten Region über alle Kunden hinweg eindeutig sind. Falls ein anderer Kunde also bereits die von Ihnen gewünschte Subdomain verwendet, muss eine andere Subdomain gewählt werden.
- Groß- und Kleinbuchstaben sind zulässig, wirken sich jedoch nicht auf die Namensgleichheit aus.

Neo-Umgebung

Im unteren Teil der Regionsauswahl des Dialogs zum Anlegen des Subaccounts finden Sie einige Einträge mit dem Präfix neo. Beachten Sie, dass die Neo-Plattform von SAP Ende 2028 aus der Wartung genommen und daher in diesem Buch nicht mehr behandelt wird.

Bei der Anlage des Subaccounts ist Ihnen vielleicht aufgefallen, dass es auch eine Option gibt, mit der man Verzeichnisse (auf Englisch: Directories) anlegen kann. Wenn Sie besonders viele Accounts verwalten müssen, empfiehlt sich eine Unterteilung in solche Verzeichnisse. Wie Sie es aus in Abbildung 5.5 ersehen können, lässt sich die Ansicht im Account Explorer entsprechend anpassen. Zusätzlich sehen Sie in Abbildung 5.6 die grafische Ansicht, die Sie mit einem Klick auf den Verteiler-Button erreichen können (siehe Abbildung 5.5).

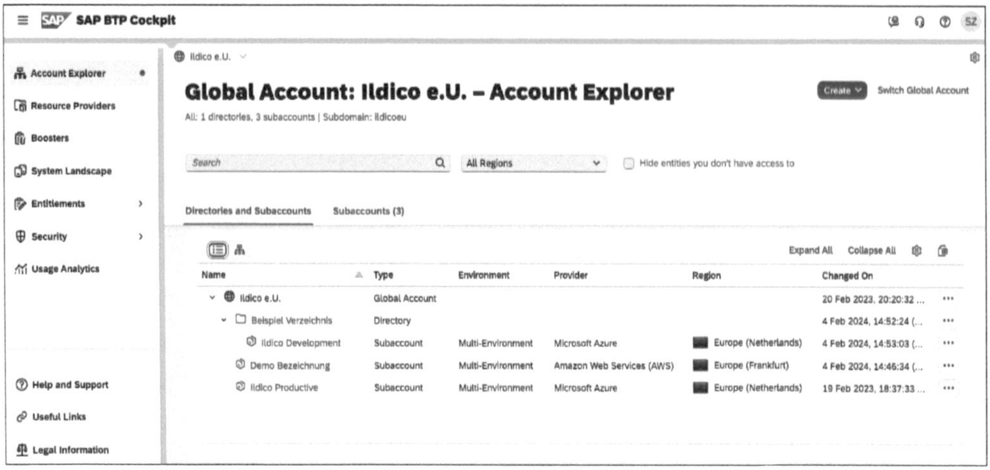

Abbildung 5.5 Beispiel für die Nutzung von Verzeichnissen

Abbildung 5.6 Grafische Darstellung der Verzeichnisse

[»]

Auswahl von Alibaba Cloud als Provider

Alibaba Cloud kann an dieser Stelle nicht als Provider ausgewählt werden. Wenn Sie Alibaba Cloud verwenden möchten, müssen Sie Ihren zuständigen SAP-Vertriebsleiter kontaktieren.

Da nicht alle Services in allen Umgebungen und Regionen verfügbar sind, empfehlen wir Ihnen, vorab in der Dokumentation der SAP BTP zu prüfen, ob die gewünschten Services beim bevorzugten Provider in der gewünschten Region verfügbar sind. Das SAP Discovery Center (unter *www.s-prs.de/v100200018* zu finden) listet alle Cloud Services und deren geografische Verfügbarkeit auf. Beim Aktivieren der Services über den Pfad **Services • Service Marketplace** ist ebenfalls ersichtlich, in welchen Rechenzentren der jeweilige Service angeboten wird (siehe Abbildung 5.7).

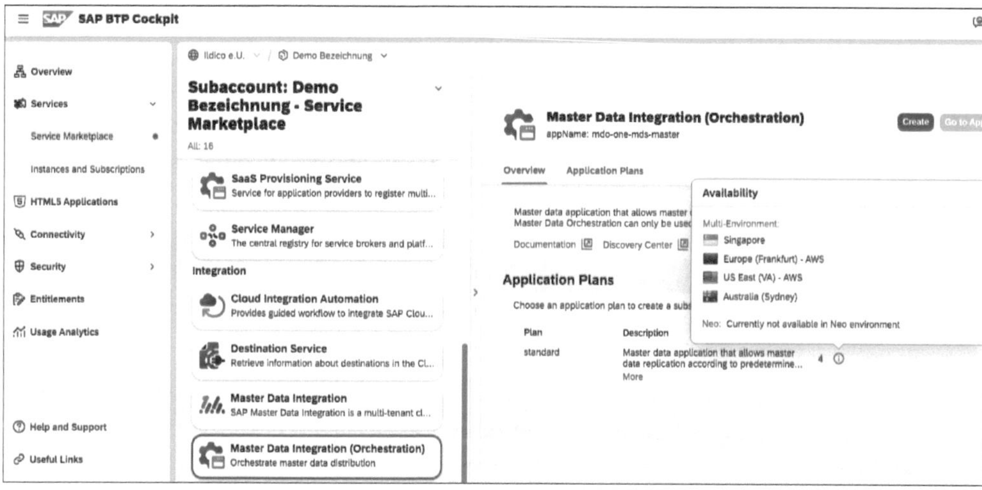

Abbildung 5.7 Serviceverfügbarkeit in der Detailsicht eines Service

Weitere Tipps und Tricks zur Einrichtung des Subaccounts finden Sie in den folgenden Abschnitten.

5.2 Authentifizierung und Autorisierung

Das Herz der Cloud-Sicherheit sind Authentifizierung und Autorisierung – zwei Säulen, die die Grundlage für den Schutz von digitalen Ressourcen bilden. In diesem Abschnitt widmen wir uns der Authentifizierung und Autorisierung innerhalb eines Subaccounts der SAP BTP und beleuchten, wie diese beiden Prozesse nahtlos ineinandergreifen, um eine sichere Umgebung zu gewährleisten.

Authentifizierung ist der Prozess der Validierung und Bestätigung, ob ein Benutzer tatsächlich derjenige ist, für den er sich ausgibt. Passwörter sind die am häufigsten genutzte Authentifizierungsmethode. Wenn ein Anwender für sein Benutzerkonto bzw. für den Benutzernamen das richtige Passwort eingibt, geht das System davon aus, dass die Identität gültig ist und gewährt den Zugang.

Dieses einfache Authentifizierungsverfahren ist jedoch anfällig für sogenannte *Brute-Force-Angriffe*. Dabei versucht ein Angreifer so lange, sich mit unterschiedlichen Passwörtern anzumelden, bis das richtige Passwort gefunden wird. Häufig werden die Passwörter bei solchen Angriffen nicht zufällig gewählt, sondern aus einer Liste mit häufig verwendeten Passwörtern gelesen. Brute-Force-Angriffe können dadurch erschwert werden, dass Benutzerkonten nach einer bestimmten Anzahl fehlerhafter Anmeldeversuche gesperrt werden.

Eine weitere Maßnahme gegen solche Angriffe ist es, mit Passwortrichtlinien starke Passwörter zu erzwingen. Passwörter für den Zugriff auf SAP-Anwendungen sollten sich stets aus Großbuchstaben, Kleinbuchstaben, Zahlen und Sonderzeichen zusammensetzen. Außerdem sollten die Passwörter in regelmäßigen Abständen geändert werden. Sie sollten zusätzlich zu den Passwortrichtlinien auch eine Liste mit Wörtern und Begriffen pflegen, die in Passwörtern nicht verwendet werden dürfen.

Andere Technologien wie Client-Zertifikate, Biometrie, One-Time-Tokens oder eigene Authentifizierungsanwendungen können ebenfalls zur Authentifizierung herangezogen werden. Die SAP BTP bietet Ihnen an dieser Stelle sehr viel Flexibilität. Bei der Verwendung von Client-Zertifikaten wird die Identität der Benutzer durch den Austausch eines digitalen Zertifikats überprüft. Das Zertifikat wird von einer vertrauenswürdigen Stelle ausgestellt und eindeutig einem Benutzerkonto zugeordnet. SAP bietet Ihnen mit SAP Passport beispielsweise die Möglichkeit, ein digitales Client-Zertifikat für Ihren S-User zu erstellen. Damit können Sie sich in der Folge an diversen SAP-Webseiten, am SAP Support Portal und auch an der SAP BTP anmelden. Detaillierte Informationen dazu finden Sie im SAP Support Portal unter *www.s-prs.de/v100200019*.

In bestimmten Fällen erfordern Systeme die erfolgreiche Überprüfung von mehr als einem Faktor bzw. Merkmal, bevor der Zugriff gewährt wird. In diesen Fällen spricht man von einer *Multi-Faktor-Authentifizierung* (MFA). Sie wird häufig eingesetzt, um die Sicherheit im Verglich zur einer klassischen Passwortauthentifizierung zu erhöhen. Bei der Anmeldung wird ein zusätzlicher Identitätsnachweis verlangt. Dabei werden typischerweise folgende Faktoren verwendet:

- SMS-Token
- Hardware-Token
- Software-Token
- Authentifizierungs-Apps
- Telefonanruf
- FIDO2-Sicherheitsschlüssel

Diese zusätzlichen Authentifizierungen und Verifizierungen werden in der Regel durch den Identity Provider vorgenommen, bei dem entsprechende Komponenten zu aktivieren sind. Die verschiedenen Möglichkeiten bei Identity Providern erklären wir in Abschnitt 5.2.3, »Roles und Role Collections«. Nach erfolgreicher Authentifizierung folgt die Autorisierung, die bestimmt, auf welche Ressourcen und Aktionen ein authentifizierter Benutzer zugreifen darf. Wir zeigen in Abschnitt 5.2.3, »Roles und Role Collections«, die Implementierung von Berechtigungen und die Verwendung von Rollen und Rollensammlungen, um die Zugriffskontrolle zu steuern.

Als *Autorisierung* bezeichnet man den Prozess, einem Benutzer die Erlaubnis zu erteilen, auf eine bestimmte Ressource oder Funktionalität zuzugreifen. Dieser Begriff wird meist synonym mit dem Begriff *Zugriffskontrolle* verwendet. Wenn Sie jemandem die Erlaubnis erteilen, eine bestimmte Datei auf Ihrem Server herunterzuladen, ist dies ein Beispiel für eine Autorisierung. Auch einem einzelnen Benutzer administrativen Zugriff auf eine Anwendung zu gewähren, ist ein solches Beispiel. In sicheren Umgebungen erfolgt die Autorisierung immer nach der Authentifizierung. Die Benutzer müssen zunächst nachweisen, dass ihre Identität echt ist, bevor ihnen der Zugang zu den angeforderten Ressourcen gewährt wird. Auf der SAP BTP werden zwei verschiedene Standards zur Autorisierung verwendet, SAML und OAuth.

Wir zeigen in Abschnitt 5.2.4 und Abschnitt 5.2.5 Praxisbeispiele zur Einrichtung von Identity Authentication und zur Einrichtung von Microsoft Entra ID (vormals Azure Active Directory) als Identity Provider.

5.2.1 Benutzerverwaltung

Zu einer Organisation innerhalb Ihres Subaccounts der SAP BTP können Sie Benutzer als Mitglieder (Members) hinzufügen. Diesen Mitgliedern weisen Sie wiederum Rollen, sogenannte *Roles* zu, um sie für Aktionen zu berechtigen. Voraussetzung für das Anlegen von Mitgliedern und das Zuordnen der Rollen ist, dass Ihnen selbst die Role Organization Manager zugewiesen ist. Der Benutzer, der den Subaccount angelegt hat, wird automatisch als Mitglied hinzugefügt und mit dieser Rolle versehen. Weiterführende Informationen zu Organisationen und Rollen finden Sie im übernächsten Abschnitt.

Der Einstieg in die Benutzerverwaltung erfolgt über den Pfad **Security • Users** im SAP BTP Cockpit des Subaccounts. In Abbildung 5.8 sehen Sie die Standardansicht der Benutzerverwaltung mit einem Administrationsbenutzer, der über den SAP ID Service als **Default identity provider** zugeordnet wurde. Für den Benutzer wird jeweils die E-Mail-Adresse als **User Name** angegeben (in der Abbildung geblurrt).

Über den Button **Create** können Sie neue Benutzer anlegen. Für Benutzer, die aus dem SAP ID Service (in der Übersicht als **Default identity provider** bezeichnet) stammen, sollte das explizit geschehen. Bei anderen Identity Providern müssen Sie die Benutzer nicht explizit hinzufügen.

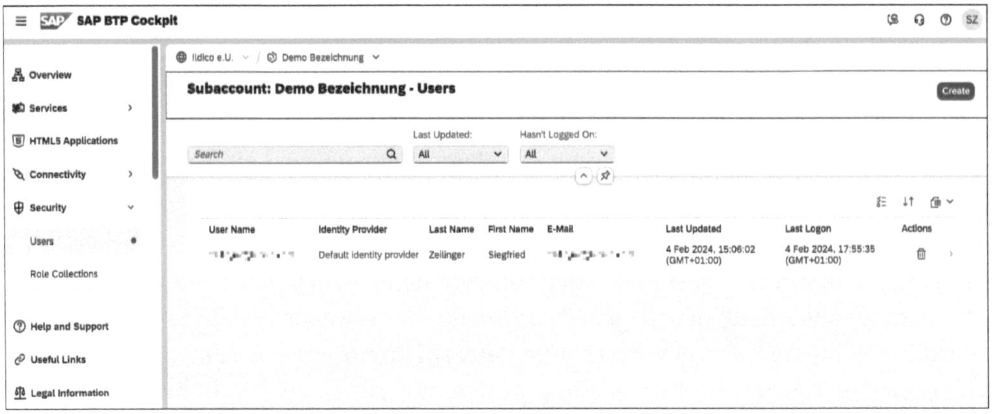

Abbildung 5.8 Übersicht der Benutzer im Subaccount

Im Dialog zum Anlegen eines neuen Benutzers hinterlegen Sie die E-Mail-Adresse des Benutzers in den Feldern **User Name** und **E-Mail** als eindeutiges Merkmal (siehe Abbildung 5.9). Geben Sie außerdem den **Identity Provider** an, der diesen Benutzer bereitstellt. Bestätigen Sie die Angaben mit dem Button **Create**.

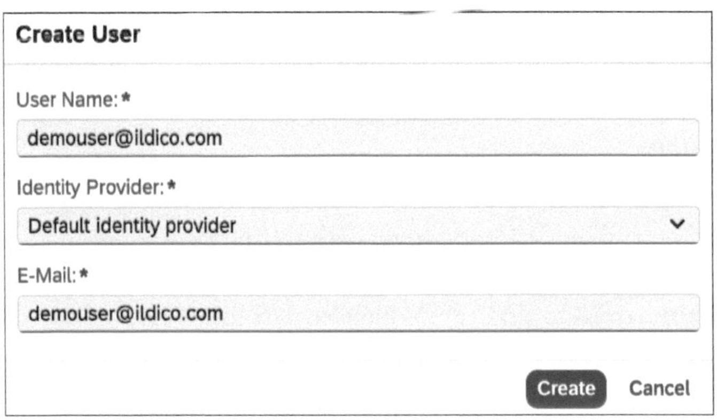

Abbildung 5.9 Benutzer anlegen

Nach dem Anlegen des Benutzers können Sie die Benutzerdaten nochmals prüfen, indem Sie über den Pfeil-Button rechts in der Zeile [>] die Benutzerdetailsicht einblenden (siehe Abbildung 5.10). An dieser Stelle können Sie dem Benutzer auch direkt Rollen zuordnen, was wir in Abschnitt 5.2.3, »Roles und Role Collections«, zeigen. Auch ein Löschen des Benutzers ist über den Drei-Punkte-Botton [...] und **Delete** möglich.

Für die Administration ist dies der Standardweg, um neue Benutzer auf der Subaccount-Ebene anzulegen. Wenn Endanwenderinnen und Endanwender Zugriff auf eine Cloud-Anwendung erhalten sollen, die in einem Subaccount der SAP BTP betrieben wird, ist es hingegen üblich, die Benutzer aus dem unternehmenseigenen Identity Provider automatisch anlegen zu lassen.

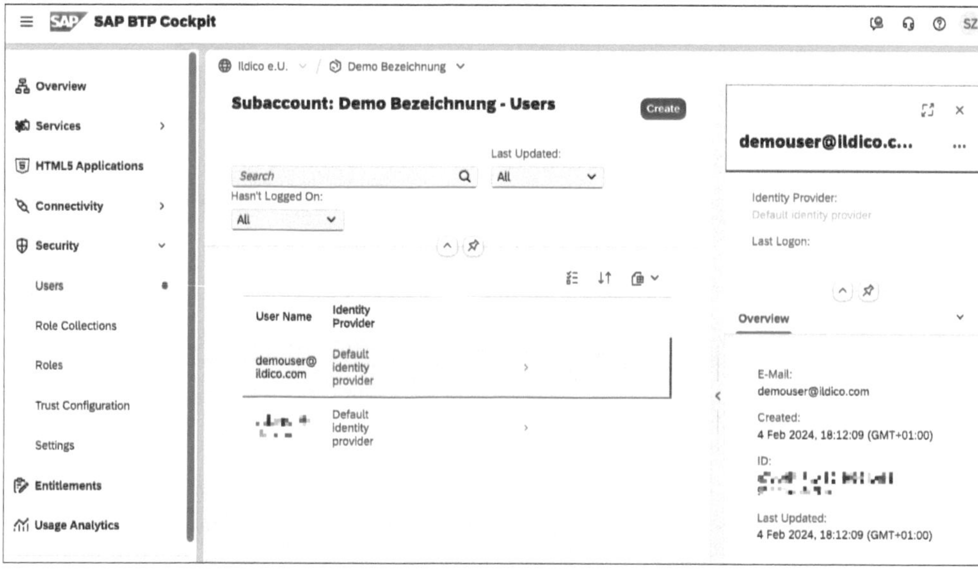

Abbildung 5.10 Benutzerdetails einblenden

Dazu müssen Sie lediglich einen Haken in der Konfiguration des Identity Providers setzen (siehe Abschnitt 5.2.5, »Praxisbeispiel: Subaccount mit Microsoft Entra ID als Identity Provider«). In der Praxis ersparen Sie sich so die Schritte zum Anlegen von Benutzern für Endanwender und Endanwenderinnen.

Administrationsbenutzer

Auch an dieser Stelle sei erwähnt, dass es sinnvoll ist, mindestens zwei Administratoren zu haben, denen die subaccountspezifische Standardrolle Subaccount Admin zugewiesen ist. Damit lässt sich der Subaccount umfassend verwalten. Außerdem sollten Sie mindestens zwei Benutzer über den Default Identity Provider verwalten, falls der externe Identity Provider einmal nicht verfügbar sein sollte.

5.2.2 Trust-Konfiguration und weitere Identity Provider

Die Verwaltung der Trusted Identity Provider finden Sie im SAP BTP Cockpit über den Pfad **Security • Trust Configuration** (siehe Abbildung 5.11).

In der Übersicht sehen Sie alle aktuell eingerichteten Provider. Standardmäßig ist der Default Identity Provider aktiviert, der von SAP zur Verfügung gestellt wird. Alternativ können Sie einen Platform Identity Provider einrichten. Wenn Sie Ihren eigenen Provider verwenden wollen, wird dieser als Custom Identity Provider eingerichtet. Für jeden weiteren Provider muss explizit eine Vertrauensbeziehung eingerichtet werden.

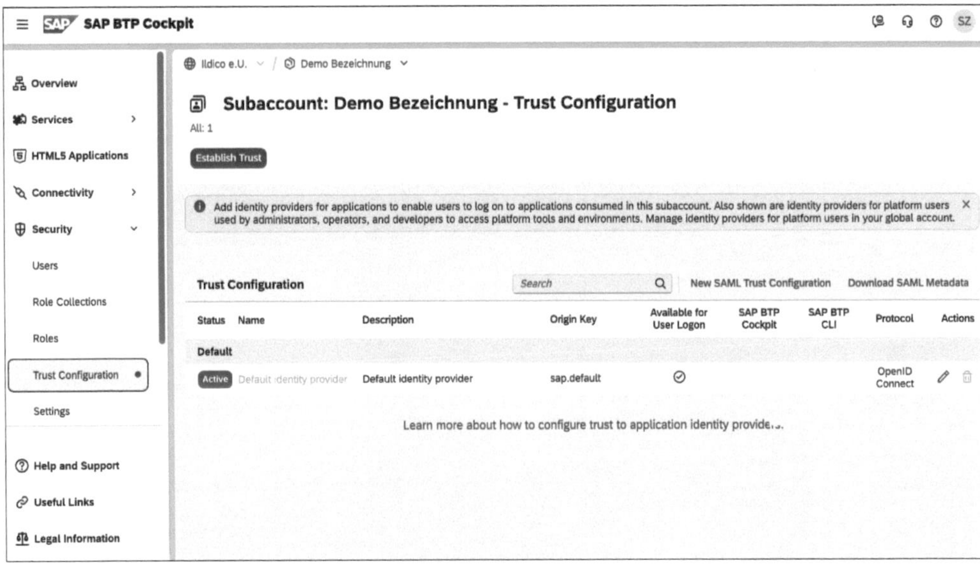

Abbildung 5.11 Trust-Konfiguration im SAP BTP Cockpit

SAP ID Service

Der SAP ID Service dient als Standard-Identity-Provider. Auf dem Bildschirm wird er als **Default identity provider** oder mit dem Origin Key **sap.default** bezeichnet. Dieser Identity Provider lässt sich nicht löschen, aber konfigurieren. Zur Konfiguration wechseln Sie über den Button mit dem Stiftsymbol in der Spalte **Actions** in den Änderungsmodus (siehe Abbildung 5.11). Wenn Sie sicher sind, dass Ihr Platform Identity Provider und/oder Ihr Identity Provider von einem Drittanbieter alle Benutzer korrekt authentifiziert, können Sie den SAP ID Service als Identity Provider durch die Entfernung des Hakens aus der Checkbox **Available for User Logon** deaktivieren (siehe Abbildung 5.12).

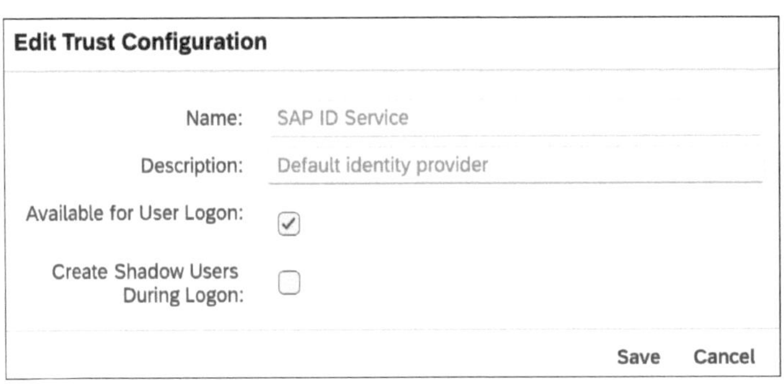

Abbildung 5.12 Den Identity Provider »SAP ID Service« konfigurieren

Durch die Aktivierung des Kennzeichens **Create Shadow Users During Logon** können Sie steuern, dass Benutzer, die im Default Identity Provider gelistet sind, automatisch in Ihrem Tenant der SAP BTP angelegt werden. Das ist bei eigenen Identity Providern durchaus sinnvoll. Im Zusammenhang mit dem SAP ID Service bedeutet dies aber, dass sich alle Anwendenden, die einen Account im SAP ID Service haben, als Benutzer Ihrer Cloud-Anwendungen anmelden können. Sie müssen lediglich den Link zum Aufruf der Anwendung kennen. Daher ist diese Einstellung beim SAP ID Service standardmäßig inaktiv, und wir raten davon ab, sie für diesen Identity Provider zu aktivieren.

Platform Identity Provider einrichten

Die Verwendung eines *Platform Identity Providers* ist eine weitere Möglichkeit der Authentifizierung. Die Bezeichnung des Providers stammt daher, dass der Service zur Authentifizierung auf der SAP BTP läuft. Dafür kommt Identity Authentication zum Einsatz, das über die Subscription der SAP Cloud Identity Services betrieben wird. Die Nutzung dieses Service ist bei den meisten SAP-BTP-Instanzen als Bundle mit dabei und dient subaccountübergreifend als Identity Provider (Identity Authentication kann, aber muss nicht von allen Subaccounts genutzt werden).

[!]

Identity Provider und Bundle-Lizenz für Identity Provisioning

Die Bundle-Lizenzen für Identity Authentication und Identity Provisioning sind oft auf bestimmte Funktionen beschränkt. So kann z. B. bei einem Bundle mit SAP SuccessFactors nur diese Lösung als Quellsystem eingesetzt werden. Prüfen Sie daher vor dem Einsatz im SAP Help Portal (unter *www.s-prs.de/v100200020*), ob die Bundle-Lizenzen Ihre Anforderungen abdecken. Details zu den Lizenzmodellen können Sie SAP-Hinweis 2717906 entnehmen.

Identity Authentication Tenant anbinden

Zur Anbindung eines Identity Authentication Tenants klicken Sie auf den Button **Establish Trust** (siehe Abbildung 5.11). Die Einrichtung ist über diesen Weg einfacher als bei einem kundeneigenen Identity Provider, da die Vertrauensstellung SAP-BTP-intern nicht vollständig vorgenommen werden muss.

Im ersten Schritt, **Choose Tenant**, wählen Sie den entsprechenden Identity Authentication Tenant (siehe auch unser Beispiel in Abschnitt 5.2.4, »Praxisbeispiel: Authentifizierung an einem Subaccount mit Identity Authentication«) und klicken anschließend auf **Next** (siehe Abbildung 5.13).

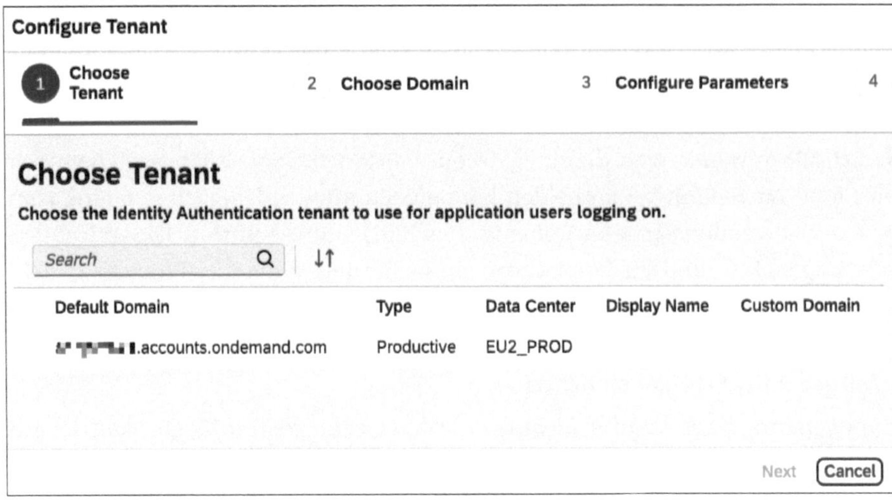

Abbildung 5.13 Identity Authentication Tenant auswählen

Im nächsten Schritt wählen Sie die Domäne (Domain). SAP hat früher die Domäne *ondemand.com* verwendet; nun verwendet die SAP BTP die Domäne *cloud.sap*. Da auf alle Anwendungen von der gleichen Domänenendung aus zugegriffen werden sollte, wählen Sie hier die passende Domäne für Ihre Anwendungen bzw. für Ihre Endbenutzerzugriffe. Klicken Sie anschließend auf **Next** (siehe Abbildung 5.14).

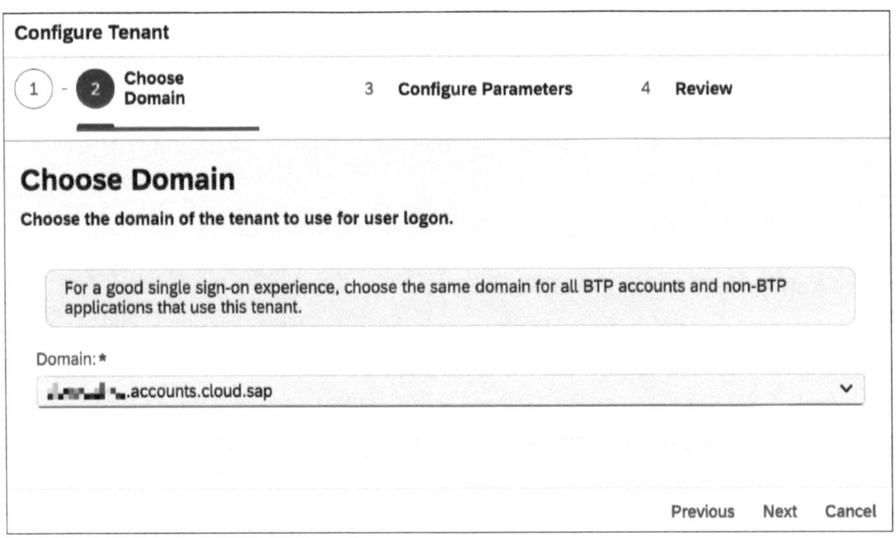

Abbildung 5.14 Domäne auswählen

Im nächsten Schritt werden die Beschreibung und die im Subaccount angezeigte ID vergeben sowie ein Text, der den Endbenutzer*innen im Anmeldebild gezeigt wird. Mit **Next** können Sie die Standardwerte übernehmen (siehe Abbildung 5.15).

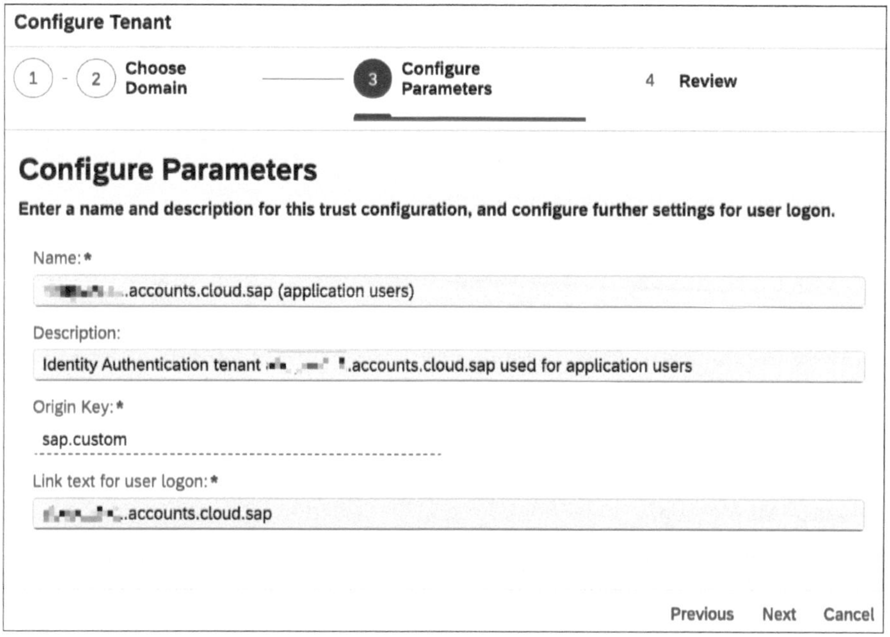

Abbildung 5.15 Parameter für die Anbindung von Identity Authentication wählen

Wenn Sie nun die Zusammenfassung einfach überspringen, wird die Verbindung angelegt und in der Übersicht angezeigt (siehe Abbildung 5.16).

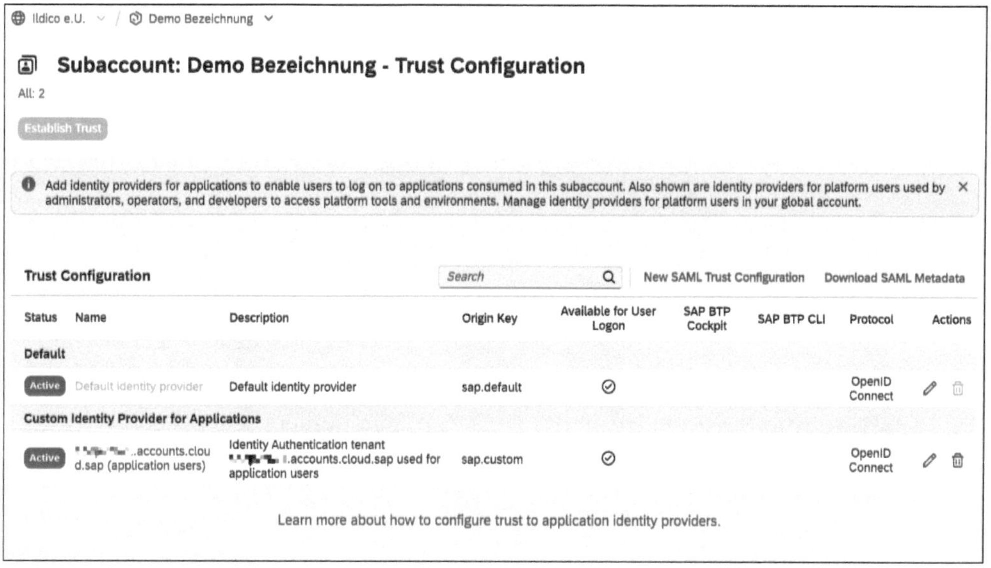

Abbildung 5.16 Trust-Konfiguration für den Default Identity Provider und den Identity Authentication Tenant

Der Identity Authentication Tenant ist nun im Subaccount nutzbar. Wir verweisen für die genauen Schritte der (Erst-)Einrichtung an dieser Stelle nochmals auf das Praxisbeispiel in Abschnitt 5.2.4, »Praxisbeispiel: Authentifizierung an einem Subaccount mit Identity Authentication«.

Identity Provider von Drittanbietern einrichten

Als externe Identity Provider kommen vor allem zentrale SAML-2.0-fähige Dienste zum Einsatz. Diese externen Identity Provider benötigen Sie vor allem als Basis für die Role Collection Mappings auf Basis der extended Services for UAA (XSUAA), ein Konzept, das wir in Abschnitt 5.2.3, »Roles und Role Collections«, erläutern.

Beim Einrichten der Vertrauensbeziehung auf der Basis von SAML beginnen Sie mit dem Download der Metadaten des Service Providers. Navigieren Sie dazu über den Pfad **Security • Trust Configuration**, und klicken Sie anschließend auf den Button **Download SAML Metadata** (siehe Abbildung 5.17). Die dadurch generierte Metadatendatei laden Sie dann in der Zielapplikation, d. h. auf dem externen Identity Provider hoch.

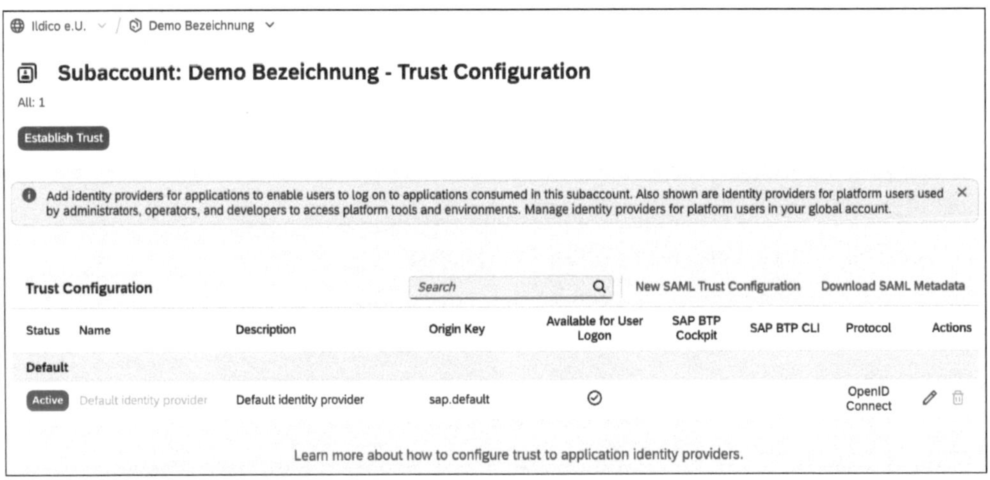

Abbildung 5.17 SAML-Metadaten aus der SAP BTP herunterladen

Nach erfolgter Einspielung der Metadaten auf Ihrem Identity Provider können Sie die SAML-Antwort des Providers in der Trust-Konfiguration des SAP BTP Cockpits über den Button **New SAML Trust Configuration** hochladen (siehe Abbildung 5.17). Es öffnet sich das Pop-up-Fenster aus Abbildung 5.18.

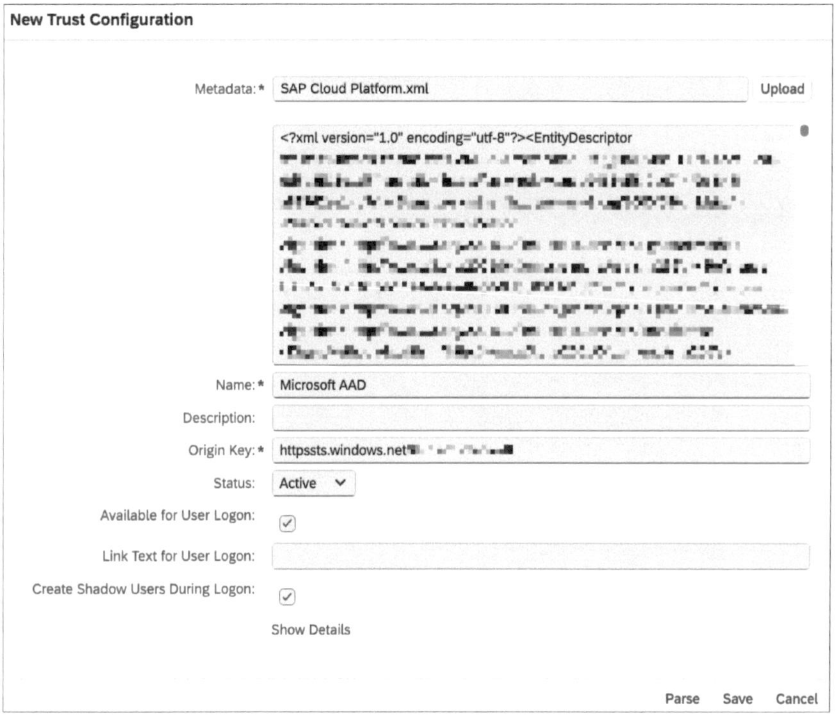

Abbildung 5.18 SAML-Trust-Konfiguration anlegen

Nehmen Sie hier die folgenden Einstellungen vor:

1. Im Feld **Metadata** laden Sie über den Button **Upload** die XML-Datei mit der Rückantwort des Identity Providers hoch. Dabei wird in der Regel das Feld **Origin Key** direkt vorbelegt. Dieser Schlüssel identifiziert den Identity Provider eindeutig.
2. In das Feld **Name** tragen Sie eine interne Bezeichnung für den Identity Provider ein, die Sie frei wählen können.
3. Markieren Sie die Option **Available for User Logon**, um das Anmelden der extern verwalteten Benutzer zu ermöglichen.
4. Markieren Sie die Option **Create Shadow Users during Logon**, wird automatisch ein Benutzer in der Benutzerverwaltung des SAP-BTP-Subaccounts erstellt, wenn sich ein extern verwalteter Benutzer zum ersten Mal anmeldet. Dadurch müssen Sie die Benutzer nicht mehr explizit im Subaccount anlegen. Beide Checkboxen sind standardmäßig aktiv.
5. Im Feld **Link Text for User Logon** geben Sie optional einen Anzeigetext für den Link ein, der den Anwenderinnen und Anwendern auf der Login-Seite des Subaccounts angezeigt wird. Über einen Klick auf diesen Link gelangen die Anwendenden zu dem verknüpften Identity Provider.
6. Speichern Sie Ihre Einstellungen mit dem Button **Save**.

Als Ergebnis sind nun zwei Provider im Subaccount verfügbar (siehe Abbildung 5.19).

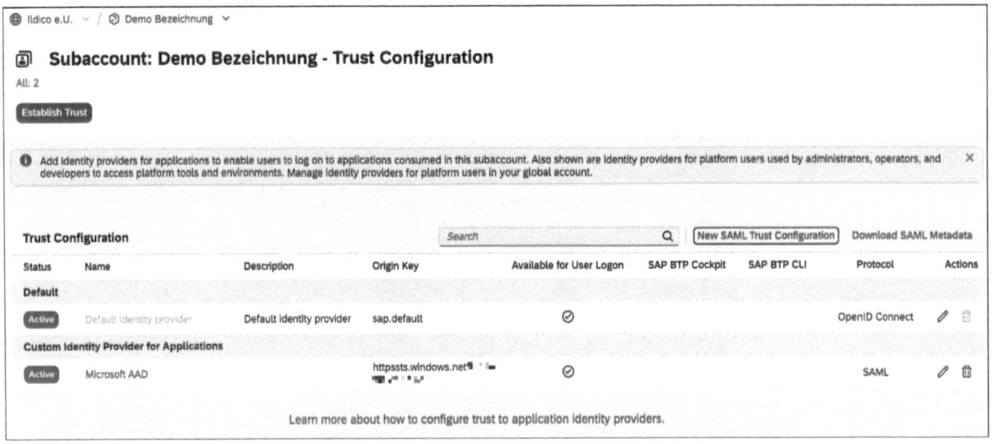

Abbildung 5.19 Trust-Konfiguration mit zwei Providern

In Abschnitt 5.2.5 spielen wir den kompletten Einrichtungsprozess des externen Identity Providers anhand des Beispiels von Microsoft Entra ID durch.

5.2.3 Roles und Role Collections

Die SAP BTP verfügt auch auf der Subaccount-Ebene über eine umfassende Berechtigungsverwaltung. Roles können zu Role Collections gruppiert und an Benutzer oder Benutzergruppen vergeben werden. Auch eine Rollenvergabe an Benutzer mit gleichartigen sonstigen Attributen ist möglich. In diesem Abschnitt zeigen wir Ihnen den Umgang mit Roles und Role Collections.

Die verfügbaren Standardrollen werden über den Pfad **Security • Roles** des SAP BTP Cockpits aufgelistet (siehe Abbildung 5.20).

Die Übersicht enthält die folgende Spalten:

- **Application Name**
  Diese Spalte enthält den technischen Namen der Applikation, die die Rollenvorlage, das sogenannte *Role Template*, enthält.
- **Application Description**
  Diese Spalte enthält die Beschreibung der Applikation, sofern von den Entwicklungsteams eine Beschreibung hinterlegt wurde.
- **Role Template**
  Unter diesem Punkt sehen Sie die von der Entwicklung vergebene Identifikation der Role.

- **Role Name**
  Hier finden Sie den sprechenden Namen des Role Templates in Form eines Links. Über einen Klick auf diesen Namen können Sie zu den Zuweisungen des Role Templates abspringen und diese bearbeiten.
- **Role Description**
  In dieser Spalte finden Sie die von den Entwicklerteams hinterlegten zusätzlichen Erläuterungen zur betreffenden Role.

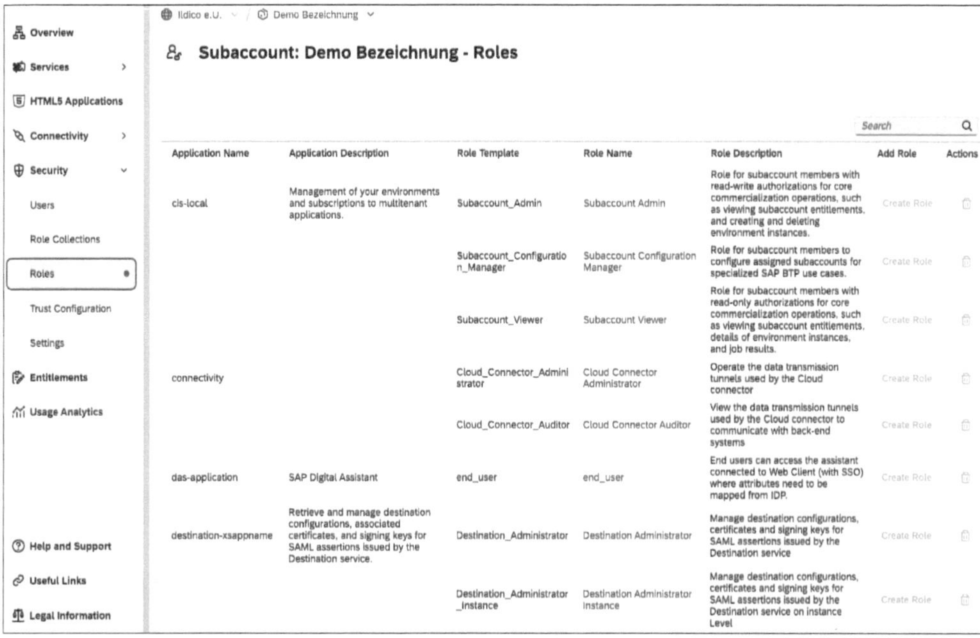

Abbildung 5.20 Roles im Subaccount der SAP BTP

Über die Bedienfelder in den letzten beiden Spalten können Sie kundeneigene Roles auf Basis der Standardrolle als Vorlage erstellen (**Create Role**) bzw. Roles löschen.

Entwicklung der Role Templates

Die Role Templates werden von den Entwicklerteams der SAP-BTP-Applikationen erstellt und sind in der Regel fest in die Applikationen integriert. Das heißt, dass die Entwicklungsteams die jeweiligen Applikationen anpassen müssten, wenn Sie zusätzliche Role Templates benötigen.

Es gibt auch Applikationen, die während des Betriebs neue Roles erstellen. Ein prominentes Beispiel ist SAP Build, das bei der Erstellung einer neuen Business Site jeweils eine neue Rolle für den Zugriff auf diese Site erstellt. Eine Demonstration dieser Funktionalität finden Sie in Kapitel 10, »SAP Build aktivieren und einrichten«.

Klicken Sie nun bei einem beliebigen Role Template auf den Link in der Spalte **Name**, z. B. bei der Role **Subaccount_Viewer**, und Sie gelangen zur Übersicht des Role Templates (siehe Abbildung 5.21). Alle Informationen auf dieser Seite, bis auf die zugeordneten **Role Collections**, stammen aus der Applikation, für die die Role entwickelt wurde.

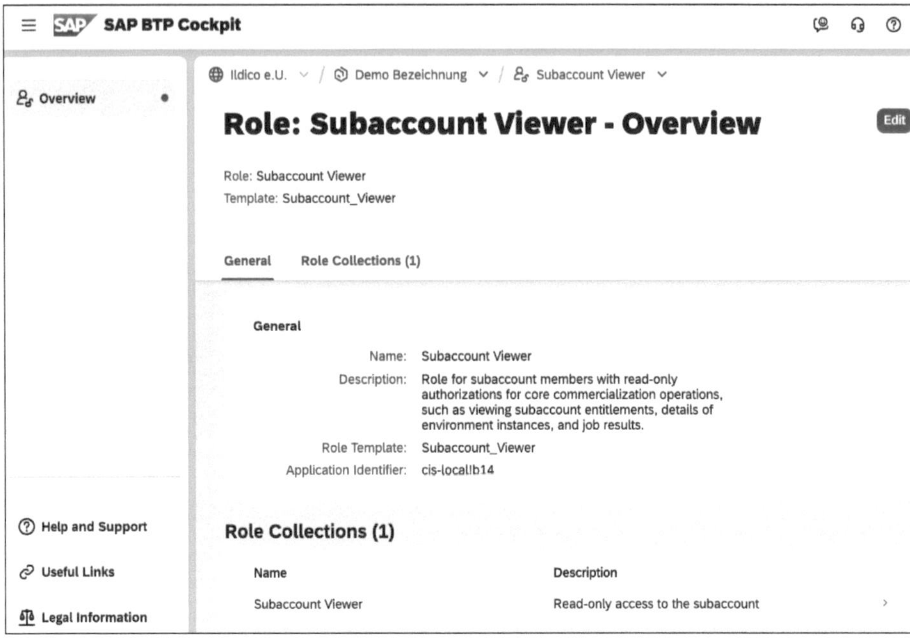

Abbildung 5.21 Übersicht eines Role Templates

Über den Button **Edit** im rechten oberen Bereich können Sie die dem Role Template zugeordneten Role Collections bearbeiten. Im Bearbeitungsmodus können Sie die Role über einen Klick auf den Button **Add** in weitere Role Collections aufnehmen. Mit einem Klick auf den X-Button [>] können Sie die Role wieder aus diesen Role Collections entfernen (siehe Abbildung 5.22).

Besonders praktisch ist die Möglichkeit, über den Pfeil-Button [>] am Ende einer Zeile direkt in die Bearbeitung der Role Collection abzuspringen (siehe Abbildung 5.23). Dort können Sie auch prüfen, welche anderen Roles der jeweiligen Role Collection bereits zugeordnet wurden.

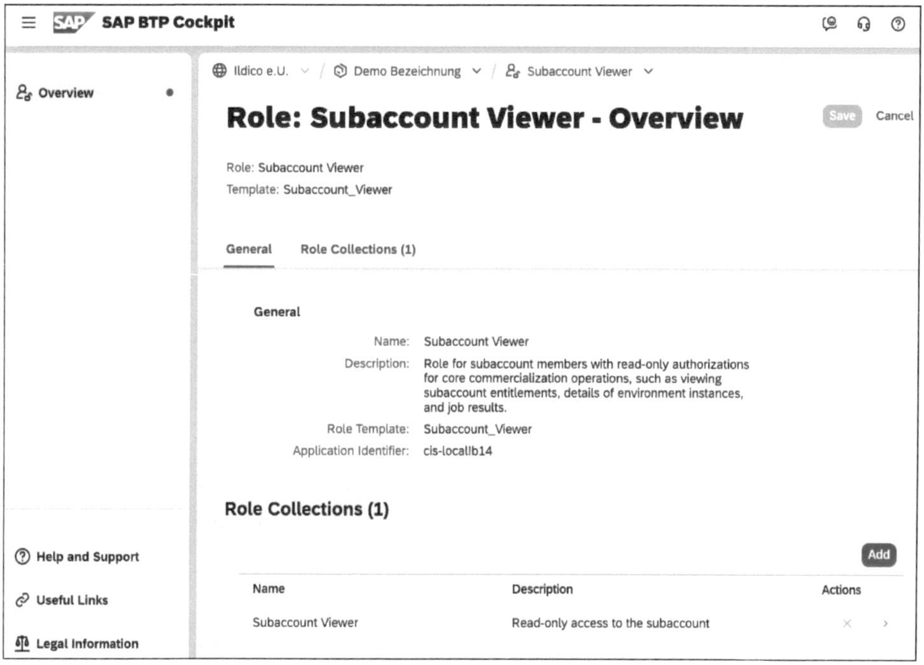

Abbildung 5.22 Role-Collection-Zuordnung hinzufügen und löschen

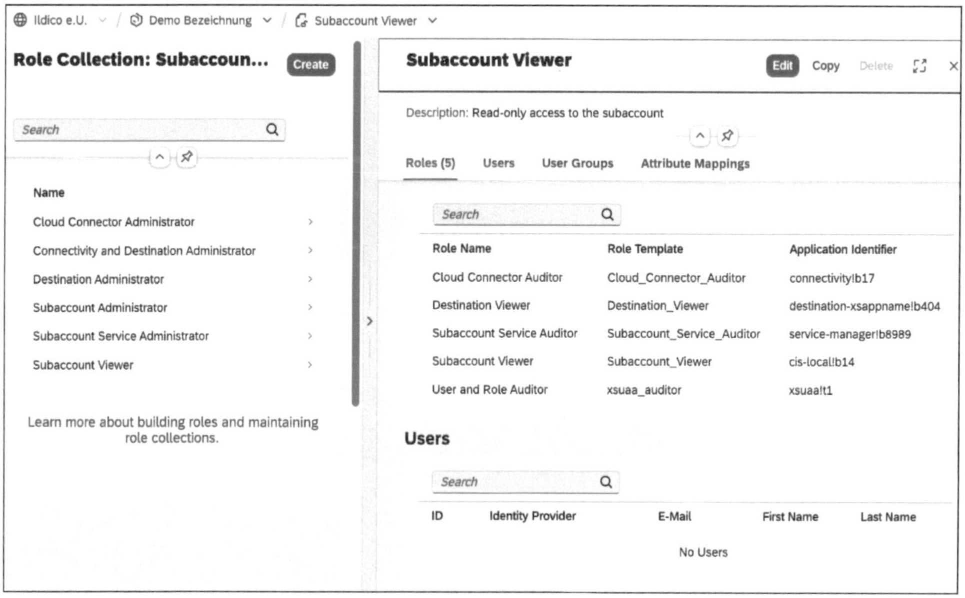

Abbildung 5.23 Absprung in die Role Collection über die Role im Subaccount

Ein anderer Weg, die Role Templates zu den Applikationen zu finden, ist die Navigation über den Eintrag **Instances and Subscriptions** unter dem Menüpunkt **Services** des

SAP BTP Cockpits. In der Übersicht der Instanzen und Subscriptions finden Sie die zu einer Applikation gehörigen Roles heraus, indem Sie auf den Drei-Punkte-Button [···] am Ende einer Zeile klicken (siehe Abbildung 5.24). Im so aufgerufenen Aktionsmenü finden Sie die Funktion **Manage Roles**.

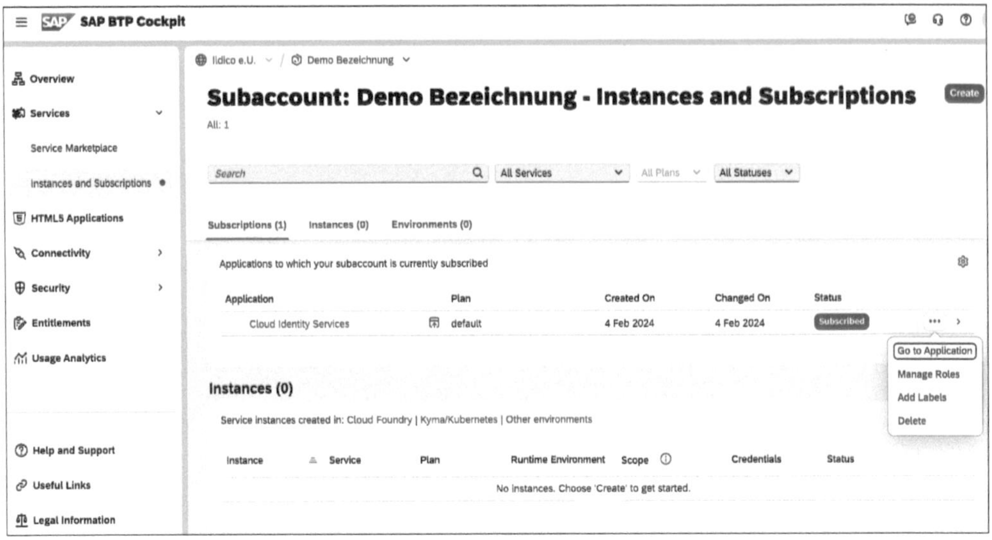

Abbildung 5.24 Funktion »Manage Roles« im Menü der instanziierten Applikationen

Wenn Sie diesen Eintrag wählen, gelangen Sie zu der Detailseite der Applikationsinstanz (siehe Abbildung 5.25). Im rechten Bereich sehen Sie hier alle enthaltenen Role Templates. Ausgehend von dieser Übersicht können Sie wiederum über den Plus-Button [+] neue Role Collections hinzufügen oder die bestehenden Roles über einen Klick auf den Stift-Button [✎] bearbeiten.

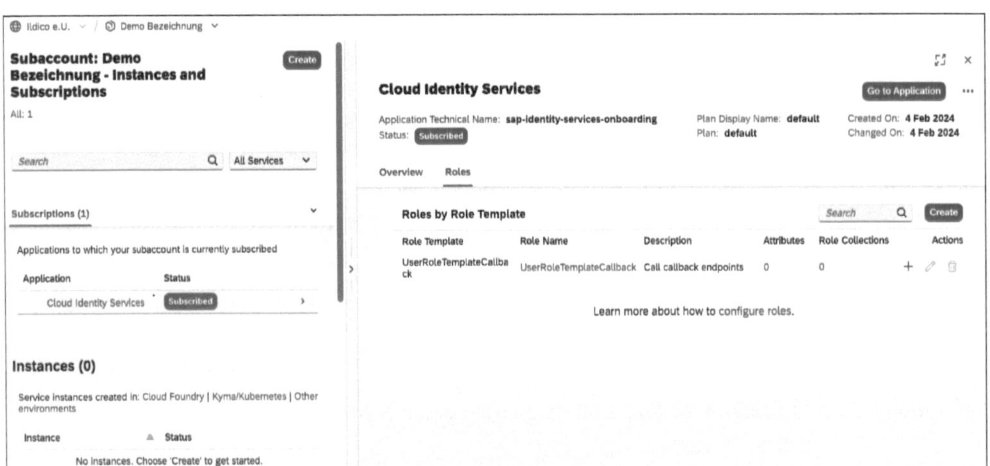

Abbildung 5.25 Roles über die Applikationsübersicht finden und bearbeiten

Diese Ansicht zu nutzen, ist vor allem dann sinnvoll, wenn Sie herausfinden möchten, wer alles Zugriff auf eine bestimmte Applikation hat. Wird in den Spalten **Role Collections** und **Attributes** an dieser Stelle beispielsweise der Wert »0« angezeigt, können Sie davon ausgehen, dass niemand die betreffende Applikation nutzen kann (sofern korrekt programmiert wurde).

Role Collections

Wie schon erwähnt, werden Sammelrollen auf der SAP BTP *Role Collections* genannt. Role Collections werden aus einzelnen Roles gebildet und den Benutzern oder Benutzergruppen zugeordnet.

In die Pflege der Role Collections steigen Sie über den Menüpfad **Security • Role Collections** ein (siehe Abbildung 5.26).

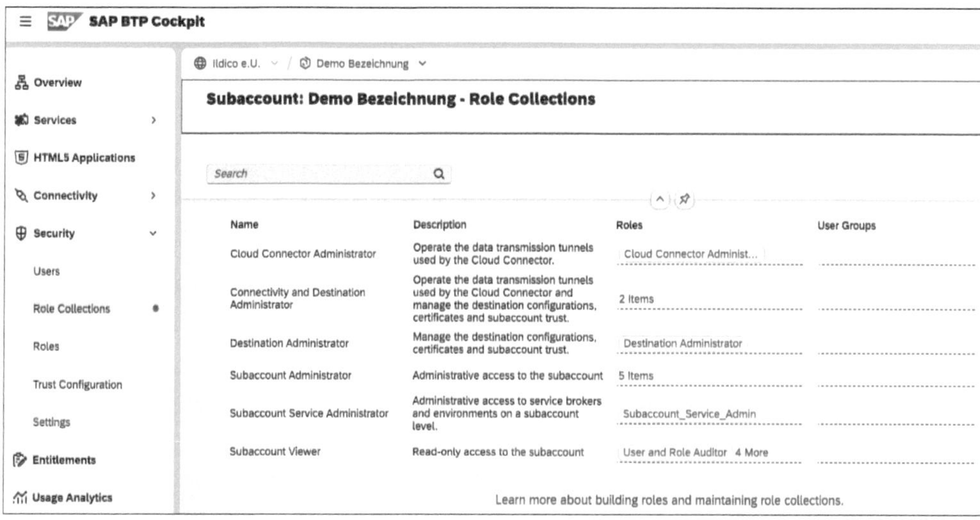

Abbildung 5.26 Role Collections pflegen

Standard-Role-Collections

SAP liefert auf der SAP BTP die in Tabelle 5.1 aufgeführten Standard-Role Collections aus.

Role Collection	Beschreibung
Business Application Studio Administrator	Diese Role ist zur Administration von SAP Business Application Studio gedacht. Sie können damit auch Benutzerdaten exportieren und löschen.

Tabelle 5.1 Von SAP ausgelieferte Role Collections

Role Collection	Beschreibung
Business Application Studio Developer	Diese Role ist für Entwicklerinnen und Entwickler gedacht, die in SAP Business Application Studio arbeiten.
Business Application Studio Extension Deployer	Diese Role erlaubt die Produktivsetzung (das Deployment) von Applikationen aus SAP Business Application Studio heraus.
Cloud Connector Administrator	Diese Role erlaubt die Verwaltung des Cloud Connectors.
Connectivity and Destination Administrator	Diese Role erlaubt die Pflege von Cloud-Connector-Verbindungen und den entsprechenden Destinationen (Zielen) im SAP BTP Cockpit.
Destination Administrator	Diese Role erlaubt lediglich die Pflege der Destinationen, aber nicht die Verwaltung des Cloud Connectors.
Subaccount Administrator	Diese Role ist die wichtigste Role Collection, die von SAP ausgeliefert wird, denn damit können Sie Ihren Subaccount umfassend verwalten. Idealerweise wird diese Rolle immer an mindestens zwei Personen vergeben.
Subaccount Service Administrator	Mit dieser Role können die Services eines Subaccounts verwaltet werden.
Subaccount Viewer	Diese Role erlaubt es, lesend auf einen Subaccount zuzugreifen, z. B., um Role-Zuweisungen zu prüfen.

Tabelle 5.1 Von SAP ausgelieferte Role Collections (Forts.)

Bevor Sie die Role Collections Benutzern zuweisen, gilt generell, dass Sie am besten Ihre eigenen Role Collections als Kopien der Role Templates erstellen. Die Roles, die im Bereich des Subaccounts von SAP bereitgestellt werden, empfehlen wir nicht zu ändern. Bei Bedarf können Sie diese Role Collections nachbauen.

Um eine neue Role Collection anzulegen, gehen Sie wie folgt vor:

1. Klicken Sie im Bereich **Role Collections** auf **Create** rechts über der Liste der Role Collections.
2. Geben Sie im Pop-up-Fenster einen Namen und eine Beschreibung für die neue Role Collection ein (siehe Abbildung 5.27) und speichern Sie Ihre Angaben.
3. Die angelegte Role Collection wird nun in der Liste der Role Collections angezeigt. Um Sie zu bearbeiten, klicken Sie auf den kleinen Pfeil-Button [>] rechts in der Zeile (siehe Abbildung 5.28).

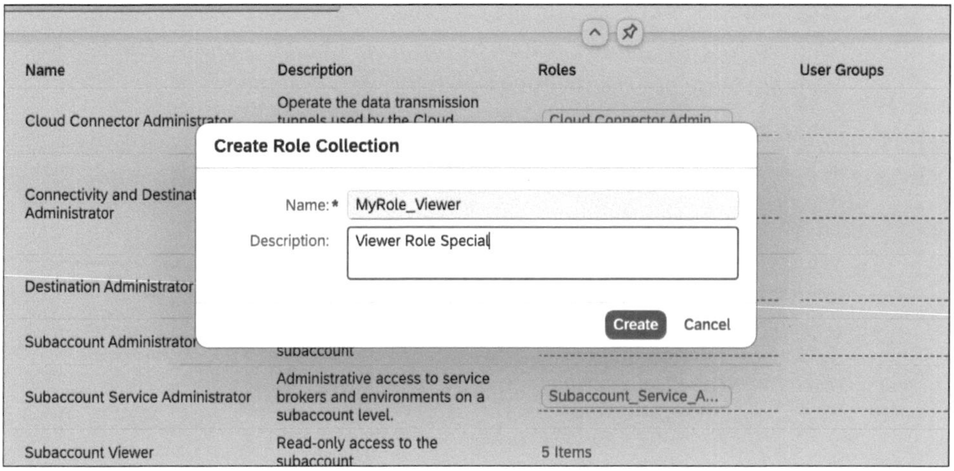

Abbildung 5.27 Role Collection anlegen

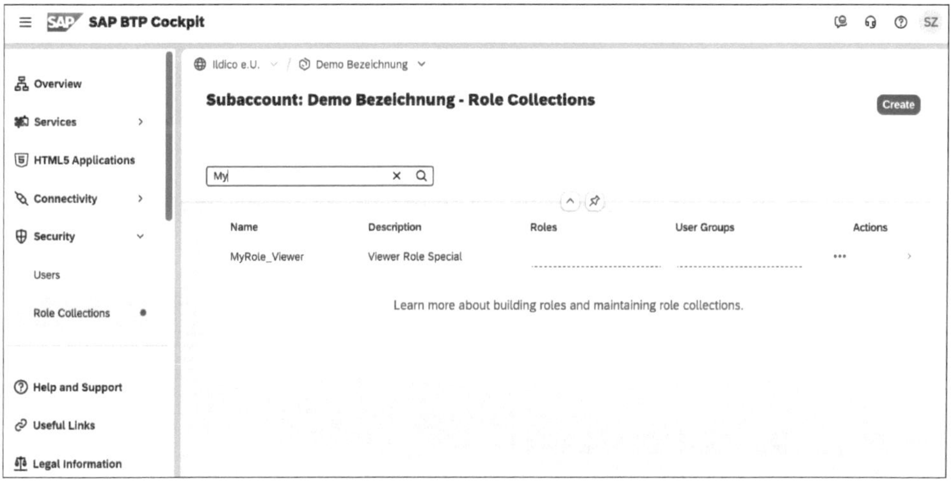

Abbildung 5.28 Role Collection bearbeiten

Namenskonventionen für Role Collections

SAP setzt die Namen der Role Collections in der Regel aus dem Namen der Applikation bzw. des Anwendungsbereichs und der möglichen Aktionen zusammen, wie z. B. »Viewer« für die Anzeigeberechtigung. In den technischen Namen werden diese Elemente mit einem Unterstrich voneinander getrennt. Sie können sich bei Ihren eigenen Role Collections an diesen Regeln orientieren, sie sind aber keine verbindliche Vorgabe.

4. In der folgenden Ansicht können Sie Roles in die Role Collection aufnehmen und Gruppen bzw. Attribute zur Role hinzufügen. Über den Button **Edit** rechts oben wechseln Sie in den Bearbeitungsmodus (siehe Abbildung 5.29).

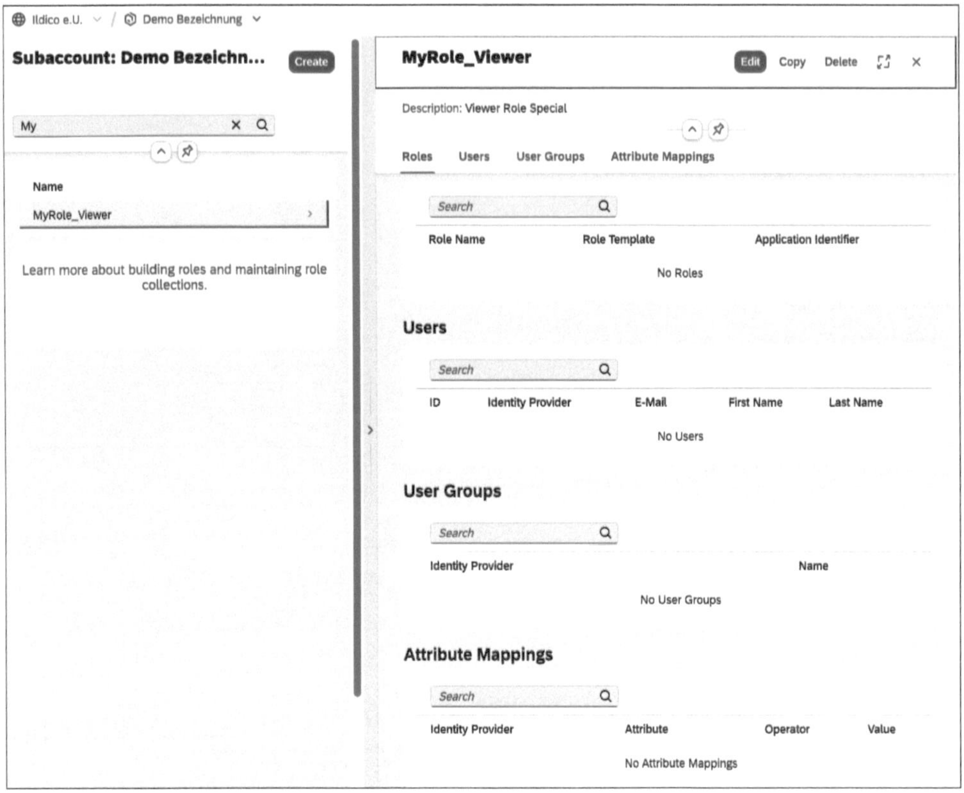

Abbildung 5.29 Role Collection im Bearbeitungsmodus

5. Im Bereich **Roles** können Sie Roles zu der Role Collection hinzufügen.
6. Die Wertehilfe sehen Sie in Abbildung 5.30. Über die angebotenen Dropdown-Listen können Sie Roles aus den verschiedensten Applikationen Ihres Subaccounts sowie des Subaccounts selbst kombinieren.
7. Im Bereich **Users** können Sie Benutzern über den Plus-Button [+] die Role Collections zuweisen oder die Zuweisung über den X-Button [×] wieder entfernen.
8. In den Bereichen **User Groups** und **Attribute Mappings** sind bei der Verwendung der Role Collection Mappings von Bedeutung; diese erläutern wir im nächsten Unterabschnitt.
9. Im Bereich **Description** (den Sie durch herunterscrollen finden, in den Abbildung ist er nicht mehr dargestellt) können Sie die Beschreibung der Role Collections bearbeiten.
10. Abschließend sichern Sie Ihre Änderungen über den Button **Save**.

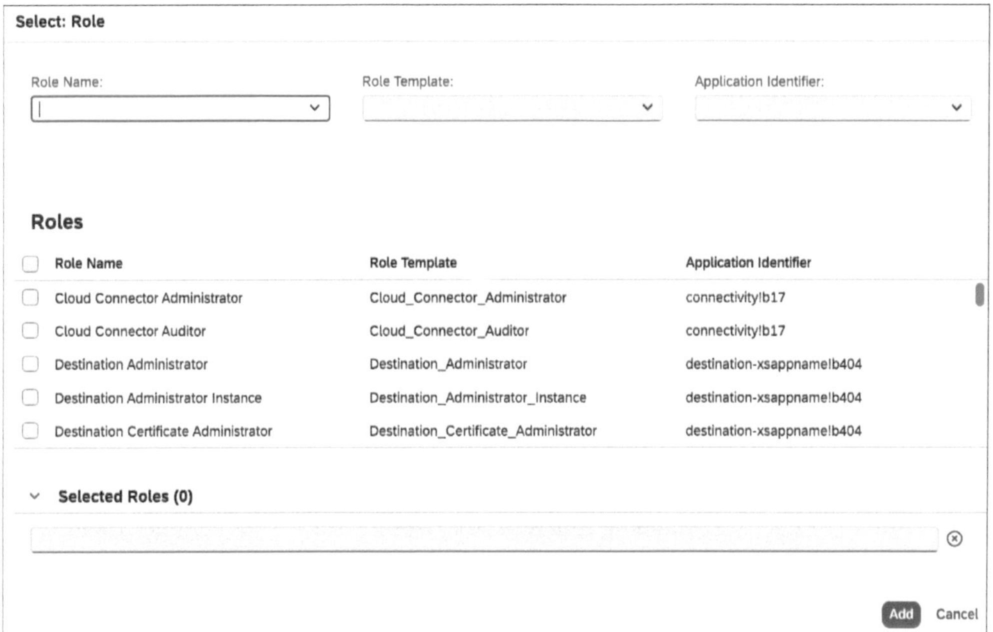

Abbildung 5.30 Wertehilfe für die Zuweisung von Roles

Haben Sie eine eigene Role Collection angelegt, und möchten Sie auf deren Basis weitere Role Collections konfigurieren, können Sie die Role Collection bequem über **Copy** am Ende der Zeile kopieren (siehe Abbildung 5.31). Sie können dann, wie im Anlegen-Dialog in Abbildung 5.27, einen neuen Namen für die kopierte Role festlegen.

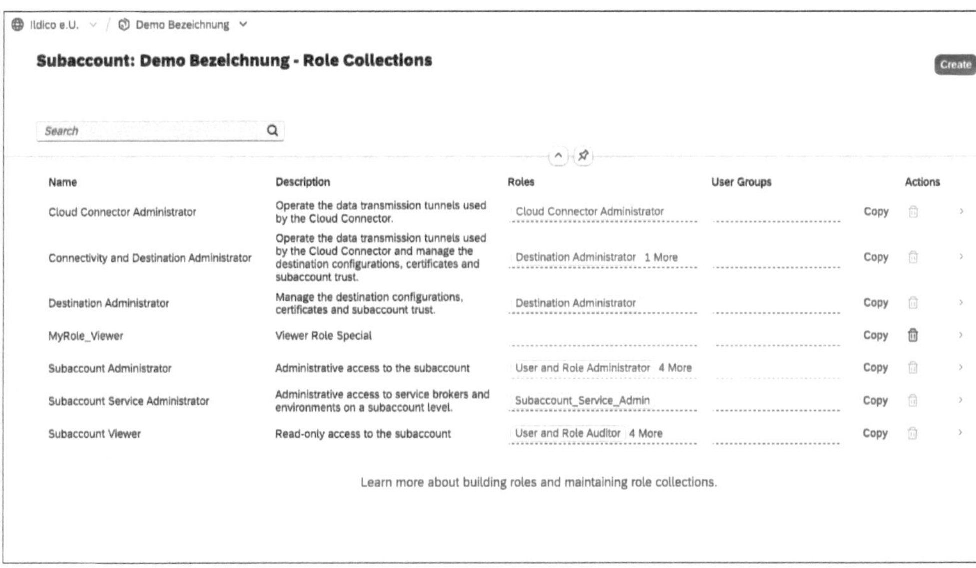

Abbildung 5.31 Role Collection kopieren

[+]

Wann sollten Role Collections eingesetzt werden?

Ähnlich wie bei Roles in ABAP-Systemen ist es eine generelle Empfehlung, die Role Collections nach den Positionen der Endanwender*innen im Stellenplan des Unternehmens oder nach Geschäftsprozessen zu organisieren und mit verschiedenen granularen Roles zu füllen. Viele Unternehmen wenden hier ihre eigene Logik an. Eine Möglichkeit wäre es z. B., die Role Collections auf der SAP BTP genauso zu benennen wie die Role Collections im SAP-ERP- oder SAP-S/4HANA-System, wenn diese an dieselben Benutzergruppen vergeben werden.

Role Collection Mapping

Role Collections können automatisch mit Eigenschaften von Benutzern verknüpft werden, die von externen Identity Providern bereitgestellt werden. Dieses Vorgehen wird Role Collection Mapping genannt. Das Mapping basiert auf dem Konzept *extended Services for User Account and Authentication* (XSUAA). Dabei werden nicht nur die Benutzer (User), Berechtigungen (Authorizations) und die Authentifizierung (Authentication) über den externen Identity Provider bezogen, sondern auch Entscheidungen zur Vergabe von Berechtigungen können aus dieser Quelle generiert werden. Beispielsweise können Berechtigungen aus den Benutzerattributen berechnet werden. Dazu ist es erforderlich, diese Attribute aus dem Identity Provider in die Cloud-Foundry-Umgebung zu übertragen. In Abschnitt 5.2.5, »Praxisbeispiel: Subaccount mit Microsoft Entra ID als Identity Provider«, zeigen wir Ihnen diesen Vorgang exemplarisch anhand des Beispiels von Microsoft Entra ID.

Liegen die entsprechenden Informationen aus dem Identity Provider vor, nehmen Sie das Mapping wie folgt vor:

1. Wählen Sie in Ihrer Trust-Konfiguration unter **Security • Trust Configuration** den externen Identity Provider aus, und Sie gelangen zur Übersicht der jeweiligen Trust-Konfiguration (siehe Abbildung 5.32).
2. Wechseln Sie über das Menü links in den Bereich **Role Collection Mappings**.
3. Dort können Sie das Mapping zwischen den Role Collections und den bereitgestellten Benutzerattributen durchführen. Klicken Sie dazu auf den Button **Create Role Collection Mapping** (siehe Abbildung 5.33).
4. Legen Sie mit **Attribute** und **Value** einen Attributnamen und -wert fest, bei dem die Role Collection vergeben werden soll.
5. Sichern Sie die Werte mit **Create**.

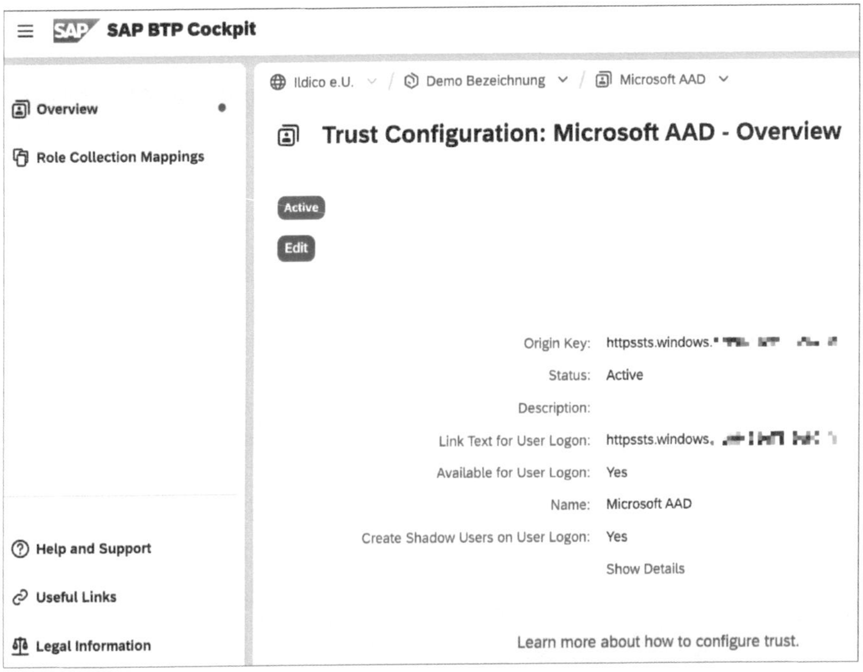

Abbildung 5.32 Externen Identity Provider auswählen

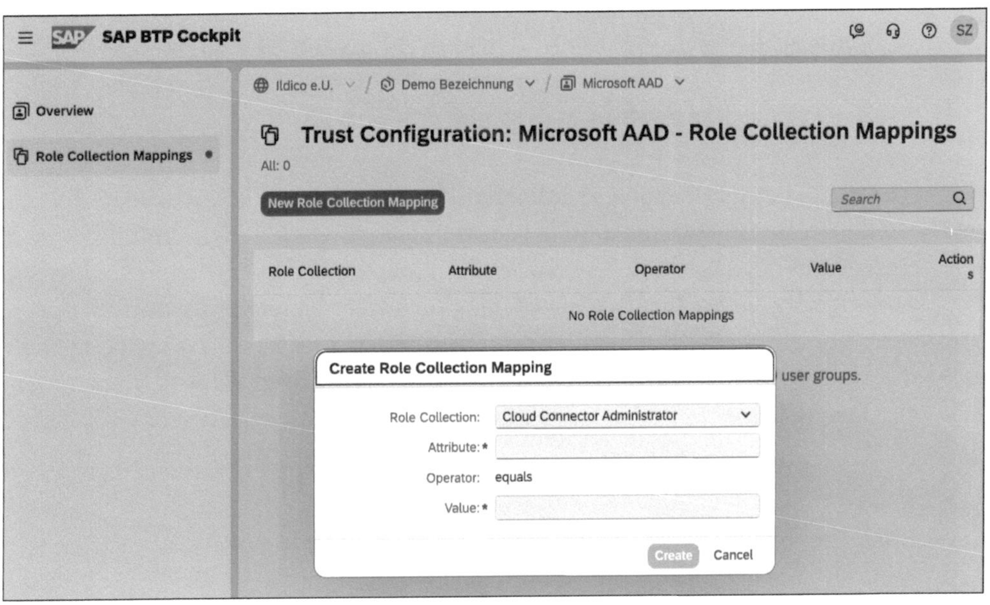

Abbildung 5.33 Role Collection Mapping anlegen

Sie können sämtliche Werte aus dem Identity Provider verwenden. Die Schreibweise dieser Werte muss nicht exakt mit der Schreibweise im Identity Provider übereinstimmen. Das Ergebnis am Beispiel der automatischen Vergabe der Role **MyRole_Viewer** bei einem Ort im Stammsatz mit dem Wert **Tiefgraben**, sehen Sie in Abbildung 5.34.

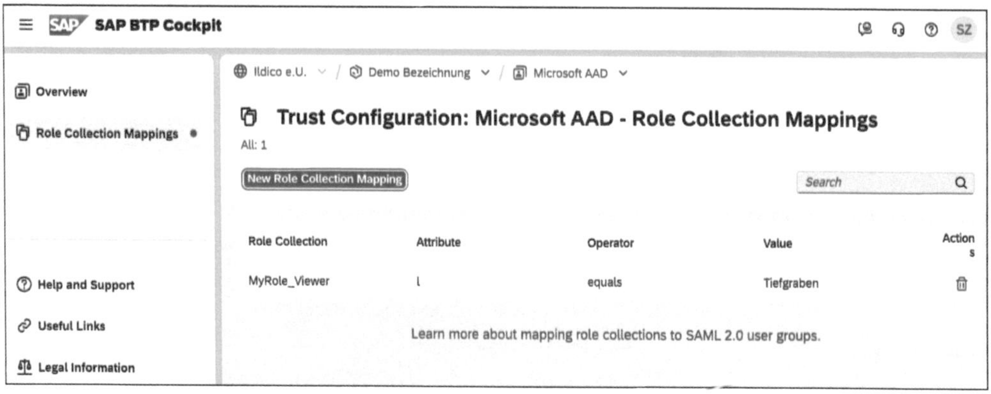

Abbildung 5.34 Übersicht über die Role Collection Mappings

Mapping-Werte werkzeuggestützt überprüfen

Wenn Sie Microsoft Active Directory oder Microsoft Entra ID als Quelle für die Benutzerattribute verwenden, empfehlen wir Ihnen, diese Werte über ein Tool zu prüfen. Dazu können Sie z. B. das Active Directory Snap-in für die Microsoft Management Console verwenden (siehe dazu auch *www.s-prs.de/v100200021*).

Die Role Collection Mappings sind praktisch, wenn Sie eine überschaubare Anzahl von Subaccounts verwalten und die Benutzerdaten für diese Subaccounts über einen einzigen Identity Provider bereitstellen. In komplexeren Landschaften empfehlen wir Ihnen den Service Identity Provisioning zu nutzen. Dieser Service läuft auf nur einem Tenant und erlaubt über die Transformationen auch komplexere Operationen mit Attributen. Er kann auch mehrere Subaccounts zentral mit Daten versorgen – vergleichbar mit einer zentralen Benutzerverwaltung in ABAP-basierten SAP-Lösungen.

Lizenzierung mit SAP-Cloud-Produkten

Seit dem vierten Quartal 2020 werden die Services Identity Authentication und Identity Provisioning (gemeinsam als SAP Cloud Identity Services) im Bundle mit vielen SAP-Cloud-Lösungen lizenziert. Dies macht die Nutzung beider Services aus Kostensicht noch attraktiver. Aktuell kann man sagen, dass zu annähernd jedem Global Account eine SAP Cloud Identity Services Subscription möglich ist.

Reporting

Die Benutzerübersicht Ihres Subaccounts bietet Ihnen die Möglichkeit, Berichte zu Benutzern und Berechtigungen anzufertigen. Damit können Sie im laufenden Betrieb einen Überblick über berechtigte Benutzer und ihre zugewiesenen Roles erhalten.

Um einen Benutzerbericht zu erstellen, gehen Sie wie folgt vor:

1. Navigieren Sie über den Pfad **Security • Users** zum Button rechts über der Benutzerliste (siehe Abbildung 5.35).

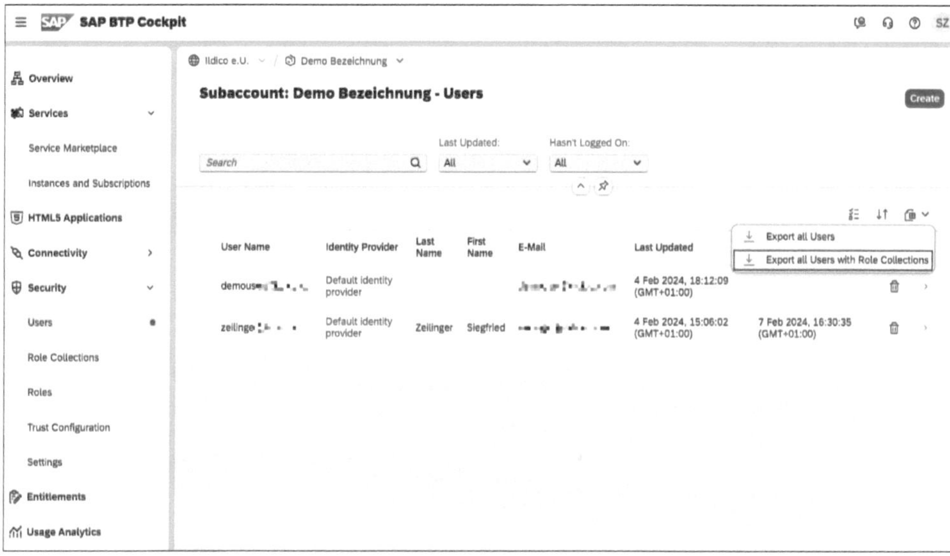

Abbildung 5.35 Einstieg zum Benutzerbericht

2. Im sich öffnenden Menü können Sie zwischen einem reinen Benutzerbericht (**Export all Users**) und einem Bericht inklusive der Rollenzuweisungen (**Export all Users with Role Collections**) wählen.
3. Der Bericht wird als CSV-Datei erzeugt und lässt sich in einem Tabellenkalkulationsprogramm wie Microsoft Excel öffnen.

In Abbildung 5.36 sehen Sie die Struktur eines Berichts inklusive der zugewiesenen Roles. Die Struktur besteht aus dem Benutzernamen, der Information, von welchem Identity Provider der Benutzer kommt, dem Nach- und Vornamen, der E-Mail-Adresse, dem Zeitpunkt der letzten Änderung, dem Zeitpunkt der letzten Anmeldung sowie den zugewiesenen Role Collections, die mit Semikolon getrennt vorliegen.

	A	B	C	D	E	F	G	H
1	User Name	Identity Provider	Last Name	First Name	E-Mail	Last Updated	Last Logon	Assigned Role Collections
2	demou	sap.default			demou	2024-02-04T17:12:09.528Z		
3	zeiling	sap.default	Zeilinger	Siegfried	zeilinge	2024-02-04T14:06:02.730Z	2024-02-07T15:30:35.373Z	Subaccount Administrator;MyRole_Viewer

Abbildung 5.36 Benutzerbericht mit den zugewiesenen Role Collections

5.2.4 Praxisbeispiel: Authentifizierung an einem Subaccount mit Identity Authentication

Um die Authentifizierung über einen Identity Authentication Tenant als Teil der SAP Cloud Identity Services vorzunehmen, müssen Sie die Services subskribieren. Ein Tenant in einem unterstützten Rechenzentrum reicht hierbei aus. Um die Liste der Rechenzentren einzusehen, navigieren Sie im SAP BTP Cockpit im Global Account über den Pfad **Entitlements • Service Assignments** und klicken neben den SAP Cloud Identity Services auf den Informations-Button ⓘ (siehe Abbildung 5.37).

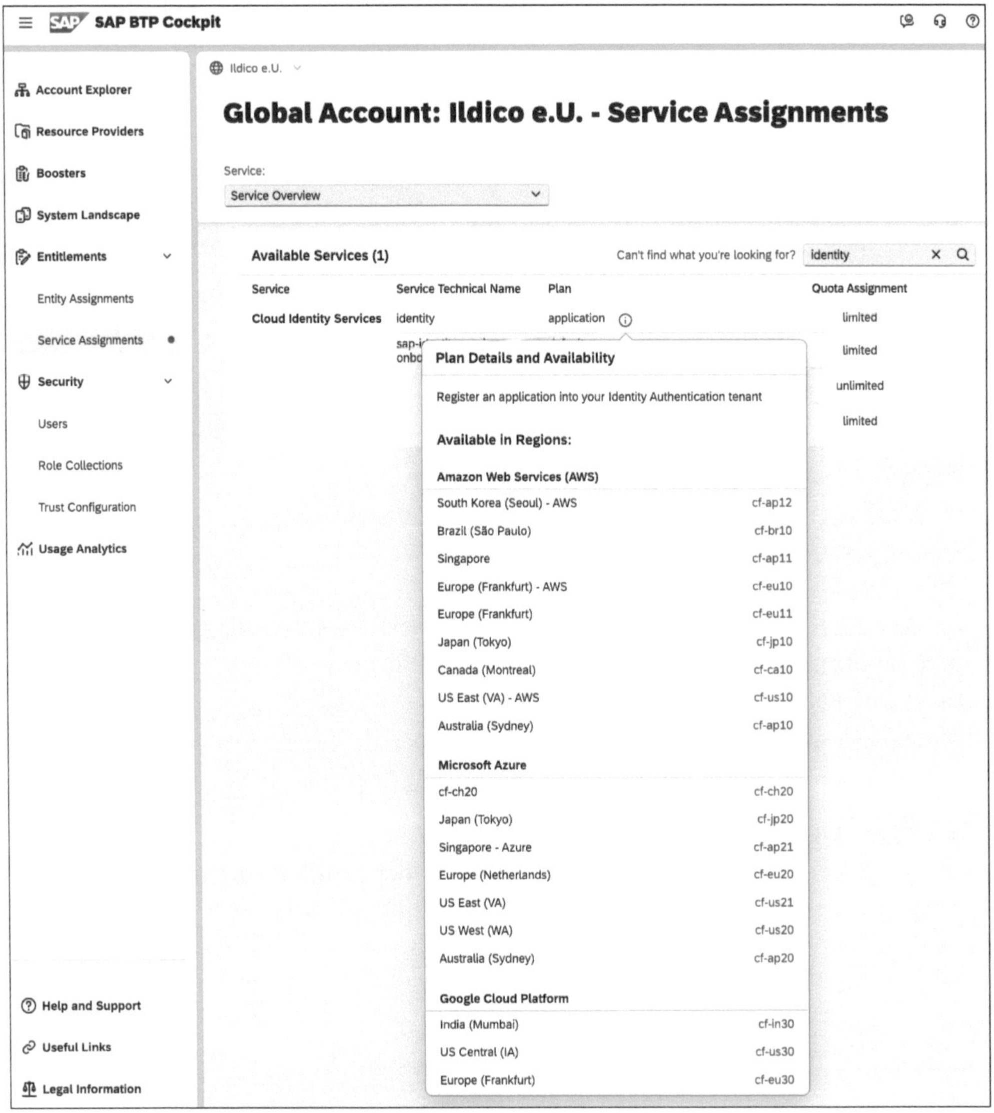

Abbildung 5.37 Verfügbarkeit der SAP Cloud Identity Services

Wählen Sie beim Erstellen des Subaccounts eines der Rechenzentren für Identity Authentication, oder legen Sie einen neuen Subaccount dafür an. Die SAP Cloud Identity Services werden als Shared Unit, also als geteilter Service angeboten, sofern dies im Rechenzentrum unterstützt wird. Navigieren Sie daher im gewählten Subaccount im SAP BTP Cockpit über **Services • Service Marketplace**, und suchen Sie anschließend nach »Identity Services« (siehe Abbildung 5.38).

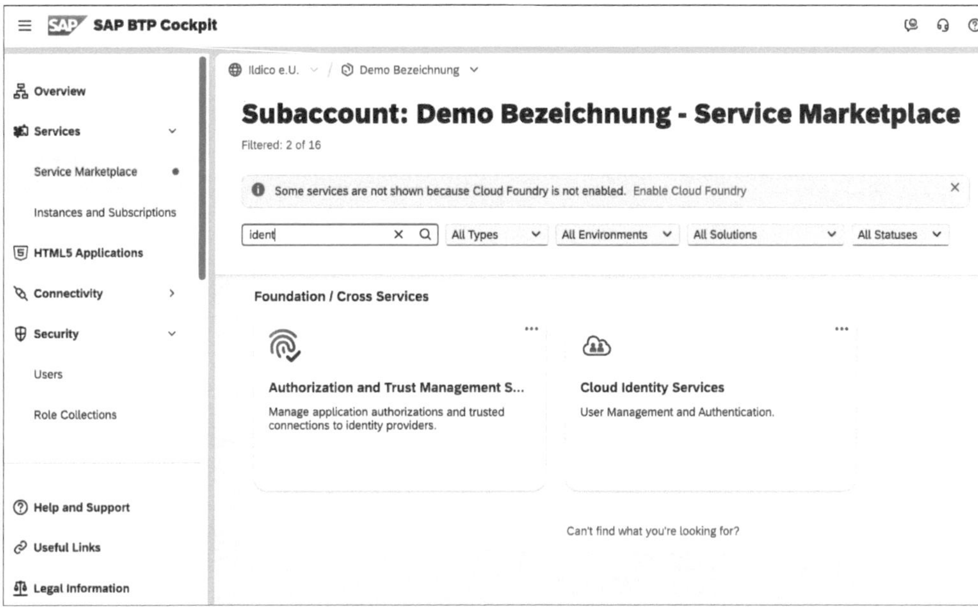

Abbildung 5.38 Im Service Marketplace nach den SAP Cloud Identity Services suchen

Nun wählen Sie die SAP Cloud Identity Services aus und klicken auf **Create**. Im Bild müssen Sie lediglich noch einen Instanznamen unter **Instance Name** pflegen (siehe Abbildung 5.39). Je nachdem, ob Sie die Cloud-Foundry-Umgebung schon aufgesetzt haben, erscheinen die Dialoge zu **Runtime Environment** und **Space**.

Nach der Anlage der SAP Cloud Identity Services können Sie z. B. von der Seite der Subscriptions direkt in die Applikation wechseln (siehe Abbildung 5.40). Dafür können Sie beispielsweise diesen Link benutzen: *https://<tenant>.accounts.ondemand.com/admin*.

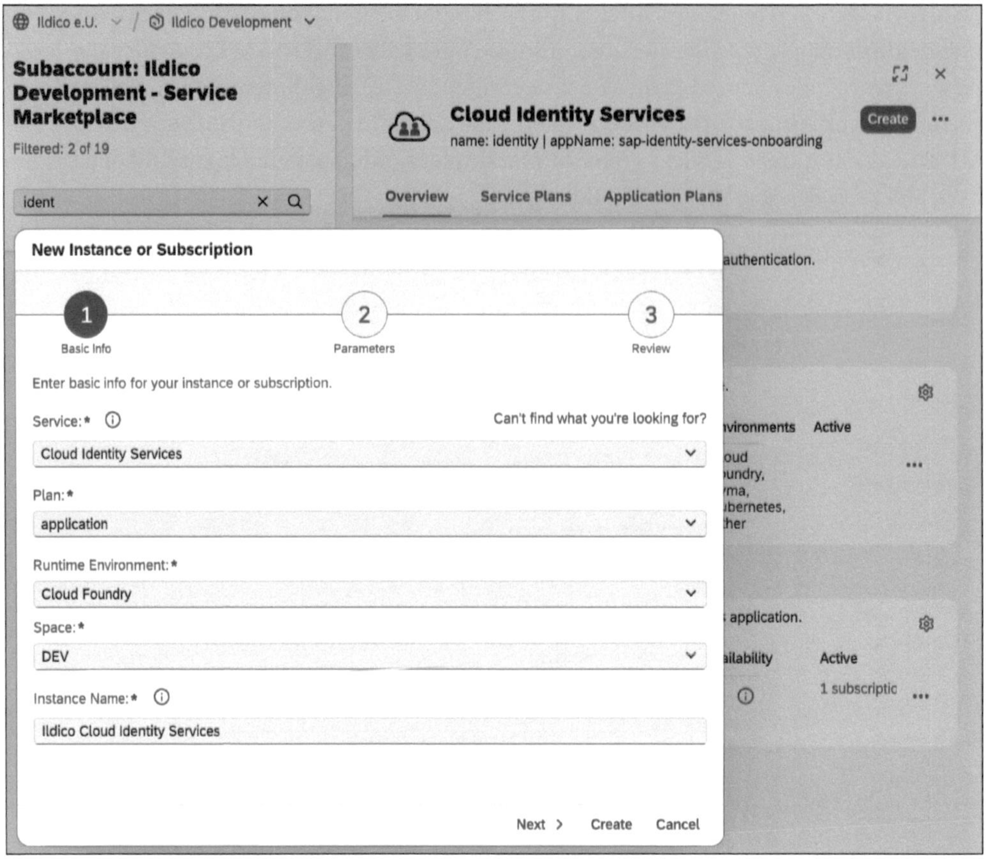

Abbildung 5.39 SAP-Cloud-Identity-Services-Applikation anlegen

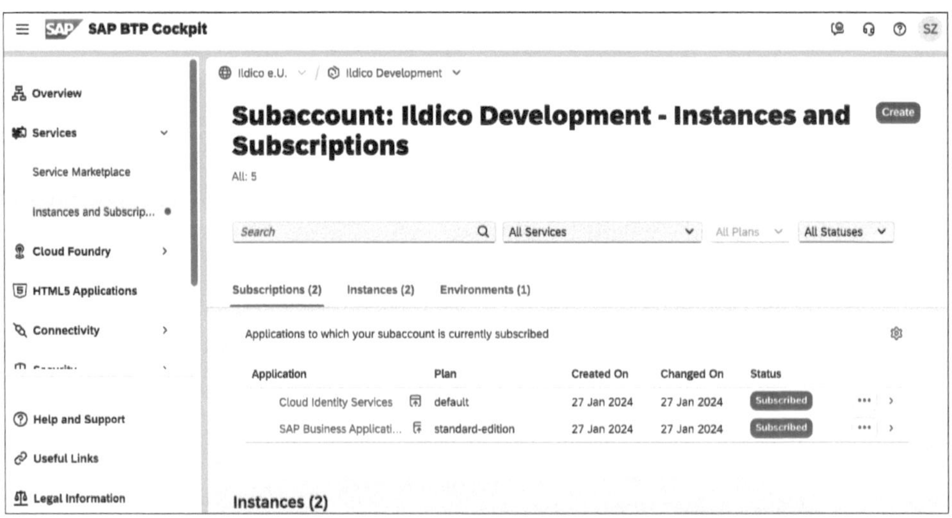

Abbildung 5.40 SAP Cloud Identity Services in der Übersicht der Subscriptions

Wenn Sie dem Link folgen, können Sie in den SAP Cloud Identity Services unter **Users & Authorizations** mit dem Button **Add** den Dialog **Add New User** starten (siehe Abbildung 5.41). Hier erfassen Sie einen Vornamen, einen Nachnamen und eine E-Mail-Adresse in den entsprechenden Feldern und können zur Testzwecken den Benutzertyp auf **Employee** setzen. Über den Button **+ Add** fügen Sie den Benutzer den SAP Cloud Identity Services hinzu.

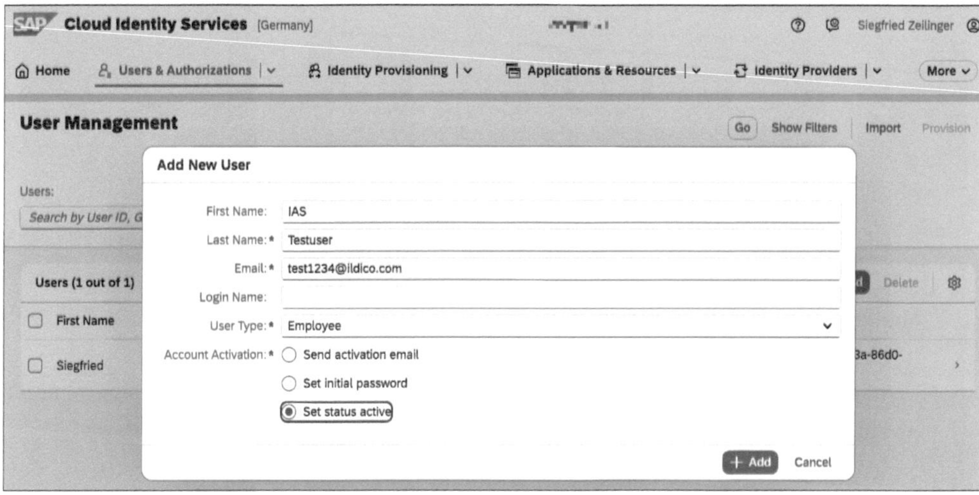

Abbildung 5.41 Neuen Benutzer in den SAP Cloud Identity Services anlegen

Der Benutzer ist nun in Identity Authentication der SAP Cloud Identity Services vorhanden (siehe Abbildung 5.42).

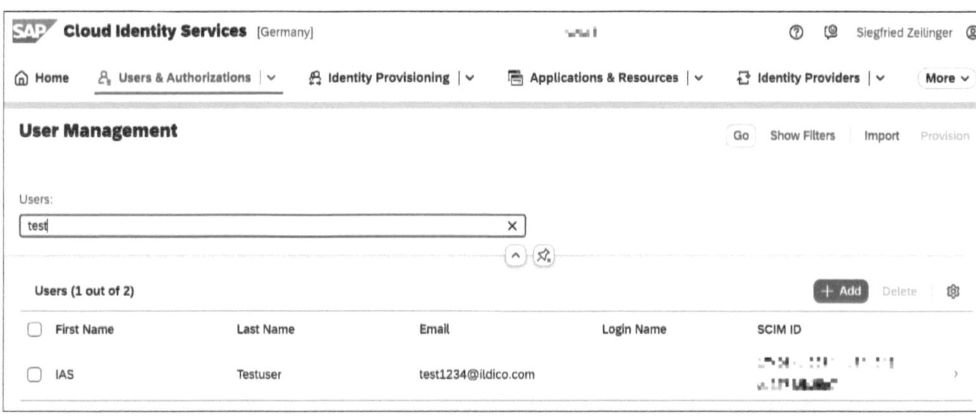

Abbildung 5.42 Benutzerliste in den SAP Cloud Identity Services

Zurück im Subaccount klicken Sie nun über den Pfad **Security • Trust Configuration** auf den Button **Establish Trust** (siehe Abbildung 5.43).

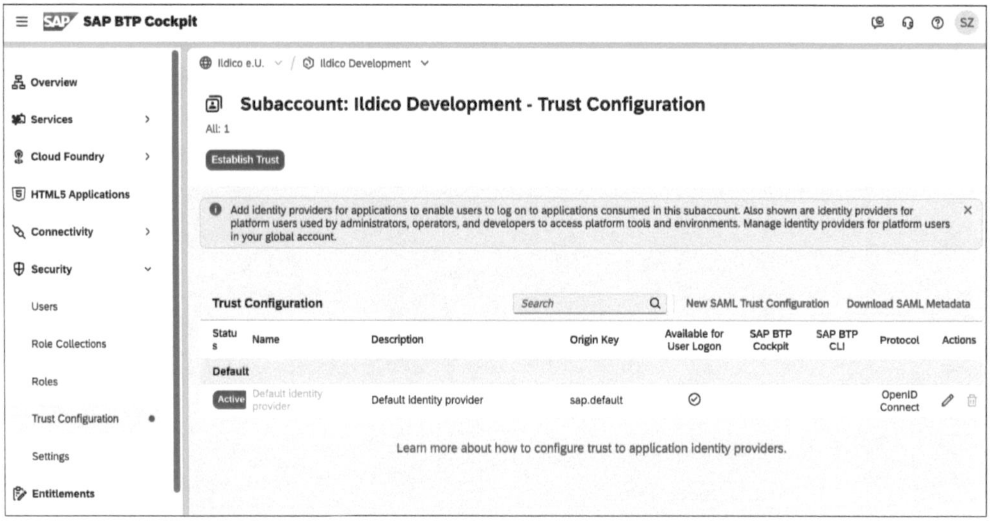

Abbildung 5.43 Einstieg in die Anlage einer neuen Trust-Konfiguration

Im nächsten Bild wählen Sie aus der Liste Ihren Identity Authentication Tenant (siehe Abbildung 5.44).

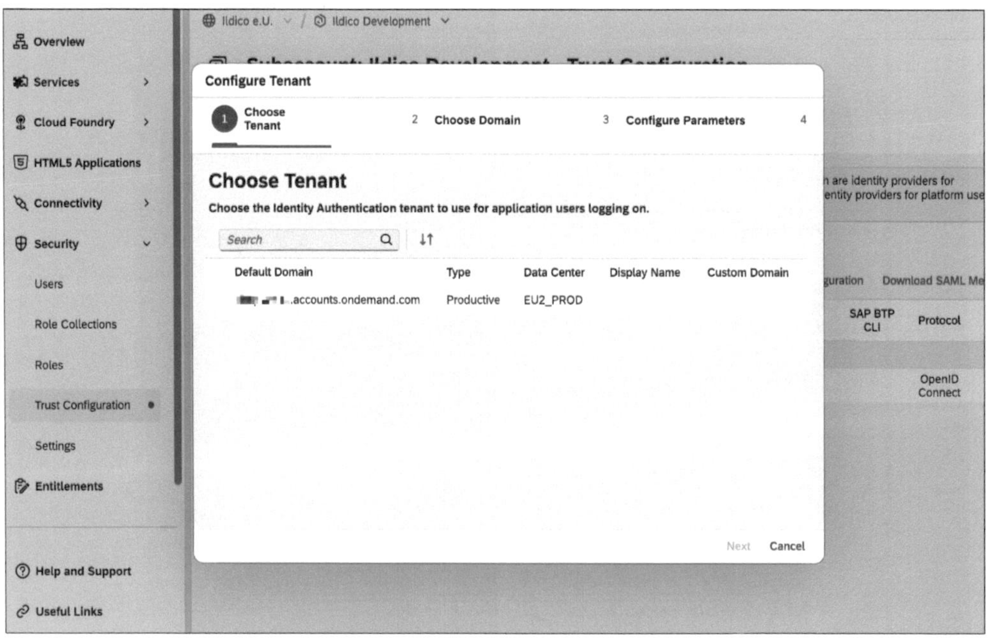

Abbildung 5.44 Identity Authentication Tenant auswählen

Im zweiten Schritt wählen Sie die gewünschte Domäne. Je nachdem, in welcher Internetdomäne Ihre Cloud-Applikationen laufen, haben Sie die Wahl zwischen der Domänenendung *cloud.sap* und *ondemand.com* (siehe Abbildung 5.45). Klicken Sie anschließend auf **Next**.

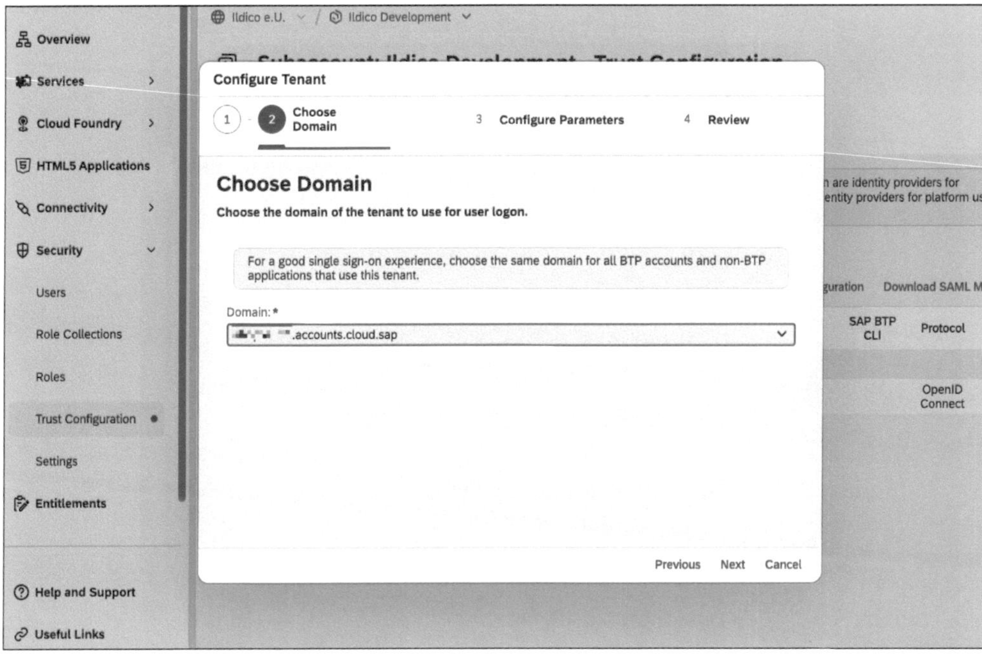

Abbildung 5.45 Domäne auswählen

Im dritten Schritt können Sie optional Parametereinstellungen vornehmen. Hervorzuheben ist der Text, der den Benutzern beim Login angezeigt wird (**Link text for user logon**; siehe Abbildung 5.46). Zu Testzwecken müssen Sie hier nichts verändern und können mit **Next** zur Zusammenfassung gelangen. Schließen Sie den Vorgang mit **Finish** ab.

Als Ergebnis sehen Sie im Anschluss den neuen **Custom Identity Provider for Applications** in der Übersicht der **Trust Configuration** in Ihrem SAP BTP Cockpit (siehe Abbildung 5.47).

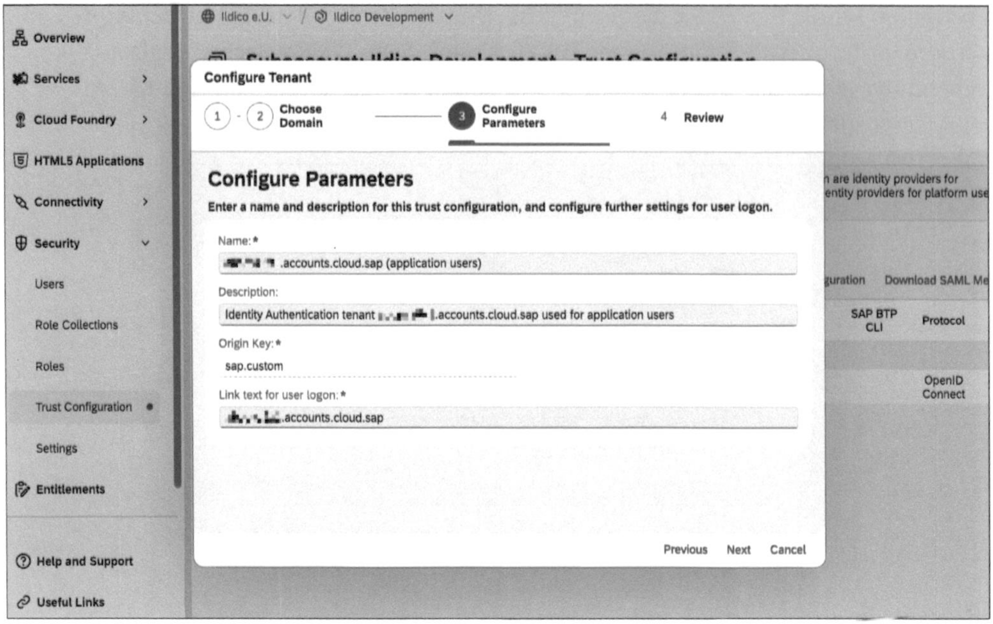

Abbildung 5.46 Optionale Parametereinstellungen

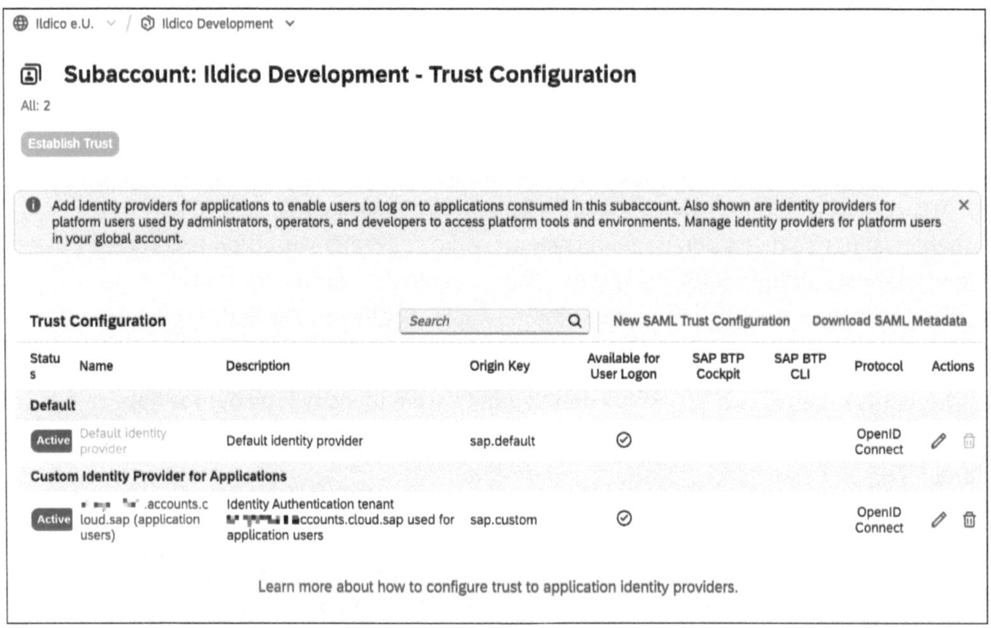

Abbildung 5.47 Identity Authentication Tenant in der Übersicht der Trust-Konfiguration

Sie können nun beispielsweise eine Role Collection dem gewählten Benutzer zuweisen. In Abbildung 5.48 sehen Sie ein Beispiel, in dem wir dem neu angelegten Benutzer die Rechte zur Entwicklung in SAP Business Application Studio zugewiesen haben.

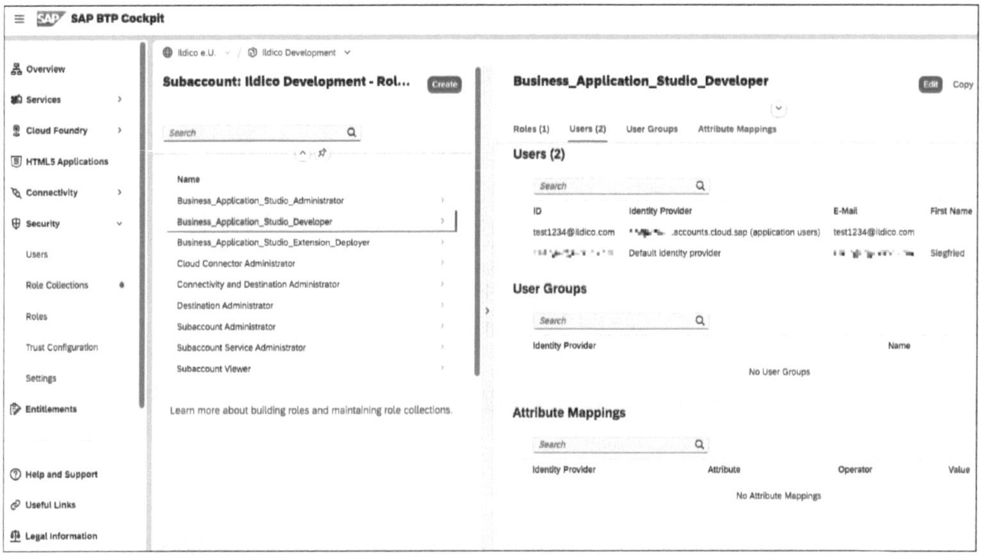

Abbildung 5.48 Role Collection einem Identity-Authentication-Benutzer zuweisen

5.2.5 Praxisbeispiel: Subaccount mit Microsoft Entra ID als Identity Provider

Wenn Sie Microsoft Entra ID als Identity Provider verwenden möchten, benötigen Sie dafür Adminrechte in Ihrem Entra ID. Typischerweise melden Sie sich unter *www.s-prs.de/v100200022* bei Microsoft an.

Wir beginnen damit, die SAML-Metadaten von Ihrem Subaccount herunterzuladen und diese zum Trust bei Entra ID hochzuladen. Die Antwort von Entra ID wird dann verwendet, um die Trust-Konfiguration in Ihrem Subaccount abzuschließen.

Navigieren Sie zum Herunterladen über den Pfad **Security • Trust Configuration** in Ihrem SAP BTP Cockpit, und klicken Sie auf **Download SAML Metadata** (siehe Abbildung 5.49). Die erhaltene Datei heben Sie gut auf.

Nun melden Sie sich bei Microsoft Entra ID an und navigieren über den Pfad **Anwendungen • Unternehmensanwendungen** (siehe Abbildung 5.50). Dort klicken Sie auf **+ Neue Anwendung**.

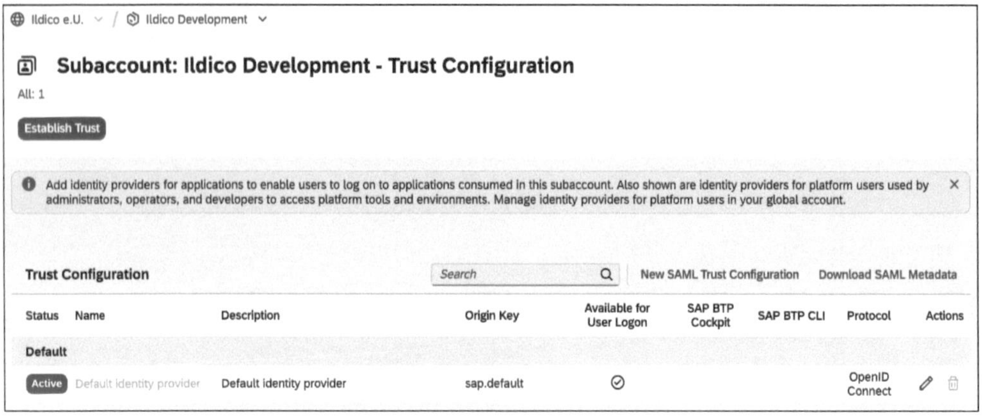

Abbildung 5.49 SAML-Metadaten herunterladen

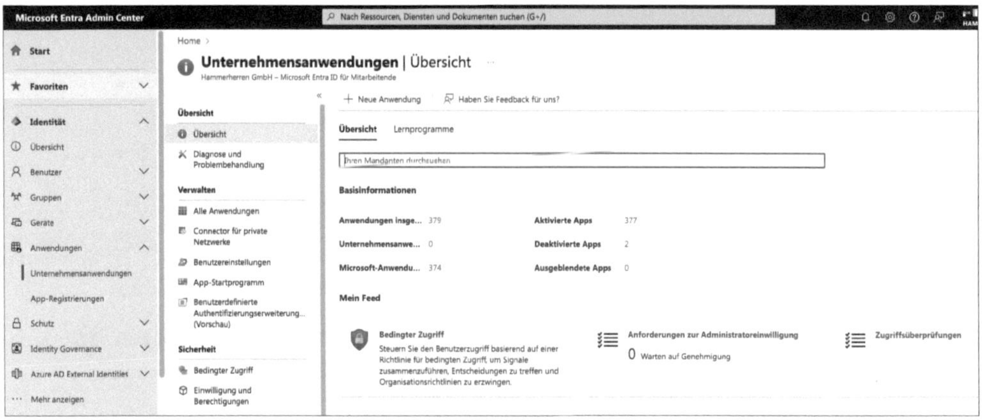

Abbildung 5.50 Unternehmensanwendung in Microsoft Entra ID anlegen

Nun suchen Sie nach den SAP-Anwendungen und wählen die Kachel **SAP Cloud Platform** (siehe Abbildung 5.51). Klicken Sie auf die Kachel und dann auf **Erstellen**, um eine neue Anwendung anzulegen.

Es öffnet sich die soeben neu erstellte Anwendung **SAP Cloud Platform** (siehe Abbildung 5.52). Sie finden die wichtigsten Schritte unter **Getting Started**. Klicken Sie nun auf die Kachel **SSO einrichten**.

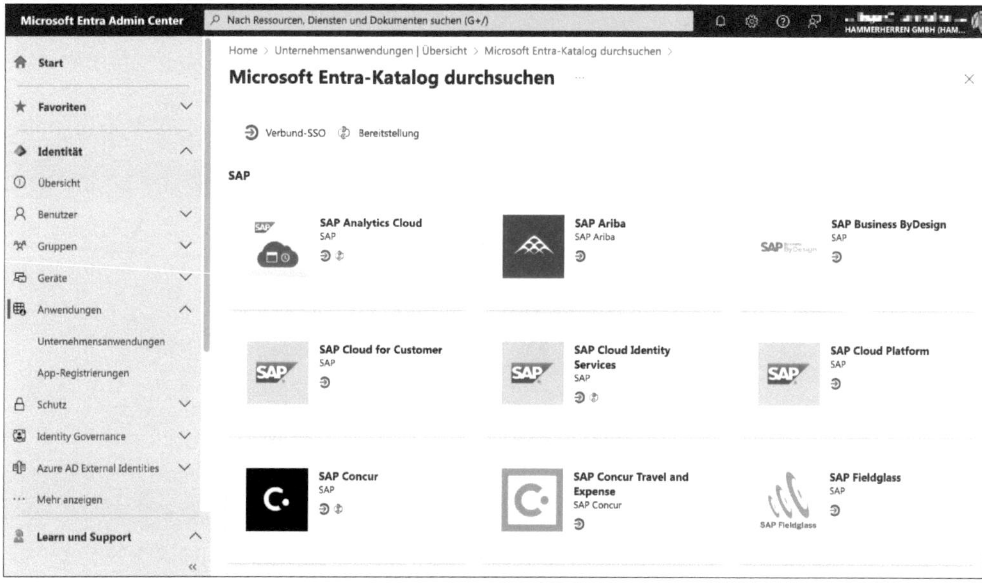

Abbildung 5.51 SAP-Anwendungen in Microsoft Entra ID

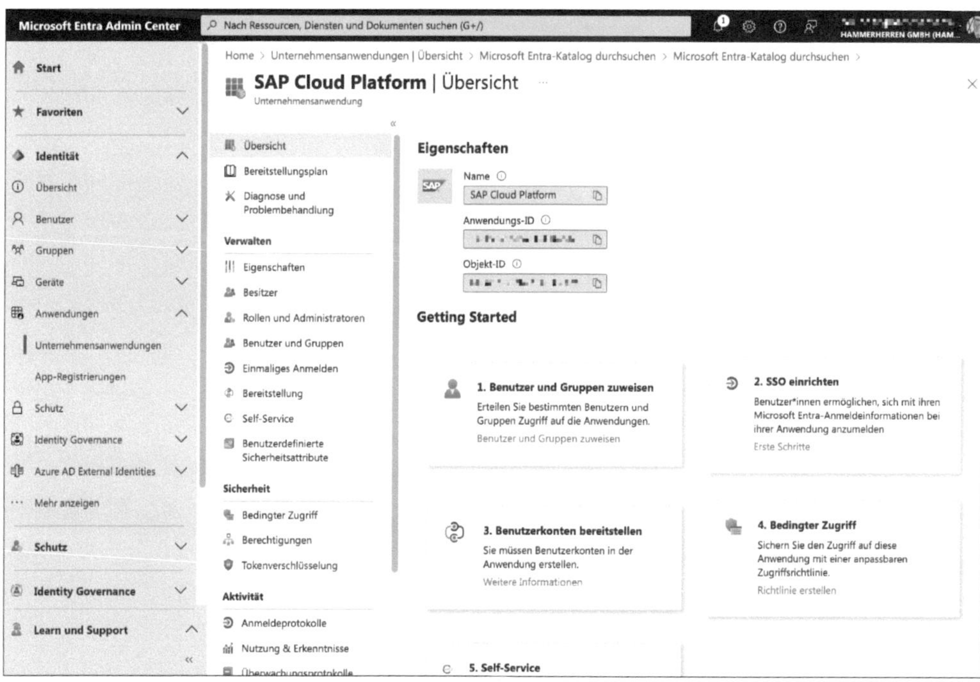

Abbildung 5.52 Neue Anwendung in Microsoft Entra ID anlegen

Im nächsten Bild wählen Sie **SAML** als Single-Sign-On-Methode (SSO-Methode) (siehe Abbildung 5.53).

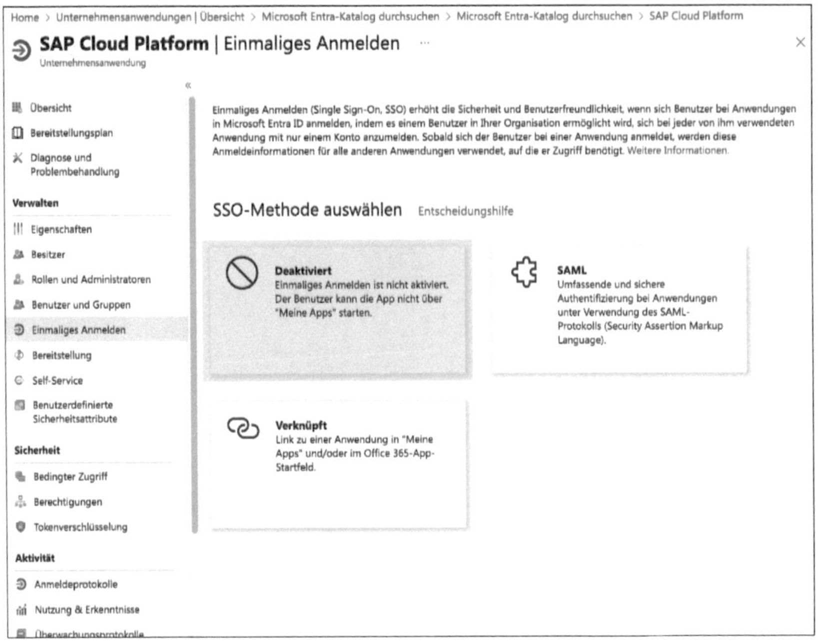

Abbildung 5.53 SAML als SSO-Methode auswählen

Nun können Sie im nächsten Bild per Klick auf **Metadatendatei hochladen** die von der SAP BTP erhaltene XML-Datei hochladen (siehe Abbildung 5.54).

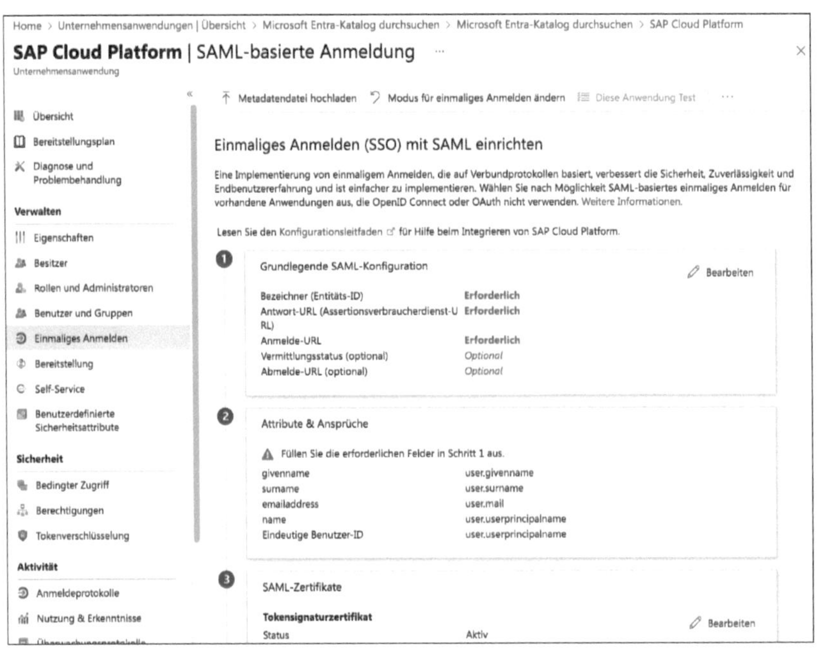

Abbildung 5.54 Metadaten hochladen

Nun wird im Bild **Grundlegende SAML-Konfiguration** fast alles vorausgefüllt. Sie müssen lediglich die **Anmelde-URL** selbst definieren. So können Sie hier z. B. den Link zu SAP Business Application Studio einfügen (siehe Abbildung 5.55).

Abbildung 5.55 Grundlegende Konfiguration mit Anmelde-URL

Damit ist die SAML-Konfiguration auf der Seite von Microsoft Entra ID abgeschlossen. Auf der Übersichtsseite können Sie im Bereich **SAML-Zertifikate** die Datei **Verbundmetadaten-XML** mit einem Klick auf den entsprechenden Link herunterladen (siehe Abbildung 5.56). Diese Datei benötigen Sie, um die Antwort von Microsoft Entra ID in die SAP BTP zurückzuspielen.

[»]

Gruppen-Mapping

Wenn Sie die in Microsoft Entra ID modellierten Benutzergruppen auch auf der SAP BTP verwenden möchten, empfehlen wir Ihnen diese Lektüre: *www.s-prs.de/v100200023.*

Abbildung 5.56 Download der Verbunddaten-XML

Nun navigieren Sie in Ihrem SAP BTP Cockpit über die Menüstruktur **Security • Trust Configuration** und klicken anschließend auf **New SAML Trust Configuration**, um die Einrichtung auf der Seite von SAP BTP abzuschließen. Sie gelangen auf ein neues Fenster **New Trust Configuration**, in dem Sie die soeben erhaltene Verbunddaten-XML von Microsoft Entra ID hochladen können. Vergeben Sie außerdem noch einen Namen für diesen Trust im Feld **Name**. Das Feld **Origin Key** sollte in diesem Bild bereits vorausgefüllt sein. Sie können über **Link Text for User Logon** noch einen Anmeldetext für das SAP-BTP-Anmeldebild setzen. Klicken Sie auf **Save**, um die Konfiguration abzuschließen (siehe Abbildung 5.57).

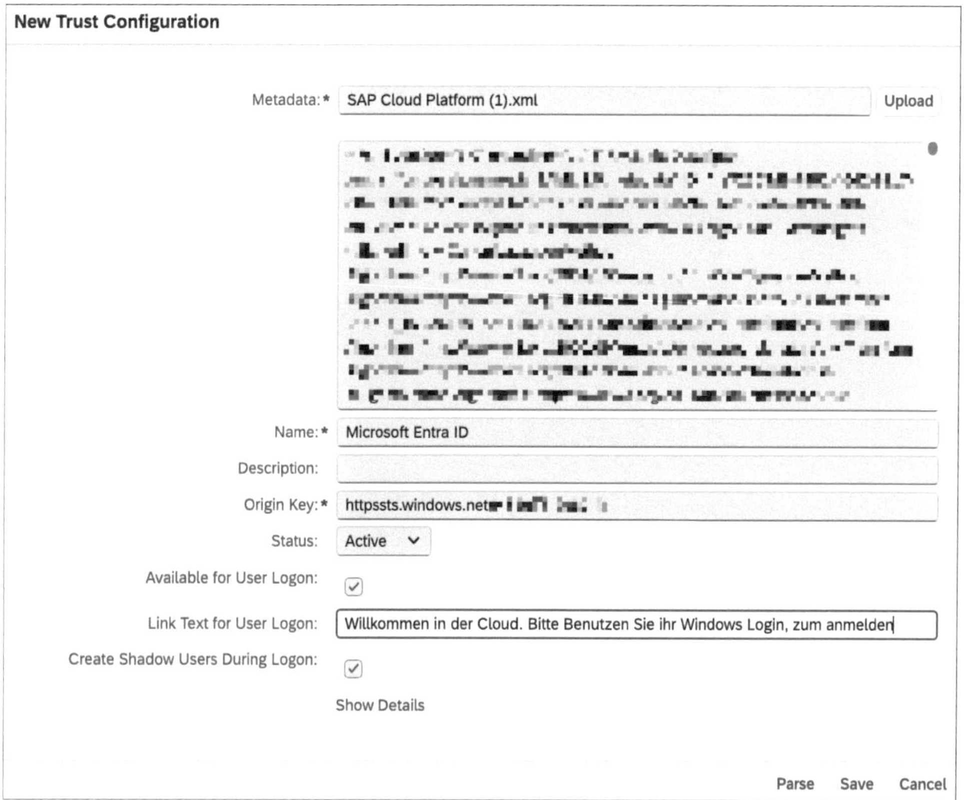

Abbildung 5.57 Trust-Konfiguration anlegen und die Antwort von Microsoft Entra ID hochladen

Nach dem Anlagevorgang sehen Sie den neuen Trust Provider in der Übersicht (siehe Abbildung 5.58).

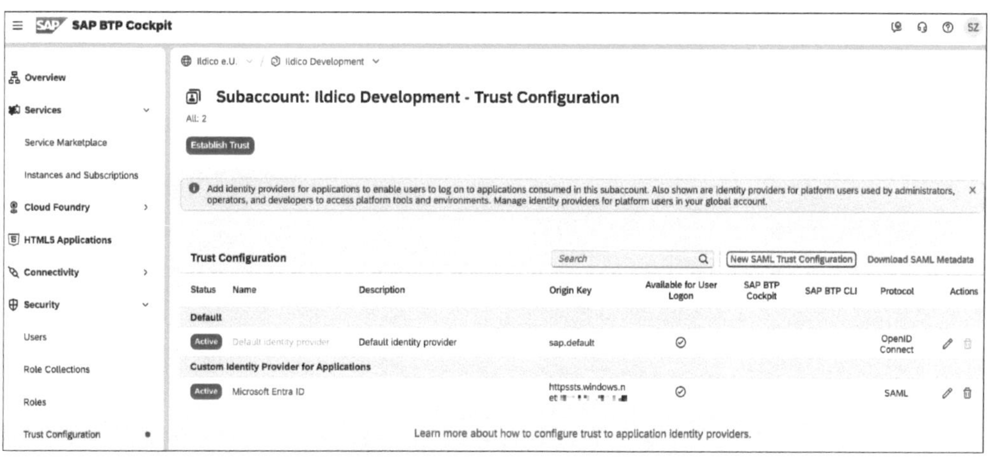

Abbildung 5.58 Trust-Konfiguration mit dem Trust Provider Microsoft Entra ID

Wenn Sie sich nun, wie in unserem Beispiel, an SAP Business Application Studio auf der SAP BTP anmelden, können Sie den Identity Provider über die Links **Willkommen in der ... zum anmelden** und **Default Identity Provider** im Bild frei wählen (siehe Abbildung 5.59).

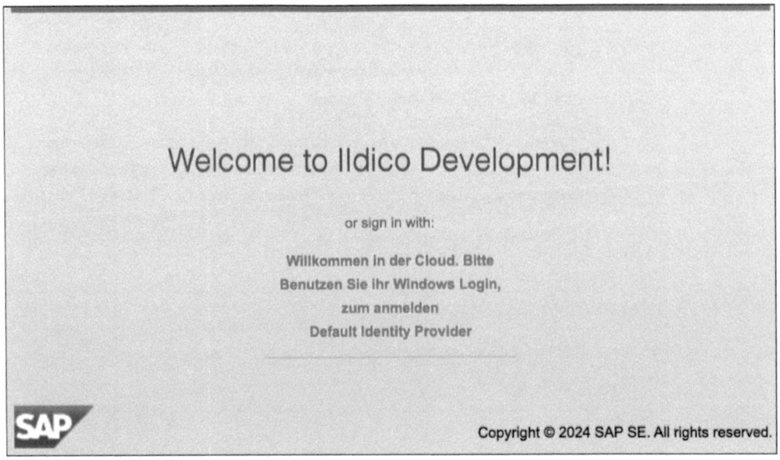

Abbildung 5.59 Anmeldung an SAP Business Application Studio

Wenn Sie mehrere Accounts bei Microsoft haben, erhalten Sie nun von Microsoft die Aufforderung, sich für einen dieser Accounts zu entscheiden. Verwenden Sie den Account, der zu dem erstellten Trust passt (siehe Abbildung 5.60).

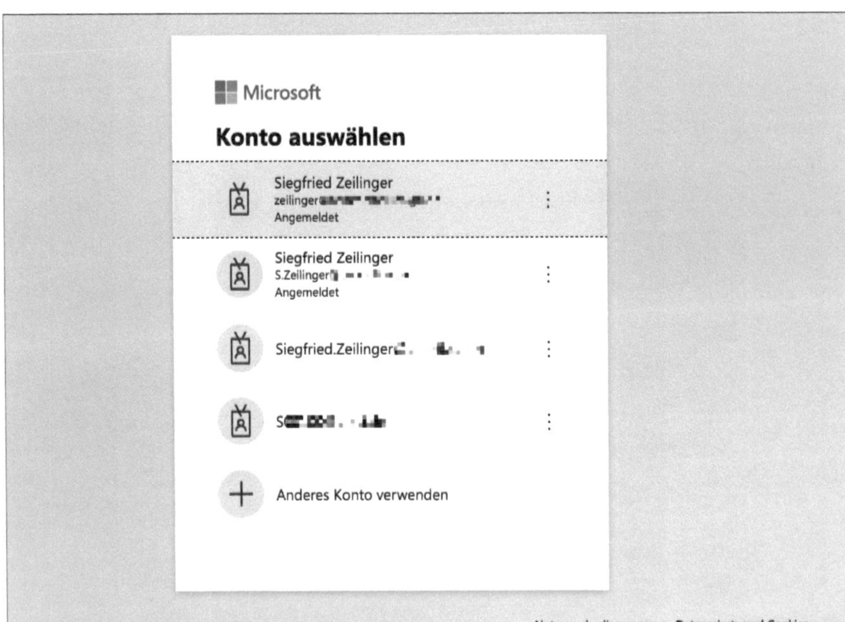

Abbildung 5.60 Microsoft-Kontos auswählen

Wenn die vorangegangene Konfiguration funktioniert, werden Sie direkt nach dem Login bei Microsoft an der SAP BTP angemeldet (siehe Abbildung 5.61).

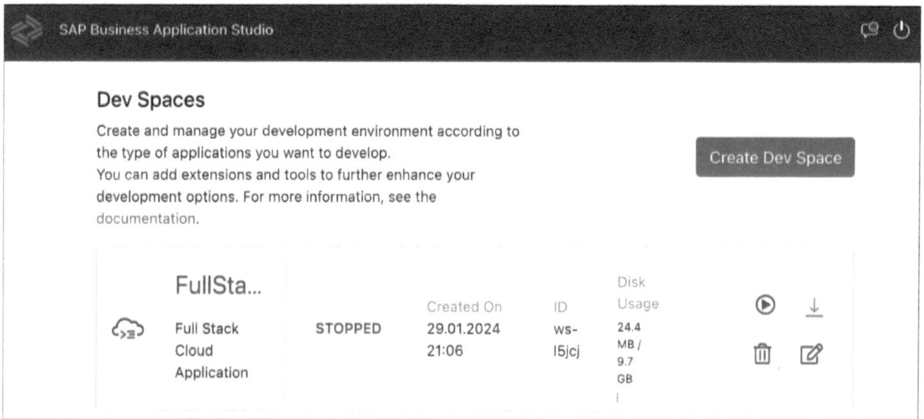

Abbildung 5.61 Erfolgreicher Login über den Microsoft-Entra-ID-Account

5.3 Organizations, Spaces und Quotas

Auf der SAP BTP spielen Organizations, Spaces und Quotas auf der Subaccount-Ebene eine zentrale Rolle, um Ressourcen effizient zu verwalten und die Entwicklung sowie den Betrieb von Anwendungen zu strukturieren. Eine *Organization* (Org) bildet den obersten Strukturierungspunkt innerhalb eines Subaccounts und dient als Rahmen für die Zusammenarbeit und Ressourcenzuordnung. Sie kann als virtuelle Hülle betrachtet werden, die verschiedene Projekte oder Anwendungsfälle eines Unternehmens umfasst, wobei jedes Projekt oder jeder Anwendungsfall in einem eigenen *Space* organisiert ist. Spaces sind untergeordnete Bereiche innerhalb einer Organization, die eine feinere Granularität in der Ressourcenzuordnung und Isolierung ermöglichen. In einem Space werden Anwendungen entwickelt, getestet und betrieben, wobei jeder Space über einen eigene Satz von Diensten, Anwendungen und Ressourcen verfügt.

Die Zuweisung von *Quotas* auf der Subaccount-Ebene regelt, welche und wie viele Ressourcen den einzelnen Organizations und Spaces zur Verfügung stehen. Quotas definieren somit die Grenzen für den Ressourcenverbrauch, einschließlich Speicherplatz, Rechenkapazitäten und Dienstnutzungen, um eine effiziente und kostenbewusste Nutzung der SAP BTP zu gewährleisten. Durch die sorgfältige Planung und Zuweisung von Quotas können Unternehmen sicherstellen, dass ihre Projekte innerhalb der vorgegebenen Budget- und Ressourcenrahmen erfolgreich umgesetzt werden können, während gleichzeitig eine Übernutzung vermieden wird. Die Strukturierung in Orgs und Spaces und die Definition von Quotas erlaubt es, die Komplexität großer Cloud-Umgebungen zu verwalten und fördert eine klare Trennung von Verantwortlichkeiten, Sicherheit und Kostenkontrolle.

Um Spaces und Orgs zu sehen, müssen Sie am Service Marketplace die Cloud Foundry Runtime instanziiert haben. So erhalten Sie den Menüpunkt **Cloud Foundry** in Ihrem SAP BTP Cockpit (siehe Abbildung 5.62).

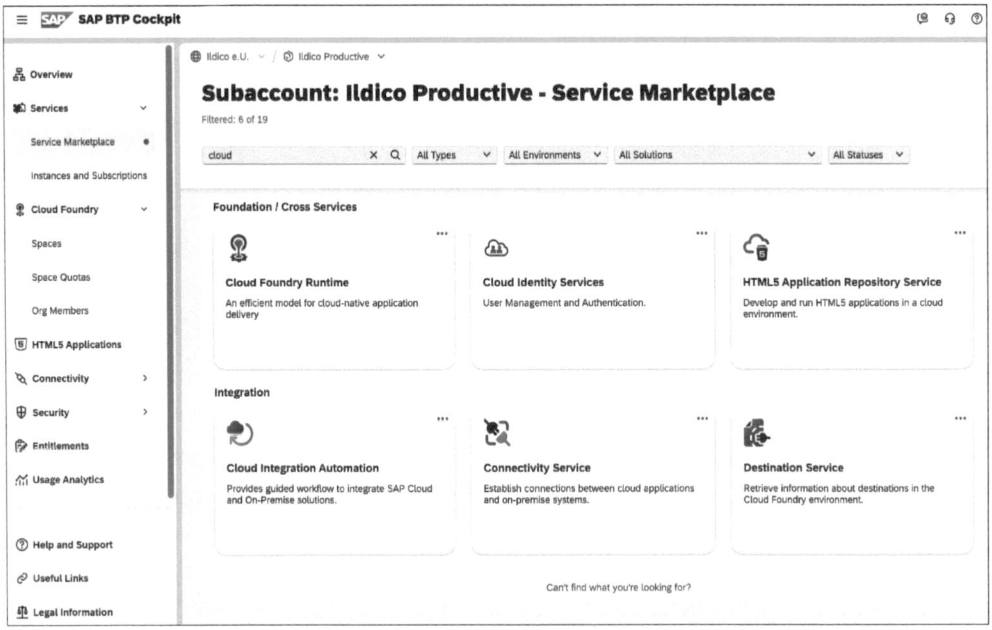

Abbildung 5.62 Cloud-Foundry-Menüpunkt im SAP BTP Cockpit

Bevor Sie einen Space erstellen können, benötigen Sie eine Space Quota. Diese regelt die zur Verfügung stehenden Ressourcen. Sie finden die Space Quotas über den Menüpfad **Cloud Foundry • Space Quotas** im SAP BTP Cockpit (siehe Abbildung 5.63).

In Abbildung 5.64 sehen Sie, welche Eigenschaften bei der Erstellung einer neuen Space Quota abgefragt werden. Wenn Sie den Schalter **Allow Paid Services** aktivieren, werden die Obergrenzen für die Ressourcen auf Basis der Verträge berechnet, die Sie mit Ihrem Hosting-Dienstleister zusätzlich vereinbart haben.

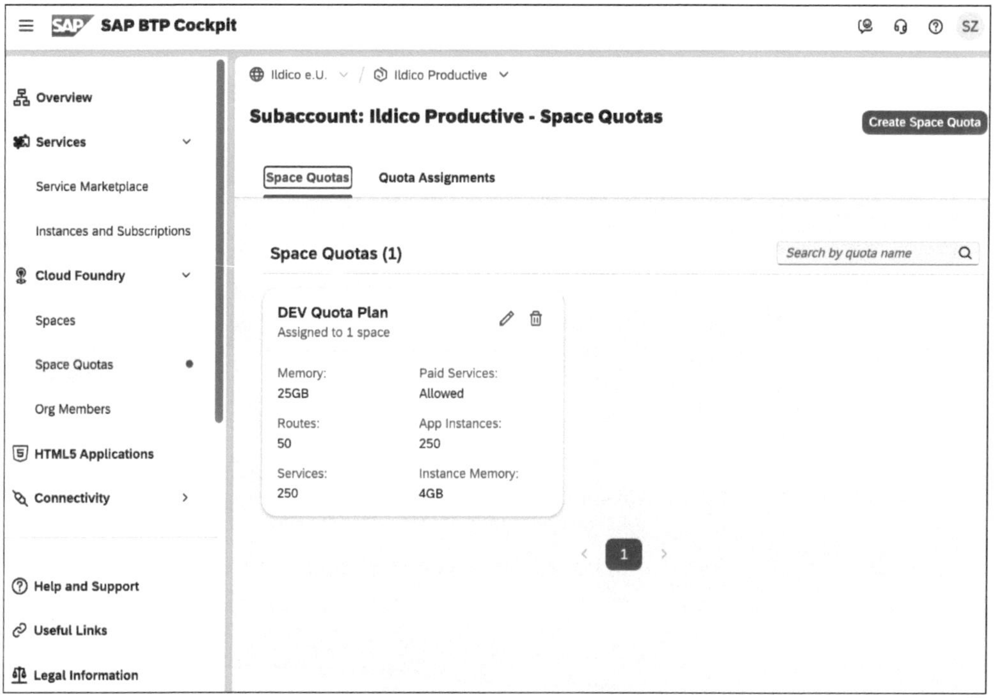

Abbildung 5.63 Übersicht der Space Quotas

Abbildung 5.64 Dialog zum Anlegen von Space Quotas

Auf der Registerkarte **Quota Assignment** sehen Sie, welche **Spaces** zu welchem **Space Quota** hinzugefügt worden sind (siehe Abbildung 5.65).

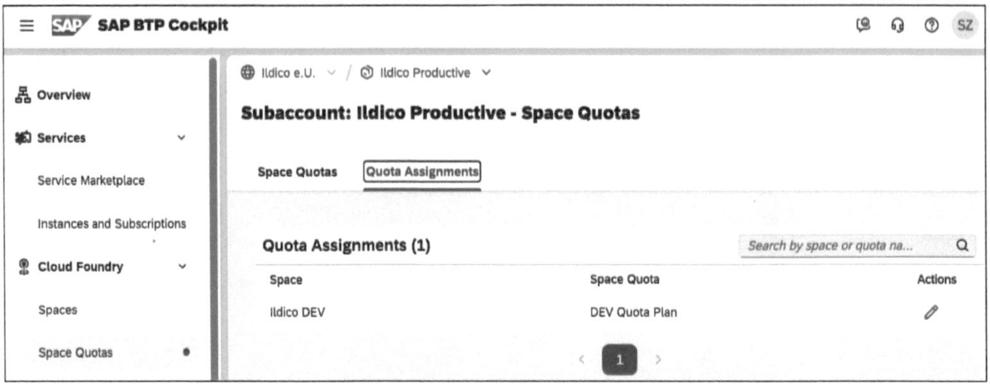

Abbildung 5.65 Quota-Zuweisungen für Spaces

Schließlich sehen Sie über den Pfad **Cloud Foundry • Spaces** im SAP BTP Cockpit alle verfügbaren Spaces in Ihrem Subaccount (siehe Abbildung 5.66).

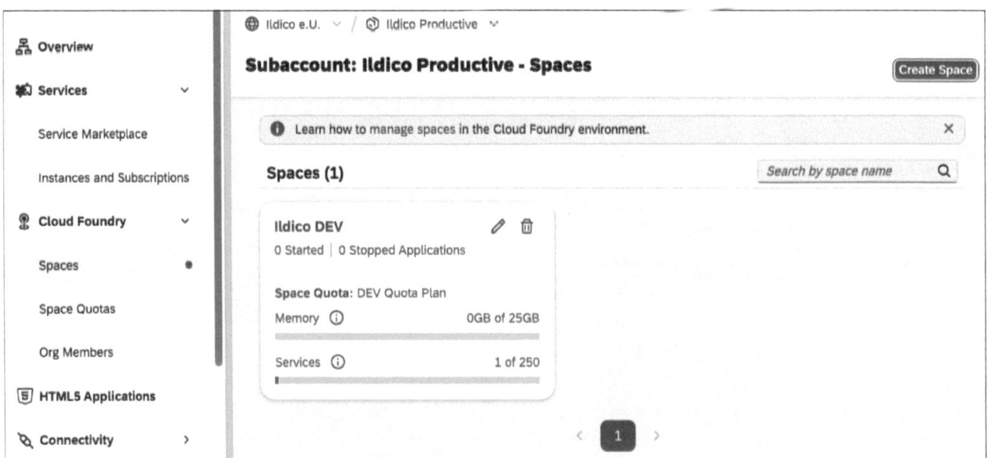

Abbildung 5.66 Übersicht der Spaces in einem Subaccount

Für die bereits erwähnten Organisationen finden Sie die Ansicht im SAP BTP Cockpit unter **Cloud Foundry • Org Members**. Sie können über den Button **Add Members** weitere Mitglieder zu Ihren Organisationen hinzufügen (siehe Abbildung 5.67).

Beachten Sie, dass sich, wenn Sie aus der Übersicht der Spaces aus Abbildung 5.66 auf einen Space klicken, ein neues, für den Space spezifisches Menü öffnet. Der erste Eintrag in diesem Untermenü lautet **Applications** (siehe Abbildung 5.68). Sie sehen hier, welche Applikationen in Ihrem Space zur Verfügung stehen bzw. von der Entwicklung bereits im Space bereitgestellt wurden.

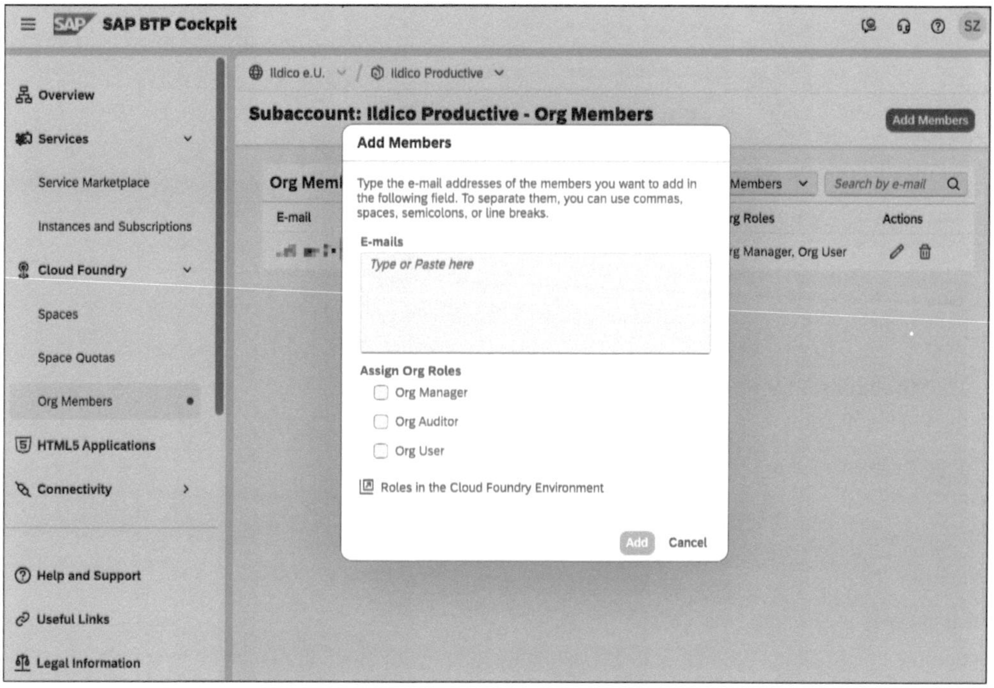

Abbildung 5.67 Benutzer als Mitglieder der Organisation hinzufügen

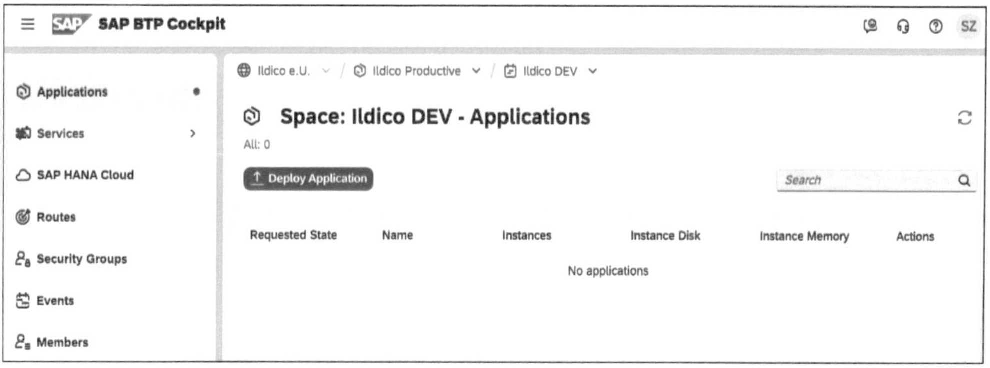

Abbildung 5.68 Applikationen eines Space

Im Unterpunkt **Routes** sehen Sie, unter welchen Pfaden (**Path**) auf Ihre Applikationen von außerhalb des Spaces zugegriffen werden kann (siehe Abbildung 5.69).

Der Punkt **Security Groups** regelt schließlich den erlaubten Netzwerkverkehr zwischen Ihrem Space und der Außenwelt (siehe Abbildung 5.70)

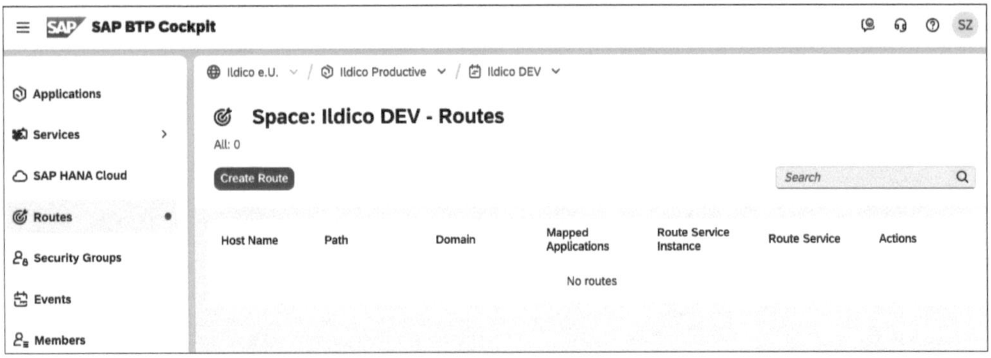

Abbildung 5.69 Routen zu einem Space

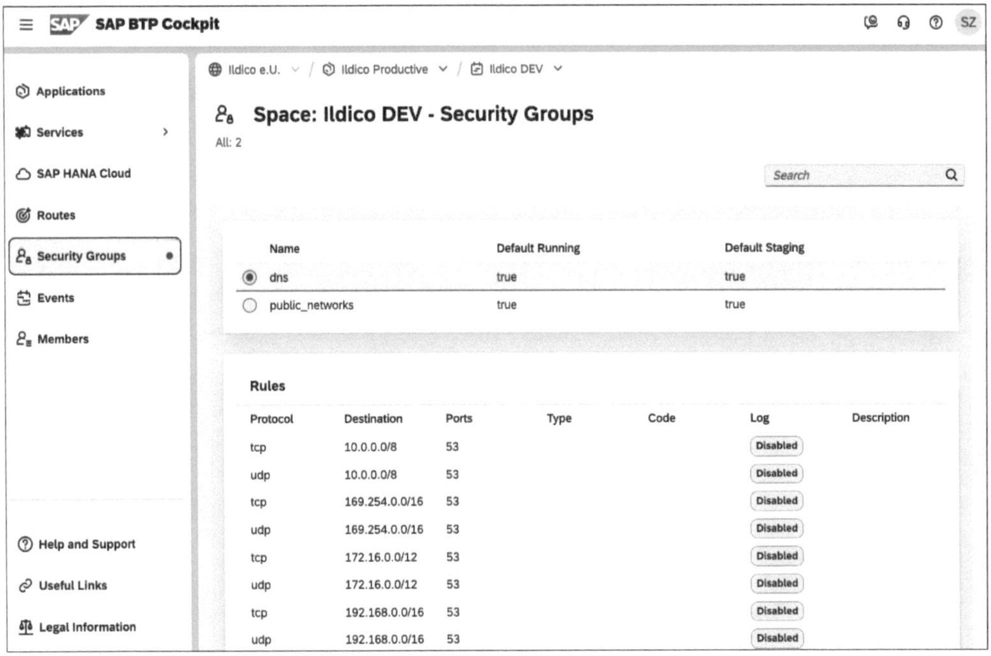

Abbildung 5.70 Security Groups eines Space

Praktisch für die Administration ist der Punkt **Events**, in dem Sie genau sehen, wer zu welchem Zeitstempel eine Konfigurationsänderung an dem Space durchgeführt hat (siehe Abbildung 5.71).

Einem Space können Sie ebenfalls Mitglieder hinzufügen und diesen Mitgliedern Roles zuordnen. Voraussetzung dafür ist, dass Ihnen die Role Space Manager oder Organization Manager zugewiesen ist. Besitzen Sie lediglich die Role Space Manager, müssen die Benutzer, die Sie dem Space als Mitglied hinzufügen möchten, vorab der Organisation als Mitglied zugeordnet worden sein.

Abbildung 5.71 Event Log eines Space

Besitzen Sie die Role des Organization Managers, wird das neue Mitglied nicht nur dem Space, sondern automatisch auch der übergeordneten Organisation hinzugefügt. Auf der SAP BTP werden Mitglieder auf der Ebene der Subaccounts und der Spaces ausschließlich über ihre E-Mail-Adressen (in der Abbildung geblurrt) identifiziert (siehe Abbildung 5.72).

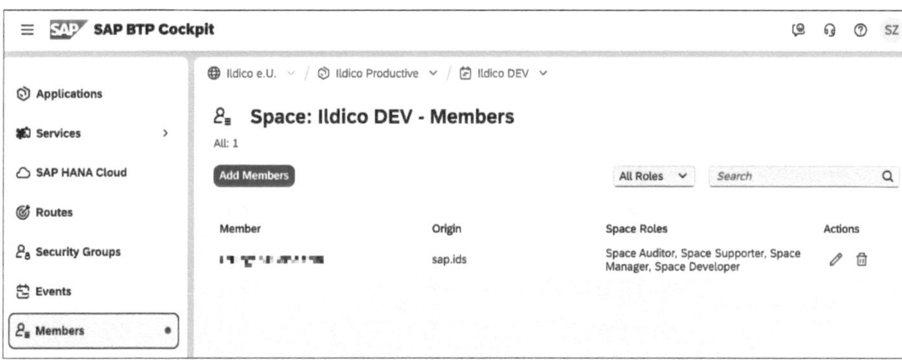

Abbildung 5.72 Mitglieder eines Space

5.4 Subscriptions und Services

Durch *Subscriptions* wählen Sie gezielt Services oder Anwendungen aus, die Sie für Ihre Geschäftsprozesse oder Entwicklungsbedürfnisse benötigen, und aktivieren diese für Ihre Subaccounts oder innerhalb bestimmter Spaces. Diese selektive Zugriffssteuerung ermöglicht eine flexible Anpassung der Plattform an individuelle Anforderungen, wodurch Ressourcen zielgerichtet und bedarfsgerecht eingesetzt werden können. Ein Beispiel für ein solches Subskriptionsmodell sind die SAP Cloud Identity Services, die Sie in Ihre Subaccounts einbinden können.

Die Übersicht der gewählten Subscriptions finden Sie im SAP BTP Cockpit unter **Services • Instances** (siehe Abbildung 5.73).

Abbildung 5.73 Übersicht der Instanzen

Services stellen das Kernangebot der SAP BTP dar und bieten eine Vielfalt an Lösungen – von Datenmanagement und Analytik bis hin zu Anwendungsentwicklung und Integration. Die Verfügbarkeit und Nutzung dieser Services werden durch die Subscriptions und die festgelegten Quotas innerhalb eines Subaccounts oder Space bestimmt, was eine effektive Kontrolle über den Ressourcenverbrauch und die Kosten erlaubt. Diese Architektur unterstützt Unternehmen dabei, ihre IT-Infrastruktur agil und kostenbewusst zu gestalten, indem sie den Zugang zu technologischen Ressourcen und Tools präzise steuern können. Die nahtlose Integration von Subscriptions und Services in die Struktur von Organizations, Spaces und Quotas trägt entscheidend zur Flexibilität, Skalierbarkeit und Effizienz der SAP BTP bei und fördert eine dynamische Anpassung an geschäftliche Herausforderungen und Entwicklungsanforderungen.

Eine Übersicht über die verfügbaren Services erhalten Sie im Service Marketplace in Ihrem Subaccount (siehe Abbildung 5.74).

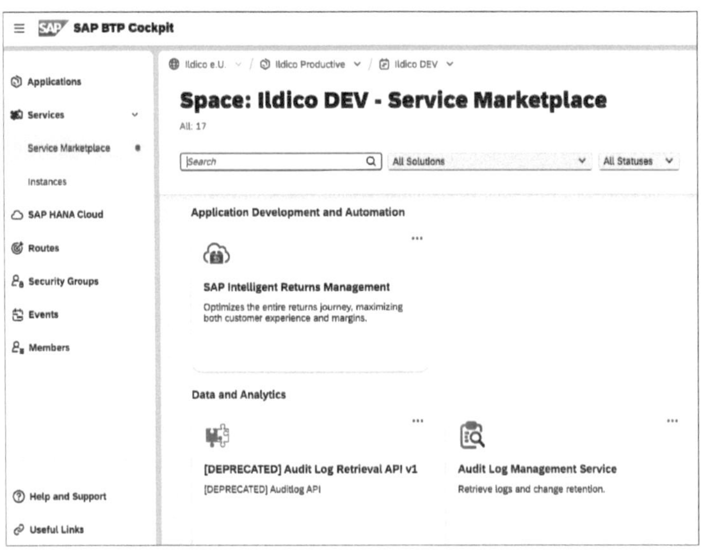

Abbildung 5.74 Service Marketplace

5.5 Audit Log Viewer Service

Um das System zu auditieren, bietet SAP den Audit Log Viewer Service. Wenn Sie diesen benutzen möchten, müssen Sie den SAP Audit Log Service subskribieren. Beachten Sie die Zuweisung des Entitlements im Global Account, wie in Kapitel 4, »Global Accounts administrieren«, beschrieben.

In Ihrem SAP BTP Cockpit können Sie über den Pfad **Services • Service Marketplace** und per anschließendem Klick auf die Servicekachel und dann auf den Button **Create** eine Subscription des Service erstellen (siehe Abbildung 5.75).

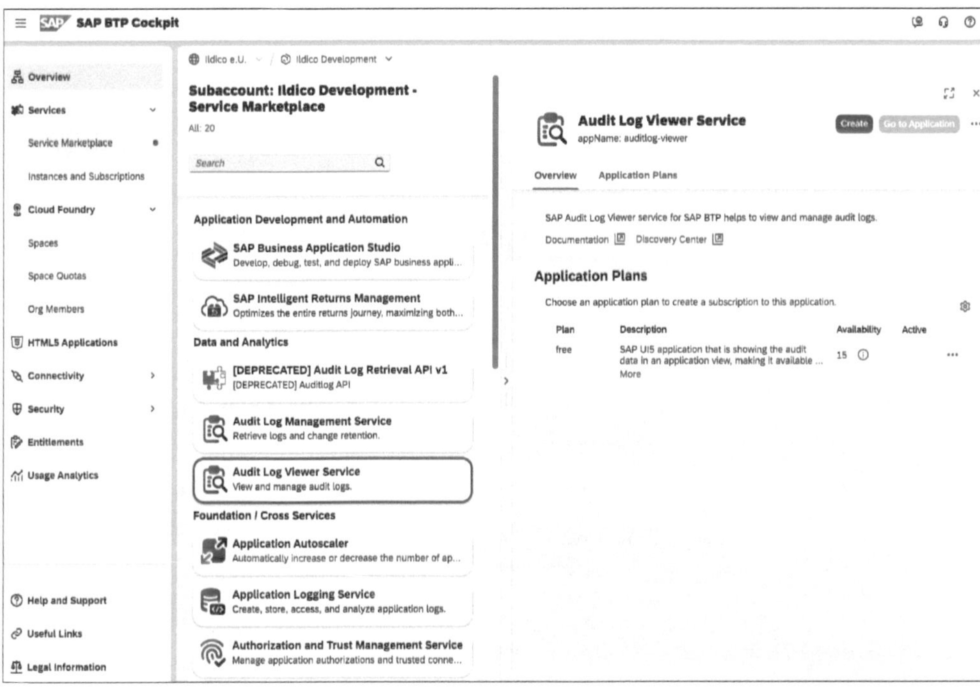

Abbildung 5.75 Audit Log Viewer Service im Service Marketplace

Nun können Sie in der Übersicht unter **Services • Instances and Subscriptions** die URL für den Audit Log Viewer Service aufrufen, indem Sie auf den blau hinterlegten Link klicken oder gegebenenfalls mit der rechten Maustaste und **Link kopieren** den Link in die Zwischenablage übernehmen (siehe Abbildung 5.76).

Abbildung 5.76 Audit Log Viewer Service in der Übersicht der Instanzen und Subscriptions

Das Ergebnis des Audit Logs sehen Sie beispielhaft in Abbildung 5.77.

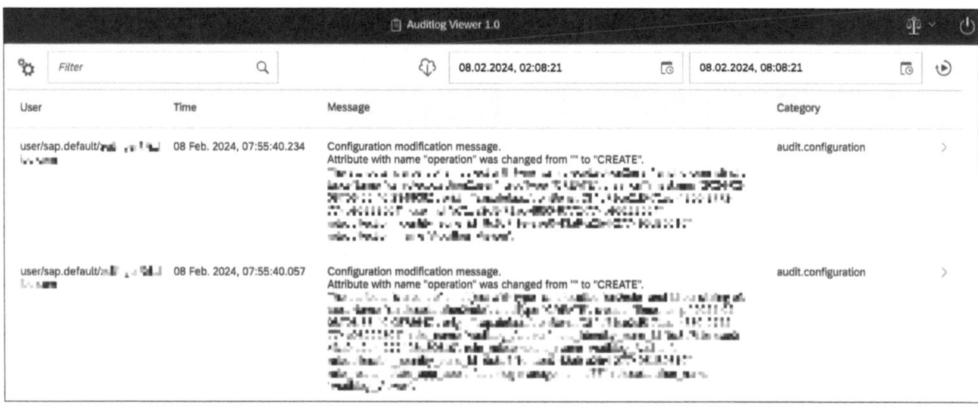

Abbildung 5.77 Beispielhaftes Ergebnis eines Audit Logs

[»]

Berechtigungen im Audit Log

Zum Auditieren benötigen Sie eine Audit-Berechtigung für die Organisation und den Space, den Sie auditieren möchten. Eine weiterführende Beschreibung dazu finden Sie unter *www.s-prs.de/v100200024*.

Kapitel 6
Cloud Connector

Der Cloud Connector stellt das Herzstück der modernen IT-Landschaft dar und schafft eine Brücke zwischen lokalen Systemen und der SAP Business Technology Platform.

Sie erhalten in diesem Kapitel einen detaillierten Fahrplan für den Cloud Connector: von den Grundvoraussetzungen über die Erstinstallation bis hin zu fortgeschrittenen Monitoring-Optionen. Ob Sie nun die Installation vorbereiten, Konnektivitätsmöglichkeiten erkunden oder die Überwachungsfunktionen des Cloud Connectors nutzen möchten – hier finden Sie das nötige Know-how für eine optimierte und sichere Verbindung zwischen Ihrer On-Premise-Infrastruktur und der SAP BTP.

In Abschnitt 6.1, »Installation und Konfiguration des Cloud Connectors«, erhalten Sie eine Installations- und Konfigurationsanleitung, um eine nahtlose Integration Ihrer On-Premise-System und der SAP BTP zu gewährleisten.

In Abschnitt 6.2, »Hochverfügbarkeit sicherstellen«, behandeln wir die verschiedenen Optionen für Konnektivität mit dem Cloud Connector.

Das Kapitel schließt mit Abschnitt 6.3, »Connectivity«, ab, in dem Sie die Monitoring-Optionen des Cloud Connectors kennenlernen.

[«]

Weiterführende Literatur

Wenn Sie sich noch detaillierter mit dem Cloud Connector auseinandersetzen möchten, empfehlen wir Ihnen unser Buch »Cloud Connector für SAP«, ebenfalls erschienen bei SAP PRESS, das Sie unter *www.sap-press.de/5683* finden können.

6.1 Installation und Konfiguration des Cloud Connectors

Um eine reibungslose Installation und Konfiguration des Cloud Connectors zu gewährleisten, ist es entscheidend, die Anforderungen und Schritte sorgfältig zu verstehen. Dieser Abschnitt bietet Ihnen eine umfassende Anleitung.

In Abschnitt 6.1.1, »Voraussetzungen für die Installation«, erfahren Sie, welche Voraussetzungen Ihr System und Ihre Systemlandschaft erfüllen müssen, um den Cloud

Connector installieren zu können. In Abschnitt 6.1.2, »Den Cloud Connector installieren«, finden Sie eine Schritt-für-Schritt-Anleitung für die Installation des Cloud Connectors. Wir sehen uns im Anschluss in Abschnitt 6.1.3, »Initiale Schritte«, die ersten Schritte an, die bei der Ersteinrichtung des Cloud Connectors befolgt werden müssen. Danach zeigen wir Ihnen in Abschnitt 6.1.4, »Konfiguration der Benutzeroberfläche«, wie Sie das Anmeldebild des Cloud Connectors anpassen können, wie Sie den Benutzernamen und das Passwort des Cloud-Connector-Benutzers ändern und wie Sie das UI-Zertifikat austauschen, damit die Administration beim Zugriff auf den Cloud Connector eine verschlüsselte Verbindung mit einem vertrauenswürdigen Zertifikat verwenden kann. In Abschnitt 6.1.5, »Cloud-Konfiguration«, zeigen wir einige Optionen, die bei der Verbindung mit SAP BTP verfügbar sind. Sie erfahren, wie Sie einen Proxy-Server einrichten und wo Sie den Cloud-Benutzerspeicher einrichten, damit sich Cloud-Benutzer anhand eines Lightweight Directory Access Protocols (LDAP) authentifizieren können. Außerdem erfahren Sie, wie Sie benutzerdefinierte Regionen einrichten, falls das von Ihnen verwendete Rechenzentrum noch nicht vom Cloud Connector unterstützt wird. In Abschnitt 6.1.6, »On-Premise-Konfiguration«, erläutern wir Ihnen die Konfiguration der Verbindung zu Ihren On-Premise-Systemen. In Abschnitt 6.1.7, »Reporting-Konfiguration«, erfahren Sie, an welcher Stelle die Verbindung zum SAP Solution Manager konfiguriert wird. In Abschnitt 6.1.8, »Advanced-Konfiguration«, lernen Sie, welche erweiterten Konfigurationsmöglichkeiten Ihnen zur Verfügung stehen.

6.1.1 Voraussetzungen für die Installation

Die Installation des Cloud Connectors ist grundsätzlich sehr einfach. Allerdings gibt es einige Voraussetzungen, die Sie im Vorfeld prüfen sollten. Eine Voraussetzung ist die Verwendung eines von SAP unterstützten Betriebssystems. Die folgenden Betriebssysteme werden unterstützt:

- Red Hat Enterprise Linux (x86/64 und PowerPC)
- SUSE Linux Enterprise Server (x86/64 und PowerPC)
- Windows Server
- Windows 11
- macOS (Beachten Sie, dass Sie macOS nicht für produktive Szenarien verwenden sollten.)

Der Cloud Connector ist eine Java-Anwendung, die zur Ausführung eine *Java Virtual Machine* (JVM) benötigt. Die JVM lädt den Java-Bytecode, prüft ihn und führt ihn aus. Sie wird als *Interpreter* bezeichnet und ist somit Kern der Java-Programmiersprache, da sie die Java-Programme ausführt. Die JVM ist plattformabhängig und führt viele Funktionen aus, einschließlich Speicherverwaltung und Sicherheit.

Der Cloud Connector ist als Webanwendung implementiert und verwendet *Apache Tomcat* als Laufzeitumgebung. Der Cloud Connector benötigt mindestens *JVM 8* in allen derzeit unterstützten Versionen. Ab Version 2.14.0 des Cloud Connectors ist eine SAP JVM in der Version 11 erforderlich; der Cloud Connector der Version 2.15.0 erfordert wiederum die Version 17 der JVM.

Der Cloud Connector muss in der Lage sein, eine Internetverbindung zu den *Connectivity Service Hosts* herzustellen. Der Connectivity Service ist das Gegenstück zum Cloud Connector auf der SAP BTP. Der Cloud Connector verbindet sich aktiv mit dem Connectivity Service. Alle Verbindungen zu den Hosts sind TLS-basiert und werden über den Port 443 hergestellt. Das bedeutet, dass Ihre Firewall eine ausgehende Verbindung über den Port 443 zur SAP BTP zulassen muss. Darüber hinaus haben Sie die Möglichkeit, ausgehende Verbindungen auf die IP-Adressen der verwendeten Rechenzentren zu beschränken. Wir führen die IP-Adressen hier bewusst nicht auf, da sie sich häufig ändern. Die aktuell gültige Liste finden Sie in der Dokumentation des Cloud Connectors.

Wenn Sie den Cloud Connector in einem von den Backend-Systemen isolierten Netzwerksegment – beispielsweise in der demilitarisierten Zone (DMZ) – installieren, müssen Sie sicherstellen, dass die exponierten Hosts mit den zugehörigen Ports netzwerkfähig sind. Das bedeutet, dass Sie in der Firewall die Ports für den eingehenden Datenverkehr (Incoming) öffnen müssen.

6.1.2 Den Cloud Connector installieren

Nachdem Sie alle Voraussetzungen in Ihrer Systemlandschaft erfüllt haben, kann der Cloud Connector installiert werden. Dazu muss der Cloud Connector über die URL *www.s-prs.de/v100200025* heruntergeladen werden. Im Gegensatz zu den meisten anderen SAP-Produkten wird der Cloud Connector nicht über den SAP Service Marketplace bezogen. Sie benötigen also keinen Benutzer im SAP Service Marketplace, um ihn herunterzuladen. Auf der gleichen Seite, von der der Cloud Connector bezogen werden kann, bietet SAP auch die SAP JVM zum Download an (siehe Abbildung 6.1).

Wie Sie außerdem aus Abbildung 6.1 ersehen können, steht der Cloud Connector auch in einer portablen Version zum Download bereit. Dies ist eine Version, die nur entpackt werden muss und dann direkt von der Kommandozeile aus gestartet werden kann. Beachten Sie, dass für die Installation keine Administrator- oder Root-Rechte erforderlich sind. Auch können Sie mehrere Instanzen auf demselben Host auf verschiedenen Ports laufen lassen.

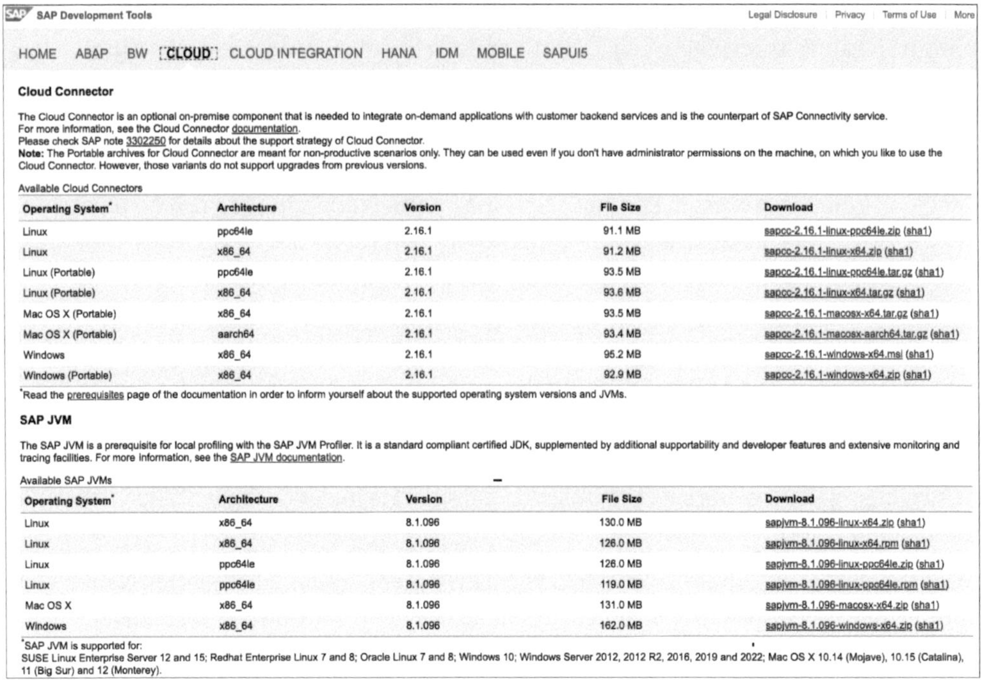
SAP Development Tools

Legal Disclosure | Privacy | Terms of Use | More

HOME ABAP BW CLOUD CLOUD INTEGRATION HANA IDM MOBILE SAPUI5

Cloud Connector

The Cloud Connector is an optional on-premise component that is needed to integrate on-demand applications with customer backend services and is the counterpart of SAP Connectivity service.
For more information, see the Cloud Connector documentation.
Please check SAP note 3302250 for details about the support strategy of Cloud Connector.
Note: The Portable archives for Cloud Connector are meant for non-productive scenarios only. They can be used even if you don't have administrator permissions on the machine, on which you like to use the Cloud Connector. However, those variants do not support upgrades from previous versions.

Available Cloud Connectors

Operating System*	Architecture	Version	File Size	Download
Linux	ppc64le	2.16.1	91.1 MB	sapcc-2.16.1-linux-ppc64le.zip (sha1)
Linux	x86_64	2.16.1	91.2 MB	sapcc-2.16.1-linux-x64.zip (sha1)
Linux (Portable)	ppc64le	2.16.1	93.5 MB	sapcc-2.16.1-linux-ppc64le.tar.gz (sha1)
Linux (Portable)	x86_64	2.16.1	93.6 MB	sapcc-2.16.1-linux-x64.tar.gz (sha1)
Mac OS X (Portable)	x86_64	2.16.1	93.5 MB	sapcc-2.16.1-macosx-x64.tar.gz (sha1)
Mac OS X (Portable)	aarch64	2.16.1	93.4 MB	sapcc-2.16.1-macosx-aarch64.tar.gz (sha1)
Windows	x86_64	2.16.1	95.2 MB	sapcc-2.16.1-windows-x64.msi (sha1)
Windows (Portable)	x86_64	2.16.1	92.9 MB	sapcc-2.16.1-windows-x64.zip (sha1)

*Read the prerequisites page of the documentation in order to inform yourself about the supported operating system versions and JVMs.

SAP JVM

The SAP JVM is a prerequisite for local profiling with the SAP JVM Profiler. It is a standard compliant certified JDK, supplemented by additional supportability and developer features and extensive monitoring and tracing facilities. For more information, see the SAP JVM documentation.

Available SAP JVMs

Operating System*	Architecture	Version	File Size	Download
Linux	x86_64	8.1.096	130.0 MB	sapjvm-8.1.096-linux-x64.zip (sha1)
Linux	x86_64	8.1.096	126.0 MB	sapjvm-8.1.096-linux-x64.rpm (sha1)
Linux	ppc64le	8.1.096	126.0 MB	sapjvm-8.1.096-linux-ppc64le.zip (sha1)
Linux	ppc64le	8.1.096	119.0 MB	sapjvm-8.1.096-linux-ppc64le.rpm (sha1)
Mac OS X	x86_64	8.1.096	131.0 MB	sapjvm-8.1.096-macosx-x64.zip (sha1)
Windows	x86_64	8.1.096	162.0 MB	sapjvm-8.1.096-windows-x64.zip (sha1)

*SAP JVM is supported for:
SUSE Linux Enterprise Server 12 and 15; Redhat Enterprise Linux 7 and 8; Oracle Linux 7 and 8; Windows 10; Windows Server 2012, 2012 R2, 2016, 2019 and 2022; Mac OS X 10.14 (Mojave), 10.15 (Catalina), 11 (Big Sur) and 12 (Monterey).

Abbildung 6.1 Cloud Connector und SAP JVM herunterladen

Die portable Version hat die folgenden Einschränkungen:

- Sie ist nur für Nicht-Produktionsszenarien gedacht.
- Sie unterstützt kein automatisches Upgrade-Verfahren. Um eine portable Installation zu aktualisieren, müssen Sie die aktuelle Installation löschen, die neue Version extrahieren und sie dann neu konfigurieren.
- Die Umgebungsvariable `JAVA_HOME` ist beim Starten der Instanz relevant und muss daher korrekt gesetzt werden.
- Sie können sie nicht im Hintergrund als Windows-Dienst oder Linux-Daemon laufen lassen.

Die anderen, nicht portablen Versionen, auch Installer-Versionen genannt, werden mit einem Installationsprogramm ausgeliefert, das den Cloud Connector auch als Service im zugrundeliegenden Betriebssystem einrichtet. Dies erfordert Administrator- oder Root-Rechte für die Installation und ermöglicht es, den Cloud Connector so einzurichten, dass er als Windows-Dienst oder Linux-Daemon im Hintergrund läuft. Sie können die Installationsversion problemlos aktualisieren, wobei alle von Ihnen vorgenommenen Konfigurationen und Anpassungen erhalten bleiben.

Im Folgenden zeigen wir Ihnen, wie Sie den Cloud Connector auf einem Windows-Betriebssystem installieren. Um den Cloud Connector zu installieren, müssen Sie die

Laufzeitbibliotheken von Microsoft Visual Studio C++ 2013 installieren (Dateiname: **vcredist_x64.exe**). Informationen hierzu finden Sie in SAP-Hinweis 2493763.

Die Installation auf Linux-Betriebssystemen funktioniert prinzipiell auf ähnliche Weise. Nachdem Sie den Cloud Connector heruntergeladen und auf den Rechner übertragen haben, auf dem er installiert werden soll, kann der Installer im Datei-Explorer durch Doppelklick auf die MSI-Datei gestartet werden. Sie werden von einem Assistenten durch die Installation geführt (siehe Abbildung 6.2). Im ersten Schritt werden die Voraussetzungen geprüft. Wenn kein Fehler auftritt, können Sie auf **Next** klicken.

Abbildung 6.2 Installationsassistent des Cloud Connectors

Im nächsten Schritt müssen Sie das Installationsverzeichnis auswählen (siehe Abbildung 6.3). Klicken Sie anschließend auf **Next**.

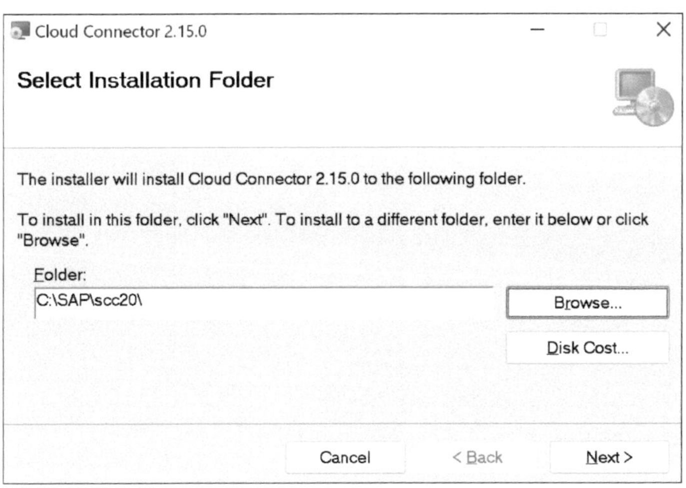

Abbildung 6.3 Installationsverzeichnis auswählen

Danach haben Sie die Möglichkeit, den vom Cloud Connector verwendeten Port anzupassen. Standardmäßig wird der Cloud Connector auf dem Port 8443 installiert (siehe Abbildung 6.4). Klicken Sie abermals auf **Next**.

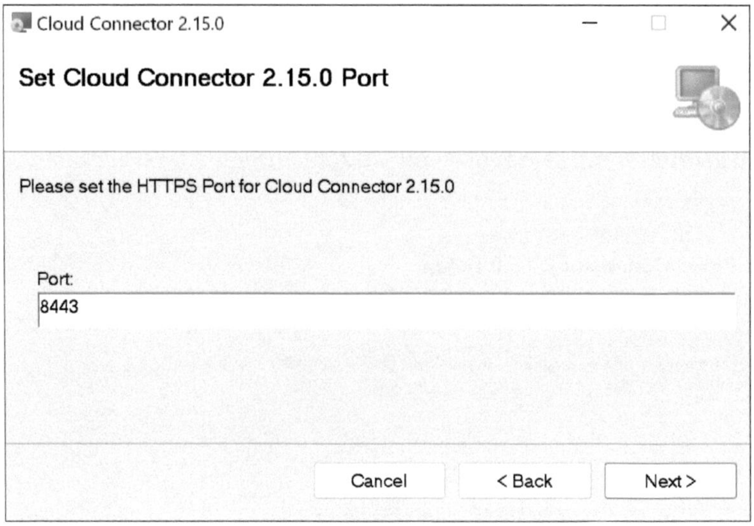

Abbildung 6.4 Portnummer auswählen

Sie müssen nun das Installationsverzeichnis des Java Development Kit (JDK) auswählen (siehe Abbildung 6.5). Stellen Sie sicher, dass Sie eine von SAP unterstützte Version verwenden. Wenn Sie fertig sind, klicken Sie erneut auf **Next**.

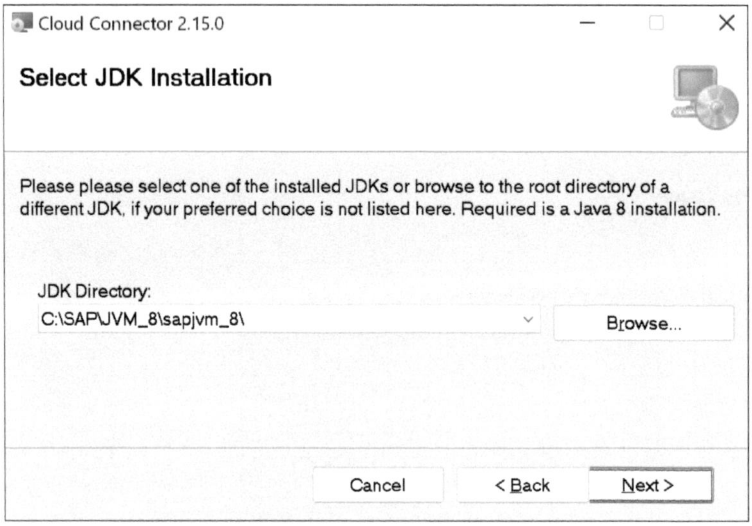

Abbildung 6.5 JDK-Verzeichnis auswählen

Unterstützte Versionen

Die unterstützten Versionen finden Sie in der Dokumentation der SAP BTP Connectivity über den Pfad **Cloud Connector • Installation • Prerequisites**. Zum Zeitpunkt der Erstellung dieses Buches war diese Dokumentation unter *www.s-prs.de/v100200026* verfügbar.

Sie haben nun die Möglichkeit festzulegen, ob der Cloud Connector sofort nach einer erfolgreichen Installation gestartet werden soll (siehe Abbildung 6.6). Klicken Sie anschließend auf **Next**.

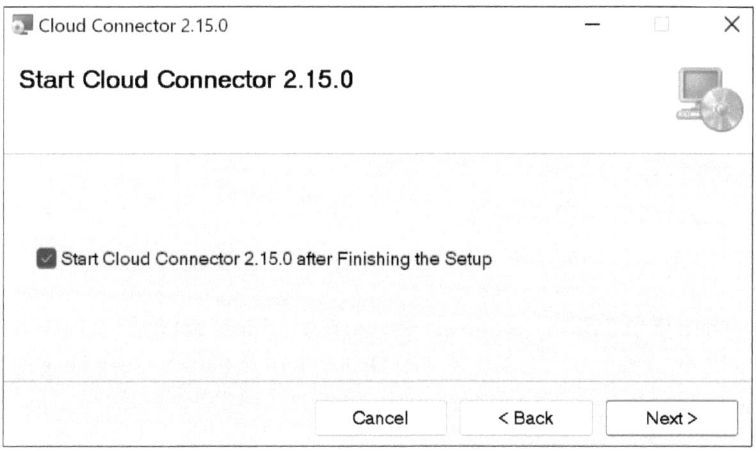

Abbildung 6.6 Cloud Connector nach erfolgreicher Installation starten

Abschließend müssen Sie noch einmal bestätigen, dass Sie die Installation starten möchten (siehe Abbildung 6.7). Klicken Sie dazu auf den Button **Next**.

Abbildung 6.7 Installation starten

Nach dem erfolgten Start der Installation sehen Sie den Status der Installation (siehe Abbildung 6.8). Normalerweise sollten zu diesem Zeitpunkt keine Fehler auftreten.

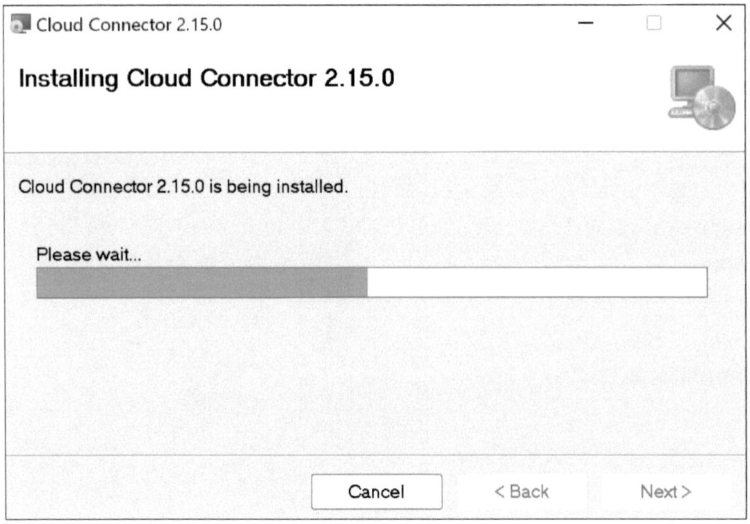

Abbildung 6.8 Fortschritt der Installation

Nach der erfolgreichen Installation werden Sie über den Abschluss der Installation informiert (siehe Abbildung 6.9). Schließen Sie den Dialog, indem Sie auf **Close** klicken.

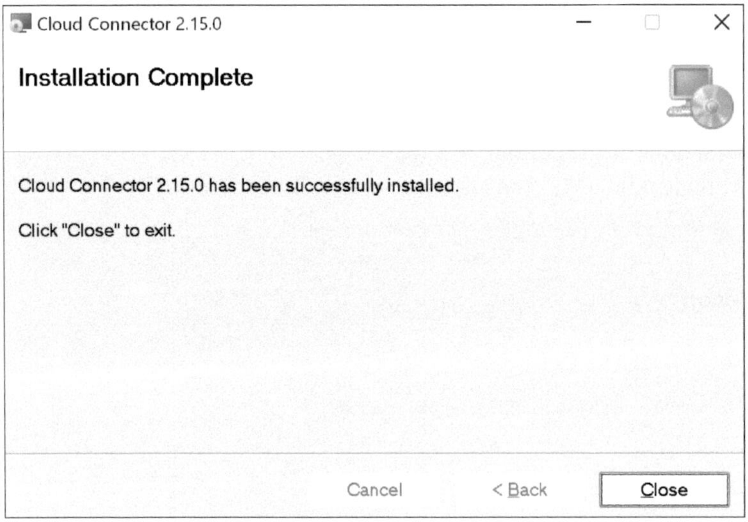

Abbildung 6.9 Installation abschließen

Nach dem Abschluss der Installation sehen Sie die in Abbildung 6.10 dargestellte Verzeichnisstruktur. Die wichtigsten Dateien im Installationsverzeichnis des Cloud Connectors sind im Folgenden aufgeführt:

- go.bat (.sh)
  Mithilfe dieser Datei können Sie den Cloud Connector manuell starten.
- changeport.bat (.sh)
  Mit dieser Datei können Sie den vom Cloud Connector verwendeten Port ändern.
- useFileUserStore.bat (.sh)
  Wenn Ihre LDAP-Einstellungen nicht wie erwartet funktionieren, können Sie mithilfe dieser Datei zum dateibasierten Benutzerspeicher zurückkehren.
- changeAuditLogPath.bat (.sh)
  Ab Cloud Connector 2.14 können Sie damit Audit-Protokolle an einen anderen Ort verschieben. Der Standardspeicherort ist das Verzeichnis **log/audit**.
- changeLogAndTracePath.bat (.sh)
  Ab Cloud Connector 2.14 können Sie damit Trace-Dateien an einen anderen Ort verschieben. Die JVM-bezogenen Dateien bleiben dabei im Standard-Log (Default Log Location).

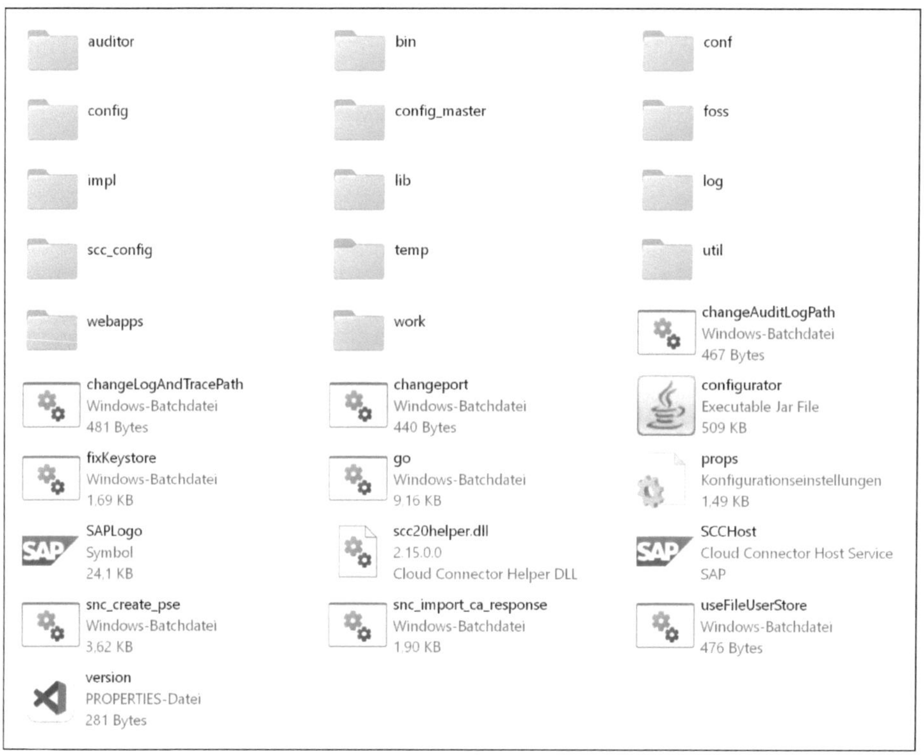

Abbildung 6.10 Installationsverzeichnisstruktur

An dieser Stelle wollen wir auch erwähnen, dass der Cloud Connector keine Datenbank benötigt. Das bedeutet, dass die gesamten Konfigurations-, Protokoll- und Trace-Dateien lokal auf dem Dateisystem des Cloud Connectors gespeichert werden.

Daher sollten Sie sicherstellen, dass das Installationsverzeichnis in Ihrem Backup enthalten ist. Allerdings sollten Sie auch den Zugriff auf das Verzeichnis Ihren Anforderungen entsprechend einschränken. Besonderes Augenmerk sollten Sie auf die Protokoll- und Trace-Dateien legen.

Nachdem der Cloud Connector installiert worden ist, kann die Administrationsoberfläche des Cloud Connectors in einem Browser Ihrer Wahl geöffnet werden. Als Host-Name ist der Host-Name des Servers zu verwenden, auf dem der Cloud Connector installiert wurde. Standardmäßig wird der Port 8443 verwendet, Sie haben jedoch die Möglichkeit, den Port während der Installation zu ändern, wie im vorangehenden Abschnitt beschrieben.

6.1.3 Initiale Schritte

Wenn Sie sich zum ersten Mal anmelden, wird eine Sicherheitswarnung ausgegeben. Das liegt daran, dass die HTTPS-Verbindung des Cloud Connectors mit einem *selbst signierten Zertifikat* (engl. Self-Signed Certificate) verschlüsselt wird. Dieses Zertifikat wird erstellt, wenn der Cloud Connector zum ersten Mal gestartet wird. In Abschnitt 6.1.4, »Konfiguration der Benutzeroberfläche«, erfahren Sie, wie Sie dieses UI-Zertifikat austauschen können. Auch werden Sie darüber informiert, dass die Cloud-Connector-Instanz weder die Master- noch die Shadow-Rolle angenommen hat (siehe Abbildung 6.11). Das bedeutet, dass es sich um eine Installation handelt, die noch nicht konfiguriert worden ist.

Abbildung 6.11 Cloud-Connector-Anmeldung

In der Standardkonfiguration speichert der Cloud Connector den Benutzer mit dem dazugehörigen Passwort als Hash-Wert im Dateisystem, dem *File User Store*. Dies geschieht in einer XML-Datei namens **users.xml** im config-Verzeichnis. Die XML-Datei ist in Listing 6.1 dargestellt.

```
<?xml version='1.0' encoding='utf-8'?>
<tomcat-users xmlns=http://tomcat.apache.org/xml
xmlns:xsi=http://www.w3.org/2001/XMLSchema-instance
xsi:schemaLocation=http://tomcat.apache.org/xml tomcat-users.xsd
version="1.0">
<role rolename="admin"/>
<group groupname="initial" roles=""/>
<user username="Administrator" password=
"280D44AB1E9F79B5CCE2DD4F58F5FE91F0FBACDAC9F7447DFFC318CEB79F2D02" groups=
"" roles="admin"/></tomcat-users>
```

Listing 6.1 users.xml

Der Cloud Connector ist ohne die Integration eines LDAP-Servers nicht von mehreren Benutzern verwendbar. Die erste Anmeldung am Cloud Connector erfolgt mit dem Benutzernamen »Administrator« und dem Passwort »manage«. Beachten Sie die Groß- und Kleinschreibung des Benutzernamens. Nach erfolgreicher Erstanmeldung werden Sie aufgefordert, das Passwort des Benutzers zu ändern (siehe Abbildung 6.12). Darüber hinaus müssen Sie angeben, ob der Administrator die Master- oder die Shadow-Instanz konfigurieren soll. Für den Dateibenutzerspeicher ist keine Kennwortrichtlinie festgelegt, aber dennoch sollten Sie ein komplexes Kennwort vergeben.

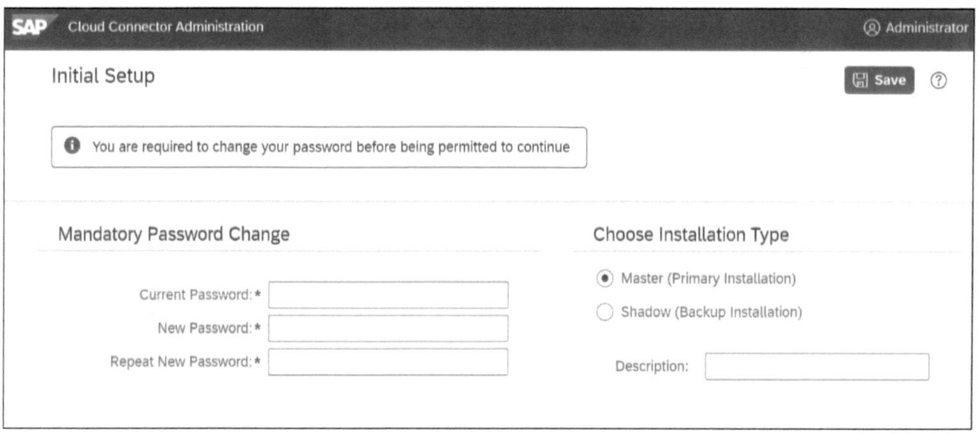

Abbildung 6.12 Anmeldedaten nach erstmaliger Anmeldung ändern

Fehlerbehebung bei vergessenem Passwort

Es gibt keine direkte Möglichkeit, um ein Kennwort mithilfe von Skripten in der Befehlszeile zu ändern. Wenn Sie jedoch das Kennwort für einen Benutzernamen vergessen haben, gibt es eine Lösung:

1. Stoppen Sie den Cloud Connector.
2. Laden Sie eine portable Version des Cloud Connectors auf Ihren lokalen Computer herunter, und entpacken Sie sie.
3. Kopieren Sie aus der portablen Version die Datei **users.xml** aus dem config-Verzeichnis in das config-Verzeichnis Ihrer Cloud-Connector-Installation und überschreiben Sie die vorhandene Datei.
4. Starten Sie den Cloud Connector.
5. Melden Sie sich mit den Standardanmeldedaten an (Benutzername »Administrator« und Passwort »manage«).

Eine detailliertere Anleitung finden Sie in SAP-Hinweis 2388242.

Nachdem Sie das Passwort geändert haben, werden Sie zum Bereich **Define Subaccount** weitergeleitet (siehe Abbildung 6.13). Dort haben Sie die Möglichkeit, sich mit einem Subaccount der SAP BTP zu verbinden und einen HTTPS-Proxy zu definieren. Obwohl der Cloud Connector nur in Verbindung mit einem Subaccount sinnvoll ist, müssen Sie sich an dieser Stelle nicht mit einem Subaccount verbinden und können die Konfiguration auch schon vorher vornehmen.

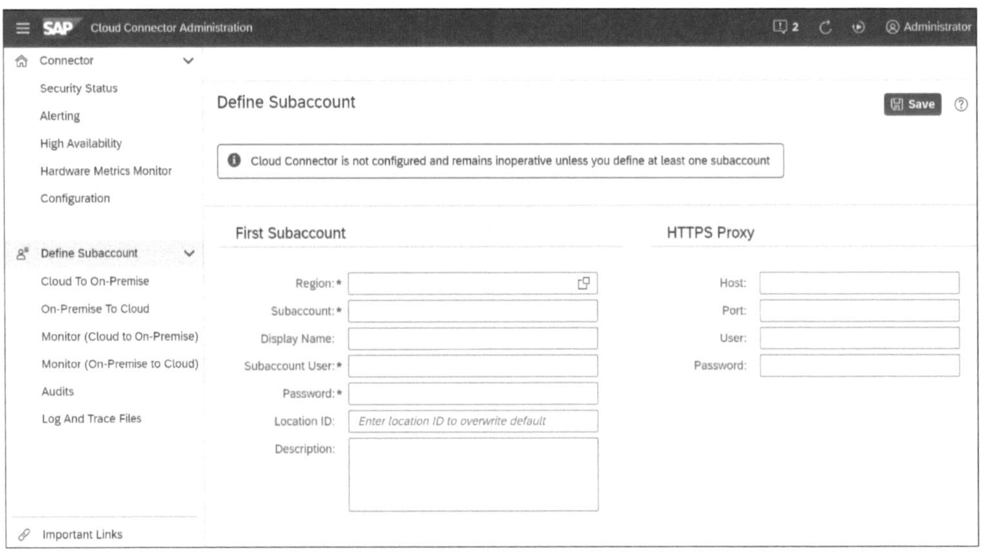

Abbildung 6.13 Cloud Connector mit dem SAP-BTP-Subaccount verbinden

Sie können die Konfiguration des Cloud Connectors über den Menüpfad **Connector • Configuration** aufrufen. Die Konfiguration ist in die Bereiche **USER INTERFACE**, **CLOUD**, **ON PREMISE**, **REPORTING** und **ADVANCED** unterteilt (siehe Abbildung 6.14).

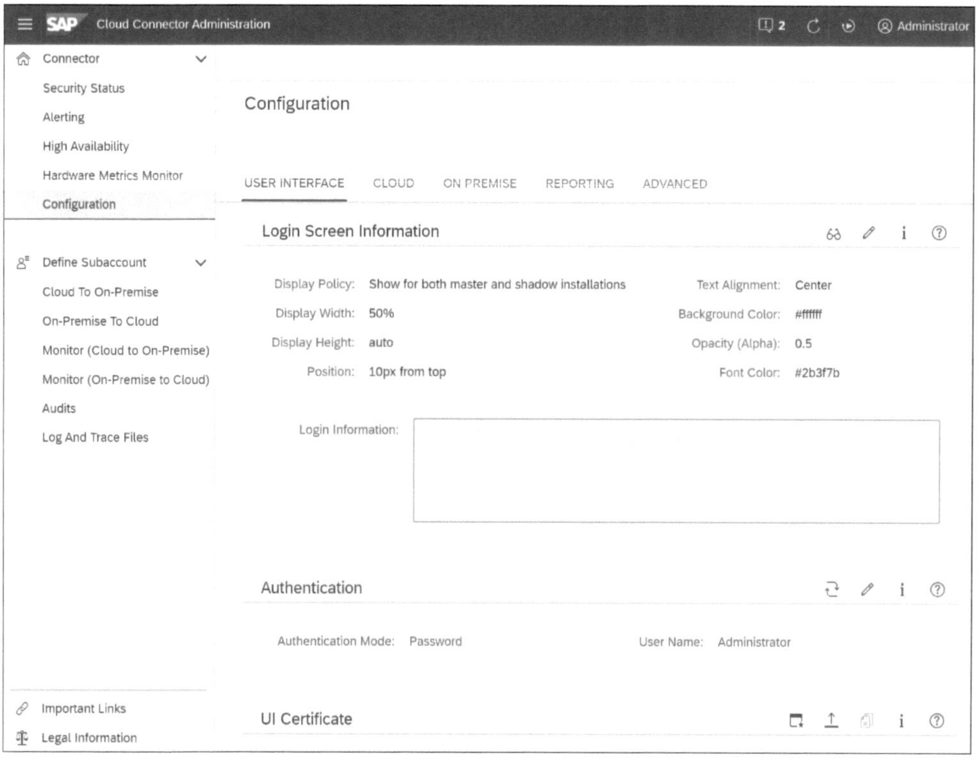

Abbildung 6.14 Grundlegende Konfigurationsmöglichkeiten des Cloud Connectors

6.1.4 Konfiguration der Benutzeroberfläche

Auf der Registerkarte **USER INTERFACE** haben Sie die Möglichkeit, die im Anmeldebild angezeigten Informationen anzupassen. Klicken Sie dazu auf den Stift-Button ✎. Sie können nun Anpassungen vornehmen (siehe Abbildung 6.15). Die Anmeldeinformationen werden in einem Kasten mit abgerundeten Ecken angezeigt. Über den Bereich **Display Policy** können Sie steuern, ob die Informationen in der Master-Instanz, in der Shadow-Instanz, in beiden Instanzen oder gar nicht angezeigt werden. Sie können diese Option verwenden, um dem Benutzer mitzuteilen, ob er sich in einem Entwicklungssystem, in einem Testsystem oder im Produktionssystem befindet. An dieser Stelle haben Sie die Möglichkeit, HTML zu verwenden, um die Informationen grafisch ansprechend darzustellen. Die Verwendung unterliegt jedoch einigen Einschränkungen, die Sie in der Dokumentation des Cloud Connectors nachlesen können. Diese Einschränkungen beziehen sich hauptsächlich auf die Verwendung von Überschriften und Listenelementen.

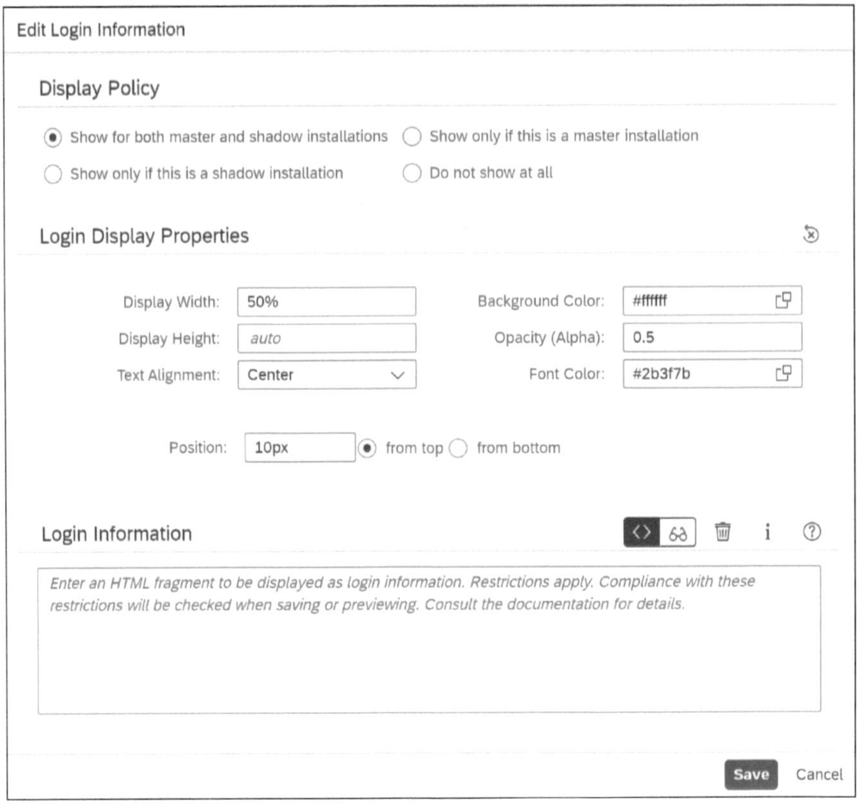

Abbildung 6.15 Anmeldeinformationen anpassen

Im Bereich **Authentication** auf der Registerkarte **USER INTERFACE** können Sie die LDAP-Konfiguration vornehmen. Diese Konfiguration wird in Abschnitt 6.1.5, »Cloud-Konfiguration« besprochen. Sie haben jedoch auch die Möglichkeit, die Anmeldedaten zu ändern (siehe Abbildung 6.16). Klicken Sie dazu auf den Stift-Button.

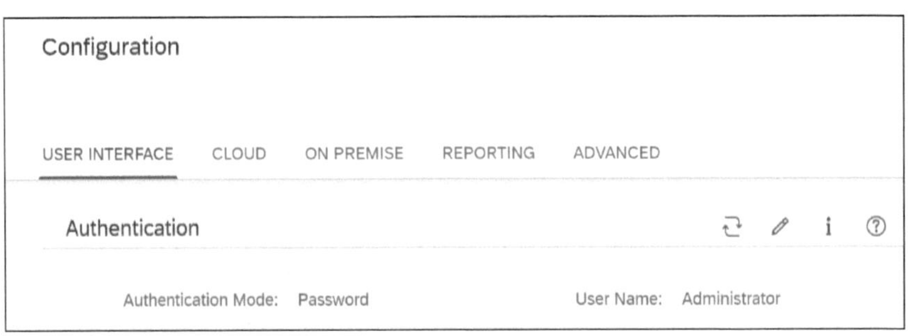

Abbildung 6.16 Authentifizierung konfigurieren

An dieser Stelle können Sie auch den Benutzernamen über das Feld **User Name** ändern. Um das Kennwort zu ändern, müssen Sie das aktuelle Kennwort des Benutzers in das Feld **Current Password** eingeben, anschließend ein neues Kennwort in das Feld **New Password** eingeben und es im Feld **Repeat New Password** wiederholen (siehe Abbildung 6.17).

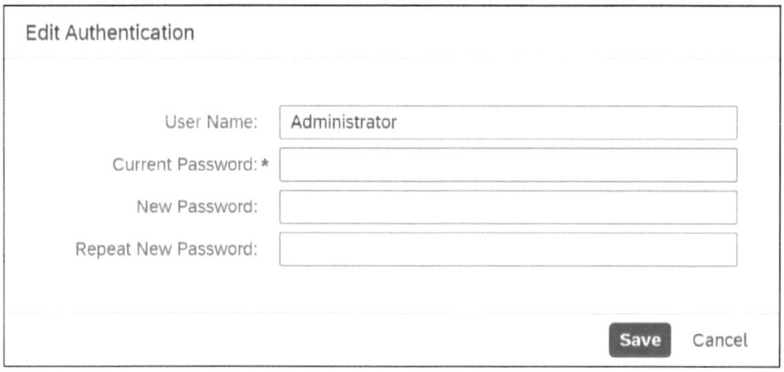

Abbildung 6.17 Authentifizierung bearbeiten

Auf dieser Registerkarte können Sie weiter unten auch das UI-Zertifikat mit einem Klick auf den Pfeil-Button importieren (siehe Abbildung 6.18).

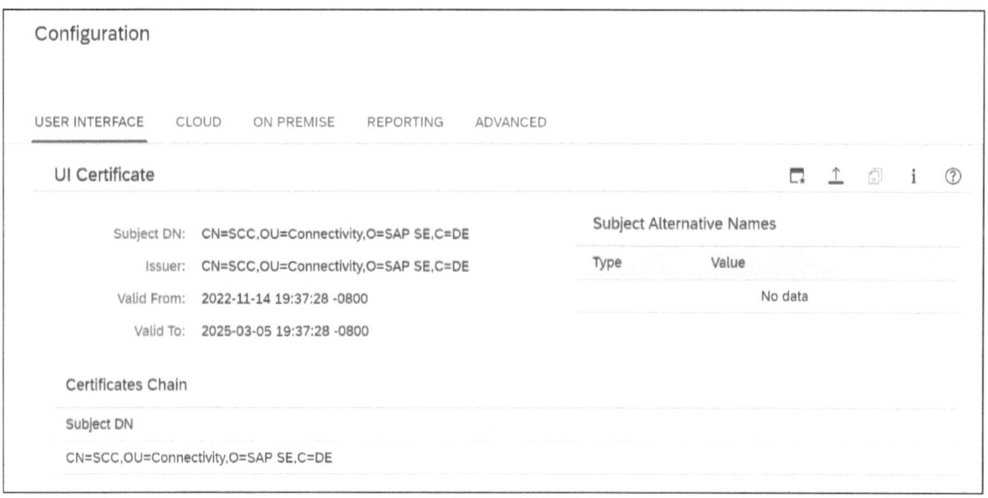

Abbildung 6.18 UI-Zertifikat importieren

Der Cloud Connector wird mit einer Vielzahl von *Cipher Suites* geliefert, die ebenfalls auf dieser Registerkarte zu finden sind (siehe Abbildung 6.19). Eine Cipher Suite steht dabei für die Art und Komplexität der Verschlüsselung von Informationen. Ein möglichst langer Schlüssel ist hierbei empfehlenswert.

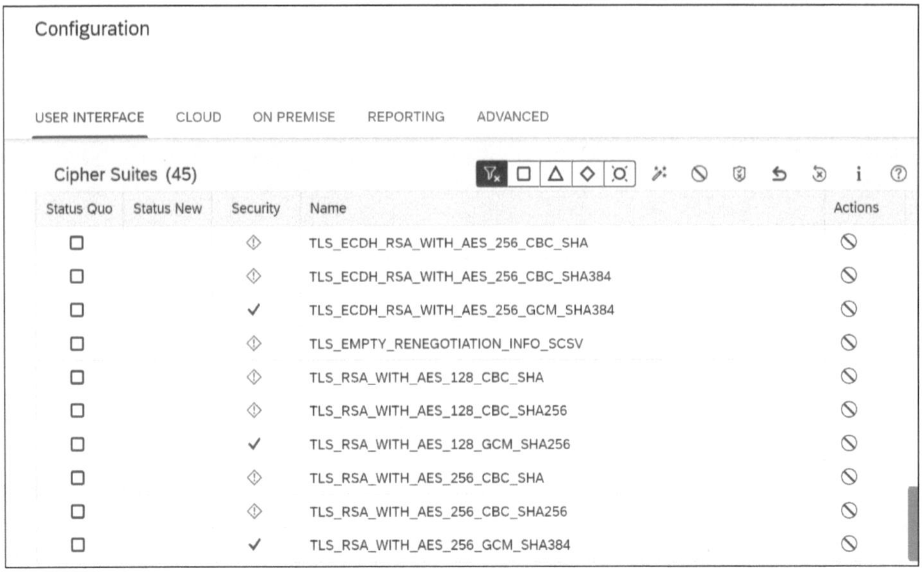

Abbildung 6.19 Übersicht der Cipher Suites

6.1.5 Cloud-Konfiguration

Im Bereich **Connector Info** auf der Registerkarte **CLOUD** können Sie mit dem Stift-Button die Beschreibung des Cloud Connectors ändern, die ihm bei der ersten Anmeldung zugewiesen wurde (siehe Abbildung 6.20).

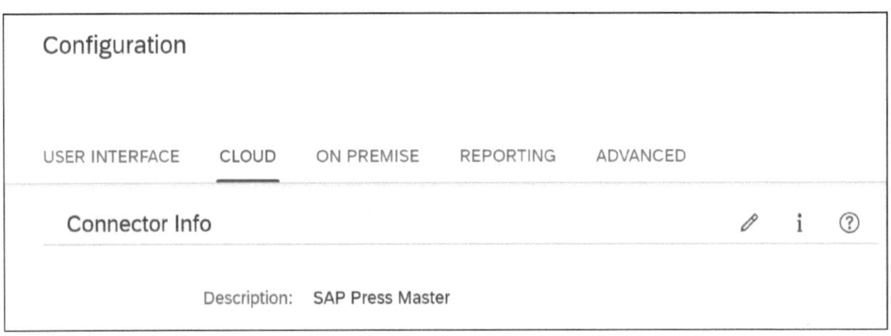

Abbildung 6.20 Cloud-Connector-Beschreibung ändern

Im Bereich **HTTPS Proxy** auf der gleichen Registerkarte können Sie optional mit einem Klick auf den Stift-Button einen HTTPS-Proxy definieren. Dieser Proxy wird vom Cloud Connector verwendet, um den TLS-Tunnel zu den SAP-BTP-Subaccounts aufzubauen (siehe Abbildung 6.21).

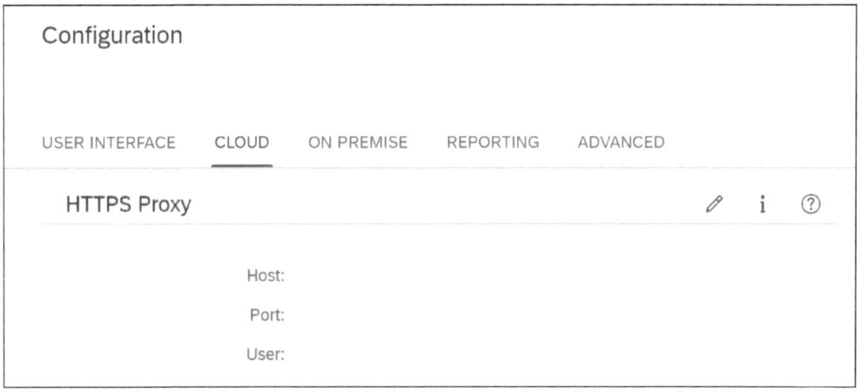

Abbildung 6.21 HTTPS-Proxy definieren

Für den Proxy kann eine Kombination aus Host und Port gespeichert werden. Außerdem kann der von Ihnen verwendete Proxy eine Benutzerauthentifizierung erfordern. In diesem Fall können Sie auch einen Benutzernamen und ein zugehöriges Passwort hinterlegen (siehe Abbildung 6.22). Ein Verbindungstest mit dem Proxy wird derzeit vom Cloud Connector nicht unterstützt.

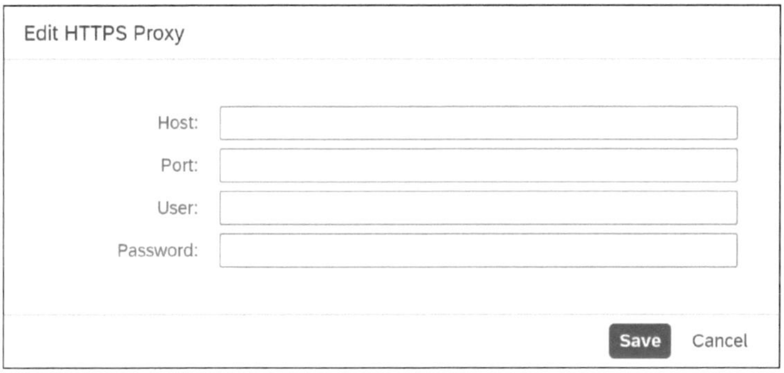

Abbildung 6.22 Proxy-Authentifizierung konfigurieren

Im Bereich **Cloud User Store** können Sie einen Cloud User Store konfigurieren (siehe Abbildung 6.23). Sie können Ihre SAP-BTP-Anwendungen so konfigurieren, dass sie den unternehmenseigenen LDAP-Server als Benutzerspeicher verwenden. In diesem Fall muss die Plattform nicht die gesamte Benutzerdatenbank pflegen, sondern fordert die erforderlichen Informationen aus dem unternehmenseigenen Benutzerspeicher an. Java-Anwendungen, die auf der SAP BTP laufen, können diese Verbindung nutzen, um Anmeldedaten zu prüfen, nach Benutzern zu suchen und Details abzurufen. Zusätzlich zu den Benutzerinformationen kann die Cloud-Anwendung auch Informationen über die Gruppen abfragen, denen ein Benutzer in LDAP angehört; daraus lassen sich die SAP-BTP-Berechtigungen ableiten.

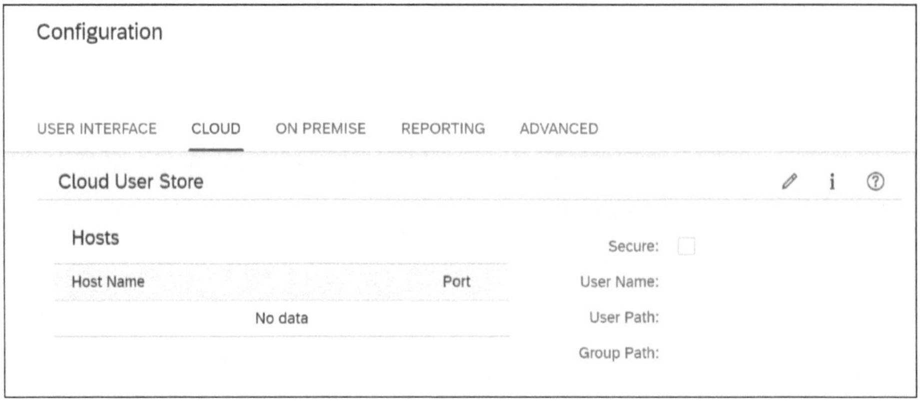

Abbildung 6.23 Cloud User Store konfigurieren

Für die Konfiguration müssen Sie Angaben für **Host Name** und **Port** vornehmen, wie in Abbildung 6.24 dargestellt.

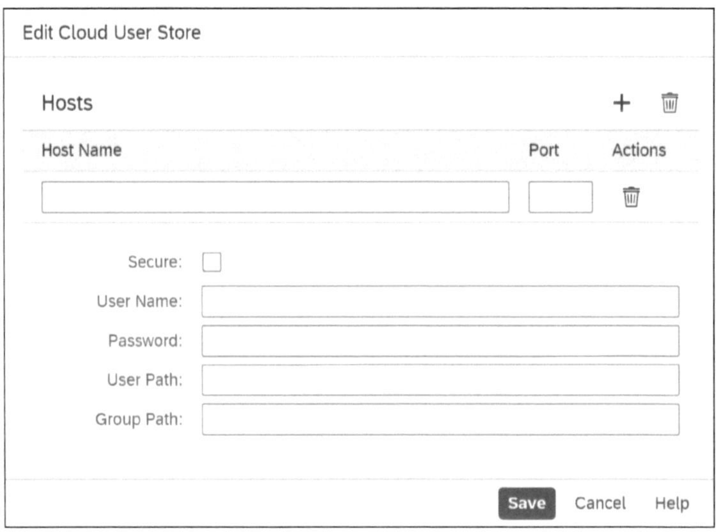

Abbildung 6.24 Host-Namen und Port für den Cloud User Store festlegen

Mit dem Kennzeichen **Secure** können Sie festlegen, ob LDAP over SSL/TLS (LDAPS) als Kommunikationsprotokoll verwendet werden soll. *LDAPS* ist eine sichere Version von LDAP, bei der die Übertragung von Daten zwischen Client und Server über eine sichere SSL-/TLS-Verbindung verschlüsselt wird. Dadurch wird sichergestellt, dass die über das Netz übertragenen Daten vor unbefugtem Zugriff oder Manipulation geschützt sind. LDAPS ist besonders wichtig in sensiblen Netzwerken, in denen vertrauliche Informationen gespeichert werden. Das Attribut **User Name** enthält den Namen des technischen Benutzers, mit dem die Verbindung zum LDAP-Server hergestellt wird, und das Attribut **Password** enthält das zugehörige Passwort. Über das Attribut **User Path** können Sie den LDAP-Teilbaum konfigurieren, der die Benutzer enthält, und über das Attribut **Group Path** können Sie den LDAP-Teilbaum konfigurieren, der die Gruppen enthält.

Im Bereich **Custom Regions** auf der Registerkarte **CLOUD** können Sie mit einem Klick auf den Plus-Button Regionen hinzufügen, die in der Standardauswahl nicht verfügbar sind (siehe Abbildung 6.25). Dies ist besonders nützlich für Regionen, die nach der Veröffentlichung Ihrer aktuellen Cloud-Connector-Version eingeführt wurden. Diese Regionen sind nicht in der Liste der vordefinierten Regionen enthalten.

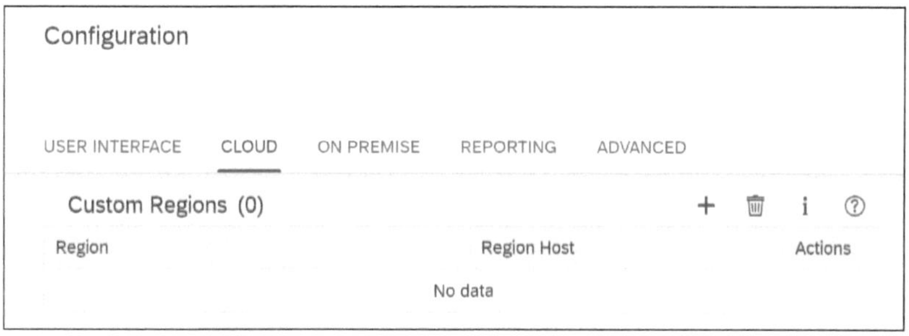

Abbildung 6.25 Benutzerdefinierte Regionen hinzufügen

6.1.6 On-Premise-Konfiguration

Um eine gegenseitige Authentifizierung zwischen dem Cloud Connector und jedem Backend-System, mit dem er sich verbindet, einzurichten, können Sie ein X.509-Client-Zertifikat in den Cloud Connector importieren (siehe Abbildung 6.26). Navigieren Sie dazu zur Registerkarte **ON PREMISE** und dort zum Bereich **System Certificate**. Der Cloud Connector verwendet dann das Systemzertifikat für alle HTTPS-Anforderungen an Backends, die ein Client-Zertifikat erfordern. Die Zertifizierungsstelle (engl. Certificate Authority, CA), die das Client-Zertifikat des Cloud Connectors signiert hat, muss von allen Backend-Systemen, mit denen sich der Cloud Connector verbinden soll, als vertrauenswürdig eingestuft werden. An dieser Stelle gibt es eine Besonderheit: Wenn Sie auf den Button mit dem Dokumentensymbol klicken, können Sie das UI-Zertifikat als Systemzertifikat übernehmen.

Standardmäßig vertraut der Cloud Connector jedem lokalen System, wenn es sich über TLS mit ihm verbindet. Da dieses Verhalten aus Sicherheitsgründen unerwünscht sein kann, können Sie einen Trust Store konfigurieren, der als Liste vertrauenswürdiger Zertifizierungsstellen fungiert. Jedes TLS-Serverzertifikat, das von einer dieser Zertifizierungsstellen ausgestellt wurde, gilt als vertrauenswürdig.

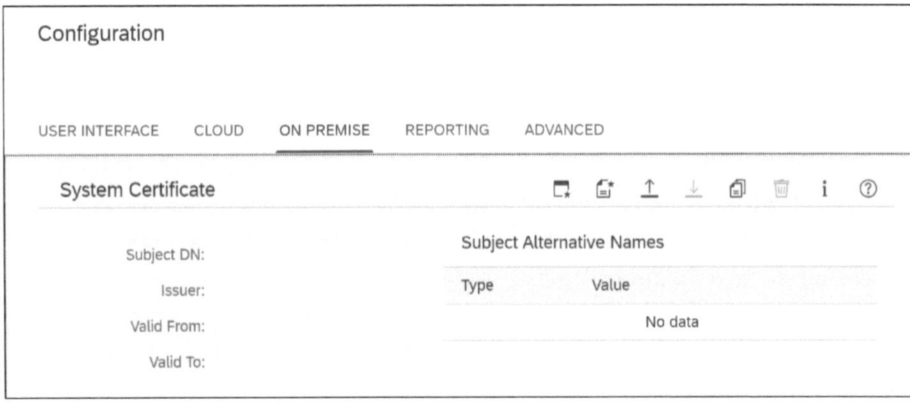

Abbildung 6.26 Systemzertifikat konfigurieren

Wenn die Zertifizierungsstelle, die ein bestimmtes Serverzertifikat ausgestellt hat, nicht im Trust Store enthalten ist, gilt der Server als nicht vertrauenswürdig, und die Verbindung schlägt fehl. Navigieren Sie zum Bereich **Trust Store**, um mit einem Klick auf den Plus-Button [+] die gewünschten Serverzertifikate dem Trust Store hinzuzufügen (siehe Abbildung 6.27).

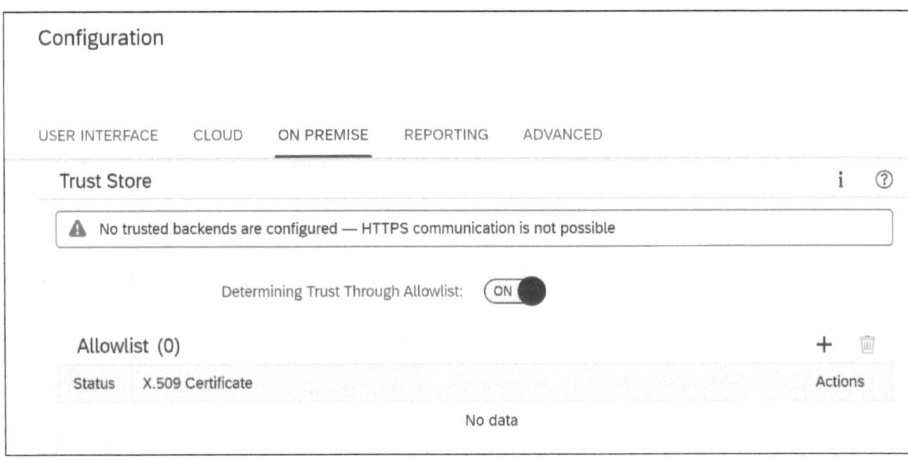

Abbildung 6.27 Trust Store konfigurieren

Der Cloud Connector verwendet den konfigurierten CA-Ansatz, um kurzlebige Zertifikate für die Registrierung mit derselben Identität im Backend auszustellen, die in der Cloud registriert ist. Um eine Trust-Beziehung mit dem Backend aufzubauen, wählen Sie die Konfigurationsschritte aber immer gleich und, wie bereits besprochen, unabhängig vom Ansatz, den Sie für die Certificate Authority wählen (siehe Abbildung 6.28).

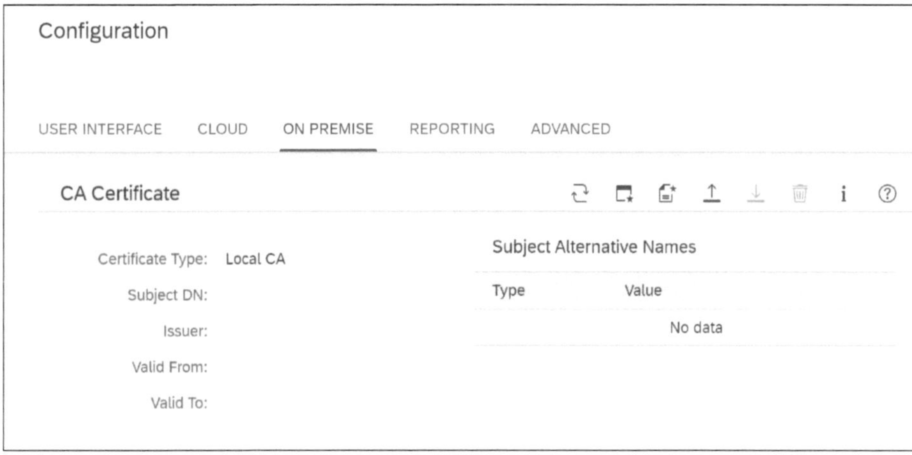

Abbildung 6.28 CA-Zertifikat konfigurieren

Der Cloud Connector unterstützt Principal Propagation. In diesem Fall wird die Benutzeridentität von der Cloud-Anwendung an das Backend-System weitergegeben. Die erforderliche Konfiguration erfolgt im Bereich **Principal Propagation** (siehe Abbildung 6.29). Nähere Informationen über die Konfiguration der Principal Propagation finden Sie unter *www.s-prs.de/v100200027*.

Abbildung 6.29 Principal Propagation konfigurieren

Der Cloud Connector ermöglicht es Ihnen, auf der SAP BTP über Kerberos authentifizierte Benutzer gegen Backend-Systeme zu propagieren. Er verwendet die Kerberos-Protokollerweiterungen »Service for User« und »Constrained Delegation«. Bei diesem Ansatz wird das *Key Distribution Center* (KDC) zum Austausch von Nachrichten verwendet, um Kerberos-Tokens für einen bestimmten Benutzer und ein bestimmtes Backend-System abzurufen. Diese Funktion wird für ABAP-Backend-Systeme nicht unterstützt. In diesem Fall können Sie die zertifikatsbasierte Principal Propagation verwenden. Die erforderliche Konfiguration kann im Bereich **Kerberos** eingestellt werden (siehe Abbildung 6.30).

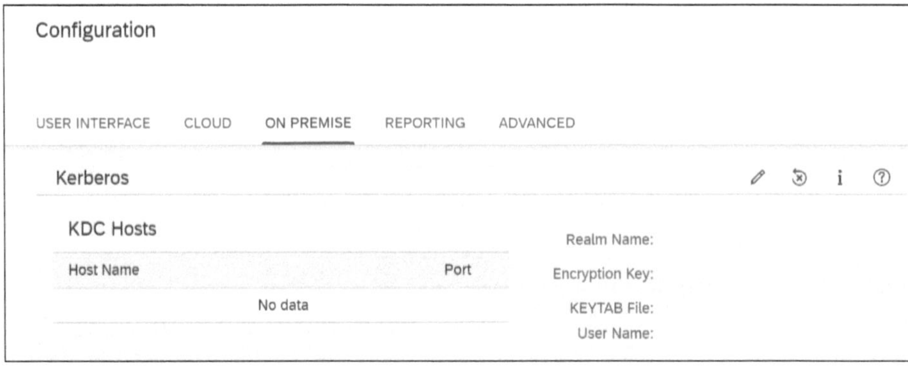

Abbildung 6.30 Kerberos konfigurieren

Der Cloud Connector ermöglicht es, Backend-Systeme über das bewährte RFC-Protokoll anzusprechen. Für eine reine RFC-Verbindung ist keine zusätzliche Konfiguration erforderlich. Wenn Sie jedoch eine sichere Netzwerkverbindung auf der Basis von *Secure Network Communications* (SNC) verwenden möchten, müssen Sie die erforderliche Konfiguration im Bereich **SNC** vornehmen (siehe Abbildung 6.31). Als Voraussetzung müssen Sie eine SNC-Bibliothek installieren. Informationen zur Konfiguration von SNC finden Sie unter *www.s-prs.de/v100200028*.

Abbildung 6.31 SNC konfigurieren

SNC ist eine Funktionalität in SAP-Systemen, die eine sichere Übertragung von Daten ermöglicht. Mit SNC kann die Kommunikation zwischen verschiedenen SAP-Systemen und -Komponenten über eine sichere Verbindung erfolgen, die vor Manipulation und Überwachung geschützt ist. SNC ist ein wichtiger Bestandteil von SAP-Lösungen für Sicherheit und Compliance, insbesondere im Hinblick auf die Übertragung sensibler Daten. Der Einsatz von SNC trägt dazu bei, dass Unternehmen ihre Datensicherheit gewährleisten und Vorschriften und Gesetze einhalten können.

6.1.7 Reporting-Konfiguration

Wenn Sie den Cloud Connector mit dem *SAP Solution Manager* überwachen möchten, müssen Sie einen Host-Agenten auf dem Cloud-Connector-Rechner installieren und den Cloud Connector auf Ihrem System registrieren. Die erforderliche Konfiguration nehmen Sie im Bereich **Solution Manager** auf der Registerkarte **Reporting** vor (siehe Abbildung 6.32). Diese Konfiguration wird in SAP-Hinweis 2607632 ausführlich beschrieben und ist stark abhängig davon, was im SAP Solution Manager bereits eingerichtet wurde.

Das Einrichten läuft grundsätzlich folgendermaßen ab:

1. Installieren Sie den SAP Host Agent und den SAP Diagnostics Agent im Cloud Connector.
2. Tragen Sie den Host Agent im Cloud Connector ein, um die DSR (Dynamic Statistical Records) in eine Datei zu schreiben.
3. Registrieren Sie beide Agenten im SAP Solution Manager.
4. Richten Sie die volle Konfiguration mit dem Early Watch Alert in der Konfigurationsumgebung des SAP Solution Mangers ein, wählen Sie den SAP Cloud Platform Connector aus, und führen Sie eine automatische Relevanzbestimmung durch.
5. Nennen Sie einen Benutzer zur Verbindung des SAP Solution Managers an den Cloud Connector.
6. Spielen Sie Hinweis 2556432 mit einem neuen SAP Diagnostics Agent ein.

Diese Konfiguration könnte sich in Zukunft vereinfachen; daher empfiehlt sich ein Blick in den erwähnten SAP-Hinweis.

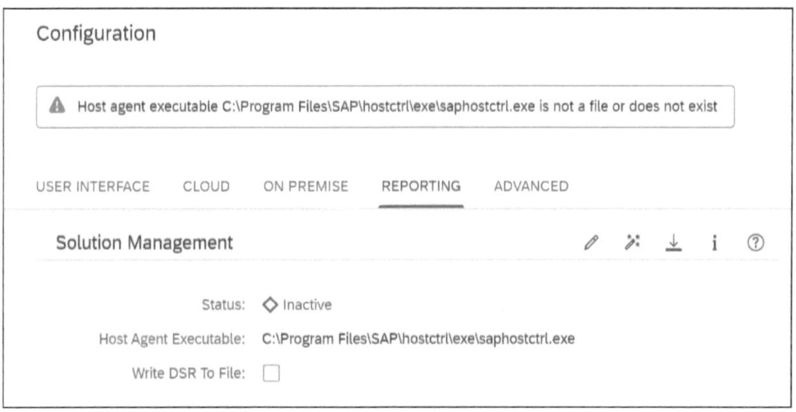

Abbildung 6.32 SAP Solution Manager integrieren

6.1.8 Advanced-Konfiguration

Im Bereich **Connectivity** auf der Registerkarte **ADVANCED** haben Sie die Möglichkeit, die Verbindungseinstellungen anzupassen (siehe Abbildung 6.33). Dies steuert den Durchsatz und die HTTP-Verbindung zu On-Premise-Systemen wie folgt:

- **Application Tunnel Connections**
  Dieser Parameter gibt den Standardwert für die maximale Anzahl von Tunnelverbindungen pro Anwendung an.
- **Tunnel Worker Threads**
  Dieser Parameter steuert die Anzahl der Worker-Threads, die für alle Anfragen verwendet werden.
- **Protocol Processor Worker Threads**
  Dieser Parameter steuert die Anzahl der Worker-Threads, die für die Protokollverarbeitung verwendet werden.
- **Max. Reconnect Attempts**
  Dieser Parameter steuert die maximale Anzahl der Wiederverbindungsversuche.
- **Max. Chunk Size HTTP Packages (kb)**
  Dieser Parameter steuert die maximale Größe der beim HTTP-Streaming übertragenen Chunks. Die Chunk-Größe beeinflusst den Durchsatz der HTTP-Kommunikation.
- **Max. HTTP Request Header Length (kb)**
  Dieser Parameter steuert die maximal zulässige Größe der HTTP-Anfrage-Header. Header, die Authentifizierungsinformationen wie SAML oder ein JSON Web Token (JWT) enthalten, können diese Größe erfordern. JWT ist ein Standardformat für die Übertragung von Benutzerauthentifizierungsinformationen zwischen Parteien über das Internet.
- **Max. Size HTTP Request (kb)**
  Dieser Parameter steuert die Größe der Anfragezeile einer HTTP-Anfrage. Der HTTP-Body ist nicht enthalten.
- **Max. HTTP Response Header Length (kb)**
  Dieser Parameter steuert die maximal zulässige Größe von HTTP-Antwort-Headern.
- **Max. Size HTTP Response (kb)**
  Dieser Parameter steuert die Größe der Antwortzeile der HTTP-Antwort. Der HTTP-Body ist nicht enthalten.

Im Bereich **JVM** haben Sie die Möglichkeit, die JVM-Einstellungen anzupassen, die die Speicherverwaltung steuern (siehe Abbildung 6.34). Ein Neustart ist erforderlich, wenn die JVM-Einstellungen geändert werden. Die Parameter **Initial Heap Size**, **Maximal Heap Size** und **Maximal Direct Memory** können konfiguriert werden.

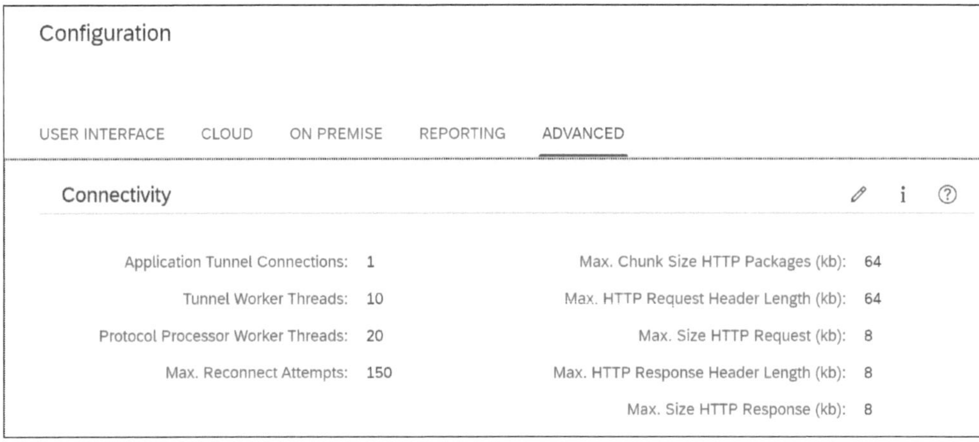

Abbildung 6.33 Verbindungseinstellungen konfigurieren

Abbildung 6.34 JVM-Einstellungen konfigurieren

Wenn Sie den Cloud Connector entsprechend Ihren Anforderungen dimensionieren, müssen Sie die Einstellungen an dieser Stelle anpassen.

6.2 Hochverfügbarkeit sicherstellen

In diesem Abschnitt gehen wir auf die essenziellen Konzepte der Hochverfügbarkeit und Skalierbarkeit ein, die für Administrator*innen in der IT unverzichtbar sind. Wir erläutern, warum es wichtig ist, Systemausfälle speziell im Cloud-Umfeld zu minimieren. Das Verständnis dieser Grundlagen ist entscheidend, um zuverlässige und effiziente IT-Services zu entwerfen und zu betreiben.

Bei der *Hochverfügbarkeit* (engl. High Availability, HA) geht es um die Beseitigung einzelner Fehlerquellen, sodass Anwendungen auch dann noch funktionieren, wenn eine der IT-Komponenten, von denen sie abhängen, wie z. B. ein Server, ausfällt.

Skalierbarkeit bezieht sich auf die Fähigkeit, Ressourcen je nach Bedarf zu vergrößern oder zu verkleinern, um veränderten Anforderungen gerecht zu werden; es wird zwischen horizontaler und vertikaler Skalierung unterschieden.

Bei der *horizontalen Skalierung* fügen Sie Ihrem System weitere Ressourcen z. B. virtuelle Maschinen hinzu, um die Arbeitslast auf sie zu verteilen. Die horizontale Skalierung ist besonders wichtig für Unternehmen, die hochverfügbare Dienste mit minimalen Ausfallzeiten benötigen. Die horizontale Skalierung erhöht die Hochverfügbarkeit, denn wenn Sie Ihre Infrastruktur auf mehrere Bereiche verteilen, können Sie beim Ausfall einer Maschine einfach eine Maschine der anderen Bereiche verwenden.

Bei der *vertikalen Skalierung* können Sie die Kapazität bestehender Dienste und Instanzen erhöhen oder verringern, indem Sie den Arbeitsspeicher (engl. Random Access Memory, RAM), den Speicher oder die Verarbeitungsleistung in Form von CPUs aufrüsten. In der Regel bedeutet dies, dass die Erweiterung eine Obergrenze hat, die auf der Kapazität des zu erweiternden Servers oder Computers basiert.

Die horizontale und vertikale Skalierung werden oft kombiniert angewendet. Dabei gilt die horizontale Skalierung üblicherweise als langfristige Strategie, während die vertikale Skalierung eher für kurzfristige Anpassungen genutzt wird. Dies liegt daran, dass Server in geradezu unbegrenzter Anzahl zur Infrastruktur hinzugefügt werden können, während Hardware-Upgrades an physische Limitierungen stoßen können.

Beim Cloud Connector ist eine direkte horizontale Skalierung nicht möglich. Stattdessen lässt sich die Last durch den Betrieb mehrerer Cloud-Connector-Instanzen mit verschiedenen Standort-IDs über die beteiligten Subaccounts verteilen. So können identische Konfigurationen mit der Ausnahme der Standort-ID für verschiedene Ziele genutzt werden. Dabei wird zwischen der Master-Instanz und der Shadow-Instanz unterschieden.

Für das Einrichten von Hochverfügbarkeit übermittelt die Primärinstanz (*Master-Instanz* genannt) sämtliche Konfigurationen an die Sekundärinstanz (*Shadow-Instanz* genannt). Im laufenden Betrieb aktualisiert die Master-Instanz die Shadow-Instanz regelmäßig mit den neuesten Konfigurationen, wodurch eine Synchronisation beider Instanzen gewährleistet wird. Die Shadow-Instanz überprüft periodisch die Verfügbarkeit der Master-Instanz. Sollte die Master-Instanz nicht erreichbar sein, unternimmt die Shadow-Instanz den Versuch, basierend auf der festgelegten Übernahmeverzögerung, die Verbindung wiederherzustellen. Sollte innerhalb dieser Zeit keine Verbindung zustande kommen, versucht Sie, die Rolle der Primärinstanz zu übernehmen und einen Tunnel zur SAP BTP zu etablieren (siehe Abbildung 6.35). Es ist jedoch möglich, dass die Master-Instanz noch aktiv ist und lediglich ein Netzwerkproblem vorliegt. In diesem Fall versucht die Shadow-Instanz, eine Verbindung zum entsprechenden SAP-BTP-Subaccount herzustellen. Wird dieser Versuch abgelehnt, weil die Master-Instanz noch aktiv ist, bleibt die Shadow-Instanz in Bereitschaft, indem sie weiterhin versucht, mit der Cloud zu kommunizieren, solange die Master-Instanz nicht zu erreichen ist.

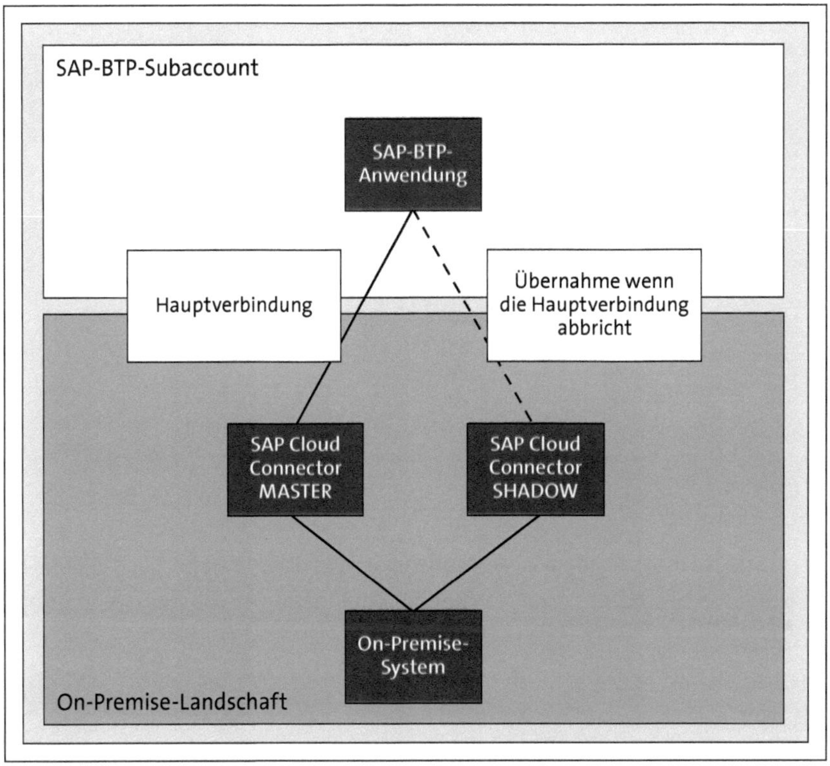

Abbildung 6.35 Schema der Master-/Shadow-Konfiguration

Nach Ablauf der Übernahmeverzögerung und erfolgreicher Verbindungsaufnahme durch die Shadow-Instanz, öffnet die Cloud-Seite einen Tunnel, und die Shadow-Instanz nimmt die Rolle der Master-Instanz ein. Ab diesem Zeitpunkt agiert die Shadow-Instanz als Master-Instanz und führt alle standardmäßigen Operationen durch.

Sollte die ursprüngliche Master-Instanz einen Neustart durchführen und feststellen, dass die Shadow-Instanz die Leitung übernommen hat, registriert sie sich nun als Shadow-Instanz bei der neuen Master-Instanz. Auf diese Weise tauschen die beiden Cloud-Connector-Installationen ihre Rollen.

Die Installationsprozesse für die Master- und die Shadow-Instanz sind identisch, wobei dasselbe Installationspaket für beide Instanzen verwendet wird. Es wird empfohlen, die Shadow-Instanz auf einem eigenständigen Server oder auf einer separaten virtuellen Maschine zu installieren. Standardmäßig ist die Shadow-Instanz über den Port 8443 erreichbar und ausschließlich über HTTPS ansprechbar. Die initialen Anmeldedaten für die Shadow-Instanz sind mit »Administrator« als Benutzername und mit »managed« als Passwort voreingestellt. Nach der ersten Anmeldung mit diesen

Zugangsdaten werden Sie dazu aufgefordert, das Passwort zu ändern (siehe Abbildung 6.36). Außerdem müssen Sie im Bereich **Choose Installation Type** die Option **Shadow (Backup Installation)** auswählen. Klicken Sie anschließend auf **Save**.

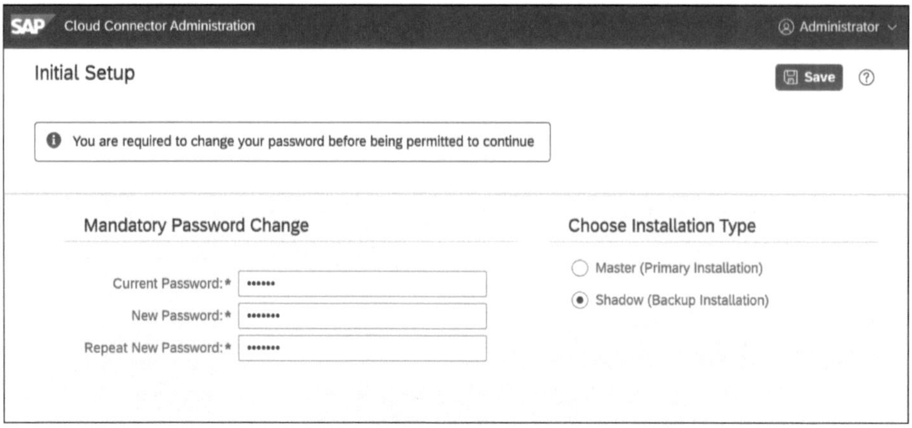

Abbildung 6.36 High-Availability-Shadow-Instanz einrichten

Im nächsten Schritt müssen Sie die Verbindung zur Master-Instanz herstellen. Klicken Sie dazu auf den Stift-Button im Bereich **Connection to Master** (siehe Abbildung 6.37).

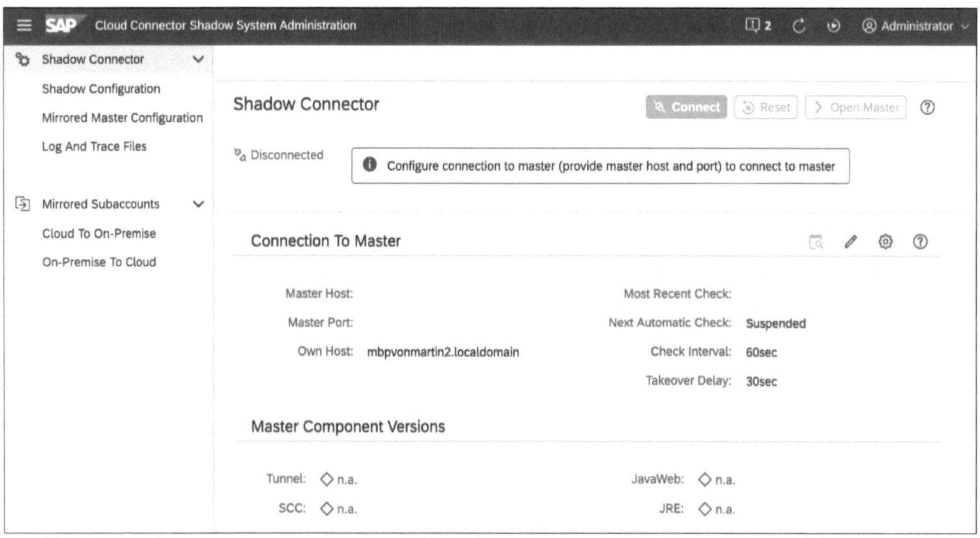

Abbildung 6.37 Hochverfügbarkeitskonfiguration des Shadow-Hosts

Pflegen Sie in dem Dialog den **Master Host** und den **Master Port** (siehe Abbildung 6.38). Hierbei handelt es sich um den Host-Namen und die Portnummer der Master-Instanz. Zusätzlich können Sie in der Dropdown-Liste **Own Host** Ihren eigenen Host-

Namen auswählen. Dies ist insbesondere dann interessant, wenn die Shadow-Instanz mit verschiedenen Host-Namen angesprochen werden kann. Mit dem Parameter **Check Interval** können Sie steuern, in welchen Abständen die Shadow-Instanz prüfen soll, ob die Master-Instanz noch erreichbar ist. Dieser Wert muss in Sekunden angegeben werden und ist standardmäßig auf 60 Sekunden eingestellt. Das bedeutet, dass Sie im schlimmsten Fall bereits nach 60 Sekunden erkennen würden, dass der Master nicht mehr verfügbar ist. Mit dem Parameter **Takeover Delay** können Sie die Zeit steuern, nach der die Shadow-Instanz die Rolle der Master-Instanz übernimmt, wenn sie festgestellt hat, dass die Master-Instanz nicht mehr verfügbar ist. Dieser Wert wird ebenfalls in Sekunden angegeben und ist standardmäßig auf 30 Sekunden eingestellt. Das bedeutet, dass spätestens nach 90 Sekunden die Shadow-Instanz die Rolle der Master-Instanz übernommen hat. Wenn Sie fertig sind, klicken Sie auf **Save**.

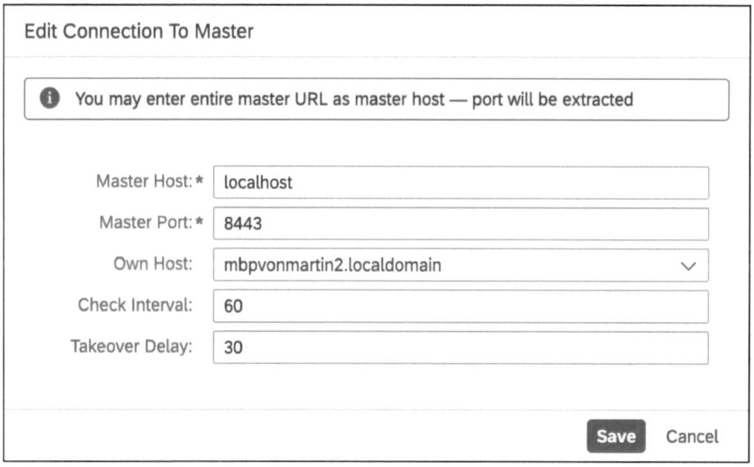

Abbildung 6.38 Master-Verbindung konfigurieren

Sie können sich nun mit der Master-Instanz verbinden, indem Sie auf **Connect** klicken (siehe Abbildung 6.39). Daraufhin öffnet sich ein Dialog, in dem Sie Angaben für **User Name** und **Password** vornehmen müssen. Klicken Sie dann auf **Connect**, um die Verbindung zur Master-Instanz herzustellen.

Abbildung 6.39 Master-Host-Anmeldedaten angeben

Sie werden nun überrascht feststellen, dass trotz korrekter Konfiguration und gültiger Zugangsdaten die Verbindung zur Master-Instanz nicht hergestellt werden kann. Die Fehlermeldung zeigt an, dass die Master-Instanz nicht für die Hochverfügbarkeit konfiguriert worden ist (siehe Abbildung 6.40).

Abbildung 6.40 Fehlgeschlagene Verbindung zum Master

Melden Sie sich an der Master-Instanz an, und navigieren Sie zum Bereich **High Availability** im Seitenmenü. Klicken Sie dort auf **Enable** (siehe Abbildung 6.41).

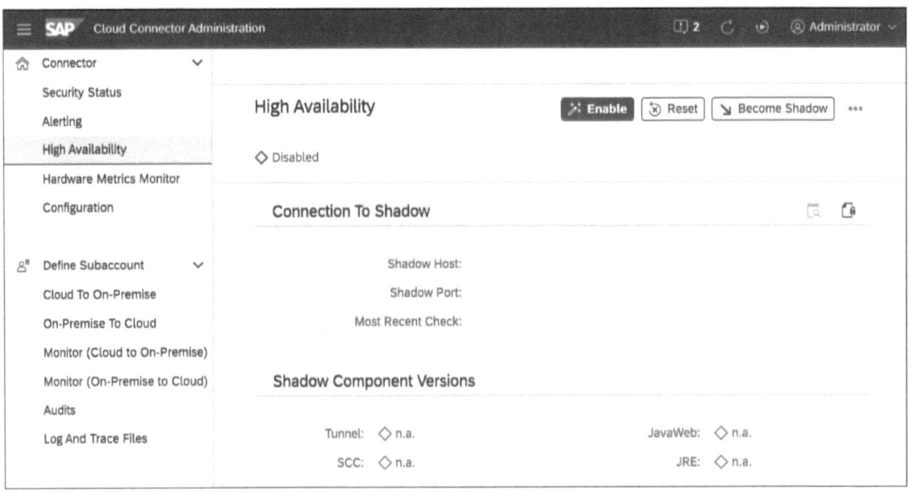

Abbildung 6.41 Hochverfügbarkeit in der Master-Instanz zulassen

Nach der Konfiguration wird Ihnen über die Meldung **No shadow host restrictions** mitgeteilt, dass für die Shadow-Instanz keine Einschränkungen konfiguriert wurden (siehe Abbildung 6.42). Dies bedeutet, dass jede Shadow-Instanz eine Verbindung zu dieser Master-Instanz herstellen kann. An diesem Punkt haben Sie die Möglichkeit, eine Einschränkung für einen bestimmten Host-Namen zu konfigurieren. Klicken Sie dazu auf den Button mit dem Schlosssymbol.

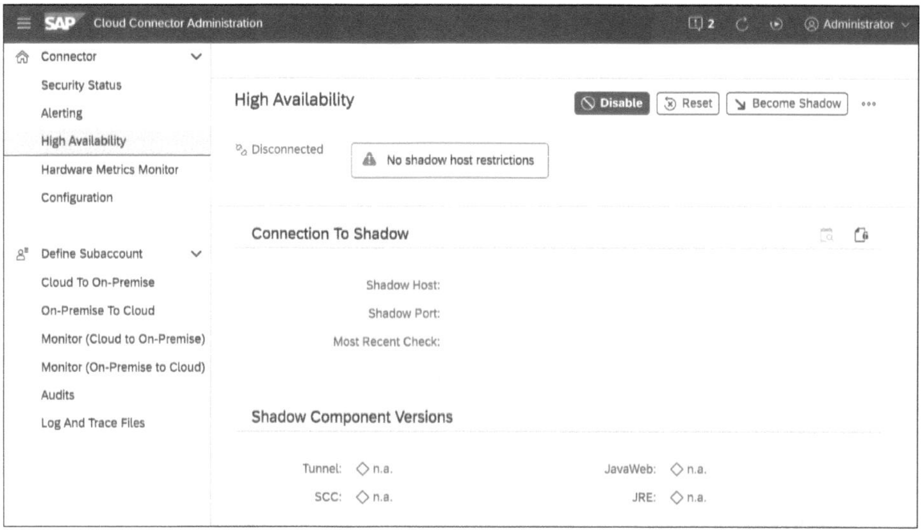

Abbildung 6.42 Shadow-Einschränkungen in der Master-Instanz konfigurieren

Sie können den Host-Namen der Shadow-Instanz, wie in Abbildung 6.43 gezeigt, konfigurieren. Es darf nur der Host-Name angegeben werden; die Portnummer ist nicht zulässig. Klicken Sie anschließend auf **Save**.

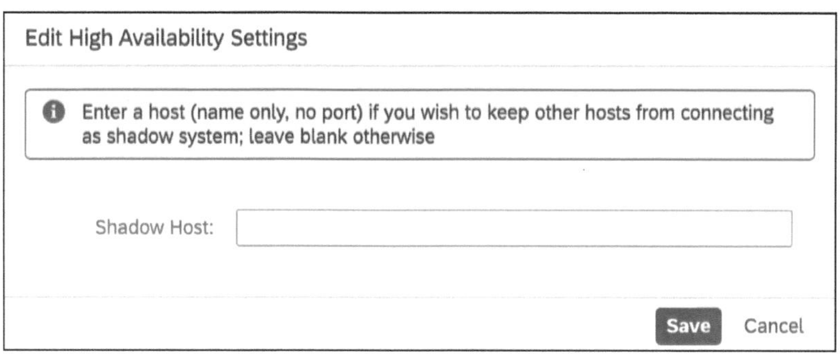

Abbildung 6.43 Host-Namen der Shadow-Instanz konfigurieren

Sie können sich nun wieder an der Shadow-Instanz anmelden und eine Verbindung zur Master-Instanz herstellen. Nachdem die Verbindung erfolgreich hergestellt worden ist, sollten Sie die Informationen der Master-Instanz sehen (siehe Abbildung 6.44).

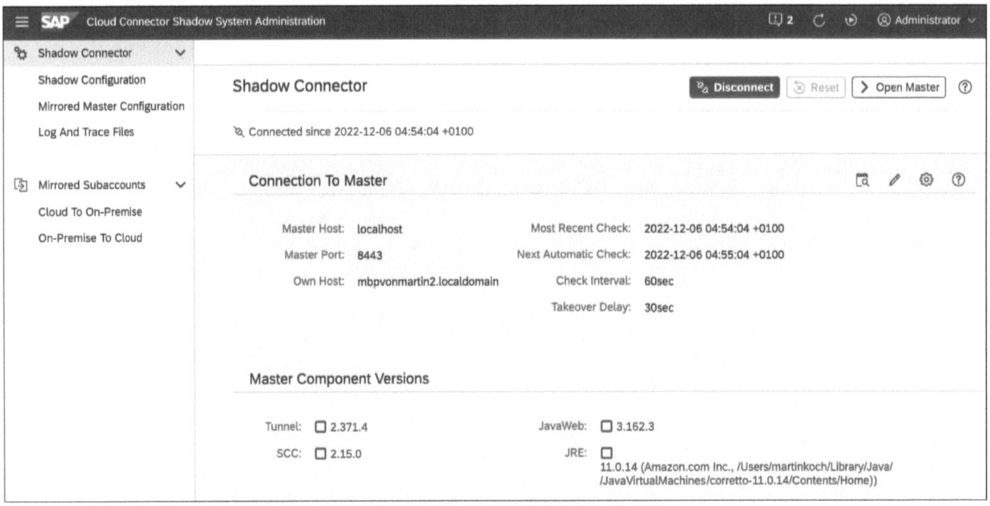

Abbildung 6.44 Informationen der Master-Instanz

Auch zeigt der Master an, dass eine Shadow-Instanz mit dieser Master-Instanz verbunden ist (siehe Abbildung 6.45).

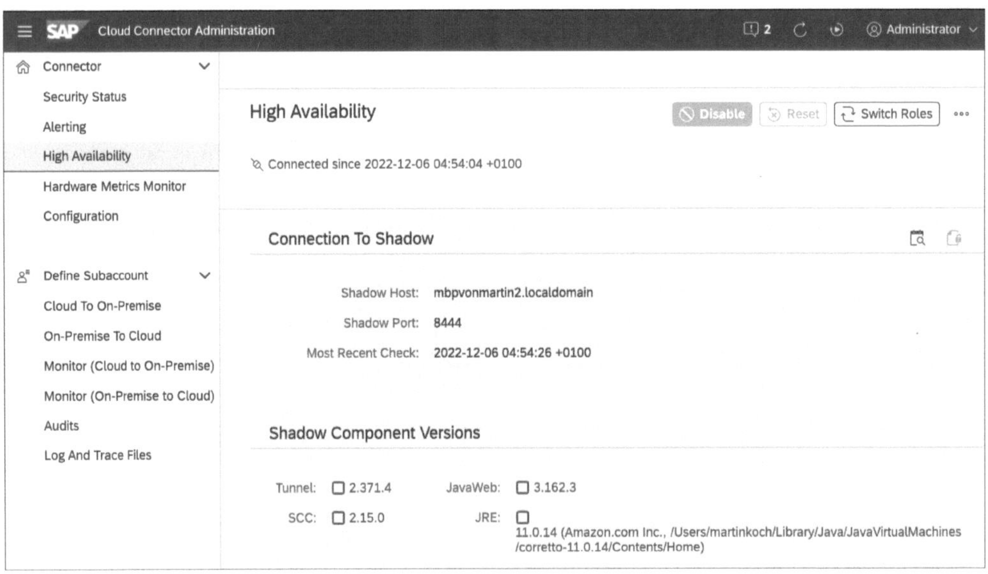

Abbildung 6.45 High Availability mit verbundener Shadow-Instanz in der Master-Instanz

Für die Shadow-Instanz haben Sie ähnliche Konfigurationsmöglichkeiten wie für die Master-Instanz (siehe Abbildung 6.46). Um diese Optionen einzustellen, navigieren Sie im Seitenmenü zum Bereich **Shadow Confguration**. Auch hier ist es wichtig, dass die Shadow-Instanz über ein gültiges SSL-Zertifikat verfügt, d. h., dass Sie eine Zertifikatssignierungsanforderung erstellen, ein SSL-Zertifikat bei einer Zertifizierungsstelle anfordern und dieses in den Cloud Connector importieren. Die Konfiguration ist identisch mit der Konfiguration für den Master.

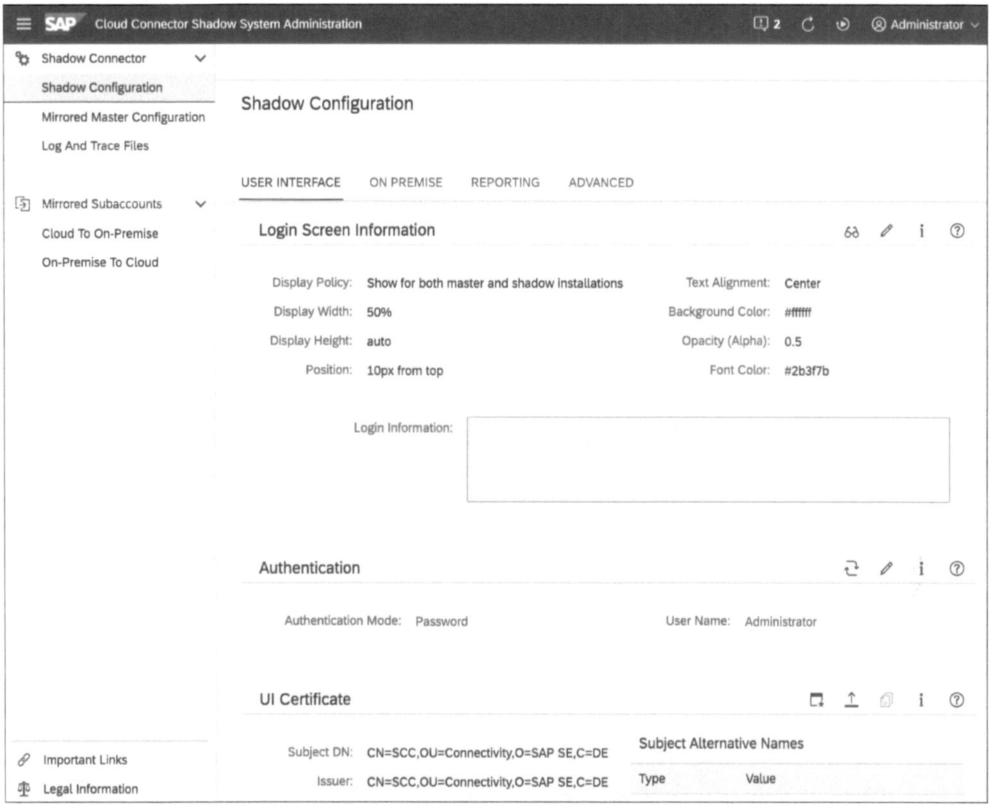

Abbildung 6.46 Konfigurationsmöglichkeiten der Shadow-Instanz

Die Shadow-Instanz enthält auch die gespiegelte Konfiguration der Master-Instanz (siehe Abbildung 6.47). Um die Konfiguration zu übernehmen, navigieren Sie zum Bereich **Mirrored Master Configuration** im Seitenmenü.

Sie sollten einen Test durchführen, um zu sehen, ob das Failover (d. h. die Übernahme im Falle eines Ausfalls der Master-Instanz) funktioniert. Dazu stoppen Sie die Master-Instanz und melden sich bei der Shadow-Instanz an. Dort werden Sie nach einer bestimmten Zeit (dem bereits erwähnten Check Interval) sehen, dass die Verbindung zum Master verloren gegangen ist (siehe Abbildung 6.48). Die Shadow-Instanz übernimmt die Rolle der Master-Instanz, nachdem die Zeit für die Übernahmeverzögerung abgelaufen ist.

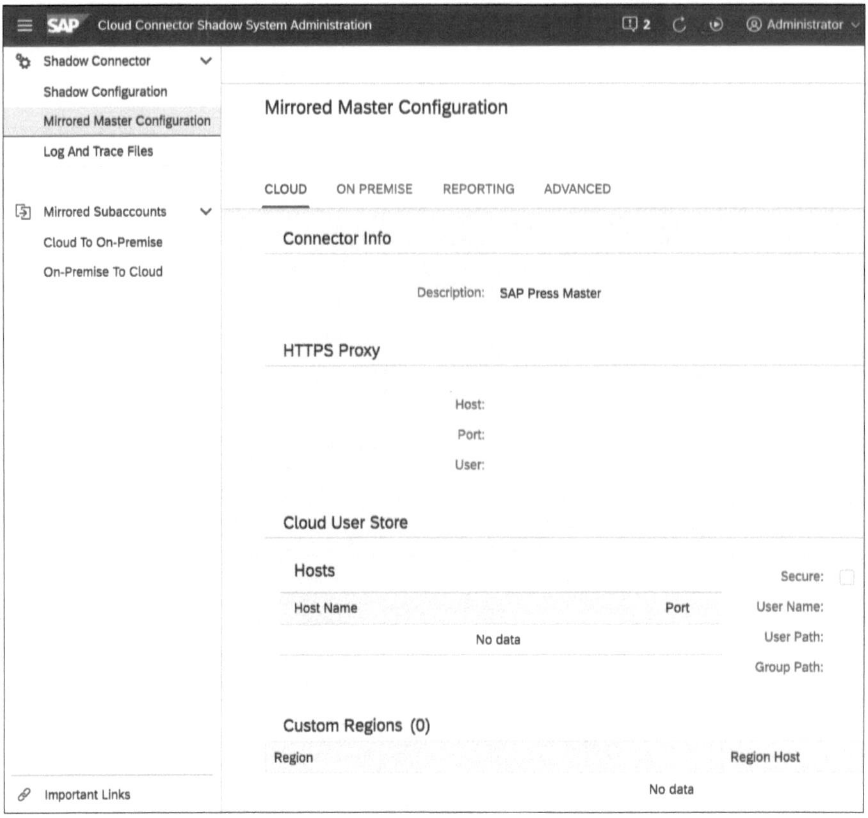

Abbildung 6.47 Shadow: Gespiegelte Master-Konfiguration

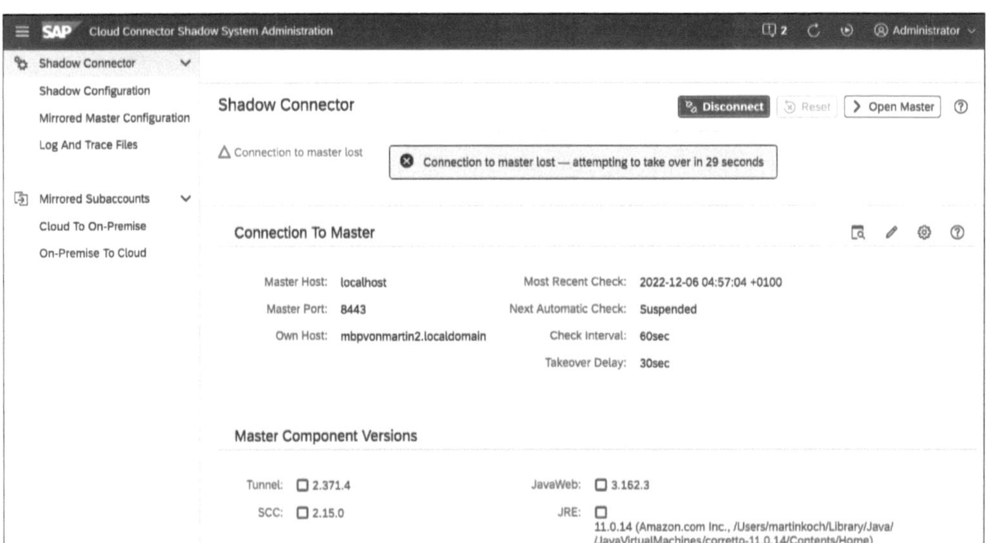

Abbildung 6.48 Verlorene Verbindung zur Master-Instanz

6.3 Connectivity

Connectivity Services ermöglichen es Ihren SAP-BTP-Anwendungen, problemlos, eine Verbindung zu anderen Ressourcen aufzubauen. Bei der Nutzung des Cloud Connectors beziehen sich diese Ressourcen typischerweise auf Elemente innerhalb Ihres lokalen Netzwerks, die mithilfe des Cloud Connectors integriert und angebunden werden. In der ABAP-Umgebung nutzen Sie den RFC-Destination-Service, um Verbindungen zu anderen Systemen über einen abstrakten Namen, anstatt über spezifische Servernamen, Ports und Passwortdaten herzustellen. Für die SAP-BTP-Umgebung wünschen Sie sich eine vergleichbare Funktion (siehe Abbildung 6.49).

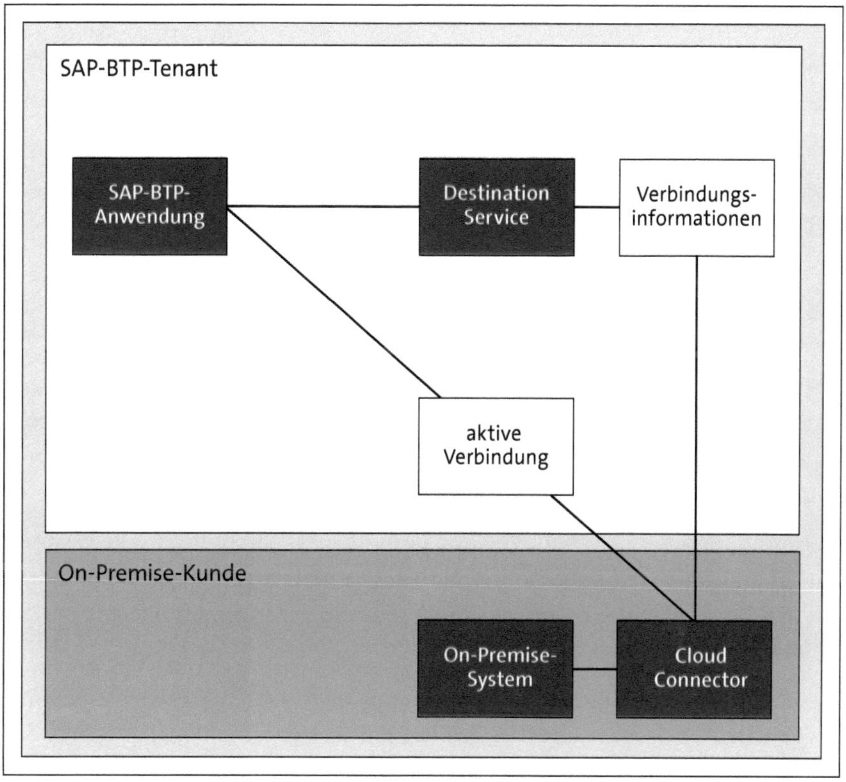

Abbildung 6.49 Schema für die Verwendung der Verbindungsschicht in SAP-BTP-Anwendungen

Einige wesentliche Vorteile der Nutzung einer Verbindungsebene sind:

- Auf Ressourcen kann über einen festgelegten Verbindungsnamen (Destination Name) zugegriffen werden, der konstant bleibt, selbst wenn Servernamen, IP-Adressen oder technische Details zur Benutzerauthentifizierung geändert werden.
- Die Verwendung desselben Zielnamens über Ihre gesamte Entwicklungsumgebung hinweg ermöglicht es, beispielsweise den Begriff »ERP« sowohl Ihrem SAP-

ERP-Entwicklungssystem im Cloud-Entwicklungs-Tenant zuzuordnen als auch das SAP-ERP-Produktionssystem mit Ihrem SAP-BTP-Produktions-Tenant zu verbinden, ohne Code oder Anwendungskonfigurationen anpassen zu müssen.

- Die Verwaltungsebene übernimmt die Zertifikatsvalidierung, Passwortspeicherung und Authentifizierung, was die Notwendigkeit einer eigenständigen Implementierung eliminiert.
- Die Entwicklungsaufgaben auf der SAP BTP und die administrativen Aufgaben werden deutlich voneinander getrennt, was den üblichen Unternehmensstrukturen entspricht.

Es existieren zwei Arten von Connectivity Services:

- *SAP Destination Service*, der die technischen Details einer Ressource verwaltet.
- *SAP Connectivity Service*, der die Proxy-Funktionen für Ihre Anwendungen bereitstellt, um auf die Ressourcen zuzugreifen und diese zu nutzen.

[»]

Inoffizielle Terminologie

Manchmal wird der inoffizielle Begriff *SAP BTP Connectivity* für die Kombination aus SAP Destination Service und SAP Connectivity Service verwendet.

Voraussetzung für die Verwendung von Destinations ist die Aktivierung des Destination Service im SAP BTP Cockpit. Es ist möglich, Destinations ohne Aktivierung dieses Dienstes zu modellieren, aber spätestens, wenn Sie aus einer Cloud-Anwendung auf eine Destination zugreifen wollen, muss der Dienst in Ihrem Space aktiv sein.

Destinations können auf der Ebene des Subaccounts definiert werden. Die Destination wird für den gesamten Subaccount erstellt. Das verwendete Kommunikationsprotokoll und andere Eigenschaften wie die Authentifizierungsmethode, Proxy-Typ und URL werden angegeben.

Um die erstellten Destinations nutzen zu können, benötigen Sie zunächst eine Instanz des Destination Service. Um den Destination Service zu finden, navigieren Sie im SAP BTP Cockpit über den Pfad **Services • Service Marketplace** und geben dann »Destination« in das Suchfeld ein (siehe Abbildung 6.50).

Klicken Sie nun auf die Kachel **Destination Service**. Es öffnet sich die Detailansicht im Service Marketplace (siehe Abbildung 6.51). Klicken Sie auf den Button **Create** in der oberen rechten Ecke.

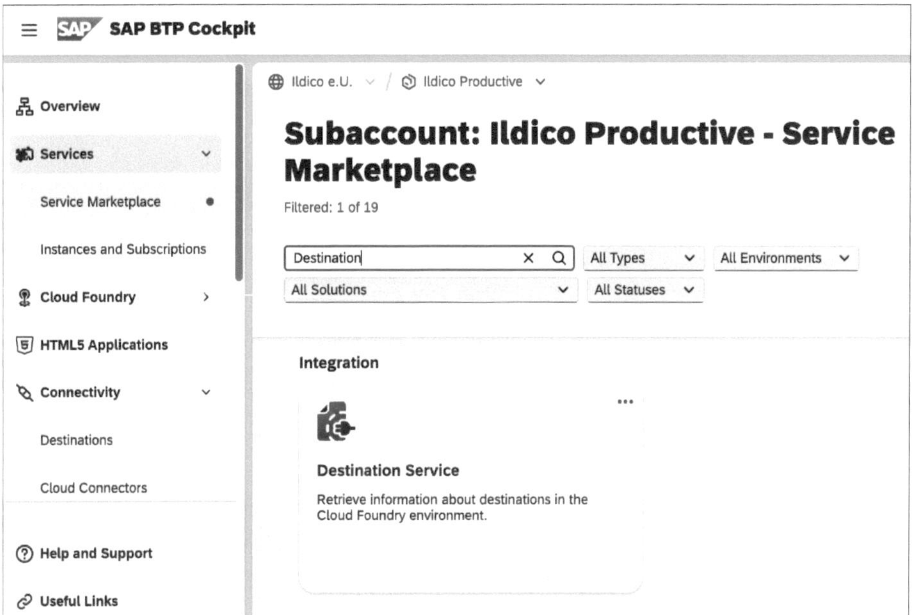

Abbildung 6.50 Destination Service im Service Marketplace finden

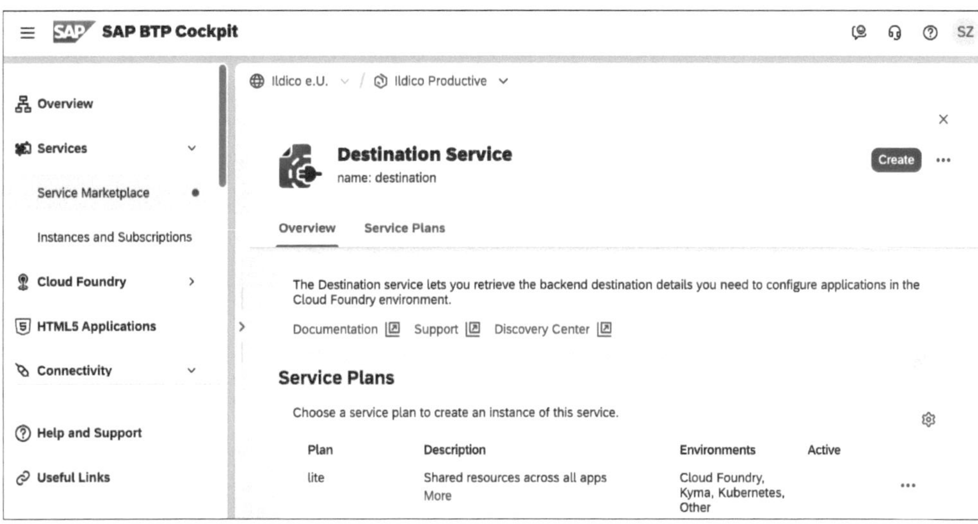

Abbildung 6.51 Detailansicht des Destination Service im Service Marketplace

Es öffnet sich das Fenster **New Instance or Subscription**. Außer dem Instanznamen in **Instance Name** sind bereits alle Felder ausgefüllt. Geben Sie hier einen aussagekräftigen Namen für Ihre Serviceinstanz ein (siehe Abbildung 6.52).

Diese Schritte stellen sicher, dass Sie nach der Erstellung der Serviceinstanz ordnungsgemäß auf Ihre Destinations zugreifen können.

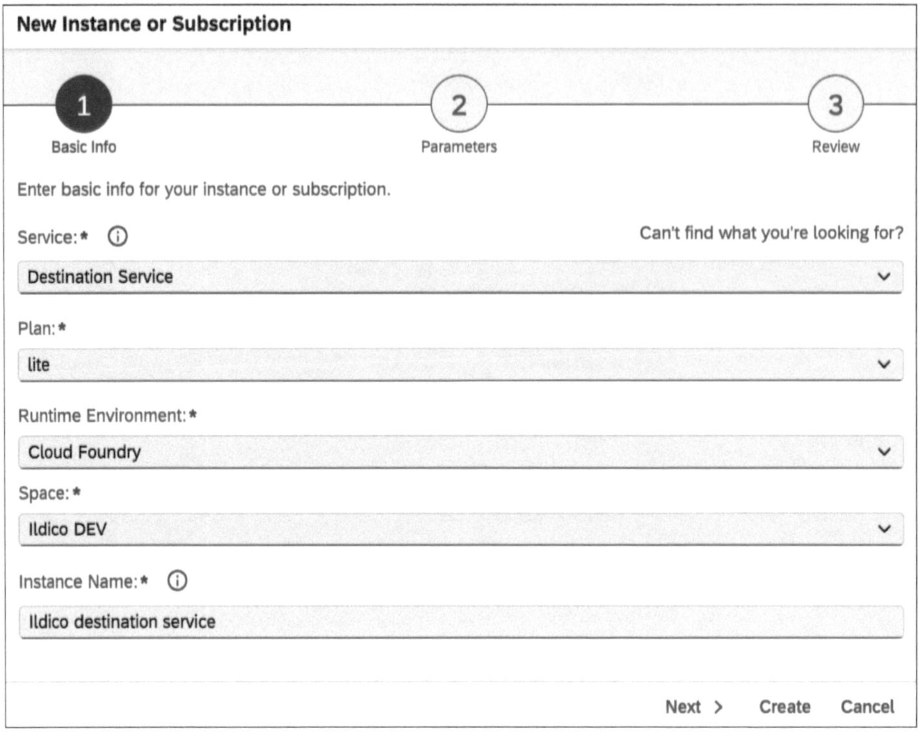

Abbildung 6.52 Namen für die Serviceinstanz festlegen

Sie können direkt mit dem Erstellen der Instanz fortfahren, indem Sie auf **Create** klicken. Das nächste Fenster **Information** können Sie durch einen Klick auf **Close** bestätigen (siehe Abbildung 6.53).

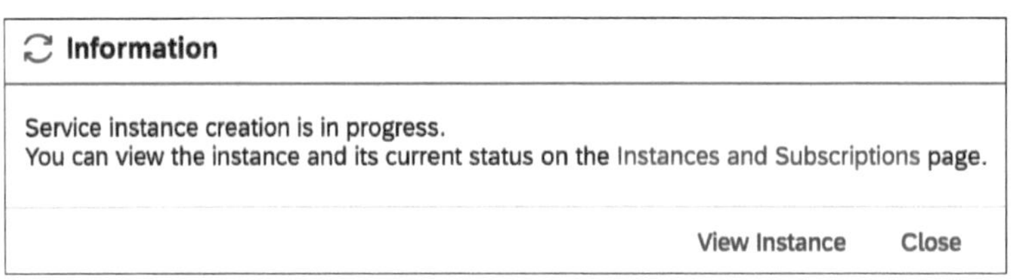

Abbildung 6.53 Informationen zur Instanzerstellung

Wenn sich eine Destination auf einen bestimmten Subaccount bezieht, wird die Destination im SAP BTP Cockpit über den Pfad **Connectivity • Destinations** angelegt (siehe Abbildung 6.54).

Neben der Erstellung über das SAP BTP Cockpit ist es auch möglich, Destinations über die Kommandozeile zu erstellen. Außerdem können Destinations über eine OData-API erstellt werden.

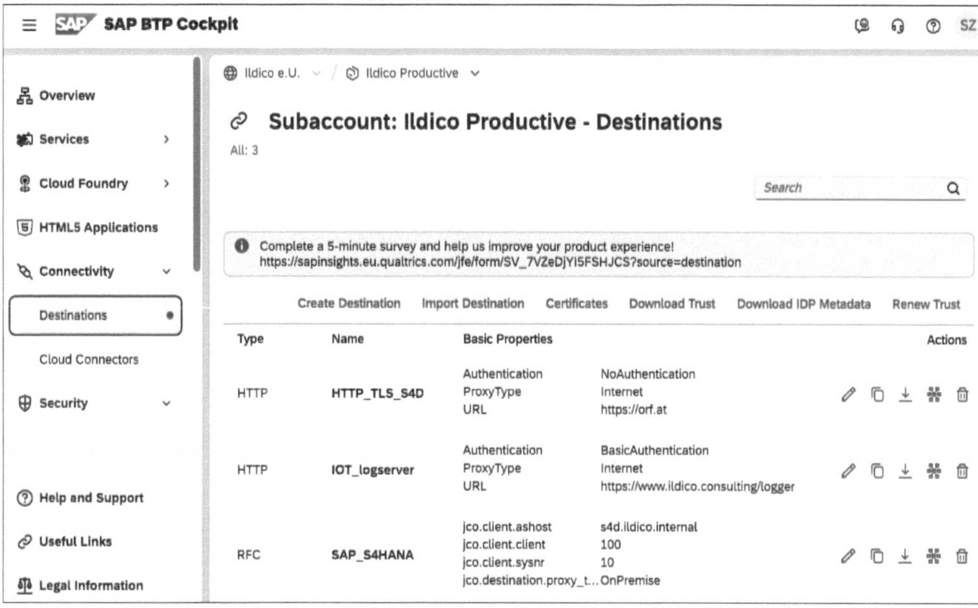

Abbildung 6.54 Destinations auf der Subaccount-Ebene in der Cloud-Foundry-Umgebung

Um eine Destination auf der SAP BTP zu erstellen, navigieren Sie in Ihrem Subaccount über den Pfad **Connectivity • Destinations**. Klicken Sie hier auf den Button **Create Destination**. Geben Sie dort den Namen des virtuellen Hosts in das Feld **URL** ein, um eine Verbindung über den Cloud Connector einzurichten. Die Auswahl **OnPremise** für den Proxy-Typ im Feld **Proxy Type** verdeutlicht, dass die Verbindung über einen Cloud Connector geleitet werden soll (siehe Abbildung 6.55).

Abbildung 6.55 Verbindung über den Cloud Connector

In Abbildung 6.56 sehen Sie typische Einstellungen für die Verbindung zu einem On-Premise-System über den Cloud Connector.

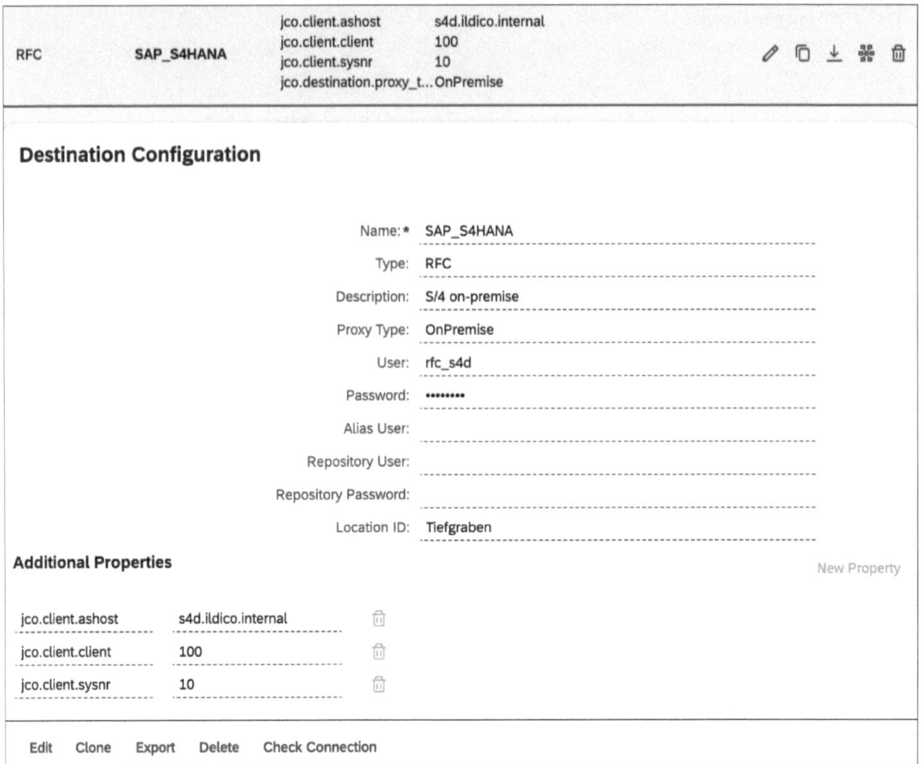

Abbildung 6.56 Typische Verbindungseigenschaften für eine On-Premise-RFC-Verbindung

Wenden wir uns nun dem Connectivity Service zu. Dieser Dienst verbindet Ihre SAP-BTP-Anwendungen mit den On-Premise-Systemen unter der Verwendung der folgenden Verbindungen:

- HTTP/HTTPS
- RFC
- SAP-HANA-Datenbank über Servicekanäle

Man könnte den Connectivity Service als eine Art Proxy bezeichnen, wobei der Destination Service nur die technischen Details speichert und keine Verbindung zu Ihrer Anwendung herstellt.

Dieser Dienst wird nicht benötigt, wenn Sie nur auf die technischen Informationen zugreifen möchten, die im Destination Service gespeichert sind (z. B. für den Zugriff auf URIs in der Cloud, im Internet usw.). Der Hauptgrund für die Einführung dieser Schicht ist, dass sich Cloud-Anwendungen in der Regel über den OAuth-Standard authentifizieren, während Sie im Backend möglicherweise eine RFC-Autorisierung über den SAP Java Connector oder über andere Authentifizierungsmittel verwenden.

Um den Connectivity Service zu aktivieren, klicken Sie auf den Menüpunkt **Service Marketplace** Ihres SAP BTP Cockpits und geben »Connectivity« in das Suchfeld ein (siehe Abbildung 6.57).

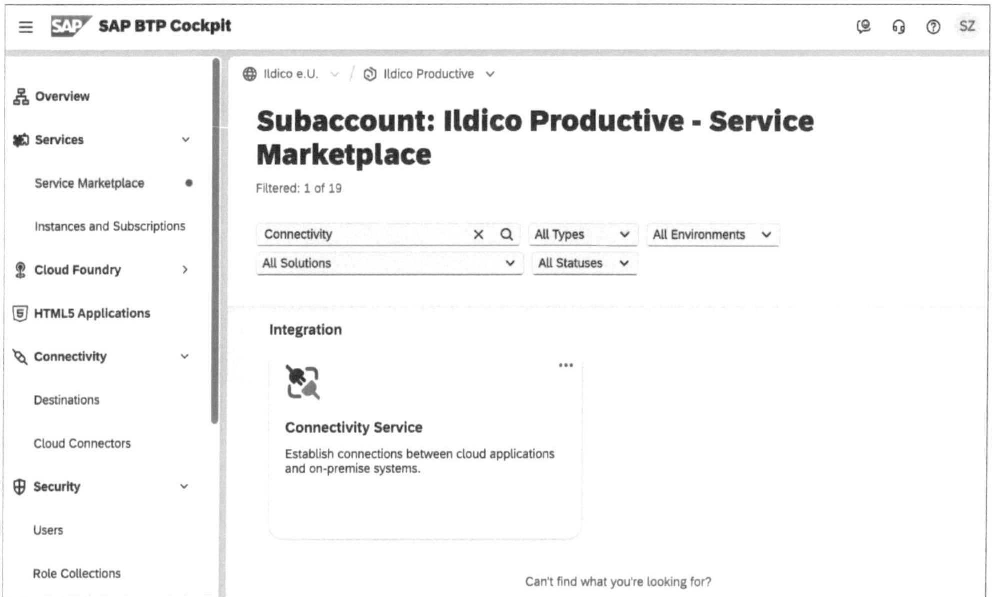

Abbildung 6.57 Connectivity Service im Service Marketplace suchen

Beachten Sie, dass zwei Servicepläne zur Verfügung stehen. Wählen Sie den Menüeintrag mit dem Serviceplan »lite«, und legen Sie die Instanz des Connectivity Service analog zum zuvor gezeigten Destination Service an.

Für den Zugriff auf die Destination-Informationen wird die Connectivity-Service-API verwendet. Um auf die API-Referenz zuzugreifen, öffnen Sie die URL *www.s-prs.de/v100200029* in Ihrem Webbrowser. Navigieren Sie anschließend über den Pfad **Explore • Categories** zum Punkt **APIs** (siehe Abbildung 6.58).

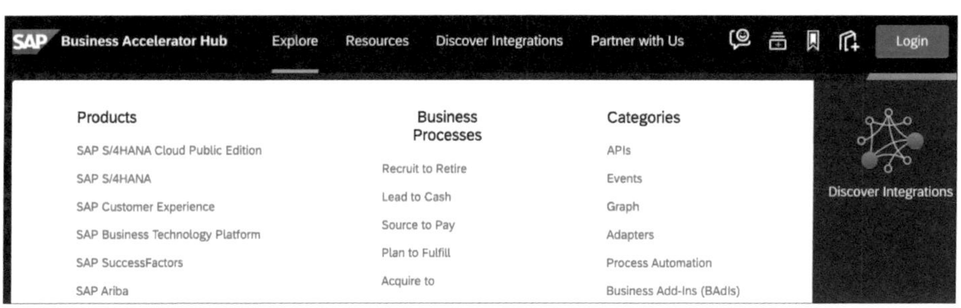

Abbildung 6.58 Menüeintrag im SAP Business Accelerator Hub

Im folgenden Bild können Sie die entsprechenden API-Services suchen (siehe Abbildung 6.59). Geben Sie dafür »Connectivity« in das Suchfeld ein.

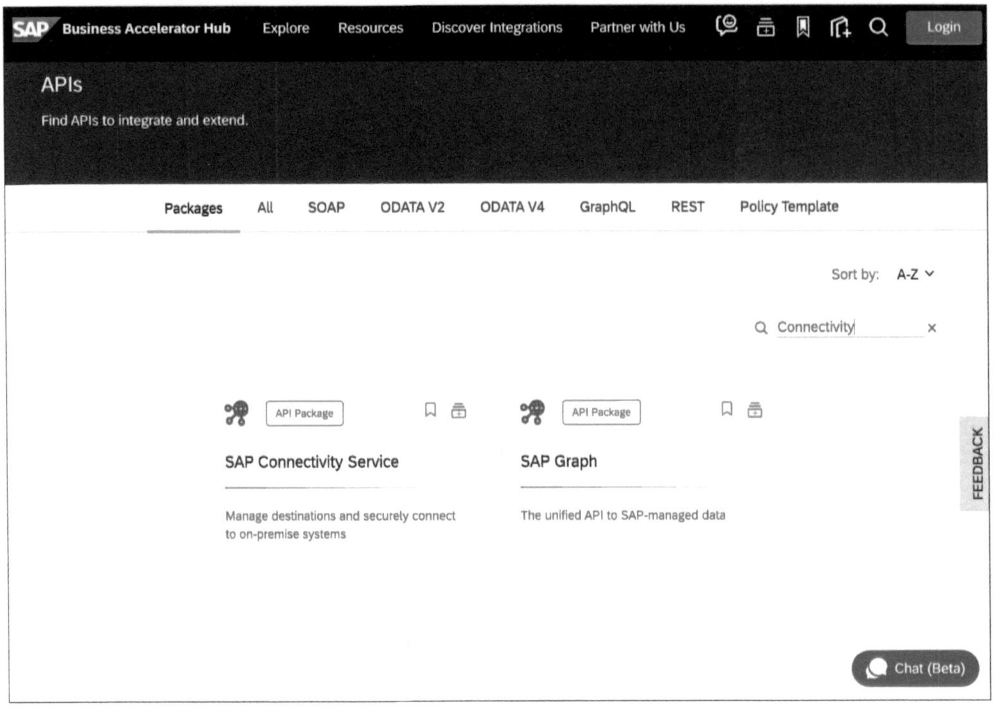

Abbildung 6.59 Die Connectivity-Service-API auswählen

Zu den möglichen Operationen gehören das Auffinden von Destinations anhand ihrer Namen (global oder auf der Ebene des Subaccounts) und der Zugriff auf die Eigenschaften. Falls vorhanden, kann auch auf Zertifikate zugegriffen werden. Dadurch erhalten Ihre Entwicklerinnen und Entwickler die Informationen, die im Destination Service vorhanden sind. Diese Informationen können nun für den Zugriff auf On-Premise-Systeme über den Connectivity Service verwendet werden.

Für weitere Informationen, besuchen Sie das SAP Help Portal unter *www.s-prs.de/v100200030*.

[+]

Ausblick

Für die Zukunft hat SAP angekündigt, eine REST-API einzuführen, die die Verwaltung aktiver und passiver Subaccount-Zertifikate ermöglicht, was eine unterbrechungsfreie Rotation von Signierzertifikaten ermöglicht. Derzeit ist dies nur für die SAP BTP, Cloud Foundry Environment, angekündigt. Weitere Informationen dazu sowie Informationen über andere angekündigte Funktionen finden Sie unter *www.s-prs.de/v100200031*.

Sie können im SAP BTP Cockpit über den Menüpfad **Connectivity • Cloud Connectors** die mit Ihrem Subaccount verbundenen Cloud-Connector-Instanzen sowie deren Versionsstatus sehen (siehe Abbildung 6.60). Alle dort verbundenen Konnektoren sollten Ihnen bekannt sein.

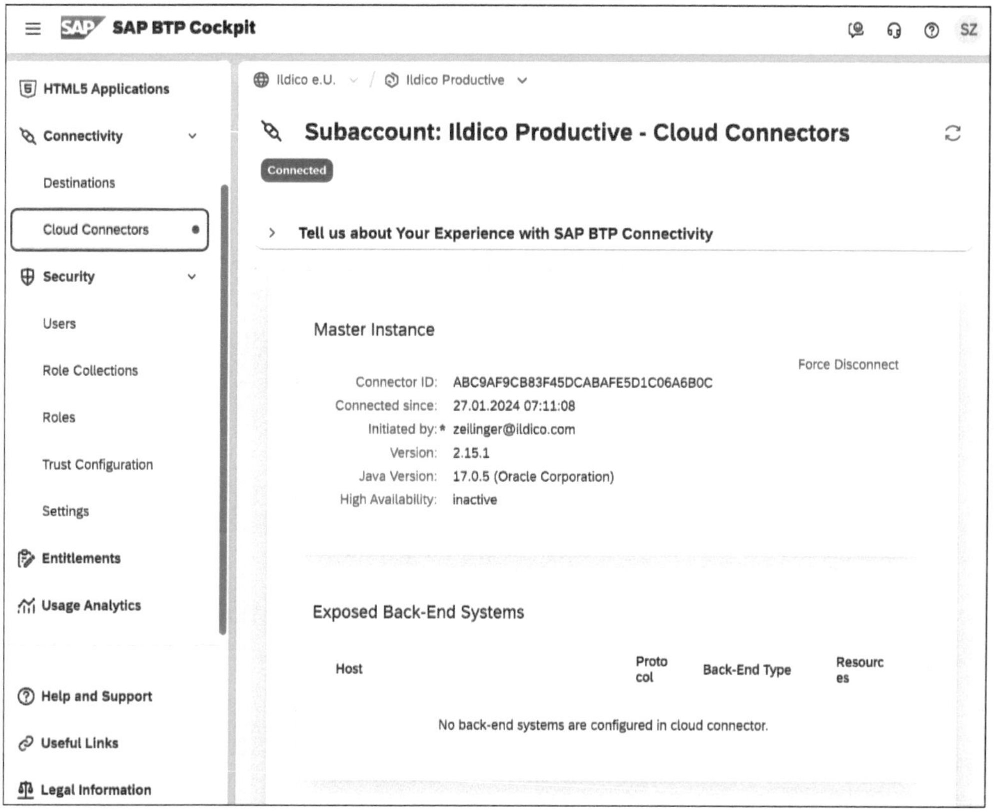

Abbildung 6.60 Mit dem Subaccount verbundene Cloud-Connector-Instanzen im SAP BTP Cockpit anzeigen

Auf der Seite des Cloud Connectors – also auf der Gegenseite – können Sie ebenfalls ein Monitoring durchführen, z. B. zur Hardware- und Verbindungsauslastung.

Kapitel 7
SAP Business Application Studio aktivieren und einrichten

Entdecken Sie mit SAP Business Application Studio das Herzstück der Cloud-Entwicklung. Lernen Sie, wie Sie die leistungsfähigen Dev Spaces für eine isolierte und sichere Entwicklungsarbeit nutzen und eine solide Grundlage für Ihre Entwicklungsteams schaffen.

SAP Business Application Studio ist die von SAP bereitgestellte integrierte Entwicklungsumgebung für SAP-Cloud-Applikationen. Sie können es in Ihrem Unternehmen nutzen, um Anwendungen zu entwickeln, zu testen und schließlich produktiv zu nutzen. Dieses Kapitel führt Sie durch die nahtlose Einrichtung der integrierten Entwicklungsumgebung, die auf Effizienz und individuelle Anpassung ausgelegt ist.

Die einzelnen Schritte der Einrichtung des SAP Business Application Studio erlernen Sie in Abschnitt 7.1, »SAP Business Application Studio einrichten«.

Abschnitt 7.2, »Berechtigungen erteilen«, beschäftigt sich mit den Berechtigungen, die Sie an das Entwicklungsteam vergeben können, damit es arbeiten und gute Software entwickeln kann.

Wie Sie mehrere Entwicklungen und Entwickler*innen sauber voneinander trennen können, in dem Sie sogenannte Dev Spaces verwenden, zeigen wir Ihnen in Abschnitt 7.3, »Mit Dev Spaces arbeiten«.

Externe Systeme, die Ihr Entwicklungsteam im Zugriff haben müssen, werden in Abschnitt 7.4, »Externe Systeme in SAP Business Application Studio nutzen«, genauer beschrieben. Diese Systemzugriffe sollten zentral konfiguriert und dann entsprechend angeboten werden.

Abschließend zeigen wir Ihnen in Abschnitt 7.5, »Versionierung mit Git Repositorys«, wie Sie die Versionsverwaltung Git in Ihrem Unternehmen nutzen, um die Entwicklungen zu verwalten, zu versionieren und zu berechtigen. Auch Grundzüge des Softwarelebenszyklus mit Git werden besprochen.

7.1 SAP Business Application Studio einrichten

SAP Business Application Studio wird als mandantenfähiger Cloud Service in der SAP BTP angeboten und ist webbasiert. Sie finden die Architektur des Service in Abbildung 7.1. Sie sehen, dass Sie SaaS-Anwendungen (Software-as-a-Service-Anwendungen) ebenso wie On-Premise-Anwendungen nutzen können.

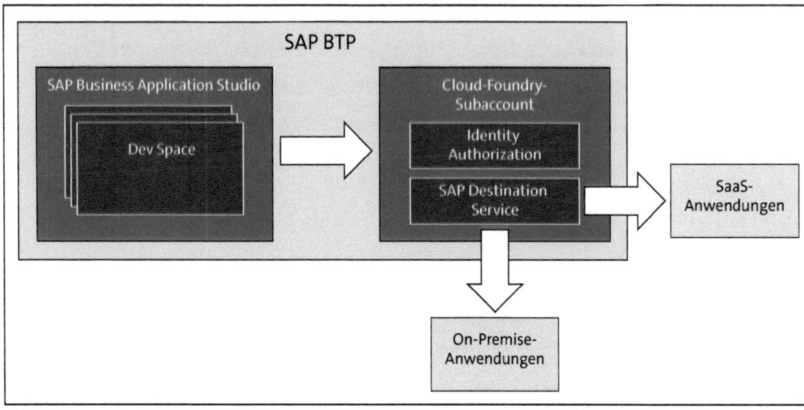

Abbildung 7.1 Architektur von SAP Business Application Studio

Die Entwicklung selbst geschieht in SAP Business Application Studio in sogenannten Dev Spaces. Diese können angelegt und personalisiert werden und sind vollständig isoliert von den Dev Spaces anderer Entwickler*innen. Dies hat den entscheidenden Vorteil, dass Entwicklungen eines Entwicklers oder einer Entwicklerin nicht mit den Entwicklungen eines anderen Entwicklers oder einer anderen Entwicklerin interferieren können, solange diese noch nicht freigegeben sind. Außerdem erlaubt es die komfortable Verwaltung der Qualitätssicherung der Entwicklung und der produktiven Codelines.

Ähnlich wie die bereits in Kapitel 6, »Cloud Connector«, behandelten Integration Services, ist auch SAP Business Application Studio als Subscription erhältlich. Um mit der Subscription zu beginnen, navigieren Sie im SAP BTP Cockpit über den Menüpfad **Services • Service Marketplace • SAP Business Application Studio** und klicken anschließend auf den Button **Create** (siehe Abbildung 7.2).

[»]

SAP Business Application Studio wird nicht angezeigt?

Falls SAP Business Application Studio im Marketplace nicht angezeigt wird, vergewissern Sie sich, dass Ihr Subaccount für SAP Business Application Studio eine Zuteilung – ein sogenanntes *Entitlement* – hat (siehe Kapitel 5, »Subaccounts administrieren«).

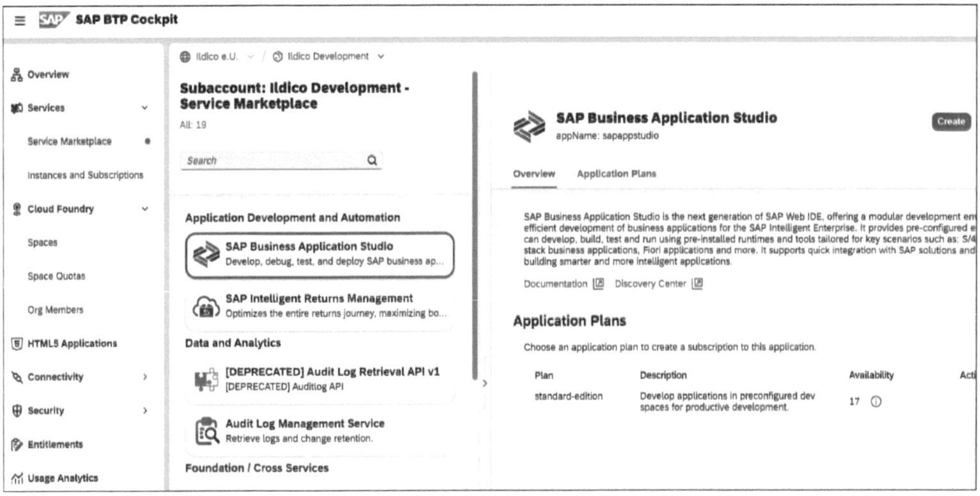

Abbildung 7.2 Service Marketplace im SAP BTP Cockpit

Nun wählen Sie Ihren gewünschten **Plan** und klicken auf **Create** (siehe Abbildung 7.3). Die Option **standard-edition** kann für die Entwicklung verwendet werden, während die Variante **free** lediglich für Tests oder kleinere Projekte verwendet werden sollte (sie bietet alle Tools, aber man kann z. B. nur einen von maximal zwei Dev Spaces gleichzeitig benutzen).

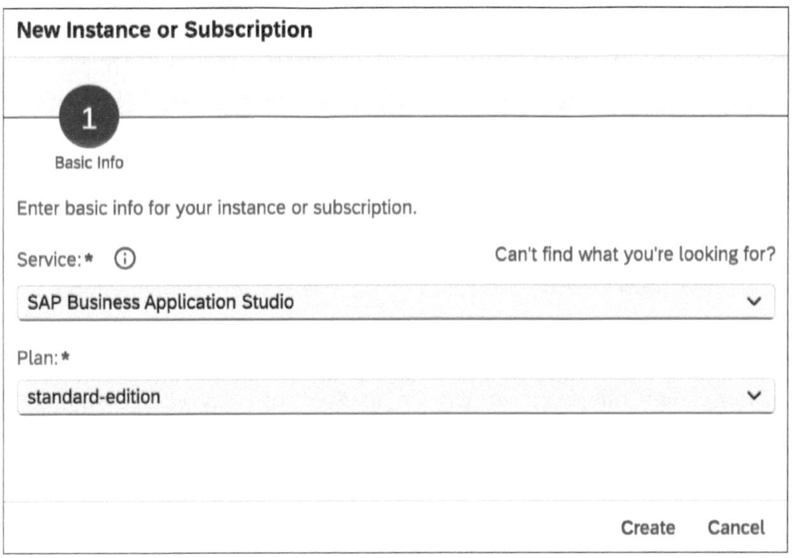

Abbildung 7.3 Neue Instanz von SAP Business Application Studio anlegen

Es öffnet sich ein Fenster wie in Abbildung 7.4, das den Beginn des Anlageprozesses der Subscription bestätigt. Mit einem Klick auf den Button **View Subscription** können Sie sich vergewissern, dass die Anlage erfolgt ist.

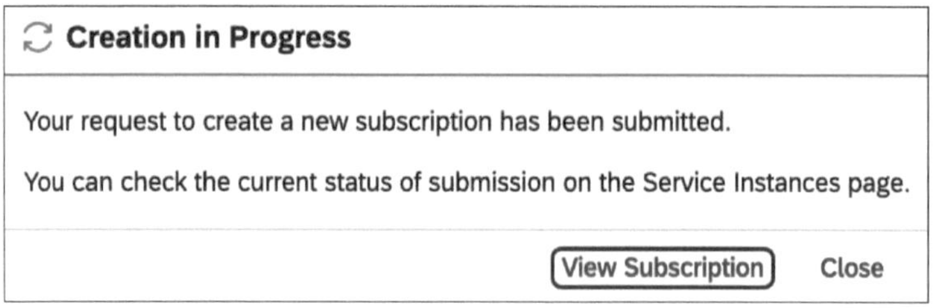

Abbildung 7.4 Subscription anlegen

Dieser Klick bringt Sie zurück in die Übersicht der Applikationen und Instanzen Ihres Subaccounts (siehe Abbildung 7.5). Mit einem Klick auf **SAP Business Application Studio** gelangen würden Sie in die Applikation kommen, in der Sie mit der Einrichtung beginnen können.

URI für die Browserfavoriten und zur Weitergabe an die Benutzer

Beim Link auf die Applikation, wie sie in Abbildung 7.5 sichtbar ist, handelt es sich um einen permanenten Link. Das heißt, dass dieser auch außerhalb des SAP BTP Cockpits verwendet werden kann, um sich an SAP Business Application Studio anzumelden. Der Link hat die Form *https://<org name>.eu20cf.applicationstudio.cloud.sap/*. Der Platzhalter *<org name>* wird Ihrem Subaccount automatisch zugewiesen und kann gegebenenfalls, wie in SAP-Hinweis 3115060 beschrieben, geändert werden. Wir empfehlen Ihnen, diesen Link zu speichern, um ihn den Benutzern von SAP Business Application Studio zur Verfügung stellen zu können.

Bevor Sie aber mit der Einrichtung des SAP Business Application Studio beginnen können, sind noch weitere Schritte erforderlich. Mit der Subscription werden nämlich im Subaccount automatisch neue Role Collections hinzugefügt, die den Benutzern von SAP Business Application Studio zugewiesen werden müssen. Weitere Informationen zu den Role Collections finden Sie in Abschnitt 7.2, »Berechtigungen erteilen«.

Um den Service nun also nutzen zu können, müssen Sie Ihren Benutzern die Administratorrolle Business_Application_Studio_Administrator sowie die Entwicklerrollen Business_Application_Studio_Developer und Business_Application_Studio_Extension_Deployer zuweisen.

Navigieren Sie dazu in Ihrem SAP BTP Cockpit über den Pfad **Security • Users** (siehe Abbildung 7.6).

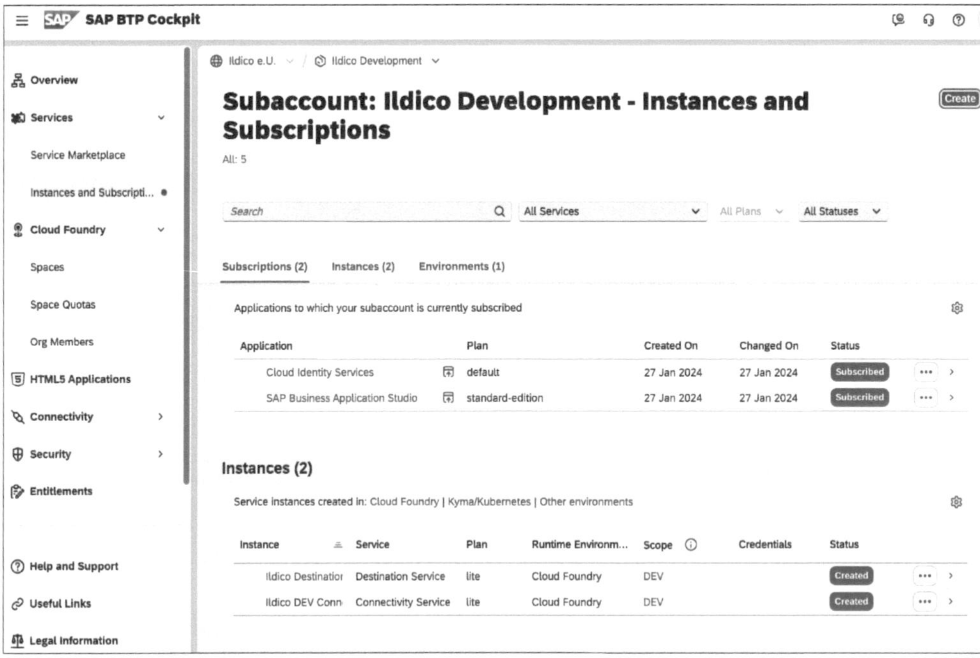

Abbildung 7.5 Instanzen und Subscriptions im Subaccount

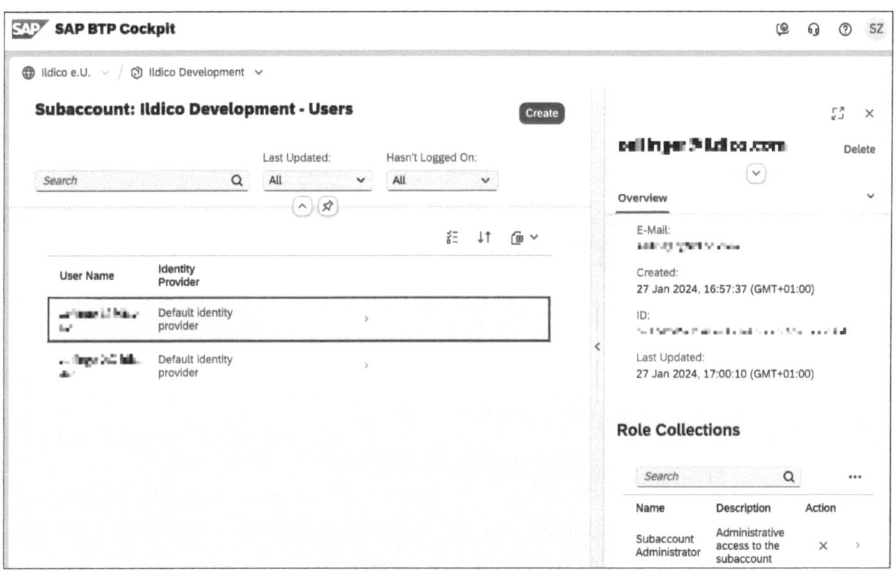

Abbildung 7.6 Benutzer innerhalb eines Subaccounts im SAP BTP Cockpit

Durch einen Klick auf den Drei-Punkte-Button [•••] erreichen Sie den Punkt **Assign Role Collection**, über den Sie sich die Role Collection **Business_Application_Studio_Administrator** selbst zuweisen müssen, um SAP Business Application Studio einrichten zu können (siehe Abbildung 7.7). Gegebenenfalls können Sie auch weitere Rollenzuweisungen vornehmen; diese sind aber für die Einrichtung nicht essenziell.

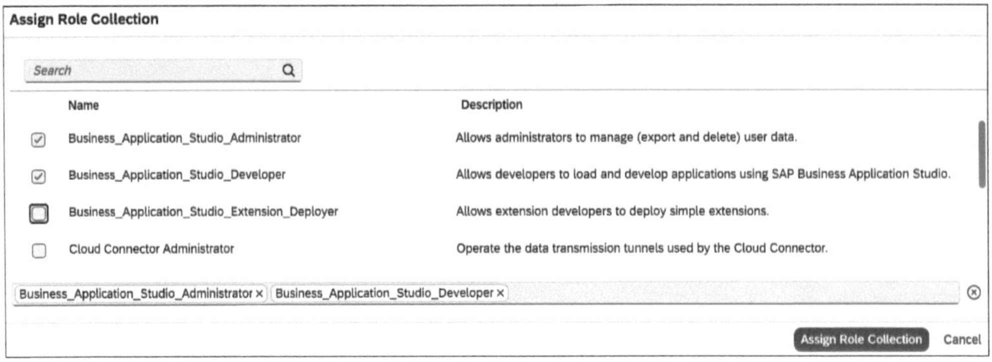

Abbildung 7.7 Role Collections zuweisen

Nun können Sie mit dem zuvor gemerkten Link (aus dem Hinweiskasten »URI für die Browserfavoriten und zur Weitergabe an die Benutzer«) loslegen.

Zuerst werden Sie dazu aufgefordert, einen Dev Space anzulegen (siehe Abbildung 7.8). Ein solcher Platz für Entwicklungen kann von mehreren Entwickler*innen geteilt werden, die z. B. an demselben Projekt arbeiten.

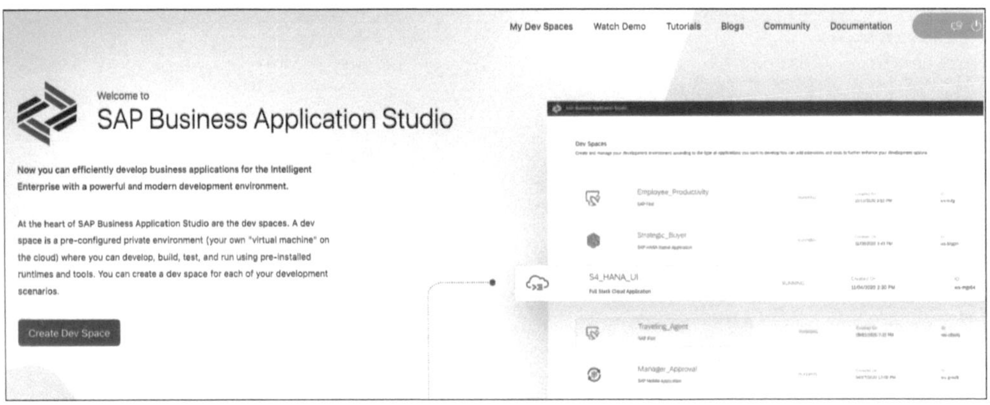

Abbildung 7.8 Willkommensbild von SAP Business Application Studio

In Abbildung 7.9 sehen Sie, wie Sie einen Dev Space anlegen, nachdem Sie auf den Button **Create Dev Space** geklickt haben. An der Auswahl sehen Sie, wie mächtig die verschiedenen Werkzeuge sind, die in SAP Business Application Studio geboten werden. Links wählen Sie die Obergruppe der Entwicklungen und im rechten Bereich gegebenenfalls weitere zusätzliche Werkzeuge.

Für unsere Zwecke haben wir die Option **SAP Fiori** ausgewählt, einen Namen im Feld unmittelbar unter **Create a New Dev Space** vergeben und keine Erweiterungen ausgewählt. Mit einem Klick auf den Button **Create Dev Space** schließen Sie die Einrichtung des Dev Space ab.

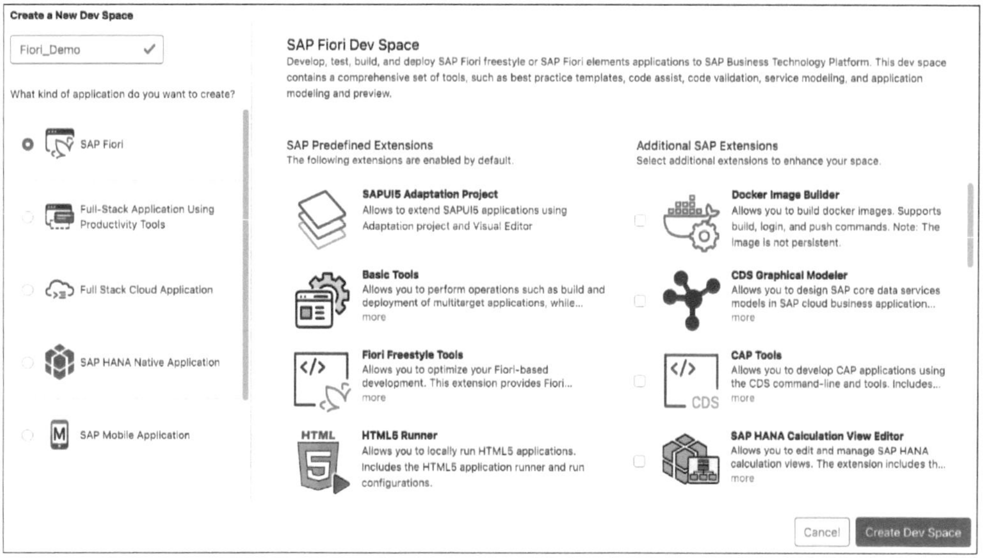

Abbildung 7.9 Dev Space anlegen

Die SAP BTP zeigt Ihnen dann für eine Weile eine Übersicht der Dev Spaces sowie den Schriftzug **STARTING**, während die Einrichtung durchgeführt wird. Wenn Sie dann den Schriftzug **RUNNING** sehen, können Sie mit einem Klick auf den Namen des Dev Space **SAP Business Application Studio** mit dem jeweils vorselektierten Dev Space starten (siehe Abbildung 7.10).

Abbildung 7.10 Dev Space im Status »RUNNING«

Die Spaces beenden sich selbst, wenn sie eine Zeitlang nicht benutzt worden sind – eine für die Administration sehr vorteilhafte Einrichtung. Denn Ressourcen werden geschont, und das übliche Problem, dass man nie genau sagen kann, wer wo gerade einen Space benötigt, wird gelöst – und sei es nur zum Nachsehen. Wenn Sie einen

Engpass haben oder einen Space durchstarten möchten, können Sie auf den Stop-Button [◉] klicken (siehe Abbildung 7.10). Nachdem der Dev Space gestoppt worden ist, gelangen Sie mit dem Stift-Button [✎] wieder zurück zur Auswahl in Abbildung 7.9, um dort gegebenenfalls den Typ des Dev Space nochmals zu ändern.

7.2 Berechtigungen erteilen

In diesem Abschnitt erklären wir, welche Berechtigung Sie an welchen Personenkreis vergeben sollten.

SAP Business Application Studio kennt die folgenden Role Collections:

- **Business_Application_Studio_Developer**
  Diese Role Collection bietet vollständige Entwicklerberechtigungen.
- **Business_Application_Studio_Extension_Deployer**
  Diese Role Collection weisen Sie zu, wenn ein Entwickler oder eine Entwicklerin Erweiterungen für SAP Business Application Studio entwerfen muss.
- **Business_Application_Studio_Administrator**
  Diese Role Collection ermöglicht den Restart, das Löschen und auch den Download von Spaces.

Wir empfehlen Ihnen, möglichst wenige Personen als Administrator zu berechtigen. So komfortabel die Funktion, Dev Spaces neu zu starten, für Entwickler*innen sein mag, so komplex sind die damit einhergehenden Probleme: Wir empfehlen, keine Dev Spaces durchzustarten, während darin entwickelt wird. Außerdem ist das Herunterladen von Spaces problematisch, da unter Umständen personenbezogene Daten darin enthalten sind.

[+]

Personenbezogene Daten

Sensibilisieren Sie Ihre Entwicklungsabteilung, dass die im Dev Space vorhandenen Daten von anderen Entwickler*innen eingesehen werden können. Testdateien, wie z. B. Bilder, sollten weder einen persönlichen noch einen schützenswerten Charakter haben.

7.3 Mit Dev Spaces arbeiten

Dev Spaces können gelöscht, heruntergeladen und auch wieder importiert werden. Mit diesen Funktionen können Dev Spaces beispielsweise zwischen Subaccounts kopiert oder auch lokal gesichert werden.

Um den Inhalt eines Dev Space herunterzuladen, muss sich dieser im Status **RUNNING** befinden, also gegebenenfalls über den Play-Button gestartet werden. Wählen Sie dann in der Übersicht den zu importierenden Dev Space aus, und klicken Sie auf den Pfeil-Button, um die Inhalte herunterzuladen (siehe Abbildung 7.11).

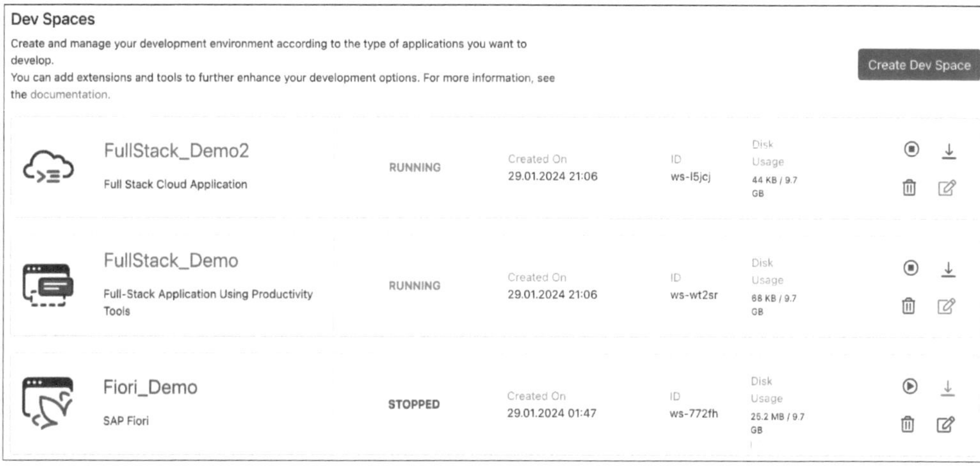

Abbildung 7.11 Als Administrator Dev Spaces auswählen

Wenn Sie nun auf den Pfeil-Button klicken, erhalten Sie eine Anleitung, wie mit den heruntergeladenen Daten verfahren werden kann, um diese in einem anderen Projekt verwenden zu können (siehe Abbildung 7.12). Das heißt, dass Sie, um die Inhalte in einem anderen Kontext nutzen zu können, zuerst den Dev Space anlegen müssen und danach das heruntergeladene Archiv importieren können.

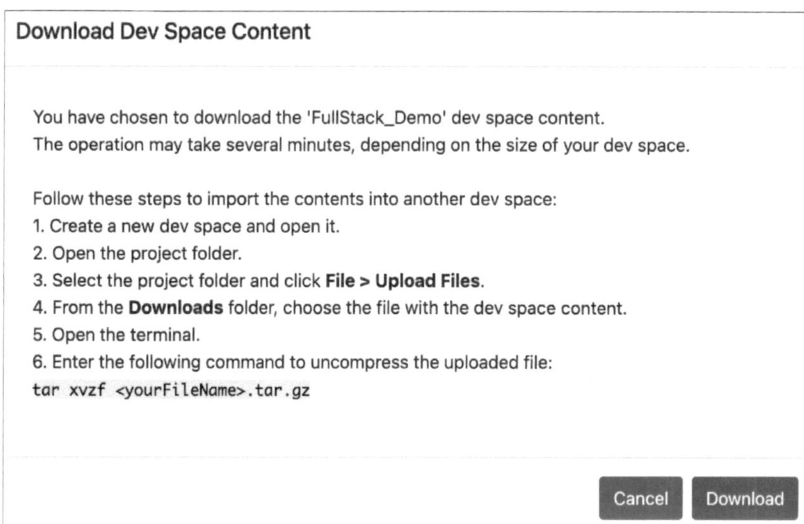

Abbildung 7.12 Dev-Space-Inhalte herunterladen

[»]

Commandline

Die Verwaltung von Dev Spaces kann auch von der *Kommandozeile* verwendet werden, d. h., dass sie auch geskriptet werden kann. Informationen dazu finden Sie im SAP Help Portal unter der URL *www.s-prs.de/v100200032*.

Die zur Verfügung stehenden Operationen umfassen u. a. den Neustart, den Export und das Stoppen von Dev Spaces.

7.4 Externe Systeme in SAP Business Application Studio nutzen

Um aus SAP Business Application Studio eine Verbindung zu einem lokalen System herzustellen, müssen Sie eine sogenannte *Destination* erstellen. Diese Destination ist nicht nur erforderlich, um auf lokale Systeme wie ABAP-Systeme, Git On-Premise oder npm On-Premise zuzugreifen, sondern wird auch in bestimmten Geschäftsfällen benötigt, um die Exploration von OData-Services durchzuführen. Außerdem dient sie dazu, einen OData-Service auszuwählen, um Anwendungen zu erstellen und anzuzeigen.

In den Dev Spaces von SAP Business Application Studio ist bereits ein integrierter Web Proxy vorhanden, der den Zugriff auf lokale Systeme ermöglicht. Es ist jedoch wichtig, Ihre Zugangsdaten für den Zugriff auf externe Systeme zu schützen, z. B. über einen Keystore oder einen sogenannten Artefakt-Manager.

Für die Verbindung zu einem lokalen System über diesen Web Proxy müssen Sie ebenfalls eine Destination konfigurieren. Diese Konfiguration erfolgt von Ihrem Cloud-Foundry-Subaccount aus. Alle HTTP-Anfragen, einschließlich des Hosts und Ports, die über den Proxy vorgenommen werden, laufen über diese vorab konfigurierte Destination.

Die Erstellung einer Destination, die auf Ihr System verweist, können Sie entweder direkt vom Service Center oder bequem vom SAP BTP Cockpit aus vornehmen. Es ist ratsam, stets die Sicherheit Ihres Zugriffs auf externe Systeme im Blick zu behalten und entsprechende Schutzmaßnahmen zu ergreifen. Wir empfehlen Ihnen, die Verbindungen zentral zu administrieren, da gut abgesicherte Verbindungen einen wesentlichen Bestandteil Ihrer Cloud-Sicherheitsstrategie darstellen.

Um eine Verbindung anzulegen, wählen Sie im SAP BTP Cockpit den Menüpfad **Connectivity • Destinations** (siehe Abbildung 7.13).

Indem Sie auf **Create Destination** klicken, navigieren Sie zum Bild für die Anlage von Verbindungen. In Abbildung 7.14 sehen Sie ein von uns gewähltes Beispiel für die Anlage.

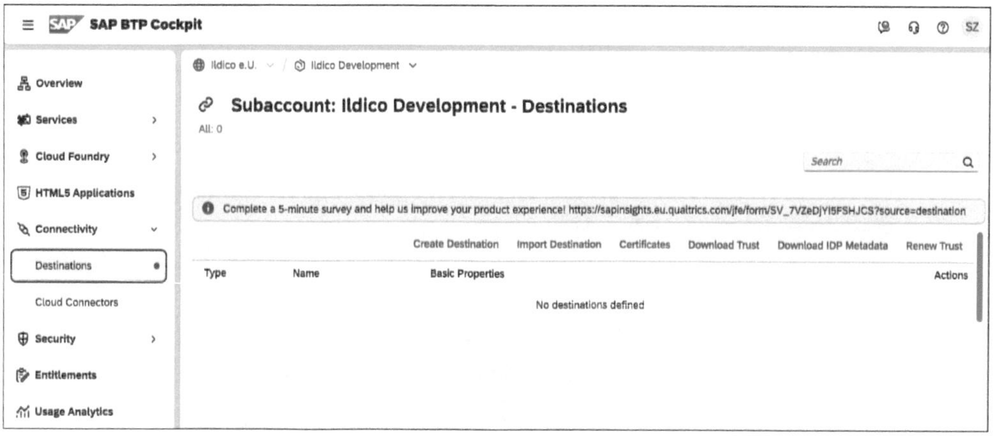

Abbildung 7.13 Übersicht über Destinations im SAP BTP Cockpit

Abbildung 7.14 Beispielhafte Anlage einer Verbindung in der SAP BTP

Nun beachten Sie den rechten Teil mit der Überschrift **Additional Properties** des Anlagebildes. Weitere Eigenschaften legen Sie mit einem Klick auf **New Property** an.

Um die Verbindung in SAP Business Application Studio nutzen zu können, benötigen Sie vier zusätzliche Eigenschaften (siehe Tabelle 7.1).

Eigenschaft (Property)	Wert (Value)
`WebIDEEnabled`	`true`
`HTML5.DynamicDestination`	`true`
`WebIDEUsage`	▪ `odata_abap` (dient zur Exploration von ABAP-Servicekatalogen) ▪ `dev_abap` (wird verwendet, um in SAPUI5 das ABAP Repository auszurollen und Erweiterungsprojekte zu entwickeln) ▪ `odata_c4c` (wird verwendet, um auf SAP-Cloud-for-Customer-Kataloge zuzugreifen) ▪ `odata_gen` (für eine OData-Service-URI nach dem Login) ▪ `apihub_sandbox` (wird für die Erkundung der SAP-API-Hub-Sandbox verwendet)
`WebIDEAdditionalData`	`full_url` (nur bei `odata_gen`, wenn eine absolute URI verwendet werden soll)

Tabelle 7.1 Eigenschaften und ihre Werte für die Verbindung zu einem lokalen System aus SAP Business Application Studio

Bezeichnungen der Eigenschaften

Die Bezeichnungen der Eigenschaften stammen vom Vorgängerprodukt von SAP Business Application Studio, der sogenannten *SAP Web IDE*.

In Abbildung 7.15 sehen Sie ein Beispiel für Eigenschaften in den Additional Properties.

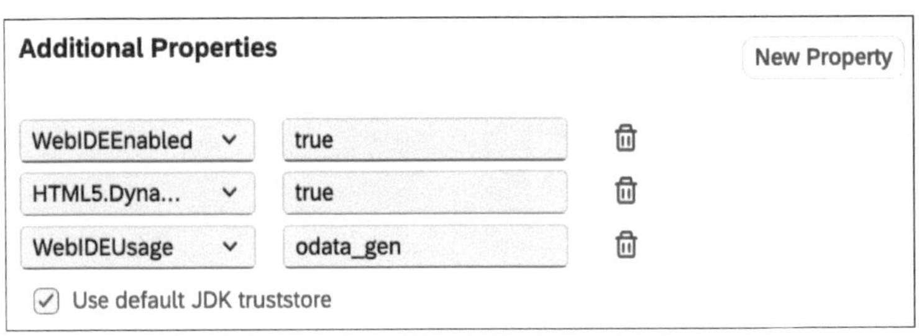

Abbildung 7.15 Beispiel für Additional Properties

Klicken Sie auf **Save**, um den Anlagevorgang abzuschließen. Das Ergebnis der Anlage sehen Sie in Abbildung 7.16.

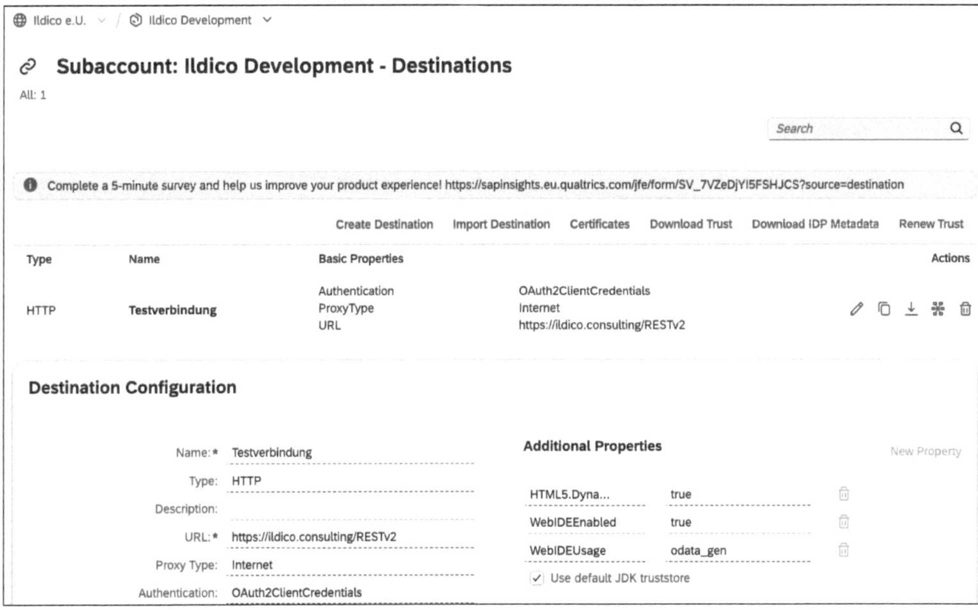

Abbildung 7.16 Eine beispielhaft angelegte Destination für die Verwendung in SAP Business Application Studio

Um zu prüfen, ob die Verbindungen korrekt angelegt worden sind (also die Parameter so gesetzt wurden, dass die Entwickler*innen diese auch sehen) und ob die Verbindung von SAP Business Application Studio auch zugreifbar ist, gehen Sie wie folgt vor:

1. Starten Sie SAP Business Application Studio mit dem zuvor gemerkten URI (siehe Abschnitt 7.1, »SAP Business Application Studio einrichten«).
2. Wählen Sie einen beliebigen Dev Space (gegebenenfalls muss dieser gestartet werden).
3. Im Startbild von SAP Business Application Studio (siehe Abbildung 7.17) klicken Sie links auf den Stecker-Button, um zum Service Center zu gelangen.
4. Im Service Center öffnen Sie den Knoten **SAP SYSTEM** und finden dort Ihre Verbindung (siehe Abbildung 7.18).
5. Wenn Sie auf die Verbindung klicken, werden die Details zur Verbindung im rechten Bildbereich angezeigt (siehe Abbildung 7.19). Dort kann, je nach Verbindung, ein Test durchgeführt werden.

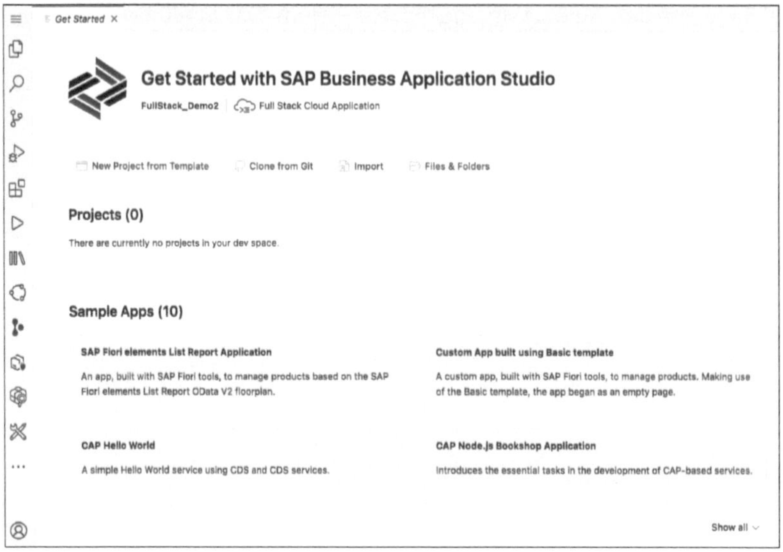

Abbildung 7.17 Willkommensbild in SAP Business Application Studio

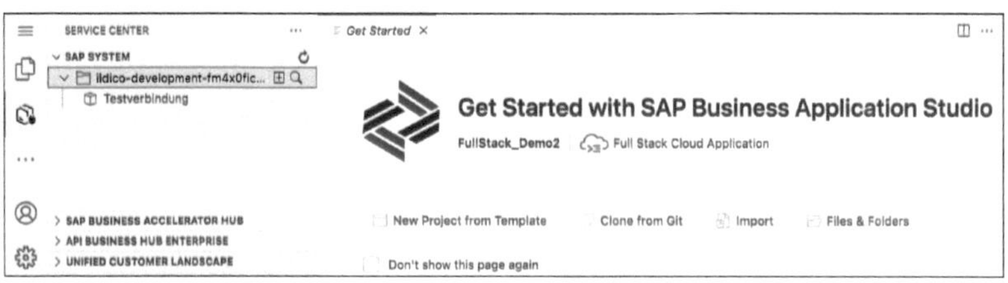

Abbildung 7.18 Service Center mit der geöffneten Rubrik SAP SYSTEM

Abbildung 7.19 Verbindungsdetails und Testmöglichkeit

Die Zuständigkeit der Administration endet meist hier, denn nun übernimmt die Entwicklungsabteilung. Sollte die Verbindung nicht sichtbar sein, prüfen Sie die zuvor genannten Parameter auf Vollständigkeit. Sollte der Verbindungstest nicht erfolgreich sein, ist es ratsam, auch das Netzwerk bzw. gegebenenfalls den zwischengeschalteten Cloud Connector zu prüfen.

7.5 Versionierung mit Git Repositorys

In der sich schnell entwickelnden Welt der Softwareentwicklung ist die effiziente Zusammenarbeit zwischen Entwicklung und Systemadministration von entscheidender Bedeutung. Git, als verteiltes Versionskontrollsystem, spielt hierbei eine zentrale Rolle. Dieser Abschnitt richtet sich an Systemadministrator*innen, die Git für die Konfiguration und Pflege einer reibungslosen Entwicklungsumgebung auf der SAP BTP, integriert in SAP Business Application Studio, einsetzen möchten.

Git ermöglicht der Entwicklungsabteilung nicht nur die Verwaltung von Quellcode, sondern auch die nahtlose Koordination bei Änderungen am Code. Für die Administration ist es von großer Bedeutung, die Git-Infrastruktur korrekt zu konfigurieren und zu pflegen, um eine optimale Umgebung für die Zusammenarbeit zu schaffen. Wir empfehlen Ihnen, Git selbst On-Premise zu hosten und dann mittels Cloud Connector in die SAP BTP einzubinden. Alternativ bieten sich Online-Git-Repositorys an, die unter Aspekten der Sicherheit natürlich herausfordernder zu handhaben sind.

Als Administrator*in obliegt Ihnen die Einrichtung von Remote Repositorys und Zweigen (sogenannten Branches), das Management von Zugriffsrechten und die Konfiguration von Workflow-Richtlinien. Klare Strukturen und Prozesse helfen der Entwicklung, effizient und kollisionsfrei zusammenzuarbeiten.

Je nach Aufteilung wird das Zusammenführen (Mergen) und das Beheben von Konflikten entweder durch die Entwicklungsleitung oder durch die Administration durchgeführt.

Bei der Sicherheit von Git Repositorys geht es um die Rechte der einzelnen Entwickler*innen. Sensible Teile des Repositorys sollten immer gut geschützt sein und regelmäßig gesichert werden.

SSL/TLS

In SAP Business Application Studio muss die Verbindung zum Git-Server zwingend mit SSL/TLS hergestellt werden.

Für die Verbindung mit dem On-Premise-System kommt wieder der Cloud Connector zum Einsatz. Sie müssen im ersten Schritt eine Zuordnung für den Git-Server im Cloud Connector anlegen. Öffnen Sie dazu im Cloud Connector die Verbindung zum

Subaccount (siehe Abbildung 7.20). Klicken Sie auf der Registerkarte **Access Control** für die Zugriffskontrolle auf den Plus-Button .

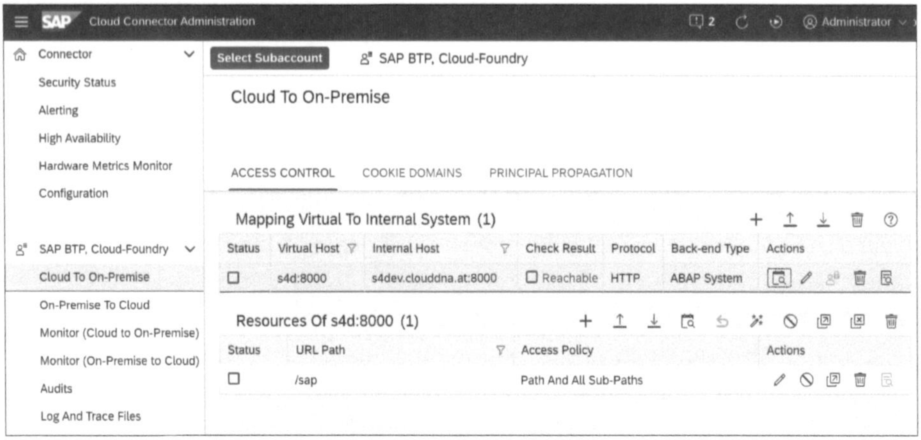

Abbildung 7.20 Git-Server im Cloud Connector hinzufügen

Wählen Sie für **Back-end Type** die Option **Non-SAP System** (siehe Abbildung 7.21). Klicken Sie dann auf **Next**.

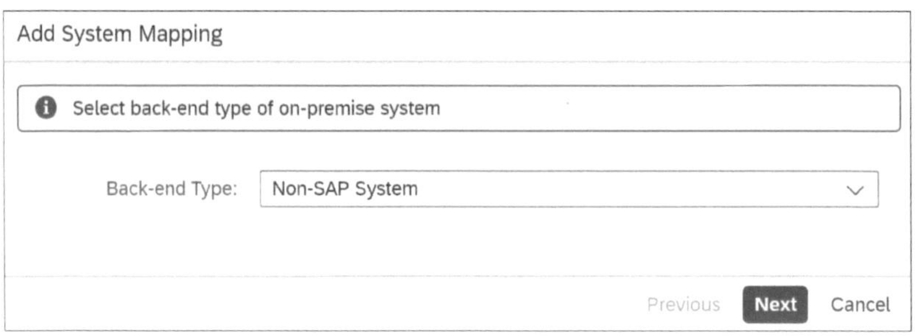

Abbildung 7.21 Backend-Typ auswählen

Bei der Auswahl des Protokolls (**Protocol**) wählen Sie **HTTPS** (siehe Abbildung 7.22). Wenn Sie fertig sind, klicken Sie auf **Next**.

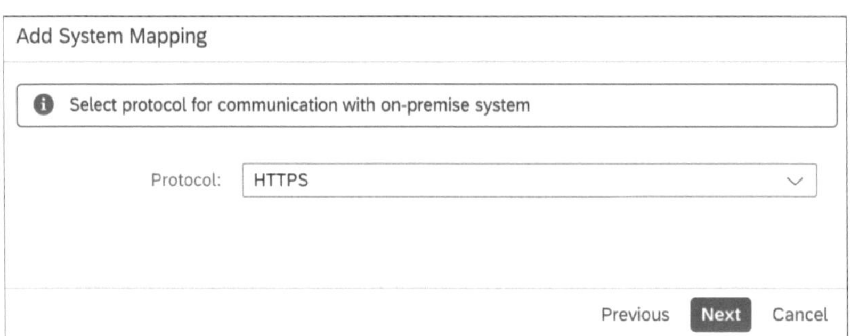

Abbildung 7.22 Protokoll auswählen

Geben Sie nun den **Virtual Host** und den **Virtual Port** ein (siehe Abbildung 7.23). Klicken Sie dann auf **Next**.

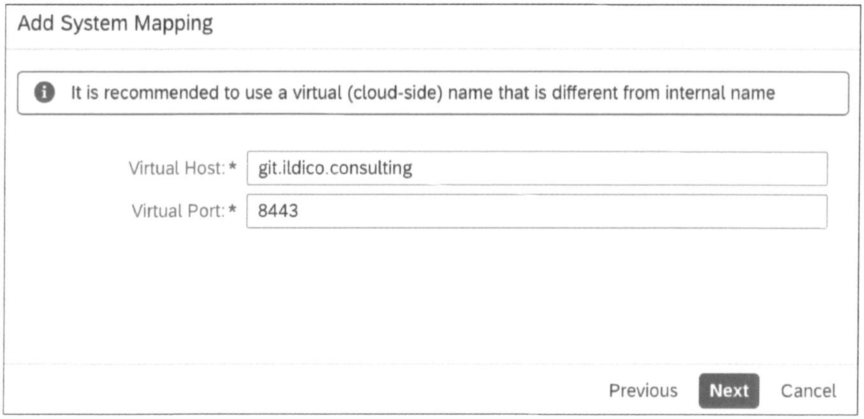

Abbildung 7.23 Internen Host eingeben

SSL-Zertifikat und Git

Beachten Sie bei diesen Schritten, dass, wenn der interne Host-Name vom virtuellen Namen abweicht, Sie das Problem haben, dass das vom Backend vorgelegte SSL-Zertifikat für einen anderen Servernamen ausgestellt wird als den, den Sie als virtuellen Servernamen gewählt haben.

In unserem Beispiel ist die Domäne der beiden Server dieselbe, und der von uns verwendete Backend-Server hat ein Wildcard-Zertifikat installiert, das die gesamte Domäne als vertrauenswürdig ausweist.

Als Nächstes geben Sie an, ob eine Principal Propagation möglich sein soll (siehe Abbildung 7.24). Klicken Sie dann auf **Next**.

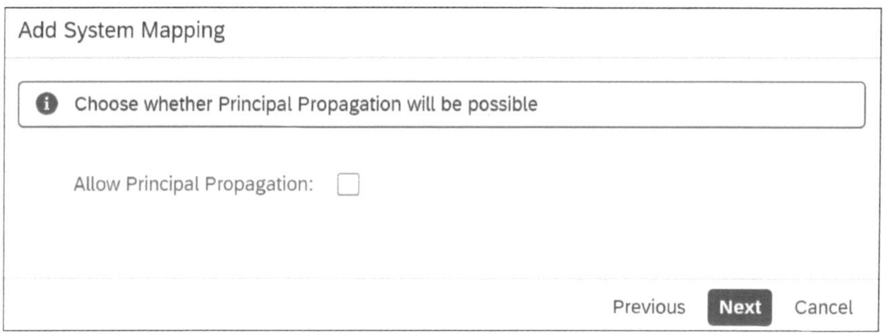

Abbildung 7.24 Principal Propagation konfigurieren

Im nächsten Schritt müssen Sie den Wert festlegen, mit dem der Request Header Host gefüllt werden soll, wie in Abbildung 7.25 dargestellt. Der Wert muss in das Feld **Host in Request Header** eingetragen werden. Klicken Sie dann auf **Next**.

Abbildung 7.25 Host-Verweis im Anfrage-Header auswählen

Nun können Sie optional eine Beschreibung eingeben (siehe Abbildung 7.26). Klicken Sie dann auf **Next**.

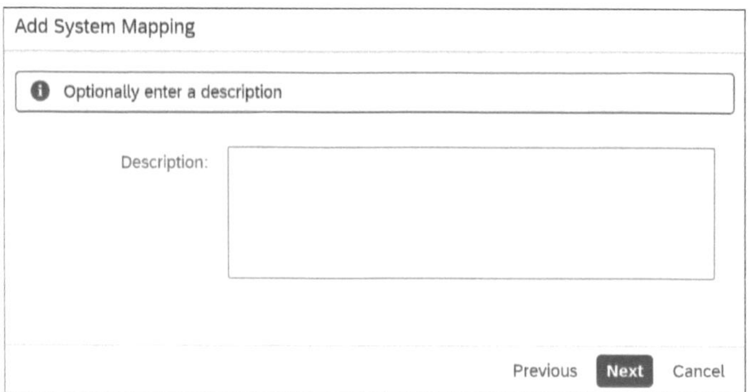

Abbildung 7.26 Beschreibung hinzufügen

Sie sehen nun eine Zusammenfassung der Einstellungen (siehe Abbildung 7.27). Klicken Sie auf **Finish**, um die Konfiguration fertigzustellen.

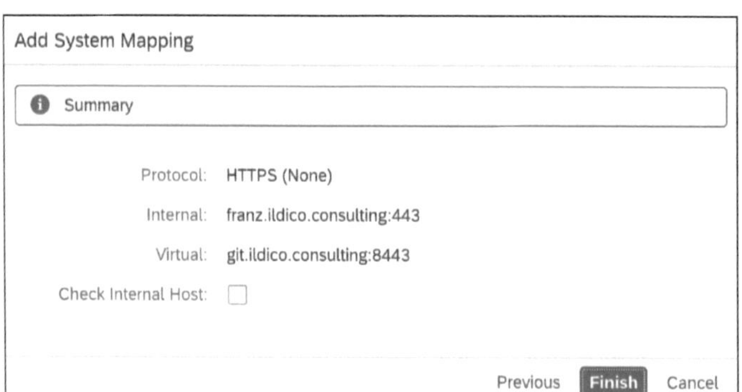

Abbildung 7.27 Zusammenfassung der Konfiguration

Nachdem die Konfiguration abgeschlossen ist, sollten Sie das in Abbildung 7.28 gezeigte Bild sehen. Nun müssen Sie die Ressourcen zuweisen. Klicken Sie dazu zunächst auf den Plus-Button im Bereich **Resources Of git....**

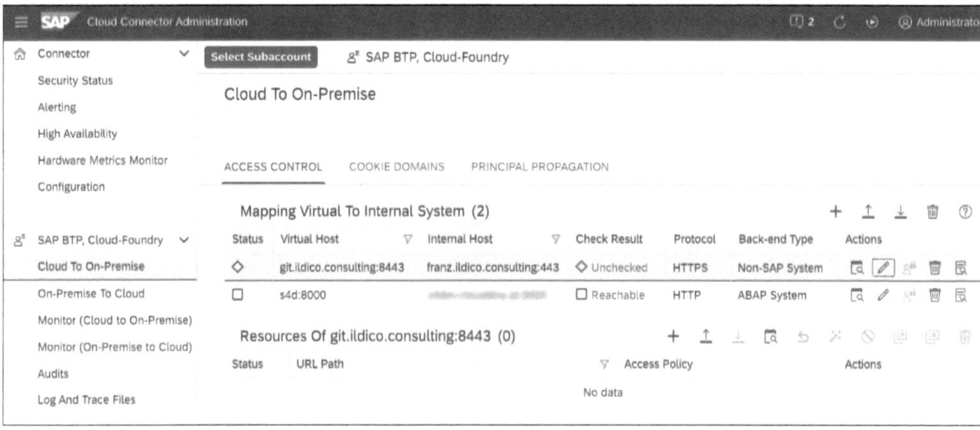

Abbildung 7.28 Übersicht über die Zugriffskontrolle

Geben Sie im Feld **URL Path** den Pfad an, über den die Git Repositorys auf Ihrem Git-Server zugänglich sind (siehe Abbildung 7.29). Sie können entweder den Zugriff auf alle Git Repositorys zulassen, wie im Beispiel gezeigt, oder alternativ den Zugriff auf einzelne Repositorys erlauben. Wählen Sie unter **Access Policy** die Option **Path And All Sub-Paths**.

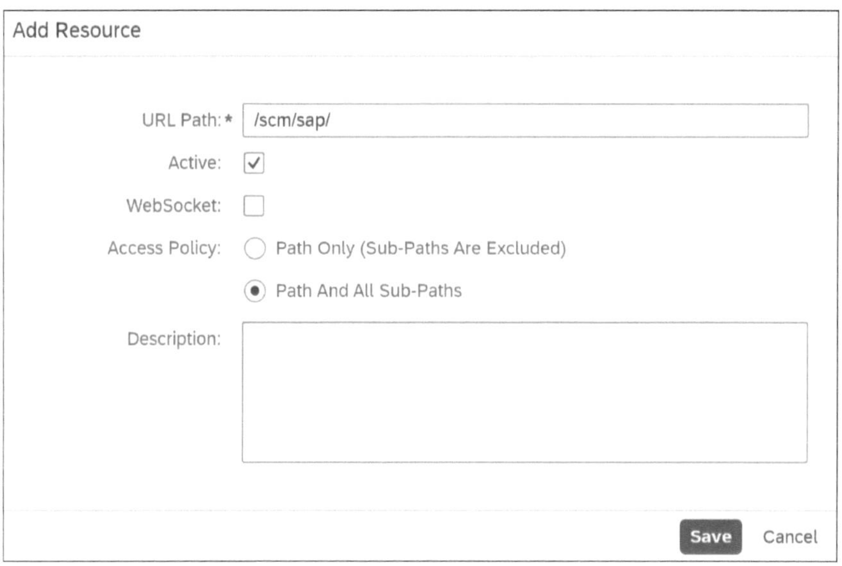

Abbildung 7.29 Ressource hinzufügen

Nachdem Sie die Einstellungen gesichert haben, sollten Sie den Git-Server im SAP BTP Cockpit unter **Exposed Back-End Systems** sehen (siehe Abbildung 7.30).

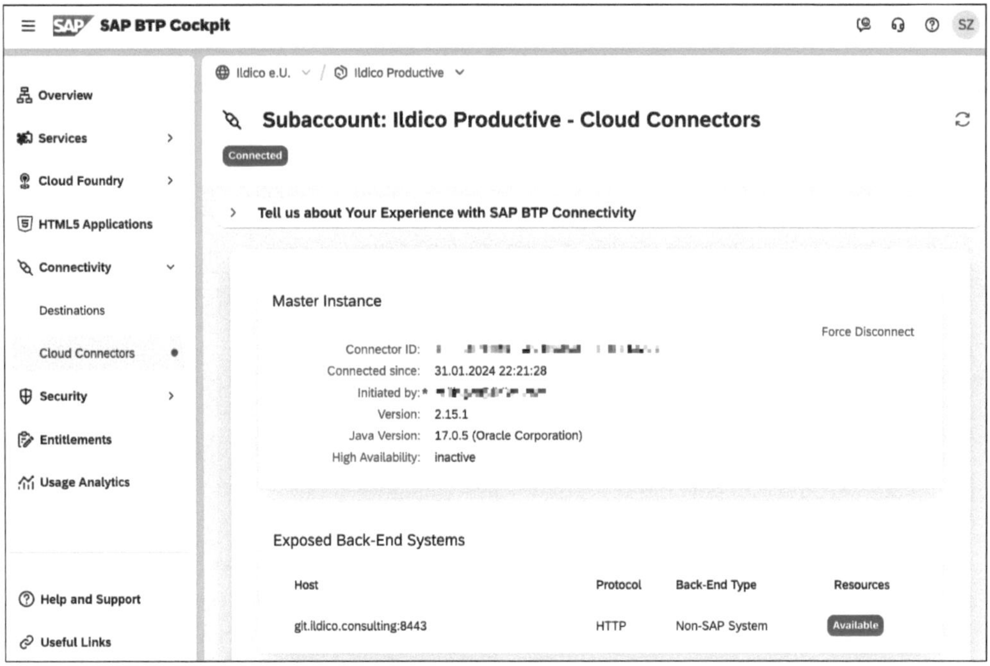

Abbildung 7.30 Cloud-Connector-Details

Navigieren Sie nun über den Pfad **Connectivity • Destinations** im Seitenmenü (siehe Abbildung 7.31). Klicken Sie dort auf **Create Destination**, um eine neue Destination anzulegen.

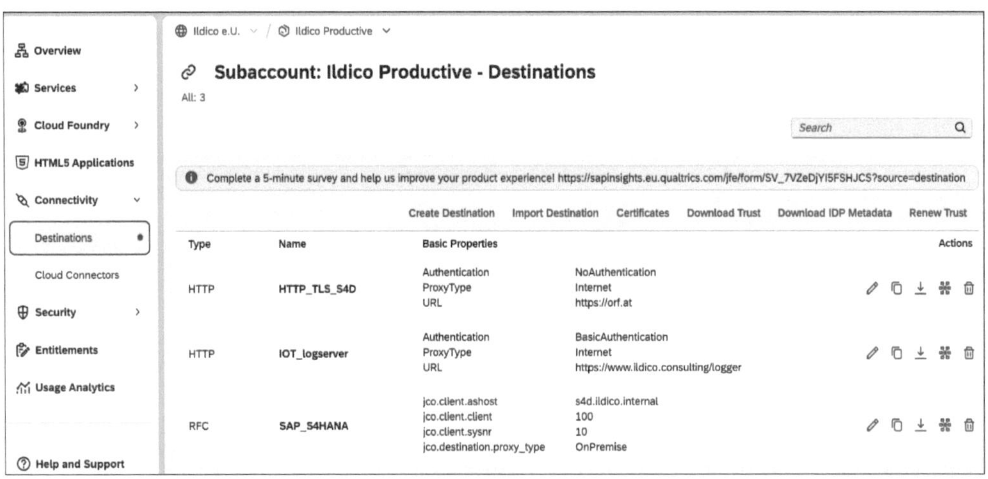

Abbildung 7.31 Neue Destination hinzufügen

Sie können nun die Eigenschaften der Destination wie gewohnt pflegen (siehe Abbildung 7.32). Für die Eigenschaft **URL** müssen Sie den virtuellen Host und den virtuellen Port verwenden. Legen Sie vier zusätzliche Eigenschaften unter **Additional Properties** an. Sie können die Namen der zusätzlichen Eigenschaften aus der Dropdown-Liste auswählen. Weisen Sie für die Eigenschaft `WebIDEUsage` den Wert `git` zu. Weisen Sie für das Attribut `WebIDEEnabled` und für `HTML5.DynamicDestination` den Wert `true` zu. Für das Attribut `WebIDEAdditionalData` müssen Sie eine von SAP definierte Namenskonvention einhalten. Der Wert muss mit `git_host_` beginnen. Danach müssen Sie den Namen des virtuellen Hosts anhängen. Da im Beispiel der virtuelle Host `git.ildico.consulting` verwendet wird, muss hier der Wert `git_host_git.ildico.consulting` eingetragen werden. Klicken Sie dann auf **Save**.

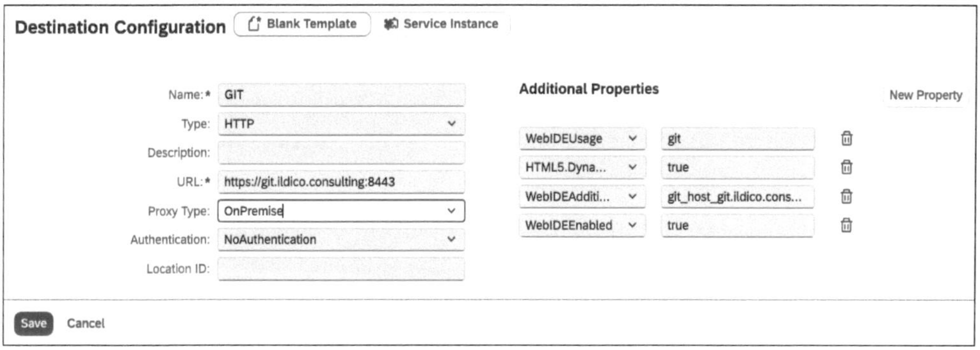

Abbildung 7.32 Zielkonfiguration eingeben

Nachdem Sie die Zielkonfiguration gespeichert haben, können Sie auf den Verbindungs-Button klicken, um einen Verbindungstest durchzuführen. Dieser sollte ein positives Ergebnis liefern (siehe Abbildung 7.33).

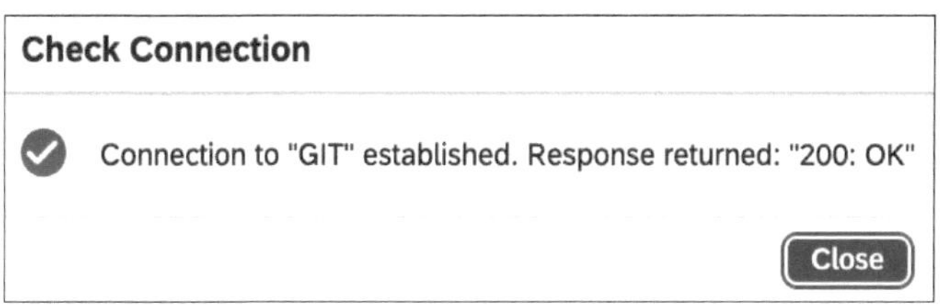

Abbildung 7.33 Verbindung zum Git-Server prüfen

In SAP Business Application Studio befindet sich auf der linken Seite des Bildes ein Button für die Versionsverwaltung, **Source Control**. Dort können Sie u. a. Quellen verwalten. Die geöffnete Ansicht sehen Sie in Abbildung 7.34.

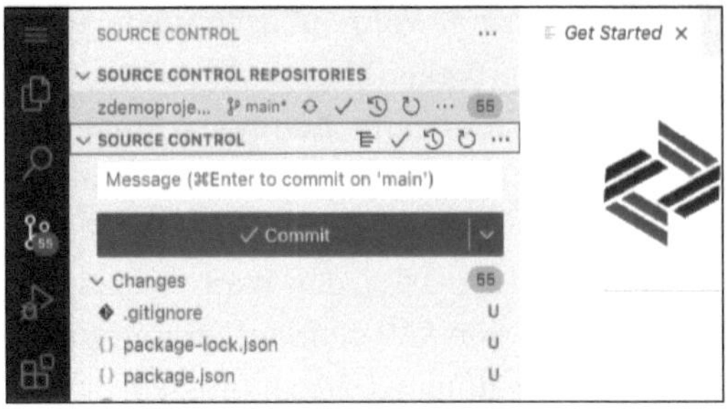

Abbildung 7.34 Versionskontrolle in SAP Business Application Studio

Um nun mit dem Git Repository zu arbeiten, müssen Sie die Anmeldedaten festlegen. Sie haben die drei folgenden Optionen:

- Git-Zugangsdaten-Cache für die temporäre Speicherung
- Git-Anmeldespeicher für die dauerhafte Speicherung Ihrer Anmeldedaten
- persönliches Zugriffstoken, wenn Sie ein Zugriffstoken von Ihrem Git Repository haben

Weitere Einzelheiten finden Sie in der SAP-Hilfe unter *www.s-prs.de/v100200033*.

Um die Funktion zu testen, geben Sie den Code in Listing 7.1 in die Befehlszeile von SAP Business Application Studio ein. Die Befehlszeile rufen Sie durch einen Klick auf die Registerkarte **Terminal** auf (siehe Abbildung 7.35).

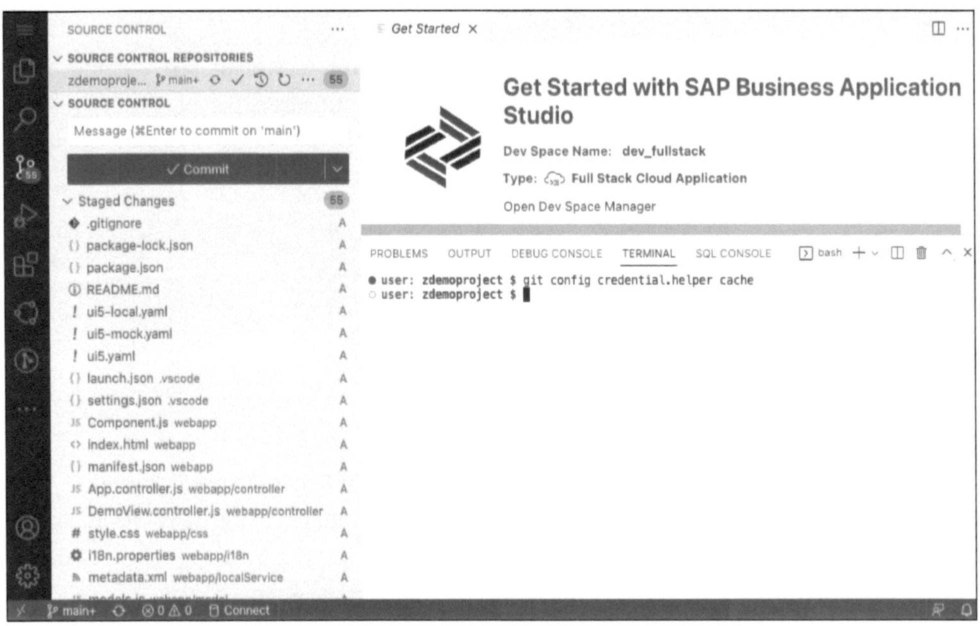

Abbildung 7.35 Zugriff auf die Befehlszeile für Git-Anmeldeinformationen

```
$ git config credential.helper 'cache --timeout=3600'
$ git push https://git.ildico.consulting:8443/<reponame>.git
Benutzername: <Git-Benutzername>
Kennwort: <Git-Kennwort>
```

Listing 7.1 Git-Anmeldeinformationen erfassen

Wenn Sie diesen Schritt abgeschlossen haben, können Sie eine Stunde lang mit den Anmeldeinformationen für das Git Repository arbeiten – danach müssen Sie sie erneut eingeben.

Weitere Informationen zum Git-Cache

Um mehr über den Git-Cache zu erfahren, besuchen Sie *www.s-prs.de/v100200034*.

Wir fügen nun Quellen einer Beispielentwicklung zum Repository hinzu. Unter **SOURCE CONTROL** sehen Sie einen Drei-Punkte-Button [...], über den Sie das Menü aufrufen können. Navigieren Sie dort über den Pfad **Remote • Add Remote...** (siehe Abbildung 7.36).

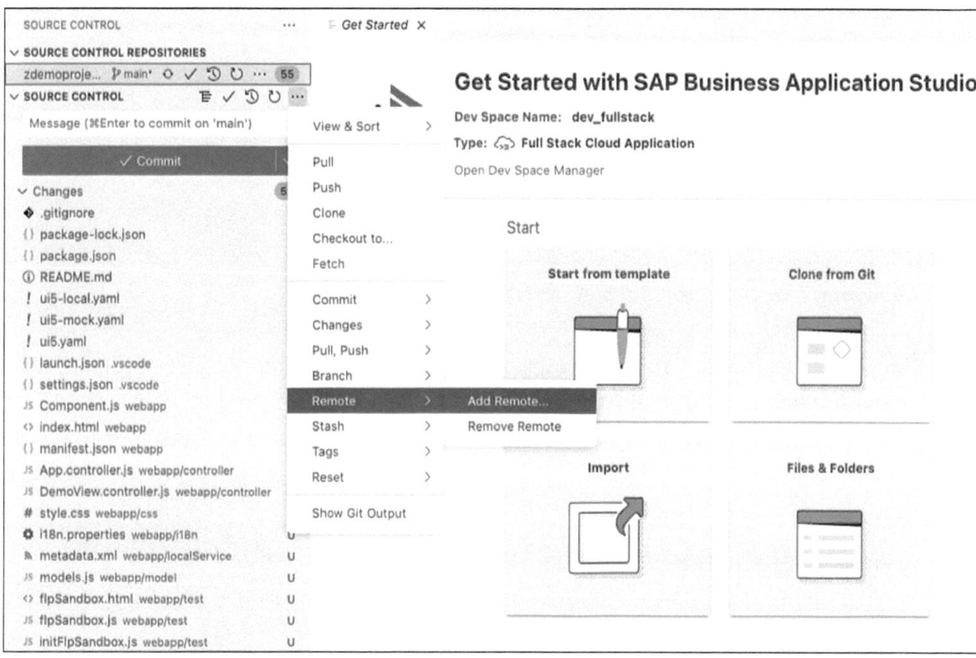

Abbildung 7.36 Dialogfeld »Add Remote«

Dann geben Sie im Suchfeld von SAP Business Application Studio den Git-Server ein (siehe Abbildung 7.37).

Abbildung 7.37 Remote Git Repository hinzufügen

Im nächsten Schritt können Sie der Git-Verbindung einen Namen zuweisen. Für unser Beispiel haben wir »ConsultingGit« gewählt (siehe Abbildung 7.38).

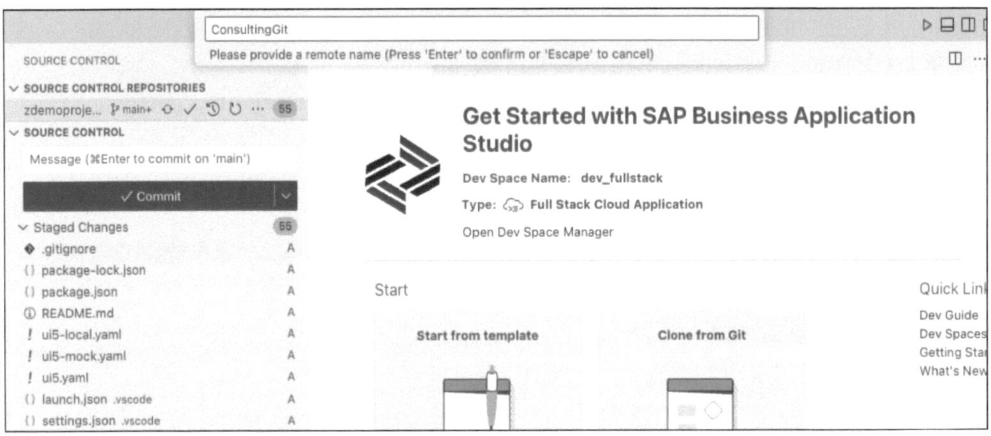

Abbildung 7.38 Git-Verbindung einen Namen zuweisen

Nachdem Sie einen Namen zugewiesen haben, können Sie das Repository in SAP Business Application Studio durchgängig verwenden. Viele der Operationen sind in SAP Business Application Studio selbst integriert, während andere über das Terminal ausgeführt werden müssen.

Weitere Informationen zu Git in SAP Business Application Studio

Weitere Informationen zur Arbeit mit Git und SAP Business Application Studio finden Sie unter *www.s-prs.de/v100200035*.

Kapitel 8
Die SAP Integration Suite aktivieren und einrichten

Zentraler Erfolgsbaustein in hybriden Systemlandschaften ist die Integration von Cloud- und On-Premise-Systemen. Hierzu bietet SAP die SAP Integration Suite an.

In der heutigen, schnelllebigen und digital vernetzten Welt ist die Integration von Systemen und Anwendungen zu einem kritischen Erfolgsfaktor für Unternehmen jeder Größe geworden. Die Fähigkeit, nahtlos zwischen internen und externen Datenströmen zu navigieren, hat direkte Auswirkungen auf die Effizienz, Agilität und Innovationskraft eines Unternehmens. Hier setzt die SAP Integration Suite an, eine Plattform, die als zentrale Drehscheibe für die digitale Transformation fungiert.

Die SAP Integration Suite ist eine umfassende Integrationsplattform, die als Service angeboten wird (iPaaS = Integration Platform as a Service). Sie ist eine Lösung, die weit über die Grenzen traditioneller On-Premise-Systeme hinausgeht. Sie ermöglicht es Organisationen, ihre heterogenen Systemlandschaften – bestehend aus einer Vielzahl von SAP- und Nicht-SAP-Anwendungen – effizient zu verknüpfen und Geschäftsprozesse zu automatisieren. Dieses Kapitel zielt darauf ab, Sie in die Welt der modernen Integrationstechnologien einzuführen, deren Bedeutung im Zeitalter der digitalen Transformation zu verstehen und die zentrale Rolle der SAP Integration Suite in diesem Kontext zu beleuchten.

Die SAP Integration Suite ist nicht nur eine evolutionäre Weiterentwicklung ihres On-Premise-Vorgängers SAP Process Orchestration, sondern auch eine revolutionäre Plattform, die durch Cloud-Flexibilität und ein umfangreiches Angebot an vorgefertigtem Content besticht. Die breite Akzeptanz der Plattform auf dem Markt ist ein deutliches Zeichen dafür, dass Unternehmen aus allen Branchen die Notwendigkeit erkannt haben, ihre Systeme in eine immer komplexer werdenden digitalen Welt zu integrieren.

Wir erläutern Ihnen zunächst in Abschnitt 8.1, »Funktionen und Historie der SAP Integration Suite«, die Funktionen und die Historie der SAP Integration Suite. In Abschnitt 8.2, »Subaccount anlegen und Entitlements zuordnen«, erfahren Sie, wie ein Subaccount angelegt und mit den erforderlichen Entitlements versehen wird. Wie Sie eine Subscription erstellen, zeigen wir in Abschnitt 8.3, »Subscription erstellen«. Anschließend sehen Sie in Abschnitt 8.4, »Capabilities aktivieren«,wie Sie die Capabilities innerhalb der SAP Integration Suite aktivieren. Danach lernen Sie in Abschnitt 8.5, »Process Integration Runtime instanziieren«, wie die Process Integration Runtime erstellt wird, und abschließend erlernen Sie in Abschnitt 8.6, »Service Key anlegen«, das Anlegen der Service Keys.

8.1 Funktionen und Historie der SAP Integration Suite

Die SAP Integration Suite kann auf eine lange Historie zurückblicken. SAP startete im Jahr 2013 mit einem Produkt namens *SAP HANA Cloud Integration*. Dieses Produkt sollte die Nachfolge von *SAP Process Integration* und *SAP Process Orchestration* in der damaligen *SAP HANA Cloud Platform* antreten. Die SAP HANA Cloud Integration basiert auf dem Open-Source-Produkt *Apache Camel*. Dieses Produkt wurde von SAP um SAP-spezifische Komponenten erweitert, um den Anforderungen von Unternehmenskunden gerecht zu werden. Nachdem sich SAP im Jahr 2017 vom Zusatz HANA in der Bezeichnung SAP HANA Cloud Platform verabschiedet hatte und diese fortan *SAP Cloud Platform* genannt worden war, wurde auch die SAP HANA Cloud Integration in SAP Cloud Platform Integration umbenannt. Es handelte sich dabei lediglich um ein Re-Branding, bei dem der Funktionsumfang gleich blieb. Die SAP Cloud Platform Integration deckt typische Integrationsanforderungen für folgende Szenarien ab:

- Application-to-Application (A2A)
- Business-to-Business (B2B)
- Business-to-Government (B2G)

Die Verbindung mit den jeweiligen Systemen erfolgt auf Basis gängiger *Protokolle* und Technologien wie HTTPS, FTP, SFTP, SOAP, OData, REST, JDBC, IMAP usw. Die Protokolle werden über Adapter technisch abgebildet. Neben klassischen Technologieadaptern liefert SAP auch Adapter aus, die speziell für SAP-Cloud-Produkte und -Anwendungen entwickelt wurden. So gibt es beispielsweise einen *SAP-SuccessFactors-Adapter* oder auch einen *SAP-Ariba-Adapter*. Im B2G-Umfeld liefert SAP den *ERiC/ELSTER-Adapter* aus. Sollten Sie Anforderungen haben, die sich mit den vorhandenen Adaptern nicht abbilden lassen, können Sie mit dem *Adapter Development Kit* (ADK) eigene Adapter entwickeln und bereitstellen.

Neben der klassischen Integration möchten viele Kunden auch APIs bereitstellen können. Hierzu hat SAP das SAP API Management entwickelt.

Zusätzlich ist die Integration diverser Cloud-Lösungen und SaaS-Angebote (SaaS = Software-as-a-Service), die nicht von SAP stammen, in vielen Unternehmen erforderlich, beispielsweise *Office 365*, *Salesforce*, *ServiceNow* oder auch *Atlassian Jira*. Dazu hat SAP in einer Partnerschaft mit dem Unternehmen Cloud Elements das Produkt *SAP Open Connectors* entwickelt. Für EDI-Szenarien wurde später die Lösung *SAP Integration Advisor* eingeführt, die Unternehmen dabei hilft, die Einführung und Umsetzung von *EDI-Schnittstellen* zu beschleunigen. Jedes dieser Produkte hatte ein eigenes Preismodell mit unterschiedlichen Metriken. Sie können sich sicherlich vorstellen, dass es aufgrund der vielen Komponenten und unterschiedlichen Bepreisung für Kunden sehr schwierig war, den Überblick zu behalten. Zusätzlich wurde jede dieser Lösungen separat bereitgestellt, was den Administrationsaufwand in die Höhe trieb.

SAP hat sich an dieser Stelle das Feedback der Kunden zu Herzen genommen und die Produkte in der SAP Integration Suite zusammengeführt. Seitdem können mit der Lizenzierung der SAP Integration Suite alle Komponenten verwendet werden. Zusätzlich wurden diese Komponenten in einer einheitlichen Applikation zusammengeführt und die Integration verbessert. Zu einem ähnlichen Zeitpunkt hat SAP parallel zur Neo-Umgebung die Cloud-Foundry-Umgebung vorgestellt. Die SAP Integration Suite steht ausschließlich in der Cloud-Foundry-Umgebung zur Verfügung.

Die SAP Integration Suite enthält mittlerweile die folgenden Komponenten:

- SAP Cloud Integration
- SAP API Management inkl. Graph
- Trading Partner Management
- SAP Integration Advisor
- SAP Open Connectors
- SAP Integration Assessment
- Migration Assessment
- Edge Integration Cell

Die SAP Integration Suite wird auch in der sogenannten *Free-Tier*-Version angeboten. Damit können Sie den Service kostenfrei über einen bestimmten Zeitraum hinweg testen.

8.2 Subaccount anlegen und Entitlements zuordnen

SAP bietet auf der SAP BTP zwar eine Vielzahl an Boostern für diverse Services an, für die Installation und Konfiguration der SAP Integration Suite steht jedoch kein Booster zur Verfügung. Daher ist es erforderlich, dass einige Schritte auf der Ebene des Global Account und des Subaccounts manuell durchgeführt werden.

Im ersten Schritt müssen Sie einen Subaccount anlegen. Dazu müssen Sie im SAP BTP Cockpit auf der Ebene des Global Account angemeldet sein. Wie das Anlegen eines

Subaccounts funktioniert, haben wir in Kapitel 2, »Benutzerverwaltung«, besprochen. In Abbildung 8.1 sehen Sie die Einstellungen für den Subaccount, der für das nachfolgende Beispiel verwendet wird. Wie immer sollten Sie sich vorab im SAP Discovery Center informieren, bei welchen Hyperscalern und in welchen Rechenzentren die SAP Integration Suite zur Verfügung steht.

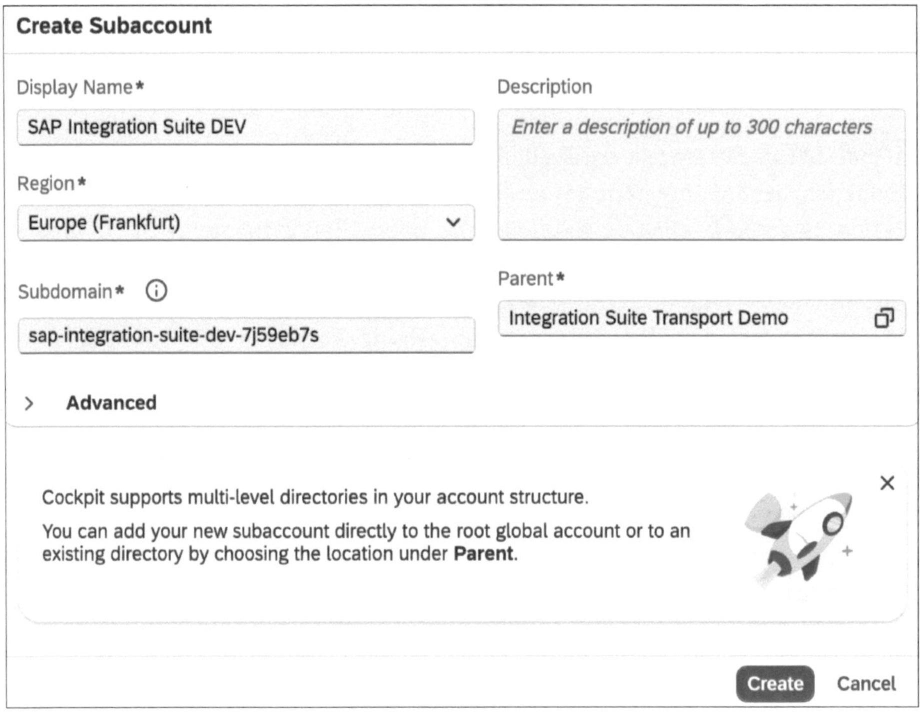

Abbildung 8.1 Einstellungen des Subaccounts

Nachdem Sie einen Subaccount angelegt haben, müssen Sie das Entity Assignment durchführen. Damit weisen Sie dem Subaccount die benötigten Services zu. Navigieren Sie im Seitenmenü über den Pfad **Entitlements • Entity Assignments** (siehe Abbildung 8.2). Wählen Sie den zuvor angelegten Subaccount aus, und klicken Sie anschließend auf den Button **Configure Entitlements**.

An dieser Stelle hätten Sie die Möglichkeit, die Quotas für bereits zugewiesene Services zu verändern. Durch einen Klick auf den Button **Add Service Plans** können Sie neue Services zuordnen (siehe Abbildung 8.3).

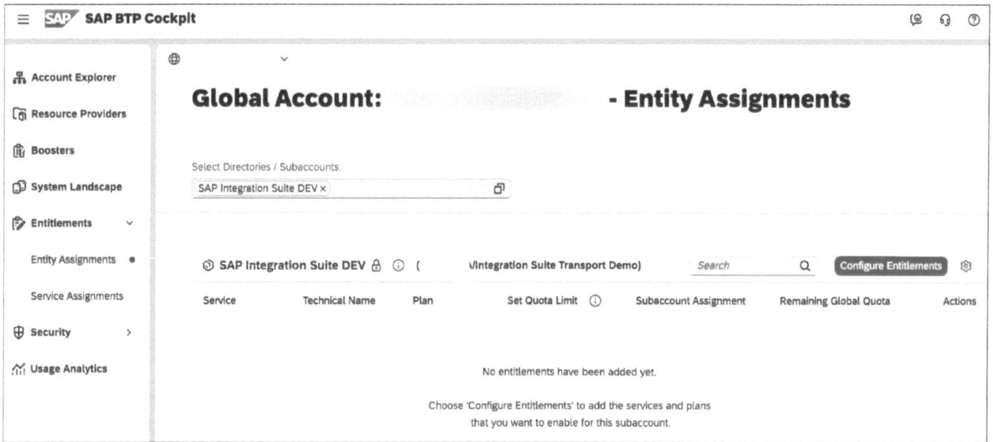

Abbildung 8.2 Entitlements konfigurieren

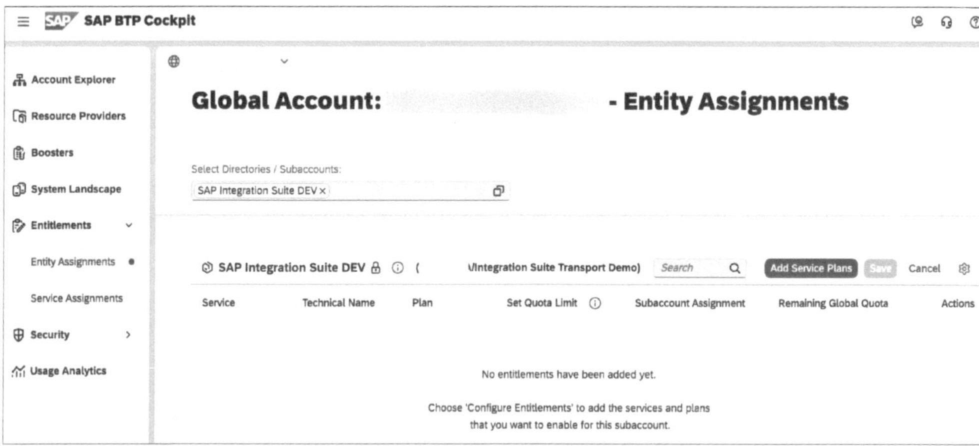

Abbildung 8.3 Servicepläne hinzufügen

Für die Verwendung der SAP Integration Suite muss der Integration Suite Service zugeordnet werden. Aktivieren Sie das Kennzeichen **free (Application)**, also den Free Service Plan, um die SAP Integration Suite 90 Tage lang kostenlos zu nutzen (siehe Abbildung 8.4). Die anderen zur Verfügung stehenden Servicepläne finden Sie im SAP Discovery Center.

Falls Sie die Cloud Integration Capability der SAP Integration Suite verwenden möchten, müssen Sie zusätzlich den Process Integration Runtime Service hinzufügen. Für diesen Service gibt es die Servicepläne »api« und »integration-flow« (siehe Abbildung 8.5).

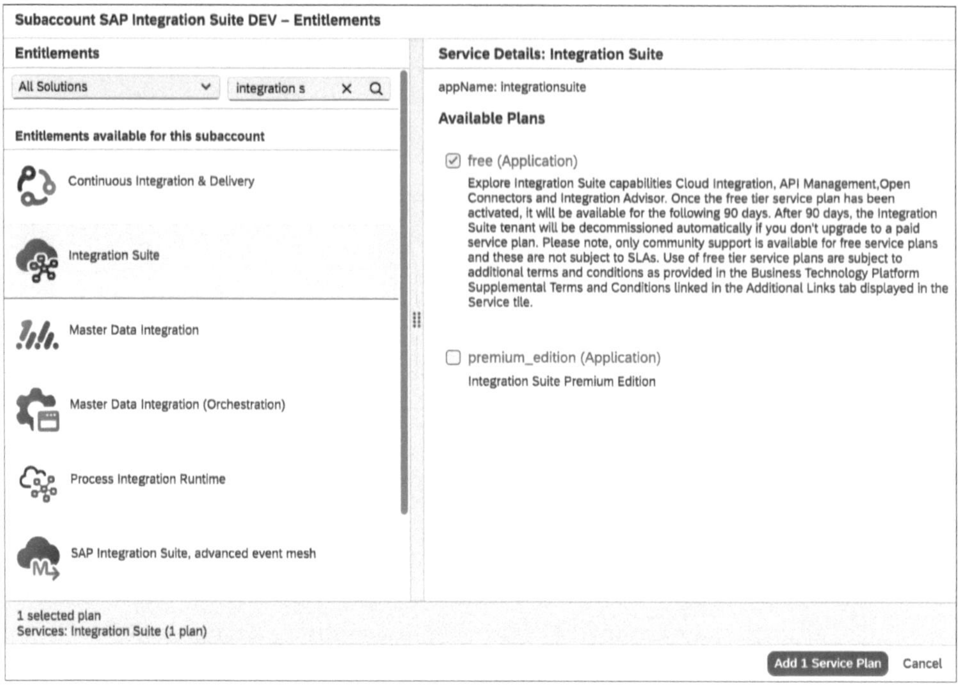

Abbildung 8.4 Serviceplan für die SAP Integration Suite auswählen

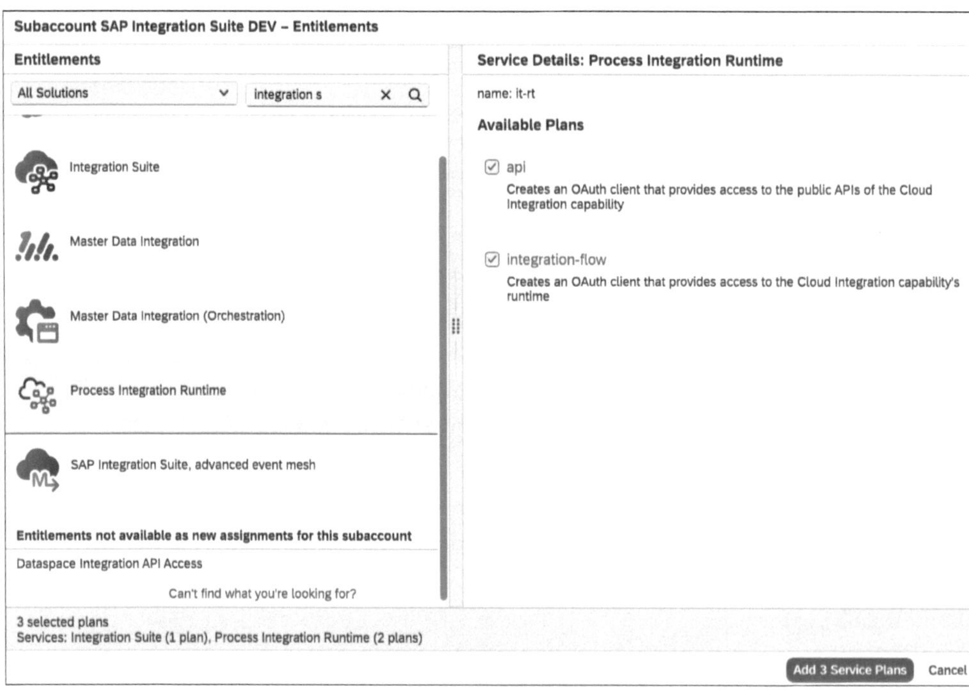

Abbildung 8.5 Serviceplan für die Process Integration Runtime auswählen

Über den Serviceplan »api« erhalten Sie Zugriff auf die öffentlichen APIs der Cloud Integration Capability. Der Serviceplan »integration-flow« wird benötigt, um OAuth Client Credentials zu erzeugen, die für die Authentifizierung der Sendersysteme benötigt werden. Für die Process-Integration-Runtime-Servicepläne fallen keine zusätzlichen Lizenzkosten an, da diese im Lizenzumfang der SAP Integration Suite enthalten sind. Nachdem die Servicepläne zugeordnet worden sind, können Sie den Dialog durch einen Klick auf **Add 3 Service Plans** schließen.

API-Dokumentation

Falls Sie den Zugriff auf SAP Cloud Integration mittels APIs planen, finden Sie im SAP Business Accelerator Hub unter *www.s-prs.de/v100200036* eine Übersicht über die zur Verfügung stehenden APIs (siehe Abbildung 8.6).

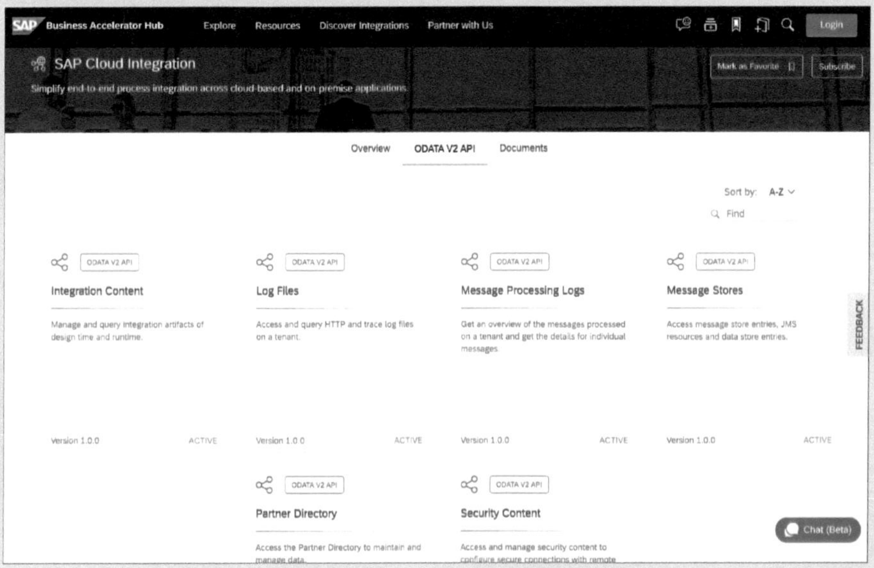

Abbildung 8.6 Übersicht über verfügbare APIs im SAP Business Accelerator Hub

Nachdem dem Subaccount die Servicepläne zugewiesen worden sind, müssen Sie noch die Zuordnung durch einen Klick auf **Save** speichern (siehe Abbildung 8.7).

An diesem Punkt fallen noch keine Lizenzkosten an. Sie entstehen erst, nachdem der Service im Subaccount subskribiert bzw. instanziiert worden ist.

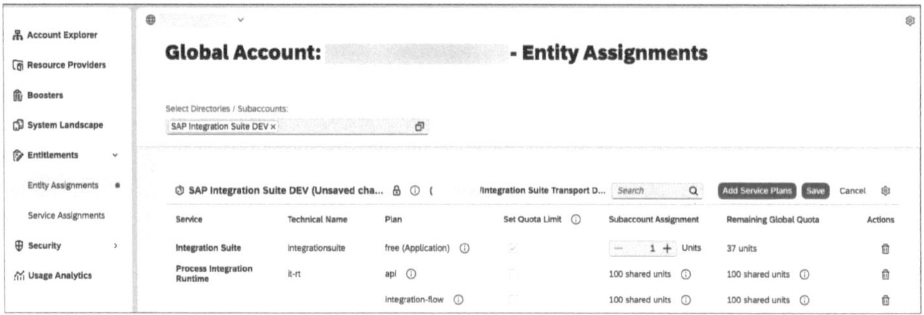

Abbildung 8.7 Entitlements speichern

8.3 Subscription erstellen

Nachdem dem Subaccount die Entitlements zugewiesen worden sind, können Sie mit der Einrichtung der SAP Integration Suite beginnen. Öffnen Sie dazu das SAP BTP Cockpit des Subaccounts. Die SAP Integration Suite Subscription benötigt grundsätzlich keine Cloud-Foundry-Umgebung, die Prozess Integration Runtime benötigt eine solche hingegen schon. Daher beginnen Sie zunächst mit der Aktivierung der Cloud-Foundry-Umgebung. Navigieren Sie dazu im Seitenmenü in den Bereich **Overview**, und klicken Sie anschließend auf den Button **Enable Cloud Foundry** (siehe Abbildung 8.8).

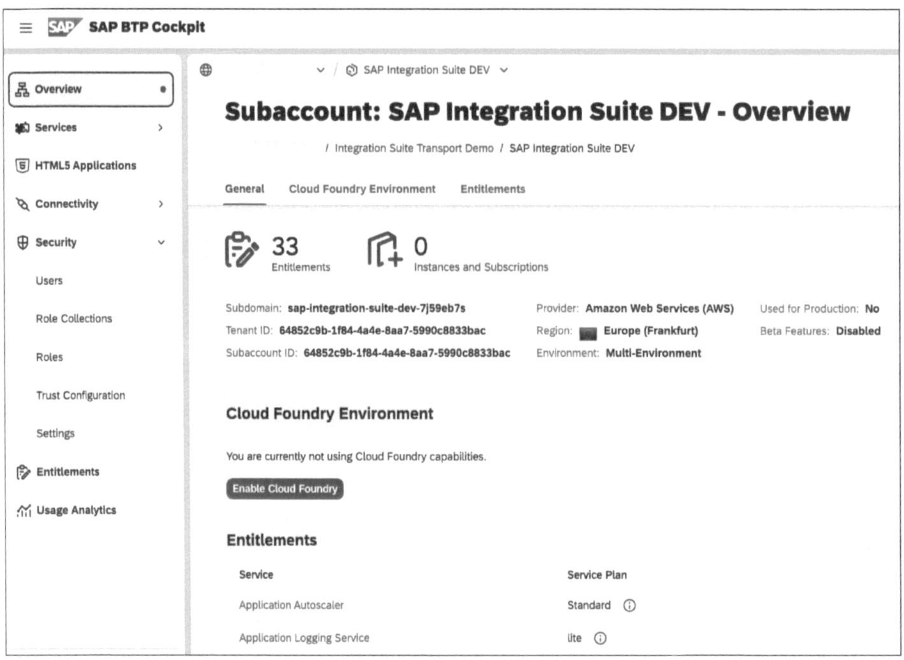

Abbildung 8.8 Cloud-Foundry-Umgebung aktivieren

Sie sehen nun die vorkonfigurierten Einstellungen der Cloud-Foundry-Umgebung (siehe Abbildung 8.9). Diese können Sie im Bedarfsfall anpassen. Das gilt beispielsweise, wenn Sie **Instance Name** und **Org Name** anpassen möchten, damit diese Ihren eigenen Namenskonventionen entsprechen.

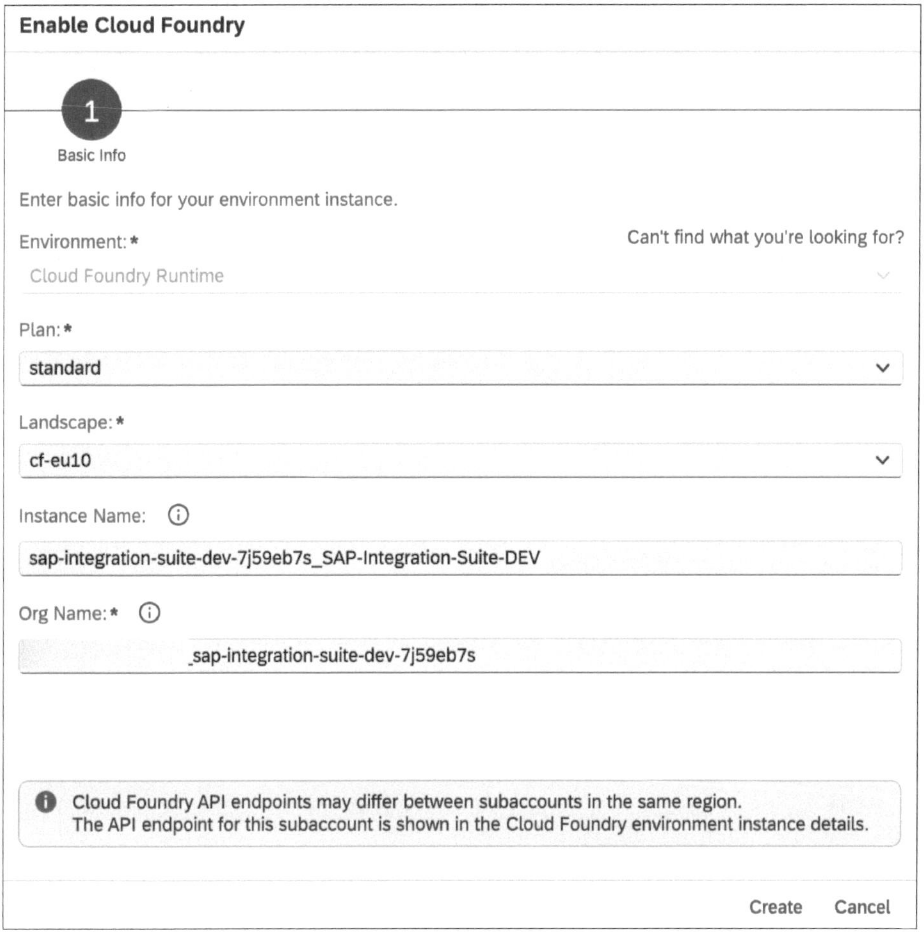

Abbildung 8.9 Cloud-Foundry-Umgebung konfigurieren

Navigieren Sie nun im Seitenmenü über den Pfad **Services • Instances and Subscriptions**. Dort sehen Sie die aktive Cloud-Foundry-Umgebung (siehe Abbildung 8.10). An dieser Stelle können Sie auch mit der Subscription der SAP Integration Suite beginnen. Klicken Sie dazu auf den Button **Create**. Alternativ könnten Sie im Seitenmenü über den Pfad **Services • Service Marketplace** navigieren und dort mit der Subscription beginnen. Dieses Vorgehen zeigen wir Ihnen in Abschnitt 8.3, »Subscription erstellen«, für die Einrichtung der Process Integration Runtime.

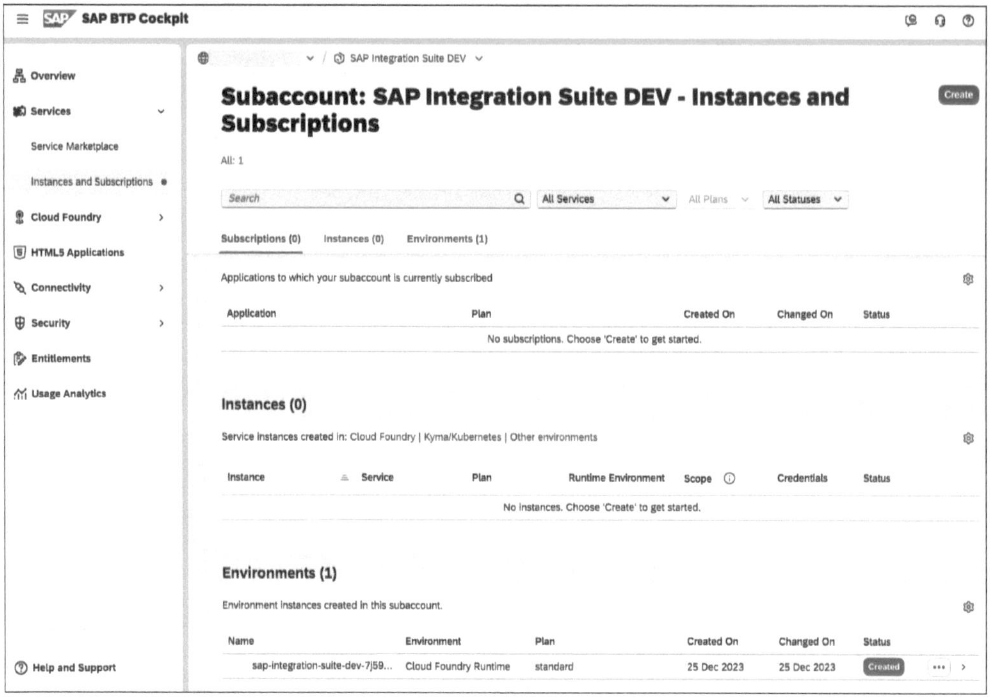

Abbildung 8.10 Subscription anlegen

Wählen Sie im Feld **Service** die Option **Integration Suite** und im Feld **Plan** den Eintrag **free** aus (siehe Abbildung 8.11). Anschließend klicken Sie auf **Create**.

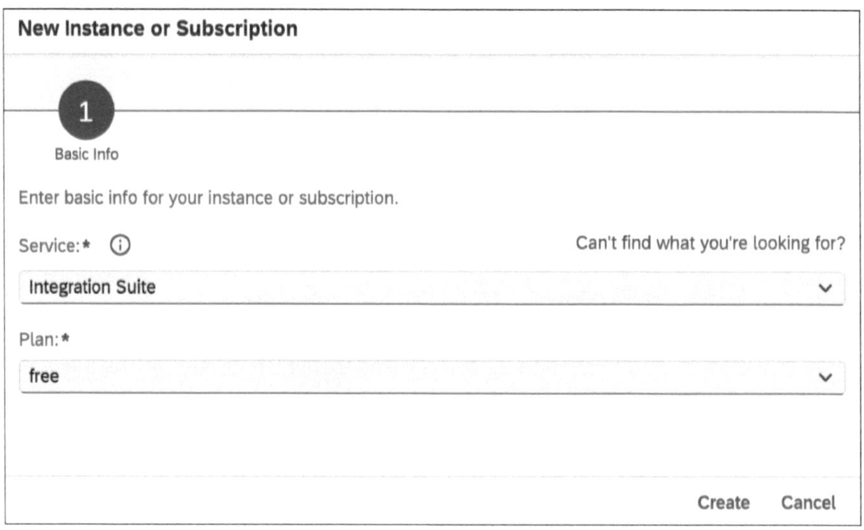

Abbildung 8.11 Serviceplan auswählen

Die Subscription sollte innerhalb weniger Sekunden erstellt sein. Damit Sie auf die SAP Integration Suite zugreifen können, müssen Sie den gewünschten Benutzern die entsprechenden Role Collections zuordnen. Navigieren Sie dazu im Seitenmenü über den Pfad **Security • Role Collections** (siehe Abbildung 8.12). Klicken Sie danach auf die Role Collection **Integration_ Provisioner**.

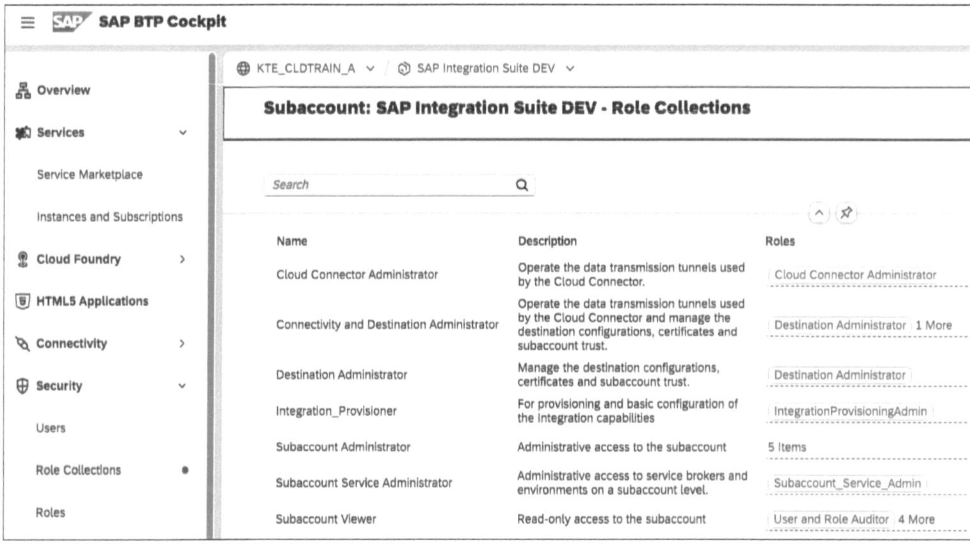

Abbildung 8.12 Role Collection zuordnen

Sie befinden sich in den Details der Role Collection (siehe Abbildung 8.13). Wie Sie hier erkennen können, kapselt die Role Collection die Rolle **IntegrationProvisioningAdmin**. Es sind keine User und auch keine User Groups zugewiesen. Klicken Sie auf den Button **Edit**, um der Role Collection Benutzer zuzuordnen. Grundsätzlich empfehlen wir, dass die Role Collections über ein Mapping auf User Groups des darunterliegenden Identity Providers abgebildet werden; es wurde im Rahmen diese Praxisbeispiels jedoch bewusst darauf verzichtet, da es lediglich um die Installation und Konfiguration der SAP Integration Suite geht.

Sie können nun in das Feld **ID** im Bereich **Users** die E-Mail-Adresse des gewünschten Benutzers eintragen (siehe Abbildung 8.14). Klicken Sie anschließend auf den Button **Save**.

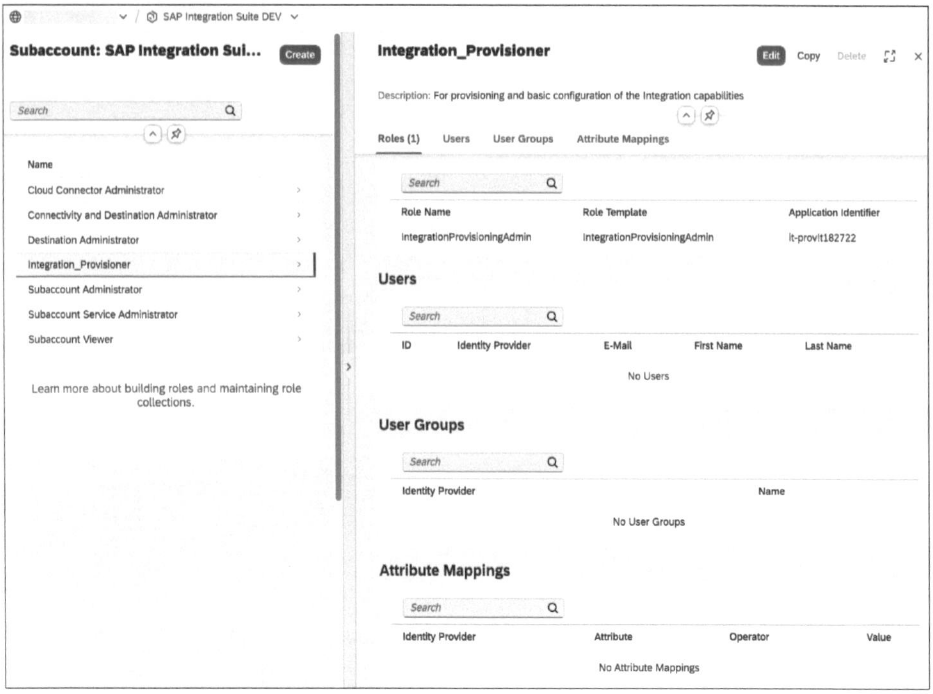

Abbildung 8.13 Role Collection bearbeiten

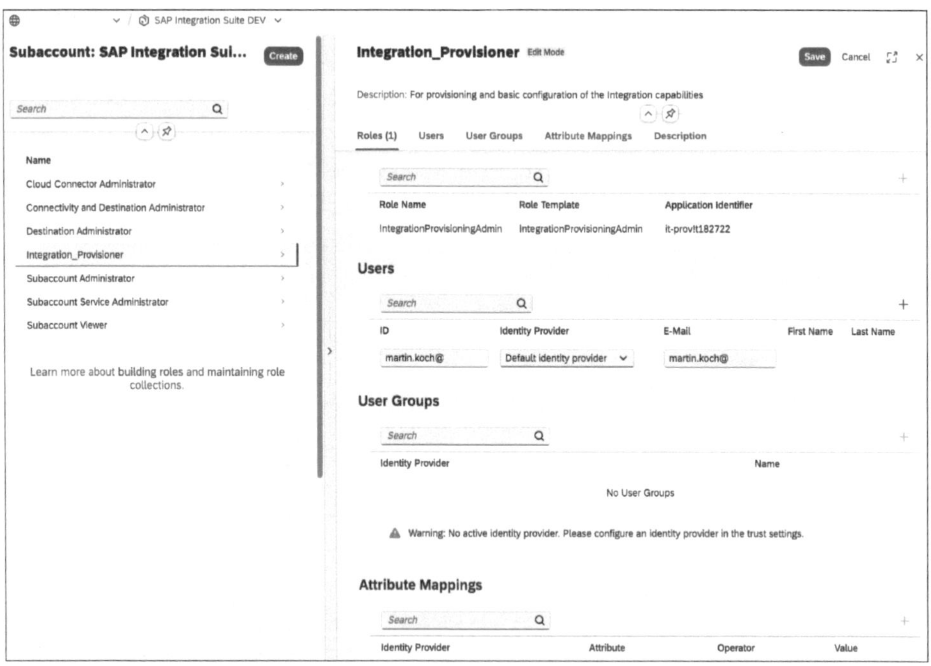

Abbildung 8.14 User zuweisen und speichern

8.4 Capabilities aktivieren

Was die Berechtigungen angeht, haben wir nun alle Voraussetzungen geschaffen, um auf die SAP Integration Suite zuzugreifen. Im nächsten Schritt müssen in der SAP Integration Suite die gewünschten Capabilities aktiviert werden. Navigieren Sie im Seitenmenü über den Pfad **Services • Instances and Subscriptions**, und klicken Sie danach im Detailbereich auf der Registerkarte **Subscriptions** auf die Option **Integration Suite** (siehe Abbildung 8.15).

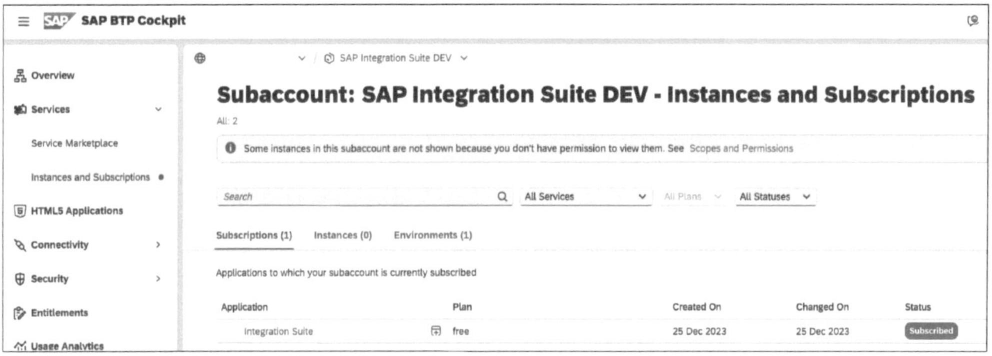

Abbildung 8.15 SAP Integration Suite öffnen

Sie befinden sich nun auf der Einstiegsseite der SAP Integration Suite (siehe Abbildung 8.16). Im Standard sind keine Capabilities aktiviert. Klicken Sie auf den Button **Add Capabilities**.

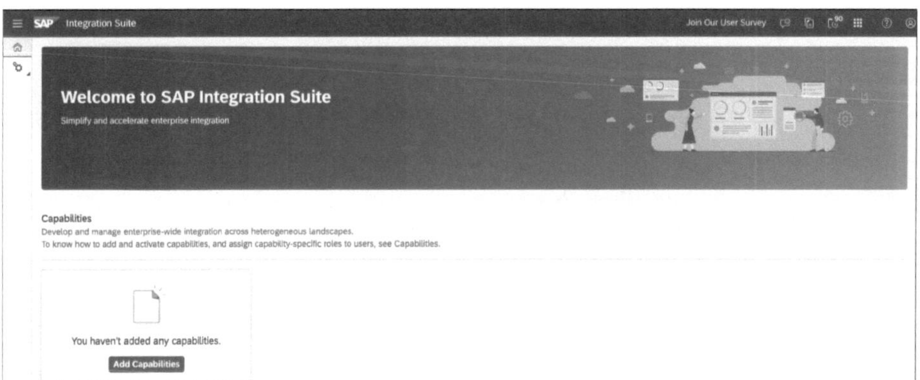

Abbildung 8.16 Capabilities hinzufügen

Sie können nun die gewünschten Capabilities auswählen. Nachfolgend aktivieren wir SAP Cloud Integration und SAP API Management (siehe Abbildung 8.17). SAP Cloud Integration entspricht der Capability **Build Integration Scenarios** und SAP API Management der Capability **Manage APIs**. Wählen Sie daher diese beiden Capabilities aus, und klicken Sie auf den Button **Next**. Sie können an dieser Stelle natürlich auch noch weitere Capabilities auswählen.

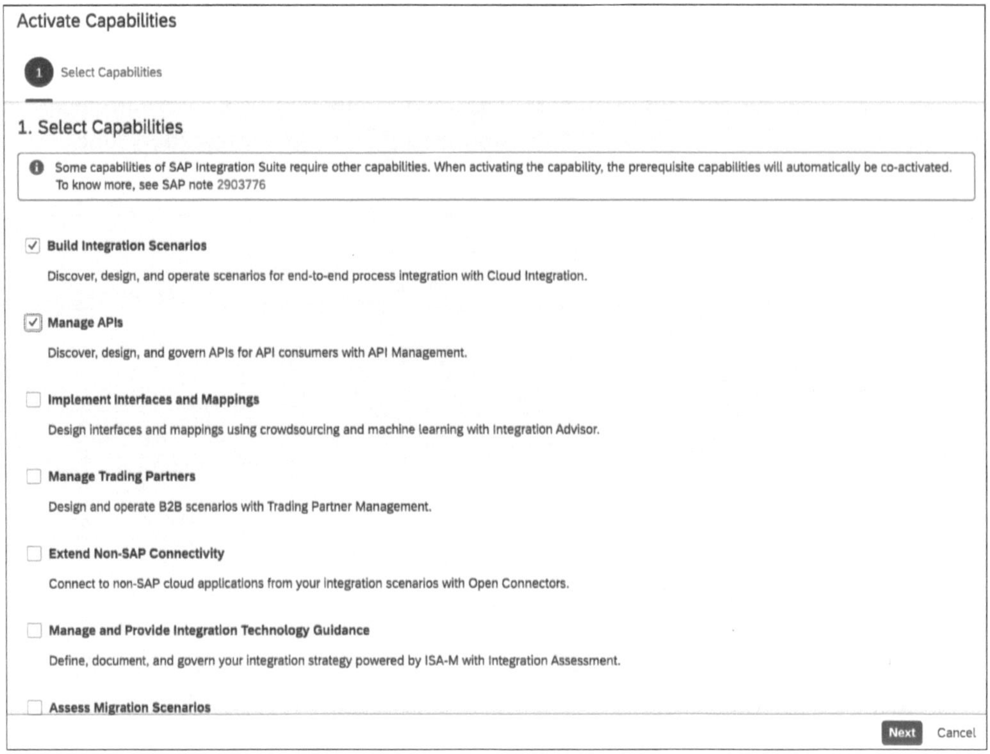

Abbildung 8.17 Capabilities auswählen

Im nächsten Schritt können Sie das Kennzeichen **Message Queues** aktiveren (siehe Abbildung 8.18). Dadurch haben Sie die Möglichkeit, innerhalb der SAP Integration Suite Message Queues bereitzustellen und mittels *JMS* darauf zuzugreifen. Klicken Sie anschließend auf den Button **Next**.

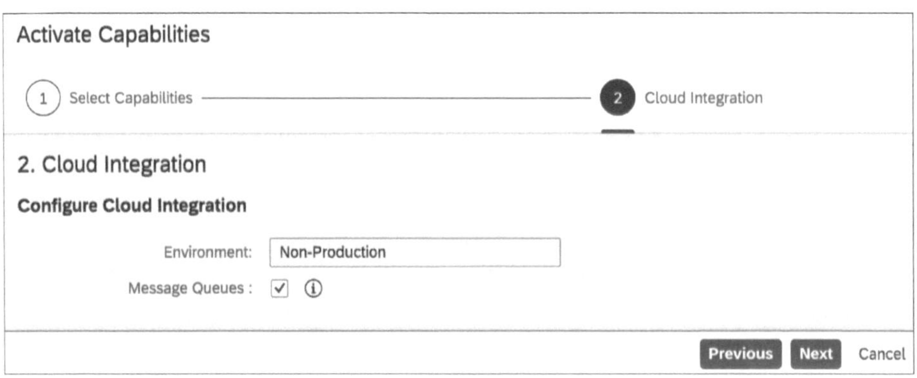

Abbildung 8.18 SAP Cloud Integration konfigurieren

Sie müssen nun mit der Konfiguration der API Management Capability fortfahren (siehe Abbildung 8.19). Sie haben die Möglichkeit, die Kennzeichen **API Business Hub Enterprise** und **Graph** zu aktivieren. *API Business Hub Enterprise* ist das ehemalige Developer Portal. Dort können Sie APIs in Produkten verpackt veröffentlichen und der Entwicklungsabteilung für die Verwendung bereitstellen. Graph ist eine neue und einheitliche API für SAP, die moderne offene Standards wie OData V4 und GraphQL nutzt. Mit Graph kann die Entwicklungsabteilung auf von SAP verwaltete Geschäftsdaten als einzigen semantisch verknüpften Datengraphen zugreifen, der die gesamte SAP-Produktpalette umfasst. Wählen Sie also die beiden entsprechenden Optionen, und klicken Sie anschließend auf den Button **Next**.

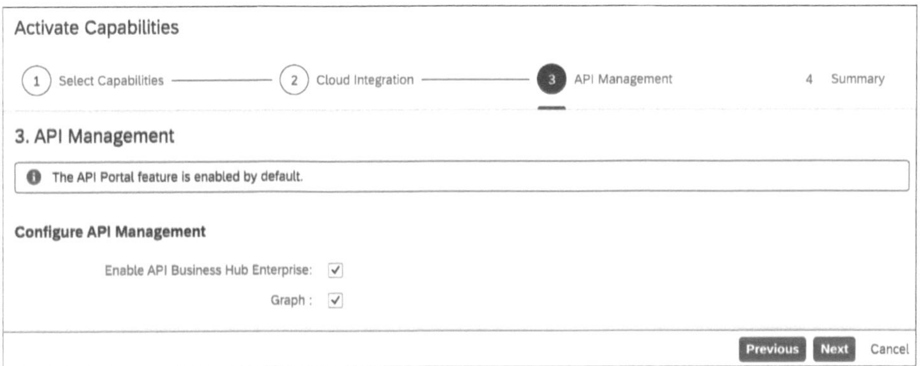

Abbildung 8.19 SAP API Management konfigurieren

Sie sehen nun eine Zusammenfassung der Konfiguration (siehe Abbildung 8.20). Diese müssen Sie durch einen Klick auf den Button **Activate** bestätigen. Damit beginnt der Bereitstellungsprozess der Capabilities.

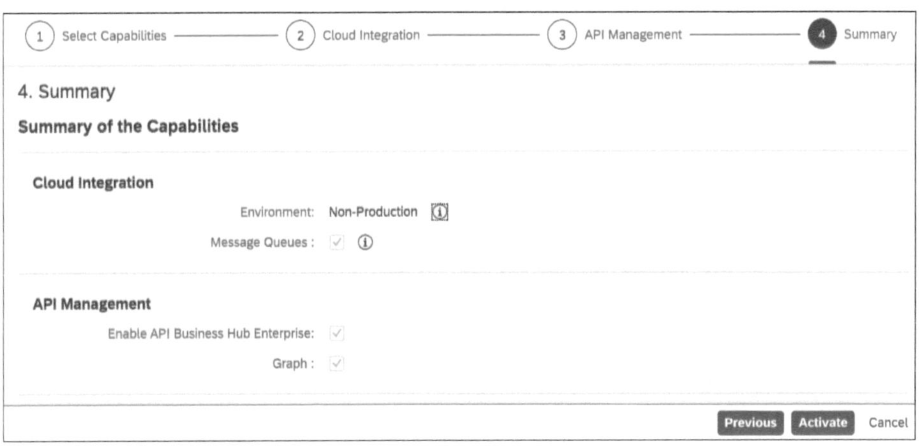

Abbildung 8.20 Zusammenfassung der Konfiguration

Sie sehen danach den Fortschritt der Aktivierung (siehe Abbildung 8.21). Die Aktivierung kann, abhängig von den gewählten Komponenten, bis zu 60 Minuten in Anspruch nehmen. An dieser Stelle werden Sie auch über aufgetretene Fehler informiert.

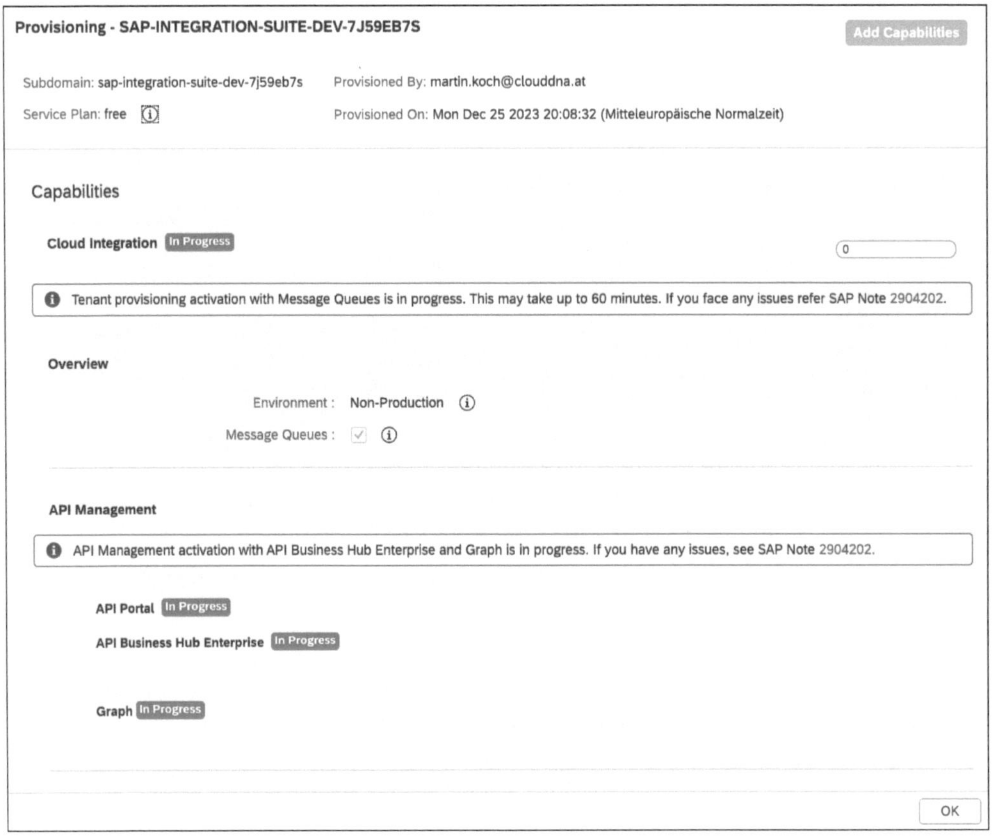

Abbildung 8.21 Installationsfortschritt

Wenn die Aktivierung erfolgreich war, sollten Sie den in Abbildung 8.22 dargestellten Status sehen. Sie haben an diesem Punkt die Möglichkeit, Capabilities zu deaktivieren.

Mit der Aktivierung jeder Capability werden im Subaccount der SAP BTP entsprechende Rollen und gegebenenfalls Role Collections angelegt. Role Collections sind eine Sammlung von Rollen. Diese können Benutzern im Gegensatz zu Rollen direkt zugewiesen werden.

Abbildung 8.22 Status der Capabilities nach der Installation

Mit der Aktivierung der Cloud Integration Capability werden die folgenden Role Collections angelegt (siehe Abbildung 8.23):

- PI_Administrator
  Verwalten Sie Einstellungen auf der Mandantenebene wie zum Transport, die Verbindung zu SAP-Process-Orchestration-Systemen, Software-Updates und vieles mehr. Verwalten Sie Zugriffsrichtlinien, um den Benutzerzugriff auf Integrationsinhalte zu beschränken. Deployen Sie Security Content, und löschen Sie Nachrichten aus dem transienten Datenspeicher sowie Sperren auf Designtime-Artefakte.
- PI_Business_Expert
  Kopieren Sie Standardpakete, überwachen Sie Integration Flows, bearbeiten Sie die Trace-Konfiguration, und ändern Sie die Protokollstufen und die Archivierungskonfiguration. Lassen Sie sich die Einträge im Datastore anzeigen, überprüfen Sie die Nutzung der Integrationsressourcen, und bearbeiten Sie außerdem B2B-Partnerprofile und Kontaktpersonen.

- **PI_Read_Only**
  Kopieren Sie Standardpakete, überwachen Sie Integration Flows, und sehen Sie Pakete und Paketartefakte im Designarbeitsbereich ein. Lassen Sie sich Einträge im Datastore, Access Policys, B2B-Partnerprofile und Vereinbarungen sowie Sperren von Designtime-Artefakten anzeigen.
- **PI_Integration_Developer**
  Erledigen Sie die Aufgaben von PI_Read_Only und PI_Business_Expert. Erstellen, bearbeiten, importieren, exportieren und löschen Sie Pakete mit ihren Artefakten; deployen Sie Artefakte.

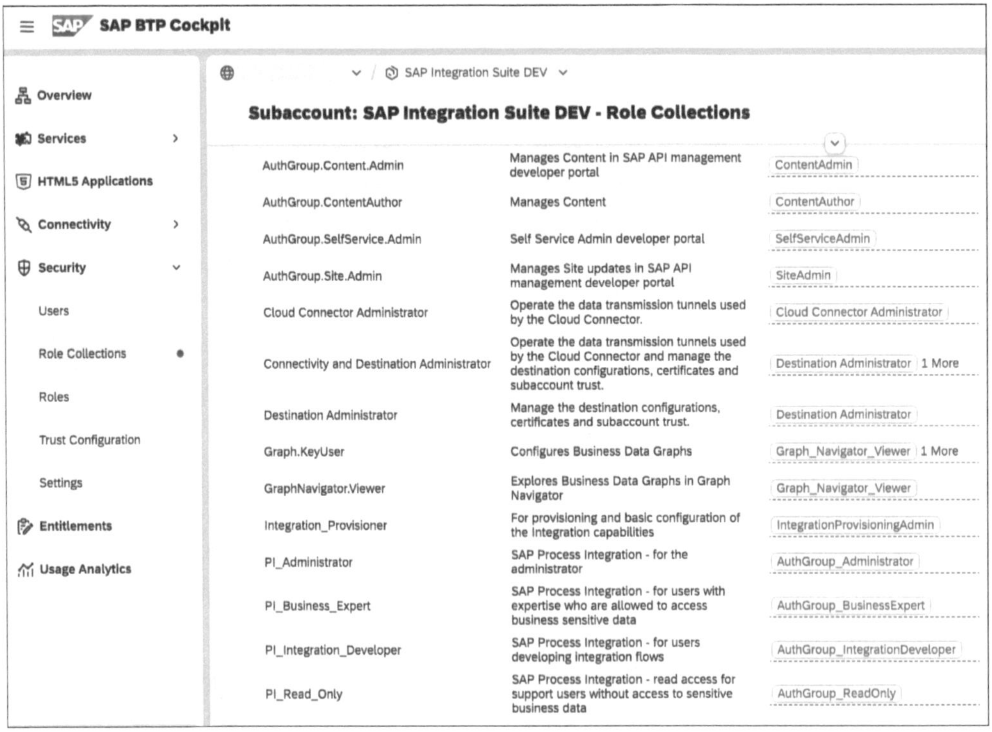

Abbildung 8.23 Role Collections prüfen

Navigieren Sie in die Details der Role Collection, um dieser Benutzer oder Benutzergruppen zuzuordnen (siehe Abbildung 8.24).

Nachdem Ihrem Benutzer die Role Collection zugewiesen worden ist, müssen Sie die SAP Integration Suite erneut öffnen und sich authentifizieren, damit die Zuordnung zur Laufzeit richtig aufgelöst wird. Danach sollten Sie die in Abbildung 8.25 dargestellten Menüeinträge im Seitenmenü sehen.

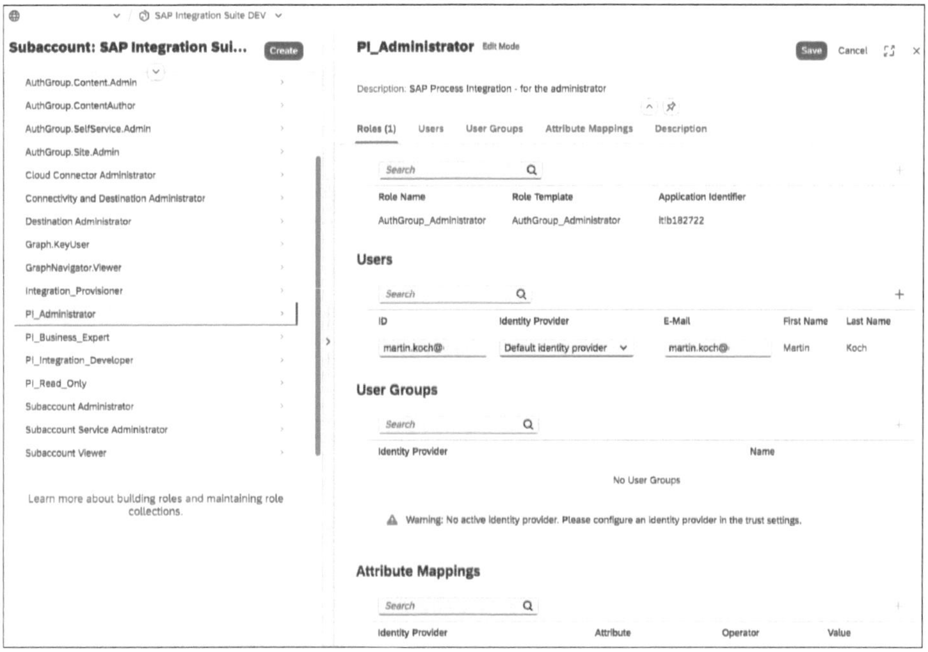

Abbildung 8.24 Benutzer und Benutzergruppen der Role Collection PI_Administrator zuordnen

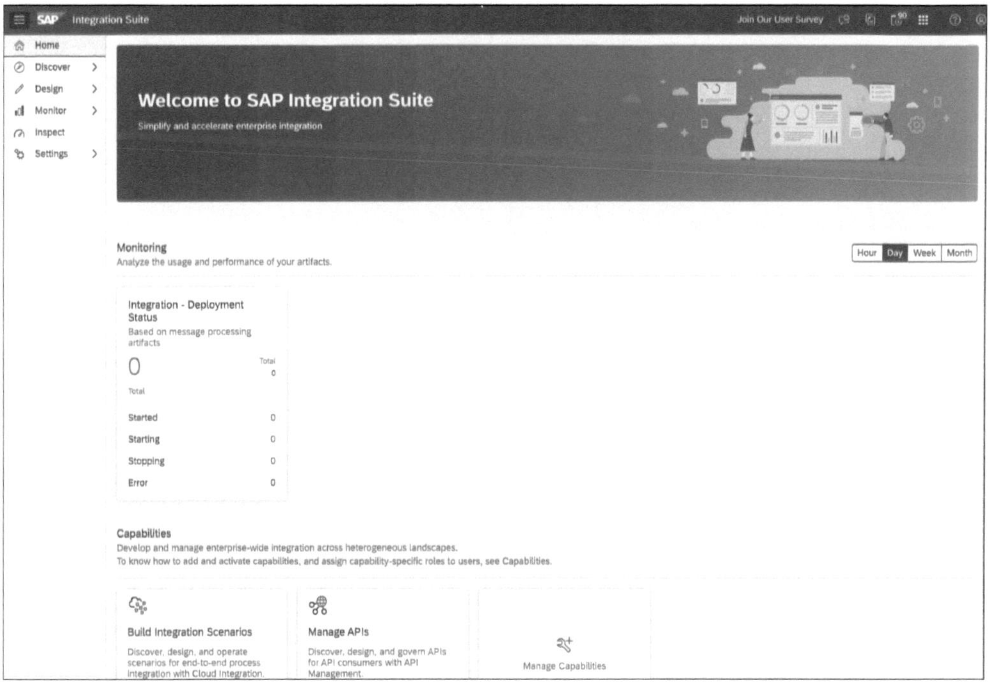

Abbildung 8.25 SAP Integration Suite öffnen

8

8.5 Process Integration Runtime instanziieren

Damit Sie während des Betriebs der Schnittstellen Nachrichten an SAP Cloud Integration zur Verarbeitung senden können, müssen Sie eine Serviceinstanz der Process Integration Runtime erstellen. Navigieren Sie im Seitenmenü im SAP BTP Cockpit des Subaccounts über den Pfad **Services • Service Marketplace** (siehe Abbildung 8.26). Suchen Sie anschließend über das Suchfeld oder durch Scrollen nach der Option **Process Integration Runtime**, klicken Sie dann auf den Drei-Punkte-Button [...] und anschließend noch auf **Create**.

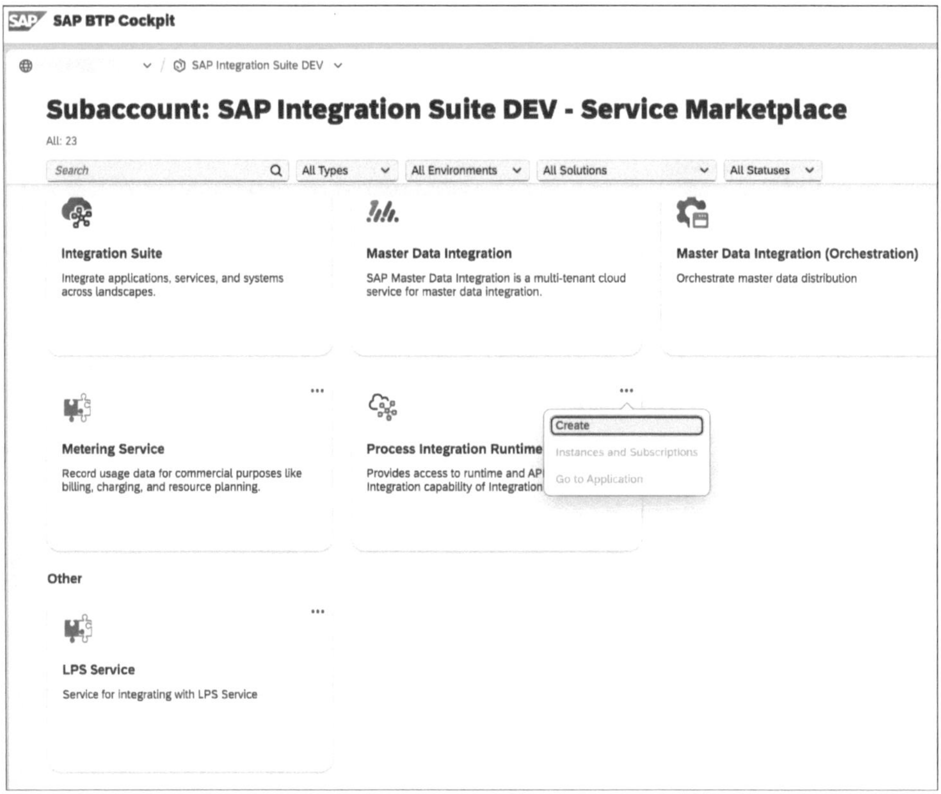

Abbildung 8.26 Process Integration Runtime anlegen

Sie müssen nun die Process-Integration-Runtime-Serviceinstanz konfigurieren. Der Service wurde in Abbildung 8.27 bereits korrekt ausgewählt. Wählen Sie im Feld **Plan** die Option **integration-flow**, und wählen Sie im Feld **Runtime Environment** die Option **Cloud Foundry**. Danach müssen Sie einen Space auswählen. Im Beispiel wurde bewusst vorab kein Space angelegt, damit Sie den gesamten Prozess durchlaufen müssen. Klicken Sie in der Infobox unterhalb des Feldes **Space** auf den Link **Create a Space**.

Sie müssen für den Space im Feld **Space Name** einen Space-Namen vergeben (siehe Abbildung 8.28). Es gibt seitens SAP keine Namenskonventionen, an die Sie sich halten müssten. Neben dem Namen können Sie die Space-Rollen auswählen, die dem Benutzer, der den Space anlegt, zugewiesen werden. Klicken Sie anschließend auf den Button **Create**.

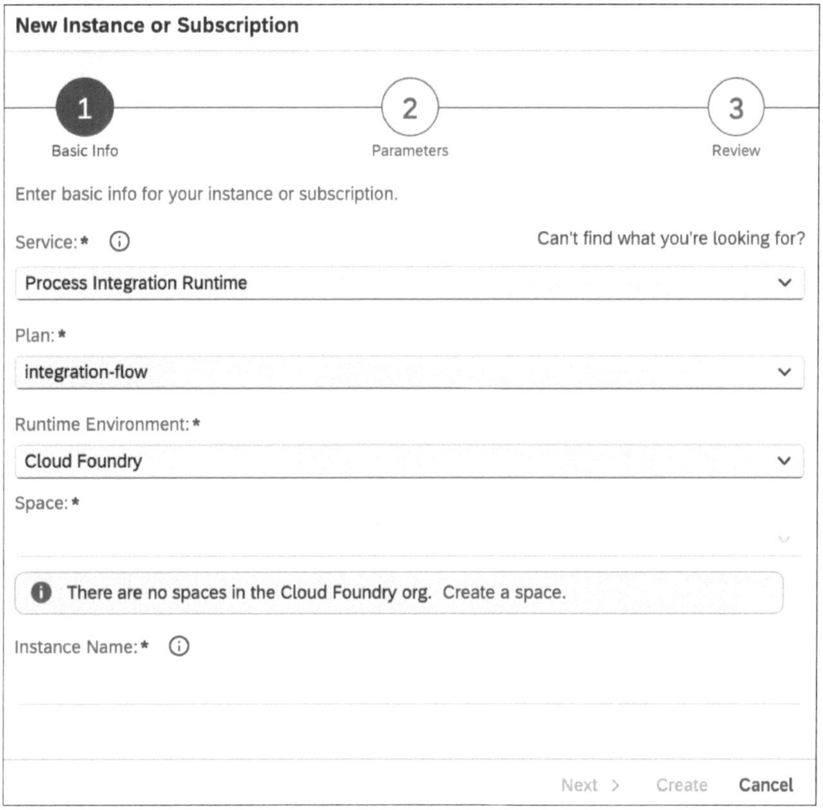

Abbildung 8.27 Instanz konfigurieren

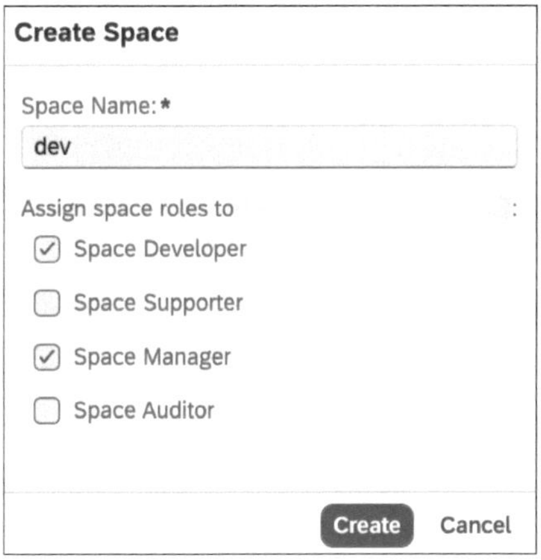

Abbildung 8.28 Cloud Foundry Space anlegen

Danach wird der soeben angelegte Space im Dialog für die Erstellung der Process-Integration-Serviceinstanz ausgewählt (siehe Abbildung 8.29). Sie müssen nun im Feld **Instance Name** einen Instanznamen vergeben. Auch an dieser Stelle empfehlen wir Ihnen, einen sprechenden Namen zu vergeben. Klicken Sie anschließend auf **Next**.

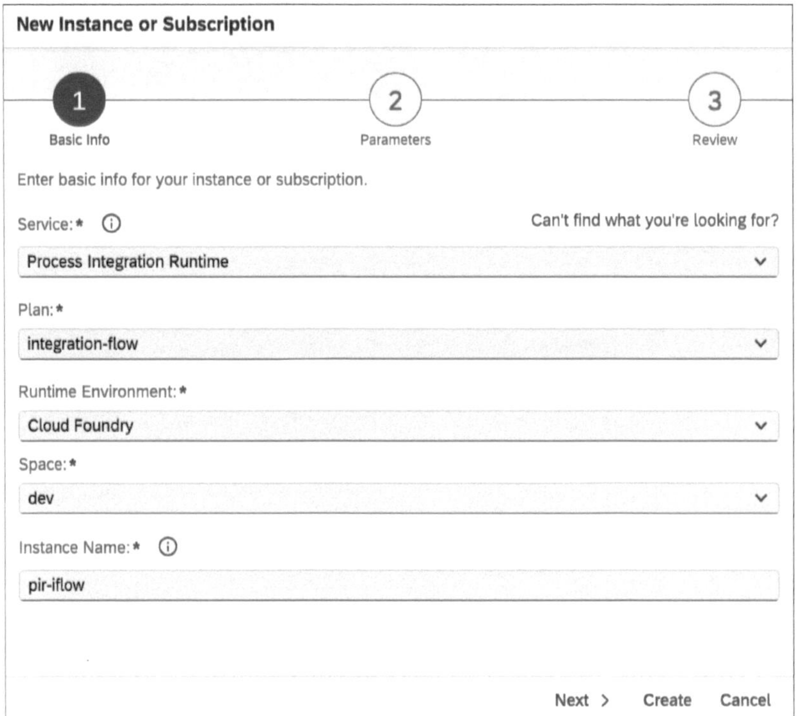

Abbildung 8.29 Instanz konfigurieren

Sie sehen im nächsten Schritt die Parameter der Serviceinstanz. An dieser Stelle sind keine Anpassungen erforderlich. Sie sehen in Abbildung 8.30, dass der Serviceinstanz die Rolle **ESBMessaging.send** und der Grant Type **Client Credentials** zugewiesen worden sind. Die Rolle können Sie später in den iFlows dem Sender zuordnen. Klicken Sie anschließend auf **Next**.

Sie sehen nun abschließend eine Zusammenfassung der Einstellungen (siehe Abbildung 8.31). Bestätigen Sie diese durch einen Klick auf den Button **Create**.

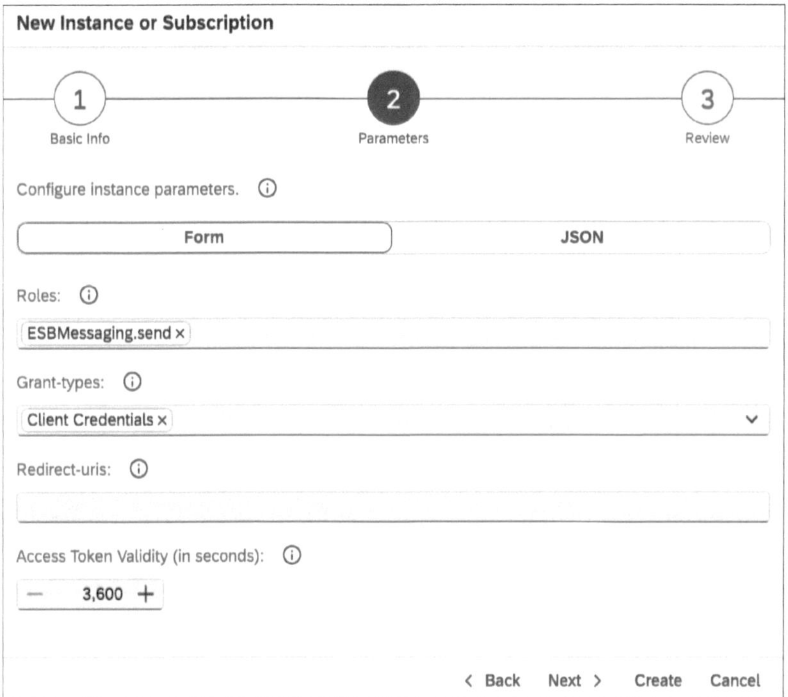

Abbildung 8.30 Parameter prüfen

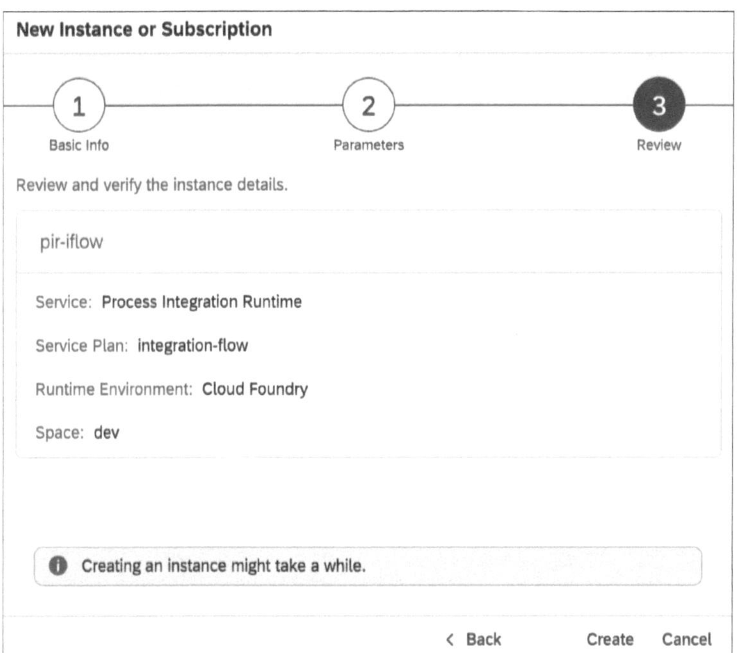

Abbildung 8.31 Einstellungen prüfen

8

Danach wird die Serviceinstanz angelegt. Dieser Schritt kann erfahrungsgemäß bis zu eine Minute in Anspruch nehmen. Sie können daraus direkt über den Link **Instances and Subscriptions** in diese abspringen (siehe Abbildung 8.32).

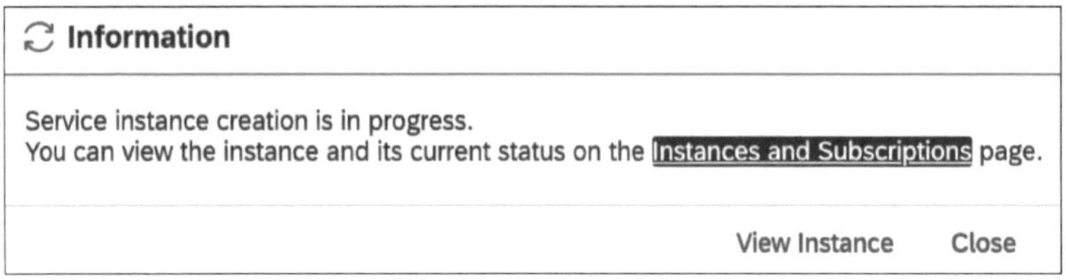

Abbildung 8.32 Installationsfortschritt prüfen

8.6 Service Key anlegen

Nachdem die Serviceinstanz der Process Integration Runtime angelegt worden ist, müssen Sie noch einen Service Key für diese Instanz anlegen. Öffnen Sie dazu in der Instanzübersicht durch einen Klick auf den Button mit den drei Punkten ⋯ das Menü der zuvor angelegten Instanz, und wählen Sie dort die Option **Create Service Key** (siehe Abbildung 8.33).

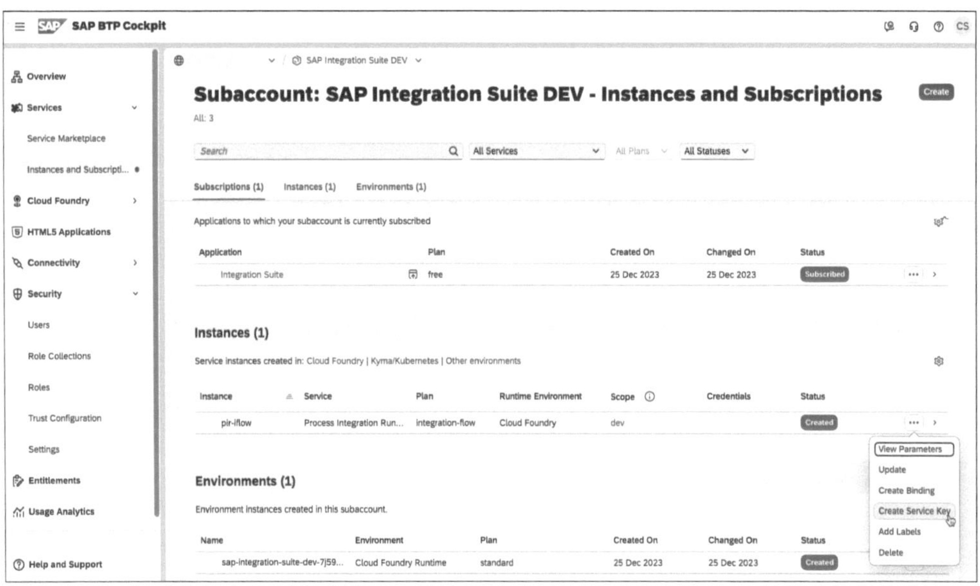

Abbildung 8.33 Service Key anlegen

Sie müssen für den Service Key einen eindeutigen Namen vergeben. Klicken Sie anschließend auf den Button **Create**, um die Erstellung des Service Keys anzustoßen (siehe Abbildung 8.34).

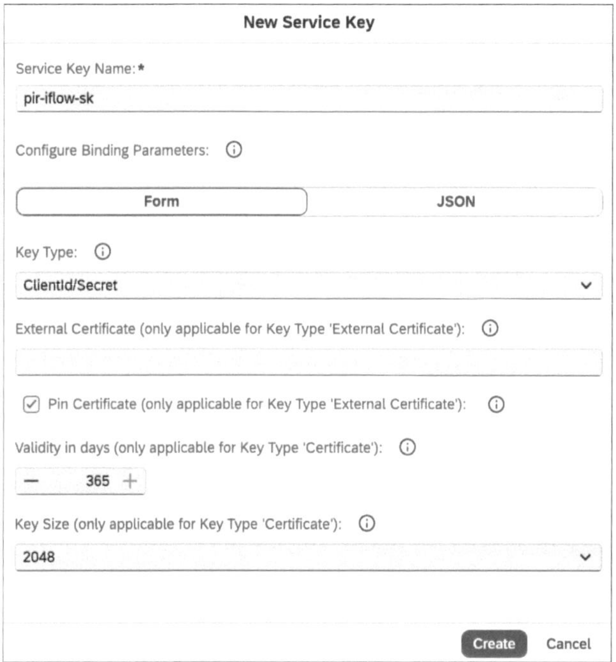

Abbildung 8.34 Service Key konfigurieren

Nachdem der Service Key erfolgreich angelegt worden ist, können Sie diesen in den Details der Serviceinstanz im Bereich **Service Keys** einsehen (siehe Abbildung 8.35). Durch einen Klick auf den Service Key können Sie ihn öffnen.

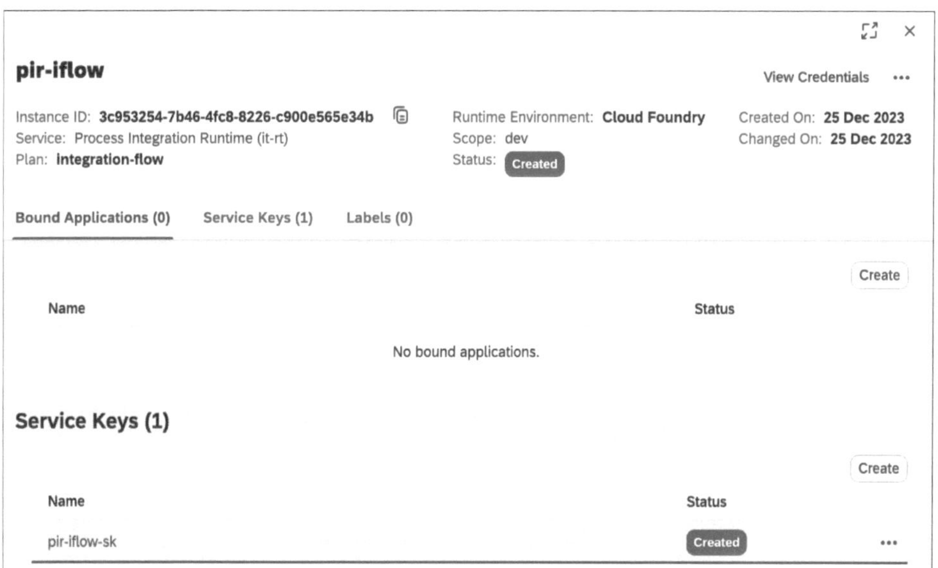

Abbildung 8.35 Service Key prüfen

Wie Sie es aus Abbildung 8.36 ersehen können, liegt der Service Key im JSON-Format vor. Darin finden Sie alle Details, die ein Sendersystem benötigt, um sich mittels OAuth zu authentifizieren. Dazu gehören Client ID, Client Secret, URL und Token URL. Sie können den Service Key zu einem späteren Zeitpunkt erneut einsehen.

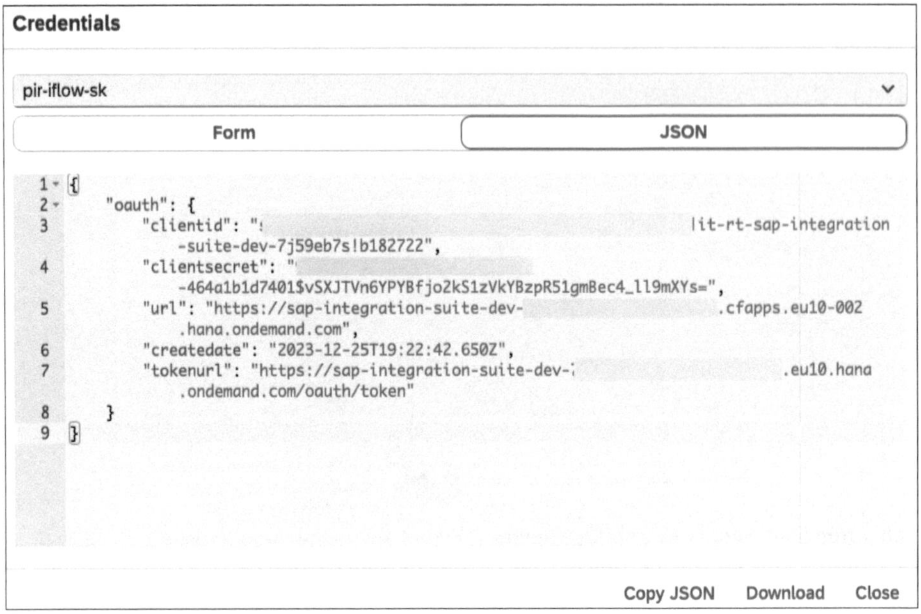

Abbildung 8.36 Service Key öffnen

Damit ist die grundlegende Konfiguration der SAP Integration Suite abgeschlossen.

Kapitel 9

SAP Cloud Transport Management für die SAP Integration Suite aktivieren und einrichten

SAP Cloud Transport Management hilft Ihnen dabei, die Softwarelogistikprozesse auf der SAP BTP zu optimieren. Einer der Schwerpunkte liegt dabei auf dem Transport von SAP Integration Suite Content – denn wer möchte schon, dass Schnittstellen unkontrolliert transportiert und produktiv gesetzt werden.

Mit dem SAP Cloud Transport Management Service können Sie Softwareartefakte zwischen Konten verschiedener Umgebungen (wie Cloud Foundry, ABAP und Neo) verwalten, indem Sie sie über verschiedene Laufzeiten transportieren. Dies umfasst sowohl Anwendungsartefakte als auch ihre jeweiligen anwendungsspezifischen Inhalte.

SAP Cloud Transport Management macht den Audit Trail von Änderungen transparent, sodass Sie Informationen darüber erhalten, wer welche Änderungen in Ihrer Produktionsumgebung durchgeführt hat und wann dies geschah. Gleichzeitig ermöglicht der Service eine Trennung der Interessen: Beispielsweise können Entwickler*innen einer Anwendung oder von SAP-Cloud-Content-Artefakten den Transport von Änderungen aus der Entwicklungsumgebung heraus anstoßen, während der daraus resultierende Import in die Test- und Produktionsumgebung von einem zentralen Betriebsteam durchgeführt wird. Diese beiden Aspekte sind der Grund, weshalb SAP Cloud Transport Management im Kontext der SAP Integration Suite so wichtig ist. Stellen Sie sich vor, Sie haben eine komplexe Systemlandschaft mit sehr vielen Schnittstellen bzw. iFlows zwischen unterschiedlichen Systemen. Der Standardtransportweg der SAP Integration Suite ist der Dateiexport aus dem Entwicklungssystem und der anschließende Dateiimport in das Test- und Produktivsystem. Es ist leicht nachvollziehbar, dass es sich dabei um eine potenzielle Fehlerquelle handelt. Denn erfahrungsgemäß kann es schnell passieren, dass ein falscher Import durchgeführt wird, indem beispielsweise irrtümlicherweise eine ältere Datei importiert wird. Bei der Verwendung von SAP Cloud Transport Management für Cloud-Integration-Artefakte besteht diese Gefahr nicht. Da die Einrichtung des Service nicht ganz trivial ist, und es auch keinen Booster dafür gibt, widmen wir ihr dieses Kapitel.

In Abschnitt 9.1, »SAP Cloud Transport Management aktivieren«, führen wir Sie mit einer Schritt-für-Schritt-Anleitung durch die Aktivierung von SAP Cloud Transport Management. In Abschnitt 9.2, »SAP Cloud Transport Management in der Test- und Produktivinstanz bereitstellen«, erfahren Sie darauf aufbauend, wie Sie SAP Cloud Transport Management bereitstellen. Um die Konfiguration von SAP Cloud Transport Management abzuschließen, folgen Sie der Schritt-für-Schritt-Anleitung in Abschnitt 9.3, »Systemlandschaft in SAP Cloud Transport Management anlegen«. Wie Sie den SAP Content Agent Service in einem Subaccount bereitstellen, lesen Sie in Abschnitt 9.4, »SAP Content Agent Service im Subaccount bereitstellen«. In Abschnitt 9.5, »SAP Cloud Transport Management in der SAP Integration Suite konfigurieren«, lernen Sie abschließend, wie Sie SAP Cloud Transport Management in der SAP Integration Suite konfigurieren.

9.1 SAP Cloud Transport Management aktivieren

Wir empfehlen Ihnen, dass Sie SAP Cloud Transport Management in einem eigenen Subaccount installieren. Technisch gesehen ist das nicht zwingend erforderlich, erfahrungsgemäß erleichtert es Ihnen aber das Leben, da Änderungen auf diese Weise nachvollziehbarer werden. Da ein Subaccount per se keine Lizenzkosten verursacht, sondern nur die darin installierten Services, spielt es auch aus kostentechnischer Sicht keine Role, wenn Sie dafür einen eigenen Subaccount verwenden. Daher sollten Sie im ersten Schritt einen Subaccount anlegen und einen sprechenden Namen vergeben (siehe Abbildung 9.1).

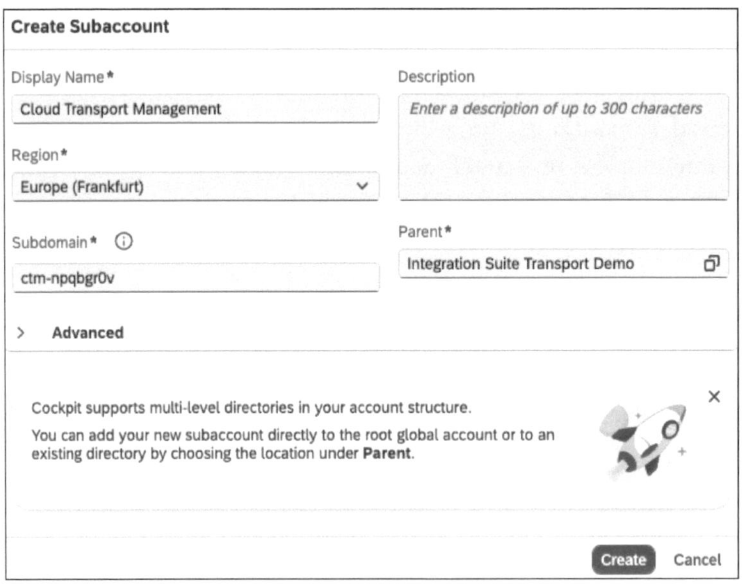

Abbildung 9.1 Subaccount anlegen

SAP Cloud Transport Management wird ausschließlich in der Multi-Cloud-Umgebung angeboten. Daher müssen Sie sich für einen Hyperscaler und ein dazugehöriges Rechenzentrum entscheiden.

Zusätzlich sollten Sie auch noch einen eigenen Account für den SAP Content Agent Service einrichten. Der SAP Content Agent Service ist ein auf Cloud Foundry basierender Service, der in Ihrem Gesamtvertrag der SAP BTP enthalten ist. Sie können den SAP Content Agent Service in SAP Cloud Transport Management integrieren und den Inhalt mit seinen Abhängigkeiten und wiederum dazugehörigen Inhalten zwischen den Subaccounts exportieren. Außerdem können Sie die Inhaltsdetails, die für die Transportaktivitäten erforderlich sind, und die durchgeführten Aktivitäten auf der Benutzeroberfläche anzeigen.

Wenn wir von einer dreistufigen Systemlandschaft der SAP Integration Suite ausgehen, sollte Sie über fünf Subaccounts verfügen (siehe Abbildung 9.2).

Abbildung 9.2 Subaccounts

Im nächsten Schritt ist es erforderlich, dass Sie dem Subaccount von SAP Cloud Transport Management die entsprechenden Entitlements zuordnen. Navigieren Sie dazu im SAP BTP Cockpit des Global Account über den Pfad **Entitlements • Entity Assignments**, und klicken Sie auf den Button **Configure Entitlements** (siehe Abbildung 9.3).

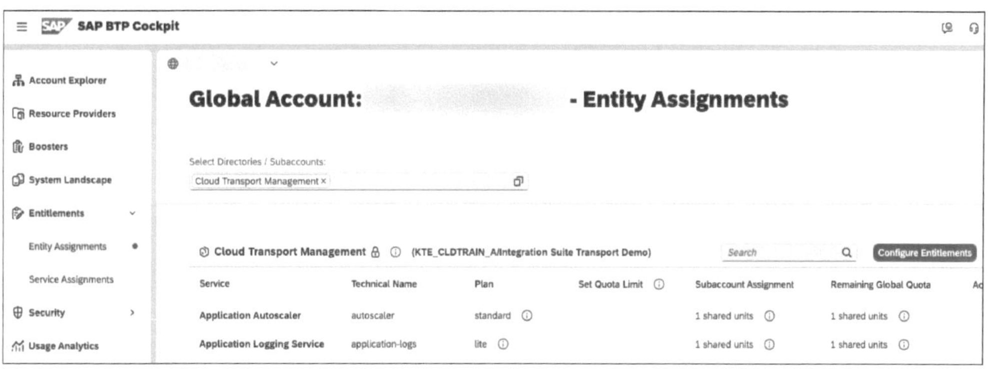

Abbildung 9.3 Entitlements hinzufügen

Wählen Sie das Entitlement **Cloud Transport Management** aus, und aktivieren Sie dafür den Serviceplan »standard« und den Serviceplan »standard (Application)« (siehe

Abbildung 9.4). Speichern Sie anschließend die Zuordnung des Serviceplan zum Subaccount mit einem Klick auf den Button **Add 1 Service Plan**.

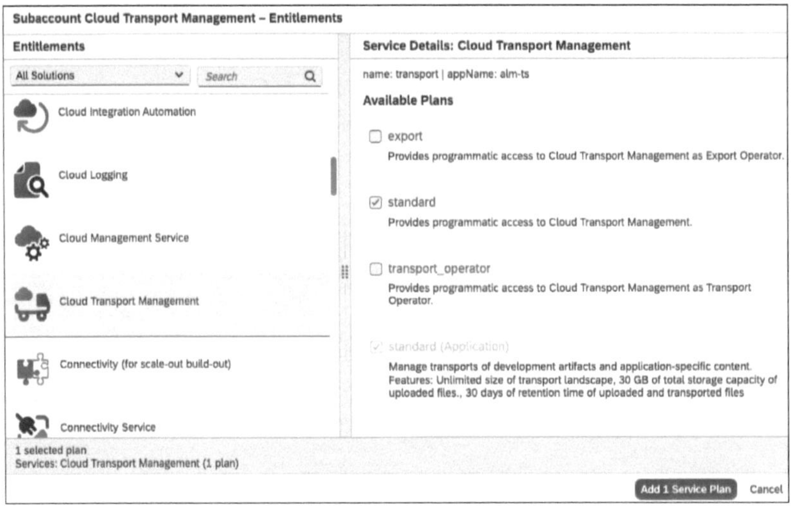

Abbildung 9.4 Serviceplan für das Entitlement von SAP Cloud Transport Management auswählen

Öffnen Sie danach den Subaccount von SAP Cloud Transport Management. Navigieren Sie im Seitenmenü über den Pfad **Service • Instances and Subscriptions** (siehe Abbildung 9.5), und klicken Sie anschließend im Detailbereich oben im Bild auf den Button **Create**.

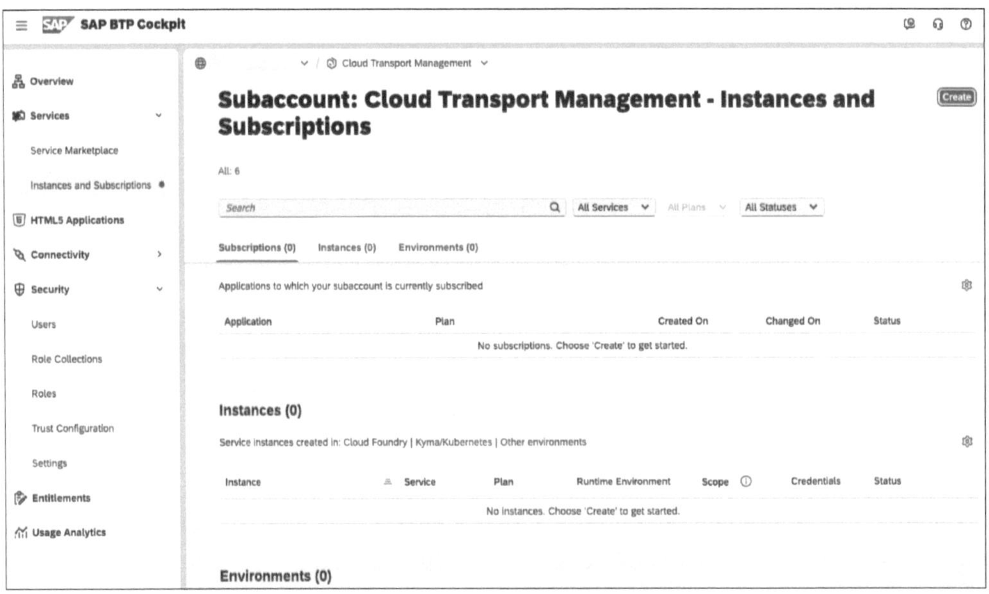

Abbildung 9.5 Instances and Subscriptions des Subaccounts

Wählen Sie im Feld **Service** den Eintrag **Cloud Transport Management** und im Feld **Plan** den Eintrag **standard** für die Subscription aus (siehe Abbildung 9.6). Klicken Sie anschließend auf den Button **Create**.

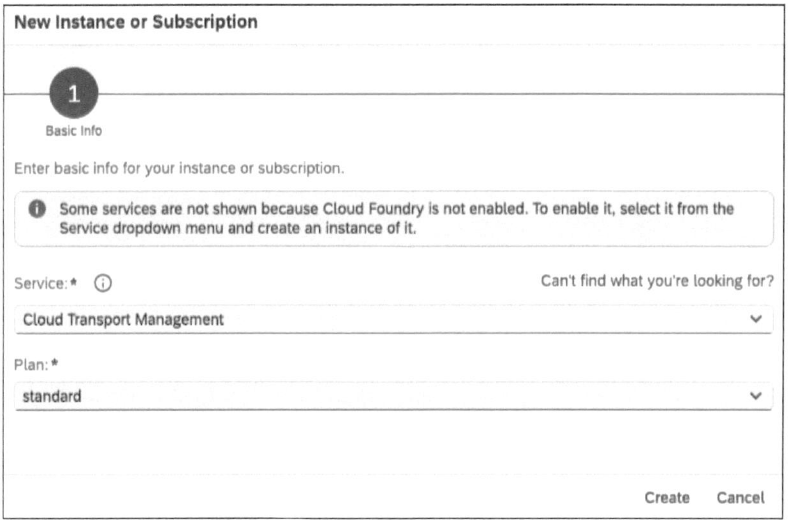

Abbildung 9.6 Neue Subscription erzeugen

Das Erstellen der Subscription kann erfahrungsgemäß bis zu einer Minute in Anspruch nehmen. Nachdem der Service erfolgreich subskribiert worden ist, sollten Sie die Subscription mit dem Namen **Cloud Transport Management** und dem Status **Subscribed** des Subaccounts vorfinden (siehe Abbildung 9.7).

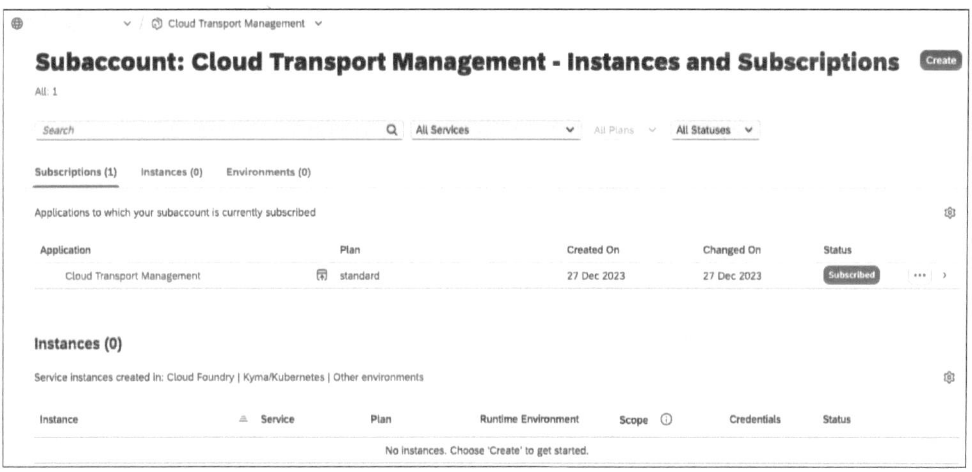

Abbildung 9.7 Instances and Subscriptions des Subaccounts mit neuer Subscription

Mit der Subscription werden auch die beiden Role Collections **TMS_LandscapeOperator_RC** und **TMS_Viewer_RC** angelegt (siehe Abbildung 9.8), die Sie über den Pfad **Se-**

curity • Role Collections finden. Diese müssen als Nächstes den Benutzern zugewiesen werden.

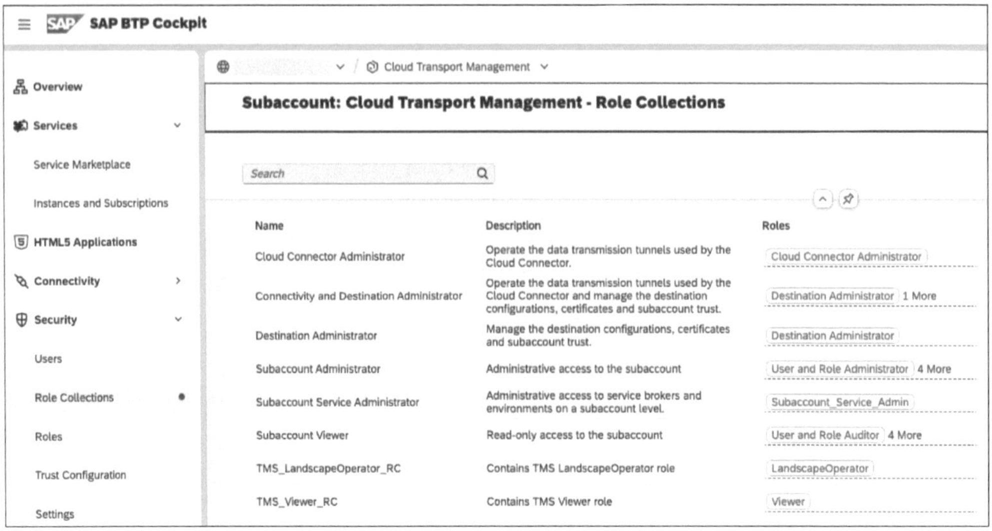

Abbildung 9.8 Übersicht der Role Collections von SAP Cloud Transport Management

Öffnen Sie die Role Collection **TMS_LandscapeOperator_RC**, und wechseln Sie in den Bearbeitungsmodus (siehe Abbildung 9.9). Weisen Sie anschließend der Role Collection die gewünschten Benutzer zu, und klicken Sie auf den Button **Save**.

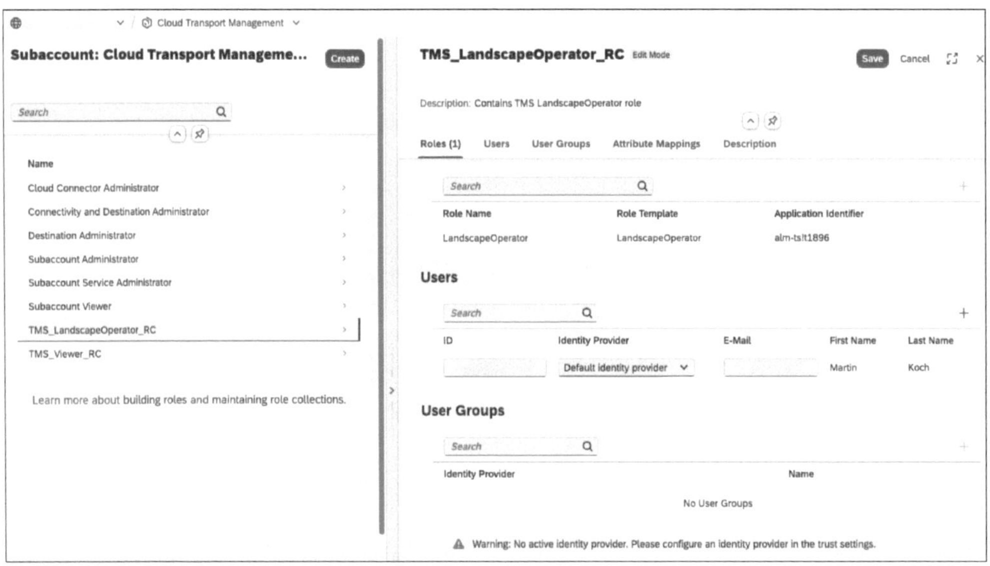

Abbildung 9.9 Der Role Collection Benutzer zuordnen

Danach müssen Sie eine Serviceinstanz anlegen. Navigieren Sie dazu im Seitenmenü über den Pfad **Service • Instances and Subscriptions** (siehe Abbildung 9.5). Klicken Sie anschließend im Detailbereich auf den Button **Create**, und wählen Sie im Feld **Service** den Eintrag **Cloud Transport Management** sowie im Feld **Plan** den Eintrag **standard** (Serviceplan »standard«) aus (siehe Abbildung 9.10). Wählen Sie im Feld **Runtime Environment** den Eintrag **Cloud Foundry** aus. Anschließend bestimmen Sie einen Space. Im gezeigten Beispiel sehen Sie, dass noch kein Space existiert. Durch einen Klick auf den Link **Create a Space** können Sie an dieser Stelle direkt einen neuen Space anlegen.

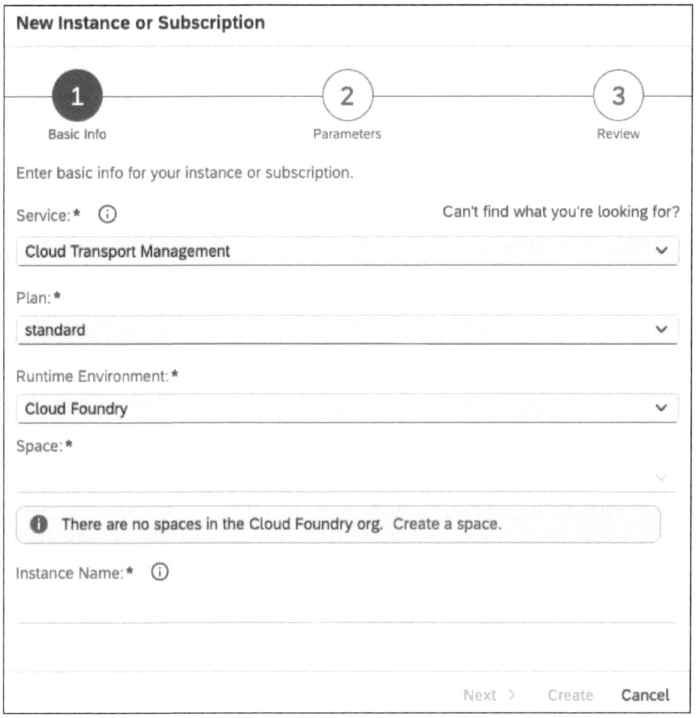

Abbildung 9.10 Serviceinstanz erstellen

Nachdem der Space angelegt worden ist, können Sie diesen auswählen (siehe Abbildung 9.11). Vergeben Sie anschließend im Feld **Instance Name** einen sprechenden Namen, und klicken Sie auf den Button **Next**.

Sie sehen nun den Schritt **Parameters** für die Pflege der Parameter der Serviceinstanz. An dieser Stelle müssen Sie keine Änderungen durchführen (siehe Abbildung 9.12). Klicken Sie anschließend auf den Button **Next**.

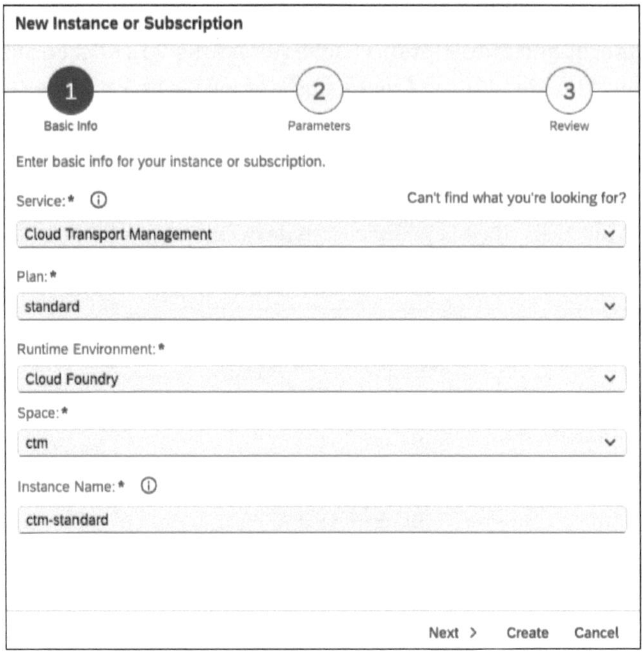

Abbildung 9.11 Serviceinstanz erzeugen und Instanznamen vergeben

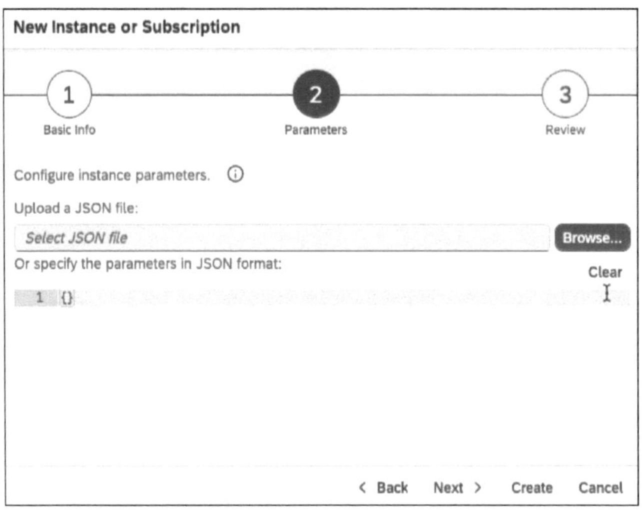

Abbildung 9.12 Parameter der Serviceinstanz

Sie sehen nun noch eine Zusammenfassung der zuvor vorgenommenen Einstellungen (siehe Abbildung 9.13). Klicken Sie auf den Button **Create**, um die Serviceinstanz zu erzeugen.

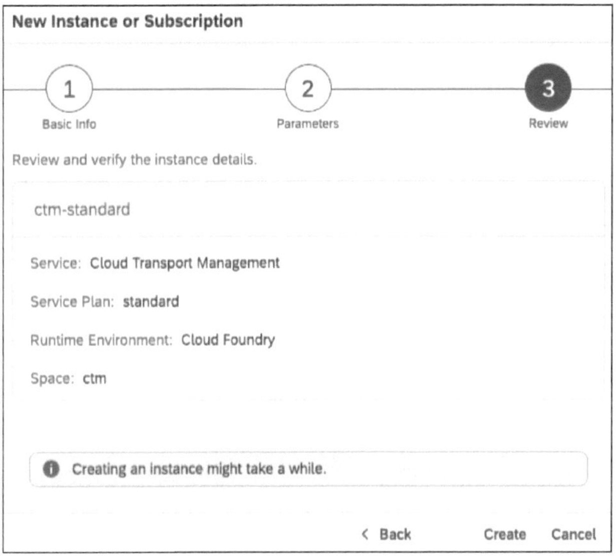

Abbildung 9.13 Zusammenfassung der Serviceinstanz

9.2 SAP Cloud Transport Management in der Test- und Produktivinstanz bereitstellen

Nachdem der Service aktiviert worden ist, müssen in dem Subaccount, in dem SAP Cloud Transport Management bereitgestellt wird, Destinations für die Bereitstellung des Service in der Test- und Produktivinstanz der SAP Integration Suite eingerichtet werden. Öffnen Sie des SAP BTP Cockpit der Testinstanz der SAP Integration Suite, und navigieren Sie im Seitenmenü in den Bereich **Overview** (siehe Abbildung 9.14).

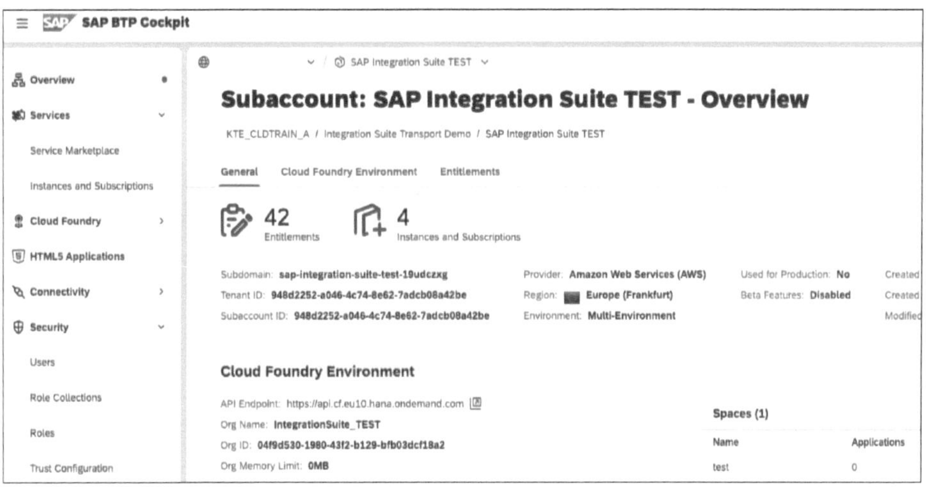

Abbildung 9.14 API Endpoint der Testinstanz ermitteln

Dort finden Sie im Bereich **Cloud Foundry Environment** den API Endpoint; aus diesem lässt sich das Rechenzentrum ableiten. Im Beispiel sehen Sie das Rechenzentrum »eu10«. Ermitteln Sie zusätzlich den **Org Name** und **Space**.

Springen Sie nun erneut in das SAP BTP Cockpit des Subaccounts von SAP Cloud Transport Management. Navigieren Sie im Seitenmenü über den Pfad **Connectivity • Destinations**, und klicken Sie auf **Create Destination** (siehe Abbildung 9.15).

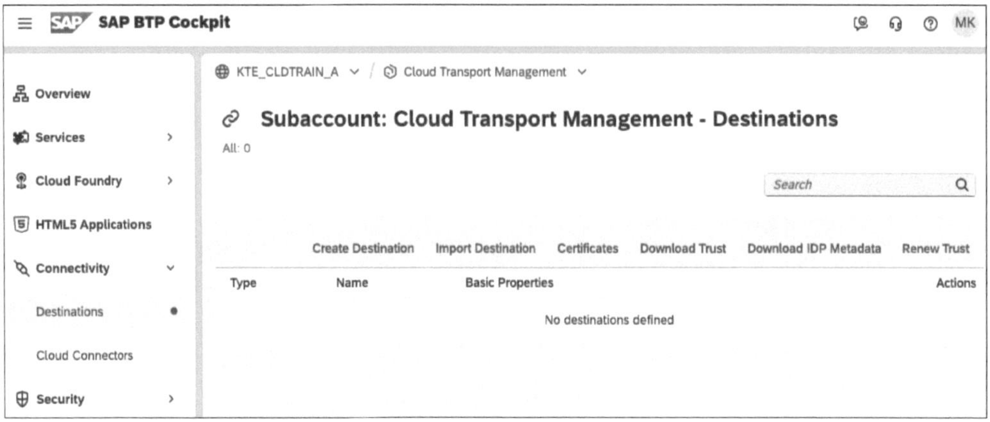

Abbildung 9.15 Übersicht über die Destinations

Legen Sie eine neue Destination an, die auf die Testinstanz der SAP Integration Suite zeigt, und vergeben Sie einen sprechenden Namen (siehe Abbildung 9.16). Wählen Sie den Type **HTTP** aus, und tragen Sie in das Feld **URL** die URL des Deploy Service ein. Die URL ist wie folgt aufgebaut: *https://deploy-service.cfapps.<Rechenzentrum>.hana.ondemand.com/slprot/<Org Name>/<Space>/slp*. Ersetzen Sie *<Rechenzentrum>* durch das zuvor ermittelte Rechenzentrum, beispielsweise *eu10* und *<Org Name>* durch den zuvor ermittelten Org Name sowie *<Space>* durch den zuvor ermittelten Space.

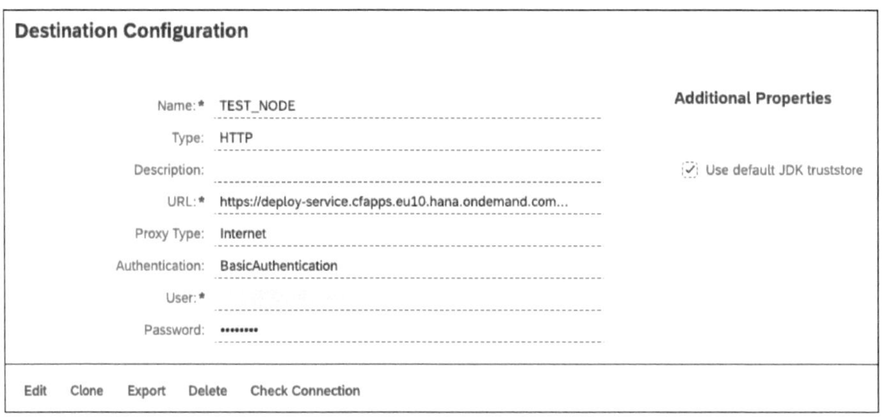

Abbildung 9.16 Destination zur Testinstanz anlegen

Wählen Sie im Feld **Authentication** die Option **BasicAuthentication**, und tragen Sie einen technischen Benutzer ein (in der Abbildung haben wir ihn geblurrt), dem im Zielsubaccount im Space die Role SpaceDeveloper zugeordnet ist.

Speichern Sie die Destination mit einem Klick auf den Button **Save**, und klicken Sie auf den anschließend erscheinenden Button **Check Connection**, um einen Verbindungstest durchzuführen. Dieser sollte den Status **200: OK** liefern.

Legen Sie eine neue Destination an, die auf die Produktivinstanz der SAP Integration Suite zeigt. Ermitteln Sie die erforderlichen Parameter auf die gleiche Weise, wie Sie es zuvor für die Testinstanz durchgeführt haben. Vergeben Sie einen sprechenden Namen (siehe Abbildung 9.17). Wählen Sie den Type **HTTP** aus. Tragen Sie in das Feld **URL** die URL des Deploy Service ein. Diese ist wie folgt aufgebaut: *https://deployservice.cfapps.<Rechenzentrum>.hana.ondemand.com/slprot/<Org Name>/<Space>/slp*. Ersetzen Sie *<Rechenzentrum>* durch das zuvor ermittelte Rechenzentrum, beispielsweise *eu10* und *<Org Name>* durch den zuvor ermittelten Org Name sowie *<Space>* durch den zuvor ermittelten Space. Wählen Sie im Feld **Authentication** die Option **BasicAuthentication** und tragen Sie einen technischen Benutzer ein (in der Abbildung haben wir ihn geblurrt), dem im Zielsubaccount im Space die Role SpaceDeveloper zugeordnet ist.

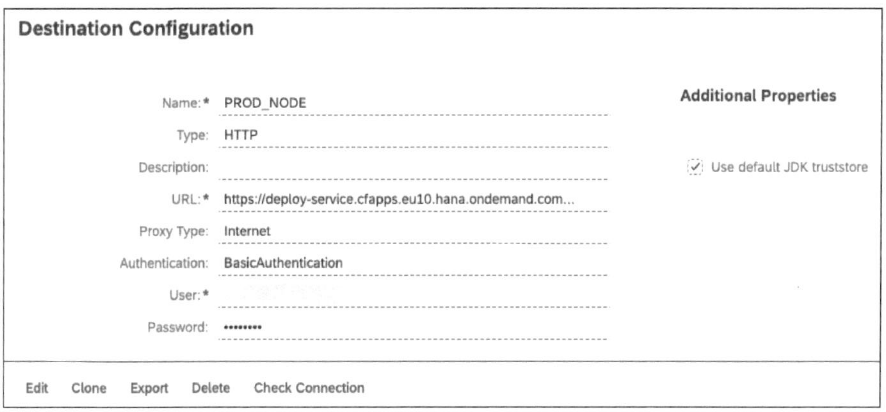

Abbildung 9.17 Destination zur Produktivinstanz anlegen

Speichern Sie die Destination, und klicken Sie auf **Check Connection**, um einen Verbindungstest durchzuführen. Dieser sollte den Status **200: OK** liefern.

9.3 Systemlandschaft in SAP Cloud Transport Management anlegen

Im nächsten Schritt müssen Sie die Systemlandschaft in SAP Cloud Transport Management anlegen. Navigieren Sie dazu im SAP BTP Cockpit des Subaccounts von SAP

Cloud Transport Management über den Pfad **Services • Instances and Subscriptions** (siehe Abbildung 9.18). Dort finden Sie im Detailbereich die Cloud Transport Management Subscription. Klicken Sie dort auf den Link **Cloud Transport Management**, um SAP Cloud Transport Management zu öffnen.

Abbildung 9.18 SAP Cloud Transport Management öffnen

Sie können das Einrichten von SAP Cloud Transport Management entweder manuell durchführen oder den Transport Landscape Wizard verwenden. Wir zeigen Ihnen das Einrichten unter der Verwendung des Transport Landscape Wizard, da dies die einfachere Option ist. Navigieren Sie dazu in den Bereich **Landscape Wizard**, wählen Sie das Template **Three-Node Landscape**, und klicken Sie anschließend auf **Next**. Wie Sie sehen, unterstützt SAP Cloud Transport Management eine zwei-, drei-, vier- und fünfstufige Systemlandschaft (siehe Abbildung 9.19).

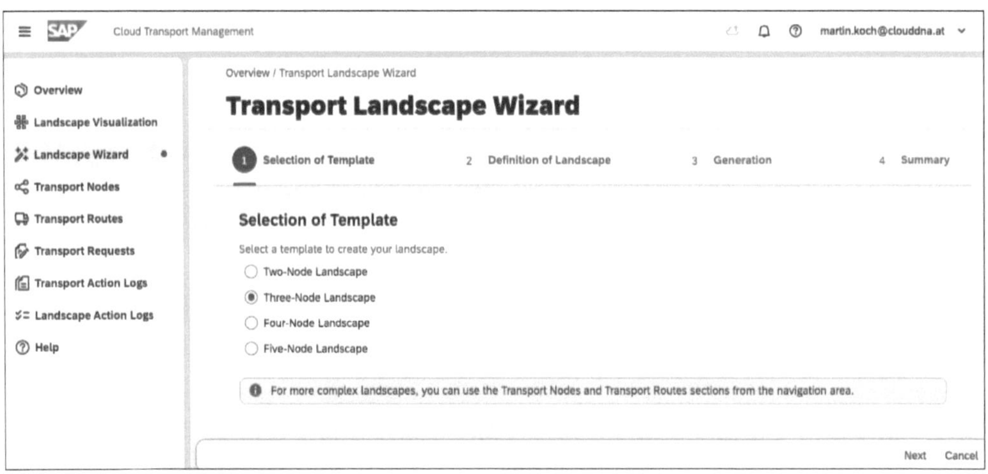

Abbildung 9.19 Template im Transport Landscape Wizard auswählen

Sie müssen nun die Knoten der Systemlandschaft pflegen. Vergeben Sie einen sprechenden Namen für jeden Knoten (siehe Abbildung 9.20). Im Beispiel wurden **DEV**, **TEST** und **PROD** verwendet. Pflegen Sie im Feld **Description** eine passende Beschreibung, und aktivieren Sie für alle drei Knoten die Option **Allow Upload to Node**. Wählen Sie für alle drei Knoten für den Parameter **Forward Mode** die Option **Auto**. Wählen Sie für die Knoten **TEST** und den **PROD** im Feld **Content-Type** die Option **Multi-Target Application**. Für die Knoten **TEST** und **PROD** wählen Sie im Feld **Destination** die zuvor angelegten Destinations aus. Das Ergebnis sollte aussehen wie in Abbildung 9.20. Klicken Sie anschließend auf **Next**.

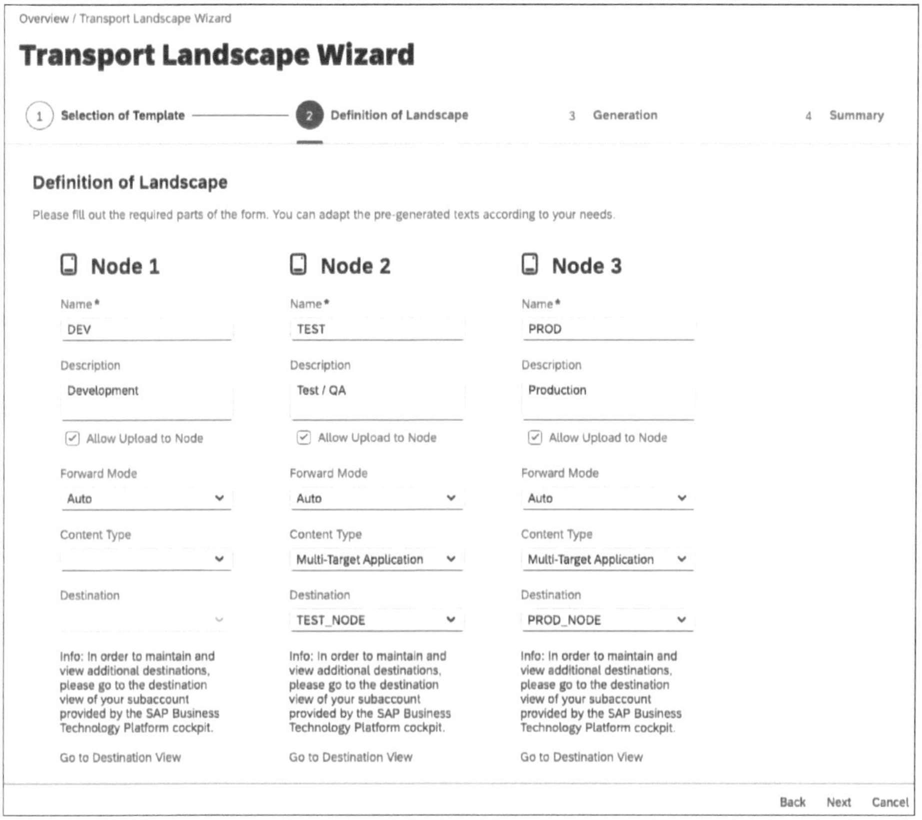

Abbildung 9.20 Systemlandschaft definieren

Sie müssen nun einen sprechenden Namen für die Route 1 vom Knoten **DEV** zum Knoten **TEST** und für die Route 2 vom Knoten **TEST** zum Knoten **PROD** sowie Beschreibungen im Feld **Description** eingeben (siehe Abbildung 9.21). Klicken Sie anschließend auf **Next**.

Sie sollten nun im Schritt **Generation** das in Abbildung 9.22 dargestellte Ergebnis sehen. Klicken Sie anschließend unten auf **Summary**.

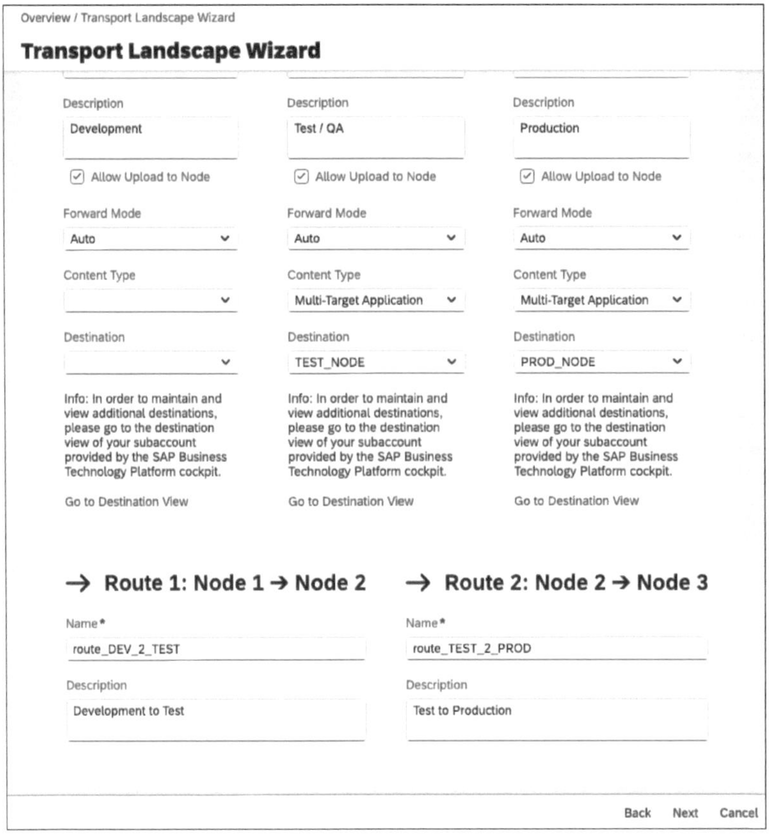

Abbildung 9.21 Namen und Beschreibungen für die Routen vergeben

Abbildung 9.22 Schritt 3, »Generation«

Sie befinden sich nun im letzten Schritt des Transport Landscape Wizard (siehe Abbildung 9.23). Dort sehen Sie eine Zusammenfassung der zuvor erstellten Konfiguration. Prüfen Sie diese, und klicken Sie anschließend auf **Finish**.

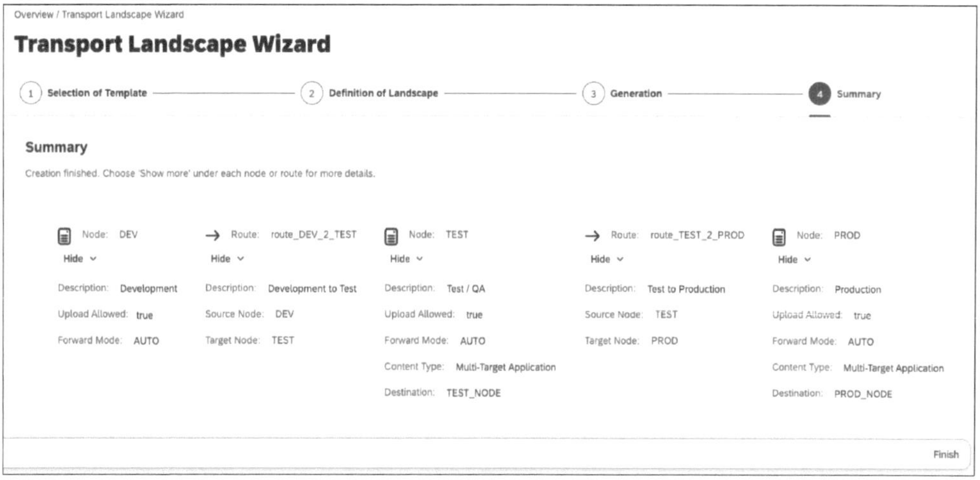

Abbildung 9.23 Zusammenfassung der Konfiguration

9.4 SAP Content Agent Service im Subaccount bereitstellen

Damit ist die Konfiguration in SAP Cloud Transport Management abgeschlossen. Öffnen Sie nun den SAP BTP Subaccount, in dem der SAP Content Agent Service bereitgestellt werden soll. Navigieren Sie in den Bereich **Overview**, und klicken Sie auf den Button **Enable Cloud Foundry** (siehe Abbildung 9.24). Sie benötigen die Cloud-Foundry-Umgebung um die Serviceinstanzen bereitzustellen.

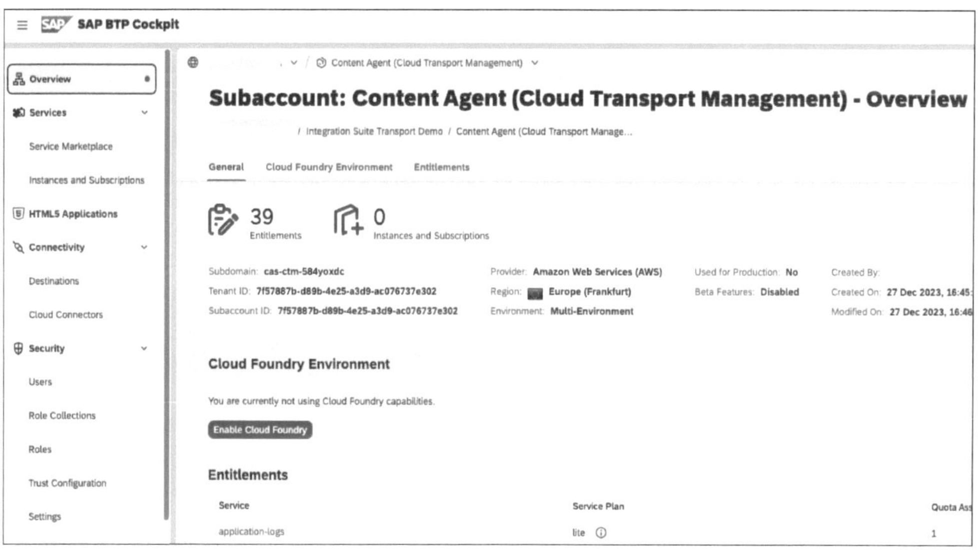

Abbildung 9.24 Übersicht des SAP Content Agent Service Subaccount

Es werden ein **Instance Name** und ein **Org Name** vorgeschlagen. Diese können Sie im Bedarfsfall anpassen. Klicken Sie anschließend auf **Create** (siehe Abbildung 9.25).

Abbildung 9.25 Cloud-Foundry-Details pflegen

Navigieren Sie nun im Seitenmenü über den Pfad **Services • Instances and Subscriptions**, und klicken Sie auf den Button **Create**, um die Erstellung der Instanz zu starten (siehe Abbildung 9.26).

Wählen Sie als Nächstes im Feld **Service** die Option **Content Agent Service** aus (siehe Abbildung 9.27). Wählen Sie anschließend im Feld **Plan** die Option **standard** (Serviceplan »standard«) und im Feld **Runtime Environment** die Option **Cloud Foundry** aus. Danach erhalten Sie den Hinweis, dass kein Space existiert. Klicken Sie auf den Link **Create a Space**, um einen neuen Space anzulegen.

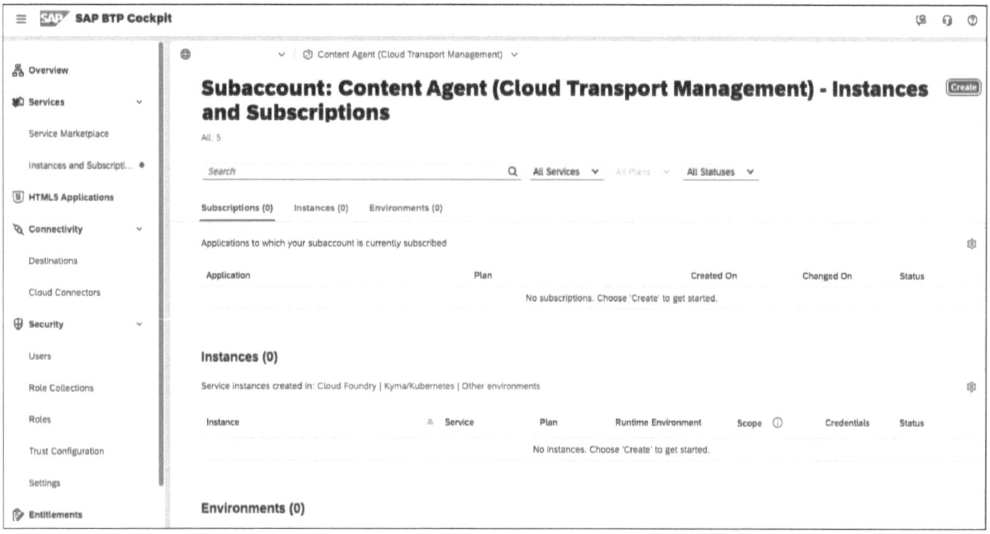

Abbildung 9.26 Mit der Erstellung der Instanz beginnen

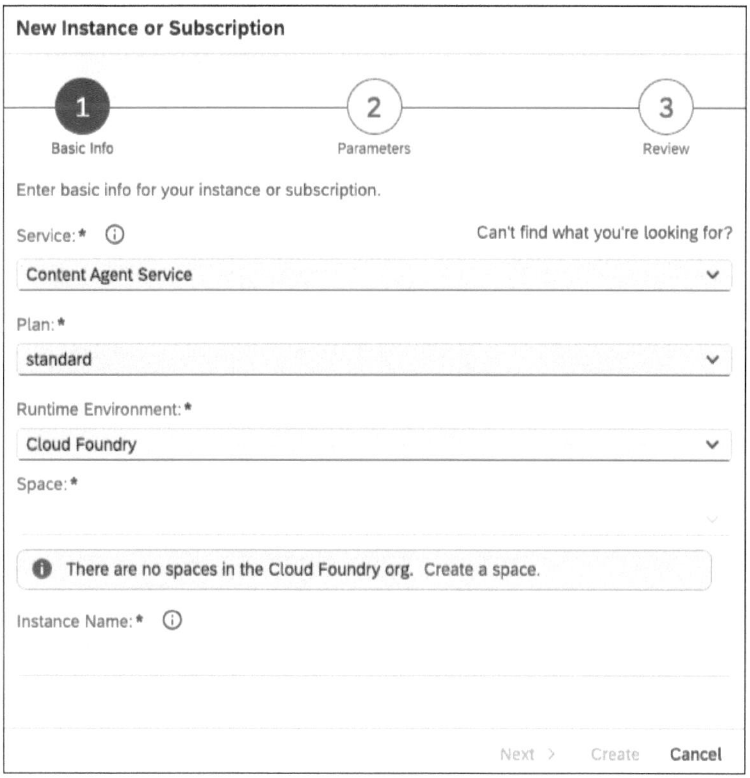

Abbildung 9.27 Instanz von SAP Content Agent Service konfigurieren

Vergeben Sie einen sprechenden Namen für den Space, und aktivieren Sie die Kennzeichen **Space Developer** und **Space Manager** (siehe Abbildung 9.28). Diese Roles werden jenem Benutzer zugeordnet, mit dem Sie den Space anlegen (wir haben ihn in der Abbildung geblurrt). Klicken Sie anschließend auf den Button **Create**.

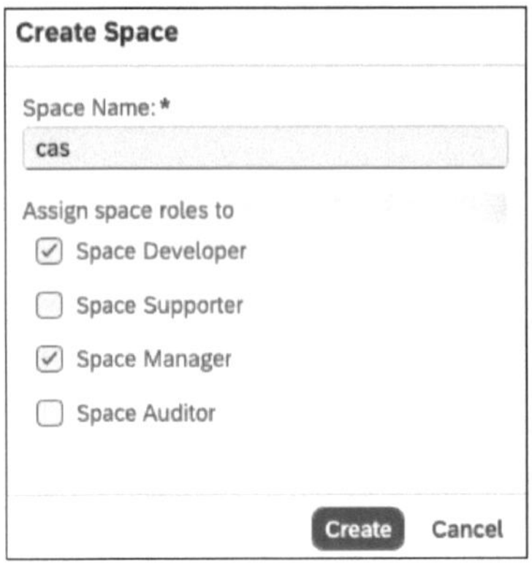

Abbildung 9.28 Space-Details pflegen

Wählen Sie nun den zuvor angelegten Space aus, vergeben Sie einen sprechenden Instanznamen im Feld **Instance Name**, und klicken Sie anschließend auf **Create** (siehe Abbildung 9.29).

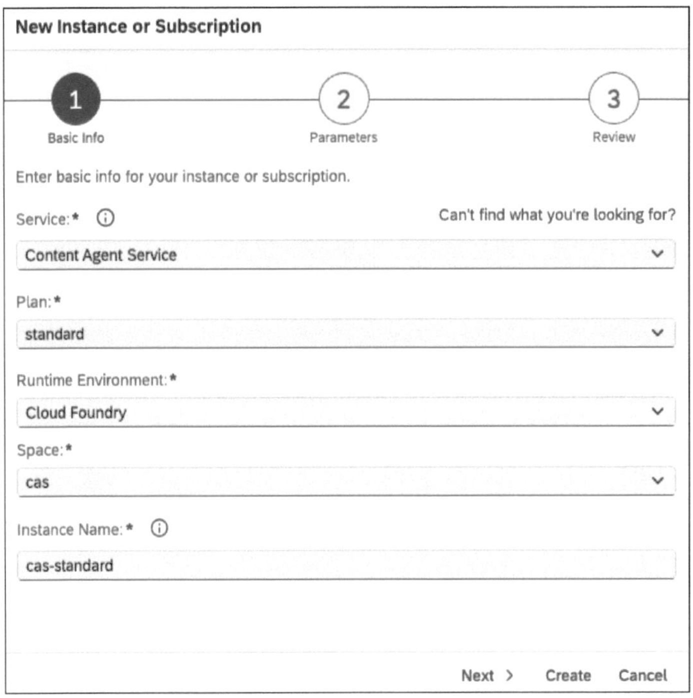

Abbildung 9.29 Servicedetails pflegen

Wählen Sie nun im nächsten Schritt im Feld **roles** die Option **Assemble** aus (siehe Abbildung 9.30). Klicken Sie anschließend auf **Next**.

Abbildung 9.30 Parameter der Serviceinstanz pflegen

Sie sehen nun die Zusammenfassung der Konfiguration. Prüfen Sie diese, und klicken Sie anschließend auf **Create**, um die Serviceinstanz anzulegen.

Das Anlegen des Service kann bis zu einer Minute dauern. Nachdem die Serviceinstanz angelegt worden ist, müssen Sie einen Service Key anlegen. Klicken Sie dazu in der zuvor angelegten Serviceinstanz im Pop-over-Menü über den Drei-Punkte-Button ••• auf **Create Service Key** (siehe Abbildung 9.31).

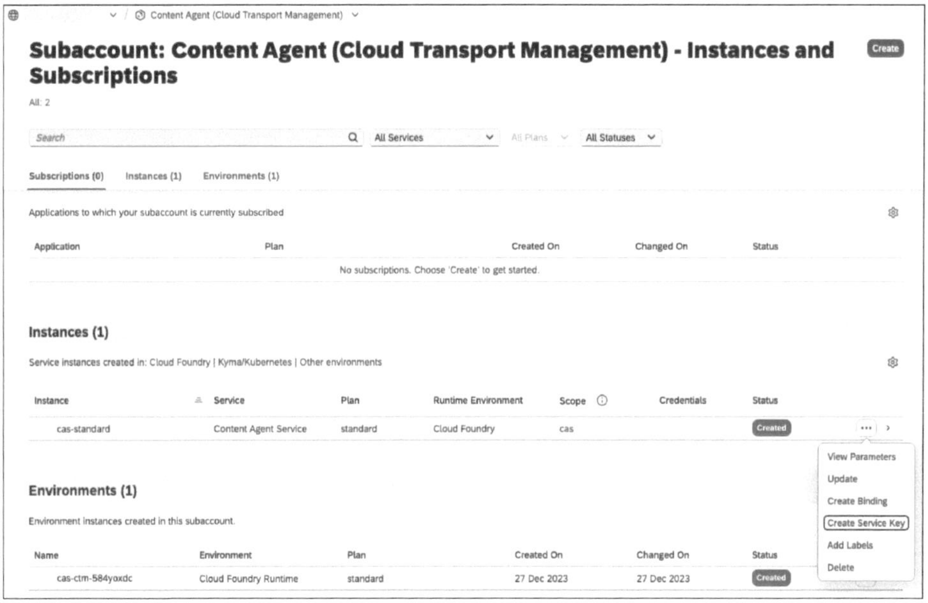

Abbildung 9.31 Service Key anlegen

Vergeben Sie im Feld **Service Key Name** einen sprechenden Namen, und klicken Sie anschließend auf den Button **Create** (siehe Abbildung 9.32).

Abbildung 9.32 Service Key konfigurieren

Das Anlegen des Service Keys dauert einige Sekunden; danach können Sie diesen öffnen. Der Service Key sollte wie in Abbildung 9.33 aussehen. Er enthält ein Client Secret und eine Client ID; diese Details aus dem Service Key benötigen Sie im nächsten Schritt.

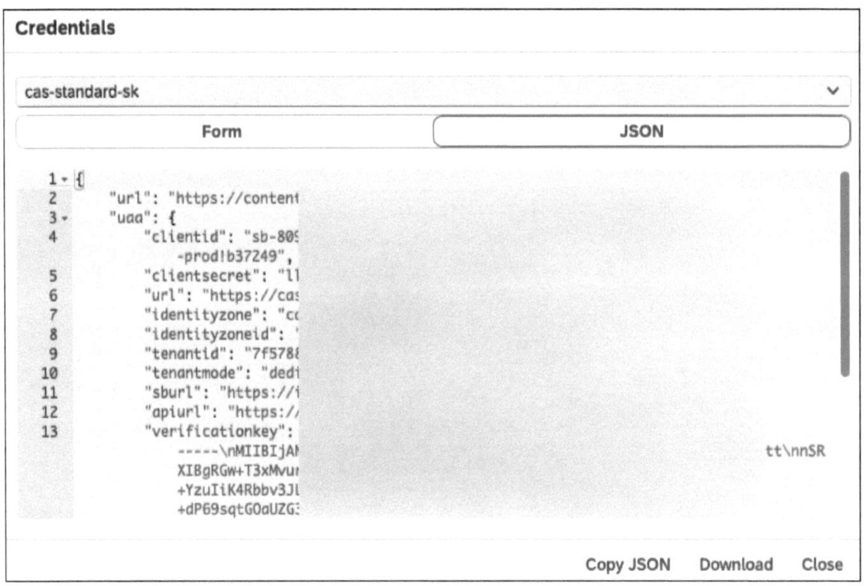

Abbildung 9.33 Service Key anzeigen

Im Subaccount der SAP-Integration-Suite-Entwicklungsinstanz müssen Sie nun eine Destination anlegen, die auf den SAP Content Agent Service zeigt. Öffnen Sie dazu den entsprechenden Subaccount, und navigieren Sie über den Pfad **Connectivity • Destinations** (siehe Abbildung 9.34). Klicken Sie nun noch auf **Create Destination**, um eine neue Destination anzulegen.

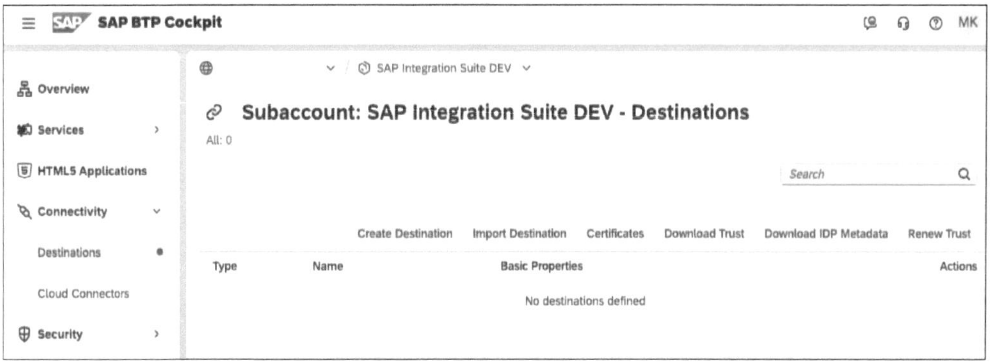

Abbildung 9.34 Destination anlegen

Vergeben Sie als Namen den Wert »ContentAssemblyService«. Beachten Sie, dass bei diesem Wert die Groß- und Kleinschreibung eine Role spielt und der Name nicht frei gewählt werden kann. Kopieren Sie in das Feld **URL** die URL aus dem zuvor angelegten Service Key, und wählen Sie im Feld **Proxy Type** die Option **Internet** und im Feld **Authentication** die Option **Oauth2ClientCredentials** (siehe Abbildung 9.35).

Abbildung 9.35 Details der Destination pflegen

Kopieren Sie aus dem Service Key in das Feld **Client ID** die Client ID und in das Feld **Client Secret** den Inhalt des Client Secret aus dem Service Key. Kopieren Sie in das Feld

Token Service URL den Wert des Attributs `url` aus dem Bereich uaa des Service Key, und fügen Sie den Wert »/oauth/token« an die Token Service URL an. Anschließend klicken Sie auf den Button **Save**.

Führen Sie anschließend einen Verbindungstest durch. Das Ergebnis sollte den Status **401: Unauthorized** liefern.

Nun müssen Sie eine Instanz der Process Integration Runtime für den Serviceplan »api« anlegen. Navigieren Sie dazu im Seitenmenü über den Pfad **Services • Instances and Subscriptions**, und klicken Sie auf den Button **Create**.

Wählen Sie im Feld **Service** die Option **Process Integration Runtime** aus (siehe Abbildung 9.36). Wählen Sie im Feld **Plan** die Option **api** (Serviceplan »api«) und als Runtime Environment die Option **Cloud Foundry** aus. Wählen Sie noch einen Space, und vergeben Sie im Feld **Instance Name** einen sprechenden Namen. Anschließend klicken Sie auf **Next**.

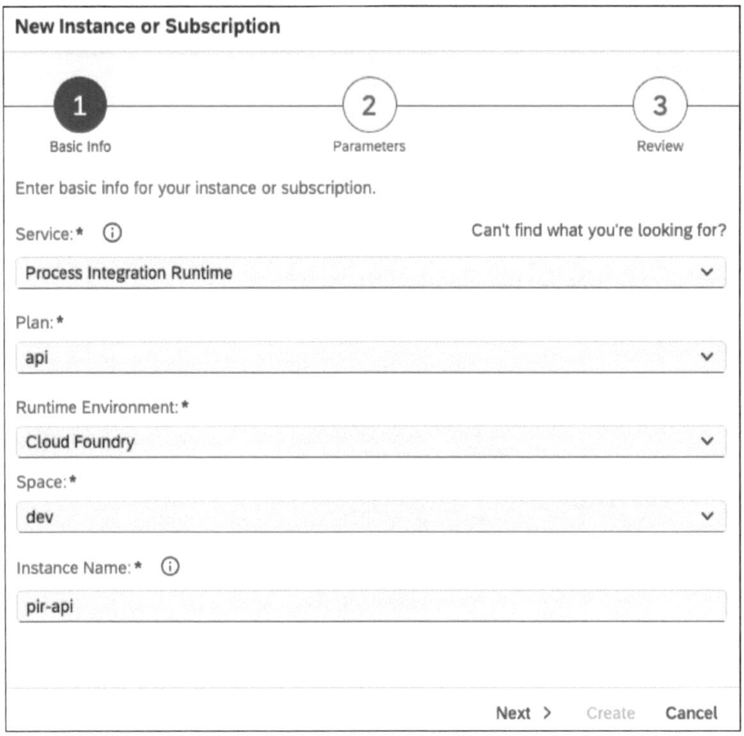

Abbildung 9.36 Details der Serviceinstanz pflegen

Wählen Sie im nächsten Schritt im Feld **Roles** die Role **WorkspacePackagesTransport** aus (siehe Abbildung 9.37), und klicken Sie anschließend auf **Next**.

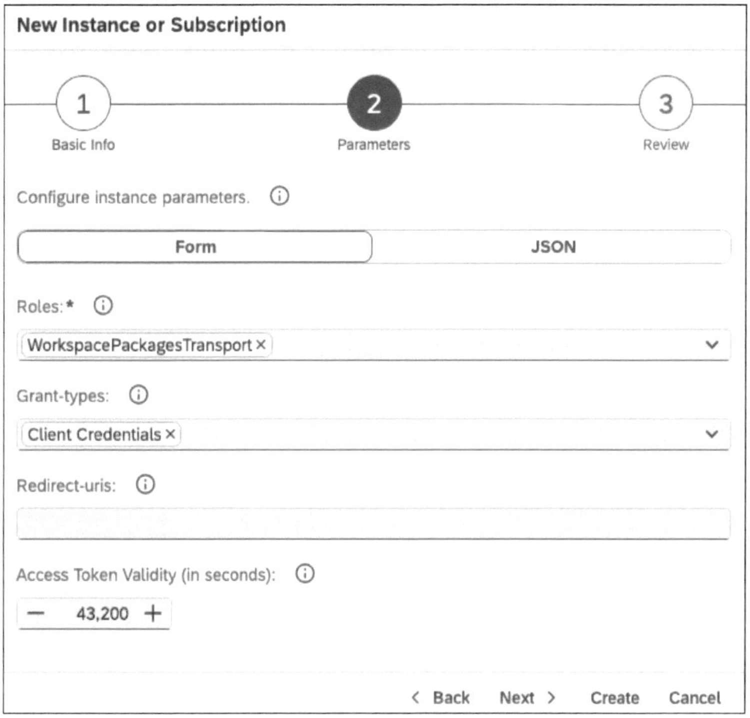

Abbildung 9.37 Role zuweisen

Sie sehen nun die Zusammenfassung der Konfiguration. Klicken Sie auf **Create**, um die Serviceinstanz anzulegen.

Für diese Serviceinstanz müssen Sie einen Service Key anlegen. Klicken Sie dazu in der soeben angelegten Serviceinstanz auf **Create Service Key** (siehe Abbildung 9.38).

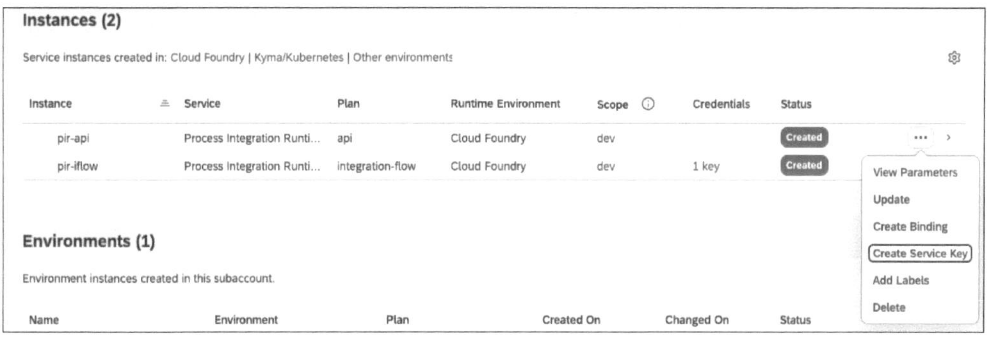

Abbildung 9.38 Service Key anlegen

Vergeben Sie im Feld **Service Key Name** einen sprechenden Namen, und klicken Sie anschließend auf **Create** (siehe Abbildung 9.39). Die Details aus dem Service Key benötigen Sie im nächsten Schritt.

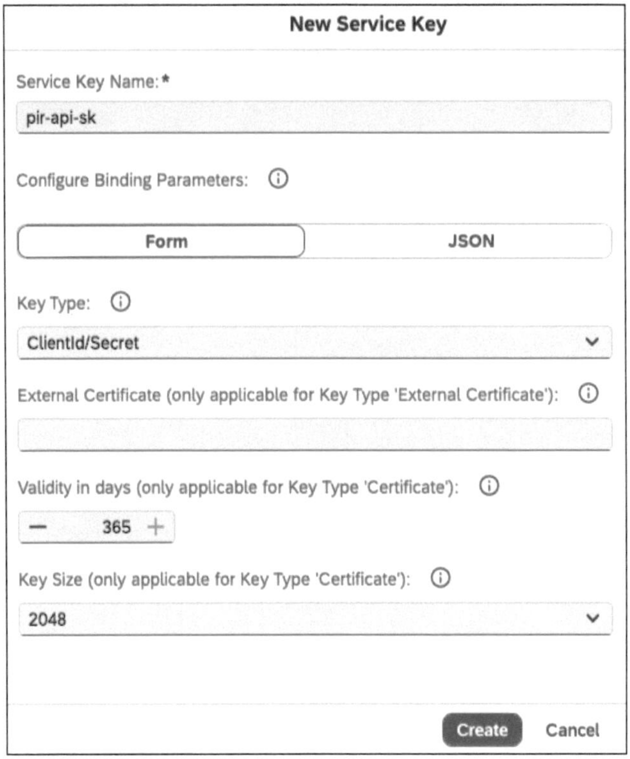

Abbildung 9.39 Service-Key-Details pflegen

Öffnen Sie nun den Subaccount, in dem der SAP Content Agent Service bereitgestellt wird. Legen Sie, wie zuvor bereits mehrfach gezeigt, eine neue Destination an. Vergeben Sie im Feld **Name** den Wert »CloudIntegration«, wobei die Groß- und Kleinschreibung zu beachten ist (siehe Abbildung 9.40). Kopieren Sie in das Feld **URL** den Wert der URL aus dem Service Key, und hängen Sie an die URL den Pfad */api/1.0/transportmodule/Transport* an. Wählen Sie im Feld **Proxy Type** die Option **Internet** und im Feld **Authentication** die Option **OAuth2ClientCredentials**. Verwenden Sie für die Felder **Client ID**, **Client Secret** und **Token Service URL** die entsprechenden Werte aus dem Service Key. Beachten Sie, dass die Token Service URL den Pfad */oauth/token* beinhalten muss. Klicken Sie abschließend auf **Save**.

Führen Sie einen Verbindungstest durch. Dieser sollte das Ergebnis **Connection to "CloudIntegration" established. Reponse returned: "401: Unauthorized"** liefern.

Sie müssen nun im Subaccount von SAP Cloud Transport Management einen Service Key erstellen. Dabei handelt es sich um die Serviceinstanz, die Sie zuvor für den Serviceplan »standard« angelegt haben. Klicken Sie dazu in der entsprechenden Serviceinstanz auf den Drei-Punkte-Button [•••] und im sich öffnenden Pop-over-Menü auf **Create Service Key** (siehe Abbildung 9.41).

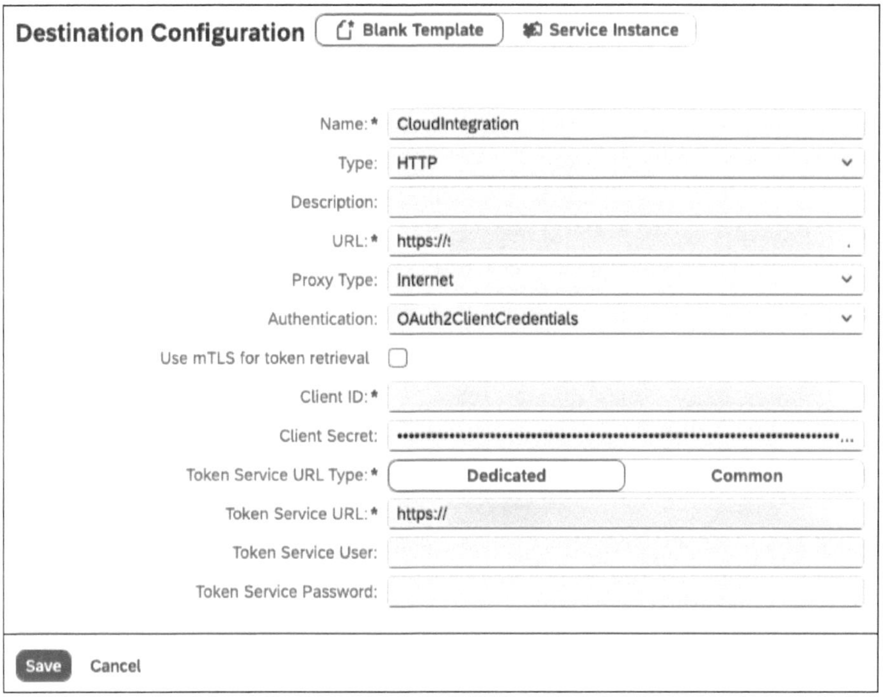

Abbildung 9.40 SAP Cloud Integration Destination anlegen

Abbildung 9.41 Service Key anlegen

Vergeben Sie einen sprechenden Namen für den Service Key, und klicken Sie anschließend auf den Button **Create**.

Die Details des Service Keys benötigen Sie im Folgenden. Öffnen Sie nun erneut den Subaccount, in dem der SAP Content Agent Service bereitgestellt wird. Sie müssen dort eine Destination anlegen, die auf SAP Cloud Transport Management zeigt. Navigieren Sie dazu über den Pfad **Connectivity • Destinations**, und klicken Sie auf **Create Destination** (siehe Abbildung 9.42).

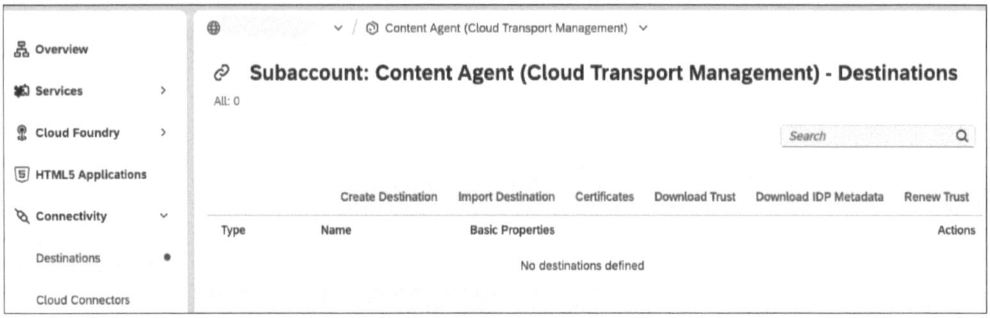

Abbildung 9.42 Destination anlegen

Vergeben Sie im Feld **Name** den Wert »TransportManagementService« (siehe Abbildung 9.43). Beachten Sie, dass bei diesem Wert wieder die Groß- und Kleinschreibung von Relevanz ist. Wählen Sie im Feld **Type** die Option **HTTP** kopieren Sie in das Feld **URL** die URL des soeben angelegten Service Keys. Wählen Sie im Feld **Proxy Type** die Option **Internet** und im Feld **Authentication** die Option **OAuth2ClientCredentials**. Verwenden Sie für die Felder **Client ID**, **Client Secret** und **Token Service URL** die entsprechenden Werte aus dem Service Key. Beachten Sie, dass die Token Service URL den Pfad */oauth/token* beinhalten muss. Legen Sie im Bereich **Additional Properties** eine Property mit dem Namen **sourceSystemId** an.

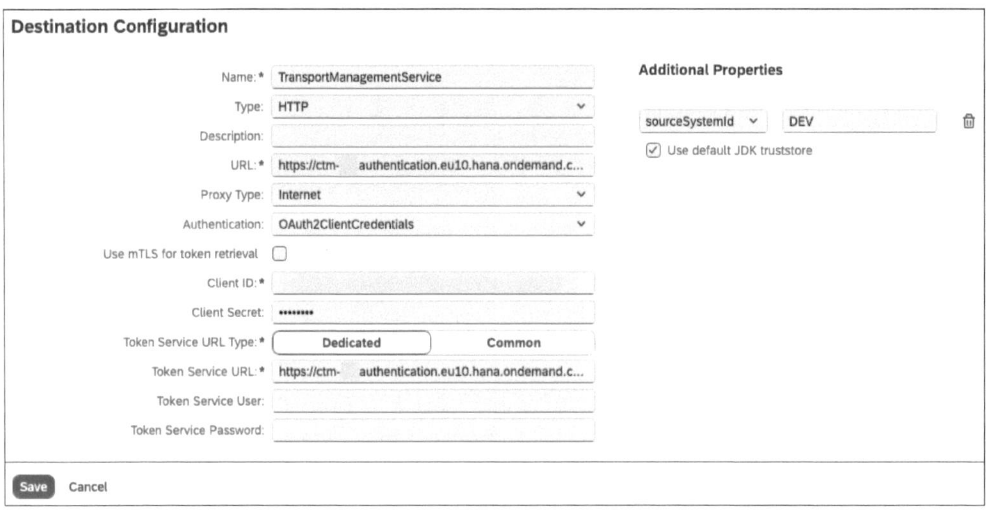

Abbildung 9.43 SAP Transport Management Service Destination konfigurieren

Der Wert muss dem Namen des Knoten der Entwicklungsinstanz der SAP Integration Suite in SAP Cloud Transport Management entsprechen. Diesen haben Sie beim Anlegen der Systemlandschaft in SAP Cloud Transport Management selbst gewählt. Klicken Sie abschließend auf den Button **Save**.

Führen Sie nun einen Verbindungstest durch. Dieser sollte den Status **401: Unauthorized** liefern.

9.5 SAP Cloud Transport Management in der SAP Integration Suite konfigurieren

Sie können nun die Konfiguration in der SAP Integration Suite durchführen. Diese muss lediglich im Entwicklungssystem durchgeführt werden. Öffnen Sie dazu den Subaccount, in dem die Entwicklungsinstanz der SAP Integration Suite bereitgestellt wird. Navigieren Sie im Seitenmenü über den Pfad **Services • Instances and Subscriptions** (siehe Abbildung 9.44), und klicken Sie auf den Link **Integration Suite**, um die SAP Integration Suite zu öffnen.

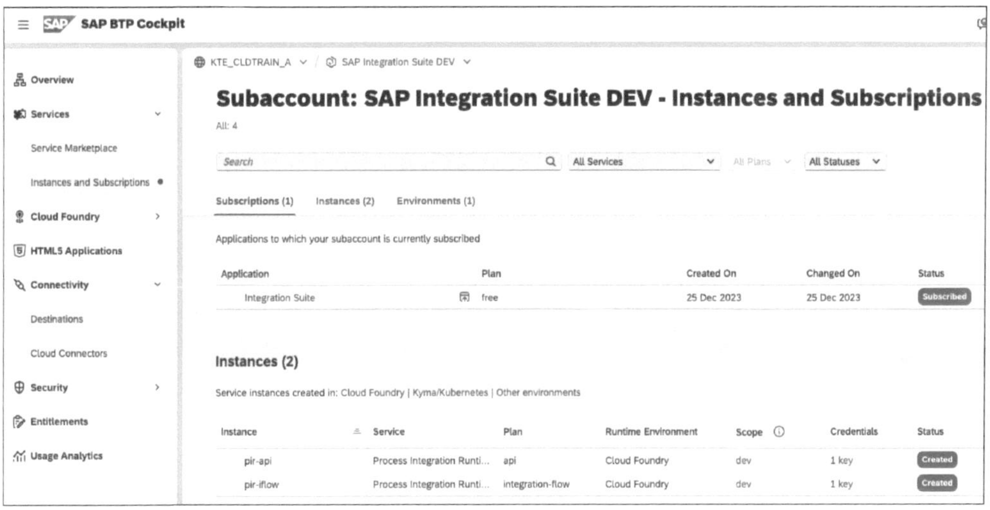

Abbildung 9.44 SAP Integration Suite öffnen

Navigieren Sie in der SAP Integration Suite über den Pfad **Settings • Integrations** (siehe Abbildung 9.45). Öffnen Sie darin die Registerkarte **Transport**, und klicken Sie im rechten unteren Bereich auf **Edit**. Wählen Sie dann im Feld **Transport Mode** die Option **Cloud Transport Management** aus, und klicken Sie anschließend auf **Check Configuration**.

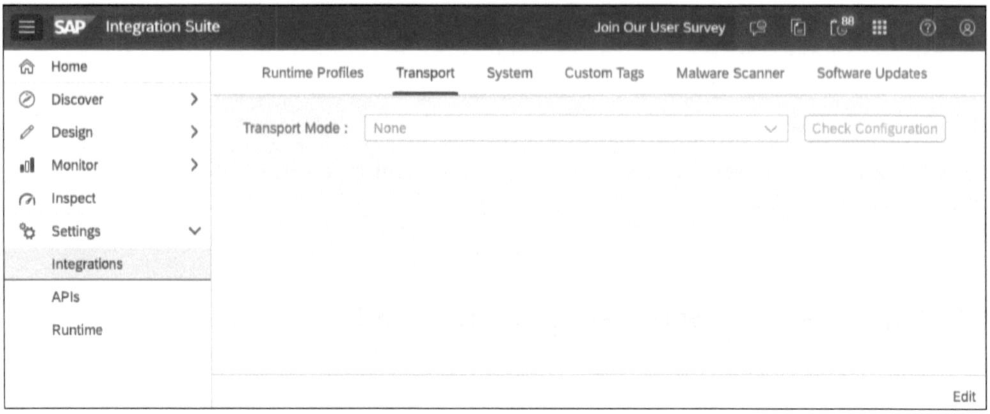

Abbildung 9.45 Transporteinstellungen durchführen

Sie sollten den Status SUCCESS erhalten (siehe Abbildung 9.46). Damit ist sichergestellt, dass die Konfiguration korrekt ist, und alle Destinations wie erforderlich funktionieren.

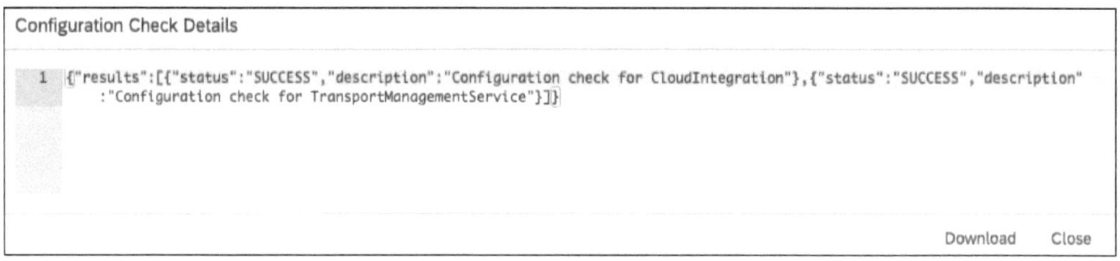

Abbildung 9.46 Ergebnis des Verbindungstests

Um einen Transport aus der SAP Integration Suite heraus durchzuführen, benötigt der entsprechenden Benutzer die Role WorkspacePackagesTransport. Diese Role kann Benutzern nicht direkt zugewiesen werden; daher muss sie in eine Role Collection verpackt werden. Öffnen Sie zuerst die Role **WorkspacePackagesTransport** (siehe Abbildung 9.47). Vergewissern Sie sich, dass im Bereich **Role Collections** noch keine Zuordnung zu einer Role Collection vorliegt.

Öffnen Sie nun die Role-Collection-Übersicht, und klicken Sie auf den Button **Create** (siehe Abbildung 9.48).

Vergeben Sie im Feld **Name** einen entsprechenden Namen, beispielsweise »CI_Transport«, und klicken Sie anschließend auf **Create**.

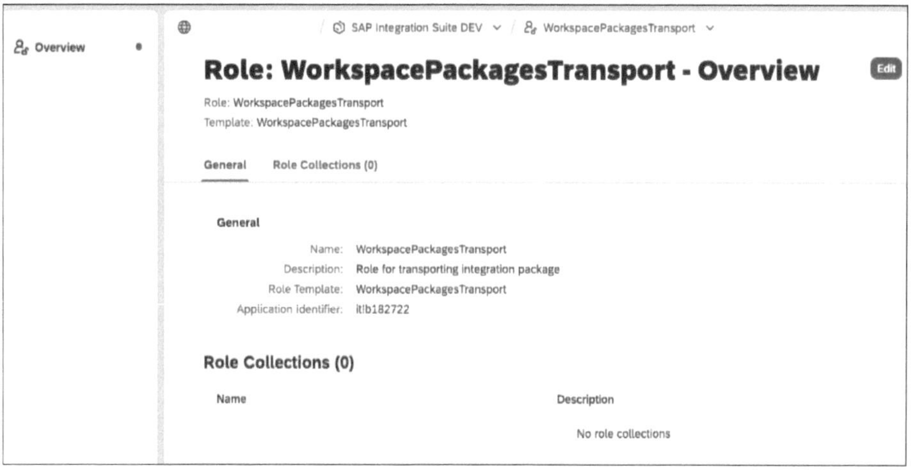

Abbildung 9.47 Role WorkspacePackagesTransport prüfen

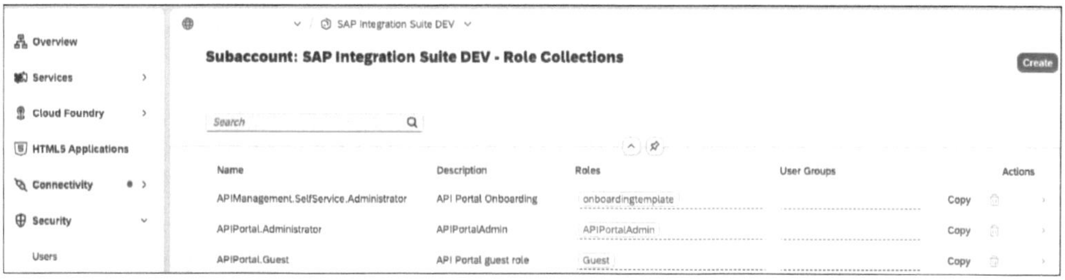

Abbildung 9.48 Übersicht über die Role Collections

Weisen Sie der Role Collection die Role **WorkspacePackagesTransport** zu (siehe Abbildung 9.49). Klicken Sie anschließend auf den Button **Add**.

Abbildung 9.49 Role zuweisen

Weisen Sie nun der Role Collection im Bereich **Users** den gewünschten Benutzer zu, der den Transport starten darf (siehe Abbildung 9.50). Klicken Sie anschließend auf den Button **Save**.

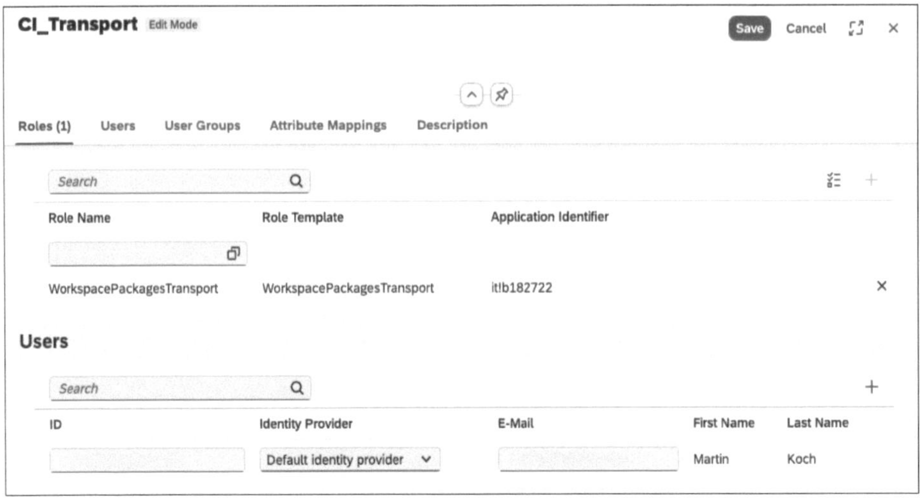

Abbildung 9.50 Der Role Collection einen Benutzer zuordnen

Steigen Sie nun in die SAP Integration Suite ein. Öffnen Sie ein Integration Package, und klicken Sie oben auf **Transport** (siehe Abbildung 9.51).

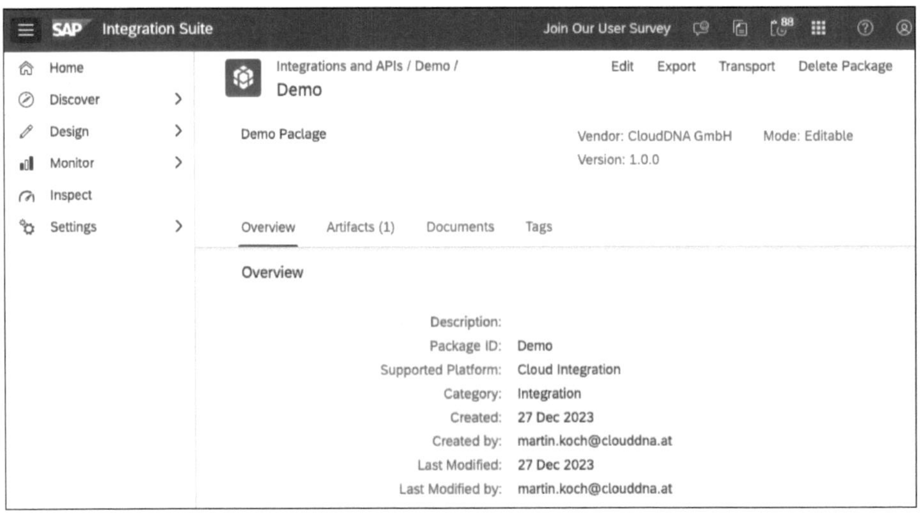

Abbildung 9.51 Transport starten

Im Anschluss müssen Sie im Feld **Comments** einen Kommentar vergeben (siehe Abbildung 9.52). Dieser wird nachfolgend in SAP Cloud Transport Management angezeigt. Klicken Sie danach auf **Transport**. Über die Checkbox **Propagate logged-in user**

as transport owner haben Sie die Möglichkeit, die Benutzeridentität in SAP Cloud Transport Management zu propagieren.

Abbildung 9.52 Transportdetails pflegen

Der Transport ist nun in SAP Cloud Transport Management sichtbar. Öffnen Sie SAP Cloud Transport Management, und navigieren Sie im Seitenmenü in den Bereich **Overview** (siehe Abbildung 9.53). Dort sehen Sie im Detailbereich rechts oben den offenen Transport, auf den Sie nun klicken, um in die Details abzuspringen.

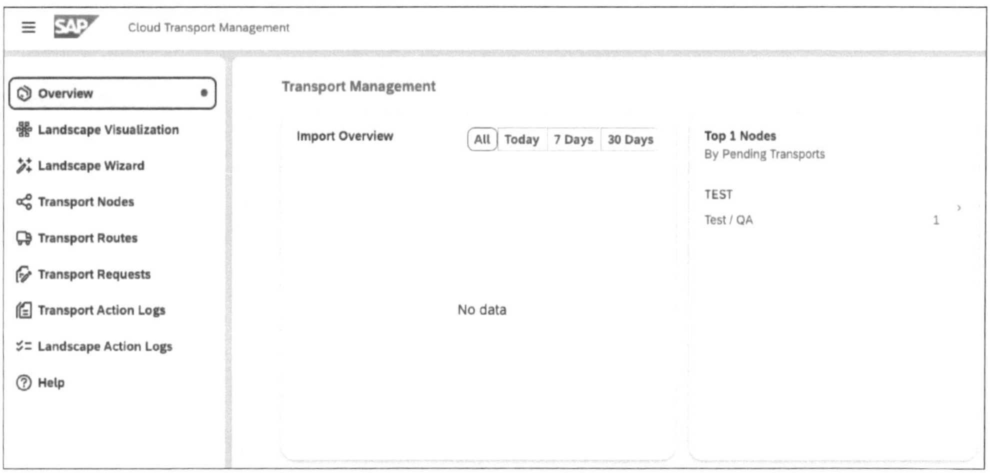

Abbildung 9.53 Übersicht über Transporte

Sie werden nun feststellen, dass die Funktion **Import All** nicht verfügbar ist (siehe Abbildung 9.54). Das liegt daran, dass dem Benutzer die entsprechende Role fehlt.

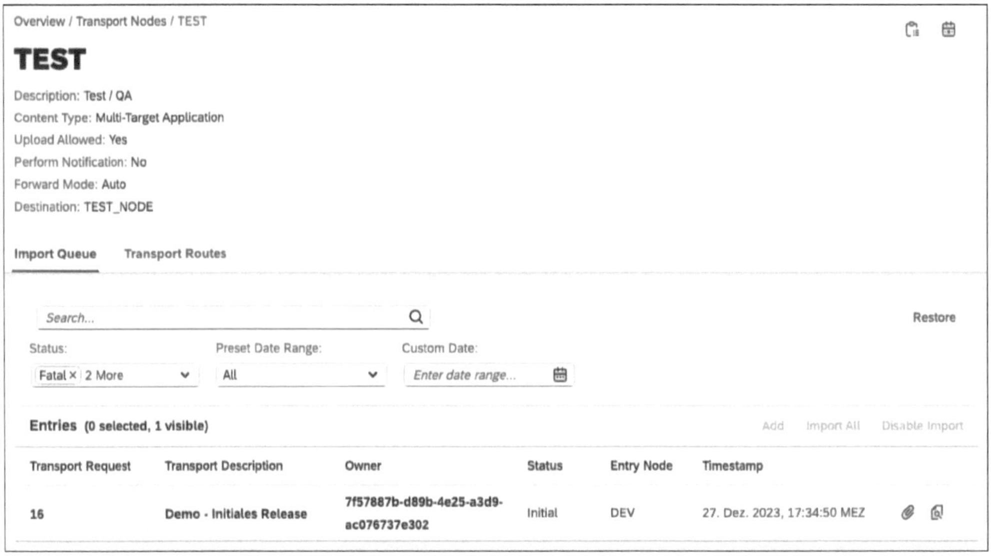

Abbildung 9.54 Import Queue anzeigen

Sie müssen für die Erteilung zur Berechtigung des Imports eine eigene Role Collection anlegen. Das Anlegen einer Role Collection wurde in diesem Kapitel bereits mehrfach gezeigt. Daher verzichten wir auf eine Schritt-für-Schritt-Anleitung. Vergeben Sie für die Role Collection einen sprechenden Namen, und klicken Sie anschließend auf den Button **Create** (siehe Abbildung 9.55).

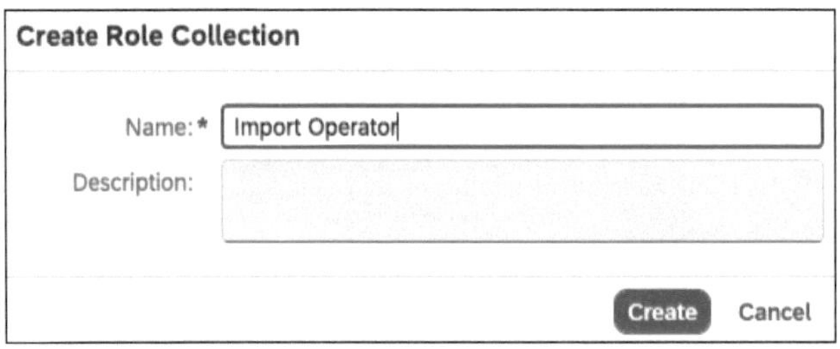

Abbildung 9.55 Role Collection für den Import Operator anlegen

Weisen Sie der Role Collection die Role **ImportOperator** zu (siehe Abbildung 9.56). Klicken Sie anschließend auf den Button **Add**.

Weisen Sie der Role Collection die gewünschten Benutzer zu, und speichern Sie diese mit einem Klick auf den Button **Save** (siehe Abbildung 9.57).

Abbildung 9.56 Role zuordnen

Abbildung 9.57 Benutzer der Role Collection Import Operator zuweisen

Wenn Sie nun erneut in SAP Cloud Transport Management einsteigen, ist die Funktion **Import All** verfügbar (siehe Abbildung 9.58). Klicken Sie darauf, um den Import zu starten.

Abbildung 9.58 Import Queue anzeigen

Sie müssen nun den Import genehmigen. Klicken Sie dazu auf **OK**.

Der Import kann, abhängig von der Größe des Pakets, einige Zeit in Anspruch nehmen. Prüfen Sie den Status des Imports. Dieser sollte nach Abschluss den Status **Succeeded** aufweisen (siehe Abbildung 9.59).

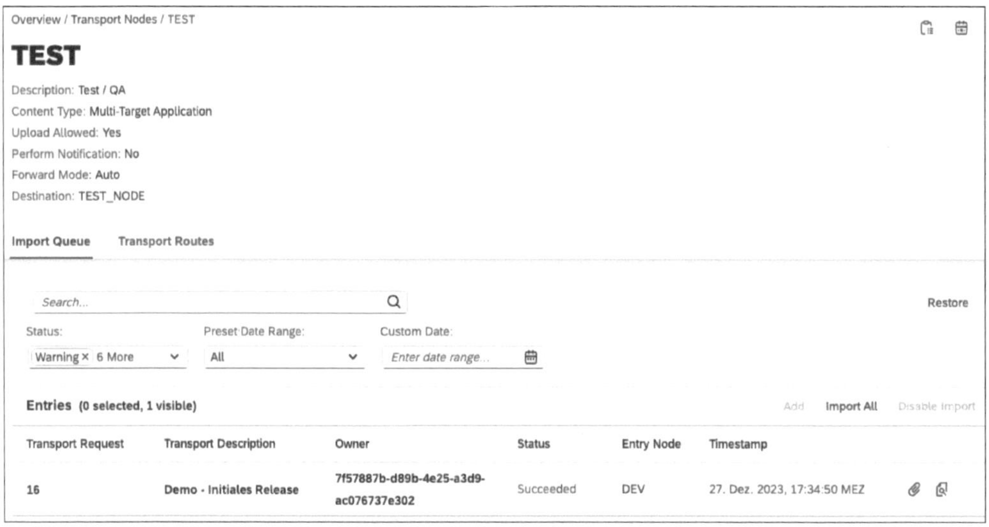

Abbildung 9.59 Importstatus prüfen

Damit haben Sie die Konfiguration von SAP Cloud Transport Management für die SAP Integration Suite abgeschlossen und einen erfolgreichen Testimport durchgeführt.

Kapitel 10
SAP Build aktivieren und einrichten

SAP Build versammelt unter den Namen SAP Build Apps, SAP Build Process Automation und SAP Build Work Zone No-Code- und Low-Code-Werkzeuge, die Ihnen dabei helfen, Ihre Anforderungen auf der SAP BTP abzubilden.

In der sich schnell entwickelnden Geschäftswelt von heute ist es unerlässlich, dass Ihre Mitarbeitenden in der Lage sind, Innovationen voranzutreiben und Lösungen schnell bereitzustellen. Mit den Low-Code-Tools von SAP Build kann sich jeder, unabhängig von seinen Fähigkeiten, am Entwicklungs- und Automatisierungsprozess beteiligen und die Art und Weise verändern, wie das jeweilige Unternehmen an die Anwendungsentwicklung herangeht. SAP Build bietet eine Reihe leistungsfähiger Werkzeuge, darunter SAP Build Apps, SAP Build Process Automation und SAP Build Work Zone, mit denen Ihre Fachleute Unternehmensanwendungen erstellen, verbessern und optimieren, Prozesse automatisieren und Geschäftsseiten mit bemerkenswerter Leichtigkeit gestalten können. Die einfache Drag-&-Drop-Bedienung dieser Werkzeuge stellt sicher, dass Ihre Fachexpert*innen deren einzigartiges Fachwissen und deren Fähigkeiten nutzen können, um maßgeschneiderte Lösungen zu erstellen, die die spezifischen Anforderungen Ihres Unternehmens erfüllen.

Indem Sie Ihre Geschäftsexpert*innen mit SAP Build unterstützen, erkennen Sie deren Fachwissen als treibende Kraft für den Erfolg Ihres Unternehmens an. Sie verfügen über ein tiefgreifendes Verständnis ihrer Geschäftsprozesse, schaffen durch ihre Erkenntnisse einen Mehrwert und lösen täglich Probleme. Indem Sie ihnen benutzerfreundliche Werkzeuge und eine Low-Code-Umgebung zur Verfügung stellen, ermöglichen Sie ihnen, direkt zur Entwicklung der von ihnen benötigten Lösungen beizutragen und ihr Fachwissen und ihre Erfahrung zu nutzen.

Indem Sie die Leistungsfähigkeit von SAP Build nutzen, können Sie den Entwicklungsansatz in Ihrem Unternehmen verändern. Anstatt sich nur auf ein kleines Entwicklerteam zu verlassen, können Sie auf die kollektiven Fähigkeiten und Erkenntnisse Ihrer Geschäftsexpert*innen zurückgreifen. Dieser Ansatz beschleunigt nicht nur den Entwicklungsprozess, sondern fördert auch eine Kultur der Innovation und Zusammenarbeit. Ihre Geschäftsexpert*innen leisten einen aktiven Beitrag zum Lösungsentwicklungsprozess und stellen sicher, dass das Endprodukt perfekt auf Ihre Geschäftsziele abgestimmt ist.

SAP Build Apps bietet eine visuelle Entwicklungsumgebung, mit der Benutzer Anwendungen und Lösungen durch einfaches Ziehen und Ablegen vorgefertigter Komponenten erstellen können. Dieser Low-Code-Ansatz macht eine manuelle Kodierung überflüssig, was die Entwicklungszeit und den Aufwand erheblich reduziert. In Abschnitt 10.1, »SAP Build Apps«, wird erläutert, wie Sie SAP Build Apps einrichten. Damit können Sie es den Anwendenden ermöglichen, auf der SAP BTP visuell zu entwickeln und unternehmenstaugliche Anwendungen zu erstellen, die auf ihre spezifischen Anforderungen zugeschnitten sind. Zusätzlich zu den visuellen Entwicklungsfunktionen bietet SAP Build eine nahtlose Integration mit einer Vielzahl von SAP- und Nicht-SAP-Systemen. Die Plattform bietet vorgefertigte Konnektoren und Geschäftsinhalte, die es den Benutzern ermöglichen, die Entwicklung zu beschleunigen, indem sie bestehende Integrationen nutzen. Dieser integrationszentrierte Ansatz wird mit SAP Build Process Automation unterstützt. In Abschnitt 10.2, »SAP Build Process Automation«, erläutern wir, wie Sie SAP Build Process Automation installieren und konfigurieren. Abschnitt 10.3, »SAP Build Work Zone«, befasst sich mit der Installation und Konfiguration von SAP Build Work Zone, Advanced Edition. Damit ermöglichen Sie Anwender*innen die effiziente Teamarbeit und Kollaboration.

10.1 SAP Build Apps

Suchen Sie nach einer Lösung, um schnell und mühelos leistungsstarke Unternehmensanwendungen zu erstellen? Dann ist SAP Build Apps genau das Richtige für Sie: eine innovative Low-Code-Plattform, die es Anwender*innen aller Qualifikationsstufen ermöglicht, individuelle Anwendungen zu erstellen, ohne dass sie dafür umfangreiche Programmierkenntnisse benötigen. Mit SAP Build Apps können Sie Ihrer Kreativität freien Lauf lassen und mit einfachen Drag-&-Drop-Methoden beeindruckende Benutzeroberflächen entwickeln. Vorbei sind die Zeiten komplexer Kodierung und langwieriger Entwicklungszyklen. Mit einer visuellen Oberfläche, die es Ihnen ermöglicht, mühelos Komponenten zu arrangieren und ansprechende Benutzeroberflächen zu entwerfen, können Sie jetzt unkompliziert benutzerdefinierte Anwendungen in Unternehmensqualität erstellen.

Eine der bemerkenswertesten Funktionen von SAP Build Apps ist die Möglichkeit, Datenmodelle und Geschäftslogik visuell zu erstellen, ohne eine einzige Zeile Code schreiben zu müssen. Diese revolutionäre Fähigkeit ermöglicht es Anwender*innen, robuste Cloud Services und Backend-Funktionalitäten zu erstellen, die perfekt auf ihre Geschäftsanforderungen abgestimmt sind. Aber das ist noch nicht alles: Es zeichnet sich durch eine nahtlose Integration aus, die es Ihnen ermöglicht, sowohl mit SAP- als auch mit Nicht-SAP-Lösungen eine sichere Verbindung herzustellen. Mit vorgefertigten Komponenten, Konnektoren und Integrationen können Sie mühelos verschiedene Systeme zusammenführen, vorhandene Ressourcen nutzen und die

Entwicklung beschleunigen. Das bedeutet, dass Sie Ihre benutzerdefinierten Anwendungen mit anderen Unternehmenssystemen integrieren können, um einen reibungslosen Datenfluss und eine einheitliche Benutzererfahrung zu gewährleisten. Mit SAP Build Apps können Sie Ihre Anwendungen einfacher und schneller entwickeln und sich auf Ihr Fachwissen konzentrieren, anstatt sich in komplexen technischen Details zu verlieren. Es befreit Sie von den traditionellen Barrieren der Anwendungsentwicklung und ermöglicht es Fachleuten verschiedener Rollen und Qualifikationsniveaus, zum Prozess der Anwendungsentwicklung beizutragen. SAP Build Apps ist so konzipiert, dass es ohne Kompromisse skaliert werden kann. Ganz gleich, ob Sie eine kleine Anwendung oder eine umfangreiche Unternehmenslösung entwickeln: Die Plattform bietet die Flexibilität und Leistungsfähigkeit, um Ihre wachsenden Anforderungen zu erfüllen.

Nachfolgend zeigen wir Ihnen Schritt für Schritt die Installation und Konfiguration von SAP Build Apps.

Das SAP Discovery Center ist eine unverzichtbare Quelle für einen ersten Überblick über SAP Build Apps. Neben detaillierten Service- und Preisinformationen bietet das SAP Discovery Center auch einen Einblick in die geografische Verteilung der verschiedenen Rechenzentren, die für die Servicebereitstellung genutzt werden (siehe Abbildung 10.1). Zusätzlich finden Sie dort die Eckpfeiler der Roadmap.

Abbildung 10.1 Darstellung der Verteilung der Rechenzentren in SAP Discovery Center

SAP bietet zwei Pläne für SAP Build Apps an: einen Standardplan und einen kostenlosen Plan. Der Standardplan ist bereit für den produktiven Einsatz und umfasst die gesamte Bandbreite der SAP-Build-Apps-Funktionen – mit der zusätzlichen Sicherheit eines Supports auf Unternehmensebene. Der Free Plan ist mit den folgenden Einschränkungen verbunden:

- Die Anzahl der Builds ist auf zwei erfolgreiche Builds pro App und Plattform beschränkt.
- Als Cloud-Laufzeit ist nur Entwicklungslaufzeit verfügbar; sie kann nicht zur Produktionszwecken genutzt werden.
- Es ist nur Community-Support verfügbar, er unterliegt nicht dem Service Level Agreement (SLA).

10.1.1 Installation

Auf der SAP BTP erleichtern Booster auf der Global-Account-Ebene die Installation und Konfiguration von Services in einem Subaccount. Diese Booster fungieren als automatische Assistenten, die standardisierte Setups und Konfigurationen durchführen. Sie minimieren den manuellen Aufwand und reduzieren Fehlerquellen beim Einrichten, indem sie die für die Aktivierung eines Dienstes erforderlichen Schritte automatisch durchführen. Durch den Einsatz dieser Booster können Entwickler- und Systemadministratorenteams Zeit sparen und sich auf spezifischere Anpassungen und Optimierungen konzentrieren, nachdem die grundlegende Serviceeinrichtung abgeschlossen ist.

Innerhalb des SAP-BTP-Global-Account-Cockpits sind die Booster über das Seitenmenü zugänglich. Wählen Sie die Option **Booster**, um die verfügbaren Automatisierungstools zu finden (siehe Abbildung 10.2). Sie können die Suchfunktion nutzen, um speziell nach »SAP Build« zu filtern. Daraufhin werden zwei spezifische Booster für SAP Build Apps angezeigt: ein Booster für die detaillierte Kontoeinrichtung (**Get Started with SAP Build Apps – Detailed Account Setup**), der eine umfassende Konfiguration des Kontos bietet, und ein Booster für eine schnelle Kontoeinrichtung (**Get Started with SAP Build Apps – Quick Account Setup**), der einen zügigen und vereinfachten Einrichtungsvorgang bietet. Diese Booster unterscheiden sich in Umfang und Detaillierungsgrad, aber beide zielen auf ein effizientes Einrichten und Konfigurieren von SAP Build Apps in Ihrem Subaccount ab. Im Folgenden beziehen wir uns auf den Booster für die detaillierte Kontoeinrichtung. Klicken Sie daher auf die entsprechende Kachel, um den Booster zu öffnen.

Auf der Registerkarte **Overview** finden Sie eine Architekturübersicht (siehe Abbildung 10.3). Diese enthält alle vom Booster installierten Komponenten, einschließlich der optionalen Komponenten. Auch die Integration in andere Cloud- und On-Premise-Systeme ist dargestellt.

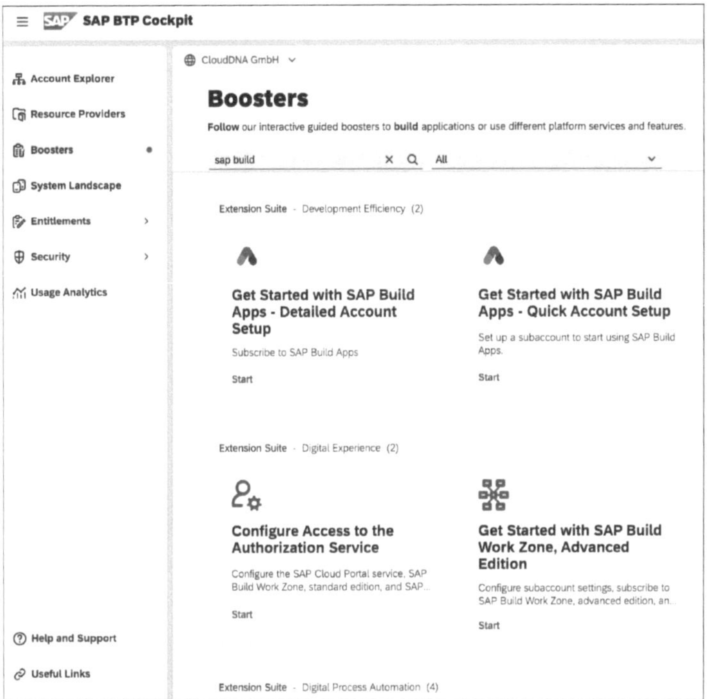

Abbildung 10.2 Booster auswählen

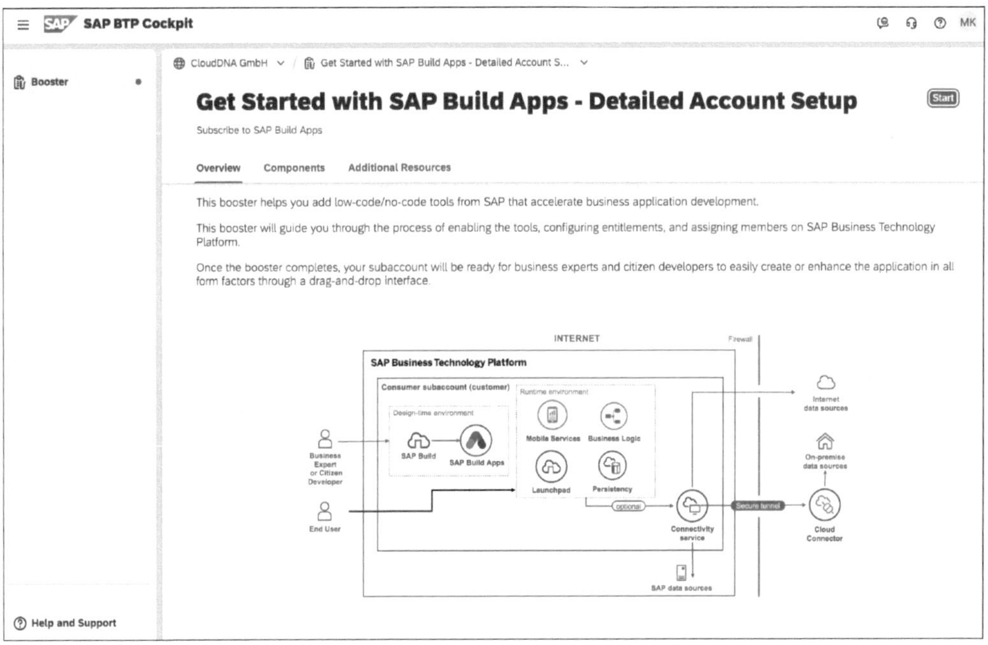

Abbildung 10.3 Architekturübersicht

Auf der Registerkarte **Components** finden Sie eine Übersicht über alle Services und Subscriptions, die vom Booster installiert werden. Das Label **MANDATORY** zeigt Ihnen, dass diese Komponente zwingend erforderlich ist (siehe Abbildung 10.4). Für SAP Build Apps können Sie sehen, dass nur SAP Build Apps und die SAP Cloud Identity Services obligatorisch sind. Die übrigen Komponenten wie SAP Mobile Services, Cloud Foundry Runtime und SAP Build Work Zone, Standard Edition, sind optional. Beachten Sie, dass die Dienste Kosten verursachen, sobald sie in einem Subaccount abonniert worden sind. Klicken Sie auf den Button **Start**, um den Booster zu starten.

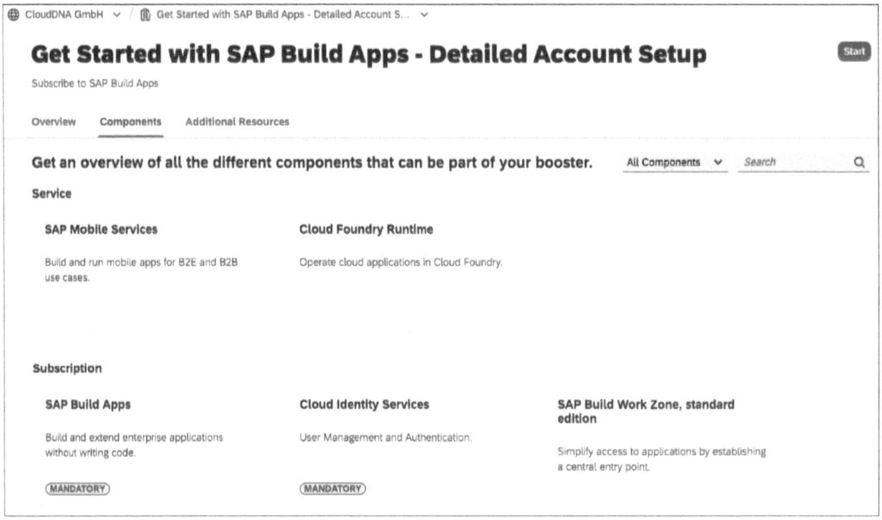

Abbildung 10.4 Komponenten des Boosters

Im ersten Schritt des Boosters **Check Prerequisites** werden, wie in Abbildung 10.5 dargestellt, die Voraussetzungen geprüft.

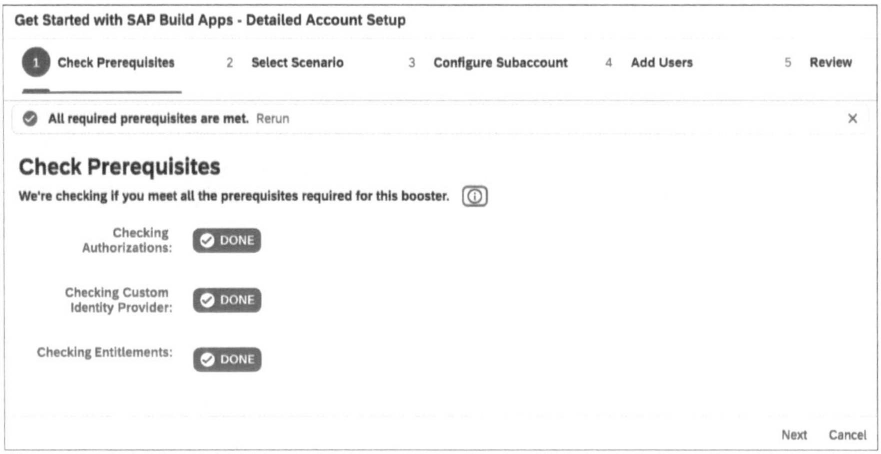

Abbildung 10.5 Voraussetzungen überprüfen

Das bedeutet, dass der Booster prüft, ob Sie über die entsprechenden Berechtigungen zur Ausführung des Boosters verfügen, ob ein benutzerdefinierter Identitätsanbieter verfügbar ist und ob die erforderlichen Berechtigungen vorhanden sind. Wenn alle Voraussetzungen erfolgreich geprüft worden sind, können Sie mit einem Klick auf **Next** zum nächsten Schritt der Konfiguration springen.

Im zweiten Schritt **Select Scenario** können Sie wählen, ob ein bestehender Subaccount verwendet werden oder ob der Booster einen neuen Subaccount für diesen Anwendungsfall erstellen soll (siehe Abbildung 10.6). Nachdem Sie die entsprechende Aktion ausgewählt haben, klicken Sie auf **Next**, um fortzufahren.

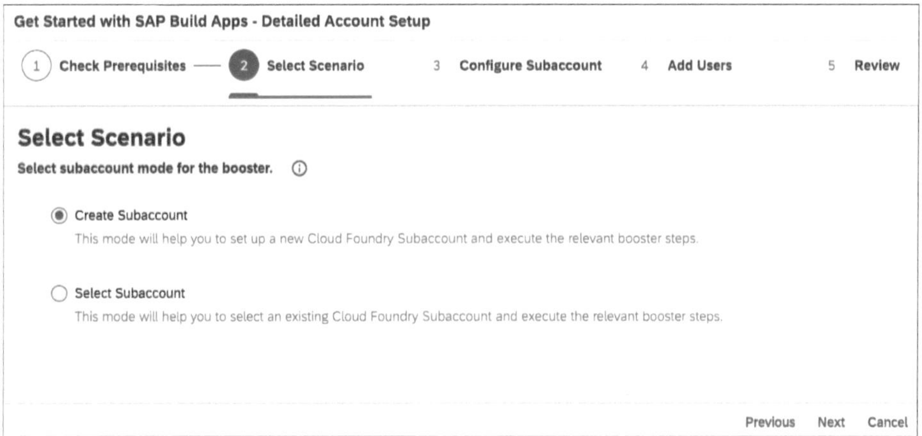

Abbildung 10.6 Subaccount auswählen

Im dritten Schritt **Configure Subaccount** haben Sie die Möglichkeit, die Berechtigungen anzupassen (siehe Abbildung 10.7). Zu diesem Zeitpunkt sind alle Komponenten (Services und Subscriptions), sowohl die obligatorischen als auch die optionalen, ausgewählt. Die optionalen Komponenten können durch einen Klick auf den Mülleimer-Button gelöscht werden. Anschließend können Sie den Namen des Subaccounts ändern. Dieser setzt sich standardmäßig aus dem Global-Account-Namen in Kombination mit einem generierten Namen zusammen. Wir empfehlen an dieser Stelle die Verwendung eines sprechenden Namens. Außerdem raten wir davon ab, Leerzeichen im Namen zu verwenden. Anschließend haben Sie die Möglichkeit, den Provider (AWS, Azure oder Google) und ein zugehöriges Rechenzentrum bzw. eine Region auszuwählen. Beachten Sie, dass SAP Build Apps nicht in allen Rechenzentren aller Anbieter verfügbar ist. Klicken Sie, wie gewohnt, auf **Next**, um zum nächsten Schritt der Konfiguration zu gelangen.

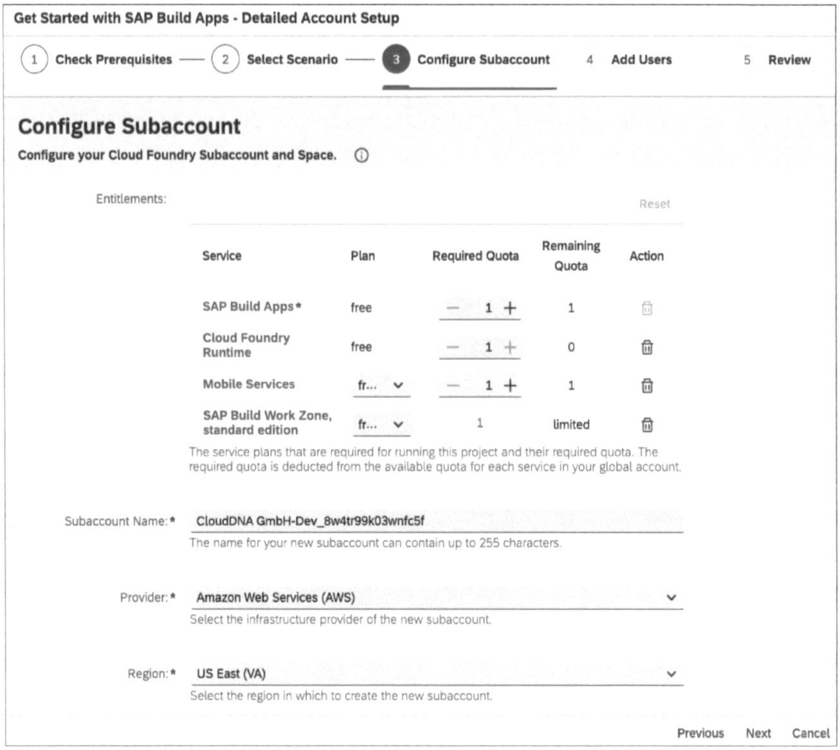

Abbildung 10.7 Entitlements konfigurieren

Im vierten Schritt **Add Users** müssen Sie einen Platform Identity Provider (**Custom Identity Provider for Platform Users**) und einen Application Identity Provider (**Custom Identity Provider for Apps**) auswählen (siehe Abbildung 10.8). Der Application Identity Provider wird für die Authentifizierung der Entwickler*innen verwendet, die SAP Build Apps verwenden möchten. Er ist auch für die Authentifizierung der Endbenutzer verantwortlich, wenn Sie die erstellten Apps in diesem Subaccount bereitstellen und über SAP Mobile Services oder SAP Build Work Zone, Standard Edition, verfügbar machen. Der Platform Identity Provider authentifiziert die Benutzer, die den Subaccount verwalten und dort z. B. Ziele anlegen. Sie müssen anschließend die E-Mail-Adressen der Benutzer, denen die Rollen **Subaccount Administrator** und **Build-Apps_Administrator** zugewiesen sind, in das Feld **Administrators** eintragen. Diese Benutzer werden gegenüber dem Platform Identity Provider authentifiziert. Im Feld **Developers** müssen Sie die E-Mail-Adressen der Benutzer pflegen, die als Entwickler*innen in SAP Build Apps eingesetzt werden. Sie können auch später noch neue Benutzer für beide Benutzertypen im Subaccount hinzufügen.

Im letzten Schritt **Review** sehen Sie eine Zusammenfassung der zuvor erstellten Konfiguration (siehe Abbildung 10.9). Klicken Sie auf den Button **Finish**, um die Installation und Konfiguration der Dienste zu starten.

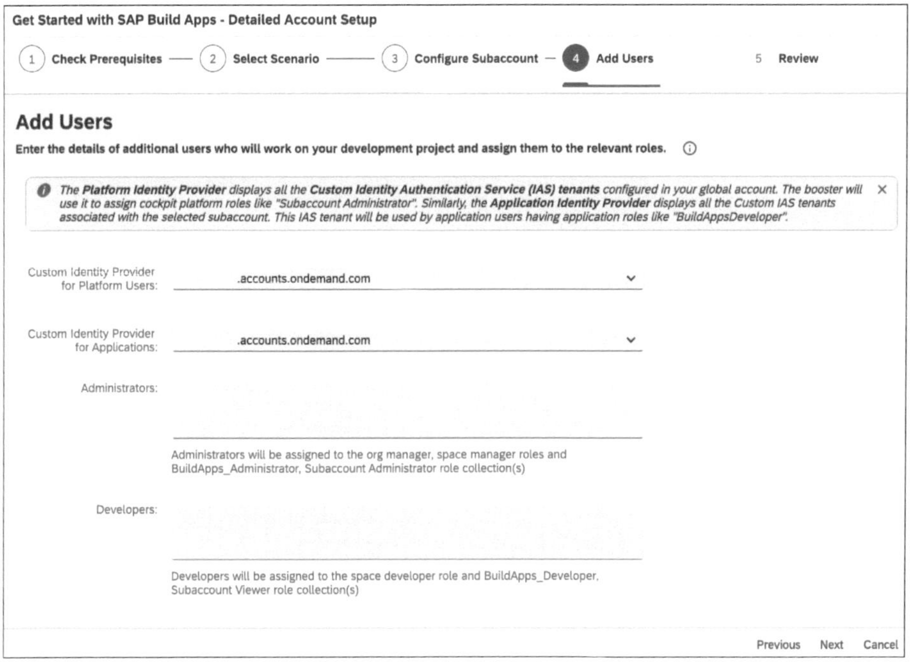

Abbildung 10.8 Benutzer konfigurieren

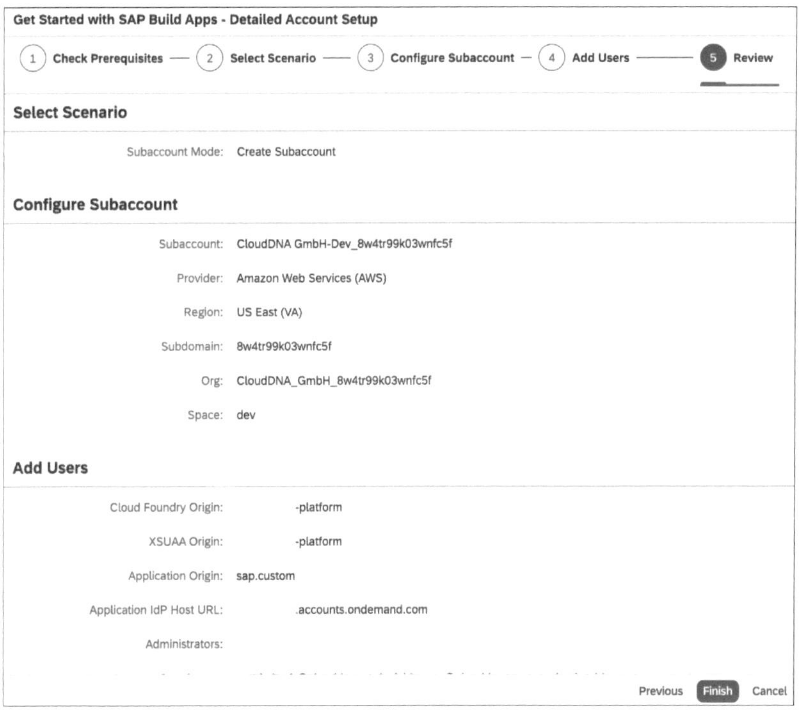

Abbildung 10.9 Übersicht über die Konfigurationen

Nach dem Start der Installation und Konfiguration sehen Sie eine Liste, der Sie den Fortschritt der Installation entnehmen können (siehe Abbildung 10.10). Die Installation kann einige Minuten in Anspruch nehmen. Wenn ein Fehler auftritt, erhalten Sie entsprechende Fehlerinformationen, die Ihnen helfen, ein Support-Ticket zu erstellen.

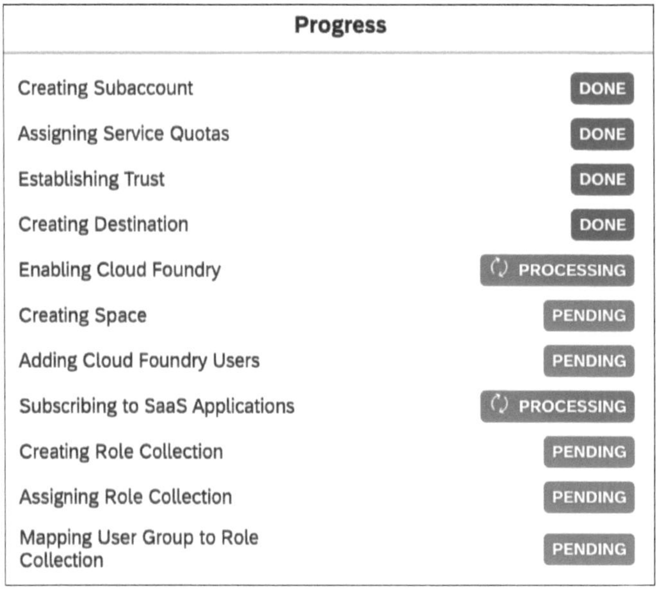

Abbildung 10.10 Installationsfortschritt

Wenn der Booster erfolgreich gelaufen ist, erhalten Sie eine Erfolgsmeldung (siehe Abbildung 10.11). Diese können Sie entweder durch Klicken auf **Close** schließen, oder Sie können durch einen Klick auf **Navigate to Subaccount** in das SAP BTP Cockpit des entsprechenden Subaccounts springen.

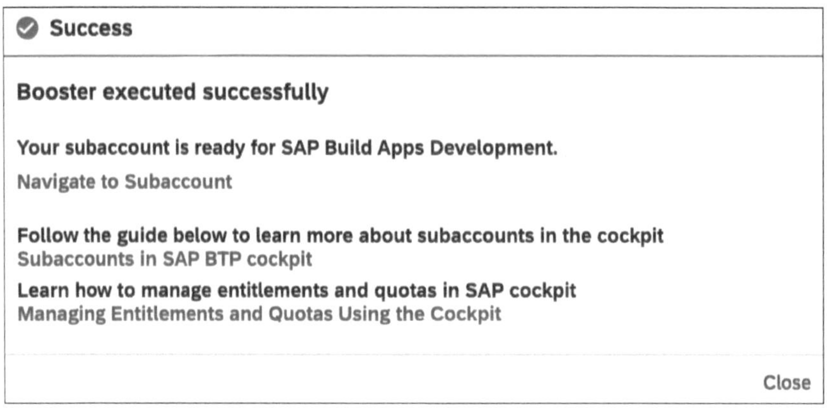

Abbildung 10.11 Erfolgsmeldung

10.1.2 Konfiguration

Der Booster hat eine ganze Reihe von Aktivitäten im Hintergrund durchgeführt. Dazu gehören das Abonnieren und Einrichten der Subscriptions und Services. Das SAP BTP Cockpit bietet Ihnen einen Überblick über die angelegten Instanzen und Subscriptions. Navigieren Sie dazu im Seitenmenü über den Pfad **Services • Instances and Subscriptions** (siehe Abbildung 10.12). Dort finden Sie zwei Subscriptions für den zuvor durchgeführten Booster, eine für **SAP Build Apps** und eine für **SAP Build Work Zone, standard edition**.

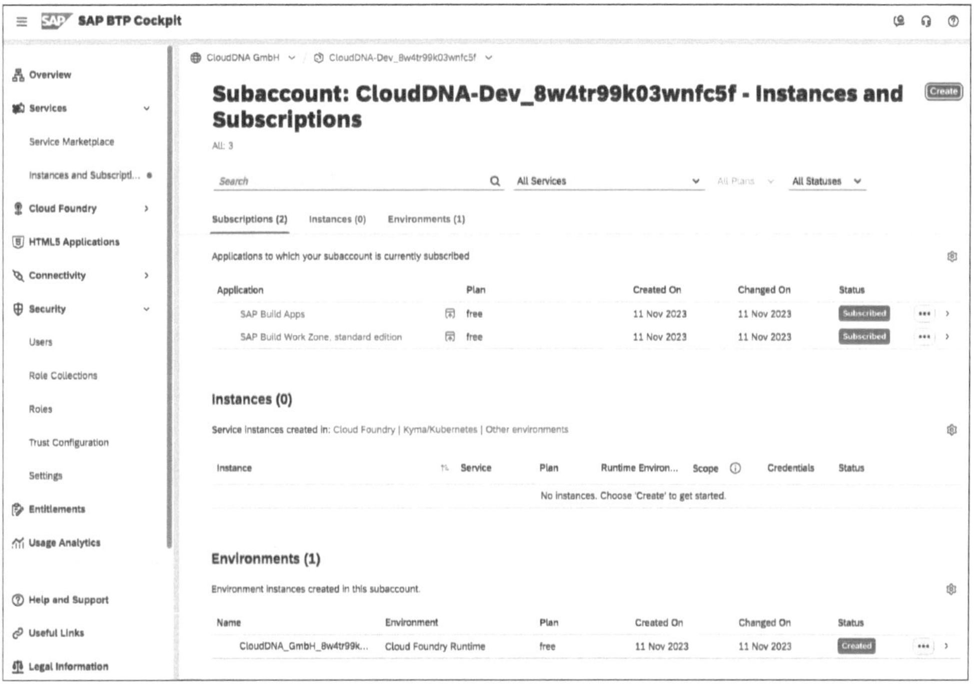

Abbildung 10.12 Übersicht über Instanzen und Subscriptions

Sie werden dann zu Identity Authentication weitergeleitet, um sich anzumelden. Nach erfolgreicher Anmeldung öffnet sich die SAP-Build-Apps-Lobby.

Rollen (Roles) werden auf der SAP BTP mit jeder Subscription erstellt. Allerdings können die Roles nicht direkt den Benutzern zugewiesen werden. Stattdessen wird das Konzept der Role Collections verwendet. Eine *Role Collection* ist eine Sammlung von verschiedenen, technisch verwandten Roles. Navigieren Sie über den Pfad **Security • Role Collections**, um alle im Subaccount verfügbaren Role Collections zu sehen (siehe Abbildung 10.13). Die folgenden Role Collections werden mit der SAP-Build-Apps-Subscription ausgeliefert:

- **BuildApps_Administrator**
- **BuildApps_Developer**

In Abbildung 10.13 sehen Sie auch die folgenden Role Collections, die für SAP Build Work Zone, Standard Edition, erstellt wurden:

- **Launchpad_Admin**
- **Launchpad_Advanced_Theming**
- **Launchpad_External_User**

Wenn die verfügbaren Role Collections nicht Ihren Anforderungen entsprechen, können Sie Ihre eigenen Role Collections erstellen, indem Sie auf den Button **Create** klicken.

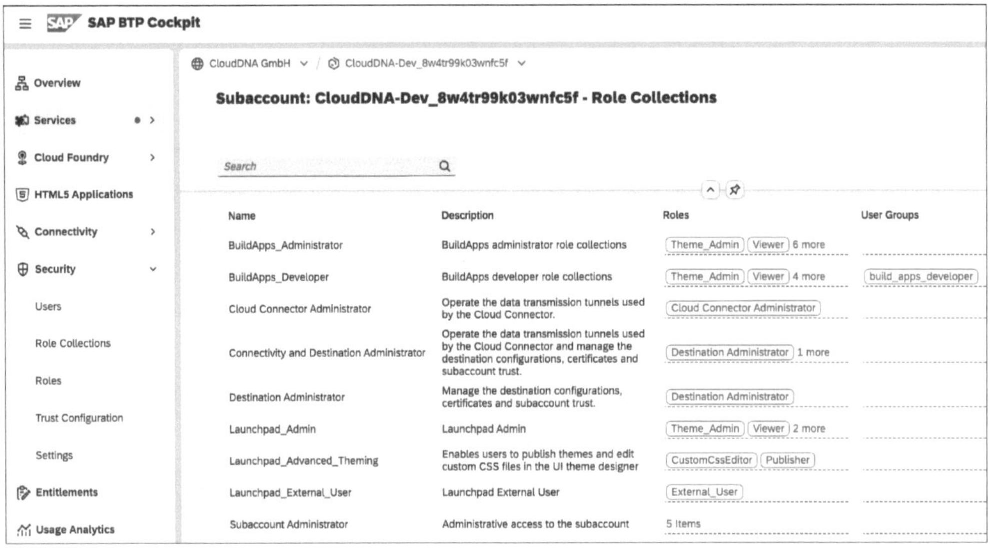

Abbildung 10.13 Übersicht über die Role Collections

Im Folgenden sehen wir uns die beiden mit SAP Build Apps ausgelieferten Role Collections genauer an. Klicken Sie auf eine Role Collection in der Übersicht, um ihre Details zu sehen. Wie bereits erwähnt, ist eine Role Collection eine Sammlung von Roles. Diese werden den Benutzern entweder direkt oder über Benutzergruppen zugewiesen, die wiederum auf Gruppen im zugrundeliegenden Identity Provider abgebildet werden. Sie haben aber auch die Möglichkeit, die Rollensammlungen über sogenannte Attribut-Mappings zuzuordnen. Die Role Collection wird anhand bestimmter Attribute abgeleitet, die nach erfolgreicher Registrierung vom Identity Provider gesendet werden. Dies kann z. B. die Abteilung oder das Land sein, in dem sich der Benutzer befindet.

Abbildung 10.14 zeigt die Role Collection **BuildApps_Administrator**. Diese setzt sich aus den folgenden Roles zusammen:

- BuildAppsAdmin
- BuildAppsDeveloper
- Editor
- RegistryAdmin
- RegistryDeveloper
- Super_Admin
- Theme_Admin
- Viewer

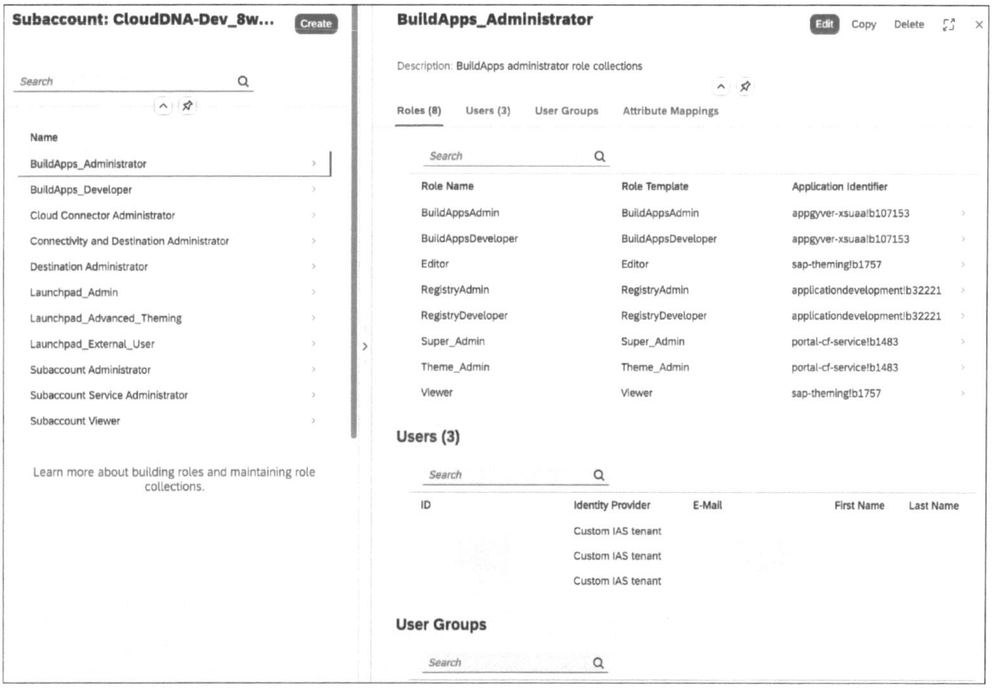

Abbildung 10.14 Details der Role Collection BuildApps_Administrator

Aktuell fehlt uns eine klare Aufschlüsselung jeder einzelnen Role, und leider füllt die offizielle Dokumentation die Lücken nicht aus. Wir müssen also anhand der Namen herausfinden, welche Funktionen die einzelnen Roles haben, was uns hoffentlich genug Anhaltspunkte gibt, um die Dinge zusammenzusetzen.

Abbildung 10.15 zeigt die Role Collection **BuildApps_Developer**. Diese enthält die folgenden Roles:

- BuildAppsDeveloper
- Editor
- RegistryDeveloper
- Super_Admin
- Theme_Admin
- Viewer

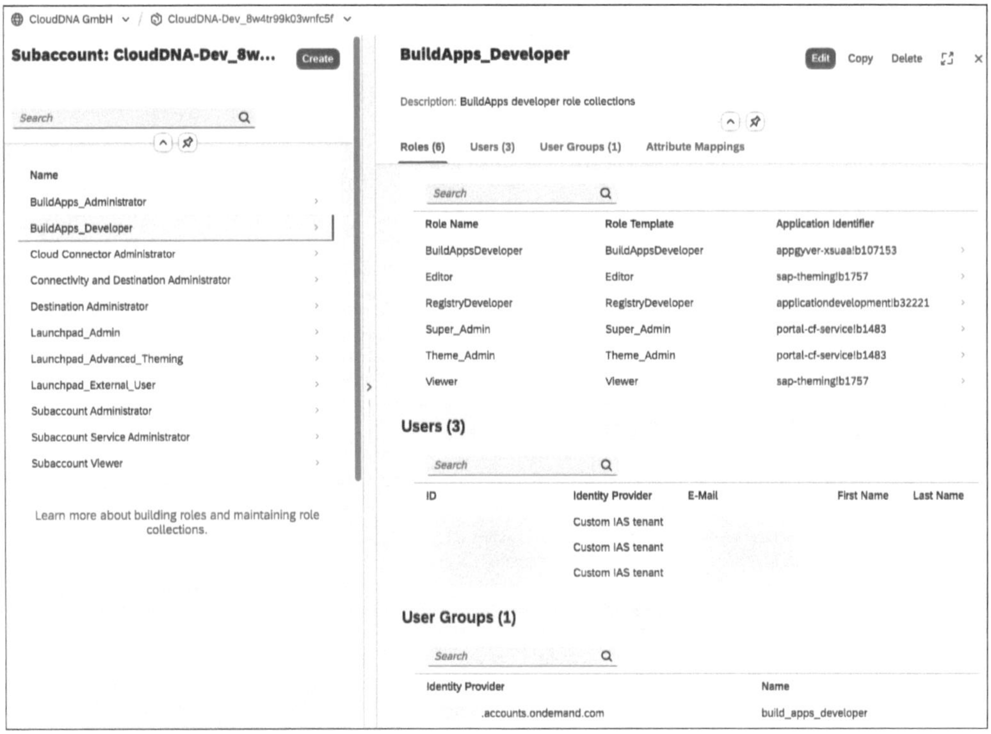

Abbildung 10.15 Details der Role Collection BuildApps_Developer

Man könnte sich fragen, warum die Rolle **Super_Admin** in der Role Collection **BuildApps_Developer** enthalten ist. Ein weiterer Punkt ist die Connectivity der Role Collection mit der Benutzergruppe **build_apps_developer**. Diese Verbindung bedeutet, dass wir diese Benutzergruppe in Identity Authentication zuweisen können, was sehr praktisch ist. Es erspart uns die Mühe, jedem Benutzer im SAP BTP Cockpit auf der Ebene des Subaccounts einzelne Role Collections zuzuordnen.

Der Booster hat auch die Destination **SAP-Build-Apps-Runtime** im SAP BTP Subaccount angelegt. Diese Destination wird für die Visual-Cloud-Funktionen benötigt. Navigieren Sie über den Pfad **Connectivity • Destinations** im Seitenmenü, um die Details dieser Destination anzuzeigen (siehe Abbildung 10.16).

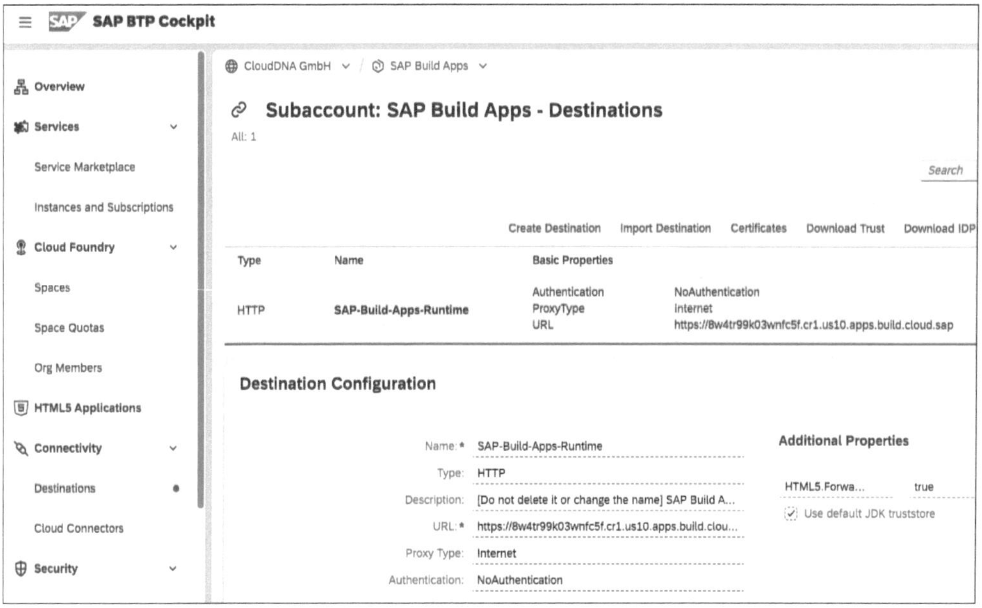

Abbildung 10.16 Details der Destination SAP-Build-Apps-Runtime

10.2 SAP Build Process Automation

Die Automatisierung von Workflow-Prozessen ist von entscheidender Bedeutung für Effizienz, Produktivität und Vorsprung vor der Konkurrenz. Mit *SAP Build Process Automation* können Sie die Vorteile der Automatisierung nutzen, ohne dass Sie über Programmierkenntnisse verfügen müssten. Diese innovative Lösung ermöglicht es Geschäftsanwender*innen, komplexe Workflow-Prozesse und Aufgaben zu automatisieren und so die Arbeitsweise zu revolutionieren.

SAP Build Process Automation nutzt die Leistungsfähigkeit von Workflow Management, von robotergestützter Prozessautomatisierung (RPA) sowie von eingebetteten KI-Funktionen und ermöglicht es Ihnen, die Prozessautomatisierung zu skalieren, um sich ändernden Geschäftsanforderungen gerecht zu werden. Mit intuitiven Tools, die ohne oder mit nur wenig Code auskommen, können Geschäftsanwender*innen Workflows und Prozesse mit einem einfachen Drag-&-Drop-Ansatz automatisieren.

Professionelle Entwickler*innen können hingegen visuelle Tools und vorgefertigte Inhalte nutzen, um Ergebnisse effizienter zu liefern und schnell und flexibel auf neue Anforderungen zu reagieren. Sie können umfassende Workflows und Automatisierungen erstellen, die von den Geschäftsanwender*innen problemlos in ihre Projekte übernommen werden können. SAP Build Process Automation lässt sich nahtlos in andere SAP-Angebote einbinden und bietet eine native Integration und vorgefertigte

Prozessinhalte, darunter speziell für SAP-Anwendungen entwickelte RPA-Bots. Darüber hinaus erweitert die KI-gestützte intelligente Dokumentenverarbeitung die Möglichkeiten dieser Lösung. SAP Build Process Automation basiert auf einer robusten, unternehmensgerechten Plattform und ermöglicht es Unternehmen, schnell, einfach und zuverlässig Innovationen umzusetzen. Mit SAP Build Process Automation können Unternehmen das Potenzial für Prozessoptimierung, Effizienzsteigerung und verbesserte Kundenerlebnisse ausschöpfen. Machen Sie sich die Leistungsfähigkeit dieser Lösung zunutze.

Im Folgenden zeigen wir Ihnen Schritt für Schritt die Installation und Konfiguration von SAP Build Process Automation. Wir starten, wie gewohnt, mit dem Anlegen eines Subaccounts (siehe Abbildung 10.17). Grundsätzlich kann der Booster auch einen Subaccount anlegen. Wir bevorzugen es jedoch, den Subaccount vorab manuell anzulegen, da auf diese Weise auch ein Parent in Form eines Directory ausgewählt werden kann.

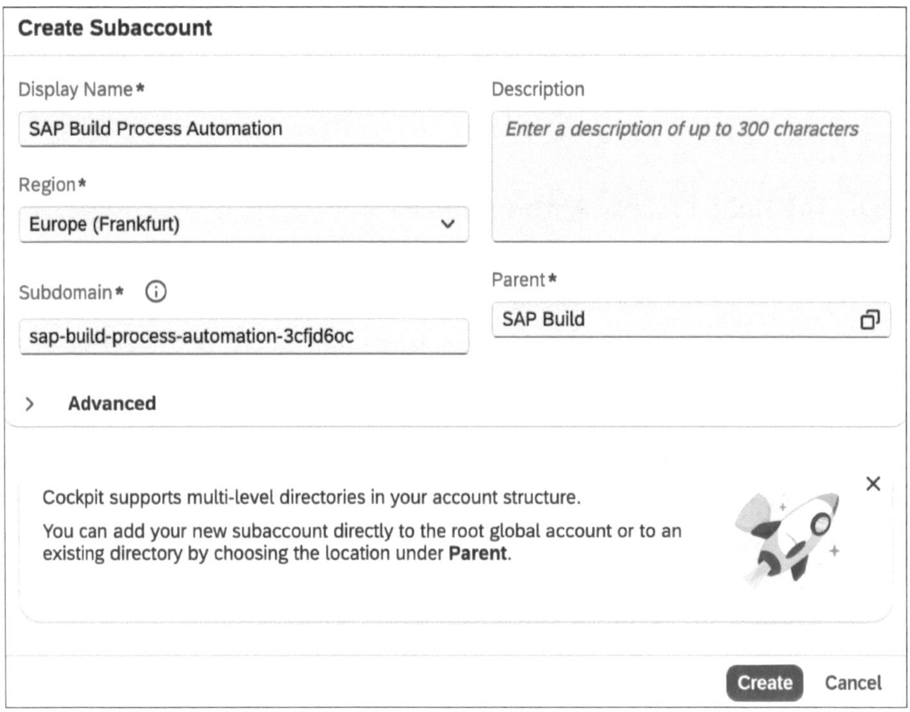

Abbildung 10.17 Subaccount anlegen

Für SAP Build Process Automation werden von SAP zwei Booster angeboten, einer für die Free Quota und einer für die produktive Nutzung (siehe Abbildung 10.18). Durch einen Klick auf den gewünschten Booster können Sie in die Übersicht der Booster abspringen.

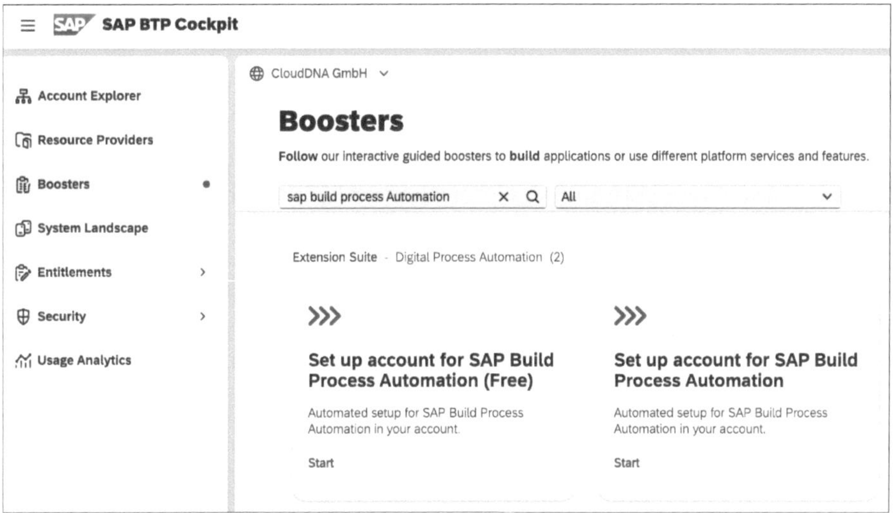

Abbildung 10.18 SAP Build Process Automation Booster

Wir verwenden für die nachfolgenden Demonstration den Booster für die Free Quota. Öffnen Sie im Booster die Registerkarte **Components**, um die benötigten Komponenten zu sehen (siehe Abbildung 10.19). Wie Sie der Abbildung entnehmen können, benötigt SAP Build Process Automation einen Service und eine Subscription. Klicken Sie anschließend auf den Button **Start**, um den Booster zu starten.

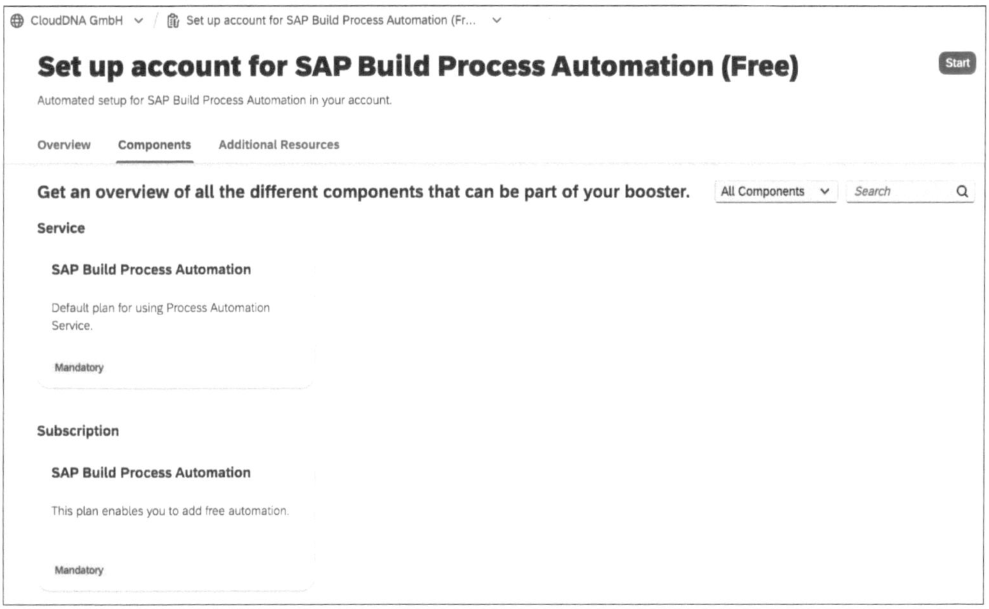

Abbildung 10.19 Komponenten von SAP Build Process Automation

Im ersten Schritt werden die Voraussetzungen geprüft (siehe Abbildung 10.20). Dabei werden sowohl die Berechtigungen des Benutzers geprüft als auch, ob die erforderlichen Entitlements im Global Account zur Verfügung stehen. Sie können an dieser Stelle keine Anpassungen durchführen. Sollte ein Fehler auftreten, wird eine sprechende Fehlermeldung angezeigt. Falls beide Prüfungen positiv durchlaufen wurden, gelangen Sie mit einem Klick auf **Next** zum nächsten Schritt der Konfiguration.

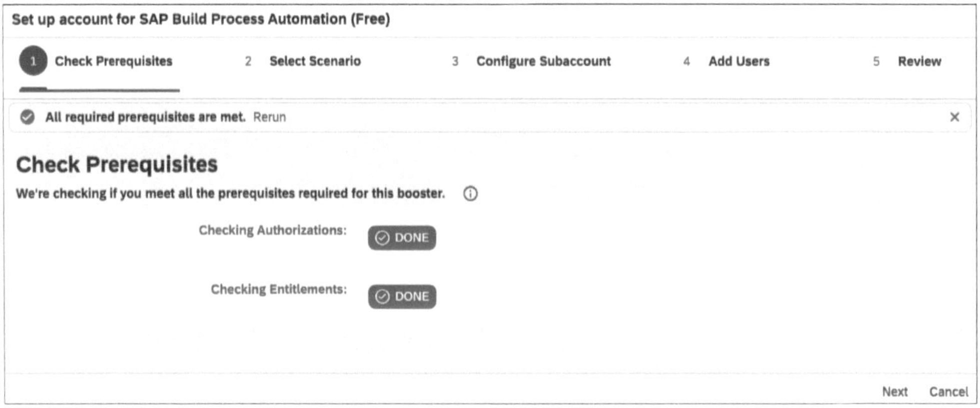

Abbildung 10.20 Installationsvoraussetzungen prüfen

Im zweiten Schritt müssen Sie sich wieder entscheiden, ob Sie einen bestehenden Subaccount verwenden möchten oder ob Sie einen neuen Subaccount für die Bereitstellung von SAP Build Process Automation anlegen möchten (siehe Abbildung 10.21). Wir verwenden den vorab angelegten Subaccount und wählen daher die Option **Select Subaccount**. Klicken Sie anschließend auf **Next**.

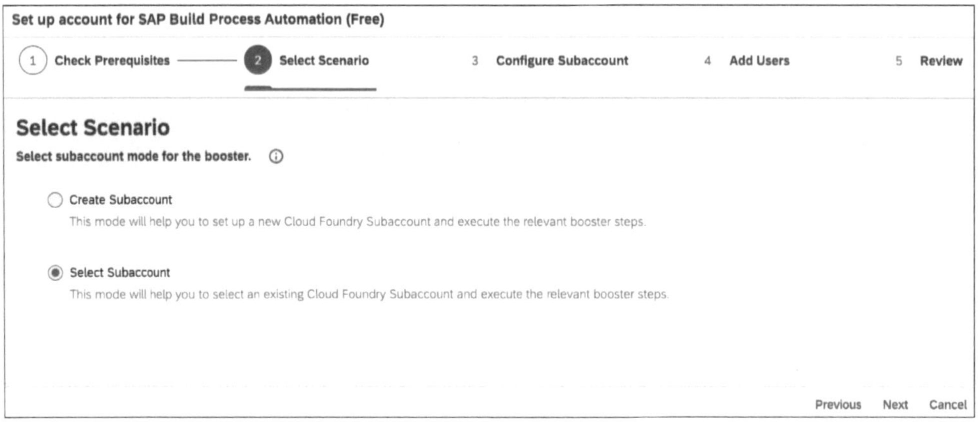

Abbildung 10.21 Subaccount auswählen

Im dritten Schritt müssen Sie den Subaccount, die Cloud Foundry Organization (**Org**) und den Cloud Foundry Space (**Space**) auswählen (siehe Abbildung 10.22). Falls Cloud

Foundry in diesem Subaccount noch nicht aktiviert worden ist, übernimmt der Booster die Aktivierung und die Anlage des Space. Klicken Sie anschließend auf **Next**.

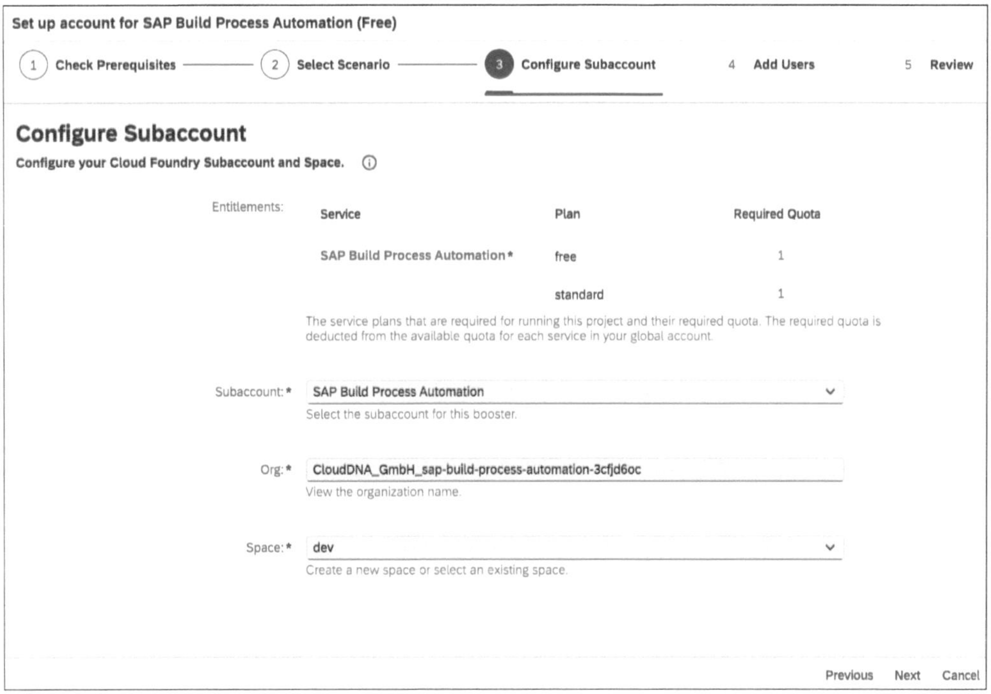

Abbildung 10.22 Subaccount konfigurieren

Sie müssen nun im vierten Schritt die initiale Zuordnung der Benutzer durchführen (siehe Abbildung 10.23). Dabei müssen Sie für die Plattform- und Applikationsnutzer auswählen, welcher Identity Provider verwendet werden soll. Zusätzlich können Sie im Feld **Administrators** jene Benutzer pflegen, die initial mit Administratorberechtigungen versehen werden sollen. Diesen Benutzern werden für Cloud Foundry die Org-Manager- und Space-Manager-Roles zugewiesen sowie die Subaccount-Administrator-Role-Collection auf der Ebene des Subaccounts. Im Feld **Developers** können Sie jene Benutzer pflegen, die initial als Entwickler berechtigt werden sollen. Diesen Benutzern werden die folgenden Role Collections zugewiesen:

- **ProcessAutomationDeveloper**
- **ProcessAutomationAdmin**
- **ProcessAutomationParticipant**
- **Subaccount Viewer**

Klicken Sie anschließend auf **Next**.

Abbildung 10.23 Benutzer konfigurieren

Im letzten Schritt sehen Sie, wie gewohnt, eine Zusammenfassung der zuvor getätigten Konfiguration (siehe Abbildung 10.24). Klicken Sie auf **Finish**, um den Einrichtungsvorgang mittels Booster zu starten.

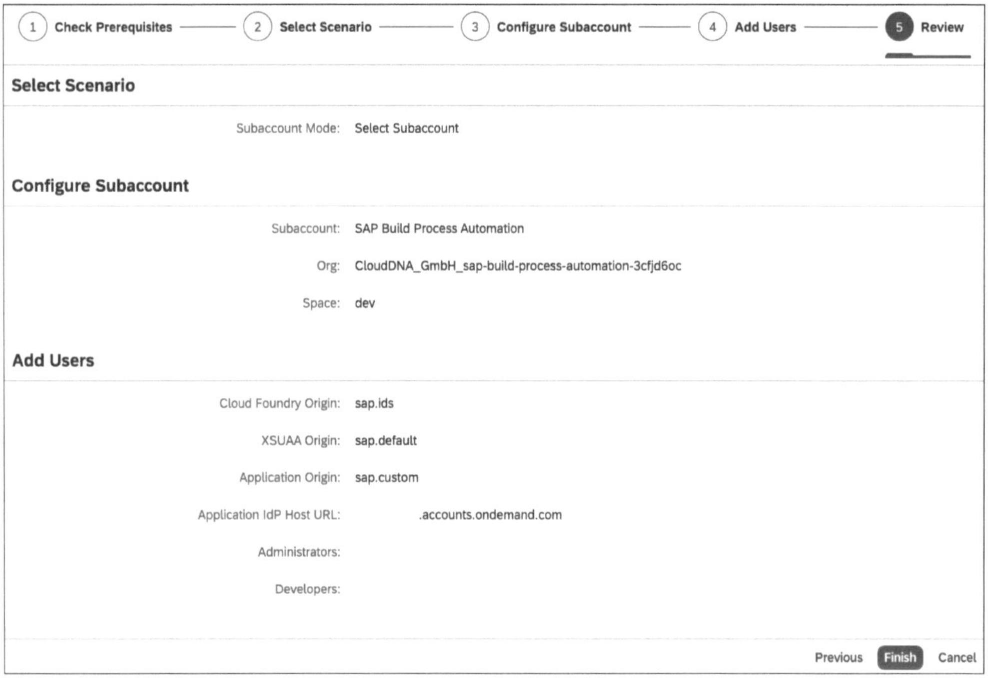

Abbildung 10.24 Zusammenfassung der Konfiguration

Danach sehen Sie, wie schon bei der Installation des Boosters für SAP Build Apps, den Fortschritt der Installation (siehe Abbildung 10.25).

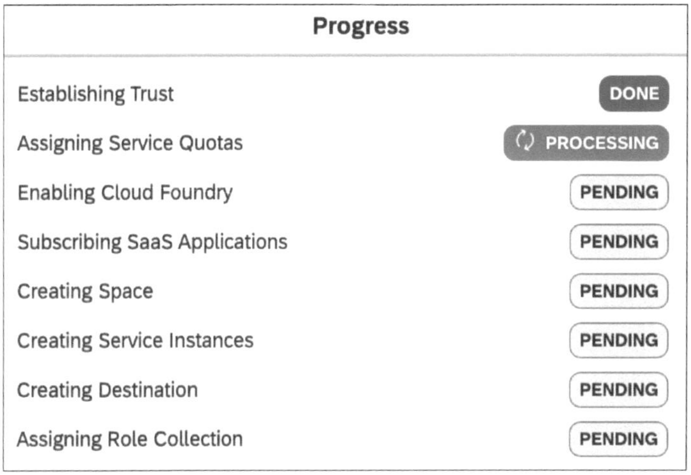

Abbildung 10.25 Installationsfortschritt

Nachdem Installation und Konfiguration erfolgreich durchgeführt worden sind, sehen Sie eine Erfolgsmeldung (siehe Abbildung 10.26). Navigieren Sie durch einen Klick auf **Navigate to the Subaccount** in das SAP BTP Cockpit des Subaccounts. Öffnen Sie darin die Instanz- und Serviceübersicht.

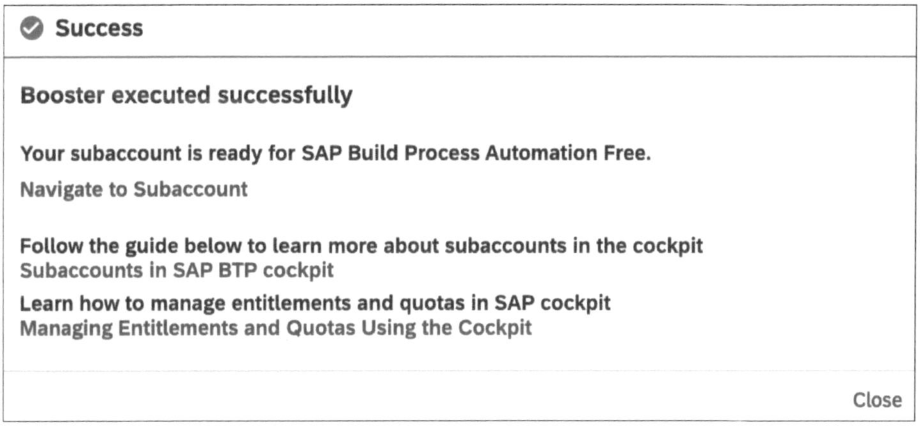

Abbildung 10.26 Erfolgsmeldung über die Installation des Boosters

Navigieren Sie im Seitenmenü über den Pfad **Services • Instances and Subscriptions** (siehe Abbildung 10.27). Dort finden Sie im Bereich **Subscriptions** die App **SAP Build Process Automation**. Durch einen Klick auf den Namen können Sie die App öffnen. Im Bereich **Instances** finden Sie die Serviceinstanz **sap_process_automation**, die im Dev Space installiert worden ist.

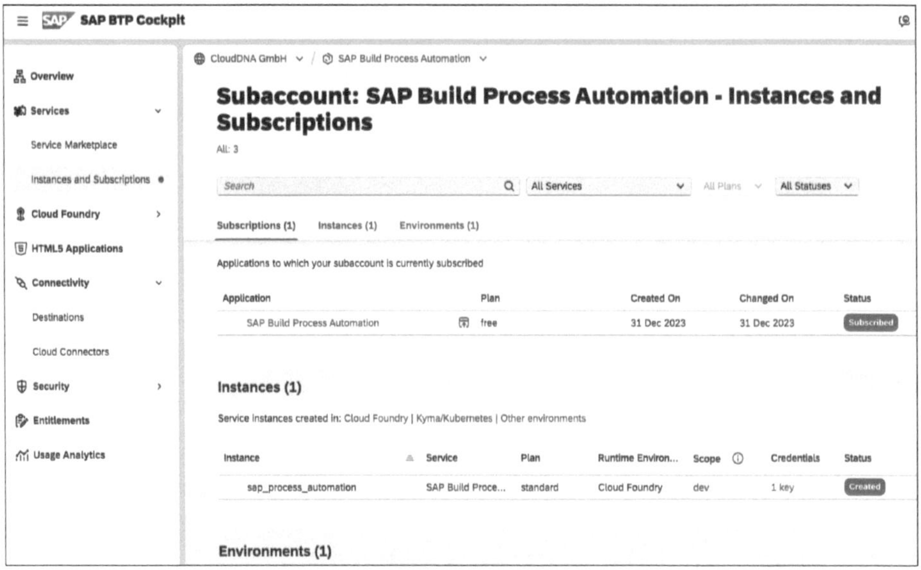

Abbildung 10.27 Instanzen und Subscriptions im Subaccount

Mit der erfolgreichen Subscription werden die zugehörigen Rollen im Subaccount bereitgestellt (siehe Abbildung 10.28). Navigieren Sie dazu im Seitenmenü über den Pfad **Security • Role Collections**. Dabei handelt es sich um die folgenden Rollen:

- ProcessAutomationAdmin
- ProcessAutomationDeveloper
- ProcessAutomationParticipant

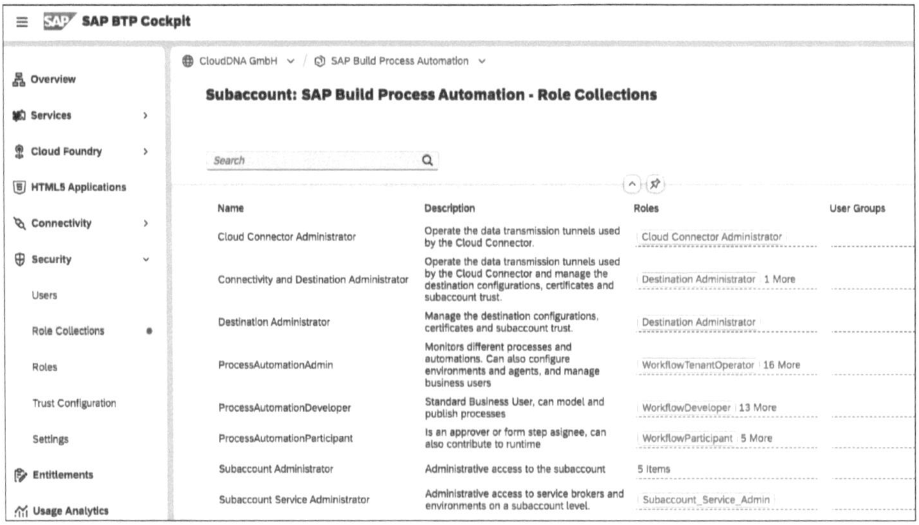

Abbildung 10.28 Übersicht über die Role Collections

Sie können anschließend die SAP-Build-Process-Automation-Applikation starten. Dadurch gelangen Sie in die SAP-Build-Process-Automation-Lobby, die als zentraler Einstiegspunkt dient.

10.3 SAP Build Work Zone

In den komplexen Unternehmenslandschaften von heute stehen Organisationen vor der Herausforderung, ein heterogenes und fragmentiertes Ökosystem zu verwalten, das verschiedene Inhaltstypen, Benutzeroberflächen, IT-Systeme, Content Repositorys, Anwendungen und Kanäle umfasst. Diese fragmentierte Landschaft führt häufig dazu, dass Geschäftsanwender*innen Schwierigkeiten haben, relevante Informationen zu finden und zwischen verschiedenen Anwendungen zu navigieren, was zu einer unzusammenhängenden Benutzererfahrung führt.

Mitarbeitende äußern häufig ihre Frustration, wenn sie sich schwertun, die richtige Anwendung für eine bestimmte Aufgabe zu finden, denn sie fühlen sich in der Vielzahl von Tools und Systemen verloren. Entscheidungen und Handlungen werden oft ohne umfassenden Überblick getroffen, was es schwierig macht, aussagekräftige Erkenntnisse abzuleiten oder genaue Empfehlungen auf der Grundlage des gesamten Kontextes zu geben. Was sich Mitarbeitende wirklich wünschen, ist eine einheitliche und intelligente Arbeitsumgebung, die ihre Produktivität, ihr Engagement und ihre Effizienz steigert. SAP Build Work Zone ist die Lösung von SAP, die diese Herausforderungen angeht, indem sie die Unternehmenslandschaft konsolidiert und vereinfacht. Durch die Zusammenführung aller unterschiedlichen Elemente in einer kohärenten Plattform verschafft SAP Build Work Zone Unternehmen, IT-Abteilungen und Mitarbeitenden eine Verbesserung des gesamten Arbeitserlebnisses. SAP Build Work Zone bietet konsistente und ansprechende Benutzererfahrungen über alle Kanäle, Geschäftsprozesse und Anwendungen hinweg und stellt sicher, dass die Mitarbeitenden einfachen Zugang zu den Werkzeugen und Informationen haben, die sie für die effektive Erfüllung ihrer Aufgaben benötigen. SAP Build Work Zone ist in zwei verschiedenen Editionen erhältlich, die jeweils auf die spezifischen Anforderungen zugeschnitten sind:

- SAP Build Work Zone, Standard Edition (früher: SAP Launchpad)
- SAP Build Work Zone, Advanced Edition (früher: SAP Work Zone)

Vor der Einführung von SAP Build Work Zone im Jahr 2022 gab es zwei separate Services im Bereich der digitalen Erfahrung auf der SAP BTP: das SAP Launchpad und SAP Work Zone. Während SAP Work Zone bereits die meisten Funktionen des SAP Launchpads enthielt, waren die beiden Services unterschiedliche Produkte. Mit der Einführung von SAP Build Work Zone wurden diese beiden Services nun unter einer neuen Marke konsolidiert und bieten zwei Editionen, die unterschiedliche Anforderungen erfüllen. Das SAP Launchpad wurde in SAP Build Work Zone, Standard Edition, umbenannt, während SAP Work Zone in SAP Build Work Zone, Advanced Edition, umbenannt wurde.

Die Umbenennung spiegelt lediglich die Konsolidierung dieser Services in ein einheitliches und umfassendes Angebot wider. Mit SAP Build Work Zone können Unternehmen die frustrierende Navigation durch mehrere Anwendungen vermeiden und ihren Mitarbeitenden eine einheitliche und intuitive Benutzeroberfläche bieten. Dieses einheitliche Erlebnis steigert nicht nur die Produktivität, sondern auch das Engagement und die Effizienz der Mitarbeitenden, die sich so auf ihre Kernaufgaben konzentrieren können, ohne durch fragmentierte Arbeitsabläufe abgelenkt zu werden. Unternehmen können eine Umgebung schaffen, in der Mitarbeitende eine nahtlose und integrierte Erfahrung in der gesamten Unternehmenslandschaft haben. Mit einer zentralen Plattform, die verschiedene Systeme und Kanäle harmonisiert, können Mitarbeitende auf relevante Informationen zugreifen, effektiv zusammenarbeiten und fundierte Entscheidungen auf der Grundlage einer ganzheitlichen Sicht auf das Unternehmen treffen.

10.3.1 Installation

Nachfolgend zeigen wir Ihnen Schritt für Schritt die Installation und Konfiguration von SAP Build Work Zone, Advanced Edition. Wir verzichten dabei in großen Teilen auf eine detaillierte Darstellung mit Screenshots, da der Vorgang der gleiche ist, wie bei der Installation der Booster für SAP Build Apps und SAP Build Process Automation. Auch hier beginnen wir wieder mit dem Anlegen eines Subaccounts (siehe Abbildung 10.29).

Navigieren Sie nun im Seitenmenü in den Bereich **Boosters** (siehe Abbildung 10.30). Dort finden Sie vier Booster in Zusammenhang mit SAP Build Work Zone. Öffnen Sie den Booster **Get Started with SAP Build Work Zone, Advanced Edition** durch einen Klick auf den selbigen.

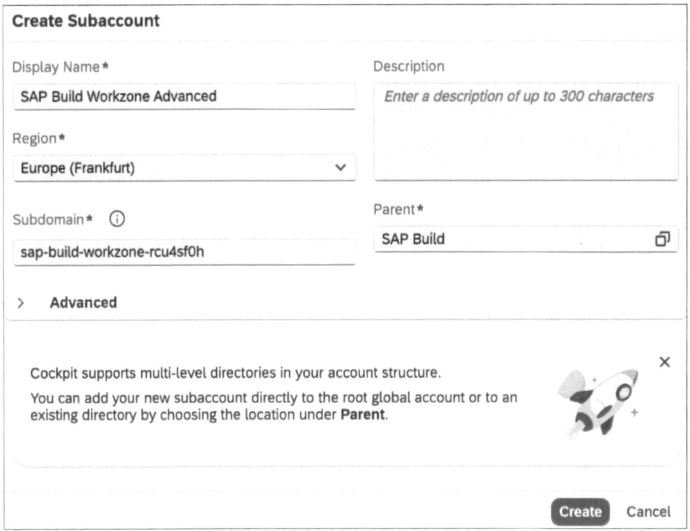

Abbildung 10.29 Subaccount anlegen

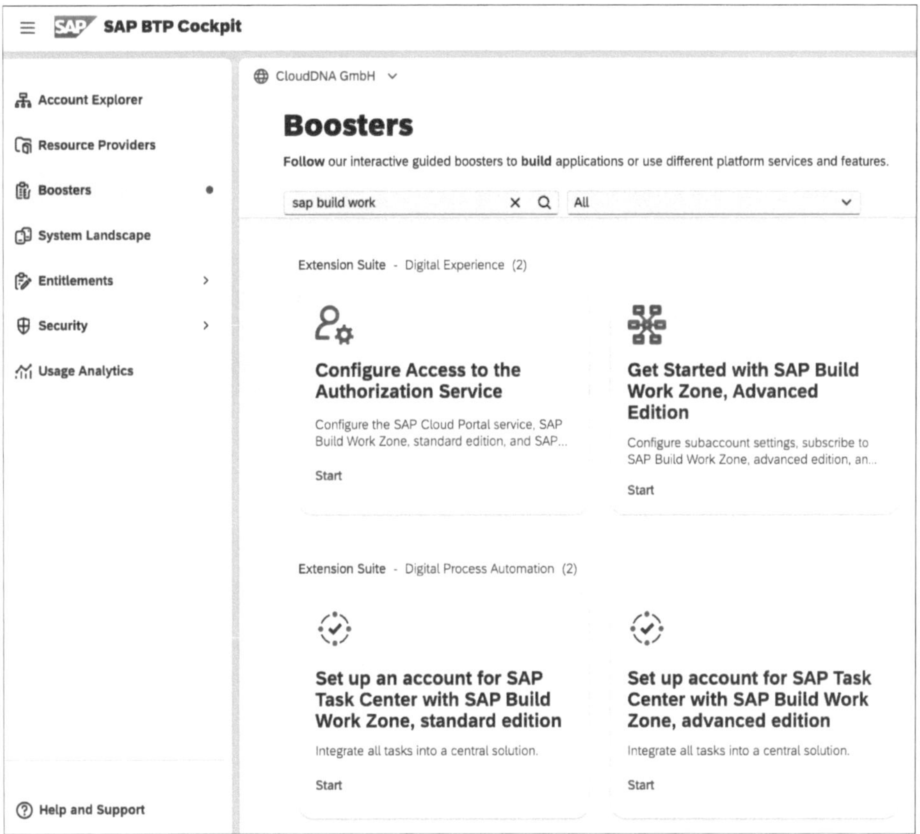

Abbildung 10.30 Booster für SAP Build Work Zone auswählen

Öffnen Sie die Registerkarte **Components** des Boosters, und verschaffen Sie sich einen Überblick über die erforderlichen Services und Subscriptions (siehe Abbildung 10.31). Klicken Sie anschließend auf **Start**, um den Booster zu starten.

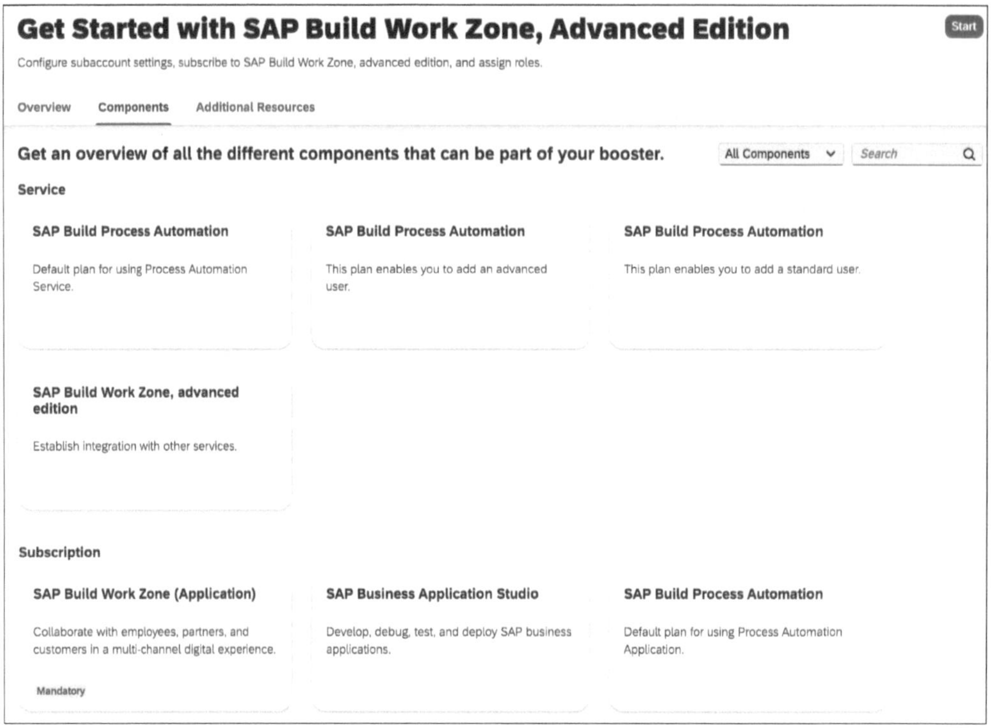

Abbildung 10.31 Komponentenübersicht in SAP Build Work Zone

Zunächst müssen Sie durch einen Klick auf den Button **Continue** bestätigen, dass Sie den Booster für SAP Build Work Zone ausführen möchten und nicht jenen für SAP SuccessFactors Work Zone (siehe Abbildung 10.32).

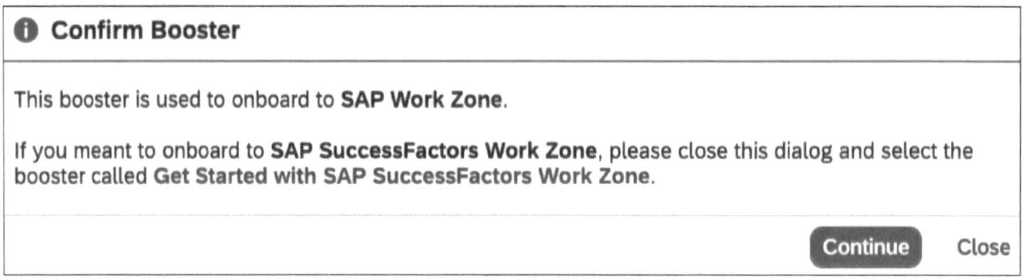

Abbildung 10.32 Ausführung des korrekten Boosters bestätigen

Im ersten Schritt **Check Prerequisites** werden, wie gewohnt, die Voraussetzungen geprüft. Dabei werden sowohl die Berechtigungen des Benutzers geprüft als auch, ob die erforderlichen Entitlements im Global Account zur Verfügung stehen. Sie können an dieser Stelle keine Anpassungen vornehmen. Sollte ein Fehler auftreten, wird eine sprechende Fehlermeldung angezeigt. Falls beide Prüfungen positiv durchlaufen worden sind, gelangen Sie mit einem Klick auf **Next** zum nächsten Schritt der Konfiguration.

Im zweiten Schritt **Configure Subaccount** sehen Sie im Bereich **Entitlements** alle für SAP Build Work Zone, Advanced Edition, erforderlichen Services und Subscriptions, ebenso wie alle optionalen Services und Subscriptions.

Sie können die optionalen Komponenten aus der Liste **Entitlements** löschen. Wählen Sie anschließend im Feld **Subaccount** den zuvor angelegten Subaccount aus. Die Felder **Org** und **Space** werden danach automatisch befüllt. Sie können darin aber im Bedarfsfall Anpassungen vornehmen. Klicken Sie anschließend auf **Next**.

Sie müssen nun im dritten Schritt **Add Users** die initiale Zuordnung der Benutzer durchführen. Dabei müssen Sie für die Plattform- und Applikationsnutzer auswählen, welcher Identity Provider verwendet werden soll. Zusätzlich können Sie im Feld **Administrators** jene Benutzer pflegen, die initial mit Administrator-berechtigungen versehen werden sollen. Im Feld **Developers** können Sie jene Benutzer pflegen, die initial als Entwickler berechtigt werden sollen. Klicken Sie anschließend auf **Next**.

Im vierten und letzten Schritt **Review** sehen Sie, wie gewohnt, eine Zusammenfassung der zuvor getätigten Konfiguration. Klicken Sie auf **Finish**, um den Einrichtungsvorgang zu starten.

Sie sehen nun wieder ein Pop-up-Fenster, das den Fortschritt der Installation anzeigt. Die Installation kann einige Minuten dauern.

Nachdem Installation und Konfiguration erfolgreich durchgeführt worden sind, sehen Sie eine Erfolgsmeldung. Klicken Sie hier auf **Navigate to Subaccount**, um in das SAP BTP Cockpit des Subaccounts abzuspringen.

Im nächsten Schritt ist es sinnvoll zu prüfen, welche Role Collections der Booster angelegt hat. Navigieren Sie dazu im SAP BTP Cockpit des Subaccounts im Seitenmenü über den Pfad **Security • Role Collections**. Wie Sie Abbildung 10.33 entnehmen können, wurden die folgenden Role Collections angelegt:

- **Workflow_Admin**
- **Workflow_End_User**
- **Worzzone_Admin**
- **Workzone_Advanced_Theming**
- **Workzone_Area_Admin**
- **Workzone_End_User**
- **Workzone_XSUAA_Access**

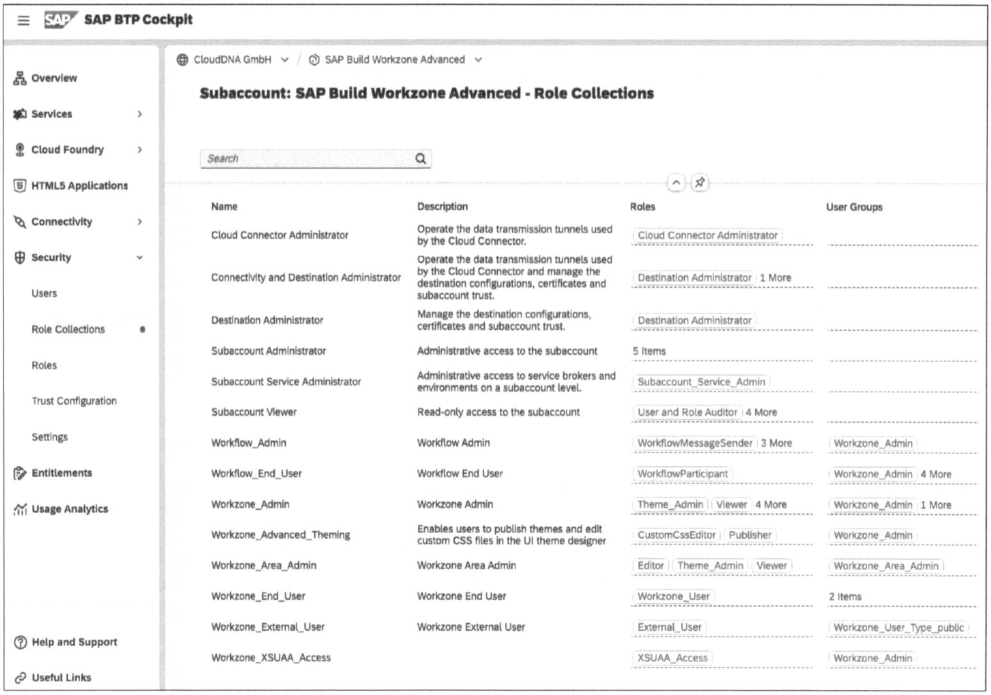

Abbildung 10.33 Übersicht über die Role Collections

Navigieren Sie nun im Seitenmenü über den Pfad **Security • Trust Configuration** (siehe Abbildung 10.34). Dort sehen Sie, dass die Vertrauensbeziehung zu Identity Authentication mittels OpenID Connect als **Custom Identity provider for Applications** erfolgreich hergestellt worden ist.

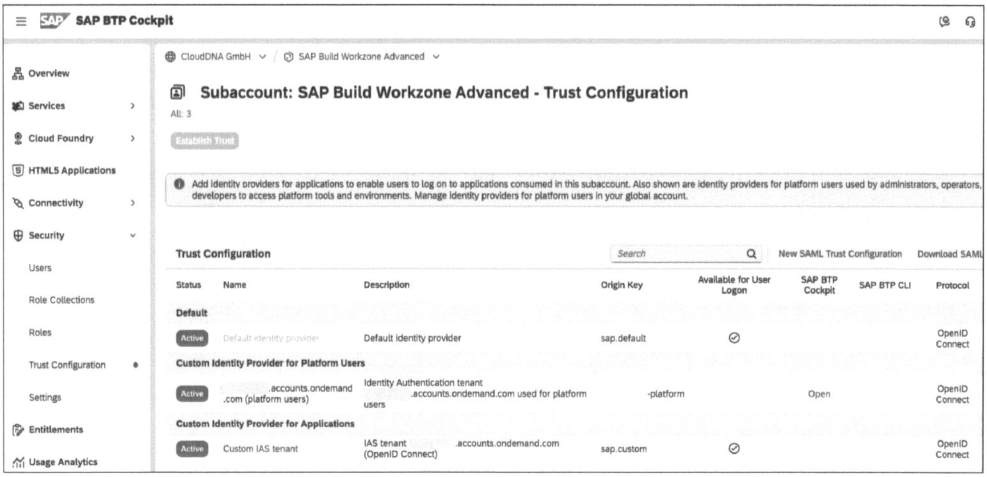

Abbildung 10.34 Trust-Konfiguration

10.3.2 Basiskonfiguration der SAP Cloud Identity Services

In diesem Abschnitt lernen Sie, wie sie definieren können, welche Attribute von den SAP Cloud Identity Services an die Applikation (SAP Build Workzone) nach erfolgreicher Anmeldung übermittelt werden sollen. Öffnen Sie dazu die SAP Cloud Identity Services, und navigieren Sie anschließend auf der Registerkarte **Applications & Resources** in die Applikation, die Ihrem Subaccount entspricht. Diesen erkennen Sie am Namen des Subaccounts mit einem vorangestellten »XSUAA_« (siehe Abbildung 10.35).

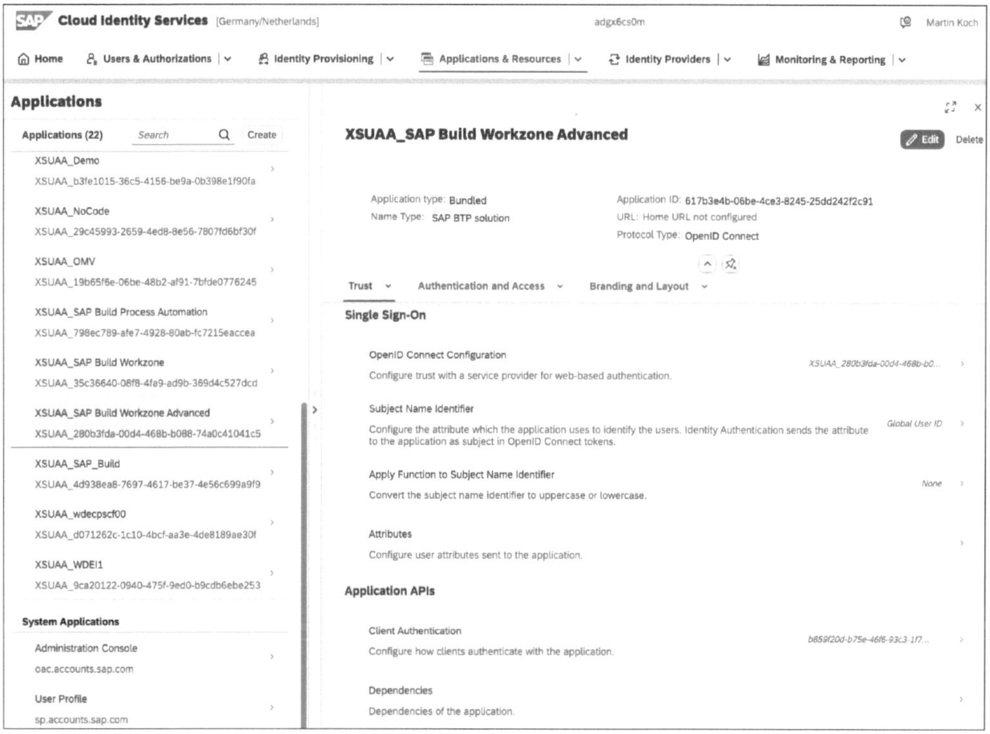

Abbildung 10.35 Single-Sign-On-Konfiguration

Navigieren Sie nun über den Pfad **Trust • Single Sign-On** in den Bereich **Subject Name Identifier** (siehe Abbildung 10.36). Ändern Sie im Feld **Select a basic attribute** den Wert auf **Global User ID**.

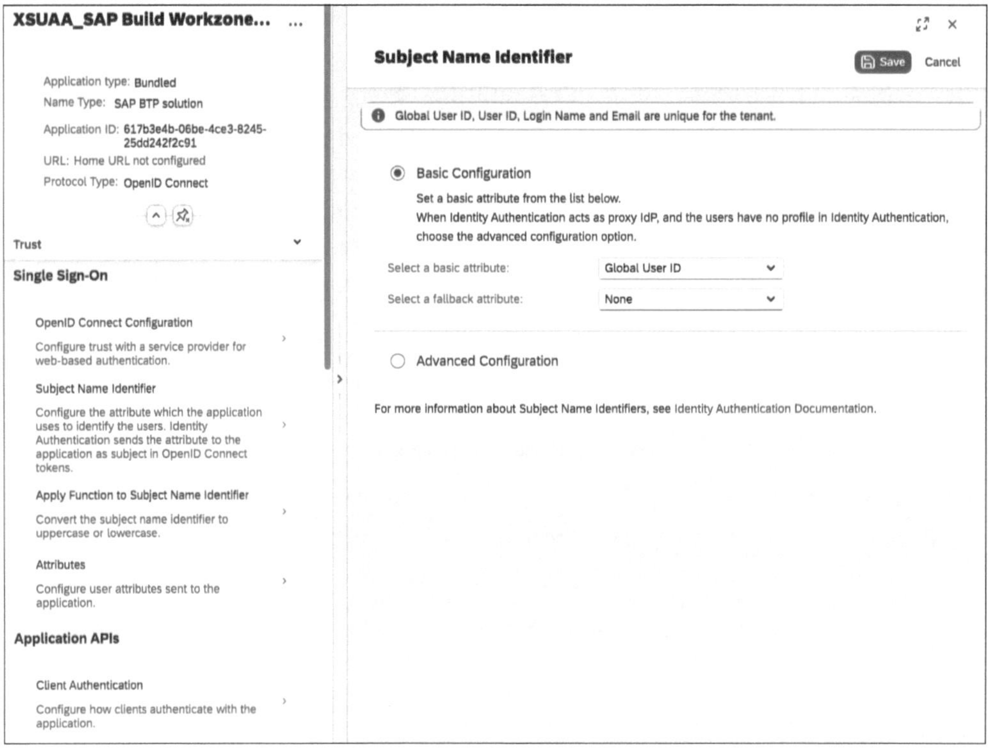

Abbildung 10.36 Subject Name Identifier auf Global User ID setzen

Öffnen Sie anschließend über den Pfad **Trust • Single Sign-On** den Bereich **Attributes** (siehe Abbildung 10.37). Wie Sie der Abbildung entnehmen können, sind aktuell sechs Attribute verfügbar. Diese müssen für die korrekte Funktionsweise des Zusammenspiels zwischen den SAP Cloud Identity Services und SAP Build Work Zone manuell erweitert werden. Klicken Sie oben rechts auf **Add**, um ein neues Attribut in der Tabelle einzufügen.

Fügen Sie die Attribute aus Tabelle 10.1 ein, und klicken Sie anschließend auf den Button **Save**.

Name	Source	Value
first_name	Identity Directory	First Name
last_name	Identity Directory	Last Name
mail	Identity Directory	Email
Groups	Expression	Worzzone_User_Type_${type}

Tabelle 10.1 Attribute für die Single-Sign-On-Antwort an die Applikation

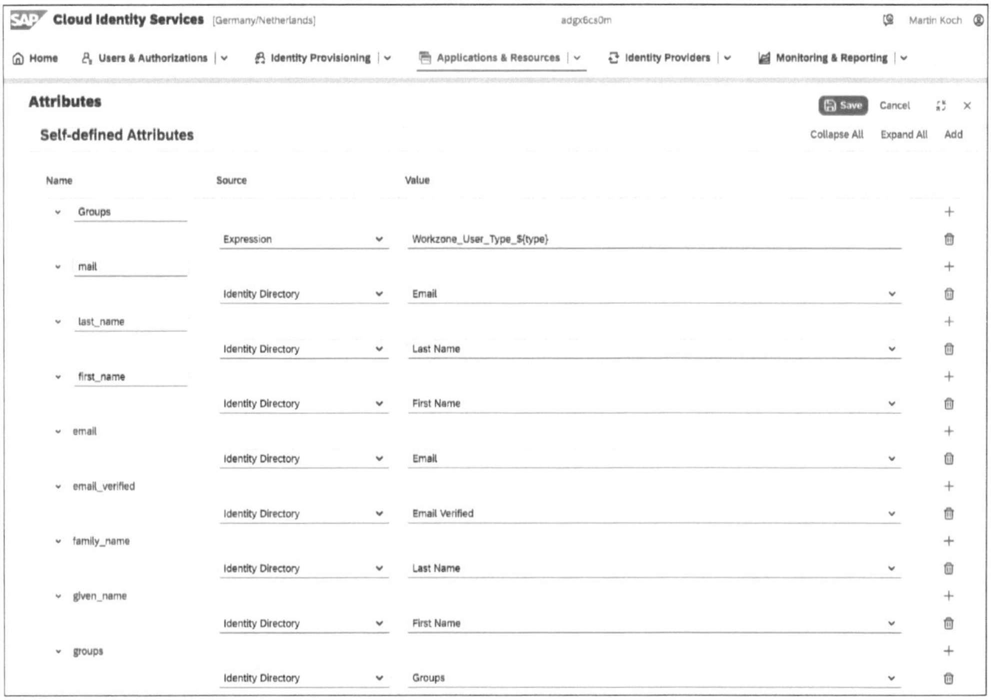

Abbildung 10.37 Attribute pflegen

Springen Sie nun im Kopfmenü auf die Registerkarte **Users & Authorisations**. Im Bereich **Groups** müssen Sie manuell neue Gruppen anlegen, die den Role Collections im Subaccount hinzugefügt werden. Klicken Sie auf den Button **+ Create**, um eine neue Gruppe anzulegen (siehe Abbildung 10.38).

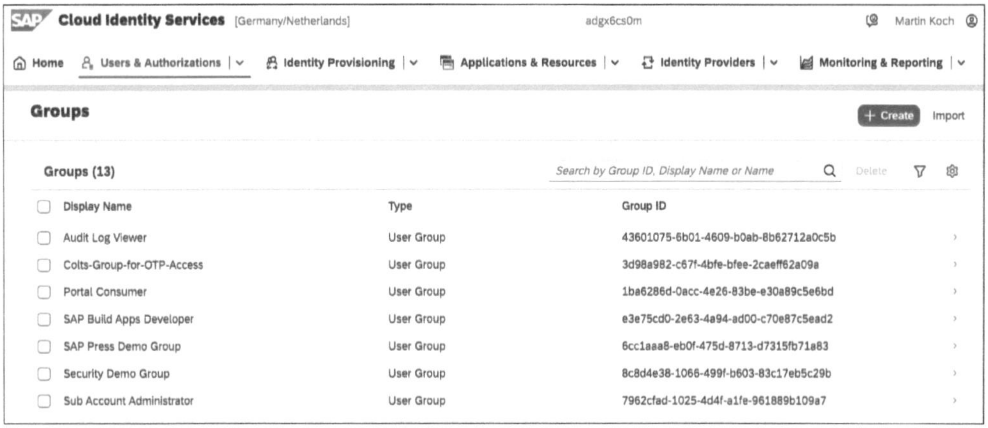

Abbildung 10.38 Gruppe anlegen

Legen Sie auf diese Weise die folgenden Gruppen an:

- Workzone_Admin
- Workzone_Area_Admin
- Workzone_End_User
- Workzone_Page_Content_Admin
- Workzone_Support_Admin
- Workzone_User_Type_public

In diesem Abschnitt haben Sie die Konfiguration von Single-Sign-On (SSO) in den SAP Cloud Identity Services durchgeführt. Zuerst wurde der Subject Name Identifier angepasst und anschließend definiert, welche Attribute nach erfolgreicher Anmeldung an SAP Build Workzone gesendet werden. Abschließend wurden die für SAP Build Workzone benötigten Gruppen angelegt.

10.3.3 SAP Build Work Zone, Advanced Edition konfigurieren

Im nächsten Schritt kann die erforderliche Grundkonfiguration innerhalb von SAP Build Work Zone, Advanced Edition, durchgeführt werden. Navigieren Sie dazu im SAP BTP Cockpit des Subaccounts über den Pfad **Services • Instances and Subscriptions** (siehe Abbildung 10.39). Klicken Sie dort im Bereich **Subscriptions** auf **SAP Build Work Zone, advanced Edition**.

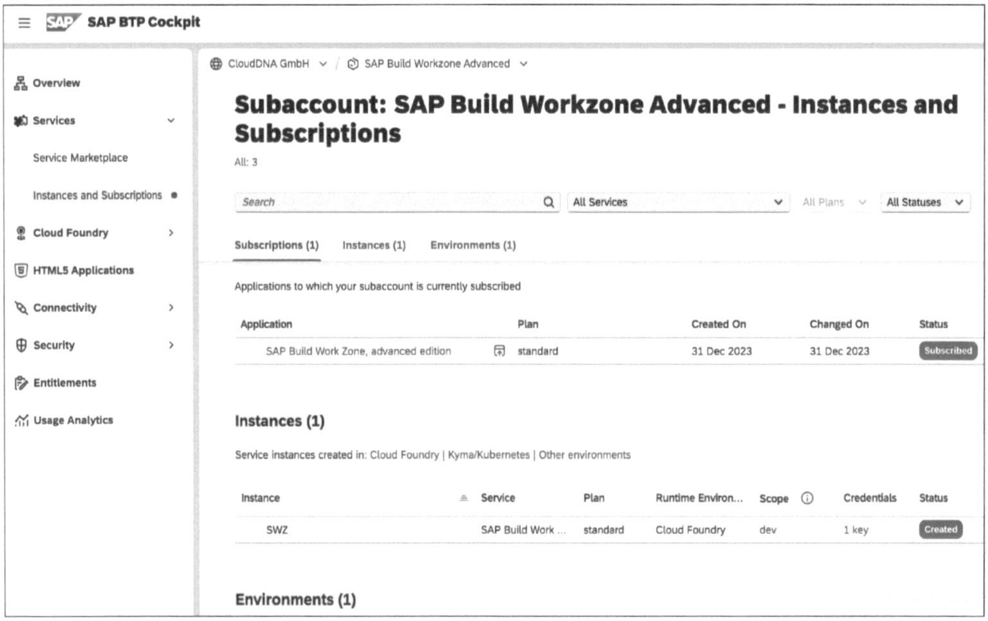

Abbildung 10.39 SAP Build Workzone in der Übersicht über Instanzen und Subscriptions

Sie erhalten nun einen Hinweis zur Installation und Konfiguration von SAP Build Work Zone, Advanced Edition (siehe Abbildung 10.40).

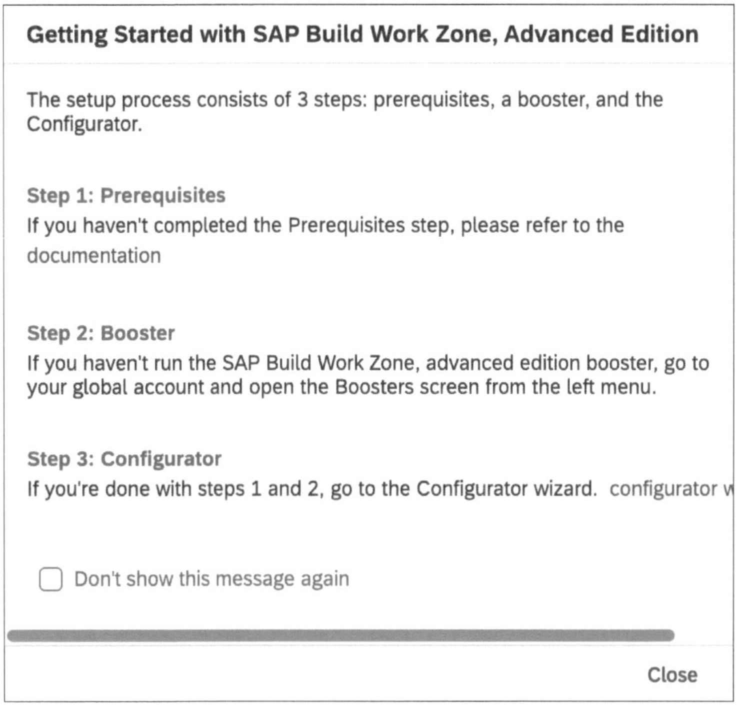

Abbildung 10.40 Konfigurationshinweise für SAP Build Workzone

Von dort können Sie u. a. in die Dokumentation abspringen, was sehr hilfreich ist, da Sie dort zum Beispiel die Mappings für den Identity Provisioning Service finden, die wir im Folgenden benötigen. Sie können diesen Dialog durch einen Klick auf **Close** schließen.

Standardmäßig verwendet SAP Build Work Zone, Advanced Edition, den SAP Authorization and Trust Management Service für die Identitätsauthentifizierung. Um benutzerdefinierte Domänen und andere erweiterte Funktionen zu verwenden, empfiehlt SAP den Wechsel zu den SAP Cloud Identity Services als Authentifizierungsmechanismus. Navigieren Sie dazu in der Seitenleiste des Site Managers in den Bereich **Settings**, und wählen Sie die Registerkarte **Identity Authentication**. Bestätigen Sie, dass Ihr Subaccount eine aktive Vertrauenskonfiguration mit Identity Authentication der SAP Cloud Identity Services hat. Aktivieren Sie dazu die Checkbox **I've completed the required trust configuration and confirm that I would like to continue with the switch**. Anschließend klicken Sie auf den Button **Enable** (siehe Abbildung 10.41).

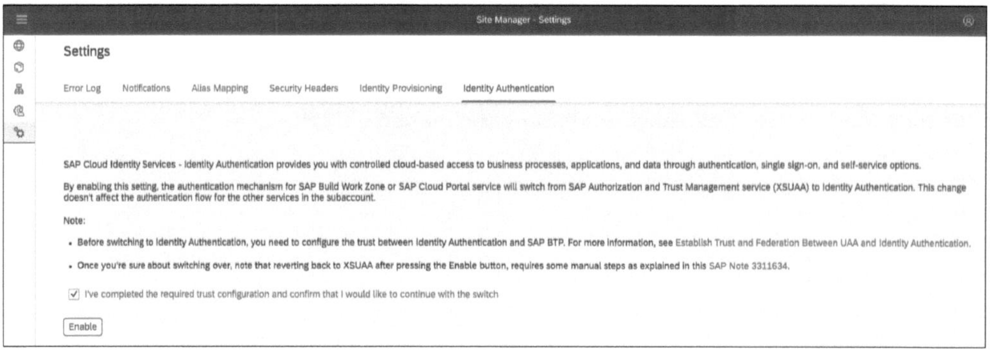

Abbildung 10.41 Identity Authentication anbinden

Dieser Vorgang kann bis zu 15 Minuten in Anspruch nehmen. Falls Sie eine Fehlermeldung sehen, empfiehlt es sich erfahrungsgemäß, nach einer kurzen Wartezeit eine Aktualisierung des Browserfensters durchzuführen. Nach Beendigung der Konfiguration sollte Ihnen eine Erfolgsmeldung angezeigt werden (siehe Abbildung 10.42).

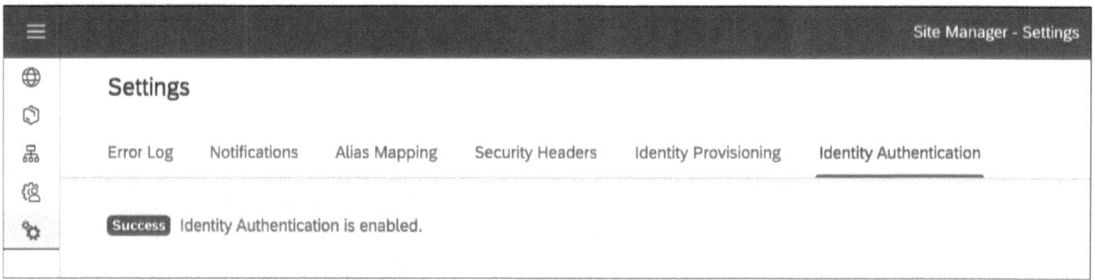

Abbildung 10.42 Erfolgsmeldung über die Anbindung von Identity Authentication

SAP Build Work Zone, Advanced Edition, verwendet Identity Authentication der SAP Cloud Identity Services als Benutzerverwaltungssystem und Identity Provisioning der SAP Cloud Identity Services als System für die Benutzerbereitstellung. Wechseln Sie zur Registerkarte **Identity Provisioning**, und klicken Sie auf den Button **Connect** (siehe Abbildung 10.43).

Wenn Ihr Subaccount noch nicht mit dem Identity Provisioning Service verbunden ist, wird ein neuer Tenant für Ihren Subaccount erstellt, der den SAP Build Work Zone, Advanced Edition Connector enthält. Darüber hinaus wird eine Verbindung zwischen Identity Authentication und Identity Provisioning erstellt. Wenn Ihr Subaccount bereits über einen Identity Provisioning Tenant verfügt, der mit Identity Authentication verbunden ist, wird durch einen Klick auf den Button **Connect** die Verbindung zu diesem Tenant hergestellt.

Nachdem die Verbindung erfolgreich hergestellt worden ist, sollten Sie eine Erfolgsmeldung vorfinden (siehe Abbildung 10.44).

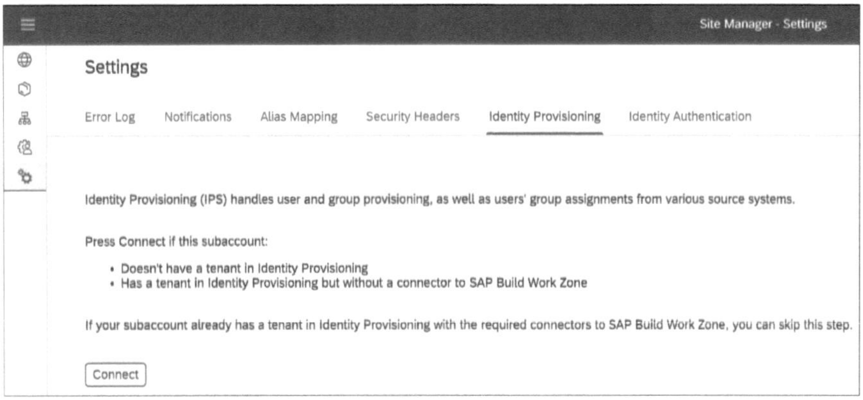

Abbildung 10.43 Verbindung herstellen

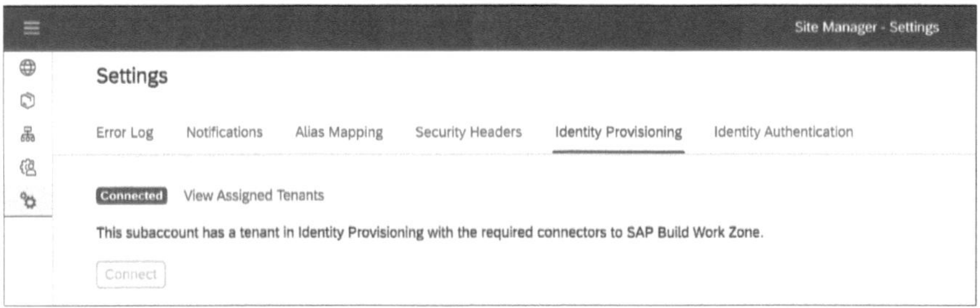

Abbildung 10.44 Erfolgsmeldung über die Verbindung von Identity Authentication und Identity Provisioning

Nachdem Sie diese Schritte durchgeführt haben, folgen Sie dem Konfigurationsassistenten, um den Einführungsprozess abzuschließen. Sie können diesen über das Configurator-Seitenmenü aufrufen (siehe Abbildung 10.45). Wählen Sie im ersten Schritt die Option **I want to create a new service instance**, und klicken Sie anschließend auf den Button **Next**.

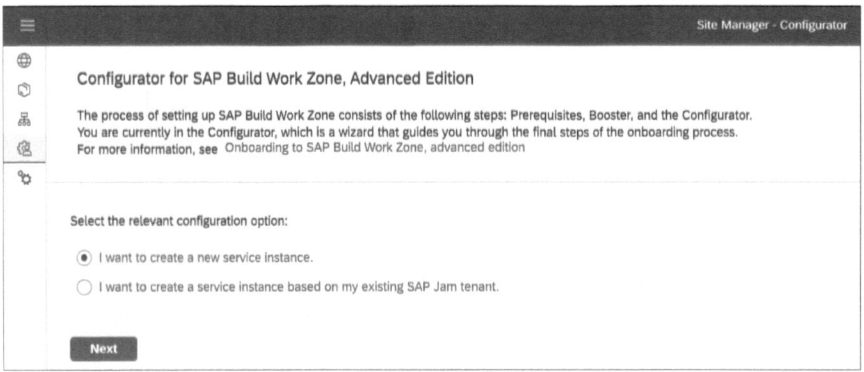

Abbildung 10.45 Configurator für SAP Build Work Zone, Advanced Edition

Bevor Sie das Setup anstoßen, navigieren Sie im SAP BTP Cockpit des Subaccounts über den Pfad **Connectivity • Destinations** und klicken auf **Download Trust** oberhalb der Tabelle der Destinations (siehe Abbildung 10.46). Falls Sie diesen Schritt nicht durchführen, kommt es im nächsten Schritt in der Konfiguration zu einem Fehler.

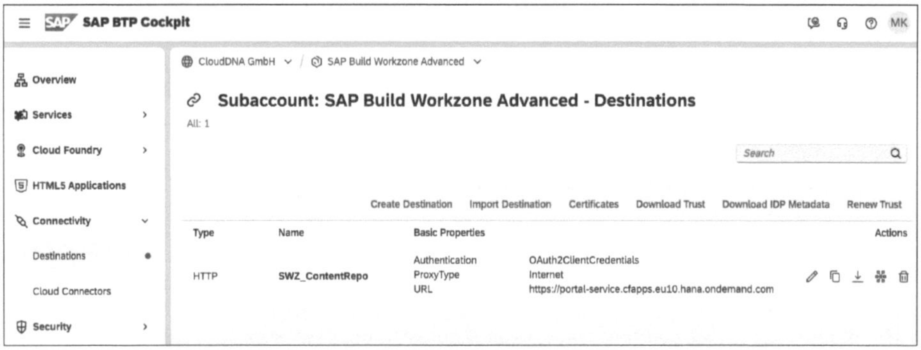

Abbildung 10.46 Download Trust

Sie können nun optional eine Destination anlegen, die die Verbindung zu SAP SuccessFactors herstellt (siehe Abbildung 10.47). Dies ist vor allem dann interessant, wenn Sie die HR Business Content Packages verwenden möchten. Wir verzichten an dieser Stelle auf diesen Schritt, und klicken auf den Button **Skip Step**, um zum nächsten Schritt zu gelangen.

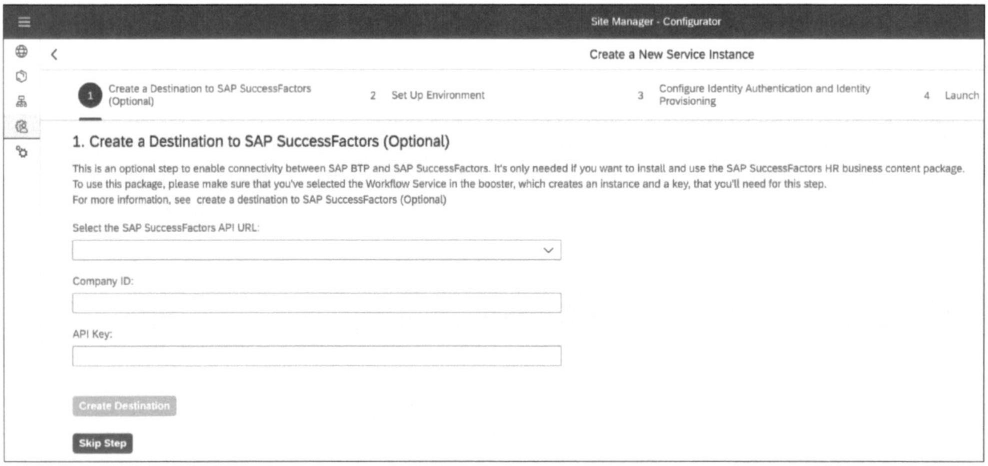

Abbildung 10.47 Anlage der SAP-SuccessFactors-Destination überspringen

Wählen Sie im zweiten Schritt **Set Up Environment** im Configurator für die SAP Build Work Zone, Advanced Edition, die Option **Default** im Bereich **Select Domain Type** (siehe Abbildung 10.48). Falls Sie eine Custom Domain verwenden, müssen Sie die andere Option wählen. Klicken Sie anschließend auf den Button **Trigger Setup**.

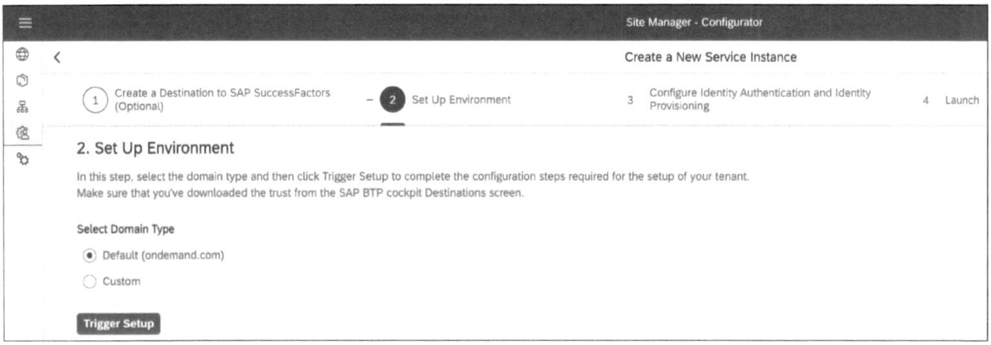

Abbildung 10.48 Setup starten

10

Nachdem dieser Schritt der Konfiguration beendet worden ist, sollten Sie eine Erfolgsmeldung sehen. Klicken Sie anschließend auf den Button **Step 3**.

Sie müssen nun Identity Authentication und Identity Provisioning manuell konfigurieren, um die Benutzerauthentifizierung und die Benutzer-Provisionierung zu aktivieren. Gehen Sie in den SAP Cloud Identity Services zu **Applications & Resources • Applications**, und klicken Sie auf **Create**, um eine neue Anwendung anzulegen (siehe Abbildung 10.49).

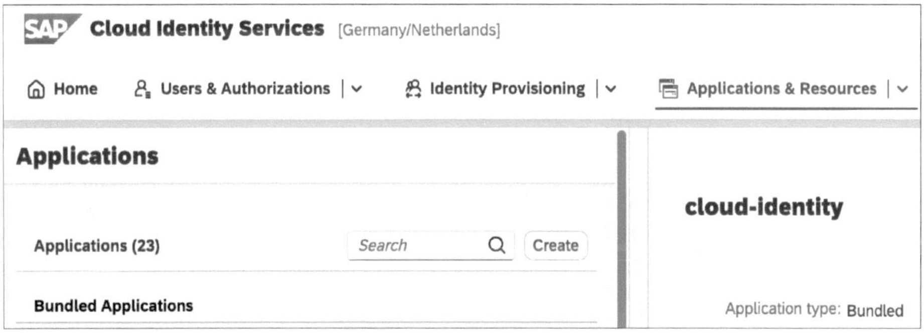

Abbildung 10.49 Applikation anlegen

Geben Sie einen aussagekräftigen **Display Name** ein, z. B. »SAP Build Workzone Advanced«, und wählen Sie als **Type** die Option **SAP BTP solution** und für den **Protocol Type** die Option **SAML 2.0**. Klicken Sie anschließend auf den Button **+Create** (siehe Abbildung 10.50).

Öffnen Sie nun die SAML-2.0-Konfiguration der von Ihnen erstellten Anwendung (siehe Abbildung 10.51). Klicken Sie dazu im Bereich **Single Sign-On** auf den Eintrag **SAML 2.0 Configuration**.

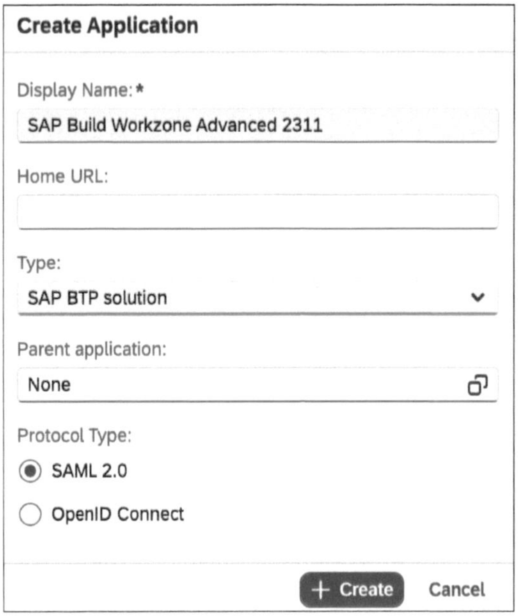

Abbildung 10.50 Applikation konfigurieren

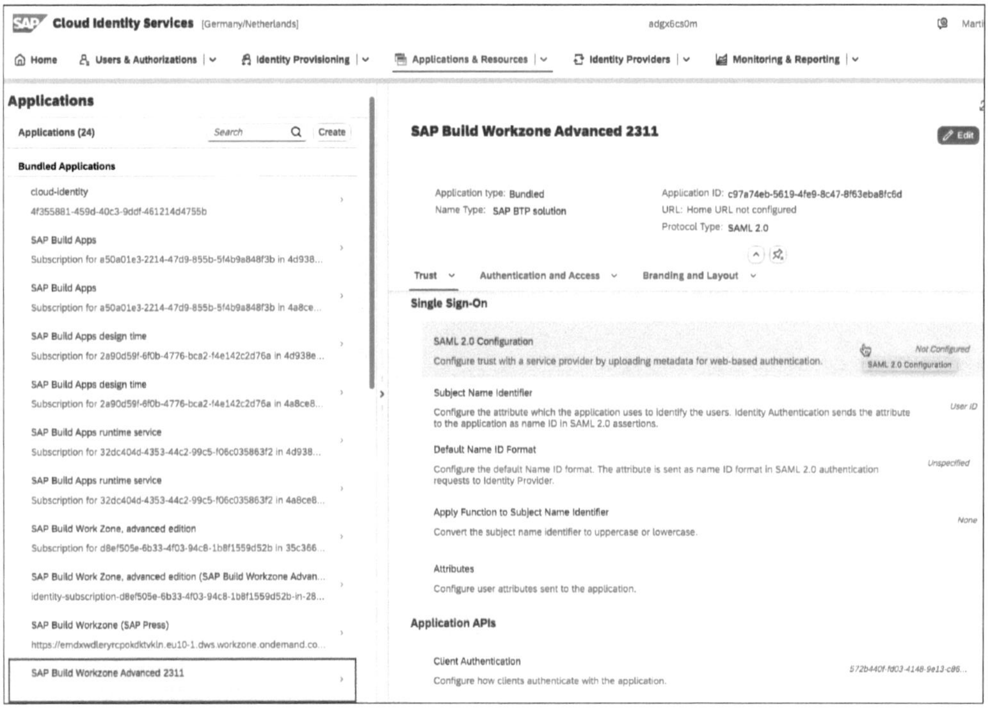

Abbildung 10.51 SAML-2.0-Konfiguration öffnen

Laden Sie die SAML-2.0-Metadaten des Service Providers aus dem Configurator, indem Sie auf den Link **Download Metadata** klicken (siehe Abbildung 10.52).

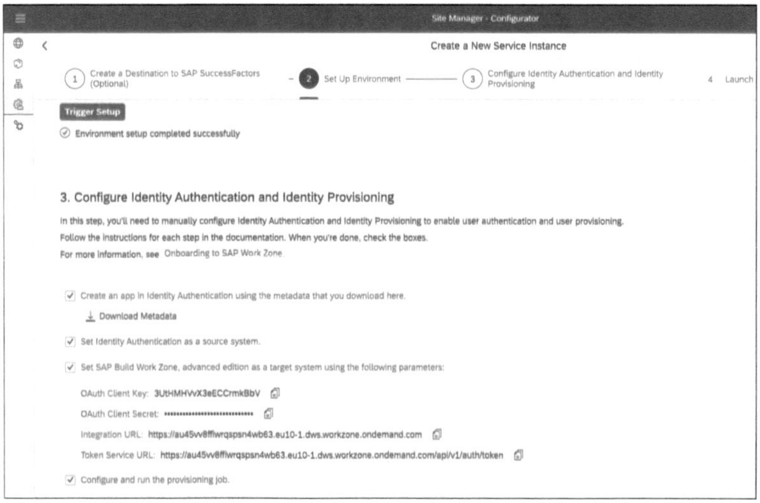

Abbildung 10.52 SAML-2.0-Metadaten herunterladen

Fügen Sie die Metadaten des Service Providers durch einen Klick auf den Button **Browse...** ein, und speichern Sie Ihre Änderungen durch einen Klick auf den Button **Save** (siehe Abbildung 10.53).

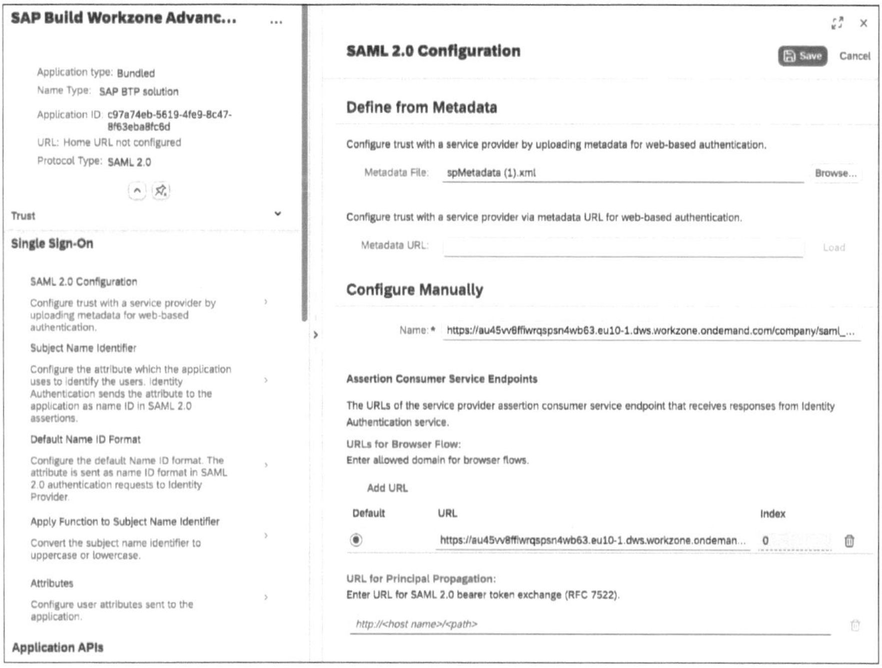

Abbildung 10.53 SAML-2.0-Metadaten hochladen

Sie müssen nun den Editor **Subject Name Identifier** von SAP Build Workzone, Advanced Edition, öffnen. Ändern Sie das Basic-Configuration-Attribut von **User ID** in **Global User ID**, und klicken Sie anschließend auf den Button **Save** (siehe Abbildung 10.54).

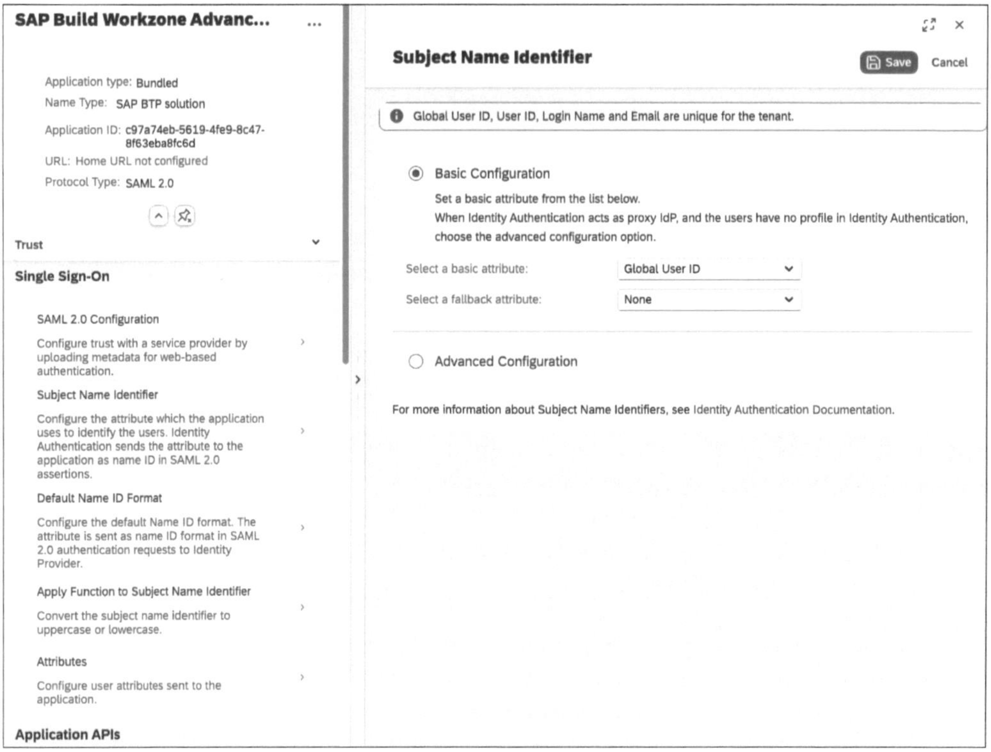

Abbildung 10.54 Subject Name Identifier anpassen

Sie müssen nun noch ein System als Administrator anlegen, der für Identity Provisioning erforderlich ist. Navigieren Sie dazu über den Pfad **User & Authorizations • Administrators**, klicken Sie auf **Add**, und legen Sie einen Administrator vom Typ **System** an (siehe Abbildung 10.55). Vergeben Sie im Bereich **Configure Authorizations** die in der Abbildung dargestellten Berechtigungen, und klicken Sie anschließend auf **Save**.

Klicken Sie anschließend auf **Secrets**, um in die Verwaltung der Client Secrets zu gelangen (siehe Abbildung 10.56). Danach klicken Sie im Bereich **Secrets** auf **+ Add**.

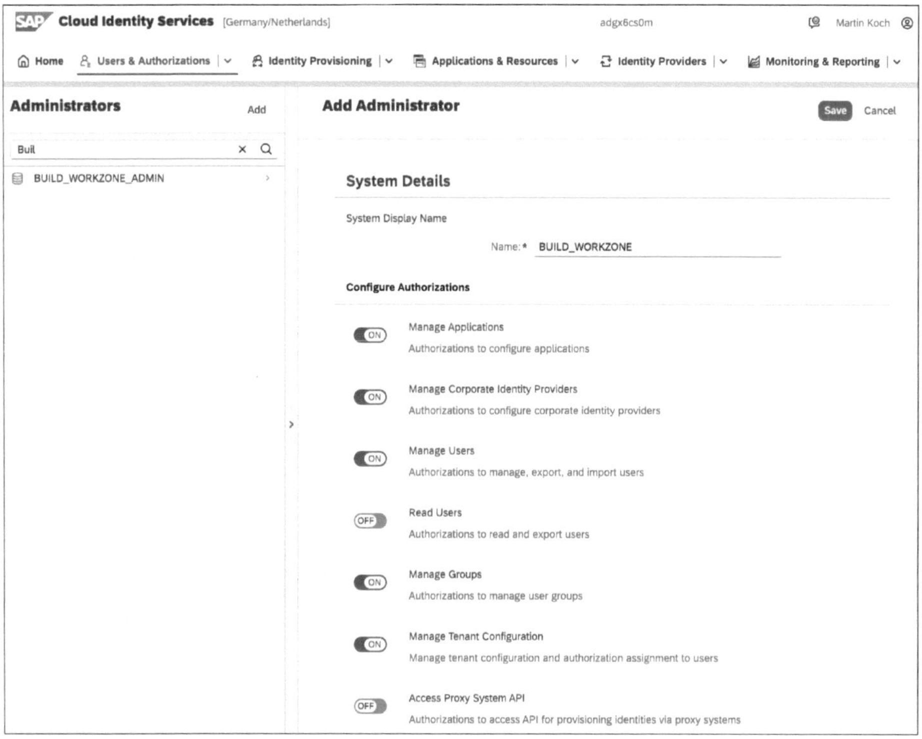

Abbildung 10.55 Administrator anlegen

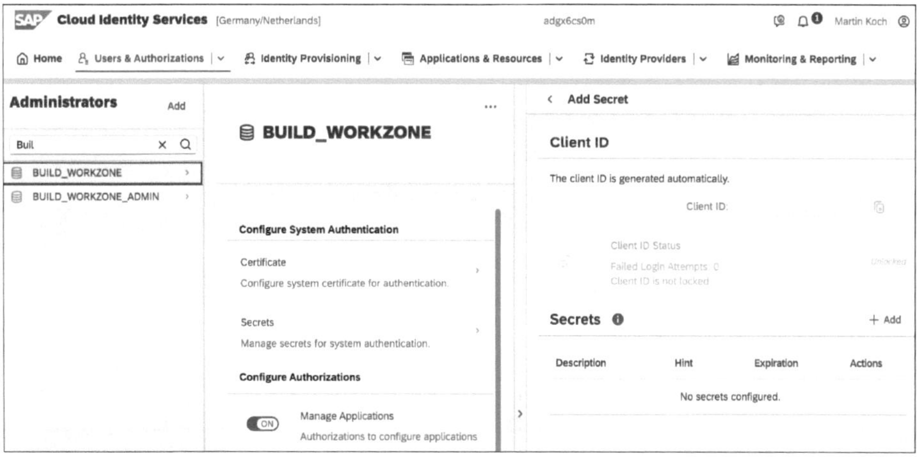

Abbildung 10.56 Secret anlegen

Sie können nun im Feld **Description** eine sprechende Beschreibung für das Secret vergeben (siehe Abbildung 10.57). Anschließend klicken Sie auf den Button **Save**.

Abbildung 10.57 Secret konfigurieren

Es werden nun eine Client ID und ein Client Secret erstellt. Das Client Secret können Sie nur zu diesem Zeitpunkt einsehen (siehe Abbildung 10.58). Notieren Sie die Client ID und das Client Secret für die nachfolgenden Verwendung.

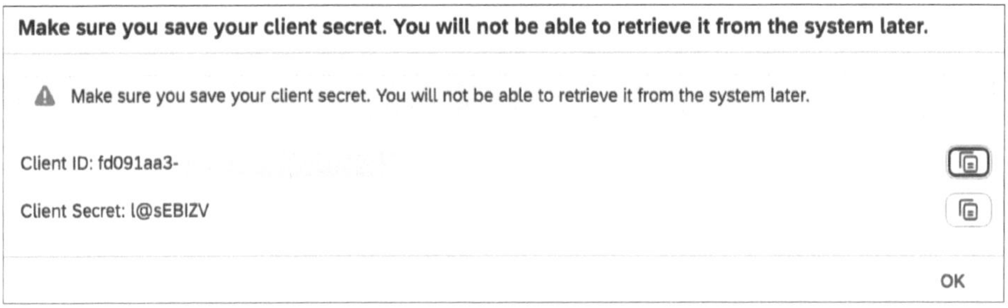

Abbildung 10.58 Client Secret kopieren

Sie können nun mit der Konfiguration von Identity Provisioning fortfahren. Springen Sie dazu zu **Identity Provisioning • Source Systems** ab (siehe Abbildung 10.59). Klicken Sie anschließen im Fußbereich der Tabelle auf **+ Add**. Vergeben Sie einen sprechenden Namen, und wählen Sie den Type **Identity Authentication** aus. Verwenden Sie die vorgeschlagenen Standardwerte der **Properties**, und tragen Sie als Wert für die Property **User** die zuvor erstellte Client ID und für **Password** das zugehörige Client Secret ein.

Sie müssen im nächsten Schritt SAP Build Work Zone, Advanced Edition, als Zielsystem anlegen. Navigieren Sie dazu über den Pfad **Identity Provisioning • Target Systems**, und klicken Sie auf **+ Add** (siehe Abbildung 10.60).

Wählen Sie **SAP Build Work Zone, advanced edition** als **Type**, und vergeben Sie im Feld **System Name** einen sprechenden Namen (siehe Abbildung 10.60). Wählen Sie anschließend im Feld **Source System** das zuvor angelegte Source System, das Identity Authentication repräsentiert, und klicken Sie auf **Save**.

Abbildung 10.59 Source System Properties konfigurieren

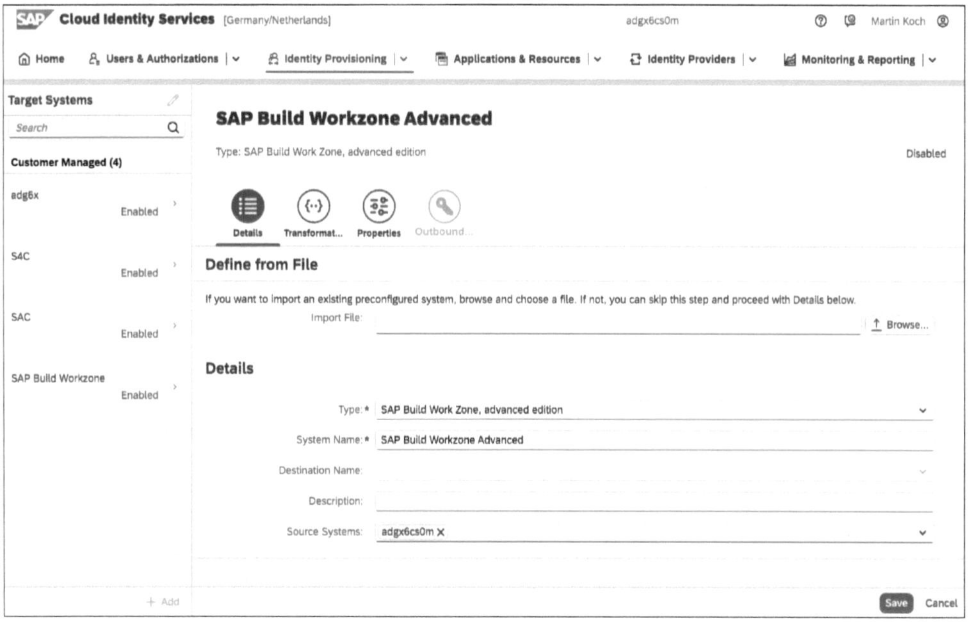

Abbildung 10.60 Target System konfigurieren

Öffnen Sie die Registerkarte **Properties**, und verwenden Sie die Einstellungen aus Tabelle 10.2.

Identity Provisioning Property Name	Value
Type	HTTP
URL	Kopieren Sie diesen Wert aus dem Feld Integration URL
ProxyType	Internet
Authentication	BasicAuthentication
User	Kopieren Sie diesen Wert aus dem Assistentenfeld OAuth Client Key
Password	Kopieren Sie diesen Wert aus dem Assistentenfeld OAuth Client Secret
OAuth2TokenServiceURL	Kopieren Sie diesen Wert aus dem Assistentenfeld Token Service URL
ips.failed.request.retry.attempts	3
ips.failed.request.retry.attempts.interval	60
ips.delete.existedbefore.entities	true
ips.trace.failed.entity.content	true

Tabelle 10.2 Target System Properties

Sie müssen nun noch die Standard-Mappings anpassen. Öffnen Sie dazu die Registerkarte **Transformations**, und wechseln Sie darin in die Codeansicht (siehe Abbildung 10.61). Kopieren Sie hier die in Listing 10.1 dargestellte Transformation in den Editor. Das Listing finden Sie zusätzlich im Download-Material dieses Buchs unter der URL *www.sap-press.de/5842*. Die aktuelle Transformation finden Sie auch in der Dokumentation von SAP Build Work Zone, Advanced Edition.

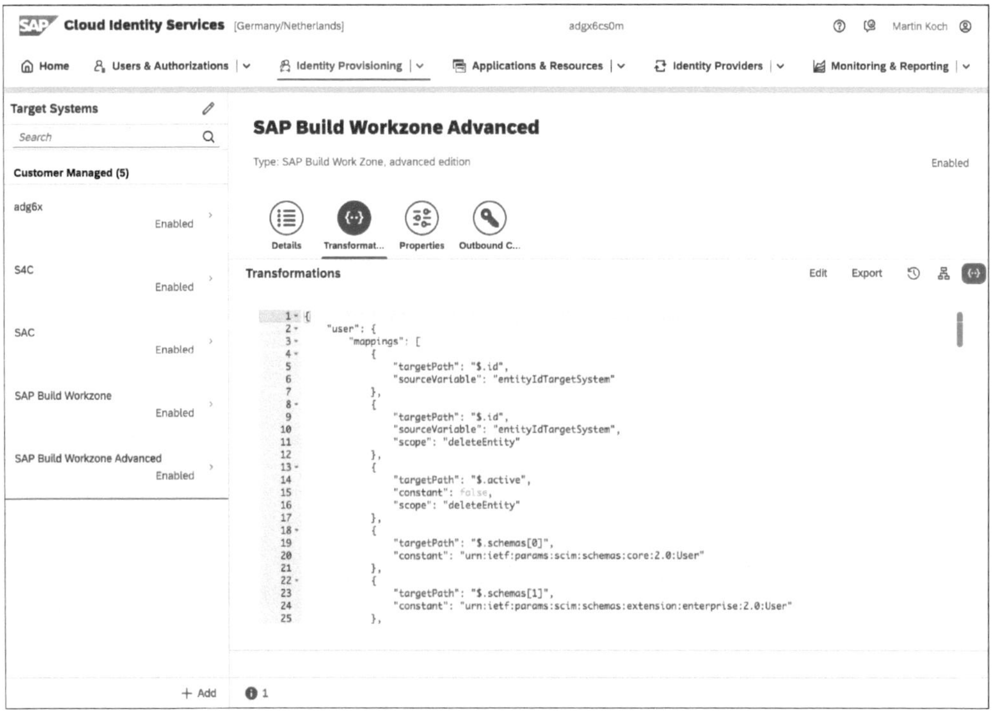

Abbildung 10.61 Transformation speichern

```
{
   "user":
   {
      "mappings": [
      {
         "sourceVariable": "entityIdTargetSystem",
         "targetPath": "$.id"
      },
      {
         "sourceVariable": "entityIdTargetSystem",
         "targetPath": "$.id",
         "scope": "deleteEntity"
      },
      {
         "constant": false,
         "targetPath": "$.active",
         "scope": "deleteEntity"
      },
      {
         "sourcePath": "$.userName",
```

```
            "optional": true,
            "targetPath": "$.userName"
        },
        {
            "sourcePath": "$[
'urn:ietf:params:scim:schemas:extension:sap:2.0:User']['userUuid']",
            "targetPath": "$.userName"
        },
        {
            "sourcePath": "$[
'urn:ietf:params:scim:schemas:extension:sap:2.0:User']['userId']",
            "targetPath": "$.externalId"
        },
        {
            "sourcePath": "$[
'urn:ietf:params:scim:schemas:extension:sap:2.0:User']['userUuid']",
            "targetPath": "$[
'urn:ietf:params:scim:schemas:extension:sap:2.0:User']['userUuid']"
        },
        {
            "constant": "employee",
            "targetPath": "$.userType"
        },
        {
            "condition": "$.groups[?(@.display == 'Workzone_User_Type_
public')] EMPTY false",
            "constant": "public",
            "targetPath": "$.userType"
        },
        {
            "sourcePath": "$.name.givenName",
            "targetPath": "$.name.givenName",
            "optional": true
        },
        {
            "sourcePath": "$.name.familyName",
            "targetPath": "$.name.familyName",
            "optional": true
        },
        {
            "sourcePath": "$.name.honorificPrefix",
            "targetPath": "$.name.honorificPrefix",
            "optional": true
```

```
        },
        {
            "sourcePath": "$.timezone",
            "targetPath": "$.timezone",
            "optional": true
        },
        {
            "condition": "($.locale EMPTY false) && ($.addresses[?(@.type ==
'work')].country EMPTY false)",
            "sourcePath": "$.locale",
            "targetPath": "$.locale",
            "functions": [
            {
                "function": "toLowerCaseString"
            },
            {
                "function": "concatString",
                "suffix": "_"
            },
            {
                "function": "concatString",
                "suffix": "$.addresses[?(@.type == 'work')].country"
            }]
        },
        {
            "sourcePath": "$.emails[0].value",
            "targetPath": "$.emails[0].value"
        },
        {
            "condition": "$.emails[0].length() > 0",
            "constant": true,
            "targetPath": "$.emails[0].primary"
        },
        {
            "sourcePath": "$.phoneNumbers",
            "targetPath": "$.phoneNumbers",
            "preserveArrayWithSingleElement": true,
            "optional": true
        },
        {
            "sourcePath": "$.addresses",
            "targetPath": "$.addresses",
            "preserveArrayWithSingleElement": true,
```

```
            "optional": true
        },
        {
            "condition": "$.[
'urn:sap:cloud:scim:schemas:extension:custom:2.0:User']['attributes'][?
(@.name == 'customAttribute1')]['value'] EMPTY false",
            "sourcePath": "$[
'urn:sap:cloud:scim:schemas:extension:custom:2.0:User']['attributes'][?
(@.name == 'customAttribute1')]['value']",
            "targetPath": "$[
'urn:sap:cloud:scim:schemas:extension:custom:2.0:JamCustomUser'][
'customAttribute1']['value']"
        },
        {
            "condition": "$.[
'urn:sap:cloud:scim:schemas:extension:custom:2.0:User']['attributes'][?
(@.name == 'customAttribute1')]['value'] EMPTY false",
            "constant": "Custom 1",
            "targetPath": "$[
'urn:sap:cloud:scim:schemas:extension:custom:2.0:JamCustomUser'][
'customAttribute1']['name']"
        },
        {
            "condition": "$.[
'urn:sap:cloud:scim:schemas:extension:custom:2.0:User']['attributes'][?
(@.name == 'customAttribute2')]['value'] EMPTY false",
            "sourcePath": "$[
'urn:sap:cloud:scim:schemas:extension:custom:2.0:User']['attributes'][?
(@.name == 'customAttribute2')]['value']",
            "targetPath": "$[
'urn:sap:cloud:scim:schemas:extension:custom:2.0:JamCustomUser'][
'customAttribute2']['value']"
        },
        {
            "condition": "$.[
'urn:sap:cloud:scim:schemas:extension:custom:2.0:User']['attributes'][?
(@.name == 'customAttribute2')]['value'] EMPTY false",
            "constant": "Custom 2",
            "targetPath": "$[
'urn:sap:cloud:scim:schemas:extension:custom:2.0:JamCustomUser'][
'customAttribute2']['name']"
        },
        {
```

```
            "condition": "$.[
'urn:sap:cloud:scim:schemas:extension:custom:2.0:User']['attributes'][?
(@.name == 'customAttribute3')]['value'] EMPTY false",
            "sourcePath": "$[
'urn:sap:cloud:scim:schemas:extension:custom:2.0:User']['attributes'][?
(@.name == 'customAttribute3')]['value']",
            "targetPath": "$[
'urn:sap:cloud:scim:schemas:extension:custom:2.0:JamCustomUser'][
'customAttribute3']['value']"
        },
        {
            "condition": "$.[
'urn:sap:cloud:scim:schemas:extension:custom:2.0:User']['attributes'][?
(@.name == 'customAttribute3')]['value'] EMPTY false",
            "constant": "Custom 3",
            "targetPath": "$[
'urn:sap:cloud:scim:schemas:extension:custom:2.0:JamCustomUser'][
'customAttribute3']['name']"
        },
        {
            "condition": "$.[
'urn:sap:cloud:scim:schemas:extension:custom:2.0:User']['attributes'][?
(@.name == 'customAttribute4')]['value'] EMPTY false",
            "sourcePath": "$[
'urn:sap:cloud:scim:schemas:extension:custom:2.0:User']['attributes'][?
(@.name == 'customAttribute4')]['value']",
            "targetPath": "$[
'urn:sap:cloud:scim:schemas:extension:custom:2.0:JamCustomUser'][
'customAttribute4']['value']"
        },
        {
            "condition": "$.[
'urn:sap:cloud:scim:schemas:extension:custom:2.0:User']['attributes'][?
(@.name == 'customAttribute4')]['value'] EMPTY false",
            "constant": "Custom 4",
            "targetPath": "$[
'urn:sap:cloud:scim:schemas:extension:custom:2.0:JamCustomUser'][
'customAttribute4']['name']"
        },
        {
            "condition": "$.[
'urn:sap:cloud:scim:schemas:extension:custom:2.0:User']['attributes'][?
(@.name == 'customAttribute5')]['value'] EMPTY false",
```

```
            "sourcePath": "$[
'urn:sap:cloud:scim:schemas:extension:custom:2.0:User']['attributes'][?
(@.name == 'customAttribute5')]['value']",
            "targetPath": "$[
'urn:sap:cloud:scim:schemas:extension:custom:2.0:JamCustomUser'][
'customAttribute5']['value']"
        },
        {
            "condition": "$.[
'urn:sap:cloud:scim:schemas:extension:custom:2.0:User']['attributes'][?
(@.name == 'customAttribute5')]['value'] EMPTY false",
            "constant": "Custom 5",
            "targetPath": "$[
'urn:sap:cloud:scim:schemas:extension:custom:2.0:JamCustomUser'][
'customAttribute5']['name']"
        },
        {
            "sourcePath": "$.title",
            "optional": true,
            "targetPath": "$.title"
        },
        {
            "condition": "$.groups[?(@.display == 'Workzone_
Admin')] EMPTY false",
            "constant": "Administrator",
            "targetPath": "$.roles[0].value"
        },
        {
            "condition": "$.addresses[?(@.type ==
 'work')].country EMPTY false",
            "constant": true,
            "targetPath": "$.addresses[1].primary"
        },
        {
            "type": "remove",
            "targetPath": "$.groups"
        },
        {
            "sourcePath": "$[
'urn:ietf:params:scim:schemas:extension:enterprise:2.0:User']['department']",
            "targetPath": "$[
'urn:ietf:params:scim:schemas:extension:enterprise:2.0:User']['department']",
            "optional": true
```

```
        },
        {
            "sourcePath": "$[
'urn:ietf:params:scim:schemas:extension:enterprise:2.0:User'][
'organization']",
            "targetPath": "$[
'urn:ietf:params:scim:schemas:extension:enterprise:2.0:User'][
'organization']",
            "optional": true
        },
        {
            "sourcePath": "$[
'urn:ietf:params:scim:schemas:extension:enterprise:2.0:User']['costCenter']",
            "targetPath": "$[
'urn:ietf:params:scim:schemas:extension:enterprise:2.0:User']['costCenter']",
            "optional": true
        },
        {
            "sourcePath": "$[
'urn:ietf:params:scim:schemas:extension:enterprise:2.0:User'][
'employeeNumber']",
            "targetPath": "$[
'urn:ietf:params:scim:schemas:extension:enterprise:2.0:User'][
'employeeNumber']",
            "optional": true
        },
        {
            "sourcePath": "$[
'urn:ietf:params:scim:schemas:extension:enterprise:2.0:User']['division']",
            "targetPath": "$[
'urn:ietf:params:scim:schemas:extension:enterprise:2.0:User']['division']",
            "optional": true
        },
        {
            "sourcePath": "$[
'urn:ietf:params:scim:schemas:extension:enterprise:2.0:User']['manager'][
'value']",
            "targetPath": "$[
'urn:ietf:params:scim:schemas:extension:enterprise:2.0:User']['manager'][
'value']",
            "optional": true,
            "functions": [
            {
```

10

```
                "function": "resolveEntityIds"
            }]
        },
        {
            "sourcePath": "$[
'urn:ietf:params:scim:schemas:extension:enterprise:2.0:User']['manager'][
'displayName']",
            "targetPath": "$[
'urn:ietf:params:scim:schemas:extension:enterprise:2.0:User']['manager'][
'displayName']",
            "optional": true
        }]
    },
    "group":
    {
        "ignore": true,
        "mappings": [
        {
            "sourceVariable": "entityIdTargetSystem",
            "targetPath": "$.id"
        },
        {
            "constant": "urn:ietf:params:scim:schemas:core:2.0:Group",
            "targetPath": "$.schemas[0]"
        },
        {
            "sourcePath": "$[
'urn:sap:cloud:scim:schemas:extension:custom:2.0:Group']['name']",
            "targetPath": "$.displayName"
        },
        {
            "sourcePath": "$.members[*].value",
            "preserveArrayWithSingleElement": true,
            "optional": true,
            "targetPath": "$.members[?(@.value)]",
            "functions": [
            {
                "type": "resolveEntityIds"
            }]
        }]
    }
}
```

Listing 10.1 Target System Mapping

Speichern Sie die Transformation anschließend durch einen Klick auf den Button **Save** (siehe Abbildung 10.62). Sie haben an dieser Stelle keine Möglichkeit, um die Transformation direkt zu testen. Dies ist erst möglich, wenn Sie einen Provisionierungslauf durchführen. Daher sollten Sie bei der Anpassung von Mappings beziehungsweise Attributen besondere Vorsicht walten lassen.

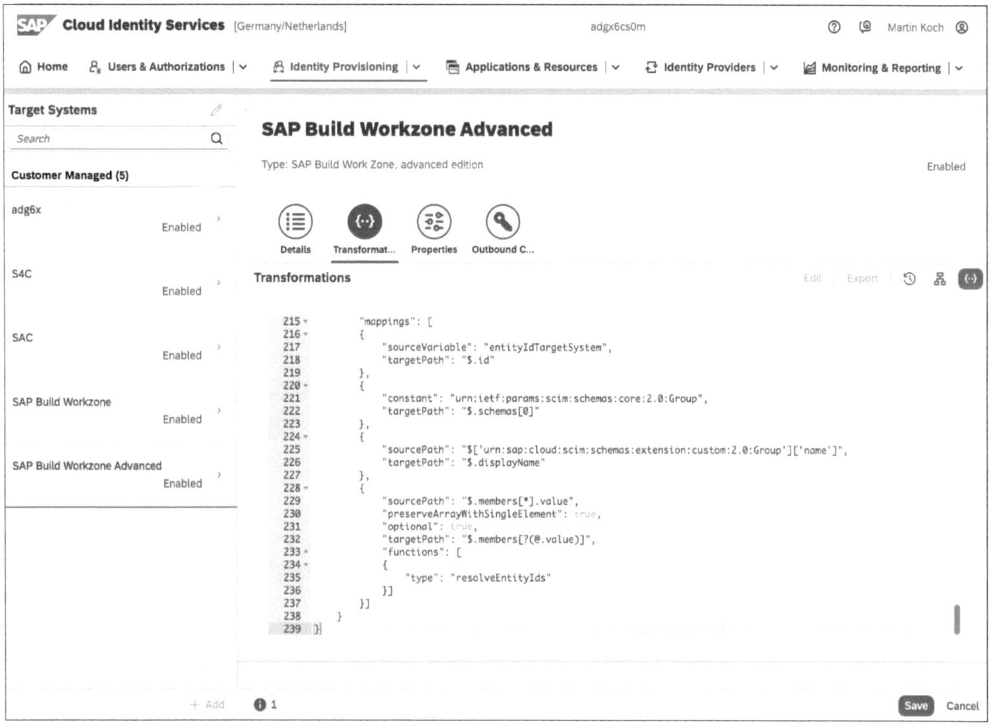

Abbildung 10.62 Transformation anlegen

Beim Speichern der Transformation müssen Sie eine Beschreibung der Änderungen pflegen (siehe Abbildung 10.63). Klicken Sie anschließend auf den Button **Confirm**, um die Änderungen zu übernehmen.

Nachdem nun alle erforderlichen Einstellungen durchgeführt worden sind, können Sie mit der ersten Provisionierung starten. Dies erfolgt immer aus dem Source System heraus. Navigieren Sie dazu in das zuvor angelegte Source System, öffnen Sie die Registerkarte **Jobs**, und klicken Sie darin bei **Read Job** auf den Button **Run Now** (siehe Abbildung 10.64). Sie sollten für den produktiven Betrieb einen Job einplanen, der die Provisionierung in regelmäßigen Abständen durchführt.

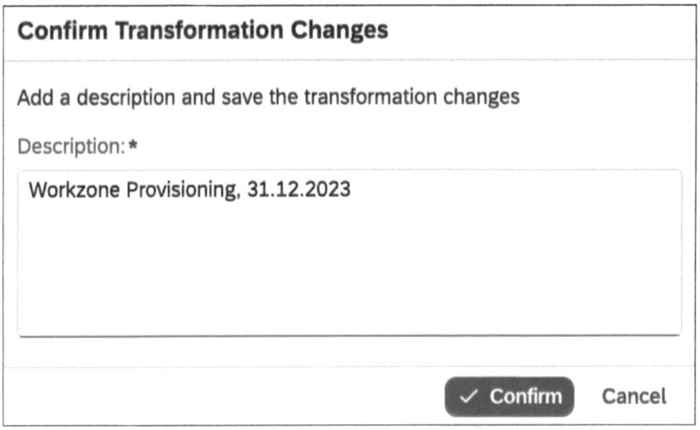

Abbildung 10.63 Änderung der Transformation bestätigen

Anlegen neuer Benutzer für SAP Build Work Zone, Advanced Edition

Möchten Sie neue Benutzer anlegen, geschieht dies innerhalb der SAP Cloud Identity Services. Hier müssen Sie auch die Zuweisung der Berechtigungen durchführen.

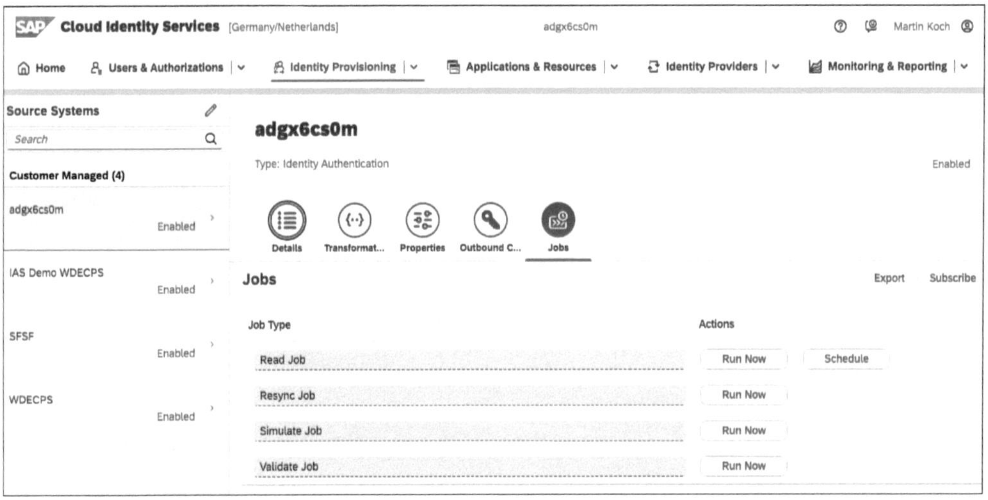

Abbildung 10.64 Job ausführen

Öffnen Sie anschließend die Provisioning Logs. Navigieren Sie dazu über den Pfad **Identity Provisioning • Provisioning Logs**, und öffnen Sie darin die Registerkarte **Job Logs** (siehe Abbildung 10.65). Wie Sie der Abbildung entnehmen können, wurde der Job mit dem Status **Finished Successfully** beendet. Klicken Sie in der Tabelle auf den entsprechenden Eintrag, um in die Details abzuspringen.

Abbildung 10.65 Provisioning Log öffnen

In den Job Execution Details finden Sie alle relevanten Informationen zum Provisionierungslauf (siehe Abbildung 10.66). Dort sehen Sie u. a. wie viele Benutzer und Gruppen aus dem Source System gelesen und in den Target Systems angepasst wurden. An dieser Stelle würden Sie auch Fehlermeldungen finden, falls der Provisionierungslauf auf einen Fehler stoßen sollte. Das kann beispielsweise bei einer fehlerhaften Transformation der Fall sein.

10

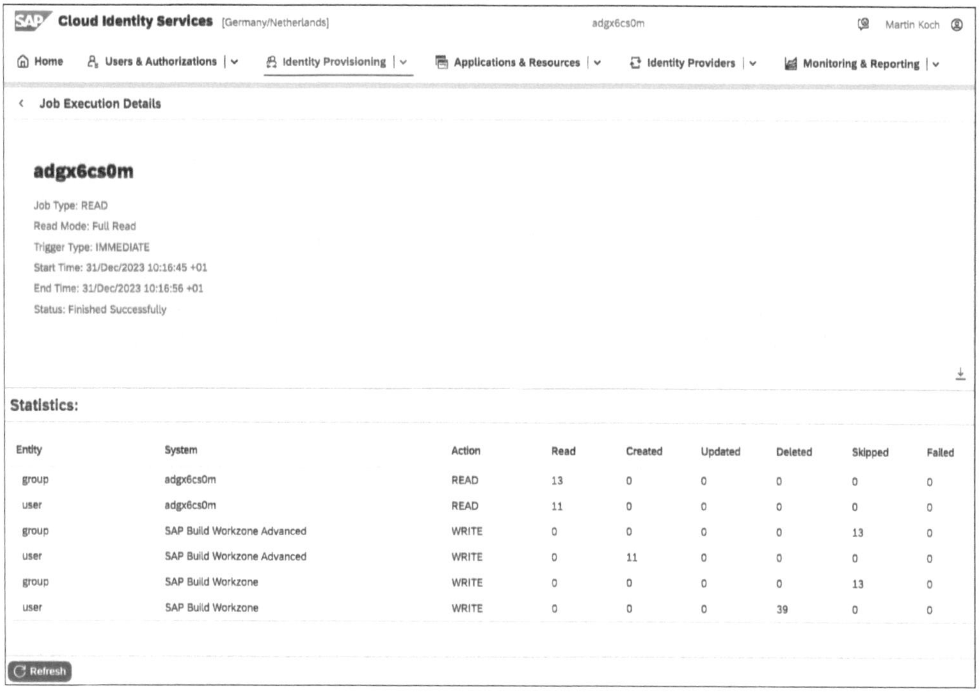

Abbildung 10.66 Job Execution Details

Sie haben die SAP Cloud Identity Services nun vollständig konfiguriert und können in SAP Build Work Zone, Advanced Edition, mit der Konfiguration fortfahren.

Setzen Sie für alle Aufgaben das zugehörige Häckchen, und klicken Sie anschließend auf **Step 4** (siehe Abbildung 10.67).

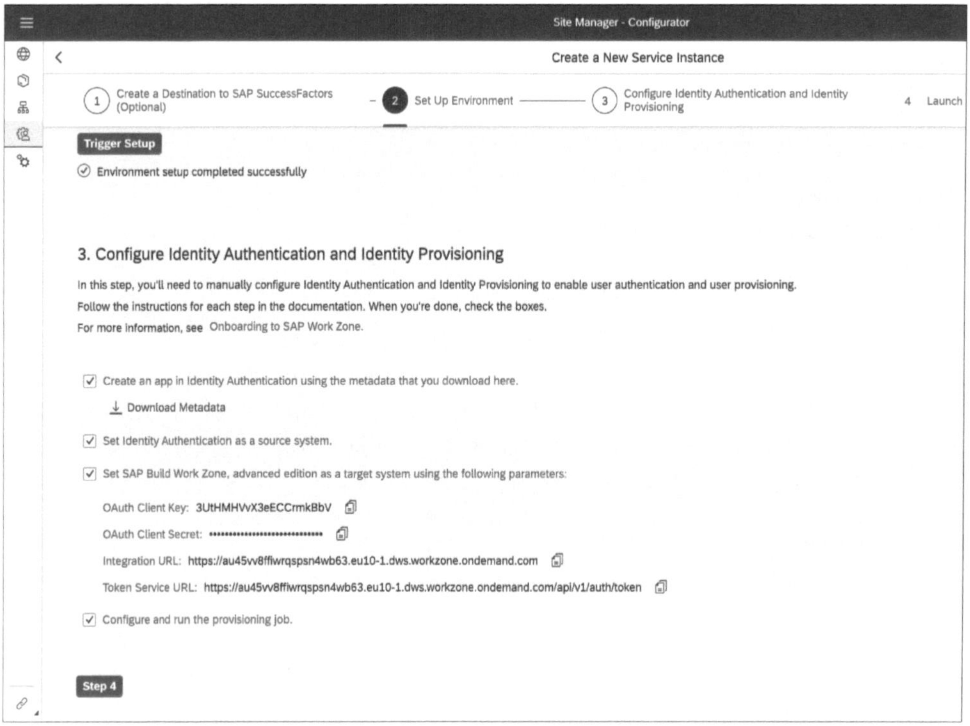

Abbildung 10.67 Konfiguration der SAP Cloud Identity Services abschließen

Sie sollten nun sehen, dass das Onboarding erfolgreich durchgeführt worden ist (siehe Abbildung 10.68). Durch einen Klick auf den Link **Open SAP Build Wok Zone, Advanced Edition** können Sie in die Applikation für Endbenutzer abspringen.

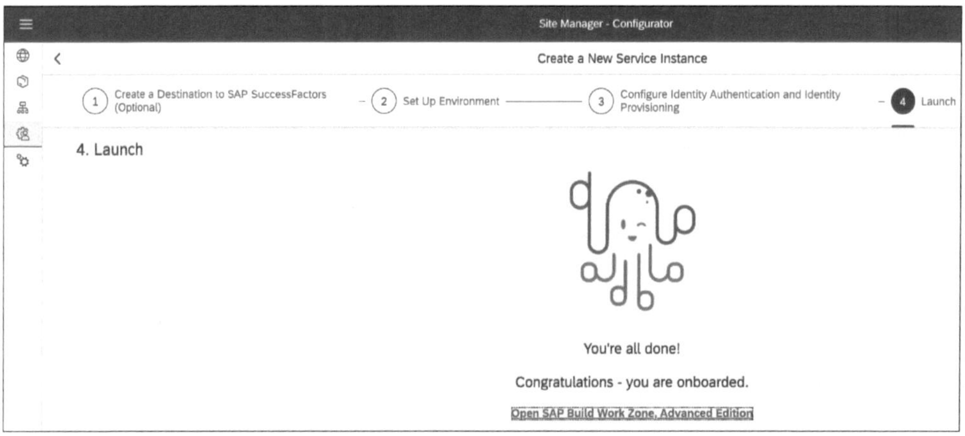

Abbildung 10.68 Erfolgsmeldung über die Ausführung des Onboardings

Nachdem Sie in die Endbenutzeransicht abgesprungen sind, sollten Sie nach erfolgreicher Authentifizierung das in Abbildung 10.69 dargestellte Bild vorfinden.

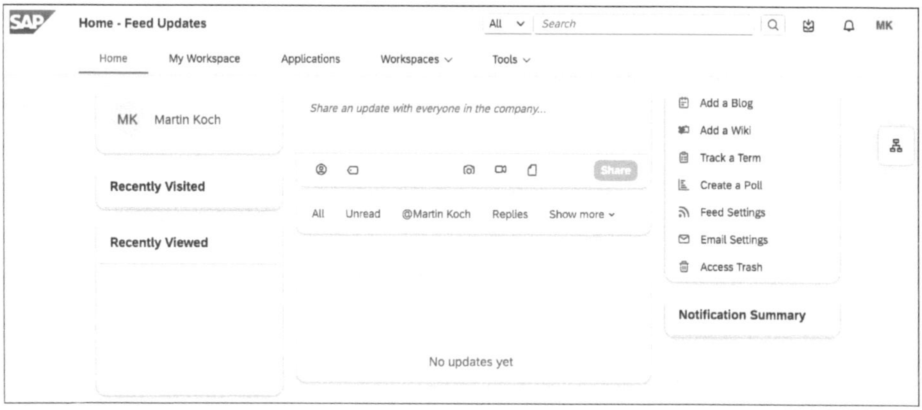

Abbildung 10.69 Endbenutzer-Einstiegsseite in SAP Build Work Zone, Advanced Edition

10

Die Autoren

Martin Koch ist Managing Director der CloudDNA GmbH, einem SAP-Partner in Österreich. Er und sein Team führen für SAP sehr erfolgreich Trainings durch und haben vier eigene Trainings zu den Themen SAPUI5, SAP Fiori, Cloud-Integration und Cloud Security entwickelt, die im SAP-Trainingskatalog gelistet sind. Neben seiner Tätigkeit als Trainer ist Martin Koch als Architekt, Berater und Entwickler bei internationalen SAP-Kunden aller Unternehmensgrößen im Einsatz. Er ist ursprünglich ausgebildeter Linienpilot und Fluglotse und über Umwege 2007 in einem Trainee-Programm bei SAP Österreich gelandet. Dort beschäftigte er sich zunächst mit den Themen Integration und SAP NetWeaver AS Java. Ab 2010 rückten mobile Applikationen im SAP-Umfeld in seinen Fokus. Nach einigen Projekten zur Architektur, Sicherheit und Entwicklung mobiler Lösungen widmete Martin Koch sich ab 2012 schwerpunktmäßig SAP HANA, SAPUI5, SAP Fiori und der SAP Business Technology Platform.

Siegfried Zeilinger ist Freiberufler und Geschäftsführer einer kleinen Unternehmensberatung. Seine Beratungspalette erstreckt sich von der SAP-Architektur über Entwicklungsstrategien für ABAP, Java und Cloud bis hin zu SAP Identity Management. Im Jahr 2016 erhielt er die Zertifizierung zum IT-Auditor (CISA). Zuletzt war Siegfried Zeilinger vor allem in der pharmazeutischen Industrie und dem öffentlichen Sektor tätig. Bevor er sich 2011 selbstständig machte, arbeitete er bei SAP Österreich als SAP-NetWeaver- und Portal-Berater und führte internationale Großprojekte durch. Heute leitet er für SAP regelmäßig Trainings zu den Themen Berechtigungen, SAP Cloud und SAP NetWeaver. Von 2003 bis 2019 betreute er an der Technischen Universität Wien und der Fachhochschule Wiener Neustadt Abschlussarbeiten und hielt verschiedene Lehrveranstaltungen im Bereich SAP.

Index

I

J

K

L

M

N

O

P

Q

R

S

T

U

V

W

X

Z